CHRONIQUE
D'ERNOUL
ET DE
BERNARD LE TRÉSORIER

IMPRIMERIE DE A. GOUVERNEUR

A NOGENT-LE-ROTROU.

CHRONIQUE
D'ERNOUL

ET DE

BERNARD LE TRÉSORIER

PUBLIÉE, POUR LA PREMIÈRE FOIS,
D'APRÈS LES MANUSCRITS DE BRUXELLES, DE PARIS ET DE BERNE,

AVEC UN ESSAI DE CLASSIFICATION
DES CONTINUATEURS DE GUILLAUME DE TYR,

POUR LA SOCIÉTÉ DE L'HISTOIRE DE FRANCE
PAR M. L. DE MAS LATRIE

A PARIS
CHEZ Mme Ve JULES RENOUARD
LIBRAIRE DE LA SOCIÉTÉ DE L'HISTOIRE DE FRANCE
RUE DE TOURNON, N° 6

M DCCC LXXI.

EXTRAIT DU RÉGLEMENT.

Art. 14. — Le Conseil désigne les ouvrages à publier, et choisit les personnes les plus capables d'en préparer et d'en suivre la publication.

Il nomme, par chaque ouvrage à publier, un Commissaire responsable, chargé d'en surveiller l'exécution.

Le nom de l'éditeur sera placé en tête de chaque volume.

Aucun volume ne pourra paraître sous le nom de la Société sans l'autorisation du Conseil, et s'il n'est accompagné d'une déclaration du Commissaire responsable, portant que le travail lui a paru mériter d'être publié.

Le Commissaire responsable soussigné déclare que l'édition de la Chronique d'Ernoul et de Bernard le Trésorier, *préparée par* M. L. de Mas Latrie, *lui a paru digne d'être publiée par la* Société de l'Histoire de France.

Fait à Paris, le 18 octobre 1871.

Signé GUESSARD.

Certifié,
Le Secrétaire de la Société de l'Histoire de France,

J. DESNOYERS.

AVERTISSEMENT.

Voici l'historique de l'erreur qui fait depuis trop longtemps attribuer à Bernard, trésorier de l'abbaye de Corbie, sous l'autorité des noms les plus respectables, une œuvre qui n'est pas la sienne, en le privant de l'honneur plus modeste d'avoir composé une chronique dont il est le véritable auteur, ou plus exactement le compilateur.

I.

En 1725, Muratori, revenu alors à Modène en qualité d'archiviste-bibliothécaire du duc Rinaldo, était arrivé à la fin du 6ᵉ volume de la grande collection qu'il consacrait aux Documents originaux de l'Italie du moyen âge. Ces premiers volumes renfermaient, avec beaucoup de chroniques locales, des œuvres d'un plan plus étendu relatives à l'histoire de la domination des princes lombards, francs et normands de la Haute et Basse Italie, et les séries de la Vie des Papes commencées par Anastase le Bibliothécaire. Avant que son recueil s'accrût davantage, Muratori voulut y comprendre une Histoire des Croisades, événements auxquels l'Italie entière avait pris une si grande part. Sans porter plus loin ses recherches, ce qui est regrettable, Muratori se décida à publier l'abrégé des guerres d'Outremer qui se trouvait dans une chronique générale composée au XIV⁰ siècle par un frère prêcheur nommé François Pipino, dont il avait un manuscrit sous la main à la Bibliothèque même de Modène.

Comme la connaissance de cette chronique est un des éléments principaux de la question qui s'agite autour du nom de Bernard le Trésorier, il est indispensable de dire d'abord quelques mots de l'auteur, de son œuvre et du manuscrit qui la renferme.

II.

Le frère François Pipino vivait au couvent des Dominicains de Bologne dans la première moitié du XIV⁰ siècle. C'était un de ces religieux, comme il y en a toujours eu dans les cloîtres, ami de l'étude, curieux de s'instruire et heureux de donner aux travaux littéraires tout le temps que ne réclamaient pas les devoirs du chœur et de la prière. Il traduisit de la langue vulgaire en latin le voyage de Marc Polo et plusieurs romans de geste ; il rédigea l'Itinéraire d'un Pélerinage qu'il accomplit en Terre Sainte durant l'année 1320 ; il composa enfin une ample chronique à peu près universelle, dont un manuscrit est parvenu avec la plupart de ses autres ouvrages à la Bibliothèque de la maison d'Este, à Modène.

Le ms.[1] est d'une écriture du XIV⁰ siècle, et porte aujourd'hui le n° 465 dans le Catalogue des ms. latins de cette bibliothèque. Au dos, on lit ce titre : *Pipini*

---

1. Voy. la Description des mss. à la suite de cet Avertissement.

Chronicon; et sur le haut de la première page, les mots suivants ont été écrits par Muratori : *Francisci Pipini de Bononia.* L'ensemble de la compilation, divisé en 31 livres, subdivisés en chapitres, s'étend de l'origine des rois francs et du règne de Pharamond au pontificat de Clément V et à la suppression de l'ordre du Temple. Ses limites chronologiques sont comprises, comme on le voit, entre le ve siècle et les années 1311 à 1317. Les faits et les pays auxquels l'auteur revient plus particulièrement sont l'histoire des empereurs francs et des empereurs allemands, leurs successeurs, dont la prééminence historique lui fait considérer les autres événements comme les synchronismes de leur propre histoire; le règne des papes, l'histoire des rois de France et d'Angleterre, l'histoire des Croisades et l'histoire de l'empire de Constantinople dans ses rapports avec l'histoire des Croisades.

L'ouvrage n'est point à dédaigner, bien qu'il ne soit, à tout prendre, qu'un mélange d'extraits ou d'analyses d'œuvres diverses, la plupart connues aujourd'hui. Pipino ne cite pas toujours ses sources, à l'occasion de chacun des emprunts qu'il leur fait. Cela est certain, et c'est une négligence commune à tous les anciens écrivains. On lui reproche surtout[1] de s'être approprié trop souvent la chronique de Ricobaldo de Ferrare, son contemporain, qu'il a très-rarement nommé. Ses intentions et sa modestie pourraient être cependant défendues à bon droit, car il n'a fait connaître son propre nom comme auteur de cette grande composition que d'une façon tout à fait

---

[1]. Muratori, *Script. rer. italic.* t. IX. col. 586.

incidente¹ ; et il annonce très-souvent d'une manière générale qu'il prend à d'autres tout ce qui est utile à sa rédaction : *De Papa Benedicto XI ex chronicis*, *de Papa Clemente V ex chronicis*.

Les XXI premiers livres de la chronique de Pipino ont paru à Muratori, qui en a fait la lecture entière, ne rien renfermer d'intéressant et de nouveau. Ils arrivent à l'année 1176. Les principales sources consultées et citées par l'auteur dans cette période, sont Eginhard, Hugues de Flavigny, Martin le Polonais, Guillaume de Malmesbury, Geoffroy de Viterbe, Jacques de Voragine, Vincent de Beauvais et d'autres chroniques dont on trouvera le relevé dans les préfaces de Muratori². On pourrait peut-être ajouter déjà à ces sources notre Bernard le Trésorier, ou la traduction française de Guillaume de Tyr, dont Pipino semble s'être souvenu en rappelant la création de l'ordre du Temple, fondé vers l'an 1118, sous le règne du roi Baudouin II.

A partir du livre XXIIe, et de l'année 1176, dans laquelle eut lieu la réconciliation de l'empereur Frédéric Ier avec Alexandre III, l'utilité historique de la compilation s'accroît sensiblement, parce que Pipino a fait usage pour cette époque de quelques documents particuliers provenant d'archives ecclésiastiques³..

Le XXIIe livre et les deux livres suivants, le XXIIIe et le XXIVe, concernent les règnes des empereurs

---

1. Muratori, *Script*. t. VII. pag. 661.

2. *Script*. tom. IX. pag. 584-585.

3. La chronique de Pipino est une des voies par où nous est parvenu le testament de Frédéric II. Muratori, *Script*. t. IX. col. 661. Huillard-Bréholles, *Hist. Frid.* t. VI. part. 2. pag. 805.

Frédéric Ier, Henri VI, Othon IV, et les événements survenus à la même époque dans le reste de l'Europe, surtout en Italie, en France et à Constantinople[1]. Ils embrassent l'intervalle compris entre l'année 1176 et les années 1206 à 1208, car la limite inférieure n'est pas bien précise. A part quelques détails qu'il a pu extraire d'écrits inédits ou perdus, Pipino forme toujours le fonds principal de sa rédaction d'œuvres connues, dont il enchasse quelquefois des fragments entiers dans sa composition, en rappelant ou omettant le nom de l'auteur. Ce sont les chroniques, quelques-unes utilisées déjà, de Vincent de Beauvais, de Jacques de Voragine, de Martin le Polonais et de Ricobaldo de Ferrare, les Vies des Papes du cardinal d'Aragon, l'histoire d'Olivier le Scholastique, le voyage de Marc Polo, et ici positivement la chronique des guerres d'Outremer, qu'il attribue nominativement et en plusieurs circonstances à Bernard le Trésorier[2].

Le XXVe livre offre un intérêt spécial par son objet et son étendue. C'est une histoire des Croisades, abrégée mais suivie, depuis les prédications de Pierre l'Ermite jusqu'à la fin de la croisade de Frédéric II, et au retour de l'empereur en Europe, événements de l'année 1230. Nous allons parler séparément de cette histoire, morceau capital de la chronique de Pipino.

Les derniers livres du religieux, du XXVIe au XXXIe et dernier, concernent l'histoire de l'Europe sous

1. Muratori, t. IX. col. 587-643.
2. Voy. Muratori, *Script.* tom. IX. col. 603. 610. 617. 618. 630. 632. A la colonne 616, les mots de Pipino : *Alibi legitur*, se réfèrent incontestablement au texte de Bernard le Trésorier; comme au t. VII. col. 816. — Cf. le présent vol. p. 306. not.

Frédéric II et ses successeurs jusqu'aux années 1311-1317[1]. Ici encore[2], mais plus rarement que dans les livres XXII à XXIV, Pipino emploie quelquefois la chronique de Bernard le Trésorier, bien qu'il en ait fait passer la meilleure partie dans le XXVe livre, auquel nous nous arrêtons maintenant.

III.

Frappé de l'intérêt et de la nouveauté que présentait ce fragment, surtout dans sa seconde moitié, y trouvant un abrégé de la période la plus intéressante des croisades qu'il n'avait pas le loisir de chercher ailleurs, Muratori se décida, en 1725, comme nous l'avons dit, à l'insérer dans sa collection; et véritablement l'œuvre, quelque éloigné que soit le temps de sa rédaction des événements auxquels elle se réfère, méritait tout à fait cet honneur, car elle ajoutait, par l'insertion d'un texte qu'on ne peut reculer au-delà des commencements du XIVe siècle et composé sur des écrits du XIIIe, un supplément fort utile au recueil de Bongars, où ne se trouve qu'une seule chronique de ce dernier siècle. Le XXVe livre de Pipino est en effet un abrégé d'écrits bien antérieurs à l'âge du religieux de Bologne, et il reproduit en latin la plus grande partie de la chronique française de Bernard le Trésorier, qui est du premier tiers du XIIIe siècle.

Nous pouvons aujourd'hui mettre ces faits hors de doute, grâce à de nombreux manuscrits, et montrer le point où Muratori a fait fausse route au milieu des

---

1. Muratori, t. IX. col. 644-752.
2. Voy. le présent volume, pag. 406, not. 1; 448, not. 1; 453 et suiv. not.; 456 et suiv. not.

obscurités et des contradictions de Pipino, que le savant éditeur des *Scriptores Italici* ne pouvait démêler sans le secours des textes nouveaux.

Pipino désigne de deux façons différentes l'œuvre principale à laquelle il emprunte ce qu'il dit des Croisades, soit dans le XXV⁰ livre, soit dans les autres parties de sa chronique. Tantôt il indique d'une façon impersonnelle l'*Historia Acquisitionis Terræ Sanctæ* ou le *Liber Passagii ultramarini*[1]; tantôt il la rapporte nommément à Bernard le Trésorier : *Hæc de gestis regis Johannis sumta sunt ex Historia Bernardi Thesaurarii*[2]. *Hæc habentur ex Historia Acquisitionis Terræ Sanctæ quam scripsit Bernardus Thesaurarius*[3]. *Hæc ex Historia de Passagio ultramarino traducta sunt quam composuit Bernardus Thesaurarius*[4]; et ailleurs : *scribit Bernardus Thesaurarius in Libro Acquisitionis et Perditionis Terræ Sanctæ*[5].

Pipino attribue donc à Bernard le Trésorier une Histoire de la Conquête et de la Perte de Jérusalem, *Acquisitionis et Perditionis;* et en cela il se trompe. Nous savons aujourd'hui positivement par les mss. contemporains de Paris et de Berne dont nous avons parlé dans notre Essai de classification[6], qu'Ernoul et Bernard le Trésorier s'étaient proposé surtout de raconter, non la Conquête, mais la fin et la Perte du royaume de Jérusalem, de manière à ce que leur

---

1. Muratori, tom. IX. col. 603, 610, 617, 618, 667.
2. Muratori, t. VII. col. 846.
3. Muratori, t. IX. col. 630.
4. Muratori, t. IX. col. 650.
5. Muratori, t. IX. col. 632.
6. Voy. le présent volume page 493 et 511.

chronique fut, ce qu'elle est devenue depuis et vraisemblablement à leur insu, une suite de celle de Guillaume de Tyr, qui paraît avoir été mise en français vers l'époque même où ils écrivaient.

Le récit d'Ernoul et de Bernard remonte bien en réalité au règne de Godefroy de Bouillon, mais il est, dans ces premiers temps, extrêmement sommaire et incomplet. Il ne prend les proportions d'une histoire continue que vers l'année 1183, au règne de Baudouin V, et aux circonstances qui amenèrent la funeste bataille de Tibériade, la perte de la Vraie Croix et la prise de Jérusalem par Saladin en 1187. Le but essentiel d'Ernoul et de Bernard est de raconter ces événements sans les séparer des événements qui suivirent. Ils l'annoncent expressément dès leurs premiers mots : « Oiés et entendés comment la tiere de » Jherusalem et la Sainte Crois fu conquise de Sarrasins » sour Crestiens. » C'est en ces termes qu'Ernoul ouvre sa chronique et en fixe le vrai commencement historique, dans un début que Bernard le Trésorier ne fait aucun scrupule de s'approprier aussi bien que l'œuvre entière de son prédécesseur. Pour l'histoire des temps antérieurs au règne de Baudouin V, en remontant jusqu'à la conquête de Godefroy de Bouillon, période qui correspond aux 145 premiers chapitres de son XXVe livre, Pipino en prend la substance, soit dans la chronique de Bernard le Trésorier, reproduction de celle d'Ernoul, dont la forme abrégée convenait à son dessein[1], soit dans le *Liber Acquisitionis*, qu'il cite parmi ses sources et qui ne peut être que le *Livre du*

---

1. Voy. la présente édition p. 12, 16, 22, 25, 27, 32, 49, etc., not.

Conquet, c'est-à-dire la chronique de Guillaume de Tyr mise dès lors en français, et probablement déjà continuée.

On sait[1] que l'œuvre appelée au moyen âge des noms divers de *Livre du Conquet*, *Livre du Conquet de Terre Sainte*, et *Histoire d'Héracles*, n'est autre que la version de Guillaume de Tyr, ordinairement suivie de quelques-unes des continuations qui lui ont été successivement annexées et qui ont conduit le récit général des événements d'Outremer, d'abord jusqu'en 1231, puis jusqu'en 1261, 1275-1277 et 1291. Rappelons en passant que ce titre malencontreux d'*Histoire d'Héracles*, particulier à l'Occident, a été donné par quelques rubriqueurs du moyen âge à la traduction de Guillaume de Tyr, uniquement parce que l'archevêque rappelle au début de son histoire la conquête de Jérusalem par les Perses, et la délivrance de la ville Sainte par l'empereur Héraclius : « Les « anciennes estoires dient que Eracles, qui mout fu « bons crestiens, governa l'empire de Rome, » etc.[2] Pipino commence de même l'histoire des croisades dans son XXVe livre, par une phrase évidemment calquée sur ces mots de la version française de Guillaume de Tyr : *Heraclio imperatore Christianissimo romanum imperium gubernante*, etc.[3]

La chronique de Bernard le Trésorier n'a servi qu'accidentellement à Pipino pour les deux premiers

---

1. Voy. notre *Essai*, pag. 478, 553; M. Louis Streit, *de rerum transmarinarum qui Guillelmum Tyrium excepisse fertur gallico auctore*. Griswald, in-8°. 1861. p. 4, 5.
2. Guillaume de Tyr, t. I. p. 9.
3. Muratori, *Script*. t. IX. col. 663.

tiers de son histoire des guerres saintes, c'est-à-dire pour les 140 premiers chapitres environ du 25ᵉ livre, qui en renferme 208. Elle devient au contraire le fonds habituel de la narration dans le dernier tiers du livre, qui amène l'histoire d'Outremer des années 1180-1183 à l'an 1230. Dans cette période même, où se trouve la valeur principale du XXVᵉ livre et de la chronique en général, elle n'est pas l'unique base du récit. Pipino interpole assez souvent l'abrégé qu'il en donne de fragments très-reconnaissables, même quand il n'en indique pas la provenance, des écrits de Vincent de Beauvais, de Jacques de Vitry et d'Olivier le Scholastique.[1] Mais on peut dire néanmoins, en négligeant les détails, que Bernard le Trésorier est la source principale de Pipino à la fin de son XXVᵉ livre, comme le Guillaume de Tyr français l'a été pour le commencement.

Pipino a-t-il eu à sa disposition deux mss. distincts renfermant, l'un la version de Guillaume de Tyr, et l'autre la chronique de Bernard le Trésorier? Cela est possible. Ce qu'il dit de ses auteurs manque de précision et ne le prouve pas néanmoins. Quand il cite, à de courts intervalles, le Livre anonyme du Conquet, *Liber Acquisitionis Terræ Sanctæ* et l'*Historia Bernardi Thesaurarii*, il paraît avoir connu deux chroniques séparées et différentes. Mais son attribution, d'ailleurs erronée, à Bernard le Trésorier, d'une Histoire de la Conquête et de la Perte de Jérusalem, confond aussitôt les deux œuvres en une seule, et semble indiquer qu'il

---

[1]. Voy. ci-après p. 178, 234, 248, 254, 259, 663, 264, 274, 277, 305, 396, 406, 410, 413, 426.

a disposé et rédigé son Histoire des Croisades sur un manuscrit unique renfermant les deux chroniques: la traduction de Guillaume de Tyr et la chronique de Bernard, annexée en totalité ou en partie à la première. La question, au reste, n'a qu'un intérêt de curiosité, et quelle que soit la vraie solution, la réponse ne peut influer sur la démonstration qui nous occupe.

Ce qu'il y a de certain, c'est que le ms. unique de Pipino, ou son second ms., s'il en a eu deux, était moins complet que les mss. de Paris et de Berne. Pipino arrête son histoire des croisades en 1230[1], à l'évacuation de la Pouille par l'armée du roi Jean de Brienne, et à la réconciliation de Frédéric II avec Grégoire IX. Les vrais manuscrits de Bernard le Trésorier (nos mss. A et B) atteignent l'année 1231, en rappelant, dans un dernier chapitre, la démarche des barons de Constantinople auprès de Jean de Brienne pour le déterminer à accepter la régence de l'empire, les hésitations de Brienne, son assentiment définitif et le mariage de sa fille avec Baudouin II. Ce qui est encore constant, c'est que Pipino, parvenu à la fin de son XXVe livre, indique expressément la chronique de Bernard le Trésorier comme l'œuvre à laquelle il prend la substance de son récit : *Hæc de gestis Johannis sumta sunt ex Historia Bernardi Thesaurarii. Qualis autem fuerit exitus non inveni, vel quod historiam non compleverit, vel quod codex unde sumsi fuit imperfectus*[2]. C'est là la mention qui a trompé Mura-

---

1. Voyez la présente édition, p. 468. not. 6.
2. Muratori, t. VII. col. 846.

tori. La citation de Pipino se réfère aux derniers événements de la chronique où figure l'ancien roi de Jérusalem; tout au plus pourrait-elle se rapporter à la dernière partie, au dernier tiers du livre; en l'appliquant à toute l'histoire des croisades donnée par Pipino, dans son XXVe livre, Muratori a exagéré, dénaturé tout à fait l'indication du religieux de Bologne et a donné naissance à l'erreur qui s'est depuis perpétuée sous le couvert de son immense mais non infaillible érudition, au sujet de l'œuvre de Bernard.

IV.

L'erreur était d'autant plus difficile à éviter, en l'absence des manuscrits nouvellement reconnus, que Pipino lui-même, comme nous l'avons vu, attribue plusieurs fois et fort inconsidérément à Bernard le Trésorier, une Histoire générale de la Conquête et de la Perte de la Terre Sainte, *Bernardus Thesaurarius in Libro Acquisitionis et Perditionis Terræ Sanctæ;* tandis que nous savons aujourd'hui, par des manuscrits authentiques, que l'histoire de Bernard le Trésorier, commençant en réalité un siècle après la première croisade, n'a pu fournir à Pipino la matière intégrale de son XXVe livre.

Au lieu de donner à ce grand fragment l'étiquette attrayante d'*Histoire* ou *Livre de la Conquête de Terre Sainte, depuis l'année 1095 jusqu'à l'année 1230, composé par Bernard le Trésorier*[1], Muratori aurait dû

---

1. *Bernardi Thesaurarii Liber Acquisitionis Terræ sanctæ ab anno 1095 usque ad annum circiter 1230. Script.* t. VII. col. 669.

l'annoncer simplement comme un extrait de la Chronique générale de fra Pipino relatif aux croisades, extrait composé sur des chroniques fort diverses, et dans sa dernière partie seulement, sur la chronique de Bernard le Trésorier.

Ce n'est pas au reste le seul procédé peu régulier dont on ait usé à l'égard de l'œuvre de Pipino. Reconnaissant que la chronique du moine de Bologne, toute formée qu'elle soit d'emprunts et d'extraits, pouvait fournir des données utiles et nouvelles, Muratori ne voulut pas borner sa publication au XXVe livre. Il fit un choix dans le reste de la chronique parmi les neuf livres dont les faits sont postérieurs à l'année 1176, à savoir les XXIIe, XXIIIe, XXIVe, XXVIe à XXXIe livres. Il en retira les passages les plus intéressants, et en composa arbitrairement une œuvre nouvelle, répartie en trois livres subdivisés en chapitres, à laquelle il donna le titre peu mérité de *Chronicon Francisci Pipini*[1]. Cette chronique, qui n'a de l'unité que l'apparence, fut insérée dans le tome IXe des *Scriptores Italici* terminé en 1727. Sa publication est donc postérieure d'un an à l'apparition du XXVe livre, et cette publication supplémentaire d'un texte artificiel n'a pas peu contribué à obscurcir encore la question. Fréquemment Pipino, en racontant l'histoire des croisades dans son XXVe livre, touche à des événements dont il avait déjà parlé dans les premiers livres de sa chronique générale. En ce cas, son récit est plus sommaire; il énonce seule-

---

1. Muratori, tom. IX. col. 587. Incipit liber primus. Caput primum. *De concordia inter imperatorem et Alexandrum.*

ment les faits et rappelle qu'il en a été déjà question ailleurs, à peu près en ces termes : *ut scribitur supra; ut perfunctorie dictum est supra; qualiter acciderit habetur sub temporibus Henrici; hæc historia non hic prosequitur, quum posita sit supra sub temporibus Friderici primi,* etc.[1] Ces indications n'appartiennent point à Bernard le Trésorier, comme on pourrait le croire d'après le faux intitulé de Muratori ; elles sont de Pipino, l'écrivain du xive siècle ; elles renvoient d'un livre à un autre de la compilation générale du dominicain de Bologne, et elles se réfèrent, en sens inverse de l'ordre d'impression, du tome VII au tome IX des *Scriptores italici*. Mais c'est là l'un des moindres inconvénients de la façon dont la chronique de François Pipino a été donnée au public, et je n'ai pas le dessein de m'occuper davantage ici des parties de cette œuvre antérieures ou postérieures au XXVe livre.

V.

Pendant que Muratori poursuivait le cours des travaux multiples au milieu desquels se complaisait son érudition, des publications historiques non moins considérables paraissaient en France par les soins des religieux de l'Oratoire et de la Congrégation de Saint-Maur.

Le 1er volume de l'*Amplissima collectio* de dom Martène, qui fut imprimé en 1729, renfermait une continuation en français de l'Histoire de Guillaume de

---

1. Muratori, tom. VII. col. 752, 768, 814, et voy. aux notes du présent volume, pag. 16. p. 295. p. 347.

Tyr de 1184 à 1275, extraite du ms. de Gaston de Noailles, écrit à Rome en 1295, aujourd'hui à la Bibliothèque Nationale n° 9082.[1] Les savants éditeurs ne remarquèrent pas la similitude extrême qui existe entre certaines parties de ce fragment et les passages chronologiquement correspondants du XXV⁰ livre de Pipino inséré dans la collection des Historiens d'Italie. Muratori lui-même n'eut pas l'occasion de la constater; nous ne voyons pas du moins qu'il y fasse nulle part allusion dans la publication des onze derniers volumes de son recueil, qui se succédèrent régulièrement, et un peu hâtivement, de 1729 à 1738[2].

L'analogie, que n'avait pas aperçue dom Martène, frappa le savant P. Mansi, occupé alors à Lucques de son édition critique des Annales de Baronius et de Rainaldi. En conférant les deux textes, l'un latin, l'autre français, Mansi soupçonna tout d'abord et établit bientôt leur commune origine : *Duo hæc scripta unum idemque esse opus non suspicor tantummodo, sed et evidentibus his argumentis demonstro*[3]. Ses raisons sont péremptoires, et nul doute n'est possible sur ce fait que la chronique publiée par dom Martène dans le premier volume de l'*Amplissima collectio* ne soit, quant à sa première partie, c'est-à-dire de l'an 1184 à l'an 1231, la source première et principale de laquelle est sortie plus en abrégé la fin du XXV⁰ livre de la chronique latine de Pipino, donnée par Muratori sous le faux nom de Bernard le Tréso-

---

1. Voy. l'*Essai de classif.* p. 485.
2. Le tome XXIV⁰ fut publié en 1738. Le tome XXV⁰ renfermant un Supplément et les Tables parut en 1751.
3. *Annales ecclesiastici*, t. XX. p. 567.

rier. Si le P. Mansi avait eu connaissance du ms. où les éditeurs de l'*Amplissima collectio* trouvèrent le précieux récit qu'ils publièrent en 1729, nul doute qu'il n'eût constaté la même corrélation dans la partie antérieure de ce ms. qui, de l'année 1184, remonte, avec l'histoire de Guillaume de Tyr, jusqu'aux premières croisades. Le volume de Gaston de Noailles est en effet un des textes français de l'Histoire de l'archevêque de Tyr, continué jusqu'en 1275, comme les mss. dont nous avons formé la 5e classe des Continuateurs. Mais tout ce que le P. Mansi ajoute à cette judicieuse observation est conjectural ou entièrement erroné. De l'âge, de la patrie, du voyage de Bernard le Trésorier en Orient, nous n'en savons rien. Que Bernard ait écrit une Histoire générale de Terre Sainte depuis la Conquête jusqu'en 1275, cela est tout-à-fait inexact. Les mss. de Berne et de l'Arsenal montrent que son récit et celui d'Ernoul, son prédécesseur, ne commencent réellement qu'à la fin du XIIe siècle et ne dépassent pas l'année 1231.

Ces faits ne pouvaient être constatés qu'au moyen des mss. étudiés de nos jours; et jusqu'à ce que l'attention des érudits eût été appelée sur ces sources nouvelles, l'on était autorisé à considérer l'opinion du P. Mansi comme vraie. Meusel, Fontette, les rédacteurs de l'Histoire littéraire de France, l'auteur de l'Histoire des Croisades, l'éditeur de la Collection des Mémoires relatifs à l'Histoire de France lui-même ne pouvaient qu'en admettre la vraisemblance. Toutefois M. Guizot, sans le secours de textes nouveaux, signala le premier la différence de rédaction qui se manifeste dans la chronique publiée par ses soins en

1824 après les années 1230-1231. Le savant éditeur n'insiste pas sur son observation, il n'en recherche pas les conséquences, mais il émet l'avis qu'un nouvel auteur a rédigé la chronique après cette dernière époque et que l'œuvre des premiers continuateurs de Guillaume de Tyr avait à son tour été continuée[1].

C'est la notion la plus vraie et la plus utile à l'examen de ces textes qui eut été donnée depuis leur publication. J'espère qu'elle trouve une ample justification dans mon Essai de classification, qu'il a été indispensable de réimprimer à la suite de la présente édition. Je n'ai rédigé cet essai qu'après avoir examiné un grand nombre de mss., tous ceux que j'ai pu connaître. Ils étaient en 1848 au nombre de quarante environ. J'en ai consulté aujourd'hui plus de cinquante. De nouvelles observations n'ont fait que confirmer dans mon esprit les résultats auxquels m'avaient conduit les premiers travaux.

Je crois avoir démontré qu'entre l'époque où l'*Historia rerum transmarinarum* de Guillaume de Tyr, qui s'arrête à l'année 1183, fut traduite en français, ce qui eut lieu très-probablement après la mort de l'archevêque, vers la fin du douzième siècle, et l'époque où les manuscrits nous donnent le texte français continué, plusieurs auteurs avaient écrit en Orient et en Europe sur les événements de Terre Sainte. Ernoul et Bernard le Trésorier sont de ce nombre; ils ne furent probablement pas les seuls, comme l'indiquent et la composition variée des premières continuations et ce passage de Raoul de

---

1. *Coll. des Mémoires*, t. XIX. préf. p. VIII. 1824.

Coggeshale qui parlait en 1218 d'une chronique française déjà traduite en latin à Londres, dans laquelle se trouvait racontée la croisade du roi Richard d'Angleterre et de Philippe-Auguste, effectuée en 1190 [1].

Lorsque l'on posséda d'une part la version française de l'œuvre de l'archevêque, et d'autre part, des chroniques françaises plus ou moins spéciales aux événements postérieurs à la mort de Guillaume de Tyr, mais concernant ces événements, les copistes et les compilateurs ne durent pas tarder beaucoup à couper et à prendre dans ces derniers écrits ce qui leur convenait, en supprimant les prologues et les répétitions du début, pour donner des suites au texte français de l'archevêque, resté pendant tout le moyen-âge la grande Histoire de la Conquête de Terre Sainte. Je rentre ici en partie dans le sujet général de mon Essai, mais qu'on me permette cette redite, bien qu'elle ne se rattache qu'incidemment à l'objet spécial de la présente publication. Je l'abrégerai le plus possible; et en reproduisant quelques-unes des observations consignées déjà dans l'Essai, je pourrai, par suite de l'examen de nouveaux textes, résumer avec plus de précision le résultat de mes recherches sur l'origine, l'âge et la composition de toutes les continuations de Guillaume de Tyr qui me sont connues.

Ces grands recueils, si recherchés au moyen âge, comme l'atteste le nombre considérable de copies encore existantes, ont été pour la plupart composés en Orient et en Occident à quatre époques successives renfermées dans le XIIIe siècle ou atteignant le commen-

---

[1]. *Essai*, p. 497.

cement du xiv⁰. La multiplicité des mss. permet de constater en effet qu'une double série de copistes et de continuateurs du texte français de Guillaume de Tyr se forma en Terre Sainte et en Europe, et que le récit primitif de l'archevêque fut ainsi poursuivi au moyen d'œuvres et de mains bien diverses jusqu'en 1291.

Les premières *éditions*, si l'on peut employer ce terme, d'une Histoire de Guillaume de Tyr en français, suivie d'une continuation française, paraissent avoir été exécutées en Europe, mais avec des chroniques orientales, vers le milieu du xiii⁰ siècle, peu après la croisade de Frédéric II, dont on avait tant espéré dans toute la chrétienté, et qui est précisément le terme de la chronique de Bernard le Trésorier. La chronique d'Ernoul, la rédaction plus développée des mss. de Colbert et de Fontainebleau,[1] la chronique de Bernard le Trésorier, et bien d'autres éléments encore indéterminés, ont été employés dans la compilation, on pourrait dire dans la fabrication, de ces premières continuations. Bernard peut avoir écrit en Orient ou en Europe; on ne sait. Ernoul et l'auteur de la grande rédaction appartiennent à la Syrie ou à l'île de Chypre. Les mss. de ce premier âge sont les plus nombreux et les plus répandus en Europe. Fra Pipino a travaillé sur des textes provenant de ces premiers temps. Sanudo le vieux, au contraire, a manifestement employé une continuation bien plus étendue et arrivant à la prise même de Saint-Jean d'Acre. Mais pendant longtemps on n'eut en Orient et en Europe que des Histoires d'Outremer limitées, comme la

---

1. Voy. l'*Essai*, p. 500.

chronique de Bernard le Trésorier, à l'année 1231. Et l'on voit d'après les manuscrits existants qu'il y eut au XIVe et au XVe siècle une famille de copies et de traductions vulgaires, particulièrement italiennes, se succédant sur ce premier modèle, bien que le terme chronologique auquel il s'arrêtait fut depuis longtemps dépassé par d'autres continuations.

La seconde époque des continuateurs comprend les mss. dont les récits s'étendent jusqu'en 1261. L'événement qui donna occasion à la composition de ces nouvelles formes du Livre du Conquet ou de l'Eracles prolongé est certainement la première croisade de St Louis. L'auteur du texte primitif de ce groupe, dont la seule bibliothèque nationale de Paris renferme cinq mss., a employé dans sa compilation les morceaux les plus divers et les plus disparates. Au milieu de digressions incohérentes sur les monstres marins et autres merveilles qui avaient cours surtout parmi les populations d'Occident, on y trouve quatre fragments de grande valeur. C'est d'abord la Description des rues et des places de la ville de Jérusalem, au temps des rois Francs, à l'époque de la capitulation obtenue de Saladin en 1187 par Balian d'Ibelin, description empruntée aux mss. d'Ernoul et de Bernard le Trésorier. 2° Une narration écrite en France, mais sur le récit manifeste de témoins oculaires (peut-être de Philippe de Nanteuil, dont quelques poésies composées en Égypte y sont rappelées), de la croisade de Thibaud IV de Champagne, roi de Navarre. 3° Une lettre de Jean Sarrasin, chambellan du roi de France, écrite à Damiette en 1249; et 4° une relation des événements d'Outremer de 1250 à 1261, relation que les premiers éditeurs[1] ont traitée comme faisant partie de la lettre même de Jean Sarrasin, et qu'il en faut bien distinguer. L'auteur de ce fragment, transporté en France mais primitivement écrit en Orient et vraisemblablement à Saint-Jean d'Acre même, est peut-être l'un des chevaliers servant avec Geoffroy de Sergines, que Saint Louis, ne pouvant plus diriger personnellement la défense de la Terre Sainte, laissa après lui, dans le pays, en pourvoyant à leur solde. L'écrivain, identifié avec la population franque au milieu de laquelle il vivait, quoiqu'il ne lui appartînt pas, parle comme de faits passés sous ses yeux de la guerre fatale que la rivalité des Pisans et des Vénitiens entretint dans les murs mêmes de Saint-Jean d'Acre, de 1257 à 1259, et qui ne contribua pas peu à affaiblir sa défense extérieure.

La 3ᵉ époque ne se distingue pas seulement de la précédente parce qu'elle est plus étendue, puisqu'elle arrive jusqu'en 1275, et même dans un ms. consulté par nous à Florence jusqu'en 1277. Aucun des quatre grands morceaux historiques rapportés ou dictés en France par les croisés et utilisés dans les compilations de la 2ᵉ classe, ne se retrouve dans la 3ᵉ. Celle-ci est une continuation directe, mais non homogène, des continuations de la 1ʳᵉ époque qui se terminent en 1231. Un laïque, très-probablement un chevalier de Chypre ou de Syrie, a écrit la continuation jusqu'à l'année 1248, où finit le XXVᵉ livre de l'édition de dom Martène. Ce morceau précieux donne l'histoire du royaume uni de Chypre et de Jérusalem pendant

---

1. MM. Michaud et Poujoulat, *Coll. de Mém.* t. I. p. 359.

la minorité du roi Henri II de Lusignan et la longue guerre des Impériaux. Assurément l'auteur n'était pas un homme d'église. Un clerc, au contraire, a écrit la suite, qui forme le XXVI° livre de D. Martène, et arrive à l'année 1275, comme en témoigne l'attention particulière de l'auteur aux choses ecclésiastiques, aux conciles, à l'élection des papes et des prélats de Terre Sainte, tandis que dans les livres précédents dominent les faits de guerre, les préoccupations et les intérêts de l'esprit féodal. La nouvelle continuation est en outre d'une grande sécheresse de rédaction, et contraste encore à cet égard avec les livres précédents.

La seconde croisade de saint Louis, bien que cet événement n'y soit que très-sommairement mentionné, donna occasion à la composition des continuations de la 3° époque, comme la Prise de Saint-Jean d'Acre, en 1291, motiva la formation du 4° et dernier groupe. A vrai dire, les continuations de la 4° époque, dont nous ne connaissons que deux mss., l'un à Paris, l'autre à Rome, mais tous deux du XIV° siècle, ne sont que des copies des continuations de la 2° époque arrêtées à 1261, auxquelles on a ajouté le texte français d'un récit de la prise de Saint-Jean d'Acre et des événements antérieurs depuis l'année 1288. La lacune historique qui existe dans ces deux séries d'origine occidentale, de l'an 1261 à l'an 1288, est heureusement comblée par les continuations de la 3° époque.

Celles-ci forment, avec les continuations de la première époque, les vraies annales, la véritable Histoire d'Outremer. Ce sont là particulièrement les chroniques qu'on appelait au moyen âge les *Livres du*

Conquet. Tout en elles atteste une origine orientale. La connaissance habituelle et circonstanciée des localités et des familles de Chypre et de Syrie, la pratique de la vie générale de la société latine que régissaient les Assises, au milieu de populations soumises à d'autres usages, ne se retrouve pas avec le même caractère dans les continuations de la seconde et de la quatrième époque. Leurs auteurs ont manifestement vécu et écrit, soit dans l'île de Chypre, soit sur le continent, à S¹ Jean d'Acre ou à Tyr, comme Ernoul, comme Jean d'Ibelin, Philippe de Navarre, Geoffroy le Tort, et tant d'autres chevaliers, clercs ou bourgeois dont nous avons les œuvres. C'est dans la recherche et l'examen des mss. de ces deux époques qu'on peut espérer le plus de retrouver la trace des chroniques originales qui ont pu être composées par nos Français d'Outremer, et les moyens de les reconstituer.

De nouveaux manuscrits permettront peut-être de reconnaître un jour l'origine diverse et les auteurs des principaux fragments de ces continuateurs. Les mss. de Lyon mériteraient une étude spéciale dans cette direction. Mais un des résultats les plus désirables serait la découverte de la forme première et du nom de l'auteur (vraisemblablement un chevalier d'Outremer comme Ernoul, si ce n'est Ernoul lui-même) de l'œuvre qui forme jusqu'en 1230, la riche continuation des mss. de Fontainebleau et de Colbert. Nous avions depuis longtemps signalé ces textes à l'attention des savants éditeurs du Recueil des Historiens occidentaux des Croisades, qui l'ont adopté dans leur publication. S'il était possible de lui rendre sa physionomie originale, ce récit, n'eût-on pas la satisfaction d'inscrire en tête le nom de son auteur, mériterait d'être publié de nouveau et séparément. Une semblable étude aiderait beaucoup à démêler le chaos de la première époque de formation des continuations de Guillaume de Tyr, où ont été employées les œuvres les plus diverses. En attendant, j'espère que la présente publication de la chronique du Trésorier, qui est l'une de ces œuvres, et à laquelle je reviens enfin, fera faire quelques pas à la question.

VI.

Les deux mss. de Paris et de Berne, A. et B., nous donnaient ce que l'on peut considérer définitivement comme la vraie chronique de Bernard le Trésorier (sauf la question de plagiat), puisqu'ils sont complets et terminés par une note contemporaine qui en détermine expressément l'auteur. Nous connaissions aussi le ms. 41 de Berne (notre D.), compilation historique du XIIIe siècle, où est transcrite la Chronique d'Ernoul, coupée par de nombreuses insertions et rubriques explicatives, mais portant aussi la mention formelle du nom de l'auteur. Tout en tenant grand compte de cette dernière notion, nous étions résolus à publier la chronique du religieux de Corbie, en prenant pour base de l'édition les mss. A. et B., quand le savant baron Kervyn de Lettenhove appela notre attention, avec son obligeance habituelle, sur le ms. 11142 de la Bibliothèque royale de Bruxelles.

L'œuvre d'Ernoul apparaît ici un peu plus personnelle que dans les autres mss. Le nom de Bernard le Trésorier n'y est point mêlé. Il est vrai qu'au dernier folio du ms. et tout à la suite du texte qui ne dépasse pas l'année 1229, à laquelle pouvait parvenir la rédaction d'Ernoul, déjà peut-être remaniée par un inconnu, se trouve transcrit le commencement même ajouté postérieurement par Bernard le Trésorier au texte d'Ernoul[1]. Mais, sans pouvoir expliquer cette circonstance, nous remarquerons que les manuscrits de Bernard le Trésorier, A. et B., prouvant que la réelle chronique du moine de Corbie arrive jusqu'à l'année 1231, il est extrêmement probable que le copiste, ou les copistes de C. (car on peut soupçonner un changement de main vers la fin du ms.[2]), ont eu à leur disposition et ont voulu transcrire la chronique d'Ernoul, plutôt que celle de Bernard. Nous avons donc dans le manuscrit de Bruxelles un texte qui a plus de chance que tous les autres d'être le texte d'Ernoul, et qui certainement est plus voisin de la rédaction de l'écuyer que celui qui nous est parvenu sans le nom d'Ernoul dans les mss. de Bernard le Trésorier. Le style et le dialecte, de l'avis des plus compétents, montrent en outre l'antériorité du ms. de Bruxelles sur ceux de Paris et de Berne.

En cet état, je ne pouvais plus hésiter sur le parti à prendre. Quoique ma publication fût entièrement prête pour l'impression, je me résolus à la recommencer en adoptant pour fond principal de la nouvelle édition le ms. de Bruxelles. C'est ce que j'ai fait.

Je publie donc aujourd'hui la chronique d'Ernoul,

---

1. Voy. plus loin la Description des mss. lettre C.
2. Je ne me dissimule pas que cette observation, sur laquelle au reste j'insiste peu, aurait plus de poids, si le changement de copiste se manifestait précisément au folio et au point où commence le préambule de Bernard le Trésorier, ce qui n'est pas.

écuyer de Balian d'Ibelin, d'après le ms. de Bruxelles (ms. C.), et j'y insère, en distinguant ces additions ou modifications du reste de la chronique par les procédés typographiques indiqués plus loin, ce qui peut passer, d'après A. et B., comme le travail particulier de Bernard le Trésorier; et cela se réduit à bien peu. On aura ainsi simultanément, mais de manière à ne pas les confondre, et la chronique totale de Bernard le Trésorier, et la chronique antérieure d'Ernoul utilisée par Bernard, ou du moins ce que nous devons considérer jusqu'à présent comme la chronique d'Ernoul.

Peut-être en effet n'avons-nous dans le ms. C., comme dans les mss. D.E.F.O., qu'un abrégé d'Ernoul. Peut-être Ernoul, cet écuyer de Balian d'Ibelin, si bien à même de connaître les hommes et les événements d'Outremer, est-il l'auteur de la rédaction bien plus développée, quant aux faits historiques, des mss. de Colbert et de Fontainebleau [1]. Si ce grand récit n'est pas d'Ernoul, Ernoul l'a copié en l'abrégeant et l'enrichissant de la Description de Jérusalem. J'ai exposé ces conjectures et les notions plus certaines relatives à la chronique de Bernard le Trésorier dans mon Essai. Il serait superflu de les reproduire ici.

On verra que l'œuvre propre du moine, d'ailleurs inconnu, qui fut trésorier de Saint-Pierre de Corbie, n'est pas grand' chose. A part quelques passages à lui personnels, s'ils ne sont pas extraits de chroniques inconnues, et dont le plus étendu est relatif à la mort de Murtzuphle lors de la prise de Constantinople par les

---

1. Voy. l'*Essai*, p. 499-501.

Français[1], Bernard reproduit en entier la chronique ou l'abrégé de la chronique d'Ernoul telle que nous la donnent les mss. C.D.E.F.O. Il y ajoute un prologue et une fin de quelques pages et divise le tout assez irrégulièrement en XLI chapitres, pour lesquels, lui ou son copiste, ont rédigé de courtes rubriques presque toujours insuffisantes, qui sont transcrites en tête de la chronique. Ça été là, je crois, tout son labeur.

Le commencement de la chronique de Bernard se distingue aisément de celui de la chronique d'Ernoul par la comparaison des mss. A.B. aux mss. C.D.E.F.O. Tout ce commencement, d'ailleurs fort court, est en italique dans mon édition. On ne peut aussi facilement préciser la fin d'Ernoul et le commencement de la continuation de Bernard, parce que les compilateurs et les copistes, pas plus que les auteurs eux-mêmes, n'attachaient de valeur à ces distinctions, si utiles aujourd'hui pour attribuer à chaque écrivain la part qui lui revient d'une œuvre commune. Dans le ms. D. où ne se trouve rien de Bernard le Trésorier, la rédaction s'arrête à l'année 1227[2], avant le départ réel de l'empereur Frédéric pour la Terre Sainte. On pourrait croire ainsi qu'à partir de ce point, la suite du récit fournie par les autres mss., appartient à Bernard, et nous l'avions pensé d'abord[3]. Mais les mss. C. et E., où le seul nom d'Ernoul est inscrit comme dans C., nous apportant un texte poursuivi jusqu'à la fin de la croisade de Frédéric II, en 1229[4], nous ne nous voyons

1. L'édition. pag. 373.
2. L'édition, pag. 458.
3. *Essai*, p. 496. 500. 513.
4. L'édition. p. 467.

plus suffisamment autorisés à attribuer à Bernard toute la partie de la rédaction qui dépasse l'année 1227. Nous inclinons donc aujourd'hui à diminuer encore un peu la rédaction originale du moine de Corbie, que chaque nouvelle recherche amoindrit ainsi de plus en plus. Mais après le retour de l'empereur dans ses états, en 1229, nous ne trouvons plus motif de dénier à Bernard le mérite d'être le vrai continuateur, et de figurer pour une part bien modeste mais personnelle au nombre des continuateurs de Guillaume de Tyr.

Nous imprimons cette fin en italique, comme le début, et nous donnons dans le même caractère les rubriques qui semblent encore lui appartenir. Nous ne pouvions procéder de même, et il n'y avait pas grande utilité à agir ainsi, pour les additions ou modifications de détail apportées au fond même de la chronique. Nous allons en dire les raisons : si nous possédions, d'une manière certaine, le texte intégral et primitif de la rédaction d'Ernoul, il y aurait un véritable intérêt, ne fût-ce que pour voir de près les procédés de compilation des anciens chroniqueurs, à conférer mot à mot et jusqu'aux particularités cette première rédaction avec celle que nous a transmise Bernard en se l'appropriant. Mais il est fort douteux que nous ayons même dans le ms. C. l'original de la composition d'Ernoul. La chronique qui nous est parvenue avec son nom dans ce ms. semble avoir subi déjà bien des modifications. Ces remaniements peuvent avoir été considérables et affecter le fond comme la forme. Nous avons peut-être là l'œuvre d'un abréviateur, déjà peut-être un continuateur. C'est tout au moins un compilateur, puisqu'il réunit un fragment de Bernard le Trésorier à la Chronique d'Ernoul, et ce compilateur a pu connaître et employer, surtout vers la fin de la chronique, d'autres récits que celui d'Ernoul. Nous n'oserions l'affirmer ; le nier, moins encore. Dès lors, la comparaison littérale des deux rédactions perdait tout l'intérêt de curiosité qui en aurait fait excuser la minutie, et nous n'avions plus à nous occuper de la collation du texte, qu'afin d'en assurer la clarté et la valeur historique.

Nous avons, à cet effet, relevé dans toutes les circonstances qui nous ont paru le mériter les changements apportés au texte du ms. C, base de notre publication, par additions, développements ou suppressions. Nous mettons au bas des pages les simples variantes. Nous admettons dans le texte[1] et plaçons souvent entre crochets [ ] les mots ou les passages plus utiles au sens, étrangers à C. et qui peuvent être de Bernard.

VII.

Le labeur et le mérite personnels de Bernard le Trésorier ont été, comme l'on voit, bien exagérés, et se réduisent à bien peu de chose. J'y reviens et j'y insiste ici parce que je ne l'ai peut-être pas assez dit dans mon Essai. Bernard a vécu et s'est fait un nom de l'œuvre d'autrui. Il ne mettait du reste à son travail ni ruse ni malice, et ne comptait pas en tirer vanité. Comme tant d'autres chroniqueurs, il est le plus naïf

---

1. Les lettres non suivies de texte indiquent dans les Notes les mss. qui ont fourni le mot ou les derniers mots auxquels se rattache le renvoi.

plagiaire. Il copie presque mot pour mot la chronique de son prédécesseur en conservant les formes les plus personnelles de la rédaction : « Avant que je ne vous « dise coment la Sainte Crois fut conquise par les « Sarrasins sur les Chrétiens, je vous nomerai les rois « et les seigneurs qui furent après le temps de Godefroy « qui la conquit sur les Sarrasins[1]. » — « Je vous ai « parlé d'Andronic maintenant, parce qu'il fit la malice « par quoi les Français allèrent en Constantinople, au « temps du roi Lépreux ; si j'ai la place et le temps, « je vous dirais en quel point la malice fut faite et « comment.[2]

— « Je ne vous parlerai plus maintenant de Naplouse, « mais je vous dirai quand Saladin en sera parti, où elle « sied et comment elle sied.[3] » Bernard s'exprime ainsi par la plume et la bouche d'Ernoul. — « Jésus Christ « dit encore bien d'autres paroles, mais je ne puis tout « vous raconter[4]. » — « Je ne vous parlerai plus « maintenant d'Erard de Brienne, mais peut-être vous « en parlerai-je encore plus tard[5]. »

Il ne change rien à l'ordre de la narration et ne prend pas la peine de rapprocher les diverses circonstances du même événement, quelquefois séparées dans son auteur. Au milieu des conférences de Saladin avec les bourgeois de Jérusalem, lors de la capitulation de la ville, Ernoul, par une phrase incidente, rappelle un fait relatif à la reddition d'Ascalon dont il

---

1. L'édition p. 5.
2. L'édition, p. 16. cf. p. 82.
3. Pag. 106.
4. Pag. 109.
5. Pag. 409.

avait précédemment parlé : « J'avais oublié de vous
« dire que le jour où Ascalon fut pris, on rendit à
« Saladin tous les châteaux des environs[1]. » Bernard
transcrit simplement les paroles d'Ernoul, et les compilateurs, qui ont plus tard employé leur chronique
pour faire les continuations de G. de Tyr, répètent à
leur tour ce qu'ils avaient dit l'un et l'autre. Des
circonstances semblables se présentent dans toutes les
parties de la chronique, au commencement comme à
la fin : « Je vous parlerai maintenant du prince
« Renaut, sire du Crac, qui fut en la bataille de Mont-
« gesard, parce que j'avais oublié de vous dire les
« prouesses qu'il y fit[2]. » — « Nous vous dirons mainte-
« nant, si vous voulez, ce que c'est qu'une caravane[3].
— « Je vous avais dit par devant que je vous dirai
« quelque part comment il y avait eu pour la première
« fois un roi en Arménie; je l'avais oublié. Mais main-
« tenant il m'en est souvenu, et je vais vous le dire.[4]
— « On fit pour eux une grande cité, et ils y sont
encore[5]. » « Aucunes fois avint il à nos temps[6], » etc.
Tout cela est dit par le premier rédacteur et conservé par le second.

A peine pourrait-on remarquer çà et là quelques
mots qui signaleraient chez Bernard le Trésorier une
pensée vraiment personnelle et une individualité
distincte de celle d'Ernoul, sans que Bernard ait pro-

1. L'édition, p. 185, et note II.
2. Pag. 54.
3. Pag. 57.
4. Pag. 318.
5. Pag. 438.
6. Pag. 441.

bablement cherché à l'accuser. Peut-être la circonstance suivante, qui est bien insignifiante en elle-même, est la plus marquée. Dans le récit de la croisade de Constantinople, Ernoul nomme les conquérants, tantôt les *Latins*, tantôt les *François*. A ce dernier nom, Bernard substitue généralement le nom de *Latins* et il en dit la raison : « Je les nomme « Latins, parce qu'en la terre d'Outremer on appele « les Franczois Latins[1]. »

L'expression de « croisés *au-delà* des monts » remplacée quelquefois dans la même phrase par les mots « croisés *en deçà* des monts[2], » pourrait être considérée comme un autre indice de la différence originaire des deux rédacteurs, l'un écrivant Outremer et l'autre en Occident, indice conservé à travers toutes les compilations, les transcriptions et les remaniements des manuscrits; plus vraisemblablement, c'est là un pur effet du hasard ou de l'inattention des copistes. Mais c'est assez montrer, je crois, que sous le titre de Chronique de Bernard le Trésorier, nous avons surtout, même dans nos mss. A. et B., une œuvre antérieure au religieux de Corbie, qui l'a complètement absorbée dans la sienne.

Je ne me suis pas borné à collationner entre eux les six mss. qui nous donnent les textes d'Ernoul et de Bernard le Trésorier. Comme ces rédactions se retrouvent en grande partie, malgré les mélanges qu'elles ont subis, dans les compilations générales du Conquet et de l'Eracles, j'ai été amené souvent à les

---

1. Edition, p. 365. not. 3.
2. Edition, p. 337. note 10.

conférer avec les diverses Continuations de Guillaume de Tyr. Mais je n'ai nullement cherché à compléter historiquement le texte de ma chronique. Je ne me suis occupé que du sens et de la clarté de la rédaction. Le reste est un travail tout différent, qui eût été ici déplacé et peu utile. En parcourant les sommaires qu'il m'a paru nécessaire de placer en tête de chaque chapitre, on verra facilement les événements racontés ou mentionnés par nos auteurs, et ce qui manque à leur récit.

Je termine en adressant mes sincères remerciements aux personnes qui ont bien voulu m'aider dans ma tâche par leurs communications, leur coopération ou leurs conseils : à M. le baron Kervyn de Lettenhove, à qui je dois la connaissance du ms. principal d'Ernoul, à M. Louis Carbonieri, bibliothécaire de Modène, dont j'ai souvent mis l'obligeance à contribution pour compléter par des renseignements successifs ce que m'avait appris un premier examen du ms. de la chronique générale de Pipino; à M. Louis de Steiger, bibliothécaire de Berne; à MM. Meyer et Tuetey, mes collaborateurs aux archives, qui m'ont si utilement secondé pour la révision et le collationnement des textes, enfin à M. Guessard, mon savant commissaire responsable et ami.

CONCORDANCE CHRONOLOGIQUE

DE LA CHRONIQUE D'ERNOUL ET DE BERNARD LE TRÉSORIER

AVEC LES CONTINUATIONS DE GUILLAUME DE TYR IMPRIMÉES ET AVEC LA CHRONIQUE DE FRANÇOIS PIPINO.

	M.[1]	N.[2]	Dom Martène.[3]		G.[4]	H.[5]
Chapitres	Chapitres	Col.			Pag.	Pag.
I. Ann. 1101-1162						
II. » 1118	112, en partie	(partie inédite)				
III. » 1129-1169	125-131					
IV. » 1164-1177	131-134					
V. » 1167	135					
VI. » 1169-1178	135-138					
VII. » 1179-1182	139-141					
VIII. » 1182-1184	140-143		l. XXIII. c. 10-12		78-84	57-62
IX. » 1180-1195	144-145	613-616	col. 604-606			
X. » 1183-1186	146-147		col. 585-586		8-12	
XI. » 1185-1186	147-150		col. 586-594		12-46	10-34
			» 1-2.c.594-596			
XII. » 1186-1187	150-152		» 3-6		46-64	34-46
XIII. » 1187	152-154	603	» 6-9		64-76	46-57
XIV. » 1187	155-156		» 12-13		84-90	62-67
XV. » 1187	156-157		» 14-15		90-92	67-71
XVI. » 1187	157-161		» 16-20		92-106	71-82
XVII. » 1187	Rien.					
XVIII. » 1187	161-163		» 20-23		106-118	82-90

1. Vingt-cinquième livre de la chronique de Pipino publié par Muratori dans le t. VII. des *Scriptores Italiæ*.
2. Extraits de la chronique de Pipino publiés par Muratori dans le t. IX.
3. Continuation de Guillaume de Tyr, publiée par dom Martène dans l'*Amplissima Collectio*, tom. V.
4. Continuation publiée sous le nom de Bernard le Trésorier, par M. Guizot.
5. Continuation plus développée publiée par l'Académie des Inscriptions et Belles-Lettres. *Hist. Occid. des Croisades*, t. II.

CONCORDANCE CHRONOLOGIQUE.

		M.	N.	Dom Martène.	G.	H.
Chapitres		Chapitres	Col.		Pag.	Pag.
				» 23-29	118-138	90-104
XIX.	» 1187	163-166		» 29	138-140	105-106
XX.	» 1187	167		» 30-35	140-160	106-122
XXI.	» 1187-1188	168-171	624			
				» 35	160-164	122-125
XXII.	» 1188-1189	fin de 170-171		l. XXIV. 1		
				» 1-4	164-168	143-148
XXIII.	» 1190	171-173		» 4-12	168-194	149-189
XXIV.	» 1190-1192	172 et 174-177	607-609	» 13-16	194-208	189-199
XXV.	» 1192-1194	178-180		» 17-21	208-220	200-212
XXVI.	» 1192-1197	181, en partie	609-611 et 629-630			
		180-181		» 21	220-222	217-221
XXVII.	» 1193-1197			» 22-25	224-334	222-230
XXVIII.	» 1197-1198	180. 182-185		» 26-27	234-242	213-216
XXIX.	» 1194-1198	181, en partie		» 28-30	244-248	231-238
XXX.	» 1194-1204	rien	630-632	» 31-37	250-268	238-252
XXXI.	» 1197-1203	183-184, en partie	610-612	» 38-46	268-296	252-270
XXXII.	» 1202-1204	183-184 en partie et très-somm.	613-617			
XXXIII.	» 1204-1228	rien	617-623 chap. 33 à 39	» 47-57	298-334	270-295
			636-638	» 58-64	334-350	296-304
XXXIV.	» 1208-1218	rien	667	» 65-67	350-358	304-325
XXXV.	» 1205-1218	185 188 en partie				
		204-205		» 67-76	358-384	326-349
XXXVI.	» 1218-1220	rien dans les chap. 189, 190-203				
				» 77-78	384-392	rien
XXXVII.	» 1219-1220	208, presque rien		» 79-84	394-404	350-352
XXXVIII.	» 1221	206		» 84-86	406-412	353-360
XXXIX.	» 1222-1226	207		» 86-92	412-426	363-379
XL.	» 1227-1229	207-208 et dernier	647-648	» 93 et dern. col. 702.	428-430	379.
XLI.	» 1229-1231	rien.	648-650			

MANUSCRITS ET IMPRIMÉS

AYANT SERVI A NOTRE ÉDITION.

LETTRES

SOUS LESQUELLES NOUS LES DÉSIGNONS.

A. Chronique de Bernard le Trésorier. Ms. de la Bibliothèque de l'Arsenal, à Paris, n° 677, in-4°, parchemin, xiii° siècle. — Nous avons suivi ce Ms. pour l'impression de la continuation ajoutée par Bernard le Trésorier à la Chronique d'Ernoul. Nous avons donné le commencement de la Chronique, autre addition de Bernard à l'œuvre de son prédécesseur, d'après le ms. C, plus ancien que A.

Au folio Ier du ms. sont les rubriques des 42 chapitres. La division des chapitres n'est pas marquée dans l'intérieur du ms. *Commencement*, fol. 1, verso : « En l'an de l'Incarnacion Nostre « Seignor Jhesu Crist, M. C. 1. morut Godefrois, li dux de Boisson « (Boillon) et rois de Jherusalem. Apres lui fu rois Baldoins, ses « freres. » — Au folio 2 v°, commence la Chronique d'Ernoul : « Oeç et entendez coment la terre de Jherusalem fu et la sainte « croiz fu conquise de Saracins sor Cristiens. » Rien n'indique l'endroit où se termine le texte d'Ernoul et où commence la continuation de Bernard le Trésorier. — *Fin*, folio 128 : « Li « empereres et li chevaliers de la terre firent volentiers quanque « li rois Jehan lor devisa si com il avoient en convent et li rois « à tant s'en tint. » *Explicit Liber.* « Ceste conte de la terre « d'Outremer fist faire li tresoriers Bernars de Saint Pierre de « Corbie, en la Carnation millesimo. CC. XXXII. » — A la suite, fol. 128-133 : *Ci sunt li Saint Leu de Jerusalem.* Indication des lieux à vénérer à Jérusalem et aux environs, puis des extraits en français de la notice rédigée par Jacques de Vitry sur l'état de l'Orient au temps de Saladin, intitulée : *De Statu Saracenorum* : « Papes Innocens vout savoir les us et les costumes et les cons- « trées et la force et li lingnage Saladins et des autres paiens. »

B. Chronique de Bernard le Trésorier. Ms. de la Bibliothèque de Berne, n° 340, in-4°, parchemin, xiii° siècle. — Ce ms., qui a appartenu à Fauchet, puis à Bongars, est entièrement semblable au ms. A. Sinner l'intitule : « Histoire des guerres des Chrétiens en « Palestine, depuis la mort de Godefroi de Bouillon jusques à la « cession de Jérusalem par le roy Jean de Brienne et au voiage « de l'empereur Frédéric II son gendre en Terre Sainte, où il se « fit couronner en 1228. » (*Catalog. Cod. mss. Bibl. Bernensis*, t. II, p. 367). — *Commencement* : « En l'an de l'Incarnacion Nostre « Seignor Jhesu Crist M. C. I. morut Godefrois li duc de « Boillon, et roys de Jherusalem. » *Fin* : « Li empereres « et li chevaliers de la terre firent volentiers quanque li rois « Jehan lor devisa si com il avoient en convent et li rois à tant s'en « tint. » *Explicit Liber*. « Ceste conte de la Terre d'Outremer fit « faire le Tresorier Bernars de Sain Pierre de Corbie en l'Incar- « nacion M. CC. XXXII. » A la suite, les extraits français de Jacques de Vitry, comme dans A.

C. Chronique d'Ernoul, avec le nom de l'auteur. Ms. de la Bibliothèque royale de Bruxelles, n° 11142. Sur une fiche de papier fixée à l'un des folios est inscrit un ancien n° 804. Parchemin. Petit in-folio à deux colonnes. Miniatures, xiii° siècle. Reliure et numérotage modernes. Au verso du plat, armes coloriées de la famille de Croy. Sur la feuille de garde est écrit : *C'est Livre de aucun Cronicqueur de Jherusalem et de la Conqueste de la Terre Sainte, où il y a LXI. histoires, lequel est à Monseigneur Charles de Croy, comte de Chimay.* (Signé). *Charles*.

Ce Ms. où Ernoul, valet de Balian d'Ibelin, est nommé comme auteur du récit, a été adopté par nous pour base de notre publication, en raison de sa priorité sur les autres. (Voy. l'Avertissement). Pas de table des Rubriques. Pas de division de chapitres. *Commencement*. Fol. 1 : « Oiés et entendés comment la tiere de Jhe- « rusalem et la Sainte Crois fu conquise de Sarrasins sour Cres- « tiiens. » — Fol. 42, 1re col. : « Dont fist descendre .I. sien « varlet qui avoit à non Ernoul. Ce fu cil qui cest conte fist mestre « en escript. » — Fol. 110, v°, 1re col. Une seconde main semble continuer le ms. à partir de ces mots : « Si comme consaus lor « avoit aporté, si le tinrent et prisent le mere se feme, si le misent « en .I. batiel. » (Peu avant la fin de notre chap. 34). — *Fin*. Fol. 128 et dernier. Le récit d'Ernoul s'arrête à la fin de la première colonne du recto, à ces mots : « Apres si amassa grant ost « et ala contre le roi Jehan et manda son fil en Alemagne. »

(1229). A la seconde colonne et sur le verso du folio est transcrit (comme dans E.) le préambule historique ajouté par Bernard le Trésorier à la Chronique d'Ernoul, et qui se trouve à sa vraie place dans A et B : « L'an de l'Incarnation Nostre Segnor Jhesu Crist mil « C. et .I. an, morut Godefrois. » *Fin*, 2e colonne du verso : « Après « cestui, fu rois Bauduins ses fius. Et quant il fu mors, si fu rois « Amolris ses frere. »

D. CHRONIQUE D'ERNOUL, avec le nom de l'auteur. Ms. de la Bibliothèque de Berne. n° H. 41. Parchemin. In-folio à 3 colonnes. XIIIe siècle. Titre ancien : *Varies estoires des rois Crestians et de tous les seignors d'Acre et de tote la terre que li Crestien ont tenu en la terre d'outremer puis le tens Godefroy de Buillon.* (Sinner, *Catalogue*, t. II, p. 343).

Ce ms., mutilé au commencement, renferme le Roman des Sept Sages, la traduction de Turpin et divers morceaux concernant l'histoire d'Orient et les Croisades, entre autres la Chronique d'Ernoul. Le copiste a coupé les œuvres qu'il transcrit par des divisions et des rubriques explicatives très-multipliées. Il semble avoir disposé ainsi son ms. pour des lectures détachées. Souvent il ajoute au commencement des chapitres qu'il crée arbitrairement, quelques mots rappelant les faits antérieurs, peut-être pour dispenser le lecteur de recourir aux chapitres précédents. Le 1er folio moderne porte le numérotage ancien XL. En haut est le nom de *Bongars*. La Chronique d'Ernoul commence au fol. 56 ancien, aujourd'hui fol. 17. On lit à la marge du haut : *Hernoul valet de Balian d'Ibelin fist mestre cest conte en escrit.*

Commencement. « Ci orrois varies estoires des rois crestians et « de tous les seignors d'Acre et de tote la terre d'Outremer puis « le tens Godefroy de Buillon. » Ces mots appartiennent au compilateur; le texte d'Ernoul commence à la suite : « Oez et enten- « dez coument la terre de Jerusalem et la Sainte Croiz fu conquise « de Sarrasins sor Crestians. » — Fol. 73 ancien. « Dont Balian fist « descendre un suen vallet qui avoit à nom Hernoul. Ce fu cil « qui cest conte fist metre en escrit. » — Fol. 80. *Description de Jérusalem* : « Jerusalem, la glorieuse cité, n'est ore mie, » etc. — *Fin de la chronique d'Ernoul et du ms.* fol. 106 v° ancien, fol. 67 moderne : « Quant li apostoles oï dire que li empereres... Et « manda partot qu'einsi treitement avoit traïz les pelerins et qu'en « l'escommenyast par totes les terres où l'en creust Dieu (1227). » *Ici fenist li Livres de Juli Cesar, et l'Olympiade, et le Livre des*

Rois, et l'estoire de la Terre d'Outremer qui moult plest à escouter, car moult i a de bons mots. Amen.

E. Chronique d'Ernoul, avec le nom de l'auteur. Ms. de la Bibliothèque Nationale à Paris. Mss. français, n° 781. Ancien n° 7188-5. — Ancien fonds de Cangé, n° 9 ou 20. Miniatures. XIIIe siècle. Petit in-folio. Mutilé à la fin. Ce ms. renferme d'abord la Chronique de Godefroy de Bouillon, rédaction en prose du Chevalier au Cygne (fol. 1-62) et à la suite la chronique d'Ernoul (fol. 63-147), qui est nommé comme auteur de la rédaction.

Commencement, fol. 63 : « Oiés et entendés, Seigneur, comment « le tere de Jherusalem et le Sainte Crois fu conquise de Sarra- « sins sur Crestiens. » — Fol. 90 : « Dont fist descendre un sien « serjant qui avoit à non Ernous, che fu chil qui chest conte fist « mettre en escript. Et chelui Ernoul envoia Belians en le chité « et el castiel pour cerquier. » — Fol 97. Description de Jérusalem, à l'époque de la prise de la ville par Saladin. — *Fin*, fol. 147 : « Quant li empereres fu arrivés, si envoia par toute se terre « que on laissast les maisons du Temple et quanques il avoient « d'avoir et fist on cachier tous les freres hors de se terre. Et « après si amassa grant ost et ala encontre le roy Jehan et manda « sen fil en Alemaigne. » (1229). On lit ensuite : « *Chi fine chis « estoire, et fait savoir l'Incarnacion quele ele estoit quant Godefroys « de Buillon morut.* » A la suite (verso du folio 147) se trouve transcrit, comme dans C., le commencement de la Chronique de Bernard le Trésorier : « En l'an de l'Incarnation Nostre Seigneur « Diu Jhesu Crist M. C. et I. an morut Godefrois, qui fu dus de « Buillon et roys de Jherusalem. » L'addition de Bernard finit ainsi, fol. 148 : « Apres chestui fu roys Fouques qui tiers fu « quens d'Anjou et du Mans. Apres cestui fu roys Amauris ses « freres quens de Poitau. » Le copiste continue sans marquer de séparation : « A tant vous lairai à parler de ces roys et de cheste « matiere. Si vous dirai de le prophesie de le tere de Jherusalem « et d'Egypte. » Prophéties et récits fabuleux sur Mahomet et Saladin, interrompu au fol. 150, à ces mots : « pour avoir la gloire « de Paradis qui tant est deliteuse que langue ne le porroit. »

F. Chronique d'Ernoul avec la continuation de Bernard le Trésorier, jusqu'en 1231. Ms. de la Bibliothèque de Berne, n° H, 113. Parchemin. In-folio à 2 colonnes. XIIIe siècle.

C'est un volume de Mélanges concernant la plupart la Terre Sainte, de 178 folios. (Sinner, *Catalogue*, t. II, p. 389). La Chronique d'Ernoul, avec la suite de Bernard le Trésorier (et non le commencement) occupe les folios 116-166. Mais ni Ernoul ni Bernard n'y sont nommés. Sinner rappelle (*Catalog*. p. 391) qu'il a communiqué ce Ms. à La Curne de Sainte-Palaye, et que les Bénédictins devaient s'en servir dans leur publication des Historiens de France ou des Croisades. Durant cette communication, on en fit exécuter à Paris une copie conservée aujourd'hui à la Bibliothèque Nationale. Nous avons recouru souvent à cette copie (Voy. lettre O) pour suppléer aux extraits insuffisants que nous avions faits à Berne du ms. original.

Commencement. Fol. 116. Li Romans des Chroniques de la terre d'Outremer : « Chi commence li Cronikes de le terre « d'Outremer. El non le Pere et le Fil et l'Esperit Saintime. Oiés « et entendés coment la terre de Jherusalem et la Sainte Crois fu « conquise de Sarrasins sor Crestiens. » — Fol. 131, verso : « Dont fist descendre un sien vallet et l'envoia dedens le chastel. » — *Fin*, fol. 166, 2ᵉ col. : « Quant li vallés ot porté corone et il fu « empereres, li rois li requist qu'il li fesist ses convenenches et il « et li chevalier de le terre. Li empereres et li chevalier li fisent « volentiers quanqu'il devisa, si com il l'avoient en covent et li « rois à tant s'en tint. (1230-1231) *Explicit*.

Le Ms de Berne, nº H. 115, décrit dans le supplément du Catalogue (t. III, p. 526) renferme aussi la Chronique d'Ernoul, qui s'arrêterait dans ce ms. d'après M. Sinner à l'année 1227.

G. Continuation de Guillaume de Tyr en français, de 1184 a 1275, publiée par M. Guizot sous le titre de « Continuation de « l'Histoire des Croisades de Guillaume de Tyr par Bernard le « Trésorier. » Tome XIX de la *Collection des Mémoires relatifs à l'Histoire de France*. In-8º. Paris. 1824. — Cette continuation avait été déjà publiée en 1729 par Dom Martène dans le tome V de l'*Amplissima Collectio* (col. 583-752) sous le titre de *Guillelmi, archiep. Tyriensis continuata belli sacri historia gallico idiomate ab antiquo auctore ante annos CCCC. conscripta;* d'après un ms. du Cardinal de Noailles, écrit à Rome en 1295, aujourd'hui à la Bibliothèque Nationale. Mss. français nº 9082 (ancien suppl. franç. nº 104). L'édition de M. Guizot a été revue sur le ms. original.

H. Continuation de Guillaume de Tyr en français, de 1184 à 1230-1231, publiée par l'Académie des Inscriptions et Belles-Lettres, d'après les mss. de Colbert et de Fontainebleau. (Voy. l'*Essai de classif.*, p. 484, 486 et 500), dans le *Recueil des Historiens des Croisades, Historiens occidentaux*, t. II, p. 1-381. In-fol. Paris. 1859.

I. Traduction française de Guillaume de Tyr, avec la continuation paraissant arriver a 1231. Ms. de la Bibliothèque nationale, à Paris. Fonds français, n° 24208. Ancien fonds de Sorbonne 385. Richelieu, 451. XIIIe siècle. Parchemin. Petit in-folio à 2 col. Miniatures. Mutilé à la fin. Le dernier folio conservé s'arrête en 1229 et à ces mots : « Li rois porcequ'il veoit le besoing de « la terre et l'apostoile l'em prioit..... que li oirs de la terre espouse- « roit une fille qu'il avoit et porteroit corone. » (fol. 249 v°).

J. Traduction française de Guillaume de Tyr avec la continuation jusqu'en 1231. Ms. de la Bibliothèque Nationale, à Paris. Fonds français n° 9006. Ancien suppl. franç., n° 450. Parchemin. In-folio, à deux colonnes. Fin du XIIIe siècle, ou commencement du XIVe siècle. Ms. désigné sous la lettre C. dans l'édition des Continuateurs publiée par l'Académie des Inscriptions.

L'auteur de cette compilation, très-digne d'attention, paraît avoir eu à sa disposition des œuvres diverses qu'il semble avoir comparées et qu'il a utilisées avec discernement. Non-seulement il a connu la chronique d'Ernoul ou celle de Bernard le Trésorier qu'il emploie sans en retrancher la curieuse Description de Jérusalem ; mais il a encore connu la rédaction plus développée qui nous est parvenue par les mss. de Colbert et de Fontainebleau, qu'ont publiée les savants éditeurs des Historiens des Croisades dans le tome II des Chroniques occidentales. L'étendue de cette rédaction semble ne lui avoir pas convenu. Il y fait cependant, en plus d'une occasion, des emprunts positifs. Voy. la présente édition, p. 132, not. 1; p. 178. not. 8, phrase empruntée à H.

Commencement : « Ci commence l'estoire dou Conquest de la « terre d'Antyoche et dou reaume de Jerusalem. Les anciennes « estoires dient que Eracles qui fu molt bons crestiens governa « l'empire de Rome. » — Folio 375 verso. Description de Jérusalem. C'est à notre connaissance la seule continuation de Guillaume de Tyr de la première époque, dans laquelle se trouve cette Description. — *Fin* : « Et il le firent volentiers tout ensi com li « rois le devisa; et li rois s'en tint à tant apaié. »

K. Traduction française et continuation de Guillaume de Tyr jusqu'en 1261. Ms. de la Bibliothèque Nationale. Fonds français n° 24209. Ancien fonds de Sorbonne n° 387. Parchemin. Petit in-fol. à 2 col. XIVe siècle. — Ce ms. a été suivi par M. Beugnot (*Assises*, t. II, p. 531) pour la Description de Jérusalem, qui s'y trouve (fol. 304 v°) à l'époque de la reprise de la ville par les Arabes, après le départ de Frédéric II.

L. Extrait de la continuation de Guillaume de Tyr, dite de Rothelin, publiée dans le tome II des *Historiens occidentaux des Croisades*, p. 489-507.

M. Vingt-cinquième livre de la Chronique de François Pipino publiée par Muratori en 1725, dans le tome VIIe des *Scriptores rerum Italicarum*, sous le titre (erroné) de : *Bernardi Thesaurarii Liber de Acquisitione Terræ sanctæ ab anno 1095 usque ad annum circiter* 1230 (col. 663). Muratori n'a rien changé du reste à l'ordre ni à la division des chapitres de ce livre. Nous donnons plus loin la Description du ms. de Pipino, sous la lettre P.

N. Extraits de la Chronique de Pipino publiés en 1726 par Muratori dans le tome IXe du recueil des *Scriptores*, sous ce titre peu exact : *Chronicon fratris Francisci Pipini Bononiensis, ord. Prædicatorum, ab anno 1176 usque ad annum circiter 1314, nunc primum in lucem effertur e ms. codice Bibliothecæ Estensis*. Col. 587-752.

Muratori est bien loin d'avoir donné la chronique entière de Pipino, en ajoutant même à la publication des extraits insérés au t. IX la publication intégrale du XXVe livre, paru déjà dans le tome VII. Ce qui est ici annoncé comme la chronique du religieux de Bologne n'est qu'un choix de 199 chapitres fait parmi les trois cent et tant de chapitres des neuf livres suivants de la chronique générale, qui en renferme 31, les livres XXII, XXIII et XXIV; XXVI, XXVII, XXVIII, XXIX, XXX et XXXI. De ces 199 chapitres, Muratori, en conservant d'ailleurs leur ordre, a composé une chronique qu'il a de son chef divisée en quatre livres.

Le premier livre est formé de 47 chapitres, empruntés au XXIIe livre de Pipino, à partir de l'année 1176 et du chapitre 50, commençant à ces mots : « Anno post hec obumbrate virginis « MCLXXVI, timens imperator dominium perdere. » Trente-quatre chapitres sont omis dans la fin du livre XXIIe qui comprend 126 chapitres. Ce sont les chapitres 64 à 66, 73 et 74, 78 à 94, 110 à 115, 117 à 119, 121 à 123.

Le second livre de Muratori, de 54 chapitres, est composé d'extraits des livres XXIII, XXIV et XXVI. Dans le livre XXIII, qui est de 21 chapitres, l'éditeur a supprimé les chapitres 7, 11 à 15, et 17 à 19. Dans le XXIVe, qui a 92 chapitres, il a omis les chapitres 5 à 8, 11, 16 à 92. Dans le XXVIe, les chapitres 24 à 58, 60 à 63.

Le troisième livre comprend tout le livre XXVII et une partie du XXVIIIe.

Le quatrième enfin renferme le reste du livre XXVIII° et la totalité des livres XXIX, XXX et XXXI de Pipino.

O. Chronique d'Ernoul, sans le nom de l'auteur. Copie exécutée au xviii° siècle du ms. de la Bibliothèque de Berne, n° H. 113, décrit ci-dessus sous la lettre F. Bibliothèque Nationale, à Paris. Papier, in-folio, Collection Sainte-Palaye. Fonds Moreau, n° 1565.

La copie de la Chronique d'Ernoul occupe les folios 5-141. *Commencement* : Li Romans des chroniques de la terre d'Outremer. « Chi commence li kroniques de le terre d'Outremer. El non le « Pere et le Fil et l'Esperit saintime. Oiés et entendés coment la « terre de Jherusalem et la Sainte Crois fu conquise de Sarrasins « sor Crestiens. » *Fin* : « Quant li vallés..... Li empereres et li « chevalier li fisent volentiers quanqu'il devisa si com il l'avoient « en covent., et li rois à tant s'en tint. » *Explicit.* Le livre de « M. Fauchet ajoute : Ceste route (conte) de la terre d'Outremer « fist faire le Tresoriers Bernars de Saint Piere de Corbie en « l'Incarnation Mille CC. XXX.III. » En marge : « Ceci est écrit « au haut de la page, d'une main du dernier siècle. »

Le ms. de Fauchet, dont il est ici question est vraisemblablement notre ms. B.

P. Chronique de François Pipino. Ms. de la Bibliothèque royale de Modène. N° 465 des mss. latins. Anciennement VI. H. 9. Grand in-folio à 2 colonnes avec lettres rouges. Parchemin xiv° siècle. Titre sur le dos : *Pipini chronicon.* Au haut de la première page, de la main de Muratori : *Francisci Pipini de Bononia.*

Les quatre premiers folios du manuscrit sont occupés par le commencement de l'index ou table des rubriques, dont la suite se trouve à la fin du Ms., fol. 186. — *Commencement des rubriques* : « Incipiunt capitula libri primi de origine regum « Francorum et prosapia, qui continet capitula 24. Cap. I. De « origine regum Francorum et prosapia. Cap. 2. De Faramundo « primo rege Franchorum., etc. » *Fin des rubriques :* « Incipiunt capi- « tula XXXI libri, qui continet capitula 6, sub imperio Alberti. « Cap, 1. De Benedicto XI. Cap. 6. De cassatione Templariorum. »

La chronique est composée de 31 livres, subdivisés en chapitres. *Commencement :* « Lib. 1. Cap. 1. Karolus serenissimus Augustus » a Deo ordinatus, magnus, pacificus imperator qui et Francorum » et Longobardorum rex, romanum gubernans imperium, etc. »

« Liber XXII. Sub Friderico primo. » (126 chapitres.) Muratori a publié des extraits de ce livre, réunis aux extraits de huit autres livres dans le t. IX des *Scriptores*. Nous avons précédemment parlé de cette publication sous notre lettre N.

« Liber XXV. » Publié en entier par Muratori dans le tome VII des *Scriptores*. Voy. notre lettre M.

« Liber XXVI. Sub Friderico secundo » (40 chapitres). — « Liber XXXI. Sub imperio Alberti » (6 chapitres). Des extraits de ce livre sont publiés dans le tome IX des *Scriptores*.

Fin du 6e chapitre et de la chronique de Pipino : « Raros conventus cum confratribus habens, locis abditis abstractus et solitarius mansit, ex quo fama contra ejus pudicitiam laboravit. »

R. Guillaume de Tyr en français, avec quelques préliminaires et la continuation jusqu'en 1261. Ms. de la Bibliothèque nationale à Paris. Ancien supplém. français n° 2311. Aujourd'hui ms. franç. n° 9083. Grand in-folio. XIVe siècle. Reliure en veau fauve aux armes de Foucault.

Nous avions pensé que c'était là le ms. de Rothelin dont Berthereau a fait une copie utilisée par M. Michaud. (Voy. l'*Essai de classification*, dans le présent vol. pag. 485). M. L. Delisle confirme notre attribution, en nous faisant remarquer que les armes de l'intendant Foucault, dont plusieurs mss. furent acquis par l'abbé de Rothelin et parvinrent ainsi à la Bibliothèque royale, se trouvent sur les plats du volume. (*Le Cabinet des Mss.*, in-4°. 1868. p. 375, 378), L'ensemble de la compilation est divisé en 770 chapitres. Les rubriques sont au commencement du ms. — Fol. 1. chap. 1. *Des sainz lieus de Jherusalem et de la contrée d'entour*. — Fol. 10. chap. 8 : *Comment l'emperéour de Romme Eracles retourna de Sillice, et lors Homar de Arrabe prist toute Surie*. « Les anciennes estoires « dient que Eracles, etc. » — Fol. 302 v°. chap. 704. Description de Jérusalem, lors de la reprise de la ville par Saladin après le départ de Frédéric II : *En quel estat la citéz de Jherusalem et li sainz lieu estoient à ce jor*. — Nous avons utilisé ce texte, comme ceux de nos lettres K et L, pour les variantes seules de la Description de Jérusalem.

CHRONIQUE D'ERNOUL
ET DE BERNARD LE TRÉSORIER

CHAPITRE I.

Premierement, come Baldoin fu rois, après la mort Godefri, son frere.

SOMMAIRE.

Commencement de la Chronique de Bernard le trésorier.
1101-1162. Aperçu des événements du royaume de Jérusalem, depuis la mort de Godefroy de Bouillon, jusqu'à la mort du roi Baudouin III.
Commencement de la Chronique d'Ernoul.
1099-1118. Nouvelle entrée en matière. L'auteur se propose de raconter la perte de la ville de Jérusalem. Reprise et résumé des événements depuis le règne de Godefroy de Bouillon. Des filles de Baudouin II.

L'an de l'Incarnation[1] Nostre Segnor Jhesu Crist mil .c. et .I. an, morut Godefrois, qui fu dus de Buillon, et rois de Jherusalem. Après lui fu rois Bauduins [Ier] ses frere, qui fu cuens de Edesse, c'om apele

1. A. B. : *En l'an de l'Incarnacion.*

Rohais. Et en cel liu de celi Bauduin [Ier], fu cuens de
Rohais Bauduins [II] de Beure¹, ses cousins, qui fu
cuens² après celui Bauduin, sen cousin, si com on³
dira après. Et après celui, fu cuens de Rohais Gonce-
lins [Ier] de Cortenai, et puis Goselins [II] ses fius. Et
el tans de celui Gosselin [II] daerrain⁴, avint que
Rohais, le nuit del Noel⁵, à cele eure que les gens es-
toient à matines por l'onor de si haute⁶ fieste, fu rendue
as Turs, par .I. traïtor qui dedens estoit. Et fu toute
destruite, et tout li habitant qui dedens estoient.

Dont il avint que l'an de l'Incarnation mil .C. et
.XLVI. ans, Colras, qui estoit empereres d'Alemagne,
et Loeys, qui estoit rois de France, et Tieris, li cuens
de Flandres, en cel tans que Eugennes⁷ estoit apos-
teles de Rome, atout moult grant plenté de Crestiens,
alerent⁸ en Jherusalem par Constantinoble. Et cil
meisme i avoient esté autrefois. Mais si avint, par lor
peciés et par lor avarisse, que moult orent de maus et
de tormens et de domages⁹, en cele voie. Et moult de
milliers de gens i ot mors de fain, et moult ocis par mains
de Turs et de Sarrasin; si que on dist que on ne treuve
lisant en nus escris, ne viés ne nues¹⁰, tant de gent en
.I. ost estre mors com il fu illeuc, el tans des princes
que nous avons nommés.

En cel tans, avint que Flandrès¹¹, atout .I. lor ceve-
taine qui avoit non Crestiens, et castelains estoit de

---

1. A. B. : *Bouire*. — Baudouin de Bourg, seigneur de Bourg en Rethelois, fils cadet de Hugues, comte de Rethel.
— 2. A. B : *gens*. — 3. A. B. — C : *si com il*. — 4. A. B : *demain*. — 5. A : *Roel*. — B : *Rohel*. — 6. A. B. — C : *de haute*.
— 7. A. B : *Ugenes*. — 8. A. B. — C : *et alerent*. — 9. A. B.
— C : *et de tormens*. — 10. A. B : *ne novel*. — 11. A. B : *Flamans*.

Dikemue[1], vinrent par le mer de Flandres en Espagne, et prisent illeuques une bonne cité[2] par force d'armes sor Sarrasins.

Après ce[3], Bauduins [Ier] qui estoit rois de Jherusalem, si que nos avons devant dit, prist une bonne cité es parties des Philistiens, sor Sarrasins, c'on apele Paramie[4], qui est pres del Nil. Puis avint que cil Bauduins [Ier], qui frere fu Godefroi de Buillon, al tans Rogier, qui fu secons evesques de Rames, morut, quant il ot bien ansçois disposet son regne[5], et fu portés en Jherusalem par le Porte d'Orient, le jor de Paske florie. Et fu rechus à grant plour et à grant dolor des gens de le cité et del païs; et fu presentés en l'Ospital, et d'illeuc en fu portés à grans plours de toutes les gens devant le Sepulcre. Et puis le saigna on de le Sainte Crois; et l'enfoui Eumaires[6], li archevesques de Cesaire, el mont de Calvaire, dalés son frere Godefroi, l'an de son regne .XVII. ans, et .III. mois. Après lui fu rois Bauduins [II] de Bourc[7], qui fu cuens de Rohais; et sages hom de grant valour, qui tint le regne de Judée et le princeé d'Andioche et le conté[8] de Mesapostames, et gouverna moult bien par sa vigour.

En cel tens, avint que Rogiers, qui fu prince d'Andioce, à toute sa gent, ala combatre as Turs pres d'un castel c'on apele Arcase. Et là fu cis Rogiers ocis, et bien dusques à .VII. mil de ceux d'Andioce; mais des Turs n'i ot pas mors dusques à .XX. Ce ne fu mie mer-

---

1. A. B : *Dikemue.* Dixmude. — 2. A. B : *une cité bone.* Lisbonne, en 1147. Pertz, *Script.* t. VI. p. 389, 453, etc. — 3. A. B. — C : *ce que.*— 4. Pharamia, à l'E. de Péluse.— 5. Baudouin Ier mourut le 7 avril 1118. — 6. *Ebremarus,* de Guillaume de Tyr. — 7. A. B : *Boure.* — 8. A. B : *la contrée.*

velle se Damedius le souffri; car cil Rogiers et li autre de se terre, ja fus ce cose que Dius lor eust donné avoir et richeces asez[1], il ne servoient Diu, ne ses commandemens ne faisoient. Ains avoit cil Rogiers dalés se feme espousée autres femes assés, qu'il tenoit en aouterie[2]. Et autretel faisoient assé de ses barons, et de cels de se terre. Et sains[3] tot ce, desiretoit cil Rogiers Buiemont [II] le fil son seigneur. Et cil Buiemont, entre lui et se mere, estoient adonc en Puille.

Par ceste ocoison, avint que li secons reis Bauduins de Beurc[4] prist le princeé d'Andioce et le tint longement. Al daerrain, avint que Buiemons [II], li fius Buiemont [Ier] dont nous avons devant parlé, vint de Puille en Andioce, et fu reçus à grant procession et à grant feste. Et li rois le rechut à mult bele ciere; et parlerent tant ensamle que li rois li rendi toute se terre, et li dona une de ses filles à mariage[5]. Après, s'en retorna li rois en Jherusalem. Après cestui[6], fu li rois Foukes[7], qui fu tiers cuens d'Anjo et del Mans. Après cestui[8] fu rois Bauduins [III], ses fius. Et quant il fu mors, si fu rois Amolris ses frere.

Oiés et entendés comment[9] la tiere de Jherusalem et la Sainte Crois fu conquise de Sarrasins sour Cres-

1. A. B. — 2. A. B : *en avutire*. — 3. A. B : *et sans*. — 4. A. B : *Baldoins de Borch*. — 5. Boémond II d'Antioche épousa Alix, fille du roi Baudouin II. — 6. Baudouin II mourut le 21 août 1131. — 7. A. B : *Burques*. — 8. Foulques d'Anjou mourut en 1144. — 9. D : *Oez et entendez coumant*. — E : *Oiés et entendés, Seigneur, comment*. — F et O commencent ici : *Chi comence li kroniques de la terre d'Outremer. El non le Pere et le Fil et l'Esperit Saintime. Oiez et entendez*, etc.

tiiens¹. Mais ançois que je vous die, vous noumerai les rois et les segneurs ki furent puis le tans Godefroi, qui le conquist sour Sarrasins, il et li Crestiien ki avecc lui estoient.

Godefrois de Bullon en fu sires, mais ains n'i porta couronne; qu'il ne vot pas porter couronne là u Jhesu Cris l'avoit portée. Cil Godefrois [regna .XIII. ans; si²] n'ot onques nul enfant. Un frere ot, qui ot non Bauduins³, à cui la tiere eskéi quant il fu mors. Cil fu rois et porta couronne en Jherusalem [et regna IX. ans. Cil rois Bauduins, qui frere fu le duc Godefroi, n'ot nul enfant. Ains eschaï la terre à un sien cosin germain, qui quens estoit de Rohais, et ot à non Bauduins⁴. Cil fu rois après lui, et regna XX. ans⁵].

Cil Bauduin ot .IIII. filles, si n'ot nul fil. Si fu pris en une bataille de Sarrasins, et fu menés en prison. Li baron de la tiere quisent⁶ tant et pourcacierent, qu'il vint à raencon, et qu'il le racaterent as Sarrasins. Une partie de le raençon paiierent, et de l'autre livrerent ostages. Aveuc les ostages, ot une des filles le roy Bauduin. Quant il pot se racata⁷ ses ostages; dont il avint que se fille qui en ostages estoit, que Sarrasin le violerent⁸. Quant elle fu venue⁹, si le vot ses peres marier. Et elle dist qu'ele n'aroit jamais baron, ains vorroit¹⁰ estre nonne¹¹. Et li rois estora adonc¹² une abéie¹³ et donna rentes en Betanie, là u Jhesu Cris

1. D: *Crestians*. — 2. F. O. — A. B. C : *Cil Godefrois n'ot*. — 3. Baudouin Iᵉʳ. — 4. Baudouin II. — 5. F. O. Tout le passage manque dans A. B. C. D. — 6. D : *quistrent*. — 7. D : *si racheta*. — 8. D : *la violierent*. — 9. D : *Quant ele fu fors de prison. et ele fu revenue*. — E : *Quant ele fu revenue*. — 10. D : *voloit*. — A. B : *vodroit*. — 11. D. *nonnain*. — A. B : *mone*. — 12. D. — 13. D : *une abaie en Betanye et donna rentes*.

resuscita Lazaron de mort à vie. D'icel lieu fu elle abeesse [1]. L'autre fille fu princesse d'Andioce [2]; et l'autre apriès, contesse de Triple [3]; et la quarte fu royne [4] de Jherusalem.

Mais ançois ke je vous die qui ses barons fu, et qui fu rois de Jherusalem, vous veul dire des Templiers, comment il vinrent primes [5] en avant. Car à cel tans, n'estoit il nus Templiers.

1. Elle se nommait *Juète*, ou *Yvète*. — 2. Alix, fille de Boëmond II. — 3. Hodierne. — 4. D: *reigne*. Melissende, qui épousa le ro Foulques. — 5. D. — C. E: *comment il vinrent*.

CHAPITRE II.

Coment Templier vindrent en avant.

SOMMAIRE.

1118. Un certain nombre de chevaliers de l'Hôpital se détachent de l'ordre et fondent la maison du Temple. Origine du nom de Templiers.[1]

Quant li Crestiien orent conquis Jherusalem, si se rendirent assés de chevaliers au temple del Sepucre[2]; et mout s'en i rendirent puis de toutes tieres. Et estoient obéissant au prieus dou Sepucre. Il i ot des boins chevaliers rendus; si prisent consel entr'iaus et disent : « Nous avoumes guerpies noz[3] tieres et nos » amis, et sommes chi venu pour la loy Dieu i lever » et[4] essauchier. Si sommes chi arresté pour boire et

---

1. Pipino rappelle en un mot la création de l'ordre du Temple dans son XXV⁰ livre : « Ordo Templariorum iisdem ferme diebus » inchoat. » Et il ajoute : « De cujus prima institutione scribitur » sub temporibus Henrici V. » (M. Col. 752). Il en avait en effet traité un peu moins sommairement dans le XIX⁰ livre, consacré aux événements contemporains du règne de l'empereur Henri V. Partie inédite du ms. de Pipino. Bibl. de Modène., fol. 70 recto, liv. XIX⁰, ch. 21: *De prima institutione ordinis Templariorum.*
2. D. — A. B : *au Sepulcre.* — 3. A. B. D. — 4. A. B.

» pour mengier et por despendre¹, sans oevre faire;
» ne noient ne faisons d'armes, et besoingne en est en
» le tiere: et sommes obéissant à un priestre, si ne
» faisons œuvre d'armes. Prendons consel, et faisons
» mestre² d'un de nos, par le congié de no prieus, ki
» nous conduie en bataille quant lius³ en sera. »

A icel tans estoit⁴ li rois Bauduins. Si vinrent à lui, et disent : « Sire, pour Dieu, consilliés nous, qu'ensi
» faitement avons esgardé à faire maistre de l'un de
» nous qui nous conduie en bataille⁵, pour le secours
» de le tiere ». Li rois en fut mout liés, et dist que volentiers i meteroit consel et aïe.

Adont manda li rois le patriarche et les archevesques et les veskes et les barons de la terre⁶, pour consel prerdre. Là prisent consel, et s'accorderent tuit.⁷ que bien estoit à fere. Là vint li rois, si lor donna tiere et castiaus et villes. Et là fist tant li rois et ses consaus vers le prieus dou Sepucre qu'il les quita de l'obedienche, et qu'il s'en⁸ departirent; fors tant que de l'enseigne de l'abit del Sepucre⁹ em portent encore une partie. L'ensegne de l'abit dou Sepucre est une crois vermelle à deux bras, [tele le porte li Ospitaus¹⁰]. Et cil del Temple le portent toute single viermelle¹¹. [Et si jeta li Ospitaus le Temple, et se li dona son reliet et l'ensegne c'on apele l'ensegne del Bauçant¹²].

Or vous dirai pourquoy il ont à non Templier.

1. A. B. — 2. A. B : *magistre*. — 3. D : *quant lex*. — 4. D : *regnoit. Baudouin* II. Cf. Guill. de Tyr, l. XII, c. 7. — 5. D. — 6. A. B. D. — 7. D. — 8. D. — A. B : *se*. — 9. A. B : *ke de l'abit del Sepulcre*. — 10. F. O. — 11. C. E : *portent toute omple viermelle*. — A. B : *toute roge vermeille*. — D : *tote vermele*. — O : *tote oinple vermelle*. — 12. F. O.

Quant il se partirent del Sepucre, il n'orent u manoir. Li rois avoit .iii. riches¹ manoirs en le cité de Jherusalem : .i. en haut, à la Tour Davi; et une en bas, devant le Tour Davi; et le tierce devant le Temple, là où² Dex³ fu offert. Chel manoir apieloit on le Temple Salemon⁴; c'estoit li plus rices. Il proierent le roy qu'il lor prestast celui manoir, de ci⁵ qu'il en averoient un fait. Li rois lor presta celui manoir c'on apiele Temple Salemon⁶, dont il ont à non Templier, pour çou qu'il y manoient. Là faisoient il le past le Roy, quant il portoit couronne en Jherusalem⁷. Puis fisent il .i. biaus et⁸ rice manoir encoste, que li Sarrasin abatirent quant il prisent la cité, que se li rois vosist avoir le sien, que il i peussent⁹ manoir. [Ansi li Templier [furent¹⁰] en avant apelé Templier¹¹.]

1. A. B. D. — 2. D. — 3. A. B. — C : *devant le Temple Del*.— 4. Voy. M. de Vogué, *Le Temple de Jérusalem*, p. 77, 99. Paris, 1864. in-fol.; *Biblioth. de l'Ecole des chartes*, 2ᵉ série, t. IV, p. 385. — 5· D : *d'ici adonc*. — 6. D. — 7. *Assises de Jérus.*, t. I, p. 31. Jean d'Ibelin. — 8. A. B. — 9. D : *qu'il i peust*. — 10. *Furent*, omis dans les mss. — 11. A. B.

CHAPITRE III.

Coment Esmauris fu roys.

SOMMAIRE.

1129. Mort de Baudouin II. — 1131-1162. Règne de Foulques et de Baudouin III. — 1162-1163. Avènement d'Amaury Ier. De Théodora, veuve de Baudouin III. — 1167. Le roi Amaury épouse Marie Comnène. — 1163-1164. Expédition d'Amaury en Egypte. De la Mulaine ou visir d'Egypte, nommé Chaver. — 1168. Nouvelle expédition d'Amaury en Egypte. Prise de Belbeis. — 1157. Pélerinage de Thierry d'Alsace, comte de Flandre. Sa femme reste en Terre Sainte. — 1153. Renaud de Chatillon, frère du seigneur de Gien, épouse la princesse d'Antioche. — 1169. Amaury va au secours de la Mulaine d'Egypte, attaquée par les Arabes de Syrie. — Thoros II, prince d'Arménie, se rend auprès du roi Amaury à Jérusalem.

Atant vous lairons des Templiers, si vous dirons dou roy Bauduin et de s'ainznée [1], fille, qu'il avoit à marier. Li rois prist consel à ses hommes u il poroit sa fille marier [2]; qu'il le vorroit donner à tel homme, qui le regne puist gouverner apriès lui [3]. Ses consaus li aporta que il avoit un haut [4] homme en Anjo, qui

---

1. D. — F. O: *l'ainsnée*. — A. B: *sa masnée*. — C: *sa maisnée fille*. — 2. C. D. F. O. Ce commencement de phrase est omis dans A. B. — 3. A. B. D. — 4. A. B. D.

quens estoit, et avoit à non Foukes. Li rois, par le conseil de ses hommes, le manda et se li donna sa fille. Cil Fouques avoit eut femme, dont il avoit une fille. Celle fille fu mariée al conte Thieri de Flandres; celle fu mere au conte Phelippe [de Flandres et le comte Mahiu de Bologne¹] et mere le contesse [Margarite²] de Hainau, qui mere fu le conte Bauduin de Flandres³, et Henri d'Anjo, qui puis furent empereur de Constantinoble, et [mere le comte Phelipe, qui al vieu comte de Namur son oncle toli le comté de Namur, dont Hermesens fu desiretée⁴], et mere le roine [Ysabel⁵] de Franche, qui femme fu le roi Phelippe et mere le roy Loeis. Et si ot autres enfans, que jou ne nommerai mie chi, ains vous dirai d'autre affaire⁶.

Or vous lairons de ce ester⁷, si vous dirons de Fouke d'Enjou⁸, qui est en la terre d'Outremer. Or est mors li rois Bauduins⁹. Et Foukes et sa femme fu-

1. F. O. — 2. F. O. — 3. Baudouin VI. — 4. F. O. — 5. F. O. Isabelle, femme de Philippe-Auguste.

6. Au lieu de cette phrase, qu'ils n'ont pas, F. et O continuent ainsi, après ces mots : « Et mere le roi Lois. Et fu mere le comtesse Yolens de Namur, qui fu feme le comte Pieron d'Auçuere. Cele Jolens fu mere le comte Phelippe de Namur, et mere l'empereur de Constantinoble, et mere Henri de Namur, et mere l'empereor Bauduin le darrain des oirs de Hainau, et mere le comtesse Margarite de Viane, et mere le roine Iolent de Hongerie, et mere madame Ysabel de Montagu que li quens Gauchers de Bar ot premiers, et mere madame Marie qui fu feme Lascre, et qui est en la terre Vatache, et mere madamoisel Lienor, et mere madame Agnès, le princesse de le Morée, feme Joifroi de Vilehardiun. Et ceste Iolens ot une seror qui ot à non Sebile de Bialgiu. Si ot III. enfans : monsegnor Ombert de Bialgiu et Guichart et le comtesse de Campagne. »

7. D. — G : de ceste. — 8. D. — 9. Baudouin II mourut en 1131.

rent couronné en Jerusalem[1]. A cel tans estoit encore[2] Escalonne vers les Sarrasins[3]. Escalonne est une cités sour mer, à .XII. liues de Jherusalem.

Or avint cose que, al tans chel roi[4], ala li rois Loeys de Franche, qui peres fu le roy Phelippe, Outremer aveuc l'emperéour d'Alemaigne, qui avoit à non Fedrich[5]. Et alerent par tiere. Adont fu la grans famine en l'ost de Satelie[6]; s'i vendoit on .V. feves[7] .VII. deniers[8]. Et teus i ot qui mangoient par destrece de faim[9] les tacons de leur solers[10]. Li rois et li empereres alierent tant par lor jornées qu'il[11] vinrent en Jherusalem, et fisent lor pelerinage. Quant il orent fait lor pelerinage, si prisent consel, et disent que, si haut homme que il estoient, ne retourneroient mie dessi que il aroient aucune cose conquesté sour Sarrasins. Par lor consel assamblerent les os de la tiere et acompaignierent aveuc le[12] lor, et alerent assegier Damas, et furent devant Damas; si gasterent la tiere entour et les gardins, mais à le cité ne fisent il riens. Car, si com on dist, li Templier et li Hospitalier en orent sommiers[13] cargiés de faus besans, pour chou qu'il en fisent l'ost retourner ariere[14]. Et par lor consel, s'en retournerent

1. D.— 2. O.— 3. C : devers.— A. B : de Sarracins.— 4. A. B : al tans cel roy. — C : au tens lo roi Forcon de Jerusalem. Ce n'est pas au reste sous le roi Foulques, mort en 1144, mais sous Baudouin III son successeur (1144-1163), que Louis VII et Conrad passèrent en Terre-Sainte. Cf. M. Col. 766. Chap. 126. — 5. F. O. M : Conrad.— 6. D. F. O. — C : de Salatie. — A B : Sathelio. — 7. A. B : feus. — 8. A. B. C. — D. F. O : I. denier. — 9. D. — 10. F. O : les chevaus quant il moroient. — 11. D. — 12. D : les. — 13. F. O : cameus. — 14. Pipino a compris tout le contraire de ce que disent Ernoul et Bernard: « Fertur enim quod » a Templariis et Hospitalariis seducti fuerunt qui sibi sommarios » byzantiorum falsorum obtulerant. » M. Chap. 126. Col. 766.

arrieres et vinrent en¹ la tiere de Jherusalem, et assegierent Escalonne. Et furent grant piece devant ; et nient n'i fisent. Quant il ne porent nient fere, si se parti li os. Si prist li empereres congié, si s'en ala en Alemaigne par tiere. Et li rois Loeis entra en mer, pour venir en France.

Or avint cose, quant il fu sour mer, ke vens le fist ariver en l'isle de Sesille, à une cité qui a à non Palierne². N'avoit encore gaires quant li rois ariva en l'isle de Sesille, que Crestiien l'avoient conquis sour Sarrasins. Li sires ki le conquist avoit à non Rogiers; si estoit sires de Puille et de Calabre. Cis Rogiers estoit en Palierne, quant li rois i arriva. Et ala encontre lui, quant il sot que li rois de France estoit arivés. Il li pria qu'il se³ herbegast aveuc lui en son castiel; et li rois i herbega volentiers⁴. Et il li fist tant d'onnour que li rois s'en loa mout durement.

Ains que li rois s'en parti, se pourpensa Rogiers d'une mout grant voisdie⁵. Et vint au roi, si li dist qu'il alast aveuc lui, par tout son castiel et à son tresor; [et quan qu'il li plairoit preist à sa volenté, comme le suen. Li rois ala adonc avé li à son tresor⁶]. Et cil li fist moustrer tous les biaus joiaus que il avoit ; mais⁷ li rois n'en vot riens prendre. Rogiers prist une couronne d'or mout biele, si vint al roy, si li dist : « Sire, » se vous plaisirs estoit que vous me mesissiés ceste » couronne d'or en ma tieste, pour savoir comment » elle me serroit? » Li rois, qui n'estoit mie malicieus,

---

1. D. F. O. — A. B. C : *s'en retournerent en.* — 2. A. B : *Valerie Palerne.* — 3. A. B. — 4. D. — 5. A. B : *boisdie.* — 6. D. F. O. — 7. A B.

pour l'onnour qu'il li avoit douné et¹ fete, ne li vot escondire, dont il fu mout dolans apriès. Il prist la couronne en sa main², si li mist sour la tieste. Quant Rogiers ot le couronne en le tieste, il s'agenoulla devant le roi, si l'en mercia mout hautement, et dist que plus haus hom de lui ne le peuist mie avoir couronné. Quant li rois vit³ çou, si se tint mout à engignié, et prist congié, si s'en ala en France. Et li rois Rogiers le convoia jusques à la mer, et fist porter apriès lui grant partie de ses joiaus⁴.

Or vous lirons chi⁵ ester, si vous dirons del roi Fouques, qui est en Jherusalem. Li rois Fouques tint la tiere en pais, tant com il vesqui, fors seulement d'Escalonne, que il ne pot avoir. Li rois Foukes ot deux fius, li aisnés ot à non Bauduins et li autres Amaurris. Quant li rois Foukes fu mors, si porta Bauduins [III] courounne, et si manda en Coustantinoble à l'empereour Manuel, par le consel de ses hommes, qu'il li envoiast une siue niece pour prendre à femme, pour çou qu'il n'avoit nulle fille qu'il peust avoir. Et li empereres li envoia mult⁶ volentiers. Cele ot à non Todoiaire, et si n'ot nul enfant del roi Bauduin.

Au tans cel roi Bauduin, fu Escalonne assegie; et si le prisent Crestiien sour Sarrasin. Quant elle fu prise, si le donna son frere Amaurri, et se li donna le conté de Jaffe⁷. Et à trois⁸ liues d'iluec, donna les Templiers 1. castiel qui a à non Gadres⁹. Chis castiaux fu Sanson le fort, dont il abati le palais sour lui, quant se femme prist autre baron. Et à .II. liues d'illuec, frema

1. A. B. — 2. D. — 3. D: *Oï.* — 4. Cf. M. Chap. 126. Col. 767. — 5. D : *De ce.* — 6. A. B. — 7. D : *La conté de Japhes.* — 8. D : *à IIII.* — 9. M : « *Jadres.* » Gaza.

li rois .I. castiel c'on apiele le Daron¹. Cis castiaus est à l'entrée, si con on entre pour aler en Egypte².

Amaurris, li quens de Jaffe, prist à femme le fille le conte de Rohais. Cele ot un frere qui ot à non Josselins, qui quens fu de Rohais après le mort son pere. Si vinrent Sarrasins sour lui, si li tolirent sa terre. Lors³ vous noumerai les castiaus et les cités qui en sa tiere estoient. Il i estoit⁴ Rohais cités, et Monferrant⁵ cités, et Cesaire li grans, et la Camele⁶, et Hamam, là u sains Abrahans fu nés. Celle tiere est entre Antioche et Triple. En le marche de celle tiere, ont li Hospitelier .II. castiaus : si a à non li uns le Crac⁷ et li autres le Mergat. Et li Templier .I. : si a à non li Castiaus Blans⁸. Là a grant guerre souvent de Crestiiens as Sarrasins.

Quant li quens Josselins ot perduc sa tiere, si vint en la tiere de Jherusalem au roi Baudouin⁹. Et li rois li donna rente à Acre, à le caine,¹⁰ et tiere dehors Acre.¹¹ Ne demoura gaires après ke li rois Bauduins fu mors,¹² si ne demoura nus¹³ hoirs de se femme. Si eskéï li roiaumes à son frere Amaurri, qui estoit cuens de Jaffe.¹⁴

Or vous dirai de Thodoaire, qu'ele fist, li femme le roi Bauduin qui mors estoit¹⁵. Elle ot Acre en douaire.

---

1. C. D. F. O. cf. ci-après, ch. 4. — A : *Lezarum*. — B : *Lacarum*. — M. « Ledaron. » — 2. A. B : *en la terre d'Egypte*. — 3. D : *Or*. — 4. D. — A. B. C : *est*. — 5. D. F. O. — C : *Montferrax*. Manque dans A. B. — 6. A. B. — C : *Camele*. — D : *La Chamele*. — 7. A. B. F. O. — D : *Le Crat*. — C : *Le Crarc*. — 8. A. B. F. — O : *Chastel Blanc*. — 9. D. — 10. D : *à la kaine*. — F. O : *à la chaaine*. Sur les droits d'entrée du port, fermé par une chaîne. *Assises de Jérus*. t. II. — 11. A. B : *dona terre dehors Acre à la cheaine*. — 12. Baudouin III mourut le 10 février 1162 ou 1163. — 13. A. B : *gaires nus*. — 14. A. B : *qi estoit quens*. — 15. D. Le bas du folio 3 de C, où se trouvent ces derniers mots, fournis par

Là vint .I. sien¹ cousins giermains de Coustentinoble², qui avoit à non Androines³. Si s'entramerent tant qu'il l'enmena en tiere de Sarrasin, et laissa sen douaire, et qu'il le tint là tant⁴ qu'ele fu morte. Apriès çou, Androines s'en rala en Coustantinoble. Quant li empereres Manuials⁵ sot qu'il fu en sa tiere, il le fist prendre et metre en prison, pour le honte que il li avoit faite de se niece⁶. Et Androisnes meismes estoit ses cousins germains, et issirent de deus freres.

Or vous dirai⁷ pour coi jou ai chi parlé d'Androine, pour çou qu'il fist le malisse par coi li François alerent en Coustantinoble et la⁸ prisent. Se j'ai tant d'espasse et de tans, jou dirai en quel point li malisses fu fais et comment.⁹

Or lairors de çou atant ester, et si parlerons d'Amaurri, qui quens estoit de Jaffe, à qui li roiaumes eskéi de par son frere. Il manda tous les barons de sa

---

D., est déchiré. — A. B : *Or vos dirons de Todoire, la feme le roy, che ele devint.*

1. A. B. D *uns suens.* — 2. D. — 3. D. — 4. A. B. D. — C : *et.* — 5. A. B : *Manoiaus.* — D : *Manuyar.* — O : *Manuel.* — M : « Emmanuel. »— 6. A. B : *mère.* Erreur de copiste, non répétée précédemment. — 7. F. O : *Signor, or vos dirai.* — 8. A. B. D. F. O.

9. Ernoul parle en effet plus loin et à diverses reprises d'Andronic et des événements de l'empire de Constantinople, dans les passages dont Bernard le trésorier a fait les chapitres IXᵉ, XIᵉ et XXXIIᵉ de sa chronique. Quant à Pipino, il mentionne très-sommairement ces circonstances dans son XXVᵉ livre, parce qu'il en avait précédemment traité : « Sed haec historia, non hic pro- » sequitur, quum posita sit *supra*, sub temporibus Friderici primi.» (M. Col. 768. *Script. ital.*, t. VII). On les retrouve assez amplement racontées au XXIIᵉ livre de sa chronique, chap. 95, 96 et 97, dont Muratori a publié des extraits dans le tome IX de son Recueil (N. Col. 589 et suiv.).

tiere, et pour porter couronne en Jherusalem. Il i alerent tout, et prisent consel entre iaus. Et quant il orent consoil¹ pris, si vinrent à lui et disent : « Sire, nos » savom² bien que vous devez estre rois³; et si ne » nous⁴ acordons pas en nulle fin que vous portés » couronne, jusques à celle eure que vous serés departis de celle femme que vous avés⁵. Car telle n'est » que roine doie iestre⁶, de si haute cité⁷ comme de » Jherusalem. » Là vint li rois, ki ne vot estre contre le consel de ses hommes ne de le tiere, si se departi de li. Et quant departis s'en⁸ fu, se le donna à un des barons de se tiere qui avoit non Hues⁹ de Belin. Et quant il ot ce fait, si porta couronne. Il¹⁰ ot .II. enfans de celle femme .I. fil et une fille; li fius ot à non Bauduins¹¹, et li fille Sebile.¹²

Quant Amauris ot porté couronne, il manda ses hommes et pour consel prendre, là u il poroit femme prendre. Il li consellierent que en¹³ nul liu pres de lui ne se poroit si bien marier que à une parente¹⁴ l'empereour Manuel de Coustantinoble, ne dont il euist si tost secours, ne aïue, ne de gens, ne de deniers.

Li rois, par le consel de ses hommes, envoia à l'em-

1. A. B. D. Ces quelques mots substitués ici d'après A. B. D. correspondent au v° du fol. 3 de C. dont le bas est déchiré. Voy. p. 15, note 15.— 2. A. B. D.— 3. A. B. D.—4. A. B : *mais nos ne nos*. — 5. Agnès de Courtenai, fille de Joscelin II d'Edesse, veuve de Renaud de Mares, et déjà fiancée en secondes noces à Hugues d'Ibelin, quand le comte Amaury l'épousa. — 6. A. B : *estre*. — 7. A. B. D. — 8. D. — C : *se*. — 9. D: *Huon*. Hugues d'Ibelin, fils de Balian Iᵉʳ, souche de cette famille illustre. Hugues avait dû épouser Agnès avant son mariage avec le comte de Jaffa. — 10. Amaury.— 11. Baudouin IV.— 12. La reine Sibylle, qui épousa Guy de Lusignan.— 13. D. — C : *que*.— 14. A. B : *com en la niece*. — F. O : *com à une parente*.

pereur Manuel, en Coustantinoble; et si li manda que, se lui plaisoit, que il li envoiast le plus prochaine parente qu'il avoit, qu'il le prendroit à femme, et le feroit roine de Jherusalem. Li empereres en fu mout liés; si esgarda le fille au plus rice homme de sa tiere, et le plus haut apriès lui, qui ses cousins germains estoit. Cis avoit non Protesavasto[1]. *Protesavasto*, c'est à dire en françois « Sires devant tous les contes ». Celle damoisiele avoit non Marie. Li empereres fist atourner nés et galies, et fist cargier d'or et d'argent et de dras de soie, et de gent, et les envoia au roi en Jherusalem aveuc la damoisiele. Quant il orent tans et vent[2], si se partirent dou port de Coustantinoble, et vinrent à Acre. Quant li nés fu arivée, se le fist li rois mener à Sur et li fist porter couronne. De celle roine ot une fille, qui ot non Ysabiaus[3].

Or vous dirons dou roi Amauri, qui preudom fu et sages et bons chevaliers, et les aventures qui avinrent en son tans, tant com il vesqui. A .I. jour amassa ses os pour aler en le tiere d'Egypte, et si assega Damiete[4].

A cel tans, n'avoit nul soudan en Egypte, ains i avoit .I. siergant[5] c'on apieloit Mulane[6]. Cil de la tiere

---

1. D : *Prothesavato*. — A. B : *Protesavasto*. — 2. D. — 3. La reine Isabelle. — 4. C'est l'expédition de 1164. Guill. de Tyr. l. XIX. c. 7. page 893. — 5. A. B. D. F. O : *seignor*.

6. M. de Slane veut bien me remettre la note suivante sur le mot *Mulane* et sur le ministre égyptien dont il est question dans ce chapitre et le chapitre VIe. Elle rectifie ce qu'en a dit Guillaume de Tyr, l. XIX, ch. 20, p. 914 : « *Moula*, en arabe, signifie » *maître; moulana* veut dire *notre maître*. Le personnage ainsi » désigné se nommait *Chaver*; il était vizir du dernier khalife » fatemide El-A'ded. Fait prisonnier par Saladin, il fut mis à

l'aouroient comme Dieu. Quant il avoit nul malade en sa tiere, si le portoit on devant son palais, si crioit on devant son castiel, et quant il les ooit, si venoit, si escouoit¹ sa manche à une fenestre²; et quant il avoient santé, si creoient que c'estoit par lui. Cil Mulane n'estoit mie chevaliers, ne noient ne savoit d'armes; mais tant estoit amés et cremus³ que li uns n'osoit meffaire à l'autre. Tant estoit cremus qu'il tenoit bien son regne en pais des gens de la tiere, et c'om li aportoit ses rentes de tote la terre⁴ d'Egypte et d'Alixandre à son castiel, là u il manoit, qui a non li Cahaire⁵, priès de la cité de Babilone. A son tans, ne savoit on nul haut homme el mont qui tel tresor euist asamblé com il avoit à son castiel, à Cahaire, fors seulement l'empereres de Coustantinoble.

Celle Mulane, quant il oy que li Crestiien estoient entré en sa tiere, et qu'il avoient assegié Damiete, si manda au roi de Nubie qu'il le venist secourre; et il i vint⁶. Et si manda, en le tiere de Damas, Sarrasins, qu'il venissent à lui en saudées; et il i vinrent. Et quant li rois de Jherusalem oï dire que si grans gens venoient sour lui, si n'osa demorer; ains se leva del siege, si s'en revint en le tiere de Jherusalem. Et quant li rois s'en fu partis dou siege, li Mu-

» mort par l'ordre d'Aced ed-Dine Chircouh, général de Nour ed-
» Dine. Cela eut lieu l'an 1169 de J.-C. Voy. le *Biographical*
» *Dictionary* d'Ibn Khallikân, vol. I, pp. 609, 627; *Abulfedæ*
» *Annales*, tom. III, p. 609; *Vita et res gestæ Saladini*, éd. Schul-
» tens, p. 33. Le traducteur de ce dernier ouvrage, écrivant en
» latin, représente le nom de *Chaver* par *Schjawar*. »

1. D : *escooit*. — 2. A. B. D. — 3. A. B: *coneuz*. — 4. A. B. D. F. O. — *ses rentes de la terre*, omis dans C. — 5. A. B: *Cahaires*. — D : *Caiere*. — 6. A. B.

lane¹ paia mout bien ses sodoiiers et mout largement donna as Sarrasins ki l'avoient secouru. Et lor donna encore plus assés qu'il ne lor avoit en convent, tant qu'il s'en loerent. Et li Mulane les en mercia mout, et lor donna congiet d'aler ariere en lor tieres; et il si fisent.

Je vous ai parlé de la Mulane², mais or vous en lairai atant. Et, se jou ai tans et eure, je vous dirai³ comment⁴ il fu ocis en son castiel, à Cahiere.

Quatre ans apriès çou que li rois Amaurris⁵ repaira dou siege de Damiete, amassa ses os, et si rala arriere en le tiere d'Egypte, et si assega une cité qui a à non Balbaïs⁶. Si le prist à force, et l'abati; qu'il ne le peut mie tenir, pour çou que il n'estoit mie sour mer. Car s'elle fust sour mer, il ne l'eust mie abatue, ains l'euist garnie. Ensi gasta la tiere, et tant ot ocis de gent à l'issue⁷ de la cité par deviers une aighe⁸, que li cevaus d'un chevalier ne pot issir hors, des gens qui mort estoient, ains i fu mors. Quant li rois ot prise la cité, si enmena mout grant gaaing, si com d'or et d'argent, et de rikes dras de soie, et de biestaille, et de hommes et de femmes et d'enfans, çou que il en porent avoir de vis; et⁹ tant d'avoir com une mervelle¹⁰. Si s'en retourna ariere en le tiere de Jherusalem, à tout son gaaing¹¹.

Or vous lairons del roi Amauri¹², si vous dirons du

---

1. C : *Mulana*. — 2. C : *de Mulane*. — 3. A. B : *Atant vos loirai à parler de la Mulaine desi à une autre fois vos dirai*. — 4. A. B : *autrement*. — 5. A. B : *Mauris*. — 6. A. B. D: *Belbais*. Expédition de 1168. Guill. de Tyr, l. XX. Ch. 5 et suiv., p. 948. — 7. A. B: *à l'ensue*. — 8. A. B. D : *eve*. — O : *par devers une carée*. — 9. A. B. — 10. A. B : *come merveilles*. — 11. A. B. — 12. A. B. — D : *deu roi Amauri qui est en Jerusalem en pes*.

conte Tieri de Flandres[1], qui le fille le roi Fouke ot à femme, et seur estoit le roi Amaurri. Li quens et se femme se croisierent et si alerent Outremer, en Jherusalem.

Quant arivé furent, et li rois le seut, si ala encontre; si les reçut si hautement com on doit faire tel home come[2] le conte de Flandres, et se sereur ausi[3].

Li quens et se femme alerent en Jherusalem, et fisent lor pelerinage. Et quant fait l'eurent, la contesse ala en Betanie sejorner et reposer[4] aveuc l'abesse, qui ante estoit son frere. Et li quens cevauça et sejourna aveuc le roi. Quant li cuens eut esté en le tiere tant com lui plot, il ala en Betanie à la contesse se femme, si li dist : « Dame, atirés vous, si nous en rirons ariere, » en Flandres. » Et la dame li respondi que se[5] Dame Diu venoit à plaisir[6], qu'en Flandres ne retorroit ele[7] jamais, ne la mer ne passeroit. Ne onques pour proiiere que il seust fere, ne li vot otriier qu'ele se partist de la tiere, ne qu'ele s'en remuast[8]. Quant il vit qu'il n'en venroit à chief[9], si vint au roy et au patriarche, si lor dist qu'ensi estoit[10] que se femme ne pooit gieter d'ileuc pour riens que il seust dire ne fere. Si lor proia qu'il alaissent à li et tant fesissent, se il pooient, qu'il l'en peuist remener arriere en Flandres.

Atant il alerent et il aveuc aus. Et quant elle sot que il venoient à li, elle vint à l'abesse, si li demanda les dras pour estre nonne ; et l'abeesse li donna. Quant là

---

1. Thierry d'Alsace, comte de Flandres, épousa Sibylle, fille de Foulques, comte d'Anjou, roi de Jérusalem. — 2. A. B. — 3. A. B. — 4. A. B. — 5. D : *que s'à*. — 6. A. B : *plaisoit*. — 7. D.—A. B: *qu'en Flandres n'entreroit ele*.— C : *n'entenroit ele*.— 8. F. O : *s'en revenist*. — 9. A. B : *vendroit chief*. — 10. A. B.

vinrent pour parler à li, si trouverent que elle avoit les dras viestus, si en furent mout dolant. Li patriarches vint à li et li dist que çou ne pooit elle faire, puis que ses sires ne le veut[1]. Elle pria le patriache et le roi que pour Diu proiassent le conte qu'il li laissast; il li proiierent, et elle meismes l'en[2] caï as piés, et li cria merchi et que pour Dieu le laissast illeuc pour sa penitance faire, que elle n'i demouroit pas pour mauvesté, se pour penitance non[3].

Li quens, quant il vit çou, si fu mout dolans, et si en ot grant pité pour le bonté de li, et par le proiiere dou roi et dou patriache li donna congié del demourer. Elle demoura, et li quens prist congié à li et au patriache et au roi, si s'en revint en Flandres. Ne demoura puis gaires qu'il fu mors, et Phelippes ses fius[4] fu quens de Flandres. Or fu la contesse nonne et sainte vie mena. Si vint l'abesse et les nonnains si proiierent pour Diu à la contesse que abeesse fust en son liu, qu'ele n'i voloit plus i estre. La dame li respondi que, se Diu plaist, abeesse ne seroit elle ja; qu'ele n'estoit mie rendue pour estre abeesse, mais pour i estre desciple.

Or vous lairons de la contesse de Flandres à parler[5], si vous dirons d'un chevalier, frere au signeur dau Gien sour Loire[6], qui ot non Rainaus, s'ala outre mer.

---

1. D : *ne le vuele.* — F. O : *ne le volist.* — 2. O : *s'en.* — 3. Tout le paragraphe précédent, fourni par C. D. F. O. manque dans A. B. — 4. A. B : *ses freres.* — 5. D.

6. A. B : *del Gien sor Loire.* — D : *deu Gien sor Laire.* — M : « Hic enim Raynaldus fuit natione Francigena, frater domini del » Geu sur Loire. » Ch. 132. Col. 770. Pipino suit ici Bernard le trésorier plutôt que la version française de Guillaume de Tyr. Cf. Liv. XXVII. Chap. 26. Pag. 802.

A cel tans qu'il fu arivés, fu li princes d'Andioche mors; et si demoura sa[1] femme .I. siens fiex petis, qui ot non Buiemons. Li rois de Jherusalem oï parler de cel chevalier qui arivés estoit, et qu'il estoit[2] de Franche nez, et haus hom et bons chevaliers. Si se pensa qu'il li donroit la princesse d'Antioche à feme[3], qui s'ante estoit, pour sa tiere garder et gouvrener, et pour son cousin qui enfes estoit. De çou prist il consel à ses hommes, et si homme li loerent. Si le donna au chevalier, et il le prist, et espousa. Et fu cis apielés princes Renaus[4]. Dont nous vous dirons, se nous avons tant d'espasse et de tans, les oevres que il fist et comment il fu mors. Ne onc puis[5] que il fu princes, ne viesti drap de soie[6] de coulour, ne de vair, ne de gris.

Or vous lairons atant del prince Renaut, et si vous dirons de la Mulane de Babilone, que il avint des Sarrasins[7] de Damas qu'il avoit mandés en saudées pour secourre Damiete, que li rois de Jherusalem avoit asegie[8]. Li sodoiier, apriès çou que il furent retourné de le Mulane, assamblerent autres gens aveuc eus, et vinrent en le tiere d'Egypte sour le Mulane, et prisent grant partie d'Egypte, si com Alixandre, Damiete et autres tieres assés.

Quant li Mulane[9] vit que li Sarrasin li toloient sa tiere, si manda le roi de Jherusalem, qu'il le secourust

---

1. D : *à sa*. — 2. A. B. D. — 3. A. B. — 4. D : *Princes Rainaus d'Entioche*. Renaud de Chatillon épousa Constance d'Antioche en 1153. Guill. de Tyr, p. 802. A la mort de la princesse, il se remaria avec la dame du Crac de Montréal. — 5. A. B. — D : *Car puis*. — C : *Ne puis*. — 6. A. B. — 7. D : *et des Sarrasins*. — 8. Guillaume de Tyr complète et rectifie le récit suivant. Liv. XX. Ch. 14 et suiv. Pag. 962. — 9. A : *Li amulaine*.

pour Dieu [1]; et que, se il le pooit secourre, il tenroit se tiere de lui, et se li donroit cascun an grant tréu [2] de reconnissance; et puis le premier jour que il mouveroit pour lui secourre, il averoit cascun jour .M. besans pour son cors; et cascuns de ses barons, selonc çou qu'il estoit haus hom, besans [3] à l'avenant; et cascuns chevaliers et serjanz [4], selonc çou qu'il i ert; et chevaus [5], et tout le despens de l'ost à sen coust; et toute le viande de sa tiere abandonnée.

Li rois en prist consel, et ses consaus li aporta qu'il i alast; maisançois fesist trives à soutans [6] de Damas. Quant il ot fait trives, il garni ses castiaus et ses cités et toute la tiere, qu'il ne s'osa mie bien fier es trives.

Quant il ot çou fait, il assanla ses os, si s'en ala en Egypte et assega Damiete et le prist. Che fu la premiere cités que il assega. Apriés, si prist Alixandre, et si reconquist toute la tiere que li Sarrasin avoient conquise sour le Mulane, et si en caça les Sarrasins.

Dont vinrent li archevesque et li eveske, et li baron de l'ost, si prisent consel ensamble. Et vinrent au roi, si li disent : « Sire, faites le bien, envoiiés en France,
» en Engletiere, et en Alemaigne, et par toute crestiienté, et faites savoir [7] que vous avés ceste tiere
» conquise, et que on vous envoit ce secours que vous
» le puissiés pupler. » Et li rois respondi qu'il n'en feroit nient; que ja, se Dieu plaist, reprouvé ne li seroit à lui ne à ses [7] hoir que il mauvesté ne traïson euist

---

1. Cf. Pipino. M. Chap. 30. Col. 769. — 2. A. B : treuage. — 3. A.B : si com il estoit hauz t. besant. (pour hauz hom). — 4. A. B. — 5. A. B. — 6. A. B : au soudain. — L : au sodan. — 7. A. B. D. — 7. A. B. D. — C : son hoir.

fete envers nul homme del monde. Li evesque et li
archeveske disent que il en prenderoient le pecié sour
aus, et l'en feroient asaurre à l'Apostole. Li rois dist
que pour noient en parloient, que il n'en feroit nient.

Apriès çou, vint à la Mulane pour prendre congié.
Et li Mulane l'en mercia hautement del bien et del se-
cours qu'il li avoit fait. Et se li creanta à envoiier cas-
cun an .xx. mil besans à Acre pour le secours que il li
avoit fait; et il li envoia tant com il vesqui[1]. Apriès
si li fist paier des journées que il ot faites, puis que il
mut de la tiere de Jherusalem, et tant com il fu en la
tiere d'Egypte, et tant com il mist à raler arrieres[2]
en le tiere de Jherusalem; et assés plus k'en convent
n'ot, à lui ne à toute s'ost. Li rois s'en retourna en se
tiere, et tint son regne en pais tant com il vesqui.

Or vous dirai dou[3] signeur qui fu en Hermenie, qui
ot à non Thoros[4]. Ce ne fu mie d'Iermenie le grant, là
u li arce Noé est, ains est d'une Iermenie ki est entre
Antioche et le Coyne[5]. Cil Thoros se croisa et ala en
Jherusalem. Quant li rois l'oï dire, si manda par toutes
ses cités et ses villes, c'autressi grant honnour li
fesist on[6] com son[7] cors meismes. Et il fisent bien
le commandement le roi sans contredit.

---

1. A. B: *Et il li envoia tant come il vesqui chascun ans* xx.^m.
besanz de reconoisance et d'oumage. — 2. D. — C: *ariere à raler.*
— 3. A. B. D: *d'un.*

4. Cf. le chap. 131, liv. XXV de Pipino. Dans M. col. 770. —
Il s'agit ici de Thoros II, fils de Léon Ier, prince d'Arménie, mort
en 1167 ou 1168. Nous avons dit que ni Guillaume de Tyr, ni les
chroniques arméniennes ne parlent du voyage qu'il aurait fait à
Jérusalem.

5. Iconium. — 6. A. B: *li fist-si-hom.* — 7. A. B. D: *com à
son cors.*

CHAPITRE IV

Les Cités et les Chastiaus qi apendent au roiaume de Jherusalem.

SOMMAIRE.

Du royaume de Jérusalem et de la principauté d'Antioche. — Vers 1164-1166. Séjour de Thoros d'Arménie à Jérusalem. Ses propositions au roi Amaury Ier. — Vers 1176. Le prince Renaud de Chatillon, veuf de la princesse d'Antioche, épouse Stéphanie, dame du Crac de Montréal. — 1173. Mort du roi Amaury Ier. Avénement de Baudouin IV ou Baudouin le Lépreux. — 1177. Démêlés de Philippe, comte de Flandres, et de Baudouin d'Ibelin, au sujet du mariage d'Isabelle, sœur du roi Baudouin. Philippe se retire à Antioche.

Li premiere cités par devers Antioche del royaume de Jherusalem, si a à non Baruth. Apriès Baruth[1], si est la cités de Saiete, [à .IX. liues. Après Seete, si est Sur, à .VII. liues[2].] Apriès Sur, si est Acre, à .IX. liues. Apriès Acre, si iest Cesaire, à .XII. liues. Apriès Cesaire, si est Jaffe[3], à .XII. liues. Apriès Jaffe, si est Escalongne,

---

1. Ces premiers mots, omis dans A. B. — 2. D. F. O. La phrase est omise ou défigurée dans A. B. C. — 3. D. F. O. — *Si i est Cesaire à* XII. *liues. Apriès Cesaire si est Jaffe.* Tout ce passage omis dans A B.

à .VIII. lius¹. A .VII. liues ² d'Escalongne, si est par deuvers Egypte ³. Apriès Escalongne, si a un castiel, à .V. liues, c'on apiele le Daron. Tant dure li roiaumes de Jherusalem de lonc par deviers le marine. Et là u li roiaumes est plus lés, n'a il mie plus de .XXII. liues⁴. Et si a tel liu u il n'a mie .II. liues de lé; c'est par deviers Antioce. La tiere de Triple ne d'Antioce n'est mie dou roiaume.

Or vous dirons de Thoros de la Montaigne, qui sires estoit d'Ermenie. Quant il vint en Jherusalem, li rois i⁵ ala encontre, et grant hounour li fist ⁶. Cil Thoros merchia mout le roi de l'hounour que il li avoit faite et c'on li avoit faite par toute sa tiere, pour l'amour de lui. Quant il ot fet son pelerinage, devant çou qu'il s'en ralast ariere en son païs, si vint au roi, si li dist :
« Sire, Dius vous rende gueredon de l'ounour que
» vous m'avés fete; et je vous en renderai grant gue-
» redon, se vous volés.
» Sire, dist Thoros au roy ⁷, quant je vinç parmi
» vostre tiere, et je demandoie des castiaus cui il es-
» toient⁸, li uns me disoit : « C'est del Temple »; li
» autres : « De l'Hospital »; [l'autre : « De Monte
« Syon⁹ ».] Si que jou ne trouvai ne castiel, ne cité, [ne

1. A. B. — A : VIII. *lius*, omis dans C. D. — 2. F. O : *à* XIII. *liues*. — 3. Cette phrase, où la limite du royaume vers l'Egypte est marquée, manque dans A. B. D. — 4. C. F. O. — A. B. D : XII. *liues*. — 5. A. B.

6. Le silence des anciennes chroniques latines et arméniennes sur le voyage de Thoros à la cour de Jérusalem, ne suffit pas pour l'infirmer. Il put avoir lieu de 1164 à 1166 ou 1167. Pipino consacre un chapitre entier à ces événements (M. ch. 131. col. 770); mais il n'en parle que d'après Ernoul et Bernard.

7. A. B. — 8. D. — A. B : *qi ce estoient*. — 9. F. O.

» viles¹, c'on deist²] qui fust vostre, ne mais seule-
» ment .III., mais tout à Religion. N'en tout³ vostre
» viloi⁴, n'a se Sarrasin non, fors es castiaus. Sire,
» dist Thoros au roi, or m'entendés, et me dites où
» vous prendés siergans, quant Sarrasin viennent
» sour vous? — Et li rois respondi que il les liuoit⁵ de
» ses deniers.—« Et où les prenés vous?⁶» fist Thoros;
» car jou ne voi mie les rentes, dont vous puissiés
» ost tenir. » — Dist li rois : « Jou les emprunte⁷, tant
» com jou puisse mius fere. »— « Sire, dist Thoros, je
» ai grant pité de vous et de la tiere; car vous n'i etes
» rois, se tant non com li Sarrasin vorront; vous n'en
» iestes se garde non, tant com il vorront. Et si
» vous dirai comment. En toutes les villes de vostre
» tiere mainent Sarrasin⁸; si sevent tous les destrois
» de vostre tiere et tout l'afaire ensement⁹. Se ç'avient
» cose que ost¹⁰ de Sarrasin entre en vostre tiere, il
» ont¹¹ l'aïue et le consel des vilains de vostre tiere et
» des viandes et d'iaus meismes. S'il avient cose que
» Sarrasin soient desconfit, vos gens meesme les
» metront¹² à sauveté; et se vous iestes desconfit, ce
» sont cil qui pis¹³ vous feront, vo vilain meismes.
» Pour ce di jou, fait Thoros, que vous n'iestes se
» garde nou de vostre tiere, se tant¹⁴ com li Sarra-
» sin volront. Pour l'ounour que vous m'avés faite et
» pour çou ke je voi que grans mestiers seroit à la

1. F. O. — 2. A. B. — 3. C.— D: *N'entour*. — 4. A. B. D :
vos vilois. — 5. A. B. D : *looit*. — 6. A. B : *Et où prendrées
l'avoir!* — 7. A. B : *J'enprent*. — 8. D : *n'a se sarrazin non*. —
9. A. B.— 10. A. B : *s'il avint chose qe ost*. — D: *se ce avient*. —
C : *que que os*. — 11. A. B. D. — 12. F. O : *les conduie*. — A.
B : *conduira*. — 13. A. B : *noianz*. — 14. C. : *se tant non*.

» tiere, je vous envoierai .xxx. mil hommes de ma
» tiere, à toutes lors maisnies, trestous armés, pour
» vostre tiere garder et peupler de crestiiens, et pour
» garnir, et hoster les Sarrasins[1] de vostre tiere. Si
» que, cest premier an, vous en envoierai .xv. mil, et
» es autres .ii. ans apriès, .xv. mil. Se vous ensi avés
» garnie vostre tiere de Crestiiens, si porés estre sires
» de vostre tiere et de vo roiaume. [Se Sarrasins en-
» trent en vostre terre, et vos fetes savoir partuit par
» voz viles que les .ii. pars de vos genz viegnent à vos
» à armes, et la tierce demort, landemain porroiz
» avoir .xx.^m. homes à armes. Ne vous couteront un
» denier, et si porront li destroit de vostre terre estre
» gardé[2] deu remanant des autres. S'il avient chose
» que li Sarrasin soient desconfit, il les couvenra
» passer parmi çaus qui sont demoré por la
» terre garder, dont neu porront li Sarrasin fuiant
» eschaper qu'il ne soient ocis et retenu au destroiz
» de vostre terre. S'insinc vostre terre[3] est garnie de
» Crestians, jamès ne troverez ost de Sarrasin qui en
» vostre terre entre. En ceste maniere porrez estre
» rois et sires de vostre terre[4]. »]

Li rois le merchia[5] mout durement de la proumesse que il li avoit fete. Si manda li rois le patriarche et les archeveskes et les eveskes et les barons de sa tiere en Jherusalem, pour mercier le signeur d'Ermenie de le proumesse que li avoit faite, et pour atirer le us et les coustumes par coi on les mainterroit; car li sires

---

1. D : *et por oster les paiens*. — A. B : *ostoier*. — 2. A. B : *demourer garni*. — 3. A. B. — 4. *Se Sarrasins entrent*, etc. Ce long passage, qui manque dans C, se trouve dans A. B. D, F. O. Nous donnons le texte de D. — 5. C : *merchie*. — D : *mercia*.

d'Iermenie voloit savoir comment on les mainterroit, ançois qu'il les envoiast hors de sa terre.

Là atira li rois et si baron que as us et as coustumes que li Sarrasin i estoient [1] les tenroit on; fors tant que se li rois [2] avoit mestier qu'il [3] les menast en l'ost, que il les y menroit. Encontre çou fu li clergiés. Et disent [4] qu'il vorroient avoir les dimes d'iaus, pour çou que Crestiien estoient, dont li Sarrasin ne paioient nulle. Quant li sires d'Ermenie oï çou, si dist que [5] par tel couvenant ne venroient il mie en autrui tiere pour estre serf; mais s'il, as us et as coustumes que li baron avoient estoré et que li Sarrasin estoient, les voloient tenir, il les i envoieroit, et autrement nient. [6]. Ne onques à ce [7] ne le pot on fere le clergié otroiier, s'il n'en avoient les dismes.

Dont vint li sires d'Ermenie, si prist congié au roi, si se retourna en sa tiere [8]. Ne vesqui waires puis que il fu repairiez [9], ains fu mors [10]. De lui demourerent doi fil; li ainnés ot non Rupins et li autres Lyon. Cele tiere tenoit on adonc de le princeé d'Antioche, mais or ne l'en [11] tient on mie. Mais se jou ai tant d'espasse et de leu [12], je vous dirai comment il le perdi, et comment il y ot roi couronné, qui onques mais n'i avoit esté [13].

Atant vous lairons dou seigneur d'Ermenie à parler [14], si vous dirons dou prince Renaut d'Enthioche [15].

---

1. A. B : gestoient. — 2. A. B. D. — 3. D : avoit mestier d'aide qu'il. — 4. D : car il distrent. — 5. D. F. O. — 6. D : non. — 7. D. — 8. M : « Et sic Clericis in sua pertinacia persistentibus, » princeps proposito mutato discessit. » Chap. 131. col. 770. — 9. D. — 10. En 1167 ou 1168.— 11. D. — C : le. — 12. A. B. D. — 13. Voy. ci-après, chap. XXIXᵉ. — 14. A. B. — 15. D.

En celle tans¹, fu li princesse se femme morte; et ses fillastres Buiemons fu princes². Si li estut la tiere laissier, si s'en ala au roi de Jherusalem; et li rois le retint. Ne demoura gaires apriès que li sires del Crac e de Monroial³ fu mors. Et pour çou que li⁴ princes Renaut avoit bien gardée la tiere d'Antioche et que boins chevaliers estoit⁵, li donna on la dame del Crac et de Monroial à fame⁶. La dame del Crac avoit .II. enfans de son premier baron : .I. fil et une fille. Et del prince Renaut n'en ot elle nul. Li fille fu mariée à Rupin, qui sires fu⁷ d'Ermenie, et fu fius Thorot. Li fius demoura aveuc le mere, si ot non Hainfrois. De cel Hainfroi⁸ vous dirai jou, se j'ai tans et eure, qu'il fist, et quel vie il mena, et qu'il devint.

Or⁹ vous lairons atant de Hainfroi, si vous dirons del roy Amaurri, cui¹⁰ maladie prist de la mort. Il manda ses hommes, et lor¹¹ pria et commanda que son fil Bauduins, qu'il avoit eut de le fille le conte de Rohais, qu'il en fesissent roi et porter couroune. Et il li otriierent. Et li rois donna Naples en douaire à le roine se femme, qui avoit à non Marie, et dont il avoit une fille qui avoit à non Ysabiaus. Ne demoura puis gaires que li rois Amaurris fu mors. [Cil Amaurris

---

1. A. B : *en cel point*. Voy. ci-dessus, p. 23. — 2. Vers 1163. —3. A.B: *Del Crac et del Montroial.*—D: *del Crac et de Montréal.* Le Crac de Montréal au S. de la Mer Morte. Cette terre avait été d'abord du domaine royal. Le roi l'échangea contre Naplouse avec Philippe de Milly. *Assises*, t. II, p. 462.— 4. A. B.D.— 5. A. B : *nosa estoit.*— 6. A. B. Vers 1176. Stéphanie, dame du Crac, était veuve du Connétable Humfroy II de Toron. — 7. A. B : *estoit.* — 8. Humfroy III. — 9. Cf. M. chap. 133. col. 771. — 10. A. B. C : *qui.* — 11. A. B. D.

regna .XIII. ans¹.] Quant il fu enfouis, si fist on de Bauduin son fil roi, et porta couroune.

Maisançois qu'Amaurris fust mors, vous avoie oubliet à dire que il avoit un seigneur à Tabarie, qui castelains avoit esté de Saint Omer, et la dame de Tabarie avoit à femme. Si fu mors, si l'en demourerent .IIII. fil. Quant li sires de Tabarie fu mors², li rois donna³ le dame de Tabarie au conte de Triple, qui Raimons avoit à non, et estoit cousins germains le roi de Jherusalem.

Or⁴ vous lairons atant del conte de Triple ester, dessi que tans et eure sera que nous en parlerons. Et dirons del roi Bauduin qui porta couroune, ki jouenes enfes estoit, quant il le porta. Cil rois Bauduins n'ot onques femme, ains fu mesiaus; et tint bien la tiere, tant com il vesqui, à l'aïue de Diu et de ses hommes.

A cel tans que Bauduins fu rois, se croisa li cuens Phelippes de Flandres, qui ses cousins germains estoit, et ala outremer. Et enmena aveuc lui l'avoé⁵ de Bietune⁶, et chevaliers assés. Quant il vinrent outremer⁷, li rois et li baron de le tiere orent grant joie de se venue; biele ciere⁸ li fisent. Et bien cuidoit avoir grant aïue et grant confort de conquerre sour Sarrasins, quant il fu venus. Dont⁹ manda li rois tous ses

---

1. F. O. — 2. *Si l'en demourerent*, etc., manque dans A. B. — 3. C : *li donna.*— D : *li rois Amaurris donna.*— 4. Cf. M. ch. 134. col. 771. — 5. A. B : *le dorae.* — 6. A. B : *Betune.* — D : *Betume.* « Advocatus de Betuna », dit Guillaume de Tyr (XXI. 15 et suiv. p. 1029, 1033) où ne se trouvent pas tous les détails qui suivent. Pipino les reproduit d'après notre chronique. M. ch. 134. — 7. D : *Quant il furent en Jerusalem venu.*—A.B: *Qant il furent venu.*— 8 A. B : *bele acuilete.*— F. O : *bel recoilloit.*— 9. A. B : *lors.*

barons et tout le consel de le tierc de ¹ Jherusalem. Quant assamblé furent, et li quens Phelippes aveuc, pour fere ost et prendre consel pour aler sour Sarrasins, dont vint li quens Phelippes au roi, voiant tous ses hommes : « Sire, dist il, vous avés une sereur, je
» veul que vous le me donnés aveuc l'avoué ² de Bie-
» tune qui mes cousins est, et boins chevaliers ; si
» l'avera à femme. »

Dont ³ vint uns des barons de la tiere avant, qui avoit à non Bauduins de Belin, qui departis estoit de se femme qu'il avoit, pour çou qu'il beoit ⁴ à avoir celle damoisiele à femme. Et dist au conte de Flandres : « Sire quens, estes vous venus en ces païs pour
» mariage faire ? Nous cuidiens que vous fussiés venus
» pour le tiere aidier à consillier et pour acroistre et
» pour aler sour Sarrasins, et vous parlés de mariage !
» Li rois n'est ore mie consilliés de mariage faire. Mais
» se vous voliés venir en ost ⁵ aveuc le roi et aveuc
» nous, sour Sarrasins, et Diex donnoit que nous
» conquestissons sour Sarrasins, et nous reparissons
» sain et sauf, et là vos parliés ⁶ le roi ⁷ de mariage
» faire, li rois en seroit bien tost ⁸ consilliés. »

Dont vint li quens de Flandres, si se coursa et dist que plus ne demourroit en le tiere de Jherusalem⁹. Si prist congié au roy et s'en ala en Antioche. Si mena

1. A. B : *en*. — 2. A. B : *avec le viaire de Betune*.— D: *Je vuel que vous la me doignoiz à l'avoé de Betune.* — M : « Leoino cognomento de Betune. » Ch. 134. col. 771. — 3. A. B : *Lors vint.* Avant le commencement de cette phrase, les copistes de A. et de B. ont écrit par erreur ces mots : *si dist au conte*, qui appartiennent à la phrase suivante et qu'ils auraient dû effacer ici. — 4. F. O : *vaoit*. — 5. A. B. D. — 6. C : *et la parliés*. — D : *et vos parlesiez adont*. — 7. F. O. — 8. D. — C : *bien*. — 9. D.

aveuc lui le conte de Triple, [Raimon, qui cousins germains estoit lo roi Amaurry qui fu,¹] et chevaliers assés de la tiere, tant qu'il ne demoura mie el roiaume de Jherusalem, ne au Temple, ne à l'Ospital, ne au siecle plus de .v. c. ² chevaliers. Adont demoura Robiers de Bove ³ aveuc le roi.

Or vous dirai dou conte Phelippe, quant il vint en Andioche qu'il fist. Il prist consel au prinche Buyemont ⁴ et au conte de Triple, u il poroient aler guerroiier sour Sarrasins. Et consaus lor porta qu'il allaissent assegier .I. castiel qui à .v. liues d'Andioche iert⁵, et a à non Hierench ⁶. Il l'alerent assegier; et longhement i sisent, et si nel prisent pas. Maisançois que je vous die comment li quens Phelipes ⁷ s'en parti, or vous dirai comment la Mulane, sires d'Egypte⁸, fu mors, et comment il perdi sa terre⁹.

1. D. — 2. D : cc. — 3. D : *Robert de Boves*. — 4. D. — 5. D. — 6. A. B. D. : *Heranc*. — F. O : *Herenc*. — M : « oppidum Heranæ. » — Guillaume de Tyr : *castrum Harenc*. liv. XXI. ch. 19, p. 1036. — 7. D. — 8. D. — 9. A. B. D. F. O.

CHAPITRE V

Coment Saladins fu rechatez de prison.

SOMMAIRE.

1167. Commencements de Saladin. Prisonnier des Chrétiens à Montréal, il est racheté par son oncle. Il projette la conquête de l'Egypte. Croyance populaire à une prophétie. Saladin assiége le Caire.[1]

Il avint à Damas qu'il i ot .I. prouvost[2] Sarrasin, qui mout rices estoit de grant meule[3]. En le tiere d'Egypte avoit esté as saus[4] la Mulane, et puis i avoit esté pour le tiere conquerre, qant li[5] rois Amaurris le rescoust. Quant li rois Amaurris fu mors, si se pensa, cil prouvolz[6], que il iroit la tiere conquerre d'Egypte.

Il avoit .I. sien neveu[7] en prison au Crac de Monroial, qui pris avoit esté au repairier[8] qu'il fisent, quant

---

1. Cf. M. chap. 135, col. 772. — 2. A. B : I. *prestres*. — F. O : *provost*. — M : « præpositus. » Schircou, ou Siracon de Guillaume de Tyr. — 3. A. B. D : *mueble*. — 4. F. O : *as sous*. — A. B : *à sos*. 5. A. B. D. F. O. — C : *et*. — 6. D. — 7. A et B donnent ici un commencement de phrase, où se trouvent quelques mots empruntés à la suite du chapitre et qui n'ont aucun sens : *il avoit I. au chastel à la porte del palais*, etc. — 8. D. — C : *au repair*. — F. O : *al repair*. — A. B : *au reparier*.

li rois Amaurris les encaça de la tiere d'Egipte[1]. Il se pensa que il le racateroit, et qu'il l'enmenroit aveuc li, pour çou qu'il estoit larges et courtois, et mout amés de Sarrasins. Il manda au signeur del [2] Crac qu'il le [3] mesist à raençon, et il le racateroit volentiers. Et li sires del Crac si fist, et en rechut l'avoir que chis li envoia. Quant il fu [4] hors de prison, si pria au signeur dou castiel que il le fesist chevalier [à françoise[5]. Et il si fist[6].] Puis fu li Sarrasins sires dou castiel.

Or vous dirai comment il ot non et qui il fu. Il ot non Salehadins. Li nons Salehadins, çou est à dire en françois : « C'est li sires qui euvre pour le loy. » Cil Salehadins est cil dont on parla tant par le mont, qui conquist Jherusalem. Maisançois que je vous die comment il conquist la tiere de Jherusalem, vous dirai comment il conquist le roiaume d'Egypte et .v. roiaumes sour Sarrasins apriès, et comment il ocist le Mulane.

Quant il fu hors de prison, Salehadins, et il fu fes chevaliers, il prist congié au signeur del Crac, si s'en ala à Damas, à son oncle, qui racaté l'avoit; et ses oncles fist de lui grant fieste. Quant il fu venus, si prendent ensanle consel d'aler en le tiere d'Egypte. Et liuerent [7] chevaliers et siergans, et fisent ost, et alerent en le tiere d'Egypte, et assegierent le Mulane en son castiel, au Cahaire. Ne demoura gaires, puis qu'il l'orent assegié, que li prouvos de Damas fu mors, qui l'ost y avoit amenée. Si demoura ses avoirs et çou qu'il ot à Salehadin.

1. D.— C, ici et plus bas, *de Crac*.— 2. A. B. D.— 3. A. B. D. — 4. A. B. D. — 5. F. O.— 6. D.— F. O : *et il le feist chevalier*. — 7. D : *loierent*.— O : *louerent*. — A. B : *liurerent*.

Ançois que je vous die plus de Salehadin, vous dirai-jou d'une prophesie que li Sarrasin avoient au castiel del Cahaire. Il avoit el castiel, devant le palais, à le porte le Mulane, .II. destriers enselés et enfrenés, et apparelliés de monter sus. Tous jours i estoient, et par jour et par nuit. Je ne di mie qu'il i fuissent se par remuiiers non[1]: cil qui i estoient le jour, n'i estoient mie le nuit; car cil qui là estoient le jour, il couvenoit que il mangassent le nuit, et cil qui par nuit i estoient, mangoient le jour; qu'il ne pooient mie mengier[2] les frains es bouches.

Or vous dirai des chevaus, pour coi il estoient là. Lor prophesie disoit k'uns hom isteroit de tiere[3], qui auroit non Ali, et monteroit sour ces cevaus, et seroit sires de toute Paienie et de partie de Crestiienté[4]; et par tout le mon iroit sa[5] renonmée.

Or vous lairons atant de ce, si vous dirons de Salehadin qui le Cahaire avoit asegié. Il se pensa d'une grant voisdie[6], comment il poroit cel catiel avoir; car, par avoir que il euist ne par gent nulle, ne le poroit[7] il mie avoir à force. Et se pensa que se il avoit cel castiel, il averoit legierement[8] toute la terre d'Egite[9]. Adont manda dusques à .XL. des meillors et[10] des plus preus siergans que il avoit, et lor dist à consel que il s'armassent par desous les dras[11], et[12] euissent les coutiaus aguz[13] as cuisses loiiés, et

---

1. D: *remuer.*— F. O: *remuiers.*— M: « fiebatque equorum ipso-
» rum vicissitudo continua.»— 2. A. B. D.— F. O: *mangier.*— C: *megnier.* —3. F. O : *venroit sor terre.* — 4. M : « qui Saraceno-
» rum et Christianorum pariter dominus esset. » — 5. D. F. O.—
C : *li.* — 6. A. B : *boisdie.*— M : « mirabile figmentum. — 7. F.
O : *pooit.* — 8. A. B. D. — 9. D. — 10. A. B. F. O. — 11. A.
B. F. O. — C : *et pas desous les dras.*— 12. A. B. F. O. — 13. D.

preist cascuns une verge en sa main pour aler aveuc lui.

Apriès, manda Salehadins les haus hommes de s'ost. Et si lor dist en consel que il s'armassent coiement, et fesissent armer leur gent coiement, que s'il avoit mestier d'aide, ne [1] s'il ooient cri ne noise el castiel, là u il voloit aler, que il le secourussent. Apriès, si prist un mesage pour envoiier à la Mulane, et si dist au mesagier : « Va, se di à la Mulane, que ses siers [2] Sale-
» hadins vient à lui à mierchi. » Et s'il te demande :
« Comment vient-il? »; se li peus dire que je vieng
» comme asnes, le somme au col [3], pour cargier et
» pour tourser [4] et pour kierkier [5] sour lui quankes
» il vous plairoit [6]. » Et s'il te [7] demande quel gent
» j'amaine aveuc moi, se li peus dire que jou n'amaine
» seulement fors que .XL. personnes [8], les verges es
» mains, pour moi garder de la presse [9] des gens. »

Et li messagiers s'en ala [10], si fist son mesage à la Mulane. Quant li Mulane l'oï, si en fu mout liés et mout joians, et dist c'or faisoit il mout bien; or l'ameroit il et seroit ses boins fius [11], et se li donroit grant partie de son tresor. Dont vint la Mulane, si fist crier parmi la cité [12] qu'il estoit boine pais, et que il fussent tout coi, et que Salehadins venoit à merchi; et qu'il venissent esgarder le grant [13] mervelle comment il i [14] venoit.

1. A. B. F. O, où se trouve quelque confusion. — 2. A. B. F. O : sers. — 3. F. O : la some sor le dos. — 4. D : trousser. — A. B : troser. — F. O : torser. — 5. D : charchier. — A. B : chargier. — F. O : carcier. — 6. D : quanqu'il vos plaira. — A. B : qanque vos i voudres metre. — 7. A. B. D. — 8. A. B. D : Serjanz. — 9. A. B. F. O : de la prise et. — 10. A. B : Atant s'en ala li mesagiers Saladin. — 11. A. B : ses amis fins. — F. O : fix. — 12. D : de Babiloyne. — 13. A. B : à grant merveille. — 14. F. O.

CHAPITRE VI

Coment ocist la Mulainne.[1]

SOMMAIRE.

1169. Ruse de Saladin pour réaliser la prophétie. Il tue le visir Chaver, puis il s'empare du Caire et de l'Egypte. — 1170-1177. Ses attaques contre le royaume de Jérusalem. — 1177. Novembre. Les Chrétiens obtiennent un avantage à Montgesard, près de Rama. — 1177-1178. Le comte de Flandre lève le siége de Harenc et se rend à Constantinople, où l'empereur le charge d'un message pour le roi de France. — 1176. Novembre. Guillaume de Montferrat, dit *Longue Epée*, fils du marquis de Montferrat, épouse Sibylle, sœur du roi Baudouin IV. — 1177-1178. Saladin s'empare du royaume de Damas. Il envahit le royaume de Jérusalem. Premier succès, suivi de la défaite des Chrétiens, près de Beaufort.

Dont vint Salehadins, si s'arma desous ses dras, et mist le coutiel fort et trencant à le cuisse, et prist une somme d'asne[2], et le porte sour ses espaules, et se met à le voie. Si s'en va droitement[3] à le Cahaire entre lui et ses gens[4], à le Mulane. Quant il vint à le

---

1. Cf. M: De la fin du chap. 135. col. 772, à partir de ces mots: « Quamque Saladinus Cayrum obsidens », jusqu'à la fin du chap. 138. col. 775. — 2. M : « sellam asinariam. » — 3. D. — 4. D : *et ses* XL. *serjanz.*

porte del castiel, si li ouvri on, et il entra ens, et il et si siergant. Lors refrema on le porte del castiel apriès lui. Et il se mist à .IIII. piés, quant il vint dedens le castiel; et si homme le caçoient devant aus, de verges, aussi com on cace l'asne. Quant li chevalier et li sergant del castiel le virent, si orent[1] grant risée et vinrent à le Mulane qui se séoit en son faudesteuf[2], et li conterent comment il venoit, et li Mulanes en fu moult liés. Quant Salehadins vint devant le palais le Mulane, et vit les .II. cevaus qui apparellié estoient de monter sus, si se pensa que se Damediu plaisoit, qu'il monteroit sus et seroit Aly.

Tout si[3] com Salehadins le pensa, tout si le fist. Après çou, monta el palais à .IIII. piés, et vint devant le Mulane pour son piet baisier. Et li Mulane dist qu'il faisoit bien, et que boin gré l'en savoit et boin guerredon en averoit. Quant Salehadins dut le pié le Mulane baisier, si gieta jus le somme que il avoit sour le dos, et tret le coutiel qu'il avoit à le cuisse[4], s'en fiert le Mulane parmi le cors, si l'ocist[5]. Et li siergant que Salehadins avoit aveuc lui menet, tret cascuns son coutiel, et fierent de çà et de là; si ocient chevaliers et sergans quanques il en i avoit ou castiel. Ensi fu li castiaus pris. Dont manderent[6] en l'ost qu'il se mésissent en la cité de Babilone; et cil[7] i entrerent[8], et prisent le cité, que cil de le cité ne s'en donnerent garde. Li Cahaires est li castiaus de Babilone.

1. A. B : *vinrent sonerent.* — 2. A. B. D: *faudestuel.* — 3. A. B : *Tout ansi.* — 4. A. B : *à la cose.* — F. O : *à se cuisse.* — M : « sub femore. » — 5. *si l'ocist*, manque dans A. B. — Voy. sur le vizir Chaver, dont il est ici question, ci-dessus. p. 18. note 6. — 6. A. B : *donc manda Saladin.* — 7. A. B. D. — C : *qu'il.* — 8. A. B. D. — C : *entrent.*

Dont vint Salehadins, si monta sour les cevaus qui atendoient Aly, et aloit criant par le cité qu'il estoit Aly[1], qui venus estoit à ceval. [Onc puis n'i ot cheval [2].] Apriès, si manda en le tiere de Damas et de Halape et par toute Paienime sergans et chevaliers qu'il venissent à lui, et qu'il lor donroit bons sols [3], et feroit rices hommes. Quant si fetement sorent qu'il [4] avoit [5] Babilone et le Cahaire conquis, il [6] en i ala mout soudoiers et serjans [7]. Et si lor donna largement [8] de l'avoir, qu'il avoit trouvé dedens le Cahaire. Quant cil [9] d'Alixandre et de Damiete, et cil de le tiere d'Egipte [10], oïrent dire que si faitement estoit lor sires mors, et que Salehadins avoit conquis Babilone et le Cahaire, et que si grant gent i [11] avoient amassé, il se penserent qu'il iroient à lui à merchi, et qu'il ne se lairoient mie essillier, et que il le receveroient comme signeur. Il i alerent et si li rendirent la tiere.

Ensi conquist Salehadins le tiere d'Egypte. Et quant [12] il ot la tiere, si garni mout bien les castiaus. Apriès, se pensa qu'il avoit mout grant gent et que li tiere de Jherusalem estoit vuide [13] de chevaliers et de

---

1. *Et aloit*, etc., manque dans A. B. — 2. A. B. D. — 3. D : *bones soudées*. — 4. D. — 5. A. B : *riches hommes, qant si faitement avoit*. — C : *Et k'ensi faitement avoit*.— 6. A. B. C : *et il*. — 7. D. — 8. D. — A. B : *l'argent*. — 9. A. B : *Qant cil car*. — 10. D. — 11. A. B. — D : *pueple*.

12. Cf. M. chap. 137. Col. 773. Il y a beaucoup de désordre dans tous ces premiers récits d'Ernoul et de Bernard, que les compilateurs et les copistes paraissent avoir transposés et amalgamés arbitrairement. De la première invasion de Saladin dans le royaume de Jérusalem (décembre 1170. Guill. de Tyr, l. XX. ch. 19. p. 973), le récit passe ici brusquement à la campagne de 1177, dont il a été déjà question dans le chapitre précédent.

13. A. B : *vuidée*.

sergans, et que li quens Phelippes de Flandres les avoit menés à le siege de Herench[1]. Donc se pensa[2] Salehadins qu'il avoit grant gent, et que bien poroit la tiere conquerre; dont aparella s'ost et ala en le tiere de Jherusalem, et bien aveuc lui .LX. mil[3] hommes à cheval.

Quant li rois Bauduins, qui mesiaus fu, oï dire que Salehadins venoit sour lui et en se tiere, à tout grant gent, si assambla toute s'ost à Escalonne; et quant il l'ot toute assamblée, n'ot il que .V. C. chevaliers[4], que del Temple, que de l'Hospital, que del siecle. Apriès prisent consel qu'il manderoient en Jherusalem et par toute le tiere tous chiaus qui poroient armes porter, qu'il venissent à Escalonne, au roi. Ançois que li arriere bans venist à Escalonne[5], vint Salehadins devant Escalonne, et assega le roi dedens. Et li Sainte Crois estoit dedens aveuc le roi. Tout si com li arriere bans venoit à Escalonne, à le mesure qu'il venoient, Salehadins les prenoit[6]. Si prisent les bourgois de Jherusalem et grant partie de ciaus de le tiere qui de plus loing venoient.

Quant Salehadins ot esté .III.[7] jours au siege devant Escalonne, se li aporta ses consaus que il alast en Jherusalem, qu'il n'i avoit nullui, et qu'il le poroit bien prendre, car il avoit les bourgois tous pris; et que[8] se il pooient tant fere que il peussent avoir garnies[9] les montaignes, bien le poroient avoir.

1. A. B : *Herenc.* — D : *Heranc.* — 2. D : *dist à li meismes.* — 3. A. B. D : XL. M. — F. O : IX. *mil.* — M : « sexaginta millia » equitum armatorum. » — 4. D : D. *chevaliers.* — 5. Le commencement de la phrase manque dans A. B. — 6. A. B : *prevoir.* — 7. A. B. D : .II. — 8. A. B. D. — 9. D. — A. B : *garnir.*

Al tierç jour, se parti Salehadins del siege d'Escalonne et ala à une cité qui est es plains de Rames, qui a à non Saint Jore[1], à .VII. liues d'Escalonne. Et là hierbega, et si escilla la cité. Quant Salehadins se fu partis d'Escalonne, li rois issi hors, et ala apriès à toute s'ost; et se hierbega à .II. liues près de lui, à .I. castel que on apiele Ybelin. Quant che vint l'endemain par matin, l'ost des Sarrasins mut pour aler en Jherusalem. Cest jour fu fieste sainte Catherine en yver, et eu venredi[2]. Damedius Jhesu Cris vit le poi de gent et la foiblece qu'il avoit en la tiere[3], si estendi sa grasse et s'aide[4] et son confort, et vaut moustrer qu'en assés de gent ne doit on avoir fiance, mais en lui. Li Sarrasin avoient bien .LX. mil[5] chevaliers, et li Crestiien n'estoient que .V. C.[6] Et si avoient li Sarrasin pris et loiiet[7] les bourgois qui estoient venu à l'arriere ban[8], et les avoient loiiets sour les cameus[9].

Or mist Dius en cuer et en talent as Crestiiens qu'il se combateroient as Sarrasins, à si poi de gent com il avoient. Si s'armerent, et Dius lor aida, et mesires sains Jorges qui en le bataille fu le jor[10], et cui[11] glise li Sarrasin avoient essillie et gastée la nuit, et le liu u il avoit esté martiriiés. Si atirierent[12] li Crestiien lor escieles, et alerent encontre les Sarrasins et assamblerent devant .I. castiel c'on apiele Mongisart[13], es plains

1. D: *Saint Jorge.* — M: « Beatus Georgius. » — 2. M: « feria sexta. » — 3. D: *en la cité de Jerusalem,* — 4. F. O: *sa graisse et s'aiue.* — 5. A. B. D: XL. *mil.* — F. O: IX. *mil.* — 6. D: *plus de* D. — M: « equites quingentos. » — 7. D: *liez.* — 8. A. B: *au rière ban.* — 9. A. B: *chamols.* — 10. A. B. — 11. A. B. — C: *qui.* — 12. D. — C: *atirent.* — A. B: *atierent.* — 13. A. B. D. F. O. — M: « oppidum Montis Gisart. » — C:

de Rames. Dont vint li sires de Rames, qui avoit non Bauduins[1], au roi, et dist : « Sire, je vous demant le premiere jouste. » Pour çou li demanda la premiere jouste, qu'il se devoit conbatre en sa tiere ; si devoit avoir le premiere bataille. Et li rois li otria. Che fu cil Bauduins qui parla au conte Phelippe de Flandres devant le roy, quant il parla del mariage, et li quens s'en courça et vuida le païs[2]. Cis Bauduins avoit .i. frere qui avoit non Belians de Belin[3] et avoit le roine Marie à femme, qui fu femme[4] le roi Amauri.

Or vous lairai atant de Belyan ester, si vous dirons de la bataille qui fu devant Monghisart. Bauduins de Raymes[5] et ses freres Belyans[6], ki le premiere bataille eurent, coisirent le plus forte bataille que li Sarrasin avoient et poinsent viers aus, si le desrompirent toute et venquirent. Et si ne demoura mie atant que il d'armes ne fesissent[7] quankes il porent dusque à le nuit sour les Sarrasins, c'onques Rollans ne Oliviers ne fisent tant d'armes en Rainscevaus[8], con li doi frere[9] fisent le jour en le bataille, à l'aïue Diu et de monseigneur Saint Jorge, qui en la bataille fu o els[10].

Hues de Tabarie et Guillaumes ses freres, qui joucne chevalier estoient, et furent fil le castelain de Saint Omer, et fillastre le conte de Triple estoient, se prou-

---

Monsigart. Ce combat eut lieu le 25 (et non le 28) novembre 1177. Guill. de Tyr, lib. XXI. chap. 23. pag. 1042 et suiv. — 1. Baudouin d'Ibelin, seigneur de Rama, fils de Balian Ier d'Ibelin. — 2. Ci-dessus, pag. 33. — 3. D. — 4. C. D. F. O. — A. B, par erreur, *mere*. Balian II d'Ibelin épousa Marie Comnène, nièce de l'empereur Manuel, et veuve du roi Amaury Ier de Jérusalem. — 5. D. — 6. F. O. ajoutent : *et Giles de Cien*. — 7. A. B : *et chaplerent*. — 8. D : *Roncevaus*. — 9. F. O : *com cil trois*. — 10. D. — C : *en la bataille fu*.

verent mout bien le jor en le bataille; et mout i fisent d'armes, et¹ grant los i acuellierent. Li Temples et li Hospitaus s'i proverent mout bien, atant com il avoient de gent². En l'eskiele le roi estoit Robiers de Bove³, qui mout bien s'i prouva; et toute li eskiele le roi, tant k'à l'aïe de Diu, li Sarrasin i furent desconfit. Et li Crestiien les encacierent tant com jours lor dura; et les prisent et ocisent, et de lor harnas n'escampa⁴ point. Li bourgois qui sour les cameus estoient loiié⁵, [qant il virent ke li Sarrasin furent desconfit, si⁶] desloia li uns l'autre; et ocient⁷ ceus qui les harnas gardoient et retinrent le harnas. Il ot assés en le bataille sergans et chevaliers qui disent qu'il lor fu avis que la Sainte Crois, qui en la bataille fu, estoit si haute qu'elle avenoit dusques au ciel. Et si ot chevaliers Sarrasins pris qui demanderent ⁸ as Crestiiens, qui⁹ pris les avoient¹⁰, qui cil chevaliers as blances armes estoit, qui tant avoit de lor gent ocise le jour? Et il respondirent qu'il cuidoient que che fust li sains cui ¹¹ glise il avoient gastée le jour devant.

Quant Salehadins fu desconfis, si s'en ala en Egypte, et li rois de Jherusalem demoura en sa tiere. Ce fu là mout biele miracles que Dieus fist pour Crestiiens, que .v. c. chevaliers venquirent .LX.¹² mil Sarrasins.

Or vous lairai del roi de Jherusalem et de Salehadin

---

1. A. B. D. — 2. D : *de tant de gent com il avoient.* — 3. D : *Boves.* — 4. A. B. D.— 5. D : *Li borjois de Jerusalem que li Sarrasins avoient pris et estoient liez sus lor chamex.* — 6. A. B. —D: *ocioient.* — C : *crient,* pour *ocient.*— 7. A. B : *ocistrent.*— 8. A. B : *et enquistrent.* — 9. C : *que.* — 10. C : *l'avoient.* — 11. A. B. — C : *qui.* — 12. A. B. D : XL.

à parler¹, desi que tans et eure en sera, et si dirons dou conte Phelippon de Flandres, qui fu al siege devant Herenc². En cel point que la bataille fu, là vinrent nouvieles au conte Phelippon et as barons de l'ost, que li rois de Jherusalem avoit desconfit les Sarrasins qui estoient entret en se tiere. Li quens en fu moult³ liés et joians; et il et toute l'ost⁴ en rendirent grasses à Diu. D'autre part, fu li quens de Flandres si⁵ dolans qu'il se leva del siege, et prist congié au prince d'Antioce et au conte de Triple et as barons qui aveuc lui estoient au siege, pour raler en sa tiere. Ensi se departi⁶ li sieges de Hierenc.

Or s'esmut⁷ li quens Phelippes, pour venir par tiere en Flandres, et vint en Coustantinoble. Là trouva⁸ l'empereour Manuel qui grant honnour li fist, et mout fu liés de se venue, et mout li donna de ses joiaus, com de çaintures⁹ et d'or et d'argent et de dras de soie; et sejourna là tant qu'il lui plot. En ce qu'il sejourna là, li demanda li empereres, se li rois Loeis de France¹⁰ avoit nulle fille à marier, et li quens respondi qu'il en avoit une, mais petite estoit et jouene. Dont li dist¹¹ li empereres Manuas¹² qu'il n'avoit ke .I. fil qui estoit jouenes enfes, et que se li rois li voloit envoiier se fille aveuc¹³ son fil, que si tost com elle i seroit venue, il la¹⁴ li feroit espouser, et li feroit porter couronne, et lui ausi; il¹⁵ seroit empereres et elle emperréis. Dont parla et pria li empereres au conte

---

1. A. B. — 2. Ci-dessus, page 34. — 3. D. — 4. C : *l'os.* — 5. A. B. D. — 6. A. B : *Einsi departi.* — 7. D. — A. B : *Or s'en must.* — C : *s'en vint.* — 8. C : *trou.* — 9. D. F. O : *de saintuaires.* — A. B : *saintures.* — 10. A. B. D. — 11. A. B. D. — 12. A. B : *Manoiauz.* — 13. D : *à.* — 14. D. — 15. F. O : *si.*

que il au roi en fust messages, que plus gentil homme de lui ne poroit il mie trover ne¹ envoiier. Et il envoieroit aveuc lui de ses mius vaillans² hommes pour amener la damoisiele, se li rois lor voloit cargier.

Li quens respondi que volentiers en³ feroit le message⁴, et se peneroit qu'il l'averoit. Dont vint li empereres; si fist aparellier ses messages et lor carja or et argent assés à despendre, et les envoia en France aveuc le conte. Et quant il vinrent en France, li quens vint au roi et fist son message de par l'empereóur.

Dont fu li rois liés et joians. Si vit que il ne le pooit mieus marier; si le fist appareillier moult hautement⁵ et mout ricement, [comme fille à si haut home comme lo roi de France⁶] et le kierga as messages, et il l'emmenerent en Coustantinoble à l'empereóur. Celle damoisiele⁷ fu seur au roi Phelippe de Franche, germaine de pere et de mere. Or s'en alerent li message à tout le damoisiele, et li quens Phelippes demoura en Flandres. Quant il vinrent en Coustantinoble, li empereres en fu mout liés, et hautement le reçut, et si le fist à son filz⁸ espouser et porter couroune. [Et fu empereriz et il fu emperieres⁹.]

Or vous lairons atant de l'empereóur Manuel et des enfans, de si¹⁰ qu'à une autre fois que nous en parlerons, et si dirons de la tiere de Jherusalem. Il ot arivé en le tiere de Jherusalem .I. chevaliers de Lombardie

---

1. A. B. — 2. A. B : *vasals*. — 3. D. — 4. A. B. D. — 5. A. B : *Si vit q'il ne la pooit mie plus hautement appareillier*. — 6. A. B. D. — C : *et mout ricement et le kierga*. — 7. Agnès, fille de Louis VII. — 8. A. B. D. — 9. A. B. D. — 10. C : *si*. — A. B : *desin*.

qui ot non Guillaumes Longhespée [1]. Cil estoit boins chevaliers et gentius hom, et estoit fius le marcis de Monferras, qui avoit non Bonifasce [2]. Li rois Bauduins de Jherusalem, qui mesiaus estoit, oï dire tant de bien de lui qu'il li donna se suer à femme qui avoit non Sebille, et li donna le conté [3] de Jaffe et d'Escalonne.

Quant Bauduins de Rames vit que li rois ot mariée sa seur à autrui k'à lui, si en fu mout dolans. Si ala, s'espousa le fille au seigneur de Cesaire, [qui li dona Naples avec sa fille [4]]. Si en ot .1. fil, et la dame morut [5]. Si demoura Bauduins veves. La contesse Sibille de Jaffes et d'Escalonne [6], li seur le roi, ne fu gaires aveuc son signour, qui espousée l'ot, Guillaumes Longue Espée [7]; ains fu mors. La dame en ot .1. fil qui ot non Bauduins.

Apriès [8], avint cose que li rois oï dire que li soudans de Damas estoit mors, qui ot non Noiradins [9]. Dont vint li rois mesiaus, si asanla ses os, si en ala en le tiere de Damas, et gasta et escilla la tiere et grant gaing i fist. Il n'i prist ne castiel, ne cité ne assega.

Quant la dame de Damas oï dire que li rois de Jherusalem asanloit ses os pour entrer en sa tiere, elle

1. A. B. D : *Longue Espée*. Cf. M. Chap. 138. col. 774. Guillaume Longue Epée arriva en Syrie vers le commencement du mois d'octobre 1176. (Guill. de Tyr, lib. XXI. chap. 13. pag. 1025).

2. Erreur générale et constante dans tous nos mss. et textes imprimés. Cf. ci-après, ch. XI. Le père de Guillaume de Montferrat, surnommé Longue-Epée, était le marquis Guillaume III dit le Vieux; Boniface était frère, et non père, de Guillaume Longue-Epée.

3. A. B : *la contrée*. — 4. F. O. — 5. D : *en ot* 1. *fill, dont la dame morut*. — 6. D. — 7. A. B. D. Guillaume mourut à Ascalon en juin 1177. Guill. de Tyr, l. XXI. Ch. 13. Pag. 1026. — 8. A. B. D. — C : *Et*. — 9. Noureddin était mort en 1174.

envoia ses mesages à Salehadin, qui sires estoit d'Egypte, qu'il le venist secourre, que li Crestiien estoient entré¹ en sa tiere. Et Salehadins asanla grans gens, si l'ala secourre. Quant li rois oï dire que li secours venoit, si se departi de celle tiere à tout le gaaing que il i avoit fait, et s'en repaira en la tiere de Jherusalem. Et Salehadins ala à Damas, si espousa la dame. Einsinc² conquist le roiaume de Damas par le secours qu'il ot fait à Damas et à la dame³.

Or eut il .ii. roiaumes. Quant il fu sires de Damas, si assambla ses os pour aler sour le Roi de Jherusalem, pour le despit que li rois li avoit devant fet⁴. Si entra en le tiere de Jherusalem par deviers une cité qui a à non Saiete⁵, qui est entre Sur et Baruth. Li rois de Jherusalem, quant il l'oï dire, si amassa ses os et ala encontre, si que les os des Sarrasins et des Crestiiens assanlerent devant un castiel de Crestiiens qui a à non Biaufors⁶. Là fu la bataille de Crestiiens et de Sarrasins, si que li Sarrasin en orent le pior celle fois, et li Crestiien le millour. Et quant desconfit les orent, si furent li Crestiien si aigres⁷ au gaaing et à l'avoir⁸ prendre, qu'il laissierent l'encauc⁹ des Sarrasins. Et

---

1. D. — 2. A. B. D. — C : *Et*. Les historiens arabes rectifient beaucoup de choses dans ce récit.

3. Fra Pipino ajoute ici à notre texte, qu'il suit toujours, en l'abrégeant d'ailleurs, une courte description de Damas. M. chap. 138. col. 775. — 4. Au lieu de cette fin de phrase, on lit dans A. B. D : *por aler sor le roy de Jherusalem, et por recovrer la perte et le doumage que li roys de Jherusalem li avoit fait à Damas, et porce que li roys le desconfit devant Mongisart, si s'en vengeroit s'il pooit.* — 5. M : « Sidonem. » — 6. M : « Belfort. » — 7. A. B. — C : *si engrés.* — 8. A. B. — C : *et l'avoir*. — D : *de l'avoir*. — 9. D : *l'enchauz*. — F. O : *l'en cave*. — M : « magis praedandi quam insequendi avidi. »

quant li Sarrasin virrent qu'il entendoient[1] à l'avoir, si retournerent sour aus et les desconfirent et rescousent[2] leur avoir. Là prisent il le maistre dou Temple et Bauduin de Rames[3], et les enmenerent en prison à Damas; et si s'en retournerent li Sarrasin à tout lor gaaing, et li rois demoura en sa tiere.

1. D : *tendoient.* — 2. A. B : *et recouvrerent.* — D : *resqueutrent.* — 3. M : « Balduinus de Rames dominus castri Montis Gisart. »

CHAPITRE VII.[1]

Coment Saladins ala conquerre le Roiame de Perse.
De la mer del Diable.

SOMMAIRE.

1179. Les Templiers réédifient le château du Gué de Jacob, contrairement à la trève et malgré l'avis du roi. Saladin s'empare du Gué de Jacob. Renaud de Chatillon, prince du Crac, dépouille une caravane arabe. Ce que c'est qu'une caravane. Baudouin d'Ibelin, sire de Rama, se rachète de la prison de Saladin pour épouser la comtesse Sibylle de Jaffa, sœur du roi. L'empereur Manuel l'aide à payer sa rançon. Amaury de Lusignan, connétable du royaume de Jérusalem, négocie le mariage de son frère Guy avec la comtesse de Jaffa. — 1180. Avril. Le roi marie Guy de Lusignan à sa sœur et le crée comte de Jaffa. Mécontentement de Baudouin de Rama. — 1182. Saladin, ne pouvant obtenir satisfaction de l'aggression de Renaud de Chatillon, envahit le royaume du côté de Forbelet, sur le Jourdain. Il assiége le Crac de Montréal. De Raoul de Benibrac. Du Jourdain, du Liban, et de quelques villes voisines. Des deux sources du Jourdain.

Dont[2] vint Salehadins; si se pourpensa qu'il ne guerrieroit ore plus les Crestiiens desi qu'à une autre fois, ains feroit trives à aus, pour aler conquerre le

---

1. Cf. pour la première partie du chapitre : M. chap. 139, - chap. 141. col. 775-778. — 2. D : *Après*.

roiaume de Pierse, dont il voloit estre soudans. Dont fist trives au roi de Jherusalem, si amassa ses os et s'en ala conquerrant toute le tiere, si com il ala. Et a bien de Damas dusques en Perse, trois semaines d'errure.

Endementiers qu'il estoit là, vinrent li Templier en le tiere de Jherusalem au roi, et disent qu'il voloient fremer .I. castiel en tiere de Sarrasins, en .I. liu c'on apiele le « Wés Jacob »[1], près d'une eve[2]. Cil lius qui est apielés li Gués Jacob, c'est là u Jacob luita à l'angle, et là u il ot brisié le cuisse, quant il repairait[3] d'Aran[4], là u il estoit fuis pour Esaü, son frere. En cel liu fu ce que li angeles li dist qu'il ne s'apielast mais Jacob, mais Israël[5]. Dont dist li rois as Templiers que castiel ne pooient il fremer en nulle tiere en trives. Dont disent li Templier qu'il ne voloient mie qu'il le fremast, ains le fremeroient; mais tan proiierent le roi qu'il i alast avec eus[6], entre lui et ses chevaliers sejourner, tant qu'il l'eussent fait, pour garder que li Sarrasin ne li meffesissent[7] nule rien, ne as Sarrasins ne meffesissent noient, li rois amassa ses os et ala aveuc les Templiers pour le castiel fremer.

Quant Salehadins, qui en Piersie estoit, oï dire que li rois fremoit castiel en se tiere, si fu mout dolans, et si manda au roy qu'il ne faisoit mie bien, quant castiel fremoit en se tiere en trive[8]; et qu'il l'amen-

---

1. D: *Le Gué Jacob*. — A. B: *le Leu Jacob*. — 2. M: « Vadum Jacob, super torrentem Jaboch. » — 3. Le mot est inachevé dans C. — A. B: *reparoit*. — 4. A. B: *Arair*. — D. F. O: *Aran*. — M: de Ran. — Haran, en Mésopotamie. Gen. XXVIII. 10. — 5. A. B: *Jherusalem*. — 6. D. — 7. D: *forfeissent*. — 8. *si fu mout*, etc. omis dans A. B.

deroit quant il poroit. Et tant sejourna Salehadins en la tiere, qu'il conquist toute Pierse.

Apriès, ala asseir un autre royaume[1] qui a à non Molle[2], .VIII. journées outre Pierse. Quant il l'ot conquise, si garni la tiere, si s'en retourna ariere en le tiere de Damas. Adont ot il .IIII. roiaumes conquis. Endementiers k'il fu en cele tiere qu'il[3] conquist, fu li Gués Jacob fremés, que li Templier fremerent, ensi com vous aves oï. Et là furent li Templier et le garderent; et li rois s'en repaira en Jherusalem.

Quant Salehadins fu repairiés en la tiere de Damas, ne demoura puis gaires apriès que se femme fu morte, et s'en ala tantost après[4] en le tiere de Halape où il avoit caciet[5] ses fillastres. Si conquist le roiaume de Halape. Or ot il .V. roiaumes conquis. Apriès vint à toute s'ost, et assega le Gués Jacob.

Quant li rois de Jherusalem oï dire que li Gués Jacob estoit assegiés, si asanla ses os à une cité qui ot non Tabarie, à .V. liues del Gués Jacob, por secorre le Gué Jacob[6]. En cel tans estoit li quens Henris de Campaigne, qui freres estoit le roine de France, outre mer; et Piere de Courtray[7], qui frere estoit le roi Loei. Cil

---

1. D : *chastel*. — A. B : *chastel royaume*. — F. O : *ala en .I. autre roiaume*.

2. A. B: *Mole*. — F. O : *Mossle*. — M: « nec non et ad regnum quod Molle dicitur, inde distans dietis VII. » — Il s'agit peut-être ici de Mosoul, que Saladin assiégea en effet. Tout ceci au reste manque d'exactitude. L'Yémen dont il est question ailleurs ne fut pas conquis par Saladin, mais par Touran Schah, son frère. (Observ. de M. Defrémery.)

3. A. B. D. — C : *qui*. — 4. D. — 5. A. B : *chaciées*. — D : *chaciez*. — 6. A. B. D. — 7. A : *de Cortenai*. — D : *Cortenoi*.

furent en l'ost aveuc le roi, pour [1] rescourre le castiel [2]. Quant li rois ot toute s'ost amassée pour le castiel rescourre, n'orent il mie tant de hardement qu'il l'osaissent rescourre, ains le laissierent perdre. Et Salehadins prist le castiel à force. Et quant il l'ot pris, n'i demoura il onques frere dou Temple qu'il[3] ne fesist le tieste coper; et les autres qui n'estoient mie Templier prist vis et les fist mener à Damas en prison; et puis fist le castiel abatre jus [4].

Quant li castiaus fu abatus, si prist trives au roi de Jherusalem pour aler .I. roiaume conquerre qui estoit lonc d'iluec .I. mois d'errure et avoit à non Yémen. [5] Il i ala, si le conquist par force et il et si homme.

Donques s'en tourna li quens Henris de Campaigne et Pieres de Courtrai [6] en France par Coustantinoble, là où lor niece estoit emperris, car il [7] estoit freres le roi de France, et li quiens Henris freres la reigne [8].

Or[9] vous dirai del prince Renaut sires dou Crac[10], ki fu en le bataille de Mongisart, dont je vous obliai à dire de le bataille qu'il fist et des prouecces. Ce fu cil qui le grignour proucce i fist. Or vous dirai le mal qu'il fist après. Il avint cose qu'en cel point que Salehadins estoit alés conquerre celle tiere, dont je vous ai dit, L'Iemen, que li marceant Sarrasin [11] de Damas fisent une carvane [12] pour aler en Egypte. Et vinrent pour

---

1. A. B : *en pour.* — C : *de pour.* — D : *à pour.* — 2. D : *le Gué Jacob.* — 3. D : *cui il.* — 4. D. — A. B : *tout abatre.* — 5. D : *l'Yemer.* — M : « quod Lyemen dicitur. » — 6. D : *Cortenai.* — 7. A. B : *car Pieres.* — 8. D. — C : *freres le roi.* — 9. Cf. M. chap. 140. col. 776.— 10. C : *dou Crac sires.*— D: *qui sires estoit del Crac.* — 11. D.— 12. A. B : *carvene.* — H. rapporte un événement semblable en 1186. Pag. 34.

aler, et se hierbegierent desous le Crac, et ne quidierent là avoir garde de[1] Crestiiens, pour çou que trives estoient. Là vint li princes Renaus, si fist armer ses hommes, et fist prendre et femmes et hommes qui en[2] la carvane[3] estoit, et biestes et quanqu'il i ot. Et fist tout metre dedens son castiel. Et bien valoit cc. mil[4] besans celle carvane.

Li rois mesiaus, quant il oï qu'il avoit ensi fait, et que la carvane avoit prise, si li manda que il n'avoit mie bien fait, quant il les Sarrasins avoit desrobés en trives, mais rendist les[5]. Li princes remanda ariere qu'il ne[6] renderoit mie pour pooir qu'il peuist fere. Dont vint li rois, si i envoia Templiers et Hospiteliers et gens de religion et des barons de la tiere, et li proiierent qu'il le[7] rendist, et que bien ne faisoit mie quant il faisoit le roi parjurer, car il avoit les trives jurées. Et il lor respondi que pour pooir que li rois euist, ne les rendroit[8], [ne plus ne l'en proiassent, car il n'en feroit noiant. N'il ne si fistrent, ainz s'en retornerent[9].]

Quant Salehadins oï dire, qui en l'Yemen estoit, que li princes Renaus[10] avoit ses hommes pris, si manda au roy de Jherusalem qu'il ne tenoit mie bien convenant ne son screment, ne le trive que il li avoit fete; et que ses hommes li[11] fesist rendre et lor avoir; et s'il ne le faisoit, il l'amenderoit quant il poroit. Et li rois li

---

1. A. B : des. — 2. D. — 3. F. O : cui la carvane. — 4. A. B. D. — C : ii. mil. — 5. A. B. D : rendist la. — F. O : rendist le. — 6. A. B : ne le. — D : ne la. — 7. A. B : le. — D : la. — 8. A. B : ne la rendroit. — D : ne lor rendroit il. — F. O : nel rendroit. — 9. A. B. — 10. D : li princes Renaus del Crac et de Monreal. — 11. A. B. D. — C : lor.

manda ariere que plus n'en pooit fere, qu'assés li avoit amonesté et mandé et proiiet qu'il les rendist, et rendre ne les voloit pour lui.

Or vous dirons, se vous volés, quel cose est carvanne[1]. Li marceant, quant il veullent aler en marceandise en lontaines tieres, parolent ensanle de faire carvanne, et sont par aventure ensanle[2] .XX. u .XXX. u .XL. Et cascuns si a sommiers u cameus, selonc çou qu'il est rices, cargiés de marceandises, et si se ralient[3] d'aler ensanle et portent lor tentes aveuc aus, sur les chamex[4], et les font tendre dehors les villes, u il se hierbiergent. [Por ce portent lor tentes avec aus, qu'il ne herbergent onques en vile desin qu'il vienent en la terre ou en la vile là où il velent aler et là où il descargent lor marchandise; ainz se herbergent quant il ont fait lor jornées dehors les viles, et tendent lor tentes.[5]] Dont vient li sires dou païs, si les fait garder et par jour et par nuit, et conduire hors de sa tiere pour les traviers[6] qu'il en a. Et ensi font tout li segnour parmi quel tiere il[7] passent.

Or vous lairons del prince Renaut à parler desci qu'à autre fois que nous vous en dirons de lui et de ses oevres. Or vous dirons de Bauduin de Rames qui en prison estoit à Damas, et avoit esté pris à le desconfiture de Biaufort[8]. Li contesse de Jaffe, li seurs le roi

---

1. D : *carvenne*. Aucun de ces détails n'est dans M. — 2. D : *assemblé*. — 3. D : *s'alient*. — 4. D. F. O. — 5. A. B. D. F. O. — 6. A. B : *les traver*. — D : *le travers*. — F. O : *por le travers qu'il en a*. — 7. D : *parmi la terre où il*. — 8. La suite du récit jusqu'à la p. 47 v° répond à M. chap. 141. col. 177 : « Interea » quum Balduinus de Rames apud Damascum a Saladino detine- » retur. »

mesiel, qui veuve estoit¹, li manda qu'il se racatast au plus tos qu'il poroit; que s'il estoit hors de prison, elle feroit tant enviers le roi son frere qu'il l'aroit à femme.

Dont vint Bauduins à Salehadin, si li pria merchi et qu'il presist raençon de lui. Salehadins dist qu'il n'avoit cure d'avoir, qu'il estoit assés rices hom, et grans hounours li ² estoit avenue³ quant il avoit .I. si vaillant chevalier en se prison, c'onques n'avoit oï parler n'en Crestiienté ne en Paienie de si boin chevalier com il estoit. Dont fist tant Bauduins viers le consel Salehadin, que Salehadins otria qu'il venist à raençon; et puis en fu mout dolans qu'il l'avoit⁴ otriié. Dont vint Salehadins, si apiela si haut⁵ le raençon Bauduin, que pour vendre sa tiere denier à denier, n'en⁶ peust il mie paiier le disme⁷. Don dist Bauduins qu'il ne poroit mie paiier celle raençon. Dont dist Salehadins qu'il paieroit tele raençon, u il li feroit traire tous les dens de sa goule, pour çou que dolans estoit de la ⁸ raençon. Et Bauduins dist qu'il fesist son commandement, qu'il ne poroit mie paiier. Dont commanda Salehadins c'on li traisist les dens. Et on li en traist .II. Quant on l'en ot .II. trais, si ot grant engousse qu'il cria merchi, et dist qu'i paieroit le rançon, qui bien montoit à .II. C. mil besans. Dont Salehadins fu mout dolans car, s'il quidast que tel raençon li deust donner, il ne l'eust ja mis à raençon.

Quant Bauduins fu raiiens⁹, et il ot fait marchié de

---

1. D : *veive estoit et avoit eu Guillaume Longue Espée*, etc. — 2. A. B. D. — 3. F. O. — 4. A. B. D : *qu'il li ot.* — 5. A. B. D. F. O. — C : *si saut.* — 6. D. — A. B. C : *ne.* — 7. A. B : *asme.* — 8. A. B. D. — 9. A. B : *raainz.* — F. O : *raiens.*

sa raençon¹, il manda à Belyan de Belin son frere²
qu'ensi fetement s'estoit raiiens, et pour Dieu qu'il li
aidast tant com il fust hors de prison, et qu'il emprun-
tassent une partie de l'avoir, et de l'autre partie
liverra ostages et pleges teus comme le roi de Jheru-
salem et le Temple et l'Ospital plaira. Quant on ot finé
de sa raençon, si issi Bauduins hors de prison³ [et
vint en la terre de Jherusalem⁴].

Quant Bauduins de Rames fu hors de prison, et il fu
venus à Crestiienté, il vint à le contesse de Jafe qui
veve estoit, si li dist qu'elle proiast le roi son frere et
fesist tant qu'il l'euist à femme. Elle respondi que
quant sa raençons seroit paié, elle en aroit consel⁵,
qu'elle ne voloit mie que sa tiere fust engagie pour sa
raençon paiier, mais pourquesist⁶ qu'elle fust paié,
adonc s'en parleroit.

Dont vint Bauduins⁷, si s'en ala en Coustantinoble à
l'empereor Manuel. [Et li empereur Manuel, quant il
fu là venus, fist grant joie et grant feste de lui. Or
quant Bauduin fu venus à l'empereur Manuel⁸], si li
dist qu'il estoit venus à lui pour aïue à sa raençon
paiier. Et li empereres dist [que bien fust il venus⁹],
qu'il li aideroit volentiers, [por amor de ce que prodom
estoit, et¹⁰] pour l'amour de Balyan son frere¹¹. Dont
dist li empereres que nombre d'avoir ne li saroit
donner; si fist aporter une caiière¹² et fist Bauduin sus

---

1. D: *fu mis a reançon.*—2. D: *qui barons estoit la reigne Marian*, etc. — 3. A. B. F. O. — 4. A. B. — 5. A. B: *elle n'auroit bon consceil.* — 6. A. B: *porchaçast.* — C: *porqueist.* — 7. A. B: *Donc se mist Baldoin à la voie.*— 8. F. O. — 9. A. B.— 10. A. B. — 11. D: *qui la fame de son cosin germain avoit à fame cele qui fu fame lo roi Amaurri.* — 12. A. B: *chaière.*

seoir [en mi la sale¹]. Dont vint li empereres, si fist aporter pourpres² d'or, si l'en fist tous³ acouvrir, et tant com on en pot acombler entour lui, de si que sor le cief.⁴

De che fist il aïue à Bauduin à sa raençon paiier. Et bien monta cis avoir assés plus qu'il n'estoit raiens⁵. Dont fist Bauduins prendre son avoir et mettre⁶ en sauf. Quant il ot là esté tant com il vot, et il s'en vot aler, si prist congié à l'empereour Manuel. Dont fist li empereres amener⁷ galies, et si le fist conduire dusques à Acre.

Quant Bauduins fu arivés à Acre, si parpaia sa raençon et⁸ delivra ses hostages et ses pleges. Dont quida bien avoir la contesse, mais il ne l'ot mie. Car il avint endementiers ke Bauduins⁹ estoit en Coustantinoble pour sa raençon pourcacier, il ot un chevalier en la tiere d'outremer¹⁰ qui le fille chel Bauduin avoit à femme, qui connestables estoit le roi, qui maintes¹¹ fois avoit fet ses volentés de le mere le roi. Dont elle avoit tant fait viers le roi son fil¹² qu'il en ot fet son connestable. Il vint à la contesse de Jaffe, et si li dist qu'il avoit .I. sien frere, un des biaus chevaliers del mont, et s'ele voloit, il iroit por lui¹³, et l'aroit à femme. Et fist tant viers le mere le contesse et viers li, qu'ele li fiancha qu'ele ne prenderoit baron, si se-

---

1. A. B. — E : *emmi le sale.* — F. O : *emi le palais.* — 2. A. B : *perpres.*— 3. A. B : *tout.* — 4. A. B : *qu'en sor le chief.*— D : *d'ici au cief.* — 5. F. O : *à .III. tans plus qu'il ne s'estoit raiens.* — 6. A. B. — C : *Bauduins son avoir mettre.* — 7. A. B : *armer.* — 8. A. B : *et Saladins.* — 9. A. B : *il ne l'ot mie, car je vo dirai comment il avint. Endementiers ke Baldoin.* — 10. D. — 11. A. B : *et maintes.* —12. A. B. — 13. A. B. — C. D. F. O, ont tous de mauvaises leçons : *il l'iroit prenc, il l'iroit porec.*

roit[1] venus. Dont s'en ala en son païs pour son frere.

Or vous dirai comment cil connestables ot non et dont il fu. Il ot non Hammeris[2] et fu nés de Lesegnon[3], en Poitau, et fu fius Huon le Brun, qui sires fu de Lezegnon. Dont on parla de se prouece par toute Crestiienté, qui si boins chevaliers fu. Et chil ot à non Guis que il estoit venus[4] querre, qu'il mena outre mer, qui ses freres fu, qui mout biaus chevaliers estoit. Mais il ne fu ne preus[5] ne sages. Cil Guis fu puis rois de Jherusalem. Dont Jofrois de Lesegnon, li boins chevaliers, quant la nouviele vint à lui que Guis, ses freres, estoit rois de Jherusalem dist : « Dont deuist il bien » iestre[6], par droit, Dieus! »

Or enmena li connestables Guion sen frere outre mer. Quant en le tiere furent venu, si vint li connestables à le contesse et le mere le contesse, et parlerent au roi. Et fisent tant que li rois donna se sereur à femme Guion et le fist conte de Jaffe[7].

Quant Bauduins de Rames vit che[8], si espousa femme le fille le connestable de Triple. Celi femme il le mescréi d'un sien chevalier, dont il caça le chevalier hors de sa tiere. Li chevaliers s'en[9] ala vers Sarrasins et fist puis mout de mal à Crestiienté ; dont on parlera en avant, se liu et tans en vient, dou mal qu'il fist. Cis chevaliers ot non Raous de Benibrac[10].

Or vous lairons de çou ester, si parlerons de Sale-

1. A. B. D. F. O : *ains seroit*. — 2. A. B : *Hommeris*. — D. *Aymeris*. — F. O : *Hainmeris*. — 3. D : *de Lisignen*. — 4. A. B : *estoit alez*. — 5. A. B : *prouz*. — 6. C : *estre*. — 7. Aux fêtes de Pâques 1180.— 8. A. B : *vit qe la contesse de Jafe fu mariée, si fu mult dolanz*. — 9. A. B. D. — C : *en*. — 10. F. O.— D : *Raoul de Benybrac*. — A. B. C : *Bembrac*. — M : « Raous de Hembrach. » chap. 141. col. 778.

hadin qui fu venus de l'Yemen. Quant venus fu, si manda le roi¹ de Jherusalem de recief, qu'il li fesist rendre ses hommes et l'avoir que li princes Renaus avoit pris en trives, et s'il ne faisoit rendre, il le desfioit² [et l'appeloit de trive enfrainte³]. Et li rois li manda qu'il n'en pooit riens faire. Dont amassa Salehadins ses os, et passa outre le flun, et entra en le tiere de Jherusalem. Et vint devant .i. castiel qui ot non Forbelet⁴, et est de l'Hospital. Cis castiaus siet sour une haute montaigne près del flun.

Quant li rois de Jherusalem oï dire que Sarrasin venoient en se tiere, il amassa ses os et si ala à l'encontre⁵, et si le trouva devant Forbelet, u il estoit sour une aigue, [mais n'estoit mie eve de riviere⁶]. Là assanlerent li Crestiien as Sarrasins; et si lor tollirent⁷ l'aigue par force. Mais autre bataille n'i ot que de l'aigue tolir; car il fist mout caut le jour; ne li Crestiien n'osoient l'aigue laissier pour le caut, ne requerre les Sarrasins, ne li Sarrasins n'osoient requerre les Crestiiens, pour çou qu'il estoient à l'aighe.

Ensi faitement furent il toute jour, fors tant seulement⁸ que li un traioient as autres [à la foie⁹] dusque au viespre. [Quant ce vint au viespre¹⁰], li Sarrasin passerent le flun¹¹ et li rois demoura devant Forbelet¹². Quant ce vint lendemain, Salehadins s'en ala, à toute s'ost, si asseia le Crac, u li princes Renaus estoit.

1. A. B : *au roy.* — 2. A. B. D. F. O. — 3. A. B. — D : *il le deffioit et l'apeloit de trive enfreinte.* — 4. M. suite du chap. 140. col. 776. « Forbeleth. » — 5. A. B. D. F. O. — C : *et si contre.* — 6. A. B. D. F. O. — 7. A. B : *si ke li Cristien lor tolirent.* — 8. A. B. D. — 9. A. B. — D : *à la foir.* — F. O : *à la fie.* — 10. A. B. D. F. O. — 11. A. B. D. F. O. — C : *au flun.* — 12. C : *Forbelot.*

Or vous lairons de Salehadin qui est au siege devant le Crac, et si parlerons del flun, la u il naist et comment il va, ne où il kiet. Cil fluns devise le tiere de Sarrasins et de Crestiiens, tout si com il keurt. La tiere de Crestiiens, qui de ça est, à a non la Tiere de Promission, [et cel des Sarrasins à nom Arabes. En la Terre de Promission[1]] si apiele on toutes les iaues fluns. Au piet dou mont, sourdent .II. fontaines; li une a non Jour, et l'autre Dain. Or vous dirai de cel mont, comment il a non. Il a non Mons de Ninban[2]. Cis mons dure .III.[3] journées de lonc, dusque à un castiel qui est outre Triple c'on apiele Arces. Là fut faite li arce Noë, dont li mariens fut pris en ce mont dou Ninban; et pour çou a à non chis castiaus Arches, que li arce Noë i fu faite. Cis mons partist le Paienime et le Crestiienté très endroit Sur, jusques outre Triple, selonc la marine. Là est li Crestiientés et d'autre part li Paienime.

En cel mont a mout de bonne tiere et de bonnes villes, dont li Crestiien et li Sarrasin partissent moitiet à moitiet.[4] En tel liu i a qu'ele est toute [de Sarrasins, et en tel leu i a q'elle est tote[5]] de Crestiiens. Entre ces .II. montaignes a une valée c'on apiele le Val Bacar[6], [là où li home Alexandre alerent en fuere, quand il aseja Sur. Dont on dist encore el Romans del *Fuere de Gadres*[7] qu'il estoient alé el Val de Josafas. Mais ce n'estoit mie li vaus de Josafas, mais

---

1. A. B. D. F. O. — *et cel .... Promision*, omis dans C. —
2. A. B. E. F. O : *Niban*. — D : *Nibam*. — 3. A. B. D. F. O : III. — 4. C. ajoute ici : *en tel endroit i a*. — 5. A. B. D. E. F. O. — 6. A. B : *Val de Bachas*. — E : *Val de Belcase*.

7. Le *Fuere de Gadres* est une partie du Roman d'Alexandre, œuvre de Lambert li Tors et d'Alexandre de Bernay. Ni la vallée de Bacar, ni la vallée de Josaphat n'y sont nommées, mais l'allusion

li vaus de Bacar¹,] dont cil qui le Romant en fist pour mius mener se rime le noma le Val de Josaphas, por sa rime faire.²

Or vous avons dit dou mont dou Nyban [dont les II. fontaines sordent au pié³]. Or vous dirons d'une cité bas el pendant del mont⁴, sor le fontaines, qui a non Belinas. Elle fu ja de Crestiiens au tans Godefroi de Buillon ; mais ne vous sai à dire au tans de quel roi il le perdirent. Mais puis fremerent il .II. castiaus priès d'iluec, li uns à non li Thorons. Cis castiaus fu le roi et est à .V. lieues de Sur, à .IIII lieues de cele cité de Belinas⁵. Et li autres a non Saffet. Cil estoit al Temple et .IIII. lieues de le cité.

Or vous dirons de Belinas⁶ quels cités ce fu, et comment elle ot non anciienement. Elle fu Phelippon ; si ot non Cesaire-Phelippe. Cil Phelippon⁷ fu freres Herode, qui saint Jehan Baptiste fist decoler ; et fu barons le femme que Herodes tenoit, quant il fist saint Jehan decoler. Et por ce qe il dist à Herode q'il ne devoit mie tenir la feme son frere, pour ce li fist il couper. A celi Cesaire donna nostres sires saint Pieres les clés de Paradis et poesté de loiier et de desloiier. Celle cité est près de Galilée.

<small>d'Ernoul pourrait se rapporter, nous dit M. Michelant, à ces vers des *Regrets des* XII. *Pers*, autre partie du Roman d'Alexandre :

Et li douna la tiere del val de Josafas,
Le rente et le tréu de l'ounor de Baudas.
(Edit. Michelant. Stuttgart. 1846. Pag. 534).

1. F. O. — Manque dans A. B. C. D. — 2. E : *dont cil qui le Rommant fist le nomma Val de Josaphas pour mix faire le rime.* — 3. A. B. D. F. O. — 4. A. B : *qi est el pendant del mont.* — 5. D. — C : *fu le roi à .V. liues de Sur .III. liues de cele cité.* — 6. A. B. D. F. O. — C : *Linas.* — 7. A. B : *cil Phelipes.*</small>

Or[1] vous dirons des .II. fontaines qui keurent vers le mer de Galilée. Ains qu'eles entrent en la mer, si s'asamblent et vient tôt[2] à une. L'une des .II. fontaines a à non Jour, et li autre a à non Dain. Et quant elles s'asanlent, si a à non Jourdain. Celle eve entre en le mer par deviers Belinas, et keurt parmi le mer del lonc, de si à un pont c'on apiele le Pont de Tabarie, et puis k'elle passe le pont, si a à non fluns Jourdains.

Or vous dirons de celi mer, qués mers çou est. Celle mers n'est pas sallée, ains est douce et bonne à boire. Celle mers n'a que .IIII. lieues de lonc et .II. de lé. Celle mers apiele escripture *Mer de Galilée* et en autre liu *Mer de Tabarie*, pour çou que li cités de Tabarie siet sor la mer[3] par devers Crestiiens. En autre liu, l'apiele l'escripture l'*Estanc de Nazareth*.

Sour celi mer ala Jhesu Cris ses piés[4], et saint Pieres qui en une nef estoit en le mer, si li pria qu'il le laisast aler après lui. Et Jhesu Cris li tendi sa main, et se li dist qu'il venist. Et Sains Pierre sali en le mer, si cancela et douta[5] et cria merci à Jhesu Crist, qu'il le secourust. Et Jhesu Cris li dist que petit de foi avoit. En celi mer pescha Saint Pieres une nuit entre lui et ses compaignons en .II. nés, et riens ne prisent. Et Jhesu Cris vint la matinée sour le rive de la mer, si lor demanda s'il avoient point de poisson ; et il respondirent qu'il ne avoient riens pris. « Or, gietés, dist » Jhesu Cris, vos rois à main diestre. » Et Saint Pieres li respondi : « Sire, nous avons toute nuit villié, et si » n'avons riens pris, mais en vostre non gieterons « nos rois. » Si le gieterent, et lor rois empli toute de

---

1. M. ne donne rien de cette fin de chapitre. — 2. F. O. — 3. A. B. — 4. A. B. D : *sec pié*. — F. O : *à sec pié*. — 5. D.

poison et emplirent leur .ii. nés, et que les rois rompirent.

Sour celle mer fu ce que Jhesu Cris fist de l'eve vin, quant il fu as noces Archedeclin, en le cité de Tabarie. Entre Tabarie et Belinas a .i. leu qu'en apele la Table, près[1] de le mer de Galilée[2]. En cel liu, fu ce que Jhesus Cris repeut les apostles et .v. mil hommes de .v. pains d'orge et de .ii. poissons, si qu'il en demoura . ii.[3] corbillies de relief.

D'autre part, deseure le mer, par deviers le Paienime, a une cité c'on apiele Capharnaon, là u sains Pieres et sains Andrius furent né, et là u Jesu Crist fist mainte biele miracle, de gens saner, com del fil le roy et d'autres. Apriès, si a une cité c'on apiele Naïm[4], là u Jhesu Cris ala un jour, et il et si apostle. Et quant il aproça la porte, si encontra .i. vallet c'om emportoit enfouir. Dont li dist qu'il levast sus, et cil tantost sali sus, car Jhesus Cris l'avoit resuscité. De requief aloit Notre Sires en celle contrée, si encontra un homme qui estoit hors del sens, que nus loiiens ne pooit tenir qu'il ne rompist. Cil de la vile couroient apriès lui pour prendre, qu'il ne s'alast noiier. Dont dist Jhesu Cris à lui qu'il fust cois, et cil fu cois. Apriès dist Jhesu Cris : « Qui es tu là dedens cel cors qui si « travaille cest homme? » Et il dist que c'estoit une legions d'anemi [qi aillors ne puent estre s'en cors non de gens][5]. Dont commanda Jhesu Cris qu'il issent fors, et il disent que il lor commandast que il entraissent en autres cors. Illuec paissoit une porkerie de

---

1. A. B. D. — C : *Belinas à une liue priès*. — 2. D. — 3. A. B : xxii. — D : xii. — 4. A. B : *Enaïm*. — 5. A. B. F. O.

pourciaus, et Jhesu Cris lor commanda que il entrassent laiens es cors des pourciaux, et il si fisent; et li pourciel entrerent en la mer, et li hom s'en ala tous sains en se maison. Celle miracle, et assés plus que jou ne die, fist Jhesu Cris entour le mer. A .v. liues de celi mer Tabarie a une cité c'on apiele Nazareth[1], et si est à .vi. liues d'Acre.

A celle cité, fu Notre Dame Sainte Marie née. Et en celle cité meismes li aporta li angeles le nouvele que Jhesu Cris prenderoit car et sanc en li. Quant Nostre Dame Sainte Marie fu ençainte del fil Diu, elle ala à une montaigne qui priès de Nazareth estoit, u Sainte Elizabeth manoit; et estoit ençainte de monsigneur Saint Jehan Baptiste. Tantost com elle vint là, si le salua. Tantost que la vois le mere Diu entra en l'orelle Sainte Elisabeth, li enfes qu'elle avoit en son ventre s'esjoï encontre le venue son signour. En cel liu a une abéie [de Greus[2]] c'on apiele saint Çacharie[3]; pour çou que Zacaries mest là; et cil fu peres Saint Jehan Baptiste.

Priès de Nazaret, [ja demi lieue[4]], a un biel mont qui a à non en latin, [Montem[5]] excelsum valde, et en roumans l'apiel'on le Saut[6], pour chou que en[7] le costiere[8] de cest mont a une falise[9] u on menoit chiaus de Nazareth qui mort avoient deservie, pour faire salir jus. Dont il avint une fois que Jhesu Cris i fu menés pour faire salir jus, pour une parole qu'il avoit dite as Juis en Nazaret. Et quant il vint là, si s'esvanui d'aus, et

---

1. D : *Nazareph.* — 2. A. B. — D : *Griex.* — F. O : *Grius.* — 3 A. B. — C : *Saint Acarie.* — F. O : *Zacharie.* — 4. A. B. — 5. A. B. F. O. — 6. D : *l'estanc.* — 7. A. B. C. D. E. — 8. A. B : *contrée.* — 9. A. B : *falaise.* — C : *faloise.*

s'asist sour une pierc qui encore i est, si qu'il ne le porent ne veoir[1] ne trouver.

Cil mons qui est en haut, qui est desus le falise, c'est li mons u li diaules porta Jhesu Cris, quant il l'ot porté de le Quarentaine leu il[2] juna sour le Temple, et desour le Temple le prist, si le porta sour cel mont, et li mostra tout le païs et toute le rikece qui estoit en le tiere, et se li dist qu'il li donroit quanques il veoit, si l'aourast. Et Jhesu Cris li dist qu'il s'en alast, et que jamais ne le tentast. Li diaules s'en ala, et li angele vinrent priès de cel mont.

[Desoz cel mont[3]] si i a un autre mont, ki n'est mie si haut, [por ce je vos die desoz[4]]. Il i a mout biele plaingne entre deus mons. Cel autre mont apiele on Mont de Tabour[5]. Sour cel mont mena une fois Jhesu Cris saint Piere et saint Jehan et saint Jake, et se tranfigura devant aus ; dont on fait en mout de tieres le fieste de celle Tranfiguration. Là virent il son vestement blanc et .II. hommes aveuc lui, dont on dit[6] que li uns fu Moïses et li autres Elyes. Dont vint sains Pieres à Jhesu Crist pour le grant glore qu'il vit là, si li dist : « Sire, dist il, chi feroit mout boin estre ; fai-
» sons chi trois tabernacles, vous un, Elye un, Moyset[7]
» un. » Quant sains Pieres ot ensi la parole dite, si vint[8] une vois par devers le ciel aussi comme tonnoires, se dist que çou estoit ses fius qu'il avoit envoiiet en tiere. Dont li Apostre eurent si grant fréeur quant il l'oïrent, que il caïrent pasmé sour

---

1. A. B. — C : *vir*. — D : *vooir*. — F. O : *veir*. — 2. A. B. D : *où il jeuna*. — F. O : *qu'il*. — 3. A. B. F. O. — D : *Près de ce mont*. — 4. A. B. F. O. — 5. A. B : *Mont Tabor*. — 6. A. B. — 7. A. B : *Moïses*. — 8. A. B.

lor visages. Quant il se leverent de pamisons[1], et il se regarderent, ne virent il fors seulement Jhesu Crist aveuc iaus; et il s'en avalerent de le montaigne. Et Jhesu Cris lor dist ke de l'avision que il avoient veue, ne desissent mot jusques adonc qu'il seroit resuscités de mort à vie.

Je vous avoie oubliié à dire quant je parlai[2], combien il a de Jherusalem dusque à cel mont, là u li diaules porta Jhesu Crist; il i a .II. journées grans.

Or vous dirai del flun Jourdain, comment il keurt, ne là u il ciet. Puis qu'il kiet[3] de le mer de Galilée, il keurt viers midi, et si keurt bien .III. journées de lonc. Et si kiet en le mer c'on apiele le *Mer del dyable*; en le tierc et en l'escripture l'apiele on le *Mer de sel*, pour chou qu'il a une montaigne de sel sour le rive par deviers le Crac, et pour çou qu'ele est si sausse et si amere que nulle riens ne se peut comparer à le grant sausse, ne à l'amertume[4] de li. N'est riens de le grant mer à li et si n'a point de cours, ains est ensi com uns estans, et se n'i a nul poisson, que poissons n'i poroit durer; et si fu ja toute tiere là u li mers est. Et celle tiere sist entre une cité ki a non Saint Abraham et le Crac.

Ançois que je vous parole plus de celle mer, vous dirai u li Crac siet. Il siet en Arabe[5]. Apriès si est Mons Synaï, en la terre le seignor de Crac[6]. Cel Mons Synaï[7] si est entre le mer Rouge[8] et le Crac[9]. Là[10]

---

1. A. B : *posmoison*. — F. O : *pasmison*. — 2. D : *quant je m'en parti*. — 3. A. B : *est*. — D : *part*. — 4. F. O. — 5. D : *Arrabe*. — 6. A. B. F. O. — 7. A. B. F. O. — C. a omis les mots : *en la terre le Seignor de Crac. Cel Mons Synaï*. — 8. A. B. F. O. — 9. C. répète ici inutilement *Entre le Rouge mer et le Crac si est Mons Synaï*. — 10. A. B. F. O : *Sor cel Mont Sinay*.

donna Diex le loy à Moysen, apriès çou que il ot passé le Rouge mer. En cel mont là u li lois fu donnée, porterent li angele le cors sainte Katerine, quant elle ot le cief copé en Egypte. Là gist en oille que ses cors rent. Et lassus a une abéie de moines gris[1]. Mais li maistre abéie de cele maison [ne est mie là, ains[2]] est al pié del mont. Là est li abbes et li couvens; et ne peut on aler el mont [à cheval[3]] ne porter viande dont il puissent tout vivre lassus.

Mais lassus[4], a XIII moines qui forte[5] vie mainent. Lassus lor porte on pain sans plus, et teus i a qui ne manguent que .III. fois le semaine pain et iaue; et teus i a qui manguent aveuc lor pain crues ierbes[6] qu'il aünent[7] lassus. Sour cel mont, juna Moyses .XL. jours, c'ainz[8] ne manga devant chou que la lois i fu donnée.

Or vous dirons de la Mer Rouge, qui apriès est. Çou est li mers que Moïses feri de la verge, et li mers se parti, et si fu comme maisiere d'une part et d'autre. C'est li mer que li fil d'Israël passerent sec piet, quant il vinrent d'Egypte. Et quant il l'orent passet, li rois Pharaon qui apriès aus venoit, entra ens, et les voloit ocirre et prendre, et il et toute s'os. Moyses retourna sa verge et feri le mer, et li mers reclost; et Pharaons et toute s'os fu noié, c'onkes nus n'en escapa. Et li fil Israël escaperent, car il furent outre ançois qu'ele fust raclose.

Sour le rive de celle mer fist une fois li princes Renaus faire .V. galies. Quant il les ot faites, si les fist metre

---

1. A. B : *Greus.* — D : *Griex.* — 2. A. B. D. F. O. — 3. A. B. D. — 4. A. B : *Là sus en su le mont.* — 5. A. B. D. F. O : *fort.* — 6. A. B : *les herbeletes.* — 7. A. B. C.: *ahanent,* sans doute pour *ahünent.* — 8. A. B : *qe onnc.* — O : *c'ainc.*

en mer, et si i fist entrer chevaliers et siergans et viandes assés pour cierkier et pour savoir quels gens manoient sour cele mer d'autre part. Il se partirent d'ileuc, quant il se furent apparellié, et se mirent en haute mer; n'ainc puis k'il se partirent de là, on n'oï parler, ne ne sot on k'il devinrent. Et parmi celle Rouge Mer cuert uns fluns de Paradis. Et quant il ist hors de le mer, si s'en court parmi le tiere d'Egypte. Cel flun apiele on en l'escripture Sison[1]; et en le tiere l'apiele on Nil.

Or vous lairons de cel Nil ester, si vous dirons de la cité saint Abraham qui est outre le mer del Dyable, en le tiere de Promission. Cis lius u la cités est, si a à non Ebron. Là conversa et mest sains Abraham quant il fu venus de Hamain[2] là u il fu nés, que l'Escripture apiele Arain[3], quant Dius li dist qu'il issist[4] et alast manoir en une tiere qu'il li ensegneroit[5]. En cel liu acata il un camp de tiere à lui enfouir et à sses gens, et là fu il enfouis et ses fius Ysaac, et Jacob, li fils Ysaac[6], qui mors fu en Egypte [et pere fu Judas et Ruben et Gad et Nephtalin et Manasé et Syméon et Levi et Ysachar et Zabulon et Dam et Joseph et Benjamin. Ce sont les .XII. fil Israël. En la terre Israël en a IX. lignies et demie et en Crestienté et Paienie II. et demie[7]. Joseph, quant ses peres fu mort en Egipte[8]], il le fist aporter et le fist enfouir aveuc ses freres[9] en Ebron[10]. Et quant Joseph fu mors, li fil Israël, quant il vinrent de le tiere d'Egypte en le tiere de Promis-

---

1. A. B : *Ason*. — D : *Phison*. — F. O : *Syson*. — 2. F. O : *Hamam*. — 3. A. B : *Aram*. — D : *Araim*. — 4. A. B : *qu'il isist. de naite*. — 5. A. B : *moustreroit*. — 6. A. B. D. — 7. F. O.— 8. D. F. O. — 9. F. O : *ses peres*. — 10. A. B : *Ebreu*.

sion, il i aporterent ses os, et si les enfouirent aveuc lors peres. El tans que Ahraham mest là, n'i avoit il point de ville, mais puis i fist on celle cité et l'apiel' on Saint Abraham, pour çou que saint Abrahams mest là. Celle cités estoit au signeur del Crac. Et si est¹ à .v. liues de Betelem³, là u Jhesu Cris fu nés³.

Bethleem⁴ est cités, mais n'est mie grans qu'il n'i a c'une rue. Et de Bethleem a .ii. liues jusques à Jherusalem.

Entre Bethleem et Jherusalem a un moustier, u il a moines Gris⁵, que on apiele le *Gloria in excelsis Deo*. Ce fu là u li angele le canterent, quant Jhesu Cris fu nés. Et il parlerent as pasteurs et anuncierent ke li Sauveres⁶ dou mont estoit nés; et disent qu'il alaissent en Jherusalem là u il estoit, et qu'il le trouveroient envolepé en drapiaus. Et il i alerent, et si le trouverent tout si com li angeles lor avoit dit. Dont rendirent grasces et loenges à Jhesu Cris de çou que il l'avoient veu. Priès de cel moustier a un camp de tiere c'on apiele *Camp flori*.

Or vous dirons de le mer del Diable⁷. Il avint .i. jour que Abraham se seoit⁸ desous .i. arbre, [en une vallée⁹ qui avoit à nom Mambré¹⁰], et vit venir un homme en le

---

1. A. B.—2. A. B.—D: *Belleam.*—F. O: *Belleem.* — C: *Jherusalem.* — 3. A. B: *fu mors.* — 4. A. B: *Bethelem.* — D: *Belleam.* — F. O: *Belleem.* — 5. A. B: *Griés.* — D: *Griex.* — 6. A. B: *Sauluvieres.* — 7. E: *le Mer des Dyables.* — 8. A. B. F. O: *se sist.*

9. Le sens exige l'addition de ces trois mots ou de quelques mots semblables, qui manquent aux mss.

10. A. B. F. O. — A. B: *Marbré.* La célèbre vallée de Mambré était située entre Hébron et Jérusalem. Voy. Victor Guérin, *Descript. de la Palestine*, t. III, p. 270. Paris, 1869.

cemin, et cil se leva, si ala encontre lui pour proiier k'il herbegast aveuc lui. Tout si que il vint priès de lui si l'aoura. En l'aourer qu'il fist, s'en vit .III. Un en vit, et .III. en aoura ; li .III. estoient en un ; et li uns estoit en .III ; et tout en une personne. Il li proia qu'il herbegast aveuc lui, et se[1] li laveroit ses piés et si mangeroit dou pain et de l'eve. Et il demoura une piece et parlerent ensanle ; mais ne vous veul ore mie dire quanques il disent. Quant il orent esté une piece, si s'en ala, et Abraham le convoia. Si com il orent eslongié le liu, si esgarda Nostre Sires el plain par deviers le Crac, là u la Mers le Dyable est ore, et vit .v. cités dont l'une avoit non Gomorre[2] et l'autre Sodome. Des autres ne vous dirai jou mie les nons. Dont dist nostre sires Jhesu Cris qu'il ne pooit plus souffrir la pueur[3] de ces cités, et qu'il les feroit abismer pour l'ort pecié de contre nature qui là estoit. Et pour ce apiele on encore cels qui pecent contre nature *Sodomittes*, pour le cité qui ot non Sodome. Gomorre si senefie autre pecié, comme d'avarisse et de convoitise, ke li avers ne li convoiteus ne peut estre nient plus remplis, nient plus que Gomorre est del flun Jourdain ki ciet ens.

Or avoit Abraham .I. sien cousin germain en une des cités qui estoit aveuc lui venus de se tiere. Et cil avoit à non Loth. Quant Abraham oï ensi parler Nostre Signeur de ces cités que elles fonderoient, si ot grant paour de Loth son parent et de ses filles .II. ke il avoit, et de se femme. Dont il avint que Abreham vint à nostre Seigneur, si li dist k'il li souvenist dou siere-

---

1. A. B : *si*. — 2. A. B : *Godomore*. — 8. A. B : *le puant*. — F. O : *le puor*.

ment qu'il avoit fet à Noë, quant il fist le delouve[1], que jamais ne feroit delouve. Apriès li dist Abreham, que s'il avoit en le cité .L. preudommes, s'il lairoit pour çou le venjanche à prendre. Et Diex dist qu'il n'en prenderoit nient venjance, s'il en i avoit .L. Apriès li demanda de .XLV. et Diex dist aussi ; et tant le mena en abaissant de .V. à .V. qu'il vint à .X. Et Diex dist que s'il en i avoit .X. qu'il n'en prenderoit point de venjance. Dont ot peur Abraham que il n'anuiast Nostre Signeur, si se teut. Atant prist congié, si s'en ala.

Dont vint Diex, si envoia .II. angeles en Sodome à Loth en guise de .II. vallés et il i alerent, et Loth les hierbega. Dont vinrent cil de la cité qui les virent[2] entrer en l'ostel, si alerent aprièes, et les vorrent avoir à faire lor volenté. Dont vint Loth à l'encontre ; si lor pria merchi, et dist qu'en l'ostel n'en avoit nul, mais il avoit .II. filles dont il pooient fere lor volenté. Et il se traisent ariere ; et assanlerent gent pour la maison assalir et prendre. Dont ne troverent ne huis ne fenestre en le maison, ains fu ensi comme maisiere contremont ; dont se departirent et ala cascuns en son ostel.

Dont vint li angeles, si dist à Loth ke les cités fonderoient lendemain, et que s'il avoit nul ami en le ville que il en vosist mener, qu'il l'enmenast. Dont vint Loth à[3] .II. hommes qui ses .II. filles avoient plevies, si lor dist qu'il s'en issisent, ke les cités fonderoient lendemain ; il ne s'en volrent issir, ains demourerent. Quant ce vint lendemain par matin, li .II. angele prisent Loth

---

1. A. B. D : *le deluge.*—F. O : *le deloive.*—2. A. B : *qi les avoient veu.* — C : *vinrent.*— 3. A. B : *as.*

et se femme et ses .ii. filles si s'en alerent. Quant il orent eslongié le cité une piece, si vinrent li angele, si prisent congié, et si lor disent que pour cose que il oïssent, ne regardaissent ariere aus.

Quant li angele orent pris congié, si s'en alerent. Estes vous, un effondre[1] qui vint deviers le ciel qui arst et abisma toute li tiere et les cités et gent et quankes il i avoit. El liu u celle tiere estoit, si est celle mers qui est apelée del Diable[2]. Li femme Loth, quant elle oï le frainte[3] des cités, si se regarda deriere li, et elle caï tantost, si devint une pierre de sel. Dont il avient, si com li païsant d'entour dient, c'une bieste noire vient et ist hors de le mer le lundi, par matin, et lece cele piere de sel, au semedi à nonne est toute lecie. Et celle bieste que je vous di est aussi com une vake, et cascun lundi, quant elle vient, le treuve toute entiere. Et ce avient cascune semainne.

Or vous dirons de Loth qui s'enfui entre lui et ses .ii. filles; et fuirent tant que il vinrent à une cité qui a à non Segor. Quant Loth vint à celle cité entre lui et ses .ii. filles, si n'i trouverent nului, ains s'en estoient tout fui. Dont vinrent les filles Loth, si parlerent ensaule et cuidierent qu'il ne fust plus demoré de gent el siecle que aus. iii., et que Diex les eust laissies pour montepliier le peuple. Dont prisent consel comment lor peres poroit à elles gesir, car il estoit si preudom et si sains [hom[4]] que s'elles ne faisoient cose dont il fust deceus, il ne girroit[5] mie à elles. Dont vinrent, se li donnerent tant à boire del vin qu'eles trouverent en

---

1. A. B. D : *une foudre*. — 2. D. — 3. F. O : *le friente*. — 4. A. B. — 5. A. B: *geseroit*. — D: *gerroit*.

celle cité qu'il fu yvres; puis se couça li ainsnée des filles aveuc li, et il jut à li et engenra .i. fil, dont puis issi grans pules. Lendemain fit ensi li autres, et il jut à li, et engenra .i. fil, dont puis issi grans pules.

Or vous lairons atant de Loth, si vous dirons d'une cité qui est à .ii. liues priès du flun, que les gens du païs fremerent, quant il oïrent dire que li fil Israhel venoient en le tiere de Promission et qu'il devoit illueques passer. Celle cités a à non Jericop, et fu fermée de pierre d'aimant[1]. Quant li fil Israel orent passé le flun, si l'asegierent, pour çou qu'ele estoit en le tiere de Promissions, à l'entrée. Celle cités estoit si fors, qu'il n'i pooient riens faire. Dont priierent[2] Nostre Seigneur qu'il les consellast et aidast, qu'il peussent avoir celle cité. Dont lor manda Nostre Sires que il fesissent buisines d'arain et junassent .iii. jours, et alaissent à pourcession entour le cité, al tierç jour portaissent cascuns se buisine, et quant il seroient arengié[3] entour le cité, que cascuns sonnast se buisine, ensi prendroient le cité. Il ne mescréirent mie ceste parole; ains fisent le commandement Jhesu Crist, et fisent tout si com il lor avoit commandé. Si sonnerent lor buisines, quant il furent arengié, et quant elles sonnerent, si caïrent li mur de le cité. Et il entrerent ens et ensi le prisent.

1. D: *d'aymant*. — 2. A. B: *proierent*. — 3. A. B: *atengié*.

CHAPITRE VIII.

De ii. *Serpens ki sunt en Arabe.*

SOMMAIRE.

Serpents extraordinaires près de Jéricho. De deux serpents qui vivent dans les déserts du pays des Arabes. Histoire de Zachée de Jéricho. Montagne de la Quarantaine. Fontaine d'Elysée. Abbaye de Saint-Jean. La Citerne rouge. Le bon Samaritain. — 1182. Siége du Crac de Montréal par Saladin. Le roi Baudouin secourt le Crac et force Saladin à s'éloigner. Isabelle, sœur du roi. Trèves avec Saladin. — 1180. Mort d'Amaury, patriarche de Jérusalem. De Guillaume, archevêque de Tyr, et d'Héraclius, archevêque de Césarée. Guillaume de Tyr s'oppose à l'élection d'Héraclius comme patriarche. Du mode d'élection du patriarche de Jérusalem. La mère du roi Baudouin détermine la nomination d'Héraclius. — 1183. Guillaume de Tyr, excommunié par Héraclius, se rend à Rome. Bon accueil qui lui est fait. — 1184. Il meurt, empoisonné par un émissaire d'Héraclius. Mœurs dissolues d'Héraclius et de son clergé.

Priès[1] de celle cité a une gastine qui est toute plaine de serpens. Là prent on les serpens dont on fait le triacle[2]. Et si vous dirai comment on les prent. Li hons qui les prent si fait .i. cerne[3] entour le gastine et va

---

1. A. B. C. D. O donnent seuls le commencement de ce chapitre. — 2. — A. B : *la triacle*. La Thériaque. — 3. A. B : *va faisant un serne*. — F. O : *cherne*.

disant son carne¹ en cantant al cerne faire. Tout li serpent qui l'oent vienent à lui, et il les prent aussi simplement com .I. aigniel, et les porte vendre par les cités à ciaus qui font le triacle. Or en i a des sages de ces serpens, quant il entent que cil commence sen carnin², si boute une de ses orelles en tiere, et l'autre estoupe de sa keue pour che qu'il n'oe l'encant; par tant si escape. De cel triacle c'on fait de ces serpens, garist on de tous envenimemens³.

[Or vos dirai encore de .II. serpens qui sunt en Arabe, et sunt es desers parfont. Il n'en est onques ke .II., ne plus n'en puet estre, et sunt de si caude nature et de puant, qu'il n'est nus oisiaus qi vole par desus lui, là où il converse, q'il [ne li] estuece cheoir⁴ mort de la calor⁵ et de la puor q'il rent; ne n'est hom ne beste por q'il sente la puor d'aus, q'il ne l'estuet cheoir mort. Or vos dirai coment il naisent et coment il vienent en avant, car il lor estuet de morir. Qant ce vient el point q'il sunt en amor, si vient li masles, si met sa teste dedenz la boche de sa femele⁶; là conçoit. En ce q'ele conçoit, si estraint les dens et escaçe⁷ le masle la teste, et insi muert. Et quant ce vient à l'enfanter, si se partist, et dui feon⁸ vienent d'avant, li uns masles, li autre femele. Einsi faitement font tot tens.⁹]

Or¹⁰ vous lairons des serpens, et si vous dirons d'un rice homme ki manoit en Jericop, au tans que Jhesu

---

1. A. B : I. *carme*. — D. F. O : *charme*. — 2. D : *charme*. — 3. F. O : *de tos envenimemens que li hom a*. — 4. F. O : *qu'il ne li estuèce chaïr*. — G : *q'il n'estuèce cheoir*. — 5. F. O : *chaure*. — 6. F. O : *de se fumele*. — 7. F. O : *et esquate*. — 8. F. O : *et li II. faon*. — 9. A. B. F. O. — 10. A. B : *Atant*.

Cris aloit par tiere. Aucunes gens disent qu'il estoit useriers. Cil avoit mout desiré à veoir Jhesu Cris. Il oï un jour que Jhesu Cris venoit en Jhericop, et il ala à l'encontre, et si monta sour .I. arbre, qui sour le voie estoit où Jhesu Cris devoit passer, pour lui bien veoir; et pour ce qu'il estoit petis, et qu'il ne le peust mie veoir s'il ne fust montés sour l'arbre, pour le grant priese[1] de gens. Quant Jhesu Cris aproça l'arbre, si sot bien qui estoit sus, et pour coi il estoit montés. Il l'apiela par sen non, et se li dist qu'il descendist de chel arbre et qu'il voloit aveuc lui herbegier en son castiel. Cil ot non Zaçeus[2]. Il descendi liés et joians, et grant feste faisant de che que Jhesu Cris li ot dit qu'il herbegeroit aveuc lui. Il vint à Jhesu Cris, se li dist : « Sire, pour l'ounour que vous[3] me faites de çou » k'aveuc moi herbegiés, le moitié de tous mes biens » donrai as povres ; et se j'ai de nului eut par male » raison, je le renderai à .IIII. doubles. »

Illuec en celle voie rendi Jhesu Cris .I. homme qui crioit apriès lui, le veue, k'il n'avoit nul oel. D'illueques jusques à une liue de Jhericop, est la Quarantaine, où Diex juna en une montaigne haute.

Al pié de celle montaigne a une fontaine bonne et bele qui au tans Elyzeie[4] le prophete estoit de mervilleuse maniere : que sous ciel n'avoit leu où cele eve[5] atoucast, que nule vredure[6] i creust; n'avoit[7] femme el mont, se elle en beust, que jamais eust enfant; ne bieste femele ensement que jamais eust faon[8]. Dont

---

1. A. B : *prese.* — 2. D : *Jaçeus.* — 3. C : *vou.* — 4. F. O : *Elyseus.* — 5. A. B. D. F. O : — C : *que sous ciel n'a homme nul où celle fontaine.* — 6. A. B. D. F. O : *verdure.* — 7. C : *n'a.* — 8. A. B : *feon.*

vint¹ Elizeus, si le saintefia et si mist sel ens. N'ainc puis qu'Elizeus l'ot saintefiie ne fist nul mal, se grant bien non. Et si aboivre toute la tiere et les gardins d'ilueques dusques al flun. Cele Quarentaine où Diex juna est es desiers dechà le flun; et li desiers où sains Jehans conversa si est delà le flun. Et priès del flun, illuec batizoit il ciaus qui venoient à lui pour batisier, et si i batisa Jhesu Crist. Et sour le rive del flun où il baptisa Jhesu Crist, a une abéie de moines Gris², c'on apiele Saint Jehan.

Entre Jericop et Jherusalem a .1. liu c'on apele le Rouge Cisterne. Là soloit avoir une hierbegerie, où cil herbegoient qui de Jherusalem aloient en Jhericop et au flun. Et là fu çou que li Samaritains porta l'omme qu'il trouva navré en la voie, dont Jhesu Cris dist en un evangille quant li Juis li demanderent qui chil proisme³ estoit. Dont il lor parla, quant il li demanda li quels estoit li grignours⁴ commandemens de le loy. Et il lor dist : « d'amer Diu sour toute rien, et son » proisme⁵ comme lui meisme. » Adont lor dist c'uns hom aloit de Jherusalem en Jhericop, si s'enbati sour larons, dont li laron le prisent et despoullierent et navrerent et laissierent comme mort sour le cemin. Apriès ce, passa par illuec .1. priestres et le regarda et s'en passa outre et le laissa. Apriès che, passa uns diacres et fist autel. Apriès passa li Samaritains; et cevauçoit une jument. Quant il le vit, si descendi et mist l'omme sus et le porta en le hierbegerie, si com je vous di, et vint à une maison, et donna .II. deniers au

---

1. A. B. D. F. O. — 2. A. B : *Grieus.* — D : *Griex.* — 3. A. B : *prismes.* — 4. A. B : *graindres.* — 5. D : *presme.*

signeur de le maison et fist laver ses plaies de vin et oindre d'oille. Et dist al seignour de le maison que il preist garde de lui, et il li renderoit tous les cous et les despens qu'il feroit, tant qu'il seroit garis. Dont dist Jhesu Cris as Juis qu'il lor estoit avis li qués estoit plus proismes? Et il disent que chil qui ot pitié de lui, et Jhesu Cris lor dist qu'il alaissent, et fesissent aussi.

Or vous ai parlé de le mer de Galilée et del Flun et de chà et de là, et de le devise de Crestiiens et de Sarrasins, pour çou que je vous avoie dit que li Sarrasin avoient passé le Flun, quant il orent esté .I. jour devant Forbelet et estoient alé assegier le Crac.

Or vous dirai del Crac[1], que li Sarrasin orent assegié. Il furent bien .V. mois à celle fois devant; et si damagierent mout les murs et les tours del castiel, que perriere ne mangonniaus n'i pooit plus oeuvre faire, car on ne pot le castiel assegier que d'une part, car il siet sour une falise, [et la falise est[2]] si roide et si dure et si grant d'une part c'on n'i pooit riens faire, et d'autre part à si grans fossés qu'à paines ose on regarder le fons. Et quant Salehadins vit qu'il ot le castiel si damagié, et qu'il ne le[3] poroit avoir s'il ne faisoit emplir le fossé, dont se pourpensa qu'il ne le poroit mie emplir de mairien, qu'il n'en i saroient tant geter que cil del castiel n'arsissent, sans iaus grever; dont[4] fist faire deus voies desous tierre qui aloient très

---

1. La suite du récit correspond, toujours d'une manière inégale, à G. pag. 78-82; à H. pag. 57-62; et à M. chap. 140. col. 777.

2. F. O. — 3. A. B. — 4. F. O : adonc.

le fossé de si à l'ost¹; l'une où li carkié² aloient, l'autre où il en revenoient³. Et si portoient tiere en paniers. Dont fist il krier par toute la tere que tout chil qui vauroient gaegnier, venissent là ; et de cascun panier qu'il porteroient, il aroient .i. besant. Dont i vint assés de gent, et commencierent le fossé à emplir et par jour et par nuit.

Quant li princes Renaut vit che, qui dedens le Crac estoit, qu'ensi faitement emploit on⁴ le fossé, il fist avaler un homme par le falise et manda au roi de Jherusalem qu'ensi faitement l'avoit damagié et si faitement emploit on le fossé. Dont vint li rois, si amassa ses os, et si l'ala secourre. Quant Salehadins oï dire que si faitement venoit li rois⁵ secourre le castiel, il se leva del siege, et s'en ala en sa tiere⁶ Et li rois ala toutes voies⁷ au castiel et fist le fossé vuidier que li Sarrasin emploient, et donna le prince Renaut grant avoir pour le castiel refremer que li Sarrasin avoient abatu.

Encore adont, quant li rois ala à cel castiel, avoit il une serour à marier qui fille fu le roi Amaurri, et fille estoit le roine Mariien, qui femme estoit Balyan de Belin. [Et cele demoisele ot à nom Ysabiaus⁸]. Li

---

1. A. B : *qi aloient très l'ost desinc au fossé.* — D : *qui aloient deu fossé d'ici à l'ost.* — F. O : *qui alaissent trover l'ost jusc' al fossé.* — 2. A. B : *chargié.* — F. O : *carchié* — C : *carki.* — 3. A. B. F. O : *l'autre où li vuit venoient.* — 4. D : *emplissoit l'en.* — 5. A. B. D. — 6. M : « discessit. » Chap. 140. Col. 777. — 7. F. O : *totes eures.*

8. D. — Isabelle de Jérusalem, qui épousa successivement Humfroy de Toron, Conrad de Montferrat, Henri de Champagne et Amaury Iᵉʳ de Lusignan.

rois le donna à Hainfroi[1] qui fu fillastres le prince Renaut mais ne l'espousa mie lues[2]. Puis s'en retourna li rois en le tiere de Jherusalem. Quant revenus fu en le tiere, si fisent trives entre lui et Salehadin, en lonc tans[3].

Or est li rois en pais en se tiere. Or vous dirons d'Androne[4], qui en prison estoit[5], qui fist le malisse pour coi li Franchois alerent en Coustantinoble, qui au tans le roi mesel fu fait.

Mais ançois que jel vous die, vous dirai de .II. clers qui en le tiere de Jherusalem estoient, à chel tans, dont li uns estoit archevesques de Sur et li autres archevesques de Cesaire. Ce n'est mie de cel Cesaire c'en dist à Cesaire-Phelippe, ains est à Cesaire sour le mer. Li archevesques de Sur ot à non Guillaumes, et fu nés en Jherusalem, et ne savoit on en Crestiienté mellour clerc de lui, à son tans. Li archevesques de Cesaire ot non Eracles, et fu nés d'Auvergne, et povres clers ala en le tiere[6]. Et pour sa biauté l'ama li mere le roi, et si le fist arcevesque de Cesaire.

Or avint au tans de ces .II. clers que li patriarches de Jherusalem morut, qui adont estoit[7]. Dont vint li

---

1. A. B : *Gifroi.* Pipino a suivi un ms. qui donne aussi cette mauvaise leçon : « Guifredo privigno Raynaldi dedit in conjugem. » M. chap. 140. col. 777. — 2. C : *mi lues.* — D : *lors.*

3. M : « Postremo in Hierusalem reversus, longis cum Saladino « firmatis treugis quievit [in] pace. » Fin du chap. 140. col 777.

4. M. chap. 142. col. 778. — 5. Voy. ci-dessus. — 6. C : *tere.*

7. Le patriarche Amaury. Cf. Guill. de Tyr, l. XXII. chap. 4. Pag. 1068. Les faits rappelés dans cette fin du chapitre VIII, faits qui se retrouvent dans tous les mss. antérieurs aux continuations A. B. C. D. F. L. O, sont supprimés dans J (fol. 371) abrégés dans M. (chap. 142. col 778) et se retrouvent plus loin, avant la bataille de Tibériade dans le récit des Continuateurs. G. pag. 78-82. H. pag. 57-62.

rois, si manda les archevesques de le tiere qu'il venissent en Jherusalem, à le election del[1] patriarche ; et il i alerent. Quant il furent tout assamblé là, si vint li archevesques de Sur as canoines del Sepucre, à cui li elections del patriarche estoit à faire, si lor dist en[2] capitre et pria merchi : « Segnour, j'ai trouvé en
» escripture ke Eracles conquist le Sainte Crois en
» Perse et l'aporta[3] en Jherusalem, et que Eracles
» le gieteroit de Jherusalem, et à sen tans seroit
» perdue. Pour ce vous pri, pour Diu, que vous ne
» le noumés en élection à estre patriarche ; car, se
» vous le noumés, je sai bien que li rois le prendera[4],
» et sachiez bien[5] que li cités est perdue, s'il est
» patriarces, et toute li tiere. Et ne cuidiés mie que
» che soit pour béanche[6] que je aie de estre patriarces,
» ains le di pour che que li tiere est perdue s'il est
» patriarches. Mais, pour Diu, noumés .II. autres que
» nos .II. ; et se vous ne le trouvés en cest païs, nous
» vous aiderons bien à metre consel de preudomme
» querre en France d'estre patriarce. »

Li canoine del Sepulcre n'en fisent noient, car la mere le roi lor avoit proiié d'Eracle l'archevesque de Cesaire qu'il le noumassent, et il le noumerent[7], et l'archevesque de Sur[8]. Car tés est l'elections de la

---

1. C : *de*. — 2. C : *lor dist on dist ou*. — 3. D. — C : *et aporta*.
4. A. B : *Sachiez bien de voir que li roys le prendra à mal*.
5. A. B. D. F. O. — C : *savons*. — 6. D : *beance*. — F. O : *baance*. Toute la phrase manque dans A. B.
7. Cette première partie de la phrase est seulement dans C. F. O.
8. La fin de la phrase dans C seul. — Ernoul veut dire que les chanoines du Saint Sépulcre nommèrent l'archevêque de Césarée en premier et l'archevêque de Tyr en second. — Bernard le tré-

tiere d'Outremer de patriarce et d'archevesque et d'evesque et d'abés, qu'il en noument .ɪɪ. et les[1] presentent le roi ; et li rois en prent un. S'on li presente le matinée, il le doit prendre[2] dedens vespres sonnans, et s'on li presente au viespre, lendemain le prent apriès canter[3]. Cele election[4] fisent li apostle quant Judas fu mors, qu'il esliurent .ɪɪ. Joseph le juste et Mathias. [Et geterent sors et li sors chaï sors Mathias[5]]. Ensi le font il encore en le tiere. Et li rois, si est li sors[6], et si prent lequel qu'il veut. Si furent presenté li doi archevesque au roi, et li rois prist Eracle l'archevesque de Cesaire, pour ce que sa mere l'en avoit proiié ; il l'en avoit donné le don qu'il seroit patriarces. Par tel maniere fu Eracles patriarces de Jherusalem.

Quant Eracles fu patriarches de Jherusalem, il commanda les archevesques et les evesques de le tiere qu'il li[7] fessisent obedience, et il si fisent tout, fors seulement l'arcevesque de Sur. Cil apiela à Roume, se prope personne[8], et dist[9] que bien

---

sorier exprime aussi la double présentation du sujet; mais les Continuateurs G et K. ont rendu le texte plus clair et plus précis par l'addition de quelques mots. On lit dans A et B : *Li canoine ne firent mie ce qe li arcevesques de Sur lor avoit dit d'Eracle, l'arcevesque de Cesaire qu'il ne le nomenassent. Et il le nomerent* [premierement *G. K.*]; *et si nomerent l'arcevesqe Guilaume de Sur* [après *G. K.*]. *Por ce nomerent li canoine del Sepucre l'arcevesqe Eracle qe la mere le roy l'en avoit proiés.*

1. D. — 2. A B. D. F. O. — G: *rendre.* — 3. A. B.F.O: *après messe.* — 4. A. B. D. F. O. — G : *cele electio.* — 5. F. O.

6. D : *et li rois en est li sors.* — H : *et li rois est li sort. p.* 59. *cf. p.* 203, 204. Var. où *le fort* est une erreur. — M : « supplebat « quoque rex sortium vices. »

7. F. O. — 8. A B : *sa propre personne.* — 9. D. F. O.

mousterroit que teus estoit que patriarces ne devoit estre.

Quant li archevesques ot fait son apiel, si atira son oirre et passa le mer, si s'en ala à Roume. Li apostoiles fu mout liés de se venue, et li porta mout grant hounour, et il[1] et li cardonnal ansement[2]. N'onques n'avoit on oï parler de clerc qui venist à Roume, que[3] li apostoiles hounourast tant ne li cardonnal, com il fisent lui. Et si avint .i. jour que li apostoles li fist canter messe et fist revestir les cardonnaus pour lui servir à l'autel. Et tant avoit ja fait vers l'apostole et vers les cardonnaus, que s'il eust tant vescu que li patriarces fust venus à Roume, il eust esté desposés. Or vous dirai comment il fu mors, ains que li patriarches venist là[4].

Quant li patriarces sot que li arcevesques estoit alés à Rome, si sot bien que s'il vivoit tant qu'il venist[5] à Rome, qu'il seroit despossés. Dont vint il à .i. sien fusesiien[6], se li dist qu'il alast à Roume apriès l'arcevesque de Sur, et si l'enpuisonnast. Et cil si fist, et[7] ensi fu mors. Apriès ala li patriarches à

---

1. A. B. — 2. D. — 3. A. B. — C : *qui*.

4. Les faits ne se passèrent point comme le disent nos chroniqueurs. L'élévation d'Héraclius au siége patriarcal est de l'année 1180. Guillaume de Tyr ne se rendit à Rome qu'en 1183, pour protester contre l'excommunication dont l'avait frappé le nouveau patriarche (Contin. de Guill. de Tyr. Edit de l'Acad. II. l. XXIII. chap. pag. 61). Il y mourut en 1184.

5. A. B : *q'il le trovast*.

6. A. B. H : *fisicien*. — D : *fisician*. — D. O. *fusicien*. — M : « physicum. » — 7. A. B.

Roume, et fist çou qu'il vaut, et s'en revint arierre en Jherusalem.

Or vous dirai de sa vie[1]. Quant il fu venus de Rome, si ama le femme à un merchier, qui manoit à Naples, à .XII. liues de Jherusalem. Et il le mandoit souvent; et celle i aloit, et il li donnoit assés de sen avoir pour estre bien de sen baron. Ne demoura gaires apriès que ses barons fu mors. Apriès vint li patriarches, si le fist venir manoir aveuques lui en Jherusalem, et li acata bonne maison de piere, et sen pere et se mere qu'ele avoit adont ; et le tenoit[2] tout à le veue dou siecle, ausi com li hom fait se femme, fors tant qu'ele ne manoit mie aveuc li. Qant elle aloit au moustier, elle estoit acesmée[3] aussi de rices dras, comme se ce fust une emperéis, [ou une royne[4]], et ses sergans devant li. Quant il avenoit cose que aucunes gens le veoient qui ne le connissoient, et demandoient qui celle dame estoit, si com on fait de dame[5] c'on ne connoist, chil qui le connissoient disoient que c'estoit li *Patriarcesse*, li femme au patriarche.

Ele avoit à non Paske de Riveri[6], et si avoit enfans del patriarce. Dont il avint une fois qu'en une ost où li rois estoit[7], et li patriarches et li baron de la tiere, pour consel prendre de conbatre as Sarrasins qui priès d'illeuc estoient, dont vous orés auchune fois [de

---

1. Cf. II. p. 60-61. — M : chap. 143. col. 779 : « De infami vita ejusdem Heraclii. » — 2. D : *et la maintenoit*. — 3. A. B : *aornée*. — 4. A. B. — 5. A. B. — C : *d'arme*. — 6. A. B : *Pasque de Riven*. — D. F. G. K : *Pasque, Pasques* ou *Paske de Riveri*. — H. : *de Riveti*. — M : « Pascha de Riveri. » — 7. A. B.

cele ost¹] comment il i furent² et qu'il avint³, là vint uns fols⁴, là où il estoient à consel, et dist⁵ au patriarce. « Sire patriarces, donnés moi bon loiier⁶, » je vous aport bonnes nouvieles. Paske de Riveri⁷, » vostre feme, a une biele fille. » Li patriarces le vergonda⁸, et dist : « Tais te, fols⁹. »

Pour che vous di je que li patriarches estoit de tele vie, si prenoient li homme example à lui, et li priestre et li clerc et li moine, et cil de le cité, k'il faisoient tant de luxure et d'avoutere qu'à paines trouvast on une bonne femme en le cité. Quant nostre sires Diex Jhesu Cris vit le pecié et l'ordure qu'il faisoient en le cité où il fu crucefiiés et espandi son sanc pour le monde racater, ne le pot il nient plus souffrir comme il fist de Gomorre et de Sodome ; ains esnetia la cité si des habitans qui i estoient al tans del patriarce Eracle, de l'orde luxure¹⁰ puant qui en le cité estoit, qu'il n'i demoura ne homme, ne femme, ne enfant fors seulement .ii. hommes, s'esclaves ne furent¹¹.

Li uns de ches deus hommes avoit à non Robiers de Corbie¹², et fu al prendre le cité, quant Godefrois de Buillon le prist, et li autres avoit non Flokes Fiole¹³.

---

1. A. B. — 2. A. B. D. — C : *comment il firent*. — 3. D. Voy. ci-après. — 4. M : « insanus quidam. » — 5. A. B. D. — 6. M : « prœmia. » — 7. A B : *de Rivien*. — 8. A. B : *Lors se vergoigna li patriarces*. — 9. A. B : *Tais toi fox ! Tais toi fos !* — M : « Tace stulte. » — 10. M : « sordibus luxurie. » — 11. Ici finit le chap. 143, dans M. — 12. A. B. D. F. O. : *Robert de Corbie*. — H : *Robert de Codre*. pag. 61. — 13. A. B. F. O. : *Fouques Fiole*. — D. : *Forques Folie*. — H. : *Focher Fiole*. M. ne rappelle pas ces particularités. Cf. col. 779, 797-801.

Ce fu li premiers hom qui fu nés en le cité puis que Godefrois le prist. Cil doi homme ne s'en voloient issir, ains demourerent en le cité, et Salehadins lor fist donner quanques mestiers lor fu, tant com il vesquirent.

CHAPITRE IX.[1]

Coment Quirsac conquist l'empire de Constantinople encontre Endroine.

SOMMAIRE.

ÉVÉNEMENTS DE L'EMPIRE DE CONSTANTINOPLE.

1180-1183. Mort de Manuel Comnène. L'empereur, avant de mourir, confie la régence à Andronic Ier. Andronic, secondé par Langosse, fait périr Alexis fils de Manuel, et usurpe la couronne. Isaac Comnène se proclame indépendant en Chypre. — 1183-1185. Mœurs dissolues et cruelles d'Andronic Ier. On l'indispose contre Kirsac. (Isaac l'Ange). Kirsac est mandé par l'empereur. Il rencontre sur son chemin Langosse et le tue. Il se fait couronner à Sainte Sophie. Mort misérable d'Andronic Ier. — 1185-1195. Règne d'Isaac l'Ange. Ses heureux commencements. Alexis son frère ordonne de lui crever les yeux et se fait proclamer à sa place.

ÉVÉNEMENTS DE TERRE-SAINTE.

1182. Saladin, ne pouvant obtenir satisfaction des agressions de Renaud de Chatillon, menace d'envahir le royaume. Le roi Baudouin et l'armée viennent s'établir à la fontaine de Saphorie. Saladin passe le Jourdain. Les armées s'observent et escarmouchent entre le château de la Fève et Forbelet. Rencontre et conversation d'un Turcople et d'un Sarrasin. L'armée de Saladin se retire et se porte vers le Crac. — 1182-1183. Humfroy de Toron épouse Isabelle, sœur du roi Baudouin IV, héritière du royaume. Saladin lève le siège du Crac et vient à Naplouse. Description de Naplouse. Saladin se retire à Damas.

Or vous lairons atant à parler de le tiere de Jherusalem, de si que tans et lieus en sera, et si vous dirons

---

1. Cf. G. En partie, pag. 24-32. — H. pag. 16 à 25. — Pipino

de Coustantinoble et de l'empereour Manuel. Il avint cose que li emperercs Manuel jut au lit mortel[1]. Si manda ses hommes pour demander consel à qui il poroit laissier son fil et l'empire à garder, tant que il fust de age. Consaus li porta que il fesist bailliu d'Androine[2] que il tenoit en prison et ses plus proismes estoit. Et il le fist geter de prison, se li commanda l'empire à garder en boine foi et sen fil.

Ne demoura gaires que li empereres fu mors, et Androines demora à garder la tiere et l'enfant. Dont vint Androines, se se pourpensa d'une grant traïson; et par le conseil d'un sien maistre escrivain ki avoit à non Lagousses[3], il[4] fist une nuit prendre le jouene empereur enfant, ki barons estoit le fille le roy Loey de France, et qui il devoit garder en bonne foy; si le fist metre en .i. sac et le fist metre en .i. batiel, si l'enmena on en mer, et le fist geter ens. Ensi fu noiiés.

Ançois que ceste cose fust seuc, manda Androines les parens l'empereur[5]. A le mesure k'il venoient, si les faisoit metre en une cambre; là lor faisoit les ieux crever, et à teus i avoit cui il faisoit les nés cauper et les baulèvres aveuc les iex crever[6]. Ensi fist il atour-

---

suit notre auteur pour les événements de Terre-Sainte dans son XXVᵉ livre (M. chap. 144-145. col. 779-781). Quant aux événements de Constantinople il en a mis le récit dans les livres précédents de sa chronique générale. (N. col. 613-616.)

1. Manuel Comnène mourut le 24 septembre 1180. — 2. Andronic Iᵉʳ Comnène, dit le Vieux. — 3. A. B : *Langouses*. — D : *Lengouses*. — F. O : *Lagouset*. — N. : « adeito sibi scriba suo *Angustioso* nomine. » Col. 613. Son vrai nom est Etienne Hagiochristophorite. H. p. 17 n. Les Continuateurs ont transporté plus loin ce récit des événements byzantins. Voy. ci-après. — 4. F. O. — A. B. D. O : *et*. — 5. En 1183. — 6. La fin de la phrase manque dans A. B.

ner¹ le plus des parens l'empereour, tous ciaus qu'il en pot trouver. Apriès si porta couronne et fu empereres ; et puis fist tant de mal que vous orés dire².

Mais ançois que je vous die plus de lui, vous dirai d'un homme qui estoit parens l'empereur Manuel³, qui avoit non Kirsac⁴, qui s'enfui de Coustantinoble pour le paour d'Androine qu'il ne le tuast. Si s'en ala en l'ille de Cypre [par Hermenie, et mena des Hermins avec lui en l'ile de Cipre⁵]. Et fist tant quant il vint là, pour che qu'il avoit esté parens l'empereour Manuel, que par force que par amisté li rendi on l'ille de Cypre, et le fist on empereur, et porta courone. Puis le prist li rois Ricars d'Engletiere, quant il ala Outremer, et il conquist l'ille de Cypre sour lui. Dont vous orés en aucun tans⁶ comment il le conquist et pour quoi.

Or vous dirons d'Androine, qui empereres fu de Coustantinople. Il ne demouroit biele nonne en toute le tiere, ne fille à chevalier, ne fille à bourgeois, ne femme, [ne une ne autre⁷,] por⁸ que elle li seist bele⁹, que il ne le presist, et gisoit à li à force ; ne abéie nulle que il ne raensist¹⁰ et desiretast. Et si estoit si haïs pour le malisse k'il faisoit, que ainc haus hom qui tiere tenist, ne fu onques si haïs de toutes gens, com il estoit.

Or avint cose .1. jor que Lagousses vint à lui, et se li dist : « Sire, il a .1. chevalier en ceste ville, qui » estoit¹¹ parens l'empereour Manuel ; se vous m'en » creiés, vous le manderiés et le meteriés en prison,

---

1. A.B: *atirer*. — D: *atorner*. — 2. A.B: *et plus asez*. — 3. D. — 4. Isaac Comnène. — 5. F. O. — 6. D: *orés dire ci-après*. — 7. A.B. — 8. A. B. D. F. O. — C: *prenc*. — 9. A. B. — C. F. O : *li sesist*. — 10. D: *reeinsist*. — 11. A. B: *qi fu*.

» ou vous le deffigurés, ou vous le faites ocire; car
» jou sai bien, se vous le laissiés ensi que vous n'en
» faciés çou que je vous di, il vous guerriera[1], car il
» est rous et de pute aire[2] ». Li empereres vint, si le
manda qu'il venist parler à lui. Cil chevaliers avoit
non Kirsac[3], et si avoit un frere qui avoit non Alex.

Quant Kirsac oï la nouvele que li empereres le
manda, si fu mout dolans. Il dist al mesage qu'il s'en
alast, et qu'il iroit aprиès lui. Dont vint, si manda son
frere Alex et ses compaignons, et si lor dist qu'ensi
faitement l'avoit Androines mandé. « Je sai bien, dist
» il, que je suis encusés à lui, et que Lagousses m'i a
» encusé et que çou est pour moi ocire. Quel consel
» me donrés? Irai jou? » — « Dont, dist ses freres, et si
» compaignon, nous loons bien que vous i ailliés, et
» nous irons aveuc vous, et si orons que il vous dira. »
Dist Kirsac : « Puis que vous le me loés, jou irai, et si
» sai bien que c'est pour moi ocirre qu'il me mande,
» mais se je puis, je n'i morrai mie seus[4] ».
Dont vint, si s'arma desous ses dras, et il et si frere,
et çainsent les espées et monterent es cevaus, et si
compaignon, et si ala à Blakerne[5] où li empereres
estoit. Blakerne si est uns manoirs l'empereur; si est
al cief de Coustantinoble par deviers terre.

Tout si que Kirsac s'en aloit à l'empereur, et il vint
en une estroite rue[6], si encontra Lagousse où il
venoit de l'empereour et aloit disner à son ostel. Quant

---

1. A. B : *grevera*. — 2. A. B : *deputaires*. — D : *deputaire*. —
3. Isaac l'Ange, descendant d'Alexis Comnène. Cf. H. p. 19. —
4. A. B : *souls*. — 5. A. B : *Blasqeurnne*, *Blanquerne*. — N : « Blaquernia. — 6. N : « in angiportu seu flexura viæ. » Col. 614.

Kirsac vit que Lagousse ne pooit trestourner qu'il ne venist par lui, il traist l'espée, se li copa le teste et le depeça tout, si qu'il en fu tous sannens[1], et il et s'espée.

Atant s'en tourna ariere et broce le[2] ceval des espourons, et va criant parmi la ville, l'espée traite : « Segnour, venés apriès moi, que j'ai tué le diable ! » Quant li cris leva aval le ville qu'ensi faitement avoit Krisac ocis Lagousset, si alerent tout apriès lui à Boke de Lion[3], où il ala. Dont vint, si prist Bouke de Lion, et si le garni et si i mist ses hommes ens. Cil Bouke de Lion estoit .I. des maistres manoirs l'empereour. Et siest sour le mer, et s'i estoit li plus de son tresor. Dont vint Kirsac, si prist le vestiment l'empereour, et ala à Sainte Soufie, si se courona à empereur[4]. Quant porté ot couronne, si manda tous ceus de la cité, si les fist tous armer et pour aler asallir Balkerne.

Quant Androines oï dire que Kirsac avoit tué Lagousset, et k'il avoit pris Bouke de Lyon et son tresor, et qu'il avoit porté couronne, si ne fu mie liés et ne sot que faire. Si s'arma et fist armer ses hommes, çou qu'il en avoit aveuc lui, pour lui deffendre ; mais ne li valut rien. Quant Kirsac vint devant Balkerne ; et cil dedens virent que lor deffense ne lor vaurroit riens, si se rendirent. Dont vint Kirsac, si se pourpensa de quel vil mort il le feroit morir, pour son signour droiturier qu'il avoit noié en le mer, qui fieux

---

1. A. B : *segna(n)z*. — D : *senglans* — O : *sanens*. — 2. A. B : *et brocha le*. — 3. A. B : *Bouquelyon*. — D : *Bouche de Lion*. — N : « *Bucca Leonis.* » — 4. Cette phrase et la précédente manquent dans A. B.

avoit esté l'empereour Manuel, et pour les grans malisses qu'il avoit fais. Dont vint, si le fist despoullier tout nu, et si fist aporter une ries d'aus[1], més li ail n'i estoient mie; si l'en fist faire une couronne et le fist couroner comme roi, et si le fist bertauder[2] et tondre en crois, et si fist amener une anesse, si le fist torner[3] çou devant deriere et tenir le keue en se main, comme frain. Ensi le fist mener par toutes les rues de Coustantinoble, et porter couronne en tel maniere.

Or vous dirai que les femes faisoient. Elle avoient apparellié escloi[4] et merde et longaine[5] se li saloient au devant et li ruoient en mi le visage, [et celes qi n'i pooient avenir, montoient es solieils[6] et si avoient aparilié la puinesie[7] et la longaigne, si li ruoient sor la teste[8].] Ensi li faisoit on en[9] cascune rue où il venoit[10]. Ensi porta couronne Androines aval Coustantinoble, de si qu'il fu fors de le cité. Quant il fu fors de le cité, si le livra on as femmes. Et les femmes li coururent sus comme li ciens famelleus fait à la carougne, et le depicierent tout piece à piece. Et celle qui en pooit avoir aussi gros com une feve, si le mangoient, et raioient le car de sous les os à lor coutiaus, si le mangoient[11]. Ne onques n'i demora

---

1. A. B : *roiz d'auz.* — D : *raiz d'aux.* — F. O : *une resdaus.* — J., dont le récit diffère d'ailleurs entièrement : *une reste d'aus.* — H : *une rest d'aus.* Pag. 21. — N : « restem alei spicis nuda-« tam in coronæ modum capiti ejus imponi. » Col. 615.
2. A. B : *bertouder.* — 3. D : *monter sus.* — 4. A. B : *escler.* — 5. F. O : *longagne.* — J : *pissasce et longaigne.* — H : *pissace et longaigne* — N : « fœcibus et urinis. » col. 615. — 6. F. O : *sor les soliers.* — 7. F. O : *li puasme.* — 8. A B. F. O. — 9. A. B. — 10. A. B. — 11. *Et raioient le car*, etc., n'est pas dans A. B.

uns oissiaus¹ ne jointure, que les femes ne mangaissent. Et disoient que toutes celles qui avoient mangié de lui estoient salves², pour che que elles avoient aidié à vengier le malisse qu'il avoit fait. Ensi fina Androine.

Or vous dirons de Kirsac qui empereres est³. Il fu mout durement amés des gens de le tiere pour le malisse qu'il avoit vengié d'Androine et de Lagousset. Et des abéies fu il mout amés ; et n'ot abéie en Coustantinoble que s'image ne fust escripte sur le porte. Il n'avoit point de feme, quant il porta couronne. Il manda al roi de Hongherie qu'il li envoiast une siue serour qu'il avoit à marier, si le prendroit à femme. Et li rois li envoia mout volentiers, et en fu mout liés. Quant elle fu en Coustantinoble, li empereres l'espousa, et se li fist porter couroune à sainte Sophie.⁴ Puis orent .I. fil, qui ot non Alex.

Or avint cose que li empereres Kirsac cevauçoit aval se tiere et vint à une abbéie qui est priès de Felippe. En celle cité qui a non Phelippe fu li rois Alixandres nés, et est à .VI. journées de Coustantinoble. Et en celle cité fist sains Pos⁵ une partie des epitres ; dont on dist encore, quant on dist⁶ celles qu'il i fist, à⁷ *Filipenses*.

A chelle abbéie que je vous di, sejourna li empereres Kirsac, et se reposa et ce fist⁸ sainier. Quant Alix ses freres oï dire que ses freres li empereres sejournoit là à peu de gent, si ala là atout ses hommes, si le fist prendre

---

1. D : *un ossel*. — 2. A. B : *savées*. — N : « credentes se « posse salvare si ex carnibus tantis infectis nequitiis manduca- « rent. » Col. 615. — 3. A. B : *fu*. — 4. D. — Le 12 septembre 1185. Cf. H. p. 22 et suiv. — 5. A. B : *Pouls*. — F. O : *Pols*. — N. col. 615. — 6. A. B : *list*. — 7. A. B : *ad* — D : *aus*. — 8. D. — C : *et fist*.

et se li fist les ieux crever. Si le laissa en l'abéie, et s'en revint ariere en Coustantinoble, [et devint empereres et porta corone[1]. Qant il fu empereres et il ot porté corone, si manda son frere Chirsac en l'abaïe et le fist amener en Constentinoble[2].] Illuec le fist garder et servir et livrer quanques mestiers li fu.

Quant li emperéis[3] sot qu'Alix avoit l'empereour son segnour si faitement les ieux crevés, si en fu mout dolente, dont ot paour qu'il ne fesist son fil Alix[4] ocire, qui enfes estoit. Dont vint, si le carca coiement à chevaliers et à siergans, si l'envoia au roi de Hongherie en garde, qui freres estoit la dame[5]. Et il le garda et nouri, desi au tans que mute[6] fu de France et d'autres tieres qui Outremer aloient[7].

Je ne vous dirai ore plus de ceste matere, desi adont que tans en sera, ains vous dirai de le tiere de Jherusalem et del roi mesiel Bauduin, qui trives avoit as Sarrasins. Il avint cose qu'i ot[8] marceans en Egypte qui fisent une carvane pour aler à Damas[9]. Quant il orent apparellie lor carvane, si murent et cirent[10] tant qu'il vinrent près dou Crac. Quant li princes Renaus oï dire que li carvane venoit, il fist armer ses gens et prendre le carvane, et mener en son castel, aussi com

---

1. Le 8 avril 1195. — 2. A. B. D. F. O. — 3. Marguerite de Hongrie, seconde femme d'Isaac l'Ange.

4. Le fils de Marguerite se nommait Manuel. Alexis était fils de la première femme d'Isaac L'Ange. Il y a beaucoup d'erreurs dans nos chroniqueurs, comme dans les diverses continuations, au sujet de ces événements de l'empire de Constantinople. Voy. les notes rectificatives de M. Lebas. H. pag. 24 et précéd.

5. D: *qui oncles estoit à l'enfant.*— 6. A. B : *muite.*— 7. N : col. 616. — 8. A. B : *qu'il ot.* — 9. Cf. M. chap. 144. col. 779. — 10. A. B : *crevent.* — D : *errierent.*

il avoit autrefois fait en trives. Quant li rois de Jherusalem oï dire que li princes Renaus avoit prise celle carvane et retenue, se li manda qu'il le rendist, et qu'i n'avoit mie bien fait, qui[1] les marceans avoit desrobés et pris en trives ; et li princes li manda qu'il n'en renderoit nul[2] pour lui.

Quant Salehadins oï dire qu'ensi faitement estoient li marceant desreubé, il manda au roi de Jherusalem que le carvarne fesist rendre et qu'il ne tenoit woires bien[3] les trives qu'il avoit données ne sen sairement ; et s'il ne li faisoit rendre, il l'amenderoit quant il poroit. Et li rois li remanda qu'il ne li pooit faire rendre, que assés l'en avoit amonesté et priié, et riens n'en voloit faire pour lui.

Dont vint Salehadins, si manda en Perse et par toutes les teres qu'il avoit conquises qu'il venissent à lui, si com pour entrer en le tiere des Crestiiens, et pour vengier le honte et le damage c'on li avoit fait de ses hommes c'on li avoit pris et derobés .ii. fois, [en trives[4]]. Quant li rois de Jherusalem oï dire que Salehadins mandoit tous ses hommes pour venir en se tiere, li rois manda toutes ses os et assanla en un liu c'on apiele les Fontaines de Saforie[5], [et siet es plains de Raymes[6]]. Pour çou les noume on les fontaines de Saforie, qu'eles sont priès d'une ville c'on apiele Saforie. Et en celle ville fu née Sainte Anne[7], li mere Nostre Dame Sainte Marie. A ces fontaines sejournoit li rois les estés quant il n'avoit les trives as Sarrasin,

---

1. F. O : *quant.* — 2. A.B : *noiant.* — 3. A. B : *mie bien.* — 4. A. B. D. — 5. A. B : *Safroie.* — M : « ad locum qui dicitur Fontes Saffrojæ, a Saffroja urbe, in qua orta est Beata Anna. » — 6. D. — 7. F. O : *S. Agne.*

et il et si chevalier et Templier et Hospitalier, et tout li baron de le tiere. Pour ce sejournoient illuec que, se Sarrasin entrassent en le tiere, qu'il fussent tost apparellié d'aler à l'encontre [1]. Cil lius où ces fontaines estoient, si est à une liue de Nazaret et à .v. liues de Tabarie[2] et à .v. liues d'Acre. Là sejourna li rois de Jherusalem .iii. mois et il et toute s'os,ançois que Salehadins entrast en le tiere, et ançois qu'il ot ses os assemblées.

Quant Salehadins ot ses os assemblées et amassées à Damas, si vint[3] et erra tant par ses journées qu'il passa le flun et vint herbegier à une fontaine c'on apiele le Fontaine de Tubanie[4], et est el pié d'une montaigne par desous[5] une roche. Celle fontaine est à .iiii. liues des fontaines Saforie, là u li rois de Jherusalem estoit à ost, et à[6] .ii. liues d'un castiel c'on apiele Le Gerin. Cil castiaus si est en .i. liu c'on apiele Dotain[7]. En cel liu est li cisterne où li fil[8] Israël jeterent lor frere Joseph, et le vendirent as marceans qui le menerent en Egypte.

Quant li rois Bauduins oï dire que Salehadins estoit entrés en se tiere, et qu'il estoit herbegiés si priès de lui, si mut de là où il estoit et ala encontre ; et se hierbega à une liue priès de lui, à un castiel c'on apielle le Feve[9]. Cel jour fu venredis[10].

Quant che vint l'endemain, le semedi, li patriarces fist acumeniier tous les chevaliers et les serjans de

---

1. La phrase est défigurée dans A. B. — 2. M : « a civitate Tabariæ septem. » — 3. A. B. D : *mut.* — 4. C : *Cubanie.* — D : *Tubenie.* — 5. A. B : *herbergier à .i. fontaine par desor.* — 6. A. B. D. — 7. A. B : *Doutain.* — 8. A. B. D. — 9. A. B. D : *La Feve.* F. O : *Le Feve.* — M : Castrum Faba. » — C : *le Fene.* — 10. M : Feria sexta. »

l'ost, et si les asost tous de lor peciés. Quant acumeniié[1] furent li chevalier et li sergant, li rois fist crier par l'ost que tout li chevalier alaissent en conroi[2] et alast cascuns en s'eskiele[3]. Quant il furent en conroi, si murent pour aler conbatre as Sarrasins. Li Sarrasin ne s'oublierent mie, ains furent armé d'autre part et murent encontre. Et li Crestiien se[4] traisent tousjours viers le fontaine où li Sarrasin erent herbegié, et prisent le fontaine. Et li Sarrasin se traisent ariere vers le montaigne, fors tant qu'il ot .ii. de lor batailles qui poinsent[5] vers le bataille le connestable Haimeri et frouerent[6] le bataille.

Quant Bauduins de Rames et Balyans de Belin, ses freres, qui l'ariere garde faisoient, virent qu'ensi estoit celle eschiele frouée[7], si poinsent sour les Sarrasins. Quant li Sarrasin les virent, si tournerent en fuies et s'en alerent es montaignes aveuc les autres. Dont se loga Salehadins es montaignes devant Forbelet, et dura bien lor os .ii. liues. Et li rois se hierbega sour le Fontaine de Tubanie[8]; et estoit bien li une os priès de l'autre à demie liue, qui[9] furent illuec jusques al juesdi, à nonne. Si n'osa viande sivir le roi ne l'ost[10]. Quant ce vint le diemence, au viespre, si failli viande en l'ost le roi. Dont vint li rois et li baron de la tiere, si envoiierent lors sommiers à le viande, à Nazareth et al Gerin[11], et à le tiere illueques priès, et

1. A. B : *comunié.* — 2. A. B : *au conroy.* — F. O : *en conroy.* — 3. D. — A. B : *ses eschiele.* — C : *en eskiele.* — 4. D : *se trestrent.* — 5. A. B : *qui poistrent.* — 6. A. B : *froerent.* — D : *froissierent.* — F. O : *frouerent.* — 7. A. B : *froudé.* — 8. O : *Cubanie.* — 9. D : *Or.* — 10. A. B : *Or n'osa viande sor l'ost le roy venir.* — D : *n'osa viande syvre l'ost lo roy.* — F. O : *suir l'ost le roi.* — 11. A. B : *Au Geririn.*

de celle part où li Sarrazin n'estoient mie. Quant che vint le lundi par matin, si disent li siergant de l'ost ou il se combateroient as Sarrasins ou il s'en iroient, car il n'avoient point de viande, ains moroient de fain.

Dont vint li rois, si manda les barons de l'ost et le maistre del Temple et de l'Hospital pour prendre consel se il se combateroient ou il s'en iroient. Endementiers qu'il estoient à consel, estoient sergant sour le fontaine, si esgardoient en le fontaine, si veoient poisson; lors[1] si se despoullent[2] lor cemises, et si en font nasses et puis salent ens, et poisson à venir. Là prisent tant de poisson tout li sergant de l'ost que toute li os en fu raemplie; et lor sanloit, quant il estoient en le fontaine, qu'il n'i eust se poisson non. Illueques prisent tant de poisson qu'il en vesquirent chel jour. Et l'endemain par matin, le mardi, vinrent li sommier et li camel tout cargié de viande que li baron avoient mandé, dont fu l'os bien raemplie. Si departi on le viande as sergans, c'onques n'en vendi on point.

Quant ce vint le mardi al nuit, si envoia Dame Diex le fu nouvel devant le Sainte Crois [qui en l'ost estoit[3],] dont fist on si grant joie en l'ost, et si grans luminaires de candoiles com il fisent le nuit. Dont li Sarrasin furent mout esmari et mout dolant, quant il oïrent et virent le joie qu'il faisoient et le luminaire, et moult s'esmervillierent pour coi c'estoit qu'il faisoient tel joie.

Quant che vint l'endemain, le merkedi, par matin, et li rois ot oï messe, si manda les barons de l'ost [à conseil[4]] pour conbatre as Sarrasins. On ne li consella

1. A. B. — 2. F. O. — C: *despoulloient*. — 3. D. — 4. D. — A. B : *por prendre consceil de conbatre*.

mie qu'il alast requerre les Sarrasins en le montaigne, ne que il laissast l'aighe douce. Ensi demoura jusque à lendemain, le juesdi. Là fu ce à cel consel que li fols aporta la novele au patriarce que Paske de Riveri, se femme, avoit une [mult bele¹] fille².

Quant ce vint le joedi, par matin, si alerent li siergant à cheval c'on apiele Turcoples, et issirent de l'ost pour hardiier [as Sarrasins³.] Quand il orent hardiié une piece, dusques viers le miedi d'une part, .I. chevaliers Sarrasins acena un Turcople qu'il alast parler à lui, et li Turcoples i ala pour chou qu'il cuidoit qu'il se vausist relainquir⁴ et estre Crestiiens, ou que il venist au roi en mesage de par Salehadin. Quant li uns fu priès de l'autre, si conjura li Sarrasins le Crestiien par le loi qu'il tenoit, qu'il li desist voir de ce qu'il li demanderoit; et li Crestiiens li dist que volentiers le feroit. « Dont vous demant je, fait li Sarrasins, » pour coi vous fesistes si grant joie devant ersoir⁵ » et si grant luminaire en vostre ost. » Et li Crestiiens dist que li clartés del ciel estoit venue en l'ost devant le Sainte Crois. Quant li Sarrasins oï ce, ⁶ il hurta le⁷ cheval des espourons, si le va dire Salehadin, et li Crestiiens s'en retourna en l'ost; et si conta au roi son signour comment il avoit parlé au Sarrasin et li Sarrasin à lui.

1. A. B. F. O. — 2. M: « Contigit et in ipso principum consilio » stultum secundo advenire nuntiantem patriarchæ Heraclio ama- » siam ejus filiam peperisse. » Chap. 144. — 3. C : *hardiier*. — F. O : *hardoier*. — A. B : *ardoier as Sarrasins*. — D : *annuair les Sarrasins*.

4. A. B : *relenquir*. — F. O : *relinguir*. — 5. A. B : *avant her soir*. — D : *essoir*. — 6. A. B : *si se torna d'iluec et hurta*. — 7. A. B.

Endementiers qu'il li contoit, et il esgarderent vers l'ost des Sarrasins, si virent qu'il se deslogoient. Car tantost que Salehadins oï dire que li clartés del ciel estoit descendue devant le Crois, si commanda à deslogier[2].

Quant li Crestiiens virent que li Sarrasin se deslogierent, si s'armerent tout et se deslogierent ansi. Et si ala cascune esciele en conroi, et si ordenerent lors batailles, car il cuidoient bien que Sarrasin deussent sour aus venir por conbatre, et se tinrent illueques tout coi desi qu'il viurent que li Sarrasin avaloient les montaingnes d'autre part, et s'en aloient vers le flun. Quant li Crestiien virent qu'il s'en aloient vers le flun, si orent paour qu'il n'alaissent vers Tabarie l'endemain. Dont se partirent d'iluec; si alerent herbegier à le Feve, pour estre l'endemain audevant[3] des Sarrasins.

Quant che vint l'endemain, si se partirent d'ilueques li Crestiien pour aler à Tabarie, et li Sarrasin passerent le flun pour aler en lor terre. Lors vinrent les espies le roi, si espiierent les Sarrasins, si disent au roi que li Sarrasin avoient le flun passé et qu'il aloient en lor tiere. Dont vint li rois, si s'en ala ariere logier as Fontaines de Saforie, et ne vaut mie departir s'ost desi qu'il seust que[4] Salehadins eust departie le siene. Quant Salehadins ot passé le flun et il fu en se tiere, si se pourpensa qu'ensi ne lairoit mie le prince Renaut en pais, qui le honte li avoit fait de ses hommes, qu'il avoit pris en trive, et le carvane re-

---

1. A. B. — C : *et.* — 2. M. Fin du chap. 144. — 3. A. B. D. F. — C : *au decant.* — 4. A. B : *se.*

tenue ; si ala assegier le Crac[1]. Quant li rois oï dire que Salehadins estoit vers[2] le Crac, si s'en ala vers Jherusalem, et si departi s'ost, et si lor commanda que si tost com il verroient son message, qu'il fuissent tout apparelliet com d'aler en l'ost avcuc lui, et qu'il venissent errant là où il seroit, car il ne voloit mie si tost aler secourre le Crac, desi que li princes fust auques matés.

Le jour que Salehadins vint devant le Crac, ot espousée Hainfrois[3] le serour le roi mesiel qui avoit à non Ysabiaus, [qui fille avoit esté le roi Amaurri et fille la reigne Marian. Dont vint la mere Heinfroi[4],] qui femme estoit le prince Renaut. Si envoia à Salehadin des noces de son fil pain et vin et bues et moutons ; et si li manda salut, qu'il[5] l'avoit maintes fois portée entre ses bras quant il estoit esclave el castiel, et elle estoit enfes. Quant Salehadins vit le present, si en fu mout liés, si le fist reçoivre, et si l'en merchia mout hautement ; et si demanda à chiaus qui le present avoient aporté, en lequele tour li espousés et li espousée estoient et giroient[6] ; et il li moustrerent. Dont vint Salehadins, si fist criier par toute s'ost que nul[7] ne fust si hardis qui à celle tour traisist, ne lançast, ne assaillist. Or fu bien Salehadins devant cel castiel VIII. semaines[8]. Et faisoit assaillir par jour et par nuit à perrieres[9] et à mangonniaus, fors seulement à celle tour où li espousés et li espousée se gisoient.

1. Cf. M. chap. 145. — 2. A. B : *près*. — 3. Humfroy de Toron. — M. mal : « Gaufridus. » — 4. A. B. D. — F. O., avec des variantes. Nous donnons la leçon de D.— Omis dans C. — 5. F. O : *porce qu'il*. — 6. F. O : *gerroient*. — 7. A. B. — 8. A.B: *vj. semaines*.— M : « sex mensibus.»— 9. A. B: *petrieres*.

Quant li princes Renaus vit c'on l'asaloit si durement et c'on le grevoit si, et qu'il n'avoit mie plenté de[1] viande el castiel, si fist avaler un siergant par le falise[2], et manda au roi en Jherusalem qu'il le secourust; et s'il ne le secouroit proçainement, il perderoit le castiel, car il n'avoit gaires de viande. Encore, aveuc tout che que li princes Renaut avoit envoiié le message, faisoit il cascune nuit faire fu desour une des tours du castiel, pour che que on le conneust[3] en Jherusalem, et pour haster le secours; et d'autre part il n'estoit mie à fianche que li messages qu'il i envoia fust escapés.

Et ore est coustume en le tierre d'Outremer[4] que quant il sevent que Sarrasins doivent entrer en le tiere d'aucune part, cil qui premiers le set, si fait fu. Et quant li autre viles[5] le voient, si fait cascuns fu; dont voit on les fus par toute le tiere; dont sevent il bien que Sarrasins doivent entrer en le tiere, si se garnist cascuns.

Quant li rois de Jherusalem oï le mesage qui fu venus del Crac, si manda par toute le tiere as barons et as chevaliers et as serjans qu'il venissent à lui, et pour aler le Crac secourre[6], qu'ensi faitement est assegiés. Et il i vinrent tout à lui en Jherusalem, et en Jherusalem assanla ses os.

Le nuit devant che que il venissent[7] en Jherusalem pour aler secourre le Crac, fist li rois faire grant fu

---

1. A. B. — 2. A. B : *la falouse*. — 3. A. B. D : *veist*. — 4. D : *de Jerusalem*. — 5. A. B. F. O. — 6. F. O : *rescorre*. — 7. D. — C : *venist*. — A. B. F. O : *devant ce q'il meussent de Jerusalem*.

sour le tour Davi, pour che que il le veissent¹ au Crac et sevissent qu'il aroient secours. Quant che vint l'endemain, si mut li rois pour eaus secourre. Et si s'ala herbegier sur le flun Jourdain, et ne vaut mie aler par là où il ala² à l'autre fois³; ains volt aler à l'encontre de Sarrasins. Et quant che vint l'endemain, si passa le flun et ala vers le Crac, et erra tant que il fu tans de herbegier et se herbega sour le flun, près de le Mer del Dyable.

Quant Salehadins oï dire que li rois avoit le flun passé, et qu'il venoit viers le Crac, si se leva dou siege et vint encontre lui, et se herbega priès de lui à .II. liues.⁴ Quant che vint l'endemain, si s'armerent li Crestiien et apparellierent lors batailles qu'il cuidierent conbatre as Sarrasins, et li Sarrasin se murent par matin et fisent sanlant d'aler en lor terre.⁵ Quant li rois sot que li Sarrasin aloient en lor tiere⁶, si s'en ala au Crac pour veoir comment li Sarrasin l'avoient damagié et pour veoir se serour qui nouvelement estoit mariée. Quant Salehadins seut que li rois fu au Crac, si passa le flun et fist le wanceue⁷, et entra en le tiere as Crestiiens, et ala en une ville c'on apiele Naples. Et sejourna là II. jours pour veoir le, pour ce qu'il avoit molt desirée à veoir la⁸, pour çou qu'il avoit oï dire que elle estoit mout à aise⁹. Li Sarrasin l'apelent le Petit Damas, pour çou qu'il i a gardins et fruis et fon-

---

1. D. F. O. — A. B : *viisent*. — C : *il venissent*. — 2. D. — 3. F. O : *par là où il les ala autrefois socorre*. — 4. M : « *duabus leucis.* » — 5. A. B. F. O. — Mal dans C et D : *d'aler à lor encontre*. — 6. A. B. C. F. O. — Mal dans O : *à leur encontre*. — 7. A. B : *fist l'avan queue*. — F. O : *le wankeue*. — Omis dans D. — 8. A. B. D. F. O. — 9. A. B. D : *aesiée*. — F. O : *aaisie*.

taines, ausi com il a à Damas, mais n'i a mie tant de gardins com il a à Damas. Je ne vous dirai ore plus de Naples, mais je vous dirai, quant Salehadins en sera partis, comment elle siet et où elle siet.

Quant li rois oï dire, qui au Crac estoit, que Salehadins avoit passé le flun, et qu'il estoit entré en se tiere, si parti du Crac et il et toute s'os pour aler apriès, et pour lui metre hors. Quant Salehadins oï dire, qui à Naples estoit, que li rois venoit, si s'en parti sans damage faire à le ville ne as gardins, se de viande ne fu, et s'en ala par le Gerin et par le Fontaine de Tubanie, et par desous Forbelet et passa le flun. Si s'en ala à Damas, si departi ses os. Quant li rois, qui apriès lui venoit, oï dire que Salehadins avoit passé le flun et s'en estoit alés en se tiere et qu'il avoit departi ses os, si s'en rala ariere en Jherusalem, si departi ses os ensement [1].

1. Pipino termine ici le chapitre 145 de son XXVe livre par quelques détails sur la campagne de Naplouse qu'il emprunte au chapitre suivant de notre chronique. M. col. 781.

CHAPITRE X

Coment la cités de Naples siet.

SOMMAIRE.

De la ville de Naplouse et des montagnes voisines. De Samarie et du prophète Elysée. Du château de Beteron et du dévouement de Judith. De Gérard de Ridefort, chevalier flamand, qui devint grand maître du Temple. Origine et motifs de sa haine contre Raymond, comte de Tripoli. — 1183. Baudouin IV, le Lépreux, sentant approcher sa fin, propose aux barons du royaume de proclamer roi Baudouin, fils de sa sœur Sibylle, veuve de Guillaume de Montferrat, remariée à Guy de Lusignan. Les barons adhèrent à sa proposition, en exigeant que la régence soit confiée à Raymond, comte de Tripoli.[1] — Conditions auxquelles le comte de Tripoli accepte le gouvernement. Le comte de Tripoli est chargé de la régence du royaume, et le comte Joscelin d'Edesse de la garde de l'Enfant royal. Couronnement de Baudouin V. Usages suivis lors du couronnement du roi de Jérusalem. — 1186. Mort de Baudouin IV. Du lieu de sépulture des rois de Jérusalem. Hommage prêté à Baudouin V du vivant de Baudouin IV, son oncle. — 1186. Après son couronnement, Baudouin V est confié au comte Joscelin. Raymond de Tripoli gouverne comme régent.

Or[2] vous dirons de Naples, comment elle siet, ne où elle siet, c'al tans que Jhesu Cris aloit par tiere,

1. La Chronique de Guillaume de Tyr ne dépasse pas ces événements.
2. Le commencement du chapitre manque dans D.

n'estoit mie Naples encore. Et si se [1] hierbegierent primes [2] Samaritain. Naples siet entre .II. montaignes, dont cil del païs apelent l'une des montaignes le Montaigne Kaïn [3], et l'autre le Montaigne Abel. Li montaigne Abel est tousjours verde, et yver et esté, et par le grant plenté des oliviers qui i sont. Et li montaigne Kaïn est tousjours seke, qu'il n'i a se pieres non et cailleus [4]. Al pié de le montaigne Kaïn, a une cité qui a à non Cicar. Celle cités est par devers solel levant. Tenant au cief de le montaigne Abel, par devers solel levant, tient une montaigne [5] c'on apiele la Montaigne [6] Saint Abraham. En son le montaigne, a .I. liu c'on apele Betel. [7] C'est li lius où Abrahans mena son fil Ysaac pour faire sacrefisse, quant Diex li commanda; et là li ot li angeles apparellié agniel pour faire sacrefisse en liu de sen fil. [8]

Encoste de celle montaigne, par devers solel levant, avoit une cité quant Jhesu Cris aloit par tiere c'on appeloit Samaire. [9] Desous celle cité, avoit une plaigne c'on apeloit Cycem. [10] Là avoit .I. puch que Jacob fist, et si le donna Joseph son fil, là où cil de le cité aloient à l'eve. Dont il avint .I. jour que Jhesu Cris aloit de Galilée en Jherusalem, et vint à cel puch pour atendre ses dessiples, qui estoient alé à Cicar acater à mangier, et trouva illueques une Sama-

---

1. A. B : *Et là se.* — 2. A. B : *primers li.* — 3. Le Mont Ebal et le mont Garizim. — 4. F. O : *callaus.* — 5. A. B. F. O. — C : *une cités.* — 6. A. B. F. O. — 7. A. B : *Becel.* — 8. *Quant Diex,* etc., manque dans A. B. — 9. A. B : *Samaite.* — 10. A. B: *Scisem.*

ritaine qui estoit de le cité de Samaire venue à l'eve. Dont vint Jhesu Cris, se li dist qu'ele li donnast à boire, et elle li dist : « Tu es Juis, je sui Samaritaine, » il ne me loist mie que tu boives à men vassiel. [1] » Dont dist Jhesu Cris à le Samaritaine : « Se tu seusses » qui ce est qui te demande à boire, tu li deisses qu'il » te donnast eve vive à boire. » Dont dist li Samaritaine : « Sire, donné [2] me tele eve vive à boire [3] qu'il ne » m'estuece mais venir chi, car li puis est mout par- » fons, et li cités est mout haute, si me fait mout mal » à venir ci eve querre. » Dont li dist Jhesu Cris que elle alast apeler son baron, et elle dist qu'ele n'avoit point de baron, et Jhesu Cris li dist qu'ele disoit voir, et qu'ele en avoit eut .v. [4] et que cil n'estoit mie ses barons qui estoit aveuc li. Assés li dist Jhesu Cris plus de paroles que je ne vous di, mais je ne vous puis mie tout raconter.

Dont vint li Samaritaine, si laissa ses vaissiaus et ala criant par toute la cité qu'il venissent, et qu'ele avoit trouvé .I. vrai prophete qui tout li avoit dit quanqu'ele avoit fait. Apriès vinrent li apostle de Cicar où il avoient acaté à mangier et disent à Jhesu Crist qu'il mangast, et il lor dist qu'il avoit mangié de tel viande dont il ne savoient mot. Dont disent li apostre entr'iaus que li Samaritaine li avoit donné à mengier, et moult s'esmervillierent, quant il les virent seul à seul entre lui et le Samaritaine. Cil puis est à demie liue de Naples.

Or vous dirai de le cité qui a à non Samaire, qu'il

---

1. *Dont vint*, etc., manque dans A. B. — 2. F. O : *donés.*
— 3. *Dont dist*, etc., manque dans A. B. — 4. A. B. F. O : *eu* .v.

avint au tans Elysei¹ le prophete. Il avint que li rois de Damas assega le cité et fist tant devant que il orent si grant famine dedens que .II. femes² i avoit ki fisent marchié de .II. enfans qu'eles avoient qu'eles les mangeroient; quant li uns seroit mangiés, si mangeroient l'autre. Dont avint qu'eles en mangierent l'un. Quant li enfes à l'une fu mangiés, l'endemain celle qui sen enfant avoit mangié entre lui et se compaigne, si dist à celi qui sen enfant avoit encore vif, qu'ele le tuast, si le mangeroient. Et celle dist que son enfant ne mangeroient elle ja, se Dieu plaist.

En che qu'eles tençoient³ de cel enfant, passa li rois de le tiere devant, et lor demanda qu'elles avoient; et elles disent qu'ensi faitement avoient fait marchié de lor enfans. Dont fu li rois si dolans qu'il descira ses dras, et se laissa caoir de son ceval à tiere et manda par .I. sergant Elyseu⁴ le prophete pour ocirre, pour che que c'estoit avenu à son tans. En ce que li sergans aloit pour Elyseu, estoit Elyseu en son ostel avoec preudommes et parloit à aus, et si lor dist : « Li rois » envoie chi son serjant pour moi ocire. » Endementiers que li sergans hurta⁵ à l'uis, fu li rois apriès lui. Dont vint li rois à Elyseu, se li dist qu'ensi faitement estoit avenu. Et dont il avint que le quarte part de le fiente d'un coulon⁶ vendoit on .V. deniers en le cité, si com li escripture dist. Dont vint Elyseus, si dist au roi qu'il ne fust mie à malaise⁷, que el demain, devant solail levant, auroit tel plenté en le cité c'on aroit le muy de

---

1. F. O : *Elyseus*. — 2. *Femes*, omis dans C. — 3. A. B : *tençonoient*. — 4. A. B : *Elyseum*. — 5. A. B : *chucoit*. — F. O : *huçoit*. — 6. F. O : *que la quarte part d'une fève*. — 7. F. O : *à maleiise*.

ferine¹ pour .ii. deniers et le muy d'orge pour .ii. Dont il avint c'uns chevaliers qui encoste le roi estoit et cui li rois tenoit le main sour ses espaules, dist que s'il plouvoit maintenant ferine et orge jusques à demain, n'en seroit il mie teus marchiés com il dist. Dont dist Elyseus qu'il le verroit à ses iex et si ne² mangeroit ja.

Or avoit mesiaus en le cité, si prisent consel que il isteroient hors, en l'ost, et qu'il avoient plus chier c'on les tuast en l'ost, que il morussent de faim en le cité. Quant ce vint le nuit, si issirent de le cité, et alerent en l'ost; et quant il i vinrent n'i trouverent il homme ne femme, ains trouverent les loges et les tentes toutes garnies de viandes, et les sommiers et les biestes toz³ atachiés. Lors alerent, si mangierent et burent assés; et prisent des avoirs tant com il vaurrent, et mucierent ançois qu'il le fesissent savoir en le cité. Quant che vint al point du jour, si vinrent à le porte de le cité, et apelerent ciaus qui le porte gardoient⁴, et si lor disent qu'il fesissent savoir au roi que il n'avoit nului en l'ost, et qu'ensi faitement avoient l'ost trouvée toute garnie de tous biens, et que chil de l'ost s'en estoient alé [et avoient tout lasié⁵]. Li rois vint, si fist monter .xxx. hommes à cheval et les fist issir hors pour cerkier le tiere tout entour, pour che qu'il ne fussent embuissié, que⁶ cil qui dehors le cité estoient au siege⁷ savoient bien qu'il avoient grant famine dedens le cité; pour ce se douterent⁸ cil de le cité qu'il ne se mesissent

---

1. A. B. F. O : *farine.* — C : *frine,* plus bas *ferine.* — 2. A. B : *n'en.* — 3. A. B. — 4. A. B. — C : *garderent.* — 5. A. B. — 6. F. O : *car.* — 7. A. B. — F. O : *al siege.* — C : *assegié.* — 8. F. O : *doutoient.*

entr' aus, en le ville, se cil de la ville s'en ississent[1].

Quant li rois sot qu'il s'en estoient alé et qu'il n'i avoit point d'enbuissement, si fist ouvrir le porte de le cité, et si issirent les gens[2] hors à le viande. Dont [vint li roys au chevalier à cui Elyseus avoit dit q'il veroit la plenté de la viande[3]] et si n'en gousteroit. Se li commanda li rois le porte à garder qu'il ne fesissent mellée ne bataille. Là vit il à ses iex le marchié de le viande, si com Elyseus avoit dit que il verroit le plenté de le viande, si n'en gousteroit. Si ot si grant priesse que il i fu estains.

Celle cités de Samaire[4] fu toute abatue puis le tans[5] Jhesu Crist, en cel tans que Vaspasianus fu en le tiere; n'ainc puis n'i ot ville, forz .I. moustier que li Samaritain i ont, là où il font lor sacrefise à lor Paske; ne aillours ne pevent nient sacrefiier, nient plus que li Juis pevent sacrifiier aillors c'al temple de Jherusalem. Là vienent li Samaritain de la tiere d'Egypte, et de le tiere de Damas, et de par toute Paienime, et des tieres où il manoient. Si vienent ces gens là[6], al jour de Paskes; et lor Paske si est quant li Paske as Juis est. Là font lor sacrefisse.

A .V. liues de Naples a .I. castiel c'on apiele Beteron. Dont il avint jadis anciienement c'uns senescaus Nabugodonozor, qui rois estoit de Perse, aseja cel castiel. Cil senescaus avoit non Oliferne. Si furent moult à malaise cil dou castiel, quant il furent asegié, qu'il n'atendoient nul secours, se de Diu non. Dont junerent et fisent orison vers Dame Diu, qu'il les secourust.

---

1. A. B. F. O. — 2. A. B. F. O. — 3. A. B. F. O. — Omis dans C. — 4. A. B : *Samarie*. — 5. A. B : *puis la resureccion*. — 6. F. O. - Ces premiers mots manquent dans A. B. C.

Nostre sires Diex vit lor junes, si oï lor orisons, si les secouru en tel maniere com je vous dirai. Car Diex mist en cuer et en talent à une dame veve qui el castiel estoit, et avoit à non Judit[1], qu'elle issi hors du castiel bien vestue et acesmée, et ala en l'ost, et fist tant par son sens et par art et par enging et par le volenté Nostre Signour qu'ele, une nuit, Oliferne, qui sires estoit de l'ost, caupa la tieste, et porta el castiel et le fist metre en .i. pel sour la porte del castiel. Quant cil de l'ost se leverent l'endemain par matin, et il esgarderent vers le porte du castiel, si virent le teste lor segnour, si tournerent tuit[2] en fuies. Et cil del chastiel s'en issirent[3] tout apriès aus[4], si les cacierent et ocisent tant que jours lor dura. Ensi secouru Dame Dieus cel castiel.

A deus liues de Naples, a une cité c'on apiele Sabat, et est en le voie si c'on[5] va de Naples à Nazareth. A celle cité fu li cors monsigneur saint Jehan Baptiste enfoïs. Là le porterent si desciple, quand Herodes li ot fait le chief coper. Une piece apriès, quant li feme Herode oï dire qu'il estoit enfouis, si envoia là et fist ses os traire de tiere et ardoir et venter le pourre[6]; et pour ce font encore li enfant le nuit saint Jehan le fu d'os pour che que si os furent ars.

Il a de Naples en Jherusalem .xii.[7] liues, et de Naples en Nazareth .xii.[8] liues; et si est Naples en mi voies de Nazareth et de Jherusalem. Or a de Naples à Cesaire sour mer .xii.[9] liues, et de Naples au flun Jourdain

---

1. A. B : *Judif.* — 2. A. B. — 3. A. B. F. O. — Mal dans C : *tournerent en fuies s'en tournerent et issirent.* — 4. A. B. — 5. F. O : *si com on.* — 6. A. B : *la poudre.* — 7. A. B. F. O. — C : ii. — 8. B. F. O. — C : ii. — 9. A. F. O. — C : ii.

.v.[1] liues, mais cil fluns n'est mie en cel endroit où Jhesu Cris fu batisiés, car il i a assés plus de Naples là u il fu baptisiés ; mais tout est .i. fluns.

Or vous ai dit de Naples comment elle siet, si vous dirai d'un clerc de Flandres qui ot à non Girras de Ridefort [2] qui en le tiere estoit. Pour che veul dire de lui que ce fu .i. de ciaus par coi la tiere fu perdue. Il estoit marissaus de Jherusalem. Il avint qu'en le tiere le conte de Triple avoit une dame de castiel à marier [3], et li castiaus dont elle estoit dame avoit non li Boteron [4]. Il vint au conte de Triple, si li proia qu'il li donnast celle dame à feme ; li quens de Triple dist qu'il ne li donroit mie [5]. Quant Girras de Ridefort vit que li quens li ot escondite le dame, si fu si dolans, et si coureciés qu'il se rendi al Temple ; n'onques puis n'ama le conte de Triple, ains li pourcaça mal tant com il pot. Et celle haine fu commencemens [6] de la tiere pierdre, si com vous orés dire ci après [7]. Girras de Ridefort n'ot gaires esté al Temple que li maistres fu mors ; si fist on maistre de lui.

1. A. B. F. O : vi. — 2. A. B : *qi avòit à non Riderfort*. — D : *Girart de Ridevort*.

3. La fille et l'héritière de Guillaume Dorel, seigneur de Botron, vassal du comte de Tripoli.

4. A. B : *Li Boutron*. — D : *Li Boterons*. — F. O : *Le Botron*. L'ancien *Botrus*, au sud de Tripoli.

5. Non-seulement le comte de Tripoli ne donna pas la main de l'héritière du Botron à Gérard de Ridefort, mais, après la lui avoir promise, il l'accorda à un riche marchand de Pise, nommé Plivain, qui paya, dit-on, au comte, ce noble mariage le pesant d'or de la fiancée. — H. donne sur cette circonstance qui eut de si fatales conséquences des détails précis et fort curieux. Pag. 51-52.

6. A. B : *fu achesons*. — 7. D.

Or vous dirai dou roi mesiel qui aproça de se fin, et fu si malades qu'il ne li demoura dois en main, ne oel, ne nés. Et manda tous ses barons en Jherusalem qu'il venissent à lui, et il i vinrent. Quant il i furent venu, si lors dist : « Signour, pour Dieu, or aidiés » consel à metre en le tiere, car je n'i[1] vivrai mie lon- » guement. Car par le consel de Diu et de vous, vaur- » roie tant faire que l'ounour de Diu fust et de vous, » et le sauvetés de m'ame, car jou n'ai nul oir. » — Dont disent li baron : « Sire, qu'avés vous empensé à » faire? ne que vaudrés vous faire? Ce que vous avés » empensé à faire, faites le nous savoir, et selonc che » que nous orons, nous vous consillerons. » — Lors dist li rois : « J'ai .I. mien neveu[2] qui a à non Bau- » duins, et est fiex me sereur le contesse de Jaffe, se » li ferai porter couronne à me vie, se vous le me loés; » et pour ce qu'il n'i ait descorde entre vous apriès » me mort pour che que jou ai deus sereurs. » — Dont » respondirent li baron au roi : « Sire, nous le vous » loons bien à faire, par si que vous metés tel balliu en » le tiere, tant qu'il soit d'aage, que le regne puist » gouvrener, et qui nous croie de nos consaus, car » nous ne volons mie que se li enfes a porté courone, » que [Guis de Lisegnon,[3]] ses parastres, soit baillius » de le tiere, car nos le connissons tant qu'il ne » saroit ne ne poroit le regne gouvrener. »

Lors dist li rois : « Or, esgardés entre vous à qui je » porai baillier le tiere et l'enfant. » Il esgarderent entr'aus k'à nului ne le poroit il si bien commander

1. A. B. D : *ne*. — 2. Baudouin V, fils de Sibylle et de Guillaume de Monferrat. — 3. D.

c'al¹ conte de Triple. Dont manda li rois le conte de Triple, se li proia qu'il reçeust le baillie del regne et de l'enfant², à .x. ans, tant que li enfes fust d'eage³.

Li quens de Triple respondi⁴ que volentiers receveroit le baillie, par si qu'il ne fust mie garde de l'enfant, car il ne voloit mie c'on desist que se li enfes⁵ estoit mors dedens les .x. ans, qu'il fust mors par lui⁶ ; et si voloit que li castiel et les fermetés fuissent mises en le main del Temple et de l'Hospital, car il n'en voloit mie estre mescreus, ne c'on en pensast sour lui nul malvaisté⁷. Et si vauroit estre assenés où il se tenroit⁸, se il au regne metoit nul coust, car il n'estoit nulle trive as Sarrasins, ne li tiere n'estoit mie si rendans qu'il peuist ost tenir contre les Sarrasins, sans grant coust⁹. Et si voloit c'on l'aseurast¹⁰ d'avoir le baillie à .x. ans en tel maniere que se li enfes moroit dedens les .x. ans, qu'il tenist le baillie ausi comme devant¹¹, desci

---

1. D : *Qu'à Raymond*. — 2. A. B : *qu'il receust le regne et l'enfant en baillie, à x. ans.*
3. C'est à ces faits que s'arrête la Chronique de Guillaume de Tyr et l'unique fragment du livre XXIIIᵉ que l'archevêque ait écrit. *Hist. Occident. des Crois.* t. I. p. 1134.
4. Ici commence la concordance chronologique de notre chronique avec les continuations de l'Histoire de Guillaume de Tyr, et avec le XXVᵉ livre de Pipino que Muratori a publié comme une traduction de Bernard le Trésorier. M. col. 781. chap. 146.
5. O : *enfet*.
6. M : « Hæc enim requisivit comes ut omnem quæ in se concipi posset suspicionem ambiendi regnum, a cordibus singulorum excluderetur. » Chap. 146. col. 781.
7. A. B. D : *mauvestie*. — 8. A. B : *tendroit*. Où il se remboursertait.— 9. D : *coustement*. — 10. I : *que l'en l'asenast*. — 11. A. B : *la baillie tenroit comme devant*.

celle eure que par l'apostoile de Roume et par le consel l'empereour d'Alemaigne et le roi de France et le roi d'Engletiere seroit jugiés[1] li regnes à l'une des deus sereurs, ou à l'aisnée ou à le maisnée, pour ce que li rois Amaurris, ses peres[2], fu departis de le mere à l'aisnée sereur ains que il fust rois, et li maisnée fu de roi et de roine. Pour ce ne s'acordoient[3] mie li baron de le tiere que li ainsnée l'eust, se li enfes moroit, sans le consel de ces .IIII. que je vous ai només; et pour ce l'atira ensi li quens de Triple qu'il ne voloit mie qu'il euist discorde en le tiere, se li enfes moroit; et pour çou en voloit il estre tenans desci à cel eure que li .IIII. i eussent mis consail.

Ceste cose fu gréé del roi et des barons tout si que li quens le divisa. Illueques atirent que li quens Josselins, qui oncles estoit le mere à l'enfant, le garderoit et que li quens de Triple auroit Barut, et qu'il le garniroit pour chou que s'il metoit coust el regne, par les barons de le tiere que là fust asenés desci qu'il aroit ses cous, [se nul en i fesoit.[4]]

Quant ensi orent atourné[5] à l'afaire, si commanda li rois c'on couronnast l'enfant. Et on le mena au Sepucre, et si le couronna on[6]. Et se le fist on porter à .I. chevalier entre ses bras desci qu'al Temple Domini[7]

---

1. M : « adjudicatum. » col. 781-782. — I : *par le consoil l'apostoile*, etc. — 2. F. O. — 3. F. O. — A. B. C. D. I : *s'acorderent*.
4. D. H : *il en fu assenez tant que il eust eu ses costenges*. Pag. 8. — Pipino traduit et abrège exactement tout ceci : « Quodque » comes præfatus pro expensis, quas eum pro regni negotiis subire » contingeret, Berythum urbem pignoris nomine possideret. » Chap. 146. col. 782.
5. A. B : *atiré*. — 6. Le 20 novembre 1183. Guillaume de Tyr a parlé du couronnement de Baudouin V. — 7. Le Temple,

pour che qu'il estoit petis, qu'il ne voloit mie qu'il fust plus bas d'aus. Et li chevaliers estoit grans et levés, et avoit à non Balyans de Belin[1], et estoit uns des[2] barons de le tiere.

Il est[3] coustume en Jherusalem, quant li rois porte couronne al Sepucre, [il prent le corone au Sepucre[4]] et si le porte sour son cief desci al Temple, là où Jhesu Cris fu offiers. Là si offre se couronne, mais il l'offre par racat. Ausi soloit on faire quant li feme avoit sen premier enfant malle; elle l'offroit au Temple, et le racatoit d'un agniel ou de deus coulombiaus, ou de .ii. tourtereules. Quant li rois avoit offierte se couronne au Temple, il avaloit uns degrés qui sont dehors le Temple et s'en entroit en son palais, el Temple Salemon, où li Templier manoient. Là estoient mises les napes et les tables pour mangier, là où li rois s'asseoit et il et si baron et tout cil qui mangier voloient, fors seulement li bourjois de Jherusalem qui servoient; que tant devoient il de service al roi, que quant li rois avoit porté couronne, qu'il servoient al mangier devant lui et ses barons.

Ne demoura puis gaires que li enfes ot porté couronne que li rois mesiaus fu mors[5]. Devant che que li rois mesiaus fust mors, manda il tous ses hommes que il venissent à lui en Jherusalem. Et il i vinrent tout, à cel point que il, que le nuit [qu'il vindrent[6]], trespassa il de chest siecle, et qu'il furent tout à se mort. L'endemain

---

et non le S. Sépulcre (H. p. 8). Voy. *Bibl. de l'Ecole des Chartes*, 2e série. tom. IV. p. 385. — 1. Balian II d'Ibelin, dont il va être si souvent question. Il fut père du Vieux sire de Beyrouth. — 2. C : *de*. — 3. A. B : *il estoit*. — 4. A. B. D. F. O. — 5. Baudouin IV mourut le 16 mars 1186. — 6. A. B. D. F. O.

l'enfoïrent il el moustier del Sepucre, là où li roi avoient esté enfoui puis le tans Godefroi de Buillon. Il avoient esté enfoui entre mont de Calvaire, là où Jhesu Cris avoit esté mis en crois, et le Sepulcre où il fu mis. Et tout est dedens le moustier del Sepulcre, mont de Calvaire et Gorgatas.

Devant che que li rois mesiaus fust mors et li enfes ot porté couronne, li fist il faire à tous les barons de le tiere feuté¹ et hommage, comme à [droiturier²] signour et com à roi. Apriès se li fist faire hommage al conte de Triple comme de bail, et si fist jurer as barons de toute le tiere que l'atirement des .II. sereurs ensi qu'il avoit esté fais tenroient, et aideroient le conte de Triple le tiere à maintenir et à garder, se li emfes moroit dedenz les .X. anz³. Quant li rois mesiax fu morz et li emfes Bauduin ot porté coronne, si le charja l'en le comte Joscelin de Rohes à garder⁴. Et il l'enmena à Acre, si li garda al mex qu'il pot. Et li quens de Triple fu baillius de le tiere⁵.

1. D : *seurté*. — I : *feueuté*. — 2. F. O. — 3. D. F. O. — Les deux derniers mss. ajoutent ici : *Cil Bauduin qui fu mesiaus regna xxv ans*. — 4. A. B. D. F. O.— C: omet tout le passage: *se li emfes moroit dedenz les X. ans... à garder*.

5. Cf. M. chap. 147. col. 782 : « Mortuo itaque Balduino.....
» Raymundus vero Tripolitanus comes regnique balivus, » etc.

CHAPITRE XI[1]

Coment Germains trova le Puis Jacob.

SOMMAIRE.

1185. Sécheresse en Syrie. De la générosité d'un bourgeois de Jérusalem nommé Germain. Craintes du comte de Tripoli. Il conclut des trèves de quatre ans avec Saladin. Largesses annuelles des Bourgeois de Jérusalem à la fontaine de Siloé. — 1185. Guillaume III (et non Boniface), marquis de Montferrat, père de Guillaume dit Longue Epée et de Conrad de Montferrat, passe en Terre Sainte, sous le règne de Baudouin V, son petit-fils. Conrad de Montferrat, parti pour la Terre Sainte, est forcé par les mauvais temps de se rendre à Constantinople. — 1185-1187. Isaac l'Ange l'y retient. Il bat et tue Livernas (Alexis Branas), révolté contre Isaac. — 1186. Mort de Baudouin V. Joscelin, comte d'Edesse, s'empare déloyalement de Saint Jean d'Acre et de Beyrouth, pour favoriser le couronnement de Sibylle, mère du roi, sa nièce. Le comte de Tripoli convoque les barons du royaume à Naplouse et se plaint du comte Joscelin. La comtesse Sibylle se rend à Jérusalem. Ses adhérents veulent la faire couronner. Le comte de Tripoli et les barons retirés à Naplouse refusent de se rendre à Jérusalem. Le grand maître de l'Hopital ne veut pas assister au couronnement de Sibylle. Récit du couronnement et des circonstances qui le précédèrent. Sibylle, investie de la royauté, couronne roi Guy de Lusignan, son mari. Inquiétude des barons retirés à Naplouse sur l'avenir du Royaume. Baudouin d'Ibelin, comte de Rama, veut quitter le pays. Le comte de Tripoli propose de

1. Cf. G. pag. 12-46. — H. pag. 10-34, ch. 6-22, du Livre XXIII, plus développé que A et B. — M. suite du chap. 147 au chap. 150. col. 782-785.

proclamer Humfroy de Toron, mari d'Isabelle, sœur cadette de Sibylle. Humfroy refuse, s'enfuit à Jérusalem, et fait hommage à Sibylle. Malgré l'avis de Baudouin de Rama et du comte de Tripoli, les barons de Naplouse se décident à faire l'hommage à Sibylle et à Guy de Lusignan. Le comte de Tripoli se retire à Tibériade. Baudouin de Rama envoie son fils à Jérusalem, faire hommage au roi et demander la saisine de la seigneurie paternelle. Le roi exige l'hommage personnel de Baudouin de Rama. Baudouin se décide à venir à Jérusalem. Il fait son hommage sans saluer le roi. Il demande que le roi investisse son fils de ses terres, ne voulant rien tenir de Guy de Lusignan, et se retire dans la principauté d'Antioche.

Or avint chel premerain an[1] [ke li roys mesiaus fu mors[2]] qu'il ne plut point en le tiere de Jherusalem, ne qu'en Jherusalem ne requelli on point d'iaue, ne qu'il n'avoient que boire, se poi[3] non. Et il avint qu'il avoit en Jherusalem .i. bourgois qui mout volentiers faisoit pour Dieu bien, et avoit à non Germains. Il avoit en .iii. lius en Jherusalem .iii. cuves de marbre ensellées en maisieres; et si avoit en cascune de ces cuves .ii. bacins enchainés; et si les faisoit tous tans tenir plains d'iaue. Là si aloient boire tout cil et toutes celles qui boire voloient. Quant chil Germains vit qu'en ses cuves n'avoit gaires preu[4] d'iaue et qu'il ne plouvoit point, si fu mout dolans, pour che qu'il avoit paour qu'il ne perdist l'aumosne à faire, qu'il avoit commenchié, à [faire d'[5]]abuvrer les povres gens. Dont li sovint de che qu'il avoit oï dire as anciiens hommes de le tiere, qu'en le valée de Jozafas, [en coste la Fontaine de Siloé[6]] avoit un puc[7] anciien, que Joseph fist;

1. A. B. D. I. J : *premier an*. — 2. A. B. — M. ne dit qu'un mot des faits rappelés au commencement de ce chapitre. (chap. 147. col. 782). Son récit est moins abrégé à partir de la mort de Baudouin V. — D. a ici de nombreuses lacunes.— 4. A. B : *se mult poi*. — D : *pou*. — 5. A. B : *n'avoit prou*. — D. F : *n'avoit gaires*. — 5. D. — 6. A. B. F. O. — 7. A. B. D : *un puis*.

et estoit enkeus¹ et emplis, et gaagnoit on [et laboroit on²] la tiere par deseure, et c'à paines seroit trouvés.

Dont proia Germains à Nostre Segnour que, se ses plaisirs estoit, qu'il li laissast cel puch trouver, et qu'il li aidast à maintenir le bien qu'il avoit commenchié à faire; et que [il li laissast tant faire³], par sen plaisir, que ses povres pules⁴ eust secours d'iaue. Quant ce vint l'endemain par matin, si se leva et ala al moustier, et proia Dieu qu'il le conseillast⁵. Et puis s'en ala en le place, et prist ouvriers et les mena là où on li avoit dit que li pus estoit, et fist fouir et hauer⁶ tant qu'il trouva le puch. Quant il l'ot trouvé, si le fist vuidier et maiserer⁷ tout neuf, et tout à sen coust. Puis si fist faire par deseure une roe c'uns cevaus tournoit, où il avoit pos, si que li pot plain venoient à mont, et li vuit aloient aval. Et avoit fet⁸ metre cuves de pieres là où celle eve couroit⁹, c'on traioit del puch. Et là venoient tout cil de le cité qui voloient de l'eve, si le portoient en le cité. Et li bourgois faisoient traire l'eve nuit et jour à ses cevaus, et raemplissoit le cité, à tous ceus qui prendre en voloient, et tout à sen coust, desci que Dame Diex lor envoia pluie, et qu'il ot de l'eve en lor cisternes. Encore ne s'en tenoit¹⁰ mie à tant li preudom; ains avoit .III. sommiers et .III. serjans qui ne faisoient autre cose que porter eve à ses cuves qu'il avoit en le cité, à abuvrer les povres gens. Cil pus où il faisoit

---

1. A. B: *encheuz.* — D : *couvers.* — F. O : *enschaus.* — 2. A. B. F. O. — 3. F. O. — C : *et que par sen plaisir.* — 4. D : *pueples.* — F. O : *peules.* — 5. Tout le commencement du § manque dans A. B. Il est dans H. p. 10. — 6. A. B : *chaver.* — D : *caver.* — F. O : *hawer.* — 7. F. O : *maçonner.* — 8. A. B. D. — 9. D : *cheoit.*— F. O: *chaoit.*— 10. D. F. O. — A. B : *ne se faissoit-il.* — C : *Encore ne faisoit.*

traire celle eve avoit bien .XL. toises de parfont. Puis le depecierent et emplirent li¹ Crestiien, quant il oïrent dire que li Sarrasin venoient le cité assegier.

Or vous dirai de le fontaine de Siloé, qui priès dou puc est. Elle n'est mie bonne à boire, ains est sause². De celle eve tanoit on les cuirs de le cité, et si en lavoit on les dras, et si en abuvroit on les gardins qui desous en le valée estoient. Chelle fontaine ne court noient les samedis, ains est toute coie.

Or³ vous dirai qu'il avint à celle fontaine .I. jour, au tans que Jhesu Cris aloit par tiere. Jhesu Cris estoit .I. jour en Jherusalem entre lui et ses apostles, et passoient par une rue, et virent .I. homme qui n'avoit nul oel, ne qui onques n'avoit eut oil. Dont vinrent li apostre, si demanderent à Jhesu Cris se c'estoit pour le pecié del pere et de le mere ou d'aucun parent que il eust, qu'il estoit sans iex. Jhesu Cris lor respondi que ce n'estoit pour pecié dou pere ne de le mere, ne de parent qu'il euist, mais pour çou qu'il ouverroit⁴ en lui. Dont vint Jhesu Cris, si escopi à tiere, si fist .I. poi de boe, se li mist là où li oel devoient estre, et se li dist qu'il alast à le fontaine de Syloé, si se lavast et si veroit; et il i ala, et si se lava, et si ot iex, et si vit. Dont revint ariere en le cité de Jherusalem à ses parens qui mout s'esmervellent de che qu'il a iex et mout li demandent comment; et à paines creoient il que che fust il. Apriès, quant li Juis et li maistre de le loy oyrent dire que cil qui onques n'avoit veu avoit iex, si le manderent et se li demanderent comment estoit qu'il avoit

---

1. A. B. — 2. A. B. — F. O : *salée*. — C : *fausse*. — 3. Ce long ≵ qui est dans C. D. F. O. G. (pag. 16) H. (p. 11-12), manque dans A. B. — 4. I : *ouvroit*. — J : *ovroit*.

iex; et il lor conta comment estoit. Et il ne le vaurrent mie croire, ains manderent ses parens et lor demanderent s'il estoient certain que ce fust il; et il disent que oil.

Or vous dirons del conte de Triple, qui baillius estoit de le tiere de Jherusalem. Quant il vit qu'il ne plouvoit noient, et que li blé ne croissoient, qui semé estoient, si ot paour de chier tans. Si manda les barons de le tiere et le maistre du Temple et de l'Ospital, si lor dist : « Seignour, quel consel me donnés vous? Il ne pleut, » ne blé ne croissent. J'ai paour que li Sarrasin ne » s'aperçoivent que nous aions cier tans, et que il ne » nous keurent sus. Quel consel me donrés vous? » Ferai jou les trives as Sarrasins, pour le doute dou » cier tans? » Li baron li loerent bien, [que bon estoit à faire¹]; et il manda trives à Salehadin .iiii. ans. Et il le² donna volontiers.

Quant il ot trives entre Crestiiens et Sarrasins, li Sarrasin amenerent tant de viande³ as Crestiiens que bon tans eurent durement, et que s'on n'eust fait trives, il fussent tout mort de fain. Dont li quens de Triples, pour les trives qu'il fist adont as Sarrasins, fu mout amés des gens de le tiere et mout l'en proiierent⁴ de beneïçons.

Je vous avoie oubliié à dire, quant je parlai de le fontaine de Syloé, d'une aumosne que li bourjois de Jherusalem faisoient; mais or le vous dirai; et en quaresme⁵ il le faisoient, le jour c'on list l'evangille dou Povre Homme que⁶ Jhesu Cris fist iex de boc; et il le

---

1. D. — 2. A. B. D. C. O. — F : *li.* — 3. D : *blé.* — 4. A. B : *honorent.* — 5. A. B. F. O. — 6. C : *que que.*

rouva¹ aler laver à le fontaine de Syloé, et si fist, si ot iex et si vit. Pour celle ramenbrance faisoient il ceste aumosne que je vous dirai. Il faisoient mener cuves et metre sour le fontaine, et si les faisoient toutes emplir de vin et si faisoient mener les sommiers carciés de pain et de vin à tel plenté que toutes les povres gens qui i aloient avoient pain et vin à grant plenté; et si avoient de l'argent aveuc. Et si aloient li homme et les femmes à pourcession à cel jour, et pour faire ceste aumosne.

Or vous ai dit de l'aumosne c'on faisoit sour le fontaine, si vous dirai d'un haut homme de Lombardie qui avoit à non Bonifasses², et estoit marchis de Montferras. Cil marchis estoit taions³ le roi Bauduin qui enfes estoit; et peres fu Guillaume Longhe Espée, qui [quens fu de Jaffes et d'Escalonne et⁴] peres fu le roi⁵. Quant il oï dire que ses niés estoit rois de Jherusalem, si en fu moult liés et mout joians. Si vint, si se croisa et si laissa se tiere à sen aisné fil et s'en ala Outremer. Quant il fu venus en le tiere d'Outremer, li rois et li quens

---

1. A. B : *trova*. — O. F : *rova*.
2. A. B. C. D. F. G. H. I. J. O. — Erreur déjà signalée (ci-dessus p. 48) des mss. et des imprimés. Le marquis de Monferrat, père de Guillaume Longue-Épée, et par conséquent aïeul du roi Baudouin V, est Guillaume III dit le Vieux. Boniface de Montferrat, qui fut roi de Salonique, était frère de Guillaume Longue-Epée et de Conrad, seigneur de Tyr, dont il va être beaucoup parlé dans notre chronique. Voy. Benv. di San Giorgio, *Hist. Montisferr.* ap. Murat. *Script. Ital.* t. XXIII. col. 337.
3. A. B. C. F. O. — D : *aiels*. — G : *aiel*. — I : *escu*. — J : *aiols*. — 4. D. — 5. C. D. E. F. G. H. I. J. O. Guillaume Longue Epée de Montferrat fut le premier mari de Sibylle de Jérusalem qui épousa ensuite Guy de Lusignan. Il en eut Baudouin V.

de Triple et li baron le rechurent mout hautement, et mout furent lié de se venue.

Dont vint li rois, se li donna .I. castiel qui est es desiers[1], deça le flun, priès de là où Jhesu Cris juna le quarentaine. Cil castiaus est à .VII.[2] liues de Jherusalem et à .IIII.[3] del flun, et siet en une montaigne. Et l'apele on *Saint Elyes*. Pour çou, l'apele on Elye, que, si com on dist, que c'est li lius où Elyes souffri si grief paine comme de juner .XL. jours, et si s'endormi ; et que Diex li envoia illueques une piece de pain et de l'eve en .I. vaissiel et si le fist esveller à l'angele pour ce qu'il beust et mengast ; et il but et manga çou que Diex li envoia, puis si s'endormi, et autre fois li envoia Diex del pain et de l'eve ensement, et le fist esveller. Et pour çou que c'avint là où cil castiaus est, l'apelent cil dou païs Saint Elye[4].

Or vous dirai d'un fil que li marcis Bonifasses[5] avoit, qui avoit à non Colrras[6]. Il se croisa pour aler en le tiere d'Outremer apriès son pere, à son neveu[7], qui rois estoit de Jerusalem[8]. Et vint[9], et fu sour mer. Dont ne vaut Nostre Sires Dex souffrir qu'il passat d'Outremer, ains l'envoia en Coustantinoble, pour çou qu'il avoit pourveu la perdission de le tiere d'Outremer et que par cel Colrras en seroit retenue une partie, si com vous orés dire aucune fois, comment il le tint et garda pour le courous que il avoit as gens de le tiere, pour le

---

1. F. I. O : *desers*. — J : *en desert*. — H : *ou desert*. — A. B : *desrens*. — 2. F. I. O : *VII*. — A. B : *V*. — D. C : *II*. — 3. A. B. D. F. O : *III*. — 4. A. B : *Saint Helye*. Quelques développements dans I (fol. 360 v°) et H (p. 14). — 5. Lisez : *Guillaume*. Voy. p. 48. — 6. A. B : *Coras*. — D : *Corras*. — 7. C : *neve*. — 8. D. — 9. A. B : *Si vint*. — D : *Et mut*.

peciè qu'il faisoient en Jherusalem et en le tiere ; pour le peciè qu'il faisoient d'avoutire¹. Il ne le volt mie tout destruire, ains lor en laissa .I. poi, si com vous orés dire, por aucun preudomme, [ausi cum il fist au fil Salemon²] ; que Diex se courça à Salemon pour peciè de luxure, qu'il ot fait d'une païenne³ qu'il tenoit, qu'il ne devoit mie avoir, qu'ele li fist faire pour l'amour qu'il avoit à li. Se li fist faire .III. mahomeries sour .III. montaignes, de cascune à .III. liues en Jherusalem, et le tierce sour le mont Olivet. Dont Dame Diex se courouça plus de le mahomerie qu'il avoit faite sour le mont d'Olivet que de tout l'autre peciè qu'il avoit fait, pour chou que del mont d'Olivet monta il es cieus devant les apostles, quant il fu resuscités de mort à vie, et là descendra il à⁴ jugement.

Dont vint Dame Diex, si dist à Salemon qu'il⁵ l'avoit courechiè, et se pour le grant amor ne fust qu'il ot à David, son pere, qu'il le destruisist, mais or s'en soufferroit atant com il vivroit ; mais seust, aprièis se mort, ne tenroit mie ses fius le regne, fors seulement un poi ; et cel poi li lairoit il pour l'amour qu'il avoit à son pere David. Aussi⁶ ne vaut Dame Dex desireter Crestiienté de toute le tiere pour aucun preudomme qui en la tiere estoit. Ausi com il laissa le fil Salemon pour Davi, ainsi⁷ laissa une cité qui a à non Sur pour Courat qui en Coustantinoble estoit, si con vous orés aucune fois dire comment il le retint.

En cel point que Colrras fu arivés en Coustantinoble, estoit Krysac empereres, et n'avoit mie encore les iex

1. D. — C : *de la outre.* — F. O : *de luxure.* — 2. A. B. F. O. — 3. F. J. O : *d'une femme paiene.* — 4. A. B : *au.* — 5. C : *qui.* — A. B : *q'il.* — 6. F. O : *Ansi.* — 7. C : *ains.*

crevés. Il avoit .I. haut homme en le tiere de Coustantinoble qui avoit à non Livernas¹, qui cousins avoit esté bien priès l'empereur Manuel. Cil Livernas² s'estoit muciés et destournés³ al tans que Androines estoit empereres ; et pour çou se muça il et destourna que Androines ne le deffigurast, aussi com il fist les autres parens l'empereor Manuel. Quant il oï dire Androines estoit mors, et que Krysac estoit empereres pour çou qu'il avoit ensi le siecle delivré d'Androine, il se pourpensa qu'il seroit mieudres⁴ drois qu'il fust empereres que Krisac, pour çou que plus avoit esté proçains l'empereour Manuel⁵. Dont vint, si amassa grans gens et leur promist et leur donna tant qu'il amassa grant gent⁶, et vint devant Coustantinoble à ost. Quant li empereres vit que Livernas venoit sour lui à ost, si proia le marcis qui en Coustantinoble estoit qu'il demourast avoec lui en Coustantinoble [tant q'il eut sa guerre finée⁷], et il et si homme ; et li marcis i demoura.

Quant ce vint al jour que Livernas vint devant Coustantinoble pour assegier, Livernas fu en le premiere bataille devant. Li empereres ne vaut issir encontre Livernas, pour çou qu'il avoit grant linage dedens⁸ le cité, [et porce q'il ne fermassent les portes après lui. Ains se tint toz jors dedenz la cité⁹]. Dont vint li

---

1. F. O : *Li Vernat*. Alexis Branas. — I : *Cil Vernas*.— 2. J : *Cil Yvernas*.—3. G. H (p. 16) J : *repost et destornés*.—4. D : *miels*.
5. G. pag. 24-32. — H. pag. 17 et J. (fol. 361) insèrent ici le récit de la trahison de Langosse, que notre chroniqueur a racontée précédemment. Chap. IX. pag. 92.
6. F. O : *qu'il ot grant gent*. — 7. A. B. — 8. A. B. D. — C : *devens*. — 9. A. B. F. O.

marcis, si s'arma et issi hors encontre Livernat, et fu[1] sour .I. mout boin ceval, et demanda liqués estoit Livernas, et on li enseigna, et il poinst encontre lui. Dont cuida Livernas et cil de s'ost que il euist lassié le cité et fust venus à lui pour lui aidier. Et quant il fu priès de Livernas, si broce[2] son ceval des espourons et fiert Livernas parmi le cors, si l'abat mort, et tourne ariere en Coustantinoble.

Quant cil qui Coustantinoble avoient[3] assegiet virent que lors sires estoit mors, si tournerent en fuies. Dont vint li empereres, si manda Colrrat en son palais, si le tint aveuc lui pour ce qu'il ne voloit que cil de le cité cui parent il avoit ocis, li fesissent anui ne mal. Là fu Colrra avoec l'empereur desci que à celle eure que il fu tans d'aler en le tiere d'Outremer, pour garder le cité que Diex avoit pourveu qu'il le lairoit as Crestiiens.

Or vous lairons atant à parler de Colrrat, si vous dirons del roi Bauduin l'enfant, qui à Acre estoit, en le garde le conte Josselin, qui oncles estoit se mere[4]. Maladie le prist, si fu mors[5]. Dont se pourpensa li quens Josselins d'une mout grant traïson. Dont vint au conte de Triple, se li dist qu'il alast à Tabarie[6], et qu'il n'alast mie aveuc le roi en Jherusalem à l'[7] enfouir, ne n'i laissast aler nul des barons de la tiere; ains le

---

1. D : *et sist*. — 2. A. B : *brocha*. — D : *coita*. Ces événements sont de l'an 1187. Voy. les notes de M. Lebas. H. p. 24. — 3. A. B. D. F. O : *voloient*.

4. M. suite du chap. 147. col. 782 : « Puer autem rex cum » esset Accon, in custodiam Joncelini, » etc. — Cf. II. p. 25. chap. 17.

5. En septembre 1186. — 6. A. B : *Barbarie*. — H : *Tabarie*. — M : « Tabariam. » — 7. D. — C : *à Jerusalem enfouir*.

cargast as Templiers, que il le portassent en Jherusalem enfoïr. Li quens de Triple crèi le conseil que li quens Josselins li dist, si fist que fols. Et li Templier emporterent le roi en Jherusalem enfoïr, et li quens de Triple ala à Tabarie, sa cité[1].

Dont vint li quens Josselins, si saisi le castiel d'Acre, et si le garni, et si s'en ala à Baruth que li quens de Triple avoit engagés pour le despens de le tiere, et si entra ens en traïson, et si le garni de chevaliers et de sergans. Apriès manda à le contesse de Jaffe, qui se niece estoit[2], qu'ele alast en Jherusalem, et si baron et tout si chevalier; et quant li rois ses fius seroit enfoïs, qu'il saisesissent le cité et garnesissent et portast couronne[3], car il avoit le castiel d'Acre et celui de Barut saisi aveuc son oes[4].

Quant li cuens de Triple oï dire et sot qu'ensi l'avoit trahi li quens Josselins, si manda tous les haus hommes de le tiere et tous les chevaliers, sour l'omage et sour le sairement qu'il li[5] avoient fait, qu'il venissent tout à lui, à Naples. Et il i alerent tout, fors seulement li quens Josselins et li princes Renaus del Crac. Li quens Josselins ne vaut mie laissier[6] Acre, ains le gardoit[7]. Le contesse de Jaffe, qui seur fu le roi de Jherusalem, [fu en Jherusalem entre[8]] li et sen baron et ses chevaliers, et fu à l'enfouir le roi son fil. Et s'i fu li marcis Bonifasses ses taions[9] et li patriarces et li

1. D. — 2. C. F. H. J. O. — G : *mere le roi.* — A. B : *qe sa mere estoit.* — M : « comitissæ Japhet, Sibiliæ, matri pueri regis » defuncti. » — 3. D. J : *et se feisse coroner à roine.*— M : « sibi » coronam assumeret. » — 4. A. B. C. — D : *à son oes.*— F. O : *à son ues.* — 5. D. — 6. A : *mie aler à.* — 7. Cf. M. chap. 148. Col. 783. — 8. A. B. F. O. — 9. D : *aier.*

maistre del Temple et de l'Ospital. [Cil rois Bauduin regna .III. ans¹].

Quant li rois fu enfouis, si vint li contesse de Jaffe al patriarce et au maistre del Temple et de l'Hospital, et si lor demanda, pour Dieu, qu'il le consellaissent. Là vint li patriarces et li maistres del Temple², si disent qu'ele ne fust mie à malaise, et disent que il le couronneroient, malgré³ tous ciaus de le tiere, li patriarces⁴ pour l'amour de se mere⁵ et li maistres del Temple pour le haine qu'il avoit au conte de Triple. Dont vinrent, si manderent le prince Renaut del Crac qui estoit au Crac, que il venist en Jherusalem, et il i vint; dont prisent consel qu'il feroient.

Consaus lor porta que li contesse mandast al conte de Triple et as barons, qui estoient à Naples, qu'il venissent à li en Jherusalem à son courounement pour che que li regnes li estoit eskeus. Elle i envoia ses messages⁶. Et li baron respondirent as messages qu'il n'iroient pas; ains prisent .II. abés de l'ordene de Cistiaus,⁷ et si les envoient⁸ en Jherusalem, et al maistre del Temple et de l'Hospital, et si lor commanderent qu'il desissent au patriarce, al maistre del

---

1. B. F. O. — 2. D : *qui ot a nom Girart et estoit de Ridevort an Flandres.* — 3. C : *mal.* — D : *maugré.* — 4. O : *li patriarces le dist.* — A. mal : *li princes.*

5. M : « Votis comitissæ adherebant, sed diversis respectibus. » Patriarcha quidem quod speciali eam diligebat affectu », etc. Pipino ne rend pas le vrai sens. C'est son affection pour la mère de la comtesse Sibylle et non pour la comtesse elle-même qui influait sur la conduite du patriarche.

6. A. B : *messagiers.* — M. chap. 148. col. 788. — H. pag. 27 et suiv. plus développé que notre texte.

7. A. B : *de l'ordre de Cisteaus.* — 8. A. B : *envoierent.*

Temple et de l'Ospital, et deffendissent, de par Diu et de par l'Apostoile, qu'il ne courounassent mie le contesse de Jaffe desci à icelle eure c'on i aroit le consel de ciaus dont on i avoit fait le sairement, au tans le roi Mesiel. Li abbé alerent en Jherusalem et fisent lor mesage [1].

[Li patriarche et li[2] maistre del Temple et li princes Renaus distrent q'il n'entendroient ja foi ne sairement[3], ainz coroneroient la dame. Li maistres de l'Ospital[4] ne vout onques estre au coronemant, ainz dist q'il n'i seroit ja ne veuz ne oïz, car il dist q'il erreroit[5] contre Deu et contre lor sairement. Atant fistrent fermer les portes de la cité, ke nus n'i pot entrer ne issir, ke il aveoient peor qe li barron, qi estoient à Naples, à .XII. liues d'iluec, n'entrassent en la cité entrues[6] q'il coronoient la dame, ne q'il n'i[7] eust melée. Quant li baron oïrent dire, qi à Naples estoient, q'ensi faitement estoit la cité fermée, qe l'en n'i pooit ni entrer ni issir, si vestirent .I. serjant, qi de Jherusalem estoit nez, ausi come un moine, et l'envoierent en Jherusalem por espier coment la dame porteroit corone. Il i ala et si ne pot entrer en Jherusalem par nule porte ke i fust. Donc ala à la Maladerie de Jherusalem, qi tient as murs. Et si i avoit une petite posterne par où il pooient bien entrer en la cité. Si fist tant vers le maistre de la

---

1. J : *Li Abé alerent en Jerusalem et deus chevaliers avec eaus, Johan de Belesme et Guillaume Le Queu, qui fu peres Thomas de Saint Bertin, et firent lor massage;* phrase empruntée à H. p. 27. — 2. F. O. — A. B : *lor.* — 3. J : *distrent que il n'entendroient point de sairement ne de foi.* — 4. F. G. H. J. M. O. — A. B : *Li maistres del Temple et de l'Ospital.* — 5. F. O : *qu'il faisoient.* — G : *que ce seroit.* — 6. G. H : *endementiers.* — 7. F. O. — A. B : *q'il ne.*

Maladerie q'il le mistrent enz par cele posterne. Et ala au Sepulcre, et fu[1] là tant q'il ot veu et seu ce por quoi on li avoit envoié[2].]

Li patriarces et li maistres del Temple et li prinches Renaus prisent le dame, et si le menerent al patriarce et au Sepulchre[3] pour couroner. Quant au Sepulcre vint li dame, si vint li patriarces al maistre del Temple, se li demanda les clés dou tresor, où les couronnes estoient. Li maistres del Temple li bailla volentiers, apriès manderent le maistre de l'Ospital qu'il aportast la soie clef. Li maistres de l'Hospital lor manda qu'il ne lor en envoieroit nulle, se ce n'estoit par le consel des barons de le tiere. Dont vinrent li patriarces et li maistres del Temple et li princes Renaus, si alerent au maistre de l'Hospital pour les clés. Et quant il sot qu'il venoient à lui, si se destourna en le maison de l'Ospital; et fu priés de nonne ains qu'il l'eussent trouvé ne qu'il peussent parler à lui. Quant il l'orent trouvé, se li proiierent que il lor baillast les clés, et il dist que il ne lor en bailleroit nulle.

Tant li proiierent et anuiierent que il s'aïra, et les clés que il tenoit en sa main, pour paour que aucuns rendus de le maison ne les presist et livrast au patriarche, si gieta les clés en mi le maison.[4] Dont vint li maistres del Temple et li princes Renaus, si prisent les clés et alerent au tresor. Si en misent fors deus couronnes, et si les porterent au patriarche. Li patriar-

---

1. F. O. — A. B : *fist.* — 2. A. B. F. G. H. J. O. — Ce ҙ manque dans C. D. E. — 3. D : *menerent au Sepulcre.*

4. M : « projecit ad eos, per hoc insinuans non esse in hoc eis » voto conformem. »

ces en mist l'une sour l'autel del Sepulcre, et de l'autre couronna le contesse de Jaffe[1].

Quant la contesse se fu couronée et elle fu roine, si vint li patriarces, se li dist : « Dame, vous iestes » feme[2], il vous couvient avoir avoé qui[3] vo regne » gouverne[4], [qui males soit[5]]. Vés là, dist il, » une couronne, prenés le, et si le donnés à tel » homme qui vo regne puist gouvrener. » Ele vint, » si apela son signour, qui devant li estoit, se li dist : « Sire, venés avant, et si recevés ceste cou- » ronne; car je ne sai où je le puisse miex emploiier » que à vous. » Cil ala avant, et si s'agenoulla devant li; et elle li mist le corone en le tieste. Si fu rois et elle fu roine. Ensi furent couronné.

Et li quens de Triple et li baron avoient envoiié .i. serjant[6] en Jherusalem apparellié à guise de moine pour veir et pour entendre l'afaire de le cité. [Qant li serjanz, qi estoit[7] venu en guise de moine et estoit alez là por espier le coronement, il l'out veu, si s'en rala à la Posterne par là où il estoit entrés en la cité, et li malade le misent hors; et si s'en ala à Naples au conte de Triple et as barons, qi envoié l'avoient. Et si lor dist et conta qant q'il avoit veu et seu[8]].

Quant Bauduins de Rames oï que li quens de Jaffe

---

1. Vers le milieu de septembre 1186. — 2. A : *vos sestes feme.* — B : *vos estes feme.* — E. F. M. O : *vos estes royne et vos estes feme.* — G : *vous estes fame.* — 3. A. B : *avoir qi.* — D. F. O : *avoué qui.* — En mettant l'accent sur *avoé*, je donne au mot le sens d'*advocatus, tutor, ballivus.* Mais *avoe* (pour *avoec*) peut avoir aussi le sens d'*avec.* — I : *avoir avec vous qui.* — J : *avoir avesques vos qui.* — 4. I : *qui vostre roialme gouvernera.* — J : *qui vos aide à garder et à gouverner et qui males soit.* — 5. I. — 6. D : *un message.* — 7. Aux mss. *estoient,* ici et plus bas. — 8. A. B. F. O.

estoit couronnés et qu'il avoit porté couronne en Jherusalem, si dist : « Gui de Lesegnon est rois de Jheru-
» salem! C'est par .I. couvent qu'il ne le sera pas rois
» .I. an.[1] » Et il si ne fu; car il fu couronés en mi septembre, et il perdi le tiere à le saint Martin le boullant, qui est devant aoust, en juing.

Dont vint Bauduins de Rames, si dist au conte de Triple et as barons : « Signor, faites au miex que vous
» poés, que li tiere est perdue. Car je vuiderai le tiere,
» pour çou que je ne veul avoir reproce ne blasme à
» le perdicion de le tiere. Car je connois tant le roi qui
» ore est à fol et à musart, que par men consail, ne
» par les vostres, ne fera il riens; ains volra errer[2]
» par le consail de ceus qui riens ne sevent. Pour çou
» vuiderai le païs. » Dont dist li quens de Triple : « Pour
» Dieu, sire Bauduin, aiiés merchi de le Crestiienté.
» Prendons consel, comment nous porons le tiere garandir et sauver. Nous avons chi le fille[3] al roi
» Amaurri et sen baron Hainfroi[4]; nous le couronerons
» et si irons en Jherusalem et si le prendrons, car
» nous avons le force des barons de le tiere et del
» maistre de l'Ospital, [et de tos[5]], fors seulement le
» prince Renaut, [et del maistre del Temple[6]], qui est
» aveuc le roi en Jherusalem. Et si ai trives as Sarra-
» sins, [et aurai tant com je voudrai[7];] ne point ne serai
» grevés d'iaus, ains nous aideront, se mestier en avons. »

1. M. fin du chap. 148. col. 783. Pipino rapporte en outre cette autre exclamation attribuée par divers continuateurs à Geoffroy de Lusignan, frère de Guy : « Si rex est merito futurus est Deus! »
2. D : *ouvrer*. — 3. D : *Ysabel la fille*. — 4. A. B : *Heinfroi*.
— G : *Honfroi*. — M : « Homfredus. » Chap. 149. col. 784. —
5. D. — 6. D. — F. G. H. (pag. 30). J : *fors solement del prince Renaut*. — 7. A. B.

A cel consel s'acorderent tout et creanterent qu'il coroneroient l'endemain par matin Hainfroi. Quant Hainfrois sot qu'on le voloit coroner et faire roi, si se pourpensa qu'il ne poroit le paine soffrir. Et vint le nuit, si monta à ceval et il et si chevalier, et erra tant qu'il vint en Jherusalem. Quant che vint l'endemain par matin li baron furent levé, il s'aparellierent pour Hainfroi coroner, si oïrent dire qu'il s'en en estoit fuis al roi en Jherusalem très le nuit devant.

Quant Hainfrois vint en Jherusalem et il vint devant le roine, cui sereur il avoit, si le salua, et elle dist qu'ele ne respondoit mie pour çou qu'il avoit esté encontre li, et qu'il n'avoit esté à sen courounement. Il commença à grater se tieste, aussi com li enfes honteus, et se li respondi : « Dame, je n'en poi mais, car
» on me retint et vaut faire roi à force, et me voloit on
» hui coroner. Et je m'en sui afuis, pour ce c'on me
» voloit faire roi à force. » Et li roine respondi :
« Biaus frere[1] Hainfroi, vous avés droit ; que grant
» honte vous voloient faire, quant il vous voloient
» faire[2] roi. Mais, puis que vous avés ensi fait, je
» vous pardoins mon maltalent ; or venés avant et si
» faites votre hommage au roi. » Hainfrois merchia la roine de çou qu'ele li avoit pardonné son maltalent, et ala avant. [Si fist son omage et demora avec[3]] le roine en Jherusalem.

Quant li quens de Triple et li baron, qui à Naples estoient, oïrent dire que Hainfrois s'en estoit fuis en Jherusalem et qu'il avoit fait son homage al roi, si en furent mout dolant et ne sorent que faire, puis qu'il

---

1. A. B : *Biaus sire.* — F. O : *Biax frere, sire.* — 2. C. répète : *quant il vous voloient faire.* — 3. A. B.

orent celui perdu dont il se devoient aidier à consellier le tiere. Si furent mout esmari. Dont vinrent li baron al conte de Triple, se li disent : « Sire, pour » Dieu, or nous conselliés del sairement que li rois » mesiaus nous fist faire à vous. Car nous ne volons[1] » faire cose dont nous aions[2] blasme ne reproce, ne » que nous ne meffaisons enviers vous. » Li quens lor respondi qu'il tenissent lor sairement, tout si qu'il[3] l'avoient juré, car autre[4] conseil ne lor savoit il donner. Dont vinrent li baron, si prisent conseil entre iaus, et vinrent al conte, se li disent : « Sire, puis que » tant est la cose alée qu'il a roi en Jherusalem, nos » ne porriens mie ranner[5] encontre lui; car blasme » en ariens et reproce, ne faire ne le deveriens. Ains » vous prierons pour Dieu que vous ne nos saciés mie » mal gré; mais alés vous ent à Tabarie, et soiiés illue- » ques; et nous irons en Jherusalem, et ferons nos » hommages au roi. Et toute l'aiue et le conseil que » nos vous porons donner, nos le vous ferons, sauves » nos honnours. Et querrons et pourcacerons que » tous les cous[6] que vous avés mis en le tiere, dont » li rois Mesiaus vous avoit mis Barut en gages, que » vous les rarés.[7] » A cel conseil ne vaut estre Bauduins de Rames.

Quant[8] li quens de Triples vit qu'ensi li estoient failli tout li baron, si s'en ala à Tabarie. Et li baron s'en alerent en Jherusalem au roy, pour faire lor homages, fors seulement Bauduin de Rames. [Cil n'i vost aler[9]].

1. A. B : *volimes*. — F. O : *voriemes*. — 2. A. B : *avons*. — F. O : *eussons*. — 3. A. B. D : *com il*. — 4. A. B. — C : *car conseil*. — 5. A. B : *regner*. — D. F. O : *regnier*. — 6. D : *coustement*. — 7. D : *raurez*. — 8. M. chap. 149-150. col. 784-785. — 9. D.

Ains i envoia .i. sien fil qu'il avoit, jouene vaslet[1], et si proia les barons qu'il proiassent le roi que il mesist son fil en saisine de le tiere, et presist son hommage.

Quant li baron orent fais lors homages, si proiierent au roi del fil Bauduin de Rames, qu'il le mesist en saisine de le tiere sen pere, et presissent son homage[2]. Li rois respondi qu'en saisine ne le meteroit il mie de le tiere, ne son homage ne prendroit il mie, desci c'à icele eure que li peres li aroit fait homage; mais se li peres li avoit homage fait, il aroit bien consel de son fil metre en vesteure de l'hyretage[3]. Et seussent il bien, se Bauduins de Rames ne venoit avant et ne faisoit homage, il saisiroit le tiere.

Quant Bauduins de Rames sot que il li esteveroit[4] aler faire homage al roi Gui de Lesegnon, si fu mout dolans, et ala en Jherusalem pour faire son homage. Et vint devant le roi, si ne le salua pas et li dist: « Rois
» Guis, je vous faç homage, comme cil qui de vous ne
» vorra tiere tenir ne ne tenra ja[5]. » Ensi fist Bauduins de Rames son homage al roi, et si ne le baisa mie à l'ommage faire. Et il s'en issi, et si fist son fil[6] metre en vesteure de se tiere et son homage faire. Et il s'en issi, puis demanda congiet[7] al roi d'issir hors de sa tiere. Et li rois li donna.

Quant Bauduins de Rames ot ensi fait, si vint à Balyan de Belin sen frere, se li carja son fil et sa tiere à garder, et prist congiet, si s'en ala. Dont che fu

---

1. A. B : *joenne vaslet.*— C : *jouene.*— 2. Cette phrase manque dans A. B.— 3. D : *en sesine de la terre.*— 4. A. B : *q'il estouroit.* — D : *estouvenroit.*— 5. F. O.— G : *comme cil qui de vous ne voudra tenir terre.* — 6. D : *Baudouin, qu'il avoit eu de la fille le seigneur de Cesaire.* — 7. A. B. D : *conduit.*

mout grans duels ¹ et grans domages² à le tiere³, et dont Sarrasin furent mout lié; car il ne douterent puis homme qui fust en le tiere, fors Balyan son frere seulement ki demoura.

Bauduins ne s'aseura⁴ mie encore en l'aseurement que li rois li avoit fait, ains prist son frere Balian et tous les chevaliers de se tiere, et errerent tant par jour et par nuit qu'il fu hors du pooir le roi. Et quant il fu hors del pooir le roi, si prist congié à Balyan sen frere et à ses chevaliers, et s'en ala en Antioche. Quant li prinches d'Antioce oï dire que Bauduins venoit à lui, si en fu mout liés, et ala encontre lui. Si le reçut mout hautement, et se li donna .III. tans de tiere qu'il n'avoit laissiés, et castiaus et cités.⁵

1. A. B. F. O. — D : dels. — G : diex. — 2. A. B. F. O. — 3. A. B. D. F. O.— C : aveuques.— 4. A. B : ne se fia. — 5. G : *tant de terre qu'il n'avoit laissié.*

CHAPITRE XII.[1]

Coment li roys Gui ala assigier Tabarie.

SOMMAIRE.

1186. Sur le conseil du grand maître du Temple, le roi Guy convoque l'ost des barons à Nazareth, pour assiéger Tibériade, ville du comté de Tripoli. Saladin envoie des secours au comte de Tripoli et réunit des forces à Bélinas, afin de se porter personnellement à son aide. Sur le conseil de Balian d'Ibelin, frère de Beaudouin de Rama, le roi Guy licencie son armée et envoie des messages au comte de Tripoli. Conditions du comte à faire sa paix avec le roi. — 1186-1187. Les Barons conseillent au roi de s'entendre avec le comte de Tripoli. Les grands Maîtres, l'archevêque de Tyr, Balian d'Ibelin et Renaud de Sidon, envoyés par le roi auprès du comte de Tripoli, s'arrêtent au château de la Fève. — 1187. L'émir Noureddin, fils de Saladin, nouvellement armé chevalier, fait une cavalcade dans le pays chrétien, avec l'assentiment du comte de Tripoli. Conditions mises à la promenade de l'émir, afin que les chrétiens n'en reçussent aucun dommage. Soins du comte de Tripoli dans le même but. Le grand Maître du Temple, apprenant les conventions arrêtées entre le comte de Tripoli et Noureddin, fait attaquer les Sarrasins à la Fontaine du Cresson, au moment où l'émir se préparait à repasser le Jourdain, sans avoir commis aucun dégât. Défaite essuyée par les Chrétiens (1er mai 1187). Balian d'Ibelin se disposant à rejoindre les envoyés du roi au château de la Fève, apprend le désastre de la Fontaine du Cresson. Les messagers du roi se rendent à Tibériade. Ils confèrent avec le comte de Tripoli des conditions de l'accord. Le comte s'en remet à eux. Entrevue et réconciliation du Roi et du comte de Tripoli, au château de Saint Job. Le Roi concentre ses forces à Saphorie.

1. G. p. 46-54. — M. suite du chap. 150 au chap. 152. col. 785-787. — II. chap. 24-29 du liv. XXIIIe, pag. 34-46.

Or vous lairons de Bauduin, qui est en Antioce à grant honnour et à grant signourie; et si vous dirons del roi, qui est en Jherusalem. Il prist conseil [1] au maistre del Temple qu'il poroit faire del conte de Triple qui ne[2] voloit faire son homage. Li maistres del Temple li donna consel qu'il alast assegier [3] Tabarie; s'il pooit tant faire qu'il peust prendre Tabarie et le conte de Triple, il en aroit grant avoir. Dont vint li rois Gui, si semont ses os, qu'il fuissent tout à .i. jour que il nouma, à Nazaret. Et Nazarés si est à .v. liues de Tabarie. Quant li quens de Triple oï dire qu'il avoit semons [4] ses os pour venir sour lui, si ne fu mie liés. Il manda à Salehadin, qui sires estoit de Damas, que li rois Guis avoit assanlés ses os à Nazareth, pour venir sour lui; et se li manda que il [5] avoit mestier d'aiue; pour Diu, qu'il le secourust. Salehadins li envoia chevaliers et sergans sarrasins à grant plenté, et arbalestriers et armes assés. Et se li manda que, s'on l'assaloit le matinée, al vespre le secourroit, et s'on l'asséoit au viespre, l'endemain, al matin [6], seroit secourus. Dont semont Salehadins ses os, et assanla à Belinas, à .vi. liues de Tabarie.

Quant li rois Guis ot assamblée s'ost à Nazaret, si vint Balyans [7] de Belin al roi, se li dist : « Sire, pour » coi avés vous chi ceste ost assamblée? Où volés vous » aler à toute vostre ost? Il n'est ore mie tans de tenir

---

1. A. B. — C : *il prist.* — 2. A. B : *q'il ne.* — D : *qui ne li,* — 3. D : *qu'il l'alast assegier dedens.* — 4. C : *semonses.* — 5. F. O. — M : « *quod opportuno sibi adesset subsidio.* » — C : *que se il.* — 6. A. B. D. F. O. — C : *s'on l'asséoit al matin, au viespre seroit secourus.* — 7. A. et B. écrivent presque toujours : *Belyas* et *Balyas.* — M : « Balianus. »

» ost encontre yver. » — Et li rois li dist qu'il voloit aler assegier Tabarie.— Dont dist Balyans : « Par quel
» consel es ce que vous volés chou faire? Cis consaus
» est mauvais et faus, ne onques saiges hom cest consel
» ne vous donna; et saciés bien que par men consel,
» ne par les barons[1] de le tiere, n'i porterés vos piés;
» car il a grant chevalerie dedens Tabarie de Crestiiens
» et de Sarrasins, et vous avés poi de gent pour asse-
» gier Tabarie. Et saciés vous bien, se vous y alés, il
» n'en escapera ja piés; et que tantos que vous l'arés
» assegie, Salehadins le secourra à tout grant gent.
» Mais departés vostre ost, et jou et une partie des ba-
» rons de vostre tiere irons al conte de Triple parler;
» et si ferons pais, se nous poons, entre vous et lui,
» que li haine n'i est mie bonne. »

Dont departi li rois ses os[2], et si envoia à Tabarie ses messages, si comme Belyans li avoit consellié et loé. Quant il vinrent al conte, et il parlerent[3] de faire pais, li quens de Triple respondi k'à nulle pais il n'entenderoit[4] desci à icelle eure qu'il l'averoit resaisi del castiel[5] dont on l'avoit dessaisi. Et s'il estoit saisis del castiel, il en feroit tant que gré l'en sauroit on. Li message s'en retournerent arriere et vinrent al roi, et se li disent che qu'il avoient trouvé.

Si demoura li afaires atant tout l'iver[6] desci k'apriès le Paske. Quant ce vint apriès Pasques[7], [li mesaje furent revenu en Jerusalem au roi du comte de Triple[8].] Si oï li rois dire que Salehadins assanloit ses os pour

1. A. B : *ne par le consceil des barons.* — 2. M : « exercitum
» remisit ad propria. » — 3. F. O : *l'aparlerent.* — 4. G : *ne feroit.*
— 5. D : *castiel de Baruth.* — 6. C. H. I. J. — 7. J : *le Pascor.*
Pâques 1187. — M. chap. 151. col. 784. — 8. D.

entrer en sa tiere. Dont manda li rois Guis tous les barons de sa tiere, et les arceveskes et les evesques, qu'il alaissent à lui en Jherusalem; et il i alerent. Et quant il furent venu devant lui, il lor demanda conseil qu'il feroit, qu'ensi faitement assambloit Salehadins ses os pour venir sour lui. Li baron de le tiere li loerent qu'il s'acordast au conte de Triple; et s'il ne s'acordoit, il ne poroit ost tenir encontre les Sarrasins; car li quens de Triple avoit grant chevalerie aveuc lui et estoit sages hom; car, s'il estoit bien de lui, et il voloit croire son conseil, il ne li couverroit noient¹ douter les Sarrasins. « Sire, [dient li baron²,] vous avés perdu le » millour chevalier de vostre tierre, Bauduin de Rames; » se vous perdés l'aiue et le consel del conte de Triple, » vous avés tout perdu. »

Dont dist li rois que volentiers feroit pais à lui et s'acorderoit, et volentiers feroit çou qu'il li loeroient³, et que boin seroit à faire. Dont apela le maistre del Temple et le maistre de l'Hospital et l'arcevesque de Sur, et Balyan de Belin et Renaut de Saiiete⁴; et si lor commanda qu'il alaissent à Tabarie al conte de Triple parler pour pais faire. Tel pais qu'il feroient, il tenroit de iaus .v. Dont murent li message, si alerent gesir à Naples, [li .III. Et Renaus de Saiete ala un autre chemin. Or furent la premiere nuit à Naples.⁵] Et Balyans de Belin vint au maistre del Temple et de l'Hospital, et à l'arcevesque de Sur. Si lor dist que lor journée estoit lendemain al castiel de le Feve⁶ à gesir; et qu'il iroient

---

1. A. B : *il ne poroit noiant.* — J : *il ne porroit riens.* — 2. D. — 3. A. B. — C : *loeront.* — 4. M : « Raynaldum Sidoniensem. — 5. A. B. F. J. O. — 6. A. B. F. O. — D : *la Fave.* — M : « oppidum Fabæ. » — C : *le Fenne,* ou *le Feuve.*

l'endemain là et il demourroit[1] à Naples, que il i avoit à faire[2], et qu'il mouveroit la nuit et erroit toute la nuit, tant qu'il seroit à aus al point del jour. Ensi s'en alerent l'endemain, et Balyans demoura[3].

Or vous lairai atant des messages, et si vous dirai d'un des fiex Salehadin, qui nouvelement estoit adoubés[4]. Il manda al conte de Triple qu'il le laissast entrer en le tiere as Crestiiens, parmi se tiere, et pour faire une coursée[5]. Quant li quens oï le mandement, si fu mout dolans, et se pensa que s'il li escondissoit cel don que il li demandoit, il se doutoit que il ne perdist l'aiue et le confort de Salehadin sen pere; et si li otrioit, grant honte et grant blasme i aroit des Crestiiens.

Dont se pensa li quens de Triple qu'il le feroit[6] en tel maniere qu'il garniroit[7] si les Crestiens, qu'il n'i perderoient noient, ne que li fiex Salehadins mal gré ne l'en saroit. Lors manda au fil Salehadin qu'il li donnoit bon congié d'aler parmi sa tiere, et entrer en le tiere des Crestiiens, par tel convent que de solel luisant[8] passeroit le flun et iroit en le tiere as Crestiiens, et dedens solail esconsant[9] repasseroit le flun ariere et

---

1. A. B. — C : *demourroient*. — 2. D : *à faire à la reigne Marian sa fame*. — 3. D : *demoura à Naples, à la reigne Mariam sa fame qui là estoit*.

4. D : *adoubés chevaliers. Et ot à nom Nychoredex*. — F. et H. (pag. 37) : *adobez à chevalier, que l'en nomoit Noradin Emir Ali, qui fu puis sires de Damas*, etc. — G : *estoit à Doubes* (pag. 52).— M : « filius Saladini, novus tyro. » L'émir Noureddin.

5. A. B : *une corse*. — M : « curcitare volens cum suis in regno » Hierusalem. »

6. F. O : *feroit sagement*.— 7. A. B: *garderoit*.— 8. A. B : *au soleil levant*. — 9. A. B. F. O : *et del soleil luisant*. — G : *et dedens soleil couchant*. — H : *au solau cochant*.

iroit en se tiere, ne que dedens¹ ville ne dedens maison nulle cose ne prenderoit, ne damage n'i feroit. Ensi li creanta li fiels Salehadin à faire et à tenir. Quant che vint l'endemain par matin, si passa le flun, et vint par devant Tabarie, et entra en le tiere as Crestiiens; et li quens de Triple fist fremer² les portes de Tabarie, que cil dedens n'en ississent pour eus faire damage.

Or savoit³ bien li quens de Triple, très le jour devant, que li messaige le roi de Jherusalem venoient à lui. Il fist faire laitres, et prist messages, et fist porter les lettres à Nazaret, as chevaliers qui là estoient en garnisons, de par le roi et par toute la tiere où il savoit⁴ que Sarrasin devoient entrer, que, pour cose qu'il oïssent nai⁵ que il veissent cel jour, ne se meussent des viles ne de lor maisons; que li Sarrasin devoient entrer en le tiere, et que, s'il se tenoient coi, qu'il n'ississent des viles [ne des maisons⁶], il n'aroient garde⁷; et s'on les trouvoit⁸ as cans, on les prenderoit et ocirroit et quanques il trouveroient as cans.

Ensi garni li quens de Triple ceus dou païs. Apriès ala li messages à le Feve, al maistre del Temple et al maistre de l'Hospital, et à l'arcevesque de Sur. Et si lor porta les lettres de par le conte de Triple. Quant li maistre del Temple oï et seut⁹ que li Sarrasin devoient l'endemain par matin entrer en le tiere, si prist un message et l'envoia erranment batant al couvent del Temple, qui estoit à .IIII. liues¹⁰ d'illuec, à une ville

1. G : *ne guident dedens* (pag. 52). — 2. A. B. D : *fermer*. — 3. A. B : *seut*. — 4. C : *savoient*. — 5. D. E : *ne*. — 6. A. B. — 7. M : « neminem offensurus intra urbes et oppida. » — 8. D. F. O. — C : *tenoit*. — A. B : *tenroit*. — 9. A. B : *senti*. — D : *sot*. — 10. H : *à quatre milles* (pag. 39).

qui a à non Caco¹. Et si lor manda par ses lettres que tantost qu'il aroient oï son commandement, montaissent et venissent à lui, car l'endemain par matin devoient entrer li Sarrasin en le tiere. Tantos que li couvens² oï le mandement le maistre, si monterent et vinrent là³ ains mienuit; et tendirent lor tentes⁴ devant le castel.

Quant ce vint l'endemain par matin, si murent et alerent devant Nazaret; et estoient .IIII^{xx}. chevalier del Temple⁵ et .x.⁶ de l'Ospital⁷ qui estoient aveuques le maistre. Et prisent à Nazareth .XL. chevaliers qui i estoient de par le roi [en garnison⁸], et passerent Nazareth bien .II. liues viers Tabarie, et trouverent les Sarrasins à une fontaine [c'om apele *la Fontaine*⁹] *del Cresson*¹⁰, qui retournerent¹¹ ariere pour passer le flun, sans damage faire les Crestiiens; car li Crestiien estoient ensi garni comme li quens lor avoit mandé.

Dont vint li maistres del Temple et li chevalier qui estoient aveuques lui, si [se¹²] ferirent entre les Sarrasins à l'encontre; et li maistres de l'Hospital ensement. Et les Sarrasin les recoillirent hardiement, et si les enclosent¹³ que li Crestiien ne parurent entre iaus, car li Sarrasin estoient encore .VII. mil¹⁴ chevaliers à armes et li Crestiien n'estoient que VII^{xx15}. Là eut li maistres de l'Ospital la tieste copée; et tout li chevalier del Temple

---

1. M : « Oppidum Cacho. — 2. C. G. H. O. — A. B : *quens*.— 3. D : *à li, à la Feve*. — 4. A. B : *et se legierent*. — 5. D. — A. B. C : *et .X. del Temple*. — 6. A. B : *IX*.— 7. C : *chevalier*. Tout le passage confus dans C. — 8. A. B. D. — 9. A. B. — 10. A. B : *del Kerson*. — G : *du Creson*. — M : « ad Fontem Kerson. » — 11. C : *qui s'en retornoient*. — 12. A. B. D. — 13. A. B : *enclostrent*. — 14. A. B : *VI. mil*, et plus bas : *VI.xx*. — 15. A. B : *VI.xx*. — M : « milites Christianorum CXL. »

et de l'Ospital ensement, fors seulement li maistres del Temple qui en escapa, lui [1] tierc de chevaliers. Et li .XL. chevalier qui estoient en garnison le roi [furent[2]] tout pris. Quant li escuiier del Temple et de l'Ospital virent que li chevalier s'estoient feru entre les Sarrasins, si tournerent en fuies à tout le harnas; si que de l'harnas as Crestiiens n'i ot il riens perdu.

Or vous dirai que li maistres del Temple ot fait quant il ot passé Nazareth, et il aloit encontre les Sarrasins. Il envoia .I. serjant à ceval ariere batant et fist crier par Nazareth que tout cil qui poroient armes porter, venissent apriès lui al gaing, qu'il avoit les Sarrasins desconfis. Lors s'en issirent de Nazaret tout cil qui aler pooient, viel et jouene, et coururent tout tant k'il vinrent où li bataille fu, et trouverent les Crestiiens mors et desconfis; et li Sarrasin lor coururent sus, si les prisent tous. Quant li Sarrasin orent desconfis les Crestiiens et ocis, si prisent les testes des Crestiiens qu'il avoient ocis, si les estechierent en son lor lances[3], et s'emmenerent lors prisons loiiés[4] et passerent [outre le flum, par[5]] devant Tabarie.

Quant li Crestiien qui devant Tabarie estoient virent que li Crestiien avoient esté desconfit, et que li Sarrasin portoient les testes des Crestiiens sour lor lances qui estoient ocis, et que l'en enmenoit les autres[6] pris et loiiés, si orent grant duel, c'onques si grans deuls

---

1. D. — C : li.— A. B : la. — 2. D. O.— 3. A. B : en sor les fers des lances.— 4. A. B : logiez.— G. H : liés.— M : « vinctos. » — 5. D. — 6. D. — A. B. C : et c'on les enmenoit.

ne fu veus en une cité, pour çou que il veoient les testes de lor amis porter et trainer, et les autres qui estoient pris mener loiiés par devant lor ieux; et de chou qu'il ne les pooient secourre ne aidier ne vengier, si en faisoient si grant deul, que pour .I. poi qu'il ne se tuoient.

Ensi passa le fiex[1] Salehadin [le flum, et retorna arrieres[2]] de solail luisant et il et ses gens; et bien tint al conte de Triple convenences, n'onques en castiel n'en maison ne en ville ne fisent point de damage, se de che non qu'il trouverent as cans. Celle bataille fu en venredi. Et cel jour, fu il feste saint Phelippe et saint Jakeme, le premier jor de Mai.[3]

Or[4] vous dirons de Balyan de Belin, qui à Naples estoit [demorez arriere[5]]. Quant ce vint la nuit, si mut si com il ot en couvent al maistre del Temple et al maistre de l'Hospital, pour aler apriès iaus. Quant ot esré .II. liues, il[6] vint à une cité qui a à non le Sabat[7]; se se pourpensa qu'il estoit moult haus jours et qu'il n'iroit avant, si aroit oï messe. Dont tourna en le maison l'evesque, si le fist lever et sist[8] aveuc lui, et parla desci que li gaite[9] traist le jour.[10] Quant li gaite ot trait le jour, si fist li vesques revestir un capelain et li[11] fist canter messe.

Quant Balians ot oï messe, si s'en ala à grant aleure apriès le maistre del Temple et de l'Ospital et prist

---

1. D : *li Corediex.* — 2. D. — C : *Salehadin, de soleil,* etc. — 3. 1er Mai 1187. — M : « Feria sexta, Kalendis Maii. » Fin du chap. 151. — 4. M. chap. 152. col. 787. — 5. D. — 6. A. B. — C : *et il.* — 7. A. B : *le Sabast.* — D : *li Sabas.* — 8. O : *fist.* — H : *assist.* — 9. A. B : *la gaite.* — 10. G : *corna le jor.* — 11. A. B. — C : *et fist.*

congié à l'evesque et erra tant qu'il vint à le Feve[1], là où li maistre del Temple et de l'Ospital avoient le nuit jut[2]. Là trouva dehors le castiel les tentes del couvent del Temple tendues, et si n'i avoit nului. Lors ala avant, si trouva le porte dou castiel ouverte et se n'i avoit nului. Adont s'esmervilla mout de çou qu'il ne veoit home nul à cui il demandast que ce pooit estre. Dont fist descendre .I. sien varlet qui avoit à non Ernous[3]. Ce fu cil qui cest conte fist metre en escript. Celui Ernoul envoia Balyans de Belin dedens le castiel, pour cierkier et pour enquerre s'il avoit nului dedens le ville qui li peust dire nouveles que ce pooit estre. Et li varlés i entra, et huça et cria aval et

---

1. A. B : *au chastel de la Fave.* — F : *la Fève.* — G : *la Feuë.* — M : « oppidum Fabæ. »

2. F. O : *giut.* — I : *geu.* — F. continue ainsi : *Là n'en trouva nul. Ains trova les tentes del covent le Temple tendues.*

C'est dans la suite de ce paragraphe qu'Ernoul est nommé comme auteur de la Chronique. Le fragment avec le nom d'Ernoul se trouve dans les mss. C. D. E. Les mss. de Bernard le Trésorier et les continuateurs de Guillaume de Tyr abrègent le passage, en supprimant le nom d'Ernoul. G. p. 58. — H. p. 42. — M. 787. Voici le texte de A. B :

Là trova il dehors le chastel les tentes del covent le Temple tendeues, et si n'avoit nului. Adonc se merveilla mult q'il ne voit nului home à cui il demandast ke ce poroit estre. Donc fist crier laienz .I. suen valet por savoir qe ce fust, ne se il poroit trover dedenz le chastel qi li disist noveles. Li valez entra el chastel et cerca et cria aval et amont, ainz n'i vit home qi li seust dire noveles, fors soulement .II. malades, qi ne li sorent rien dire. Donc li comanda ses sires q'il montast, et alast après lui et il si fist. Atant partirent d'iluec et s'en alerent vers Nazaret. Qant il orent .I. poi eslongié le chastel, si issi .I. freres del Temple, etc.

3. D : *Dont Balian de Belin fist descendre un suen vallet qui avoit à nom Hernoul; ce fu cil qui cest conte fist metre en escript.*

amont le castiel, ne ainc ne vit homme ne femme qui li peust dire noveles, fors seulement .II. home qui gisoient malade en une cambre, et cil ne li sorent riens à dire de cose qu'il demandast. Dont s'en revint ariere à son segnour et dist qu'il n'i avoit nului trouvé qui novele li peust dire ne seust.

Dont se departirent de illuec [1], si s'en alerent vers Nazareth. Quant il orent .I. poi eslongié [2] le castiel, si issi .I. frere del Temple à ceval et commença à hucier [3] apriès aus qu'il l'atendissent, et il l'atendirent tant qu'il vint à aus. Lors li demanda Balians : « Quels » noveles? » Et il respondi : « malvaises. » Se li conta que li maistres de l'Ospital avoit le tieste copée, il et si chevalier, et tout li chevalier del Temple ensement tout ocis; n'en i avoit que .III. escapés, le maistre del Temple et .II. de ses chevaliers; et li .XL. chevaliers que li rois avoit mis à Nazareth [en garnison [4]] sont tout pris.

Quant Balyans de Belin oy ces nouvelles, si commença à braire et à crier et à faire grant duel, et il et si chevalier qui aveuc lui estoient. Si appella un sien serjant et l'envoia [ariere à Naples [5]] à le roine [6] [Mariam [7]] se feme, pour conter ches nouvelles; et [8] pour dire qu'elle commandast tous les chevaliers de Naples qu'il fuissent le nuit sour nuit [9] apriès lui à Nazaret. Apriès ce que Balians ot envoié à Naples, si s'en ala grant aleure à Nazareth, et quant il vint à demie liue [10]

---

1. A. B : *A tant partirent d'iluec.* — 2. A. B : *eslogié.* — 3. A. B : *à huier.* — O : *à crier.* — 4. A. B. — 5. A. B. D. — 6. A. B. D.— Par erreur dans G : *au roi et à la roine.* — 7. D.— 8. A. B. — 9. C. D. — A. B : *q'il fussent la nuit tuit.* — 10. A. B : *à mains d'une liue.*

priès de Nazaret, si encontra les escuiiers qui amenoient le harnas as chevaliers del Temple, qui estoient escapé de le desconfiture. Et saciés vous bien pour voir, se il ne fust tournés al Sabat pour oïr messe, il fust bien venus à tans à le bataille.

Quant Balyans vint à Nazaret, si trouva si grant cri et si grant plour en le cité pour ciaus de le ville qui avoient esté mort en le bataille, que poi y avoit de maisons qu'il n'en y eust ou de mors, u de navrés, u de pris. Là trouva le maistre del Temple qui escapés estoit. Là se herbega Balyans et atendi ses chevaliers desci qu'il vinrent de Naples, qu'il n'osa aler avant desci que si chevalier fussent venu. Puis fist savoir à Tabarie al conte de Triples qu'il estoit à Nazaret. Quant li quens oï dire qu'il estoit à Nazaret, et qu'il n'avoit mie esté en le bataille, si en fu mout liés. Quant che vint lendemain, si envoia bien dusques à .LX.[1] chevaliers encontre lui pour lui conduire.

Quant Balyans ot trouvé le maistre del Temple, si ala à luy et se li demanda de celle bataille, comment avoit esté; et il li conta. Et se li dist que mout s'i[2] estoient bien prové, et mout avoient ocis li Crestiien de Sarrasins, et estoient desconfi li Sarrasin, quant uns embussemens qu'il avoient deriere en une montaigne les enclost et les desconfist[3]. Lors prisent consel qu'il envoieroient [el champ, là[4]] où li bataille avoit esté, pour les cors des chevaliers qui estoient mort faire enfouir. Lors fisent prendre tous les sommiers de le cité et les envoiierent pour les cors; et les fisent aporter à

---

1. A. B : *XL*. — 2. A. B. — C : *mout i*. — 3. A. B : *par où il furent desconfit.* — O : *par coi.* — 4. D.

Nazaret et les fisent enfouir. Quant ce vint l'endemain, si se mut Balyans et li arceveskes de Sur et li maistres del Temple, pour aler à Tabarie.

Quant il furent hors de le cité, si retourna li maistres del Temple[1], qu'il ne pooit chevauchier. Si estoit il dolereus des caus[2] que il avoit eu e* le bataille le jour devant; et Balyans et li arcevesques de Sur [alerent à Tabarie. Quant li quens de Triple oï dire ke Balyans et l'arcevesqes de Sur[3]] venoient, si ala encontre aus mout dolant et mout courchié de l'aventure qui estoit avenue le jour devant par l'orguel le maistre del Temple. Quant li quens ot encontré les messages, si les reçut mout hautement et les mena aveuc lui en son castiel. Et en cel point vint aveuc Renaus de Saiete[4]. Quant li message furent el castiel aveuc le conte, si conterent lor message; et li quens lor respondi qu'il estoit mout dolans de l'aventure qui avenue estoit et mout honteus, et quanques il diroient et feroient entr'iaus .iii.[5], il feroit[6], car il savoit bien que il ne le mesconselleroient mie.

Lors li disent que il mesist les Sarrasins hors de le cité de Tabarie, et qu'il s'en venist aveuc aus au roy. Li quens fist tout ensi comme il disent, car il disent que tout ensi qu'il s'estoit mis en iaus .iii., si estoit mis li rois de le pais faire. [Et li quens fist tot ausi com il s'estoit mis en aus, come ils li distrent, sanz contredit.[7]] Quant li mesage orent l'otroi le conte de le

---

1. *Pour aler à Tabarie*, etc., omis dans A. B. — 2. A. B : *des coux*. — M : « languidus et impotens equitandi. » — 3. A. B. D. — 4. M : « ubi etiam affuit Raynaldus Sidoniensis ipsorum collega- » rius. » — 5. D. O. — C : *entriaus*. — 6. A. B : *il tendroit*. — 7. A. B. O.

pais, si envoierent .i. mesage batant au roy et li fisent savoir qu'il amenoient le conte aveuc aus.

Quant li rois oï dire que li quens venoit à lui, si en fu mout liés; et mout avoit esté dolans del damage que li Templier avoient eut. Lors vint li rois de Jherusalem où il estoit, si ala encontre; et erra tant li rois encontre le conte, et li quens encontre le roi, qu'il s'entrecontrerent à[1] .i. castiel c'on apiele Saint Job[2]. Cil castiaus estoit de l'Ospital, et estoit à l'entrée de le tiere de Thaym[3]; et pour çou l'apieloit on [Saint[4]] Job, que on dist, [el païs[5]], que là mest[6] Job, [et ke ce fu ses manoirs[7]].

De si loinc que li rois vit le conte de Triple venir, descendi à pié et ala encontre lui. Et quant li quens vit que li rois venoit encontre lui à pié, [il descendi ensement et ala encontre li à pié[8]]. Et quant li uns fu priès de l'autre, li quens de Triple s'agenoula devant le roi et li rois l'en leva, se li jeta ses bras au col, et l'acola et baisa. [Puis[9]] s'en[10] retournerent arriere à Naples et alerent là herbegier. Là prist li rois consel al conte de Triples et as barons qu'il feroient. Là li loa li quens de Triple qu'il semonsist ses os et les amassast as fontaines de Saforie[11], car il savoit bien que Salehadins amassoit ses gens por entrer en le tiere. Et se li consella qu'il mandast al prince d'Andioce[12] qu'il le

---

1. A. B : *devant*. — 2. M : « apud castrum quod Sancti Job » dicitur. » — 3. A. B : *Thaïm*. — D : *Taym*. — O : *de Dotaïn*.— G. H. M. ne donnent pas la phrase. — La plaine de Dothaïn dans la Samarie. — 4. A. B. — 5. A. B. — 6. C : *mest*. — H : *maneit*. — 7. A. B. O. — 8. A. B. D. — 9. D. — 10. D. — C : *si*. — 11. A. B : *Safroie*. — M : « apud fontem Saphorie. » — 12. A. B : *Antioche*.

secourust, qu'ensi faitement avoit perdus ses chevaliers et le couvent del Temple et le maistre de l'Hospital. Li rois fist chou que li quens li consella et ala à Saforie, et assanla illuec ses os. Là li envoia li princes d'Antioce un sien fil, à tout .LX.[1] chevaliers.

1. D : *XL*. — G : *cinquante* (pag. 64). — M : « cum militibus » LX. » — H : *Là li envoia li princes d'Antioche son ainzné fiz Reimont, et o lui .L. chevaliers.*

CHAPITRE XIII.[1]

Coment la Sainte Croiz fu aportée en l'ost.

SOMMAIRE.

1187. Le prieur du Saint Sépulcre apporte la Sainte Croix à Saphorie, au milieu de l'armée. Le grand maître du Temple engage le roi à convoquer l'arrière-ban et lui abandonne le trésor, que le roi d'Angleterre avait au Temple pour payer la solde. A quelle occasion le roi Henri d'Angleterre avait formé un trésor dans les maisons du Temple et de l'Hôpital à Jérusalem. Saladin met le siége devant Tibériade. La comtesse de Tripoli, enfermée dans cette ville avec quelques troupes, demande des secours au roi Guy et à son mari. Conférences des barons. Le comte de Tripoli dissuade le roi d'aller au secours de Tibériade; il l'engage à ne pas quitter sa position et à attendre les Sarrasins de pied ferme pour les combattre. Propos blessant du maître du Temple contre le comte de Tripoli. Les barons partagent l'avis du comte de Tripoli. Le grand maître du Temple se rend auprès du roi dans la nuit et change ses résolutions. Le roi donne des ordres pour que l'armée entière prenne les armes et suive la Sainte Croix. Etonnement des barons. Confusion dans l'armée. Le roi refuse les explications et donne l'ordre aux barons de marcher en avant avec lui. Prodiges racontés d'une sorcière sarrasinoise. De Balaam et de son âne, et du siége de Jérusalem.

Dont [2] manda li rois au patriache en Jherusalem qu'il li envoiast ou aportast la Sainte Crois en l'ost. Li

---

1. Cf. G. pag. 64-76. — H. chap. 29-37 du XXIIIe livre, p. 46-57. — M. suite du chap. 152 au chap. 154. col. 787-789. — N. chap. 23. col. 603.
2. A. B : *Lors.*

patriaches prist le Sainte Crois, et si le porta[1] hors de Jherusalem. Si le carja[2] le[3] prieux del Sepucre, et si li dist qu'il le portast en l'ost al roi, car il estoit ensouniiés[4] se n'i pooit aler, car griés cose li estoit d'aler en ost et lassier dame Paske de Riveri[5]. Or fu averée li prophesie que li arceveskes Guillaumes dist, quant on l'eslist à estre patriarces de Jherusalem : k'Eracles avoit conquise la sainte Crois en Pierse[6] et raportée en Jherusalem, et que Erakles l'en gieteroit, et seroit perdue à son tans. De tele eure jeta adonc Eracles le sainte Crois de Jherusalem, c'onques puis n'i entra, ains fu perdue en le bataille, si com vous orés.

Quant la sainte Crois fu en l'ost aveuc le roi, si vint li maistres dou Temple et si consella le roi qu'il mandast l'ariere ban par toute se tiere, et qu'il fesist crier par toute se tiere que tout chil qui saus[7] volroient, qu'il venissent à lui, il lor donroit bons sals[8] et li[9] abandonnoit le trezor que li rois Henris[10] d'Engletiere avoit en le maison del Temple.

Or vous dirai de cel tresor que li rois Henris avoit al Temple et à l'Ospital. Quant il ot fait martiriier saint Thumas de Cantorbie[11], si se pensa que il avoit mal

---

1. A. B : *la gita*. — 2. A. B : *Et qant il ot hors gitée de Jherusalem, si le carja*. — 3. D : *au*. — 4. A. B : *ensogniés*. — D : *deshaitiés*. — H : *car il avoit essoine*. Pag. 46.

5. M : « Molestum si quidem illi erat ad exercitum equitare, ab » amasia secessuro. » — Les continuateurs G. et H (pag. 46) ne rappellent pas cette invraisemblable excuse, et disent : *grief chose li estoit d'aler en ost*.

6. A. B. D : *Perse*. — M : « Persidam. » — 7. A. B : *souls*. — D : *soudées*. — 8. D. *sols*. — 9. D. — 10. Henri II. — 11. O : *S. Thumas de Cantorbire*.

fait, et qu'il iroit Outremer et qu'il i feroit tant à l'aiue de Dieu, qu'il se racorderoit à lui[1] de ces meffais et d'autres. Dont il avenoit cascun an puis que S. Thumas fu martyriiés, que il envoioit grant avoir [Outremer[2]], à cascun passage, pour metre en tresor à le maison del Temple et de l'Ospital en Jherusalem[3]. Et voloit quant il venroit là qu'il trouvast grant avoir, pour le tiere secourre et aidier.

Chel tresor que li Temples avoit livra li maistres del Temple al roi Guion; et se li dist qu'il voloit qu'il assanlast tant de gent qu'il se peust conbatre contre Sarrasins, et pour vengier le honte et le damage qu'il li avoient fait. Dont prist li rois le tresor del Temple, si le donna as chevaliers et as siergans et commanda al maistre connestable des serjans que cascuns eust baniere des[4] armes le roi d'Engletiere, pour çou que de son avoir estoient paiié et retenu[5].

Quant li rois ot esté illuec entour .v. semaines et il ot amassé grans gens, si vint Salehadins, si passa le flun et asseja Tabarie[6]. Li contesse, li feme le conte

---

1. A. B : *q'il s'acorderoit à Damedeu.* — 2. D.
3. H. pag. 47. — M : « pecuniam multam quæ in custodiam » magistri Templi deputabatur. » — Pipino avait déjà parlé de ce trésor dans la partie antérieure de sa chronique. N. col. 603 : *De pœnitentia regis Henrici.* Le trésor ne fut point épuisé du reste par la solde des troupes. On y recourut encore pour payer la rançon du pauvre peuple après la prise de Jérusalem. Ci-après ch. 18.
4. C : *de.*
5. H. (p. 47) ne dit rien de semblable. — M : « Porro in hujus » rei memoriam rex Guido jussit ut omnes conestabiles in vex- » illis eorum Anglorum regis signa deferrent. » Fin du chap. 152. tom. VII. Pipino avait déjà répété le fait dans les parties antérieures de sa chronique. N. col. 603.
6. M. chap. 153. col. 788.

de Triple, estoit dedens Tabarie quant Salehadins l'assega; et si n'avoit nul chevalier aveuc li; ains estoient en l'ost aveuc le conte et .iiii. fil chevalier qu'ele avoit, qui furent fil le castelain de Saint Omer. Li ainsnés des fiex avoit à non Hues de Tabarie, et li autre apriès avoit à non Guillaumes, et li tiers ot non Raols[1], et li quars ot non Hostes[2].

Quant li contesse vit que li Sarrasin l'orent assegie, et elle vit qu'elle ne poroit mie le cité tenir à si poi de gent com elle avoit, encontre tant de gent qui l'avoient assegie, si prist .i. mesage, si l'envoia au roi Guion et à sen segnour le conte de Triple, qui estoient as fontaines de Saforie, et si lor manda qu'il le secourussent; et que s'il ne le secouroient procainement, qu'ele perderoit le cité; qu'ele n'avoit mie tant de gent qu'elle le peust tenir encontre si grant ost comme li Sarrasin avoient. Ce fu .i. jour Juedi, [au vespre[3],] que li messages vint au roi de par le contesse.

Quant li rois ot oy le message, si manda le mestre del Temple et le commandeur de l'Hospital, et les barons de l'ost, qu'il venissent à lui pour prendre consel; et il y alerent. Quant assamblé furent, si lor demanda li rois consel, car[4] li Sarrasin avoient assegie Tabarie; et le contesse dedens a poi de gent; et si l'avoit fait[5] savoir li contesse que s'on ne le secouroit prochainement, que elle perderoit le cité. Lors vint au conte de Triple, se li dist : « Sire, quel consel » nous donrés vous ? » — Et li quens respondi : « Sire,

---

1. A. B : *Raous.* — M : « Raontem. » — 2. D : *Othes.* — M : « Coatonem. » — 3. A. B. D. — 4. A. B : *et dist ke.* — 5. A. B. — C : *avoit lassié.*

» je donroie bon consel, se j'en estoie creus. [Mais je
» sai bien ke je n'en serai mie creuz¹]. » — « Toutes
» eures, dist li rois, nous dites che que il vous en
» samble à faire pour le mieus. »

Dont dist li quens al roi : « Sire, ore oiiés mon
» conseil, et vous et li baron qui chi sont. Je consel,
» dist il, c'on laist Tabarie pierdre², se je ne puis
» viers les Sarrasins faire qu'il s'en voisent ariere³.
» Et se je ne puis faire enviers iaus qu'il s'en voisent,
» je lo bien que vous ne le secourés mie, ains le lais-
» siés perdre. Et si vous dirai raison pour coi. Ta-
» barie est moie, et si i est me feme et mes avoirs, ne
» nus n'i perdra tant com je ferai, s'elle est perdue.
» Et si sai bien que se li Sarrasin le prendent qu'il ne
» le tenront pas, ains l'abateront, [puis⁴] si s'en iront,
» qu'il ne nous vendront⁵ mie chi querre en nos her-
» berges. Et s'il prendent me feme et mes hommes et
» mon avoir, et il abatent me cité, jou les raverai
» quant je porrai, et refremerai me cité quant je
» porai; qu'encore aroie jou plus chier que Tabarie
» fust abatue et me feme et mi homme et mes avoirs
» pris ensement, que toute li tiere fust perdue. Car je
» say bien, se nous l'alons rescourre toute la tiere est
» perdue, et s'estes⁶ pris et mors et vous et toute li
» os. Et si vous dirai comment. Entre chi et Tabarie
» n'a point d'iaue, fors que seulement une petite
» fontaine del Cresson⁷. C'est noient à ost. Et se sai

---

1. A. B. — 2. A. B : *prendre.* — 3. M : « Laudo tamen Taba-
» riæ civitati non succurrere, si contingat Saracenos nolle precibus
» meis inde discedere. » — 4. D. — 5. A. B. — C : *venroient.*
— 6. A. B : *et si serez.* — D : *et serois.* — 7. A. B : *de Qelson.*
— O : *del Kerson.* — M : « Fons Kelson. »

» bien que tantost que vous mouverés de chi, se vous
» l'alés rescourre, vous seront li Sarrasin al devant,
» et vous hardieront toute jour, et trairont tant qu'il
» vous tenront toute jour en mi voies de chi et de
» Tabarie. Et si vous feront herbegier maugré vostre;
» car vous ne porés combatre pour le caut[1], pour çou
» ke li sergant n'aront que boire, [ainz morront de
» soif[2].] Car se vous poigniés, li Sarrasin feront rent[3]
» et se trairont es montaignes, ne vous ne porés aler
» sans vos serjans. Et s'il vous estuet herbegier illuec,
» que feront vo gent et vo ceval de boire? Seront ils
» sanz boivre? [Celle voie[4]] sont il mort, et lendemain
» nous prenderont tous, car il aront les eves et les
» viandes, et seront tout frés. Si serons tout mort et
» pris. Et pour çou vous loe jou miex que vous le
» laissiés[5] perdre, que tote li tiere soit perdue; car
» certes, se vous y alés, elle est perdue. »

Atant passa avant li maistres dou Temple, si dist qu'encore y avoit dou poil de l'ours[6]. Li quens ne prist mie ceste parole sor lui, ains fist sourdes orelles, et bien l'oy, et dist al roy : « Sire, se tout [ce[7]] n'avient » quanques je vous di, se vous i alés, je vous aban- » doing que vous me faites le teste coper[8]. » Lors demanda li rois as barons qu'il lor estoit avis de cel consel que li quens donnoit. Et il respondirent que li

1. A. B. D : *le chaut.* — 2. A. B. — 3. A. B : *rens.* — O : *renc.* — 4. A. B. D. — C : *voit.* — 5. A. B : *ke vos laissiez Tabarie perdre.*

6. A. B : *ke encore avoit il del poil del louf.* — D. O : *del leu.* — H : *dou poil dou loup* (pag. 49-50). — M : « Vix verba finierat, » quum Templi magister orationem ejus interrumpens: *De pilo,* » inquit, *lupino adhuc supersunt reliquiæ.* »

7. A. B. — 8. H (pag. 50), dont le récit est tout différent.

quens disoit voir de quanques il disoit, et bien s'acordoient tout qu'ensi le fesist on. Et li Hospitaus s'i acordoit bien; et li rois meismes s'acordoit bien à cel consel, et tout li baron, fors seulement le maistres del Temple. Toutes eures, [li ¹] creanta li rois et tout li baron qu'ensi le feroit on.

Quant il orent ensi atourné, si lor donna li rois congié d'aler à lor herberges ², et il si fisent. Et quant il se departirent, si estoit ja priès de mienuit. Li rois s'asist al souper. Et quant il ot soupé, si vint li maistres del Temple à lui, et se li dist : « Sire, creés vous
» chel traïtour qui tel consel vous a donné? C'est
» pour vous honnir qu'il le vous a donné. Car grans
» hontes vos iert et grant reproviers ³ se vos, qui
» estes ⁴ novelement rois, [et avés si grant ost que ⁵]
» onques ⁶ mais rois qui fust en ceste tiere n'assambla
» si grant ⁷ [com vos avés fait ⁸] en si poi de tamps ⁹,
» se vous laissiés à .vi. liues priès de vous perdre une
» cité. Et s'est li premiere besoigne qui sus vous est
» courute ¹⁰ pus que vous fustes coronés. Et saciés
» bien pour voir que anssois meteroient li Templier
» les blans mantiaus jus, et venderoient et enwage-
» roient¹¹ [quant q'il ont¹²], que li honte ne fust vengie,
» que li Sarrasin m'ont faite et [à ¹³] tous ensement.
» Alés, dist il, si faites crier par l'ost qu'il s'arment

---

1. A. B. — 2. A. B : *chascuns à sa herbergerie.* — 3. O : *reprueches.* — M : « infamiæ nota perpetua regni tui decus et glo-
» riam obfuscares. » — 4. J. — A. B : *si estes.* — C : *reproviers et si estes.* — 5. J. — 6. A. B. C : *n'onques.* — 7. A. B. C : *grant ost.* — 8. D. — 9. A. B. C : répètent ici : *ciertes grans hontes vous sera.*— 10. A. B. D : *corue.* — 11. A. B : *engazeroient.* — 12. A. B. — 13. A. B.

» tout et voist cascuns en se bataille, et sivent[1] le
» confanon de le sainte Crois. »

Li rois ne l'osa desdire, ains [fist[2]] che que il commandast, car il l'amoit et cremoit[3] pour çou qu'il l'avoit fait roi, et qu'il li avoit abandonné le tresor le roi d'Engletiere. Li rois manda son banier[4], et si li commanda que il criast par l'ost qu'il s'armassent tout et qu'il sivissent le gonfanon de le Sainte Crois. Li baniers fist le commandement le roi, et cria par l'ost as chevaliers qu'il s'armaissent.

Quant[5] li baron oïrent le ban le roi, si s'esmervillierent mout. Et ala li uns à l'autre, et demandoient que che pooit iestre, et par quel conseil c'estoit que li rois faisoit ce faire. Et cascuns respondoit endroit lui[6] que ce n'estoit mie par lui. Dont s'esmervilla mout toute li os des barons, par quel consel c'estoit que li rois faisoit ce faire, et ne voloient mie croire le banier[7] le roi. Ains alerent tout li baron à le tente le roi, pour destourner s'il pooient faire qu'il ne se meussent.

Quant li baron vinrent à le tente le roi, si trouverent le roi qui[8] s'armoit. Quant li rois les vit, si ne vaut mie qu'il parlaissent à lui; ains lor commanda qu'il s'alaissent armer errant, et alaissent apriès lui. Il retournerent, et alerent à lor herberges, et fisent le commandement le roi. Si s'armerent moult dolant, car il savoient bien que nus biens ne lor en pooit venir se maus non. Et ala cascuns à se bataille.

1. D. — A. B : *siaient.* — C : *siuce.* — 2. A. B. D. — 3. M : « diligebat eum quidem et verebatur. » — 4. A. B : *son baron et baniere.* — 5. M. chap. 154. col. 789.— 6. A. B : *soi.* — 7. A. B. — C : *le baniere.* — 8. C. J.— A. B. C : *le roi où il.*

Chel jour fist Balyans de Belin l'ariere garde[1], qui mout i souffri et mout i perdi de ses chevaliers.Ançois que li rois se partist des herberges[2], furent li Sarrasin devant l'ost, si com li quens de Triple avoit dit; et commencierent à traire[3].

Ançois que je vous die plus de l'ost, vous dirai ge d'une aventure qu'il avint, c'on tenra par aventure à fable. Li siergant de l'eskiele de l'arriere garde de l'ost trouverent une vielle Sarrasine deseure une anesse[4], qui estoit esclave à un Suriien de Nazareth. Si le prisent et misent à destrece[5], tant qu'il li fisent dire qui ele estoit, ne qu'elle aloit querant en celle ost. Et dist qu'elle aloit entour l'ost por l'ost loiier[6] par son encantement et par ses paroles. Dont elle i avoit ja .II. nuis alé; et s'elle peust avoir celle nuit toute avironnée l'ost, et qu'elle i eust fait tout son tour, il fuscent si loiié que ja piés nen escapast[7] de le bataille où il aloient. Et seuissent il bien de voir que se [il[8]] aloient avant, peu en escaperoit, et cel poi qui en escaperoit [ce seroit[9]] pour çou qu'elle ne pooit faire son tour. Et que Salehadins, son signour, [li[10]] en avoit donné grant avoir[11] pour cel liien faire. Lors li demanderent s'elle les poroit deffaire, et elle dist : « Oil bien, » par si que cascuns alast à ses herberges, aussi com il es-

---

1. C. G. H. O. — A. B : *la tierce garde.* — 2. C : *herbeges.* — 3. G : *mult espessement à traire.* — La fin du chapitre manque dans D.— La suite du récit est différente et plus développée dans H. (pag. 53). — 4. M : « annosa mulier incantatrix asellam inequitans. » — 5. H : *en gehine.* — 6. A. B : *loier.* — F. G. K : *lier.* — M : « ut eum (exercitum) suis carminibus verbisque magicis adjuraret. » — 7. A. B : *escampast.* — 8. A. B. — 9. O. — 10. A. B. — 11. C : *Salehadins en avoit donné grant avoir son signour.*

toient quant elle les loia. Et que, s'il ne se herbegoient, elle n'en poroit riens faire.

Lors fisent li sergant .i. grant feu de lor loges pour li ardoir, si le misent ens ; et elle réissi[1] hors, c'onques ne pot ardoir. Et il le rebouterent ariere el feu, et elle réissi hors, c'onques ne pot ardoir. Ne tant[2] ne le savoit on rebouter ens, qu'ele ne s'en réissist. Dont il avint qu'il avoit illuec .i. sergant qui avoit une hache,[3] si l'en feri parmi le tieste, si le tua.

Or ne tenés mie à fable de ceste vielle ; que on treuve en escripture, qu'il ot [jadis[4]] .i. home en Jherusalem qui si loiast une ost pour qu'il peust aler entour, qu'il n'eust homme en l'ost qui se peust aidier de membre qu'il eust, tant l'estrainsist il[5] par son liement et par ses paroles. Chis hons ot à non Balaans[6] li prophetes. Ce fu cil qui prophetisa que une estoile isteroit de Jacob. Celle estoile fu medame sainte Marie, qui issi de le lignie Jacob, qui est apelée *Estoile de mer*. Car tout aussi comme li maronnier sont ravoié[7] par l'estoille de le mer, sont li peceur ravoiié par medame sainte Marie, qui est appelée Estoille de mer.

Or vous dirai qu'il avint une fois de Balaan, qui en Jherusalem estoit. Il avint cose que grans gens estoient, et s'asanlerent pour venir en Jherusalem à ost. Quant cil de Jherusalem l'oïrent dire, si orent grant paour et vinrent à Balaan, se li proiierent tant et donnerent qu'il ala à cel ost pour loiier l'ost. Si monta sor un asne, et si issi hors de le cité et ala viers l'ost. Quant il fu en .i. tertre dehors Jherusalem, si vint ses

---

1. A. B : *issi*. — 2. A. B. — C : *Ne quant*. — 3. H : *une hache danese*. — 4. A. B. — 5. A. B : *les contraissist-il*. — 6. M : « Balaac. » — 7. A. B : *vont à voie*.

asnes, si s'aresta; et Balaans fiert son asne, et li asnes à reculer; et que plus le feroit, plus reculoit. Lors parla li asnes, se li dist : « Pour coi me fiers tu? Je ne » sent rien de quanques tu me fiers, ne tu ne me fais » mal, car li angeles Dame Dieu me fiert de une espée » de fu ens el musiel, si que je ne puis aler avant. » Lors sot bien Balaans que Diex ne voloit mie qu'il alast en avant, si s'en retourna ariere en le cité et dist à ceaus de le cité que il fesissent al miex que il peuissent, qu'il n'en pooit riens faire, car Diex ne voloit, et que si faitement avoit ses asnes parlé à lui.

Quant ce vint l'endemain, si vint li sieges devant le cité, et fu li cités assegie; et l'asalirent durement. Quant cil de le cité virent qu'il estoient si durement assalli, si vinrent à Balaan, et se li disent qu'il fesist aucune cose ou desist, par coi il se peussent deffendre enviers ciaus de l'ost. Balaans lor dist qu'il li estoit avis qu'il ne lor pooit riens faire encontre le volenté de Dieu. Et il li demanderent que pour Diu les consellast qu'il poroient faire et qu'il feroient. Lors lor dist Balaans et conseilla que toutes les jouenes femes de le cité fissent bien vestir et acesmer et les envoiassent hors de le cité, en l'ost. Et seussent il bien de voir, se il [avenoit chose ke[1]] les meskines renvoioient[2] ariere, qu'il rendissent le cité; c'autre consel ne leur savoit il donner. Et se che avenoit cose qu'il les retenissent .ii. jours ou .iii, si ouvrissent les portes et ississent hors de le cité, et se conbatissent à eaus, si les desconfiroient. Tout si comme Balaans leur conseilla, le fisent, et envoiierent les damoiseles en l'ost. Cil de l'ost ne

1. A. B. — 2. A. B : *renvoiassent*.

renvoiierent mie les femes, ains prist cascuns le siue et en fist se volenté. Quant cil de le cité virent que cil de l'ost ne renvoioient[1] mie les femmes, si ouvrirent les portes et lor coururent sus; si les ocirrent et desconfirent. Ensi fu levés li sieges de le cité.

En cel liu où li asnes parla à Balaam estoit li Maladerie des femmes de Jherusalem. Car li Maladerie des femmes n'estoit mie aveuc le Maladerie des hommes; car li Maladerie des hommes tenoit as murs de Jherusalem, et li Maladerie des femmes estoit en sus, grant picche [2].

1. C : *renvoient*.
2. G. (pag. 78-82) et H. (pag. 57-62. chap. 38 et 39) donnent ici sur le mode d'élection du patriarche et la vie scandaleuse d'Héraclius, les détails qu'Ernoul et Bernard le Trésorier ont rapportés précédemment (chap. 8), à l'occasion de la mort du patriarche Amaury en 1180.

CHAPITRE XIV.[1]

Coment li rois Guiz fu pris et desconfiz par Saladin.

SOMMAIRE.

1187. Le roi Guy de Lusignan se porte au secours de Tibériade. Les prévisions du comte de Tripoli se réalisent. Le comte de Tripoli conseille à tort au roi de camper à mi-chemin entre Saphorie et Tibériade. — Bataille de Tibériade (4 juillet). — Déroute complète des chrétiens. — Le roi et un grand nombre de chevaliers sont faits prisonniers. Perte de la Sainte Croix. Elle est plus tard recherchée, du temps de Henri de Champagne, sur les indications d'un Templier.

Or vous dirons del roi Guion et de s'ost, qui mut des fontaines de Saforie[2] où il avoit s'ost assamblée, pour[3] aler rescourre Tabarie. Et tantost com il murent, lor furent li Sarrasin au devant pour hardiier[4], ensi comme li quens de Triple lor avoit dit. Li Sarrasin les traisent[5] et tinrent toute jour et hardierent à aus desi qu'il[6] fu bien nonne, et qu'il furent bien en mi voie

---

1. Cf. G. pag. 84-90. — H. chap. 40-45 du livre XXIIIe. Pag. 62-67. — M. chap. 155-156. col. 790-791.

2. A. B : *Safroie.* — 3. C : *et pour.* — 4. A. B : *ardier.* — D : *detrier.* — O : *hardoier.* — 5. D : *les delaierent.* — 6. A. B : *les atendirent tant q'il.* — O : *les atrasent et tinrent cort tote jor et hardoierent à aus desci qu'il.*

de Tabarie et des fontaines de Saforie. Dont dist li rois al conte de Triple quel consel il li donroit, ne qu'il feroient. Et li quens de Triple li donna adont mauvais consel, car il li conseilla adont qu'il fesist tendre se tente, et qu'il [1] se herbegassent. Et si vous di bien pour voir, si comme aucunes gens disent qui furent en celle ost, que ki euist point encontres les Sarrasins [2] el point c'on se herbega, que li Sarrasin fuissent tout desconfit, car il n'avoient adont que traire. Adont crei li rois Gui le mauvais consel le conte, et le bon ne vaut croire.

Quant li Sarrasin virent que li Crestiien se herbegoient [si faitement[3]], si en furent mout lié. Et se hierbegierent tout entour l'ost des Crestiiens si priès que li un parloient à l'autre; et s'il y eust .I. cat [4] qui s'en fuist de l'ost as Crestiiens, ne peust il mie escaper que li Sarrasin ne le presissent. Cele nuit furent li Crestiien à moult grant meskief en l'ost; car il n'i ot home, ne ceval, ne beste qui beust en toute le nuit.

Cel jour qu'il se partirent des herberges estoit venredis [5]. Et l'endemain, le semedi, fu fieste saint Martin le Boullant, devant aoust. Toute celle nuit furent li Crestiien armé; et si orent mout grant angousse de soif. Et quant ce vint l'endemain, al jour [6], si monterent li chevalier à cheval tout [7] armé, apparellié pour conbatre, et li Sarrasin aussi d'autre part. Mais li Sarrasin se traisent arriere, et ne vaurrent mie conbatre desci que li caus [8] fust levés. Et si vous dirai qu'il

---

1. D. — A. B. C : *et si.*— 2. M : « si tunc rex fuisset progres» sus ad prælium. » — 3. A. B. — 4. A. B : *un chevalier.* — D : *un chat.* — 5. M : « sexta feria. » — 6. A. B : *par matin.* — 7. C : *toute.* — 8. A. B. D : *li chaus.*

fisent. Il avoit grant brueroie d'arbres[1], là où li Crestiien avoient esté[2]; lors vinrent li Sarrasin, si bouterent ens le fu tot entour, pour che que li Crestiien fuscent à grignour meschief, que[3] de le calour del fu que del solel. Et si les[4] tinrent bien ensi desci qu'il fu haute tierce.

Lors se partirent .v. chevalier de l'eskiele le conte de Triple, si s'en alerent à Salehadin, et disent : « Sire, c'atendés vous? Poigniés sour aus, qu'il ne se » pueent mais aidier; il sont tout mort. » Et li sergant à pié jeterent jus lor armes; et si s'alerent rendre as Sarrasins, les goules baées pour destrece de soif. Quant li rois vit le destrece et l'angousse de l'ost, et que li sergant s'en aloient as Sarrasins, si manda au conte de Triple qu'il poinsist sour les Sarrasins, pour ce que s'entente estoit de la bataille[5]; qu'il devoit [bien[6]] avoir le premiere pointe[7].

Lors point li quens de Triple [et toute s'eschiele[8]] sour les Sarrasins, et si poinst en un pendant contreval[9]. Et li Sarrasin, tantost com il les virent poindre vers aus, si se partirent, et si li fisent voie; et li quens s'en passa outre.

Tantost com il fu outre passés, li Sarrasin se

---

1. A. B.: *grant bruiere d'erbe.* — D : *bruieroie d'erbe.* —
2. A. B: *où li Cristiens estoient.* — 3. C : *et que.* — 4. A. B. — C : *Si les.*

5. D. G. H. O. J : *por ce qu'en sa terre estoit la bataille.* — Cf. Le ms. de la ville de Lyon, plus développé sur cette particularité des usages militaires. (Var. de II. p. 64-65). — M : « Hoc enim » de more bellorum spectabat ad comitem, quia in ipsius comitatu » tunc erat exercitus. » — A. incomplet.— B. plus fautif encore.

6. D. — 7. D : *joute.* — 8. D. — 9. M: loco declivi contra » vallem. »

racloent[1] et coururent sus le roi qui demorés estoit. Si prisent le roi et tous chiaus qui estoient aveuc luy, et tout le harnas, fors seulement ciaus qui en l'ariere garde estoient, qui s'en escaperent. Quant li quens de Triple ot point[2], et il vit que li rois estoit pris, et il et ses gens, il ne tourna mie ariere, ains s'enfui; si s'en ala à Sur. Et si estoit Tabarie à .II. liues[3] d'iloec, et se n'i osa mie aler, pour ce qu'il savoit bien que s'il aloit à Tabarie, qu'il seroit pris, et qu'il n'en pooit escaper. Li fiex le prince de Antioce et si chevalier qu'il avoit amenés estoient aveuc luy, et si .IIII. fillastre[4]; et escaperent aveuc lui. Balians de Belin, qui en l'ariere garde estoit, escapa aussi [et fui à Sur[5]]; et Renaus de Saiete, [qui uns des barons estoit.[6]]

En celle bataille fu la Sainte Crois perdue, ne ne seut on que elle devint. Fors tant que, grant piece apriès, au tans que li quens Henris de Campaigne estoit sires d'Acre et de le tiere que Crestiien tenoient, vint à lui .I. frere del Temple qui en le bataille avoit esté, et se li dist : « Sire, s'on savoit nul homme en
» ceste tiere qui me peust ne seust mener en le piece
» de tiere où li bataille fu, je trouveroie bien la Sainte
» Crois, car jou l'enfoui à mes mains endementiers
» que li desconfiture fu. » Lors manda li quens Henris .I. sien sergant qui de le tiere estoit nés, se li demanda se il saroit aler en le piece de tiere u li bataille avoit esté. Et cil dist : « Oil, mout bien »; et bien sauroit assener en le piece de tiere où li rois fu pris.

1. A. B : *se raconsent.* — D : *se reclostrent.* — O : *se reclosent.* — M : « statim sese jungentes. » — 2. D : *ot trespassez Sarrasins.* — 3. H : *à II. milles.* — 4. *Et si IIII. fillastre*, manque dans A. B. — 5. A. B. — 6. A. B.

Lors li commanda li quens que il alast aveuc le frere dou Temple, qu'ensi faitement li avoit dit qu'il li avoit enfouie le Sainte Crois. Et cil[1] li dist qu'il n'i pooit aler se par nuit non; que s'il i aloit par jour, il seroit pris et retenus. « De par Dieu! dit li quens, alés i en » tel point que vous savés qu'il fait millour aler. » Et il i alerent, et si foïrent par .III. nuis; et si n'i peurent riens trouver[2].

1. D : *Et li vallez.* — 2 Cf. H. p. 66, note.

CHAPITRE XV.[1]

Coment Saladin coupa au conte Raynaut la tete.

SOMMAIRE.

1187. Saladin fait amener dans sa tente les principaux prisonniers chrétiens. Il fait offrir à boire au roi. Le roi passe la coupe à Renaud de Chatillon. Mécontentement de Saladin. Le sultan reproche à Renaud de Chatillon d'avoir enfreint les trèves. Il le fait conduire hors de sa tente et lui tranche la tête. Il envoie les prisonniers à Damas. Tibériade, Nazareth et Saint-Jean d'Acre lui ouvrent leurs portes. Balian d'Ibelin obtient un sauf-conduit de Saladin pour aller de Tyr à Jérusalem, chercher la reine Marie Comnène sa femme. La population de Jérusalem conjure Balian de rester dans la ville. Le patriarche le relève du serment qu'il avait fait à Saladin. Balian reçoit l'hommage comme régent. Il crée des chevaliers. Il fait battre monnaie avec les plaques d'argent qui recouvraient le Saint Sépulcre.

Or vous dirons des Sarrasins qui ont desconfis les Crestiiens et pris. Il se herbegierent, et Salehadins rendi grasces à Nostre Seigneur de l'onour qu'il li avoit faite. Et fist crier par l'ost c'on li amenast à se tente tous les chevaliers c'on avoit pris; et on li amena. Si commanda c'on mesist tous les barons

1. Cf. G. pag. 90-92. — H. pag. 67-71. Chap. 45-46. — M. Chap. 156-157. col. 791.

devant lui en se tente, qu'il les voloit veoir; et les autres laissast on dehors. Dont mist on en le roi, et Salehadins le fist seoir devant lui. Apriès si mist on le prinche Renaut del Crac; apriès si mist on Hainfroi sen fillastre [1]; apriès le maistre del Temple; apriès le marchis Bonifasse de Montferras; apriès le conte Josselin; apriès le connestable Aimmeri, qui freres estoit le roi; apriès si mist on le marescal le roy [2]. Tout chil haut homme furent pris aveuc le roi en le bataille. Cel jour fu samedi et fieste saint Martin le boullant, devant aoust [3].

Quant Salehadins vit le roi et ses barons qui estoient en se merchi devant lui, si en fu mout liés. Et vit que li rois avoit caut, si sot bien que il buveroit volentiers. Si fist aporter plaine coupe de sirop à boire por refroidier. Quant li rois eut beut, si tendi le coupe al prinche Renaut del Crac, qui d'encoste lui seoit. Quant Salehadins vit que li rois avoit donné à boire le prince Renaut devant lui, l'omme el siecle que il plus haoit [4], si en fu moult dolans. [5]

Si dist al roi [6], que ce pesoit lui que donné li avoit

1. M : « Gaufridus privignus ejus. » Humfroy de Toron.
2. Ces derniers mots manquent dans A. B.
3. Ms. de la ville de Lyon, dans les Var. de H : *Cele mesaventure avint .... en un leu que l'on nome Karnehatin, pres de Thabarie, à quatre milles, en l'an ... M. C. IIII. XX. et VII. le quart jor de juignet, par un samedi.* — G : *Cette desconfiture fu le cinquiesme jor de juignet.*
4. M : « habebat enim eum præ cunctis exosum. »
5. H. est beaucoup plus développé qu'Ernoul et Bernard. Le ms. de la ville de Lyon (dans les Var. de H.) donne un récit tout particulier de ces événements. Nous n'avons pas à nous occuper de ces rédactions.
6. A. B : *Lors dist Saladins au roy Gui.* — G : *si en fu mult*

[à boivre ¹]; mais pus qu'il li avoit donné, bien beust; mais che ² seroit par .1. couvent que jamais d'autre ne buveroit, car pour nul avoir c'on li seuist donner, ne le lairoit plus vivre, qu'il ne [li ³] copast la tieste il meismes de sa main, pour che c'onques foi ne sairement ne li tint de trives c'on li donnast. Quant li prinches Renaus ot bust, si le fist Salehadins prendre et mener hors de se tente ⁴, et si demanda une espée; et on li aporta, et il le prist, si en copa au prince Renaut la tieste. Et si fist sa tieste prendre, et si commanda qu'ele fust trainée par tous les castiaus et les cités de se tiere. Et elle si fu.

Quant Salehadins ot copé al prince Renaut la tieste, si fist prendre le roi et tous ses prisons, si les envoia à Damas en prison. Et se parti d'iluec, si s'ala logier devant Tabarie. Quant li contesse vit et seut que li rois estoit pris, et que li Crestiien estoient desconfit, si rendi Tabarie à Salehadin, [sauve vie ⁵]. Et cel jour meesmes envoia Salehadin de ses hommes à Nazareth; se li rendi on. Cel jour meismes que li desconfiture fu, li rendi on ces .ii. cités, Tabarie et Nazareth. Le merkedi, ala devant Acre, se li rendi on. Apriès si ala à Sur, mais il ne le ⁶ vaut mie assegier, pour çou qu'encore estoit li cavalerie dedens, et li baron et li chevalier, qui de le bataille estoient escapé.

Or ⁷ vint Balyans de Belin qui dedens Sur estoit, si

iréz et dist au roi (pag. 90).— H : *si en fu moult durement corrocés et dolenz, et dist au roi.*

1. A. B. — 2. A. B : *mais ce.* — 3. A. B. — 4. Dans le récit du ms. de la ville de Lyon le prince Renaud fait ici une grande figure. Cf. Var. de H. pag. 68-69. — 5. D. — 6. C : *se.* — A, B : *la.* — 7. M. chap. 157. col. 791.

manda em priant à Salehadin qu'il li donnast congié ¹
d'aler en Jherusalem, pour amener le roine se feme
et ses enfans. Et il li donna volentiers, par si qu'en
Jherusalem ne demorroit ² que une nuit, ne que arme
ne porteroit contre lui.

Quant Balyans vint en Jherusalem, si en furent
mout lié cil de le cité, et grant joie fisent de se venue.
Et se li rendirent le cité; se li proiierent pour Diu
qu'il le gardast, et k'il en fust sires. Il dist qu'il ne
pooit mie demorer et qu'il avoit creanté à Salehadin
qu'il n'i demorroit que une nuit, ne qu'il n'i poroit
demourer, [ne la cité ne porroit il garder³]. Dont vint
li patriarces à lui et se li dist : « Sire, je vous assot del
» pecié et del sairement que avés fait enviers Sale-
» hadin. Et si vous di bien que gregnour pecié arés
» vous el sairement tenir que el trespasser, car grant
» hontes seroit [et grant reproche⁴] à vous et à vos
» hoirs, se vous en tel point laissiés le cité de Jheru-
» salem, et vous en aliés; ne jamais honnour ne de-
» veriés avoir en tiere où vous fuissiés. »

Lors creanta Balyans qu'il demorroit; et tout chil
de le cité li fisent homage, et le recurent à segnour.
Encore estoit li roine [Sibile⁵], li feme al roi Guion, en
Jherusalem. Or n'avoit en toute le cité de Jherusalem
que .II. chevaliers; cil estoient escapé de le bataille.
Lors prist Balyans dusques à .LX. ⁶ fiex de bourgois;
si les fist chevaliers. Et si vous di pour voir que li
cités estoit encore si plaine de gent, de femes et d'en-
fans qui s'en estoient afui dedens le cité, quant il

1. A. B : *conduit*. — 2. A. B : *demoreroit*. — 3. D. — 4. A.
B. — 5. D. — 6. A. B. D. G. J : *l*.

oïrent dire que li rois estoit prins et que li Crestiien estoient desconfit; si vous di bien pour voir qu'il en i avoit tant afui[1] qu'il ne pooient mie estre dedens les maisons; ains les couvenoit estre en mi les rues.

Dont vint li patriarces à Balian, si fist[2] descouvrir le Monument deseure le Sepulcre, qui estoit tous couviers d'argent; si en fisent[3] oster, et batre monnoie pour donner as chevaliers et as sergans, cascun jour, à loiier. [Et aloient chascun jor[4]] li chevalier et li sergant par le tiere entour le cité, [et[5]] atraoient dedens le cité quanques il pooient de viandes, car il savoient bien que il seroient assegié.

1. G : *afin.* — 2. A. B : *Donc vint Balians et li patriarche; si fistrent.* — 3. A. B: *si le fistrent.* — 4. A. B. D. — 5. D. — A. B: *et traoient.*

CHAPITRE XVI.[1]

Coment Saladin alla asaiger Saiete.

SOMMAIRE.

1187. Saladin, sachant qu'un grand nombre de chevaliers étaient renfermés dans Tyr, s'éloigne de la ville. Il s'empare de Sidon et de Beyrouth, puis de Gibelet et de Botron, villes dépendantes du comté de Tripoli. Mort du comte de Tripoli. Renaud de Sidon et le châtelain de Tyr, n'espérant pas défendre cette dernière ville, traitent secrètement de la capitulation avec Saladin. Arrangements pris à cet effet. Saladin se rapproche de Tyr. Secours inespéré que Dieu réservait à Tyr. — De Conrad de Montferrat resté à Constantinople. Il s'embarque pour Saint-Jean d'Acre. Apprenant que Saladin était maître de la ville, Conrad se dirige vers Tyr. Il y est reçu avec joie par la population. Renaud de Sidon et le châtelain de Tyr s'enfuient à Tripoli. Tout projet de capitulation est abandonné. Saladin attaque Tyr et fait amener devant la ville le marquis de Montferrat, Guillaume III, père de Conrad, retenu à Damas avec les autres prisonniers de Tibériade. Conrad refuse de rendre Tyr à Saladin, en échange de son père. Saladin s'éloigne de nouveau de Tyr. Il s'empare de Cesarée et de Jaffa. Ascalon lui résiste. Conditions de l'échange de la ville d'Ascalon contre la personne du roi Guy (août 1187). — Saladin propose aux Bourgeois de Jérusalem de capituler. Ils refusent de cesser la défense de la Ville Sainte. Saladin, pour rendre hommage à leur bravoure et à la dignité de la ville, leur promet de ne pas exiger leur soumission sans avoir livré l'assaut. Balian d'Ibelin obtient un sauf-conduit de Saladin pour que sa femme et ses enfants se retirent à Tripoli. Saladin assiège le Crac qui résiste pendant deux ans. Sa générosité vis-à-vis de la population et de la garnison du Crac (1189). — 1187. Saladin se dispose à assiéger Jérusalem.

1. Cf. G. pag. 92-106. — H. chap. 47-54 du livre XXIIIe, pag. 71-82. — M. chap. 157-161. col. 792-795.

Or vous lairons atant de parler de Jherusalem desci que poins¹ en sera; si vous dirons de Salehadin, qui estoit devant Sur. Il se pensa qu'il ne feroit oevre [plus²] à Sur, pour le cevalerie³ qui dedens estoit. Il passa avant outre; si ala asegier une cité qui estoit à .VII. liues de Sur, et a à non Saiete. Si le prist, et ala apriès à Barut, qui cités est; si le prist tantost. Apriès si entra en le tiere de Triple, et si prist une cité qui a à non Gibelet. Apriès [si prist ⁴] .I. castiel qui a à non le Boteron⁵. De cel castiel estoit li dame que li quens ne vaut mie donner à Girart de Ridefort, qui se rendi al Temple par mal talent, [si com vos avés oï par devant⁶,] et dont [la⁷] haine commença par quoi la tiere fu perdue⁸.

Quant li quens de Triple oï dire que Salehadins estoit entrés en se tiere, si entra en mer, entre lui et le fil le prince d'Andioce et quanques il pot avoir de chevaliers; si s'en ala à Triple. Puis qu'il fu arivés à Triple, ne vesqui il mie longement, ains fu mors de duel⁹, si comme on dist. Si laissa sa tiere au fil le prince d'Antioce, qui puis en fu quens.¹⁰

---

1. D : *temps et point.* — 2. A. B. — G : *feroit neant.* — 3. A. B. D : *por la chevalerie.* — I : *la grant chevalerie.* — M : « quum » inibi essent milites qui a prœlio fuga evaserant. » — 4. A. B. — 5. A. B : *Boutron.* — C : *Boceron.* — D. *Li Bouterons.* — I : *le Botron.* — G : *Boterim.* — M : « Lebrothon. » — 6. D. Voyez ci-dessus, pag. 114. — 7. A. B.

8. J : *qui se rendi au Temple pour le corrous qu'il en ot. Et por ce comença la haine entre le conte de Triple et celui Girard, qui fu maistre dou Temple, par quoi la terre fu perdue.*

9. D : *doil.* — M : « ut creditur doloris vehementia. » — Cf. H. pag. 72.

10. Pipino ajoute ici, d'après Vincent de Beauvais, qu'il cite expressément (M. col. 792), quelques détails particuliers sur la mort

Quant Renaus de Saiete et li castelains de Sur virent que tout en estoient alé li chevalier, et qu'il i avoit poi de gent, et qu'il n'avoient preu [de¹] viande dedens Sur, si manderent Salehadin qu'il s'en retournast de là où il estoit ² et il li renderoient Sur.

Quant Salehadins oï celle noviele, si en fu mout liés. Si prent .I. chevalier, se li carge .II. [de³] ses banieres, et se li dist qu'il voist à Sur et si les mete sour le castiel ⁴. Quant li chevaliers vint à Sur, si dist al castelain qu'il presist les banieres et les mesist sour le castiel. Li castelains dist qu'il n'en i meteroit nule, pour les gens de le ville; mais tantost que Salehadins venroit devant, il les i meteroit et les banieres detenroit il ⁵. Li chevaliers s'en tourna d'ilueques, si l'ala dire ensi à Salehadin. Quant Salehadins oï ce, si s'esploita d'errer ⁶ al plus qu'il pot, desci qu'il vint à Sur. Mais ançois qu'il i parvenist, i envoia Dame Diex consel et secours, qu'il ne voloit mie qu'ele fust perdue ⁷. Ains vaut laissier celle cité as Crestiiens, si com vous avés oï par devant, qu'il esnetieroit ⁸ le tiere, mais .I. petit ⁹ lor en lairoit.

Or vous dirai del consel et del secours que Diex envoia à Sur. Couras ¹⁰ li marcis, qui en Coustantinoble

---

du comte de Tripoli, sur les projets de trahison qu'on lui attribuait et sur l'origine de sa querelle avec Gérard de Ridefort, plus tard grand maître du Temple, dont il a été question précédemment dans notre chronique. Pag. 114.

1. A. B. — 2. A. B : *q'il retornast de là où il aloit*. — 3. D. — 4. Cf. le récit du ms. de la ville de Lyon dans les Variantes de H. p. 73 et suiv. — 5. A. B: *detendroit*. — 6. A. B: *s'esploita de Sur*. — 7. J : *qu'il ne voloit mie que la terre fu del tot perdue*. — 8. H. J : *qu'il netoieroit*. — 9. A. B. J. O : *mais un poi*. — 10. A. B : *Corat*. — D : *Corrat*.

estoit, vint à l'empereur se li dist : « Sire, mi cheva-
» lier et mi homme qui ci sont aveuc moi veulent
» aler en Jherusalem al Sepulcre, ne je ne les puis plus
» tenir; mais il m'ont creanté que[1] quant il auront fait
» lor pelerinage qu'il revenront chi à mi, car je ne
» vous puis laissier. » Et se fist il à entendant à l'em-
pereur qu'il ne se mouveroit, pour çou qu'il ne voloit
mie que cil de le cité ne li empereres [meisme[2]] seus-
sent qu'il s'en vausist aler; car il savoit [bien que[3]] s'il
le savoient en le cité, qu'il s'en vausist aler, que li
parent Le Vernat qu'il[4] avoit ocis, qui en le cité
estoient, l'agaiteroient et ociroient. Li empereres fist
apparellier une nef, et si fist metre viandes assez[5] et
armes, et si entrerent ens li maisnie le marcis[6]; et
quant il orent tans, si murent.

En cel point que il murent, estoit li empereres et li
marchis à Boukelion[7]. Quant li marchis vit passer le
nef à Boukelion, si vint à l'empereur, se li dist :
« Sire[8], j'ai oublié une besoingne à dire à mes homes,
» [que doi mander à mon pere[9].] » Dont vint li mar-
cis, si entra en .I. batiel et ala apriès le nef. Quant il
fu à le nef, si sailli ens. Et quant il fu ens salis, Dame
Diex donna bon tans et bon vent; ainc ne finerent de
sigler, si vinrent devant Acre.

Quant il vinrent devant Acre, et il durent ancre

---

1. O : *il m'ont en covent que.* — 2. D. — C : *de le cité meisme.* — 3. D.
— 4. D. O. — C : *qui il.* — 5. C : *assé.* — 6. D : *li chevalier au
marchis.* — 7. D : *Bouche de Lion.* — O : *Bouke de Lion.*

8. Le long passage qui suit le mot *Sire*, au commencement du
paragraphe précédent, et qui se poursuit jusqu'ici, manque dans
A. B. — M. supprime tous ces développements.

9. A. B.

geter, si virent que batiel ne venoient encontre aus, ne que il n'ooient cloques sonner. Si furent mout esmari, et si n'oserent ancre geter, ains se traisent ariere. Quant li Sarrasin d'Acre virent qu'il n'arivoient point, ne qu'il ne prendoient tiere, si entra .I. chevaliers sarrasins en un batiel, si ala à le nef pour savoir quels gens c'estoient. Quant li marcis vit le batiel venir, si deffendi à ses hommes que nus ne fust si hardis qu'il parlast, et qu'il parleroit [il meesmes¹.] Quant li Sarrasins vint devant le nef, si demanda quels gens c'estoient; et li marcis respondi qu'il estoient marceant ². « Et pour coi, fait li Sarrasin, n'arivés » vous et prendés tiere? » Li marcis respondi qu'il ne voloient ariver pour çou qu'il ne savoient qués gens il avoit dedens Acre. Et li Sarrasins respondi que bien pooient il ariver et prendre tiere en le fiance Salehadin, car Acre estoit Salehadin ³, et qu'il l'avoit conquise; et avoit pris le roi de Jherusalem et tous ses barons, et menés à Damas en prison; et qu'il avoit toute le tiere conquise fors seulement Sur et Jherusalem, où il estoient⁴ assegié ; et s'il voloient descendre en le fiance Salehadin, seurement pooient descendre. Quant li marcis et li chevaliers oïrent ces noveles, si furent mout dolant. Quant li Sarrasins vit qu'il ne prenderoient mie tiere, si retourna ariere à Acre pour faire armer les

---

1. D.
2. M : « Negotiatores sumus. » Chap. 158. col. 793. Pipino résume dans ce chapitre ce qui a été dit précédemment (pag. 125) des événements à la suite desquels Guillaume de Montferrat et son fils Conrad vinrent en Orient. Il reprend ensuite, en l'abrégeant toujours, le récit de notre chroniqueur.
3. Tout ce passage est altéré dans A. B. — 4. C : estoit.

vaissaus d'Acre pour le nef prendre, s'il peussent. Et nostre sire Dame Diex, qui les y avoit amenés pour Sur secorre, ne le vaut mie soffrir, ains lor envoia bon vent qui les mena à Sur.

Quant li nés le marcis Conrat vint endroit Sur, et cil de Sur le virent, si entrerent es batiaus et alerent encontre pour savoir qués gens c'estoient. Quant li marcis les vit venir, si en fu mout liés, quant il sorent que ce furent Crestiien et que Sur n'estoit mie rendue as Sarrasins. Dont li proiierent, pour Dieu, qu'il venist et qu'il y arivast et les secourust et eust pité de le Crestiienté. Il i tourna volentiers et ariva. Quant cil de le cité sorent qu'il estoit fiex le marcis de Monferras, si en furent mout lié; et issirent encontre lui à pourcession, et se li rendirent Sur, et le misent dedens le castiel lui et ses chevaliers.

Quant Renaus de Saiete et li castelains de Sur[1] virent que Sur estoit rendue al marcis, si orent grant paour, pour çou que il devoient rendre [l'endemain[2]] la cité à Salehadin. Si entrerent le nuit en .I. batiel et s'enfuirent à Triple. Quant li marcis fu dedens le castiel, si le cierca[3] pour savoir comment il estoit garnis d'armes et d'autre cose. En che qu'il le ciercoit, si trouva les .II. banieres Salehadin qu'il avoit envoïes pour metre sour le castiel. Dont demanda cui ces banieres estoient. Lors vint .I. hom qui là estoit[4], se li dist que c'estoient banieres Salehadin, et c'on les devoit l'endemain metre sour le castiel, et que li cités

---

1. G : *le chastelain de laiens.* — M : « Raynaldus princeps Sidoniensis cum castellano municipii Tyrensis. » — H. et J : toujours plus développés (H. pag. 76).

2. D. — 3. A. B : *le cercha.* — 4. D : *qui les connoissoit.*

devoit iestre rendue. Lors vint li marcis, si les fist jeter ou fons del fossé[1].

Quant[2] ce vint l'endemain que li marchis fu venus à Sur, si vint Salehadins devant; et bien cuidoit qu'ele li deust estre maintenant rendue. Mais il fu bien qui li devea[3], car Diex i ot envoiié le secours. Quant Salehadins vit qu'il n'aroit mie Sur, et que mie on ne li renderoit, si s'esmervilla moult, et pour çou c'on l'avoit mandé. Dont demanda que ce pooit estre. On li dist que li fiex le marcis de Monferras, qu'il avoit en se prison, estoit là arivés; et se li avoit on rendu le castiel et le cité, et il l'avoit bien garnie, et le tenroit contre lui, à l'aiue de Diu.

Quant Salehadins oï çou, si assega Sur, et manda c'on li amenast le marcis de Monferras, le pere celui qui dedens Sur estoit; car par lui et par avoir donner cuidoit[4] bien avoir Sur. Quant li marcis fu amenés en l'ost, si manda à Courras sen fil, [qui dedens estoit[5]], que s'il li voloit rendre [Sur[6]], il li donroit grant avoir, et se li renderoit son pere. Li marcis manda ariere que le plus petite picrete[7] de Sur ne li donroit il mie pour son pere; mais loiast le à une estake[8], et il i trairoit[9] à lui, car il estoit trop viex et s'avoit trop vescui[10]; et si nel voloit souffrir[11], si le tuast.

Quant Salehadins vit qu'il ne poroit riens faire illuec, si se leva de devant Sur, et ala assegier Cesaire, si le

1. M : « Saladini vexilla quæ marchio projici mandavit in foveis » civitatis. » — 2. M. chap. 159. col. 794. — 3. A. B : *le devoia*. — D : *contredist*. — 4. Au lieu de *cuidoit*, les copistes de A. et B. ont écrit : *q'il doit*. — 5. A. B. — 6. A. B. D. — 7. A. B. D. G. H : *pierre*. — M : « se nec minimam lapidem Tyri pro patre da- » turam. » — 8. M: « ad stipitem. » — 9. A. B. D. — G : *tairoit*. — 10. A. B : *vescu*. — 11. D : *voloit plus garder*.

prist. Apriès ala à Jaffe[1], si le prist. Apriès ala devant Escalone, si l'assega; mais Escalone estoit fors, si ne le pot mie si tos prendre, ains envoia à Damas, si fist amener le roi de Jherusalem en s'ost. Quant li rois fu amenés en l'ost Salehadin devant Escalone, se li dist Salehadins que s'il voloit rendre Escalone, il le deliverroit, et si l'en lairoit aler tout quite. Li rois dist qu'il em parleroit volentiers à ses hommes qui dedens estoient.

Il manda ses bourgois[2], car il n'i avoit nul chevalier, qu'il venissent parler à lui, et il i vinrent. Lors lor dist li rois qu'il ne voloit mie qu'il rendissent Escalone pour lui, car grans damages seroit s'il rendoient une cité pour .i. homme; mais il lor prioit que s'il avenoit qu'il ne peussent tenir Escalone et lor convenoit rendre, que, pour Diu, fesissent plait qu'il[3] fust delivrés, s'il pooient. Apriès rentrerent[4] li bourgois en le cité, et prisent conseil au commun de le vile. Là prisent consel, et disent qu'il ne veoient de nule part dont secors[5] leur peust venir; car, s'il veoient que nul secors lor peuist venir de nule part, il tenroient bien Escalone; et si venoit miex qu'il rendissent le cité, sauves lor vies et lors cors et lor avoirs, qu'il fuissent afamé, [ne[6]] pris dedens à force.

Dont rendirent le cité à Salehadin par tel maniere que je vous dirai, qu'il furent delivré lors cors et lor avoirs. Et si les fist Salehadins sauvement conduire en tiere de Crestiiens, et li rois [fu[7]] delivrés

---

1. M : « Japhet. » — 2. A. et B. par erreur, *ses barons.* — M : « primoribus civitatis. » — 3. A. B : *qu'il feissent tant qu'il.* — 4. A. B. — C : *entrerent.* — 5. D. G. H. O. — A. B. C : *consaus.* — 6. A. B. — 7. A. B. D.

lui disime¹, teus² con li rois les coisiroit³ en le prison
Salehadin. Mais tant i ot, que li rois devoit estre en
prison jusques à l'issue de març⁴; et Escalone fu rendue à l'issue de l'aoust devant⁵.

Quant Salehadins ot Escalone, si envoia le roi sejourner à Naples, et si manda le roine, le feme le roi, qu'ele
s'en alast aveuc son signour à Naples sejourner, qu'il
ne voloit mie qu'ele fust dedens Jherusalem quant il
l'iroit assegier. Quant la roine oï le message, si s'en
ala à Naples al roi, et fu là desci que Salehadins ot pris
Jherusalem.

Le jour⁶ que Escalone fu rendue à Salehadin estoient venu li bourgois de Jherusalem à Salehadin,
qu'il avoit mandés, pour faire pais à aus de le cité, s'il
peust. Cel jour fu venredis⁷, et si se mua li solaus en
droit [ore de⁸] nonne, qu'il sambla bien qu'il fust nuis.⁹

Or vint Salehadins as bourgois de Jherusalem, et si
lor dist qu'il venoient bien, [s'il lui voloient rendre la
cité de Jherusalem¹⁰]; qu'il avoit toute la tiere conquise
fors Jherusalem, et que s'il li voloient rendre, il feroient
bien. Je vous avoie oblié à dire que le jour qu'Escalone avoit esté rendue, li rendi on tous les castiaus
qui entour estoient¹¹. Li bourgois de Jherusalem res-

---

1. A. B: *desime*. — D: *desiesmes*. — 2. D: *tiels*. — 3. A. B:
com li rois les choisi. — 4. M: « in exitu mensis Martii. » — 5. A.
B: *à l'essue de l'ost*. — G. H. O: *l'issue d'aoust devant*. — M: « mensis Augustus. » — 6. M. Chap. 160. col. 795. — 7. A. B. D. —
M: « Feria sexta. » — C: *samedis*. — 8. A. B. D. — 9. M: « Tan» tam passus est eclypsim, ut fere nox esset. » — 10. D.

11. Cette phrase incidente d'Ernoul se retrouve ainsi dans A. B.
C. D. G. H. (pag. 80) O, et dans la plupart des mss. Bernard le
trésorier la reproduit, et il est encore plus étrange que les Continuateurs l'aient conservée. Pipino ne s'y arrête pas.

pondirent à Salehadin que, se Diu plaist, le cité ne li renderoient il ja. « Or vous dirai, dist Salehadins, que
» vous faciés. Je croi bien que Jherusalem est maison
» Dame Diu¹, et c'est vo² creance; ne je volentiers
» ne meteroie siege en le maison Dame Diu, ne ne
» feroie assalir. Se je le pooie avoir par pais et par
» amour, je vous dirai que je vous ferai. Je vous
» donrai .XXX. mil besans en aiue à fremer le cité de
» Jherusalem; et si vous donrai .v. liues d'espasse à
» aler là où vous vaudrés, et de gaaignier et de
» labourer³ à .v. liues environ le cité; et si vous ferai
» venir à si grant plenté viande, que [en⁴] nul liu en
» toute me tiere n'iert viande à si grant marcié, com
» je vous i ferai venir; et si averés trives desci qu'à
» Pentecouste. Se vous veés que vous puissiés estre
» secourut, si vous tenés bien; et se vous veés que
» vous ne puissiés avoir secours, si rendés la cité, et
» je vous ferai conduire sauvement en tiere de Cres-
» tiiens, vos cors et vos avoirs. » Il respondirent que, se Diu plaist, la cité ne renderoient il ja où Diex reçut mort et passion, et espandi son sanc por eaus; [ains espanderoient le lor por lui, ausi come il fist pour iaus.⁵] Quant Salehadins vit qu'il ne renderoient mie la cité, si fist son sairement que jamais ne les prenderoit, s'à force non⁶.

Quant Salehadins fu devant Escalone, se manda Balyans de Belin à Salehadin que, pour Diu, donnast conduit se feme et ses enfans d'aler à Triple; et que

---

1. M : « mansio Dei. » — 2. A. B : *vostre*. — 3. M : « quibus
« agriculturæ vacare possent. » — 4. D. — 5. E. F. J. O. — 6. M :
« non nisi per gladium. »

le couvent qu'il li ot fait, quant il li donna congiet d'aler en Jherusalem, il ne li pooit tenir, car il estoit si priès gardés en Jherusalem, qu'il ne s'en pooit issir. Salehadins i envoia .L. chevaliers; si le fist conduire et mener desci qu'elle fu à Triple, [à sauveté [1].]

Or ot Salehadins pris tout le roiaume de Jherusalem, fors seulement Jherusalem et Sur et le Crac. Au Crac, ne mist il onques siege; ains se tint, puis qu'il ot le tierc conquise, .II. ans. Et tant se tint li Crac que, par droite force de famine, l'estut rendre. Et devant che qu'il se rendissent, vendirent il lor femes et lor enfans as Sarrasins [2], pour avoir de le viande; et qu'il ne lor demoura beste ne nule cose à mangier dedens le castel qu'il peussent mangier. Quant il n'orent plus que vendre ne que mangier, si rendirent le castel à Salehadin, sauves lor vies; et pour çou qu'il savoient bien qu'il n'auroient point de secours.

Salehadins fu mout liés quant on li ot rendu le castiel. Et si fist racater lor femes et lor enfans qu'il avoient vendu, si lor fist rendre, et lor donna grant avoir, et si les fist conduire en tiere de Crestiiens. Pour ce lor fist ce, qu'il avoient si bien et si longement tenu lor castiel, tant com il peurent et sans signour.

Lors [3] vint Salehadins d'Escalone pour aler assegier

1. A. B.
2. M : « ut nonnulli conjuges et liberos, quum nil eis man-
" dibile superesset, vendiderunt. »
3. M. chap. 161. col. 795. — Pipino omet ici, comme G et H, la Description de Jérusalem que donnent Ernoul et Bernard le Trésorier, et que divers Continuateurs de Guillaume de Tyr ont

Jherusalem. Maisançois que je vous die comment il assega Jherusalem et comment il le prist, vous dirai l'estat comment elle siet.

reproduite. Pipino reprend sa paraphrase abrégée de notre chronique au chapitre XVIII.

CHAPITRE XVII.[1]

Coment Jherusalem siet et l'estat de li.

SOMMAIRE.

1187. Description de la ville de Jérusalem, telle qu'elle était au moment où Saladin en forma le siége et s'en empara. Ancien emplacement de Jérusalem. Couvent de Sainte-Marie du Mont Sion. Couvent de Sainte-Marie de Josaphat. L'église du Saint-Sépulcre. Les quatre grandes portes de la ville. — I. La porte David. Abbaye de Saint-Jacques de Galice. Rue David. Rue du Patriarche. Le Change. Rue du Mont-Syon. Rue des Herbes. Place aux poissons et aux fromages. Quartier des Orfèvres. Abbaye de Sainte-Marie la Grande. Abbaye de Sainte-Marie Latine. L'Hôpital. Saint-Jacques des Jacobins. Le Calvaire. Le Golgotha. Chapelle de la Sainte-Trinité. Le *Monument*, ou tombeau de Notre-Seigneur. Le *Compas* ou Lutrin. Chapelle de Sainte-Hélène. Cloître, refectoire et dortoirs des chanoines du Saint-Sépulcre. Le Change. La rue Malcuisinat. La rue Couverte. — II. Les Portes Oires ou Porte Dorée. La rue du Temple. La Boucherie. L'Hôpital des Allemands. Rue des Allemands. Le Pont. Abbaye de Saint-Gilles. Les Portes Précieuses. Le Temple Domini. Le Pavement. Le Temple Salomon. Chapelle Saint-Jacques le Mineur. Encore les Portes Oires. La poterne de Josaphat. Le couvent du Berceau. Les quatre portes du Temple. — III. La Porte St-Etienne. Abbaye de St-Etienne. L'Anerie. Poterne St-Lazare. Poterne de la Tannerie. Rue St-Etienne. Le Change des Syriens. La Draperie. Rue du Sépulcre. La rue de l'Arc Judas. Couvent de St-Martin.— IV. Porte du Mont Syon. Les trois rues qui y aboutissent. Couvent de Saint-Pierre en Gallicante. Route de Bethléem. L'étang de Germain. Le Chaudemar.

1. G. H. et M. ne renferment rien du contenu de ce chapitre. Voy. à la fin du chapitre la Note relative aux divers mss. où nous avons reconnu la présente description de Jérusalem.

L'étang du Patriarche. Le charnier du Lion. Abbaye des Géorgiens. Du bois de la Vraie Croix. De la tête d'Adam sculptée au bas des crucifix. De la nation des Géorgiens. Des Amazones. La Fontaine d'Emaüs. La rue de Josaphat. La porte Douloureuse. Le Ruisseau. Le couvent de Saint-Jean l'Evangéliste. Quartier des Syriens. La Juiverie. Couvent de Sainte-Marie-Madeleine. Le Repos. Maison de Pilate. Abbaye de Sainte-Anne. La Piscine. Abbaye de Sainte-Marie. Le rocher de Gethsemani. La montagne des Oliviers. Le couvent de Saint-Sauveur. La vallée de Josaphat. L'abbaye du Mont des Oliviers. Couvent de la Sainte-Patenôtre. Le couvent de Betphagé.

Jherusalem n'est pas [1] en cel liu où elle estoit quant Jhesu Cris fu crucefiiés, ne u il resuscita de mort à vie. Adont quant Jhesu Cris estoit à tiere, estoit li cités sour le mont de Syon, mais elle n'i est ore mie pas[2]. Il n'i a seulement c'une abeie [3], et en cele abeie a .I. moustier de medame Sainte Marie. Là où li moustiers est, si quem on fait à entendre [4], fu li maisons là où Jhesu Cris chena [5] aveuc ses apostles, le jeudi absolu, et fist le sacrement de l'autel. En cel moustier est li lius où il moustra les plaies de ses piés et de ses mains et de son costé à saint Thumas, as octaves de Pasques[6], quant il resuscita de mort à vie ; et se li dist qu'il li mostrast sen doit, et il li bouta en son costé; si creist fermement et noient ne doutast; si ne fust mie mescreans, ains creist fermement que c'estoit il. Et là meismes, s'aparut il[7] le jour de l'Ascension à ses apostres, quant il vint prendre congié à aus, et il vaut

1. D : *Jerusalem, la glorieuse cité, n'est ore mie.* Nombreuses lacunes dans ce ms. — 2. A. B. D. — C : *n'i estoit ore pas.* — 3. L : *une eglise et une abaie de moinnes.* — 4. A. B : *Si com on fait entendant.* — D : *si com l'en dit.* — 5. A. B. D : *cena.* — 6. La fin de la phrase et la phrase suivante manquent dans A. B. — 7. A. B : *raparut il.*

monter es chieux. D'illuec, le convoiierent il dusques au mont d'Olivet, et de là monta il ens es chius.

Dont retournerent li apostle ariiere et atendirent le Saint Esperit, si comme Jhesu Cris lor avoit dit, en cel liu meisme, [qu'il retornassent arriere en la cité [1]], et qu'il atendisent le Saint Esperit, qu'il lor avoit promis. En cel liu lor envoia il le grasse del Saint Esperit, le jour de le Pentecouste.

En cel moustier meisme est li lius où medame Sainte Marie trespassa [2]. D'illuec l'emporterent li angele [3] enfoïr el val de Josafas, et [la[4]] misent en .i. sepulcre. Là où li sepulcres medame Sainte Marie est, a .i. mostier c'on apiele le *Mostier medame sainte Marie de Jozafas*, et si a une abeie de noirs moines. Li mostiers de monte Syon a à non li *Mostiers medame sainte Marie de Monte Syon;* et si a une abbeie de canoines [5].

Ces .ii. abcies sont dehors les murs de le cité, l'une el mont et l'autre el val. L'abeie de Monte Syon est à destre de le cité en droit miedi; et cele de Josafas est devers solail levant, entre mont Olivet [6] et monte Syon. Li mostiers del Sepulcre qui ore est el mont de Calvaire estoit, quant Jhesu Cris fu crucefiiés, dehors les murs de la cité; or est en miliu de la cité [7]. Et si est li cités auques en .i. pendant; et pent vers mont Olivet, qui est vers soleil levant, desour [8] le val de Josafas.

Il a en Jherusalem .iiii. maistres portes en crois,

---

1. A. B. — 2. Par erreur dans O. et dans M. de Vogué : *trespassa en Galilée.* — 3. A. B : *li Apostre.* — D : *li Ange.* — 4. D. — 5. A. B. omettent cette phrase. — J. K : *chanoines regulers.* — 6. C : *mont Olivent.* — A. B : *monte Olivete.* — 7. A. B. D. — C : *en miliu de l'abbeie.* — 8. A. B : *desouz.* — D : *devers.* — O : *desos.* — J : *desus.*

l'une en droit l'autre, [estre les posternes¹]. Si les vous nommerai, comment elles sieent.

Li *Porte Davi* est viers solail couçant. Et est à le droiture de portes Oires², ki sont vers solel levant, deriere le Temple Domini³. [Celle porte tient à la tor Davi, por ce l'apelle on la porte⁴ Davi⁵.] Quant on est dedens celle porte, si torne on à main dextre en une rue par devant le tour Davi; si puet on aler *in monte Syon*⁶; car celle rue va à le rue de Monte Syon, par une posterne qui là est. En celle rue, à main senestre, ains c'on isse hors de [la⁷] posterne, a .I. mostier monsigneur Saint Jake de Galisse, ki freres fu monsigneur Saint Jehan Evangeliste. Là dist on que sains Jakes ot le teste copée; et pour çou fist on là cel moustier.

Li grans rue qui va de le porte Davi droit as portes Ories⁸, apele on le *Rue Davi*. Celle rue desci al Cange est apelée li rue Davi.

A main seniestre de le tour Davi, a une place, là u on vent le blé. Et quant on a .I. poi alé avant de celle rue c'on apele le rue Davi, si treuve on le rue, à main seniestre, qui a à non le *Rue le Patriarce*, pour ce que li patriarces maint au cief de le rue. Et à main diestre de le rue le Patriarce, a une porte⁹ par là où on entre en le maison l'Ospital. Apriès, si a une porte par là où on entre el moustier del Sepulcre, mais n'est mie li maistre porte.

Quant on vient al Cange, là où li rue Davi faut, si

---

1. O. — I. J : *sans les posternes*. — H : *entre les posternes*. Pag. 492. — 2. B : *aires*. — 3. F. J. O. — A. B. C : *Temple David*. — 4. I. J. — 5. A. B. D. I. J. — 6. A. B : *El mont de Syon*. — 7. A. B. D. — 8. A..B : *portes Oires*. — D : *aires*. — 9. A. B : *posterne*.

treuve on une rue qui a à non [la Rue¹] *de Monte Syon*, car celle rue va droit à² Monte Syon.

Et à seniestre del Cange, trouve on une rue toute couverte à vaute³ qui a non li *Rue des Herbes*. Là vent on tout le fruit de le ville, et les herbes et les espesses⁴. Al cief de celle rue, a .I. liu là où on vent le poisson; et deriere le marchié là où on vent le poisson, a une grandisme place là u on vent les oes et les fromages et les poules et les anes.

A main diestre de cel marcié sont les escopes⁵ des orfevres Suriiens. Et là⁶ si vent on les paumes⁷ que li pelerin⁸ aportent d'Outremer. A main diestre de cel marcié sont les escopes des orfevres Latins.

Au cief de ces escopes, a une abbeie c'on apiele *Sainte Marie le Grant*, si est de nonnains. Apriès cele abeie, treuve on une abbeie de moines noirs, c'on apiele *Sainte Marie le Latine*⁹. Apriès treuve on le maison de l'Hospital. Là est li maistre porte de l'Hospital, à main destre.

Et à main destre de l'Ospital¹⁰ est li maistre porte del Sepulcre. [Devant cele mestre porte du Sepucre¹¹], a une [mult bele¹²] place pavée de marbre. A main diestre¹³ de celle porte del Sepulcre, a .I. [moustier c'om apelle *Saint Jaques des Jacopins*. A main senestre¹⁴, devant cele porte del Sepulcre, a .I.¹⁵]

1. A. B. D. — 2. J. O. — C : *va à le rue de*. — 3. A. B. D : *à volte*. — 4. A. B : *les espices*. — 5. A. B : *les escoupes*. — D : *escophes*. — J : *estacons*. — 6. J. — C : *Et s'i*. — 7. A. B : *paumes*. — D. J : *palmes*. — O : *pames*. — 8. A. B : *que li paumiers*. — 9. J : *que l'en apele la Latine*. — 10. J. — M. de Vogüé et la plupart des mss. : *à main destre de l'endroiture* (ou *de la droiture*) *de l'Ospital*. — 11. D. J. — 12. A. B. J. — 13. A. B : *senestre*.— 14. D.— A. B : *destre*.— 15. A. B. D. J.

degrés par là où on monte sur le mont de Calvaire. Lassus, en son le mont, a une mout bele capele. Et [d'autre part[1]] si a .I. autre huis en cele capiele par là où on entre é avale el moustier del Sepulcre, par uns autres degrés qui là sont. Tout si comme on entre el moustier, [à main destre[2]], desous mont de Calvaire, si est Gorgatas[3]. A main destre, est li clokiers del Sepulcre; et si a une capele c'on apele *Sainte Trinité*. Cele capiele si est grans, car on i espousoit toutes les femes de le cité; et là estoient li Fons où on baptisoit tous les enfans de le cité. Et celle capiele si est tenans al moustier del Sepulcre, si qu'il i a une porte dont on entre el moustier del Sepulcre. A le droiture de celle porte est li Monumens.

En cel endroit où li Monumens est, est li moustiers tous reons. Et si est ouvers par deseure, sains covreture[4]. Et dedens cel monument est li piere del Sepulcre. Et li Monumens est couviers à valte[5]. Al cavec[6] de cel monument, ausci comme au cief d'un autel[7], par dehors, [a un autel[8]] c'on apele *le Cavec*[9]. Là cant'on[10] cascun jour messe al point del jour. Il a mout biele place [tot[11]] entour le[12] Monument[13], et toute pavée, si c'on va à procession entour le Monument[14].

Apriès, viers Oriant, est li cuers del Sepulcre, là où li canoines [chantent; si est lons. Entre le cuer, là

---

1. J. — 2. A. B. — 3. A. B : *Golyotas*. — 4. A, B, D : *couverture*. — 5. A. B : *voute*. — D : *volte*. — 6. A. B : *au chief*. — D : *chevez*. — 7. L : *de l'autel*. — 8. J. O. — 9. D : *chancel*. — — O : *chavec*. — J : *chevez*. — 10. A. B : *chantoit on*. — 11. J. O. — C : *entour*. — 12. A. B : *au chief del*. — 13. A. B. D. J. O. — C : *Moustier*. — 14. A. B. D. J. L. O. — A. B : *si c'om va au porches Syon tot entor le Monument*.— C : *entour le Moustier*.

où li chanoine¹] sont et² le Monument a un autel où li Griu cantent; mais qu'il a .I. enclos entre deus; et si i a .I. huis, là où on va³ de l'un à l'autre. En milieu del cuer as canoines, a .I. letril⁴ de marbre, c'on apiele *le Compas*. Lasus list on l'epistre.

A main destre del maistre autel de cel cuer est li mons de Calvaire; si que quant on cante messe de le Resurrection, et li diacres, quant il list l'evangille, si se tourne devers mont de Calvaire, quant il dist : *Crucifixum;* apriès si se retorne devers le Monument, et il dist : *Surrexit non est hic;* apriès si moustre al doit: *Ecce locus ubi posuerunt eum*. Et puis s'en retourne al livre, et pardist son evangille.

Al cavec del cuer a une porte par là où li canoine entrent en lor offecines. Et à main diestre, entre cele porte et mont de Calvaire, a une mout parfonde fosse là où on avale à degrés. Là, a une capele c'on apele *Sainte Elaine*. Là trouva sainte Elaine le Sainte Crois et les claus et le martiel et le couroune. En cele fosse, al tans que Jhesu Cris fu crucefiiés, jetoit on les crois où li laron avoient esté crucefiié, et les membres qu'il avoient deservi à coper [por lor meffais⁵]. Et pour çou apele on cel mont Mont de Calvaire c'on i faisoit les justices et çou que li lois aportoit, et c'on i escauvoit⁶ les membres c'on lor jugeoit à perdre⁷.

Tout si comme li canoine issoient del Sepulcre, à main seniestre, estoit li Dortoirs⁸; et à main destre

---

1. A. B. D. J. — 2. C : *et viers*. — 3. A. B : *par là on n'en va*. — 4. A : *letrun*. — B : *letrim*. — D. J : *letrin*. — O : *un tru*. — 5. J. — 6. A. B : *escalvoit*. — D : *gitoit*. — 7. J : *et que l'en chavoit là les malfaitors des membres que l'en lor jugeit à coper*. — 8. A. B : *dormitors*. — O : *dortois*. — L : *dortouers*.

estoit li Refrotoirs [1], et tenoit al mont de Calvaire. Entre ches .II. offecines est lor enclostres [2] et lor praiaus. En miliu del praiel a une grant ovreture, par là u on voit [3] le capele Sainte Elaine qui desous est; car autrement [4] n'i veuroit on noient.

Or vous ai dit del Sepulcre, comment il est. Or revenrai ariere, al Cange [5].

Devant le Cange, tenant à le rue des Herbes a une rue c'on apele *Malquissinat* [6]. En celle rue cuisoit on le viande c'on vendoit as pelerins. Et si i lavoit on lor [7] ciés. Et si aloit on de celle rue au Sepulcre. Tenant à celle rue [8] Malquisinat, a une rue c'on apele le *Rue Couverte*, là u on vent le draperie; et est toute à vaute par dessus. Et par celle rue va on au Sepulcre.

II. Or lairons [9] le Cange, si venrons as portes Oires [10]. Celle rue dont on vait del Cange as portes Oires a à non li *Rue del Temple*. [Por ce l'apele l'on la rue del Temple [11]], c'on vient ançois al Temple qu'à portes Oires.

A main seniestre, si comme on avale cele rue à aler al Temple, est li Boucerie, là où [l'en [12]] vent le car de le vile. A main diestre, a une rue par là où on va à l'Ospital des Alemans. Celle rue a à non li *Rue des Alemans*.

A main senestre, sour le pont [13], a .I. moustier c'on apele le moustier Saint Gille. Al cief de celle rue,

1. A. B : *refroitors*. — O : *refroitoires*. — L : *refraitors*. — 2. A. B : *clostres*. — 3. A. B : *par là où l'en va à la.* — I : *dont l'en voit*. — 4. A. B. — C : *autre*. — 5. A. B : *Change*. — 6. I : *Malcuisinat*. — 7. I. O : *les*. Cette phrase et la suivante sont inintelligibles dans A. B. — 8. L : *Tout au devant de cele rue*. — 9. A. B : *Or lairai ... si m'en irai*. — 10. D : *Aires*. — 11. D. L. O. — 12. A. B. — 13. A. B : *point*.

treuve on unes portes c'on apele les *Portes Precieuses*.[1] Pour çou les apele on les portes Precieuses que[2] par ces portes entroit Jhesu Cris en Jherusalem, quant il aloit par tiere. Ces portes sont en un mur qui est entre le cité et le mur des portes Oires.

[Entre le mur de la cité de Jerusalem et portes Oires[3]] si est li Temples. Et si a une place qui a plus d'une grant traitie[4] de lonc et le giet d'une piere[5] de lé, ains c'on viegne au Temple. Cele place si est pavée, dont on apele cele place le *Pavement*.

A main diestre, si comme on ist de ces portes, est li Temples Salemon, là où li Templier manoient. A l'endroiture[6] des portes Precieuses et des portes Oires, est li moustiers del Temple Domini. Et siet en haut, si c'on i[7] monte à degrés haus[8]. Et quant on a montés ces degrés, si treuve on une grant place toute pavée de marbre, et mout large; et cil pavemens va tout entour del mostier del Temple.

Li moustiers del Temple est tous reons. A main seniestre[9] de cel pavement haut del Temple, est l'offecine de l'abbeie et des canoines. Et de celle part a uns degrés par là u on monte al Temple del bas pavement el haut.

Devers solel levant, tenant al moustier del Temple, a une capele de monsigneur Saint Jake le Meneur. Pour ce est illuec[10] celle capele k'il i fu martyriés,

---

1. A. B : *Portes Precioses*.— I : *Portes Speciouses*.— 2. *Jhesu-Cris*, répété ici dans C. — 3. D. J. — 4. J : *plus d'une archie*.— 5. I : *d'une petite pierre*. — 6. A. B. D : *la droitures*. — 7. A. B. D. — C : *si c'on*.— 8. J : *que l'en i monte par un degrez*. — L : *et si estoit en haut, si comme il monta aus deyres hauz*. — 9. D : *destre*. — 10. J : *iqui*.

quant li Juif le jeterent[1] de deseure le Temple aval. Dedens cele capele est li lius où Diex delivra la peceresse que on menoit martyrier[2], pour çou qu'elle estoit prise en aoltere[3]. Et il li demanda quant il l'ot delivrée où cil estoient qui l'avoient acusée; et elle dist qu'ele ne savoit. Adont li dist Diex que elle en alast, et qu'elle ne pecast mais.

Al cief de cel pavement, par deviers soleil levant, ravale on uns degrés à aler as portes Oires. Quant on les a avalés, si treuve on une grant place, ains c'on viegne as portes Oires. Là est li atres[4] que Salemon fist.

Par ces portes ne passoit nus, ains estoient enmurées. Et se n'i passoit nus, [fors seulement[5]] que .II. fois en l'an, c'on les desmuroit; et i aloit on a pourcession, [c'est à savoir le jor de Pasque Florie, porce qe Jhesus Criz i passa cel jor et fu recoilis à procession[6]]; et le jour de le fieste Sainte Crois Saltasse[7], pour che que par ces portes fu raportée la sainte Crois en Jherusalem, quant li empereres Eracles de Rome le conquesta en Perse; et par cele porte le remist on en le cité de Jherusalem, et ala on à pourcession encontre li. Pour ce que on n'issoit mie hors de ches portes de le ville, avoit il une posterne par d'encoste[8] c'on apeloit le *Posterne de Josaffas*[9]. Par cele part, de cele posterne, issoient cil hors de le cité[10]. Et celle posterne est à main seniestre des portes Oires.

1. I : *le trabuchierent.* — 2. I : *lapider.* — 3. A. B : *avotire.*— D : *avoltire.* — 4. A. B : *autres.* — I. J : *aitres.* — 5. J. L. — 6. A. B. D. J. O.— 7. J. L : *et le jor de la Sainte Croix en Setembre.* La Fête de l'Exaltation de la Sainte Croix. — 8. A. B : *par de coté.* — 9. A. B : *la Porte de Josefas.* — 10. Plus clairement

Par devers miedi, ravale on del haut pavement del Temple en [1] bas [par un degrez[2],] dont on va al Temple Salemon[3]. A main seniestre, si com on avale del haut pavement el bas, a .I. moustier c'on apele *le Berch*[4]. Là estoit li bers [5] où Diex fu bierciés en s'enfance, si com on dist.

El mostier del Temple avoit [6] .IIII. portes en Crois. Li premiere est deviers soleil couçant; par celi entroient cil de le cité el Temple. Et par celi devers solel levant entroit on en le capele Saint Jake; et si en rissoit on d'illueques à aler as portes Oires. Par le porte devers miedi entroit on el Temple Salemon; et par le porte devers aquilon entroit on en l'abeie.

Or vous ai devisé del Sepulcre et del Temple comment il siet, et de l'Ospital, et des rues qui sont tres le porte Davi dusques as portes Oires, l'une endroit l'autre, dont l'une est deviers soleil levant, l'autre deviers solel couçant. Or vous dirai des autres .II. portes, dont l'une est endroit l'autre.

III. Celle deviers aquilon, a à non Porte Saint Estevene [7]. Par celle porte entroient li pelerin en le cité, et tout cil qui par deviers Acre venoient en Jherusalem, et de par toute le tiere dusques al flun, desci[8] que à le mer d'Escalone.

Dehors celle porte, ains c'on i entre, à main destre, avoit .I. moustier de monsigneur Saint Estevenes. Là dist on que Saint Estevenes fu lapidés. Devant cel

---

dans A. B : *Par cele posterne, issoient cil de la cité de cele part.*

1. J. — C : *el.* — 2. J. — 3. A. B : *Temple bas.* — 4. D. O : *Le Berc.* — I : *Le Bers.* — L : *Le Bierz.* — 5. D : *le berceus.* — 6. A. B : *a.* — 7. A. B : *Estene.* — D : *Estienne.* — 8. A. B : *dés.* — D : *deça.*

moustier, à main seniestre, avoit une grant maison c'on apeloit l'*Asnerie*. Là soloient gesir li asne et li sommier de l'Hospital; pour çou avoit à non l'Asnerie. Cel moustier de Saint Estevene abatirent li Crestien de Jherusalem devant chou que il fuscent assegié, pour che que li moustiers estoit près des murs. L'Asnerie ne fu pas abatue; ains ot puis grant mestier as pelerins qui par treuage venoient en Jherusalem, quant elle estoit as Sarrasins, c'on nes laissoit mie [1] herbegier dedens le cité. Pour çou lor ot li maison de l'Asnerie grant mestier.

A main destre de le porte Saint Estevene estoit li Maladerie de Jherusalem, tenant as murs. Tenant à le Maladerie avoit une posterne c'on apeloit le *Posterne Saint Ladre*. [Par [2]] là metoient li Sarrasin les Crestiiens en le cité pour [aler [3]] couvertement al Sepulcre, que li Sarrasin ne voloient mie que li Crestiien veissent l'afaire [4] de le cité; et les metoit on [enz [5]] par le posterne [6] [qui est en la rue [7]] le Patriarce el moustier del Sepulcre [8]. Ne les metoient [l'en [9]] mie par le maistre Porte. [10]

Quant on entre en le cité de Jherusalem par le rue S. Estevene, si treuve on .II. rues, l'une à diestre qui va à le porte Monte Syon, qui est endroit midi; et le porte Monte Syon si est à le droiture de le porte

---

1. A. B: *qu'il n'es laissoit mie.* — D : *c'on nes les.* — O : *porce que li Sarrasins ne les laissoient mie.* — 2. D. — 3. A.B.D. — 4. J: *les afaires.* — L : *veissent leur couvine ne celui de la cité.* — 5. L. — 6. A. B : *la Porte.* — 7. A. B. — 8. A. B. — C : *el Sepulcre où moustier.* — L : *par la porte le Patriarche qui estoit en la rue del Moustier del Sepulcre.* — 9. D. — 10. Ici addition postérieure, dans L : *Mais sachiez bien de voir*, etc. (p. 500).

S. Estevene. La rue à main senestre si va droit à une posterne c'on apele la *Posterne de la Tannerie*[1], et [si[2]] va droit par desous[3] le pont. Cele rue qui va droit à le porte de Monte Syon a à non li *Rue St Estevene*, desci c'on vient al Cange des Suriiens.

Ançois c'on viegne al Cange des Suriiens, a une rue, à main diestre, c'on apiele le *Rue del Sepulcre*. Là est li porte de le maison del Sepulcre. Par là entrent cil del Sepulcre en lors manoirs.

Quant on vient devant chel Cange, si treuve on une rue, à main diestre, couverte à volte, par où on va al moustier del Sepulcre. En cele rue vendent li Suriien lor draperie, et s'i fait on[4] les candelles de cire.

Devant cel Cange vent on le poisson. A ces canges tiennent les .ɪɪɪ.[5] rues qui tiennent as autres canges des Latins, dont l'une des .ɪɪɪ. rues a à non la *Rue Couverte*. Là vendent li drapier Latin lor draperie. Et li autre a à non la *Rue des Herbes;* là vent on les espeses; et la tierce [a à non[6]] *de Malquisinat*. Par le rue des Herbes va on en le rue Monte Syon; dont on va à le porte Monte Syon, et trescope on le rue Davi.[7] Par le rue Couverte va on en une[8] rue, par le Cange des Latins; cele rue apele on le *Rue de l'Arc Judas;* et trescop' on le rue del Temple[9]. Et celle rue va droit à le rue de Monte Syon. Celle rue apele on le rue de

---

1. D. J. L. O. — A. B : *de la Tempnerie.*— C : *de la Taniere.* — 2. A. B. — 3. A. B : *par desus.* — O : *desos.* — J : *desoz.*— 4. A. B : *et si i vent on.* — 5. J : *les quatre.* — 6. D. — 7. D : *et tot outre en la rue David.*— 8. O.— C : *va on en le.*— A. et B. sont ici incomplets. — 9. J. considère la rue de l'Arc Judas comme la quatrième rue tenant au Change des Latins, fol. 378.

l'Arc Judas, pour çou c'on dist que Judas s'i pendi à
.I. arc de piere.

A senestre de cele rue, a .I. moustier c'on apele le *Moustier Saint Martin*. Et près de cel moustier [1], à main seniestre, a .I. moustier [2] de Saint Piere. Là dist on que ce fu que Jhesu Cris fist le boe qu'il mist as iex de celui qui onques n'avoit eu oel; et qu'il commanda qu'il s'alast laver à le fontaine de Syloé, [si verroit [3]]. Et si fist il, et ot iex, et si vit.

IV. [Tot [4]] droit [5], si com on ist hors de le porte Monte Syon, si treuve on .IIII. voies [6]; une voie à main destre qui va à l'abeie [7] de Monte Syon. Entre l'abeie et les murs de le cité, si avoit .I. grant atre [8] et .I. moustier en miliu.

Li voie à main seniestre si va selonc les murs de le cité droit as portes Oires. Et d'illeuc avale on droit el val de Josaffas, et si en va on droit à le fontaine de Syloé. Et de celle porte, à main destre, sour cele voie, a .I. mostier c'on apele S. Piere en Gallicante [9]. En cel moustier avoit une fosse parfonde, là où on dist que Sains Pieres se muça [10] quant il ot Jhesu Crist renoiiet, et il oy le coc canter; et là ploura il.

Li voie à la droiture de le porte devers midi si va par desous le mont [de Syon [11]], desci c'on a passé l'abeie. [Quant on a passé l'abaïe [12]], si avale on le mont; et va on par celle voie en Betleem.

---

1. A. B. — C : *Et près de celle porte*. — 2. A. B : *a I. autre moustier*. — 3. A. B. — 4. J. — 5. C : *Dont*. — 6. A. B : *si treuve on III. voies*. — 7. A. B : *qui va à l'abeie et au moustier*. — 8. D : *aistre*. — I : *un grant cimitere*. — 9. A. B. D. — C : *Englaycante*. — 10. O : *mucha*. — A. B : *mucza*. — 11. D. — 12. A. B.

Quant on a avalé le mont, si treuve on .i. lai¹ en le valée c'on apele le *Lai Germain*. Pour ce l'apele on le lai Germain, que Germains² le fist faire, pour requellir les eves qui descendoient des montaignes, quant il plouvoit. Et là abevroit on les cevaus de le cité.

D'autre part le valée, à main senestre, priès d'ileuques, a .i. carnier c'on apiele *Caudemar*³. Là getoit on les pelerins qui moroient à l'Ospital de Jherusalem⁴. Cele piece de tiere où li carniers est fu acatée des deniers dont Judas vendi le car Nostre Segneur Jhesu Crist, si comme l'evangile tesmongne.

Dehors le porte Davi a .i. lai devers soleil couçant c'on apiele le *Lai del Patriarce*, là u on requelloit les eves d'illeuc entor à abuvrer les cevaus. Priès de cel lai avoit un carnier c'on apeloit le *Carnier del lyon*⁵. [Or vos dirai porquoi l'on l'apelait einsi⁶]. Il avint, si comme on dist, à .i. jour qui passés est, qu'il ot une bataille entre cel carnier et Jherusalem, où il ot mout de Crestiiens ocis, et que cil de le cité les devoient l'endemain tous [fere⁷] ardoir pour le pueur; tant qu'il avint c'uns lions vint par nuit, si les porta tous en celle fosse, si com on dist. Et sour cel carnier avoit .i. moustier là où on cantoit cascun jour [messe⁸.]

Apriès d'ilueques, à une liue⁹, avoit une abeie de Jorjans¹⁰, là où on dist que l'une des pieces fu cuellie¹¹

---

1. D. J. L : *lac.* — 2. Cf. ci-dessus, pag. 121. — 3. A. B. K : *Chaudemar.* — D : *Caudemar.* — O : *Champ de mar.* — J : *la Chaude mer.*— 4. J : *qui moroient en Jerusalem et en la maison de l'Ospital.* — 5. C : *de lyon.* — A. B : *Le charnier del lyon.* — K : *du lyon.* — D : *le charnel deu lion.* — 6. A. B. D. O. — 7. D. — 8. D. — 9. O : *à une mille.* — 10. Géorgiens. — D. L : *de nonnains.* — 11. A. B : *fu prise.* — O : *toillue.*

de le vraie crois¹. L'estake de le crois fu prise devant le Temple, [car ele fu aportée du Liban avec le marrien dou Temple ²]. Ele³ estoit demorée del Temple [Salemon⁴ por ce⁵] c'on ne pooit trouver lieu où elle s'affresist ⁶, qu'ele ne fust ou trop longe ou trop courte. Dont il avenoit, si quem on dist, que quant les gens venoient al Temple et il avoient les piés emboés ⁷, qu'il les terdoient illuec. Dont il avint c'une roine⁸ i passa une fois; si le vit emboée, si le terst⁹ de ses dras et [puis¹⁰] si l'aoura et enclina.

Or vous dirai de celle piece de fust, dont elle vint, si com on dist el païs. Il avint cose que [quant¹¹] Adans jut el lit mortel, si proia .I. de ses fiex, pour Dieu, qu'il li aportast .I. rainsiel de l'arbre dont il avoit mangiet le fruit, quant il pecha. On li aporta et il le prist, si le mist à se bouce. Quant il ot à se bouce le rainsiel, si estraint les dens et l'ame s'en ala, n'onques puis le rainsiel ne li pot on esrachier des dens; ains fu enfoïs atout. Cil rainsials, si comme on dist, reprist; et devint biaus arbres. [Et quant ce vint que li deluges fu, si esracha cel arbre ¹².] Et le mena li delouves el mont de Nibam ¹³, et d'ilueques fu il menés en Jherusalem aveuc le mairien dont li Temples fu fais, qui fu tailliés el mont de Nibam. Il avint, si comme on dist,

---

1. J et L ajoutent ici : *La terre dont il estoient avoit non Avegie. Aucune genz si disoient que ce estoit la terre de Femenie.* Au lieu de ces deux phrases, A. B. C. O donnent plus loin (p. 205) tout un paragraphe sur l'Abasie et la Géorgie.

2. J. — 3. A. B. C : *qu'ele.* — 4. D. — 5. A. B. — 6. A. B. D : *s'aferist.* — 7. A. B : *anboés.* — J : *soilliés.* — 8. D : *qui Sibile estoit apelée.*— 9. D : *si la terdi.*— J : *si la terst de sa robe.* — 10. D. — 11. D. — C : *que Adans.* — 12. A. B. — 13. A. B : *Juban.* — J : *Libanne.*

quant Jhesu Cris fu crucefiiés, que li teste Adan estoit dedens le boise¹, et quant li sans Jhesu Crist issi hors des plaies ², la tieste Adam issi hors de le crois et requelli le sanc. Dont il avient encore qu'en tous les crucefis c'on fait en le tiere de Jherusalem, c'au pié de le crois, a une tieste en ramenbrance de cheli.

Or vous dirai des Jorjans³ qui sont en l'abeie où l'une des parties de le crois fu prise, qués gens ce sont, ne de quel tiere. Li tiere dont il sont a à non Avegie ⁴, et si a roy et roine; dont aucunes gens apelent cele terre tiere de Femenie. Pour çou l'apelent tiere de Femenie que li roine cevauce et tient ost de ses femmes, ausi bien comme li rois fait de ses homes. En celle tiere n'ont les femes c'une mamiele, et si vous dirai pour coi. Quant li feme est née et elle est un poi crute, se li cuist on la destre mamele d'un fer caut, et le seniestre li lesse on pour ses enfans norir. Et pour çou li cuist on le diestre qu'ele ne li nuise mie al traire l'espée, quant elle est en bataille⁵.

A .III.⁶ liues de Jherusalem, devers solel couçant, a une fontaine c'on apele *le Fontaine d'Emaüs*⁷. Là soloit avoir .I. castiel. Dont il avint, si comme l'evangille tesmoigne, que Nostre Sires ala aveuc .II. de ses desiples, quant il fu resuscités, dusque à cel castiel, et s'asisent à cele fontaine pour mangier, si qu'il ne le connurent mie, desci qu'il brisa le pain. Adont si s'es-

---

1. A. B : *la boise*. — 2. C : *plaie*. — 3. A. B. — C : *Jorans*.—
4. J : *Avegine*. L'Abasie, voisine de la Géorgie.
5. Ce paragraphe manque dans D. et dans plusieurs des Continuateurs qui donnent la Description de Jérusalem.
6. A. B : *à quatre*. — 7. J. — A. B : *des Esmaus*. — C : *des Esmax*. — D : *d'Esmax*.

vanui d'aus. Et d'illeuc, retornerent en Jherusalem as apostres, pour faire savoir à aus comment il avoient à lui parlé.

Or revieng à le porte Saint Estevene, à le rue qui va à main senestre qui va à le porte[1] de le Tanerie. Quant on a alé une piece de celle rue, si treuve on une rue à main senestre c'on apele le *Rue de Josaffas*. Quant on a .i. poi alé avant, si treuve on .i. quarrefour d'une voie, dont li voie qui vient à senestre vient del Temple, et va al Sepulcre. Au cief de celle voie, a une porte, par devers le Temple, c'on apele *Porte Dolereuse*. Par là issi Jhesu Cris quant on le mena el mont de Calvaire, pour crucefiier; et pour ce les apele on portes Dolereuses.

A main destre, sour le quarcfour de celle voie, fu li ruissiaus dont l'evangille tesmoingne que Nostre Sires passa, quant il fu menés crucefiier. En cel endroit, a .i. moustier de S. Jehan l'Evangeliste; et si avoit .i. grant manoir. Cil manoirs et li moustiers estoit des nonnains de l'abeie de Betanie. Là manoient elles quant il estoit guerre de Sarrasins.

Or revieng à le rue de Josaffas. Entre le rue de Josaffas et les murs de le cité, à main senestre, dusque à le porte de Josaffas, a rues ausi com une ville. Là manoient li plus des Suriiens de Jherusalem. Et ces rues apeloit on *le Juerie*.[2] En celle rue de Juerie avoit .i. moustier de sainte Marie Madelaine. Et près de cel mostier avoit une posterne dont on ne pooit mie hors issir as cans, mais entre .ii. murs aloit on.

1. D : *à la posterne*. — J : *à la rue qui vait devers senestre jusque à la Tennerie*. — 2. D : *La Guerie*. — J : *La Juderie*. — L : *Guiverie*.

A main destre de celle rue de Josaffas, avoit .i. moustier c'on apeloit *le Repos*. Là dist on que Jhesu Cris reposa, quant on le mena crucefiier; et là estoit li prisons u il fu mis le nuit que il fu pris en Gessemani. Un poi avant, à main senestre de celle rue, estoit li maisons Pilate. Devant celle maison avoit une porte par u on aloit al Temple. Priès de le porte de Josaffas [1], à main seniestre, avoit une abeie de nonnains, si avoit à non *Sainte Anne*. Devant celle abbeie a une fontaine c'on apele *le Pecine*.[2]

Deseure le fontainne avoit .i. moustier. Et celle fontaine ne quert point, ains est [en [3]] une fosse deseure [4] le moustier. A cele fontaine, au tans que Jhesu Cris fu en tiere, avenoit que li angeles venoit par foys movoir celle eve, et quant il l'avoit mute, qui primes descendoit à celle fontaine pour baignier apriès ce que li angeles l'avoit mute, il estoit garis de quel enfremeté qu'il eust. Devant celle fontaine, avoit .v. portes [5] et devant ches .v. portes avoit mout de malades et d'enfers et de languereus, pour atendre le mouvement de l'eve. Dont il avint que Jhesu Cris vint là .i. jour et trouva .i. home gissant en son lit, qui .xxxviii. ans y avoit geu. Se li demanda Jhesu Cris s'il voloit estre garis. « Sire, [dist il [6]], jou n'ai home qui
» m'aiut [7] à descendre en le fontaine. Quant li angeles
» a mute l'eve, et jou me esmeut [à descendre de mon

---

1. Tout ce qui précède depuis le mot Josaffas de la 22ᵉ ligne (page 206) manque dans A. et B.
2. K : *qu'on apele la Fontaine dessous la Pecine*. — L : *la Fontainne desus la Pecine*. — 3. A. B. J. — 4. J : *desouz*. — 5. L : *porches*. — 6. D. — 7. A. B : *qui m'ai*. — J : *je n'ai nul home qui m'ait*. — O : *qui m'aiwe*.

» lit[1]] pour aler là, si truis .i. autre qui s'i est baigniés
» devant moi. » Dont li dist Jhesu Cris qu'il ostast son
lit et si s'en alast, qu'il estoit tous sains. Et cil saili sus
tous sains, si s'en ala. Cel jour estoit semedis, si com
l'evangile tesmoingne.

Si comme on ist [2] de le porte de Josaffas [3] si aval'on
el val de Josaffas [4]. A main diestre de cele porte sont
portes Oires. El val de Josaffas avoit une abeie de noirs
moines. En celle abeie avoit un moustier de medame
Sainte Marie. En cel moustier estoit li Sepulcres où
elle fu enfoïe et est encore. Li Sarrasin, quant il orent
pris la cité, abatirent cele abeie et emporterent les
pieres à le cité fremer, mais le moustier n'abatirent il
mie.

Devant cel moustier, al pié de Mont Olivet, a .i.
moustier en une roce, c'on apiele *Gessemani*. Là fu
Jhesu Cris pris. D'autre part la voie, si comme on
monte el mont Olivet, tant comme on geteroit une
piere, avoit .i. moustier c'on apeloit *S. Salveur* [5]. Là
ala Jhesu Cris orer le nuit qu'il fu pris; et là li degouta
li sans de son cors, aussi comme sueurs.

El val de Josaffas avoit hermites et renclus [6] assés,
tout contreval, que je ne vous sai mie nommer, dessi
qu'à le fontaine de Syloé.

En son le mont [7] d'Olivet, avoit une abeie de blans
moines. Près de celle abeie, avoit une voie qui aloit ne

---

1. D. — 2. A. B. D. — C : *on dist*.— J : *Ensi com l'en ist.* —
3. D : *de la porte St Estienne. Elle avait ces deux noms.* — 4. J :
de la porte de Josaphat por avaler en Josaphas. — K : *De la porte
de Josaphat si avaloit on en val de Josaphat.* — 5. A. B : *Saint
Salveor.* — D. K : *S. Sauveur.* — J : *S. Sauveor.* — 6. A. B : *et
renclus.* — K : *et vereles.* — J : *reclus.* — 7. J : *desus le mont*.

Betanie, toute le costiere de le montaigne. Sor le tour¹ de cele voie, à main destre, avoit .I. moustier c'on apiele [la²] *Sainte Patrenostre*. [Là fu ce que Dex fist le Pater Noster ³] et l'ensegna ⁴ à ses apostres. Priès d'illeuc fu li figiers que Diex maldist, quant il aloit en Jherusalem, pour che que li apostre i aloient cueillir leur figues, se n'en i trouverent nulle et se n'estoit mie tans qu'elles i deussent estre. Cel jour meisme, retourna Jhesu Cris pour aler en Betanie de Jherusalem; et li apostre alerent par devant le figier⁵, si le trouverent sech.

Entre le moustier de le Patrenostre et Betanie, en le coste de le montaigne ⁶, avoit .I. moustier qui avoit non *Betfage* ⁷. Là vint Jhesu Cris le jour de Pasques Flories, et d'ileuques envoia en Jherusalem .II. de ses desciples pour une anesse; et d'ileuc ala il sor l'anesse en Jherusalem, quant il l'orent amenée.

Or vous ai je [dit et⁸] només les mostiers et les abbeies de Jherusalem et de dehors Jherusalem, [à une liue près⁹], et les rues, des Latins. Mais je ne vous nomerai ne n'ai només les abbeies ne les moustiers des Suriiens, ne des Griffons, ne des Jacopins, ne des Boamins¹⁰, ne des Nestorins, ne des Hermins, ne des autres manieres de gens qui n'estoient¹¹ mie obeissant à Rome; dont il avoit abeies et moustiers [plusieurs¹²] en le cité. Pour che ne vous veul mie parler de toutes

---

1. A. B : *sor le tor*. — K : *seur le tour*. — 2. A. B. — 3. A. B. D. E. O. — 4. J : *qu'on apele Sainte Pater-Nostre, por ce que là l'enseigna*. — K : *Sainte Patenostre*. — 5. K : *figuier*. — 6. D : *Entre le moustier de Betanie et la montaigne*. — 7. J. C : *Belfage*. — 8. A. B. — 9. D. — 10. A. B. K : *Boanins*. — 11. D : *porce qu'il n'etoient*. — 12. D.

ches gens que j'ai chi nommés, qu'il ne sont mie obeissant à Rome¹.

1. A. B : *à la loi de Rome.* — L. donne à la suite (pag. 507) la Description des lieux de Pélerinages que les fidèles pouvaient successivement parcourir et vénérer en Terre Sainte. Cet itinéraire publié par M. de Vogué d'après le ms. 104. suppl. franç. de la Bibliothèque Imp. (*Eglises de Terre Sainte*, p. 444) se trouve à la fin des mss. A. et B., mais rien n'autorise à croire qu'il soit d'Ernoul ni de Bernard le Trésorier.

Quant à la Description même de la Ville de Jérusalem dont Bernard le Trésorier a formé le XVIIe chapitre de sa compilation, elle se trouve dans tous les mss. de nos chroniques (A. B. C. D. E.) avant le récit du siège et de la prise de la ville par Saladin, en 1187. Les mss. F. et O. (semblables aux mss. C. D. E., sauf la suppression de la phrase où Ernoul est nommé), donnent aussi la Description à la même date. — Le ms. J., seul des Continuateurs de Guillaume de Tyr de la première période s'arrêtant à 1230-1231, qui, à notre connaissance, renferme la Description de la ville de Jérusalem, l'insère à la même époque que les précédents mss. Les Continuateurs que nous appelons Continuateurs de la seconde période, arrivant à 1261, donnent également la Description de Jérusalem, mais à une époque différente; ils l'ont placée en 1230, quand les Sarrasins reprennent la ville aux Chrétiens, après le départ de l'empereur Frédéric II.

M. le Cte Beugnot a, le premier, publié des fragments de cette curieuse Topographie de la Jérusalem des Croisés d'après le ms. de Sorb. 387, notre K. (*Assises*, t. II). Les savants éditeurs du **Recueil des Historiens occidentaux des Croisades** l'ont donnée intégralement dans leur édition de la Continuation dite de Rothelin de 1229-1261 (tom. II, p. 490). M. le docteur Tobler l'a publiée d'après trois mss. de Berne; M. le Cte de Vogué d'après les mss. 8404, ancien fonds, 383 et 387 fonds de Sorbonne. Le Suppl. franç. nº 104 ne renferme pas, comme on l'a dit, la Description de Jérusalem. Il donne seulement l'Itinéraire descriptif des localités à visiter par les pélerins aux alentours de Jérusalem.

CHAPITRE XVIII[1]

Coment Saladin vint asegier Jherusalem.

SOMMAIRE.

1187. Saladin forme le siège de Jérusalem. Positions où il s'établit. Ses nouvelles propositions aux assiégés. Combats et escarmouches. Succès des Chrétiens. Saladin change ses dispositions d'attaque. Avantages de ses nouvelles positions. Progrès des mineurs sarrasins. Les chrétiens de Jérusalem veulent faire une sortie désespérée. Le Patriarche les en détourne. Ils prient Balian d'Ibelin d'aller traiter de la paix avec Saladin. Un assaut des Sarrasins est repoussé. Les péchés des habitants de Jérusalem empêchent leurs prières de monter au ciel. Nouveaux pourparlers de Balian d'Ibelin avec Saladin. Conditions de la soumission de la ville. Les habitants se rendent à merci comme si la ville était prise d'assaut. Chaque chrétien est tenu de se racheter. Débats et difficultés au sujet du rachat du menu peuple. Du trésor déposé par le roi d'Angleterre au Temple et à l'Hopital.

Or vous dirai[2] de Salehadin, qui Jherusalem vint assegier. Il se herbega devant Jherusalem en .I. jeusdi, al soir[3]. Le venredi, par matin, l'assega[4] et se loga

---

1. Cf. G. pag. 106-118. — H. chap. 55-59 du XXIIIe livre. Pag. 82-90. — M. chap. 161-163. col. 796-798. — 2. A. B : *A tant vos lairai à parler de ce. Si vos dirai.* — 3. G : *Salahadin vint d'Eschalone asceoir Jerusalem un jeudi à soir.* — 4. M : « VI. » feria obsidionem incœpit. »

très le Maladerie des femes¹, par devant le tour Davi² et par devant le Maladerie des homes, desci qu'à le porte S. Estevene.

Ançois qu'il fesist assalir le cité, manda il à ciaus de le cité de Jherusalem [qu'il li rendissent la cité³] et que les couvenences qu'il lor avoit en couvent, quant il les manda devant Escalone, lors tenroit, mais qu'il rendissent le cité; et seussent il bien de voir qu'il en avoit fait tel sairement que, s'il le faisoit assalir, qu'il ne le prendroit jamais s'à force ne le prendoit⁴. Cil de Jherusalem li manderent ariere qu'il fesist le miex k'il peust, que le cité ne li renderoient il ja.

Dont fist Salehadins armer ses homes pour assalir le cité. Et cil de le cité issirent hors encontre tout armé, et se combatirent li Crestiien as Sarrasins. Mais li bataile ne dura gaires, pour ce que li Sarrasin avoient le solel de le matinée en mi les iex. Si se traisent ariere dusque al vespre. Au vespre, si recommenchierent à assalir jusque al nuit.

Ensi sist Salehadins .VIII. jours de celle part au siege. N'onques [les Sarrasins⁵], pour pooir⁶ qu'il eussent, les Crestiiens ne porent metre ens en le cité, à force que toute jour ne fussent hors as portes aveuc aus, tant con li jours duroit; et que .II. fois ou .III., cescun jour, faisoient li Crestiien reflatir les Sarrasins ariere jusque en lor tentes.⁷ N'onques, de celle part, ne porent li Sarrasin drecier perriere, ne mangonnel, n'engien.

---

1. C : *de femes*. — 2. D : *d'ici à la porte David*. — 3. A. B. — 4. M : « nullas amplius cum eis conditiones admitteret. » — 5. G. — 6. C : *N'onques pour pooir*. — 7. M : « cogebant » retrocedere. »

Or vous dirai comment Salehadins et li Sarrasin assaloient et requeroient les Crestiiens. Il ne requeroient [1] onques desci que nonne estoit passée. Quant nonne estoit passée, et li Sarrasin avoient le soleil adossé, et li Crestiien l'avoient en mi les visages, donques assaloient li Sarrasin dusque à le nuit. Et si avoient peles dont il ventoient le pourre en haut; et li pourre voloit [sor[2]] les Crestiiens ens es iex et es visages; et avoient le soleil et le pourre.

Quant li Sarrasin virent qu'il ne poroient riens faire à celle part, si remuerent le siege, et s'alerent logier d'autre part très le porte S. Estevene jusques à le porte de Josaffas, et dusques à l'abcie de Mont Olivet[3]. Et chil qui estoient à Mont Olivet veoient quanqu'il fasoient aval les rues de le cité, fors es rues couvertes. Li remuemens del siege fu fais le venredi apriès celui venredi qu'il orent assegié le cité. Adont furent li Crestiien enclos dedens le cité, qu'il n'en pooient issir; car très le porte S. Estevene jusque à le porte de Josaffas, tout si com li sieges duroit, n'avoit porte ne posterne où il peussent issir à camp, fors seulement le porte de le Madelaine dont on issoit pour aler entre .II. murs[4]. Le jour que Salehadins se remua del siege, fist il drechier une perriere qui jeta cel jour meesme .III. fois al mur de le cité, et le nuit [apriès[5]], par nuit, fist il tant drecier de perrieres que mangonniaus qu'eu l'endemain par matin, en i conta on .XL.[6] tous estaciés.

1. D: *Il nes assailloient*. — 2. A. B. — 3. M: « inter portam S. Ste-
» phani et portam Josaphat, usque ad abbatiam Montis Calvariæ. »
Erreur de Pipino. — 4. M : « porta Magdalenæ, quæ inter duos
» muros ibat. » — 5. D. — 6. A.B : *XI*. — D : *LX*.

Quant che vint l'endemain, par matin, si fist Salehadins armer ses chevaliers et fist .III. batailles pour aler assalir le cité. Et lors alerent assallir, les targes devant aus; et deriere aus estoient li arcier qui traioient si dru com pluie; ne n'avoit si hardi home dedens le cité qui as murs osast moustrer le doit. Et vinrent jusque sus le fossé. Et fisent el fossé avaler les mineurs, et fisent les eschieles drecier as murs de le barbacane pour miner. Si minerent en .II. jors[1] bien .XV. toises del mur.

Quant [li[2]] Sarrasin orent miné le mur, et estançonné, et mis ens lor atrait, si bouterent le fu en lor atrait; et li murs versa ens el fossé, çou qu'il avoient miné. Li Crestiien ne porent mie miner encontre, car il doutoient les pierres[3] des mangonniaus et des engiens et les quariaus et les saietes, qu'il n'i pooient estre.

Dont[4] vinrent li Crestiien de le cité, si s'asanlerent ensanle pour prendre consel qu'il feroient. Et vinrent al patriarce et à Balian de Belin, se li disent qu'il s'en voloient issir par nuit et ferir en l'ost [des Sarrasins[5]]; et qu'il avoient plus cier[6] qu'il fussent mort en bataille honnerablement, qu'il fuissent pris en le cité et honteusement ocis; car il voient bien qu'en le cité tenir ne vauroit[7] nient[8] leur deffense, et qu'il avoient plus cier à morir là où Jhesu Cris reçut mort pour aus, qu'il rendissent le cité.

A cel consel s'acorderent chevalier et bourgois et sergant. Mais li patriarces lor dist encontre : « Segneur,

---

1. A. B. D. — C : *en II. lius.* — 2. A. B. — 3. A. B. D. — C : *les perrieres des mangonniaus.* — 4. M. chap. 162. col. 796. — 5. A. B. — 6. D : *plus chier.* — M : « honorabilius fore in bello mori. » — 7. D. — C : *vaut.* — 8. D : *rien.*

» dist il, ce tenroi ge à bien, mais autre cose i a. Se
» nous nos salvons et nous perdons ame que nous
» puissons salver, ce n'est mie biens, che m'est avis;
» car à cascun home qu'il a en ceste cité, il i a bien,
» [mon esciant¹], .XL. que femes que enfans; et se nous
» somes mort, li Sarrasin prenderont et femes et en-
» fans; et si n'en ociront nul, ains les feront convertir,
» lors seront tout perdu à Diu. Et qui poroit tant
» faire envers les Sarrasins, à l'aiue de Dieu, que
» nous peuissons estre hors, et aler à Crestiienté, il
» me sembleroit miex c'aler combatre, pour sauver
» les femmes, et les enfans mener à Crestiienté. »

A cel consel s'acorderent tuit. Dont proiierent Ba-
lyan de Belin qu'il alast à Salehadin, pour assentir quel
pais il poroient faire. Et il i ala et parla à lui. En cel
point [que²] Balians estoit devant Salehadin et parloit à
lui de le cité rendre, fisent li Sarrasin .I. assaut à le
cité; et aporterent eskieles et les drecierent as mais-
tres murs de le cité, et furent bien monté dusque à
.X. banieres ou .XII. sour les murs. Et estoient entré
par là où li mur estoient ceu³ qu'il avoient miné.

Quant Salehadins vit ses banieres et ses homes sur
les murs de le cité, si dist à Balyan de Belin : « Pour
» coi me requerés vous de le cité rendre et faire pais,
» quant vous veés mes baneres et mes gens aparel-
» liés d'entrer ens? C'est à tort, et bien veés que li
» cités est moie. »

A celle eure k'il parloient, ensi presta Dame Diex as
Crestiiens qui estoient sour le mur force et vigour,

---

1. O. — 2. A. B. D. — 3. A. B : *où li mur estoient cheoit.* —
O : *estoient chaï.*

[tant¹] qu'il fisent les Sarrasins, qui sour le mur estoient et sour les eskieles, flatrir aval el fons del fossé. Lors fu Salehadin mout dolans; et dist à Balyan qu'il s'en alast ariere en le cité, que il n'en feroit ore plus, et l'endemain venist parler à lui, qu'il oroit volentiers qu'il volroit dire. [Et Balians s'en retorne à la cité²].

Or vous dirai que il avint le nuit. Il avint c'une pierre d'une perriere feri³ si le hordeis d'une tour⁴, que li hordeis caï, si fist trop⁵ grant effrois. Dont les escargaites⁶ de l'ost et les escargaites de le cité orent si grant paour que cascuns commença à crier : « Traï ! traï !⁷ » Dont cuidierent cil de le cité que li Sarrasin fuissent entré ens, et chil de l'ost cuidierent que li Crestiien fussent feru en l'ost.

Or vous dirai que les dames de le cité fisent. Elle fisent porter cuves et metre en le place devant mont de Calvaire et emplir d'iaue froide. Et si fisent lors filles despoullier toutes nues et entrer ens jusques as cols, et lor treces coper et geter fuer⁸. Et li moine et li prestre et les nonnains aloient tout dessaus⁹ sour le mur à pourcession, et faisoient porter le Sainte Crois que li Suriien avoient devant aus; et li prestre portoient *Corpus Domini* sour leur ciés. Nostres sires Dame Diex ne pooit oïr [lor¹⁰] clamour ne proiiere c'on li fesist en le cité, car l'orde puans luxure et l'avoltere qui en le cité estoit ne laissoit monter orison ne proiiere c'on

---

1. D. — 2. A. B. D. — 3. C : *d'une perriere qui feri*. — 4. G : *à l'ordois d'une tornace.* — M : « angulum cujusdam turris. » — 5. D : *si*. — 6. H : *eschaugeites*. — M : « qui excubabant. » — O : *les escgaites.* — 7. M : « vociferaverint trahi, trahi. » — 8. C : *puer.*— A. B : *et giter fors.*— 9. A. B. D : *deschaus.*— 10. A. B.

fesist devant Diu, et li puans peciés contre nature. Si estoit li cités si empullentée, c'orisons ne pooit amont monter, et que Dame Diex ne le pot plus souffrir. Ains esnetia si le cité des habitans qu'il n'i demoura home ne feme en poesté, fors seulement .ii. homes d'aage, qui ne vesquirent gaires apriès.

Or[1] vous lairons de ceste pueur ester, si vous dirons de Balyan de Belin qui ala à Salehadin pour le cité rendre. Quant Balyans vint devant Salehadin, se li dist que li Crestiien de Jherusalem li renderoient le cité, salves lor vies, qu'ensi li mandoient il. Salehadins li respondi qu'il avoient à tart parlé; et quant il lor fist [la[2]] bel offre qu'il li rendissent le cité, il ne le vaurrent mie rendre[3]; et qu'il avoit fait sen sairement qu'il ne le prenderoit jamais s'à force non. Et s'il se voloient rendre en se merchi, à faire se volenté d'aus, [come esclave[4]], il les prenderoit; autrement nient : « Car » vous veés bien, dist il, que vous n'avés nul secours » et que il n'a que prendre le cité.[5] »

Dont vint Balyans, se li cria merchi et que, pour Dieu, eeust merchi d'aus. Lors respondi Salehadins : « Sire, pour l'amor de Diu et de vous, je vous dirai » que je ferai. Et pour l'amour de chou que, [puis » qe[6]] je commençai à guerroier sour les Crestiiens, » a on tant espandu de sanc et ocis, j'averai merchi » d'aus en une maniere que je vous dirai, et pour men » sairement sauver. Il se renderont à moi comme pris » à force, et je lor lairai lor meuble et lor avoirs, si » en feront lor volentés comme del lor, mais lor cors

---

1. M. chap. 163. col. 797. — 2. D. — 3. D. G. — A. B. C : prendre. — 4. A. B. — 5. C : en le cité. — 6. A. B.

» seront en me prison. Et qui racater se vaurra et
» pora, si se racat, et je le metrai à raençon devisée.
» Et qui ne le pora ne ne valdra, il demourra en ma
» prison, comme hons pris à force. »

Lors li dist Balyans : « Sire, quels ert li nombres
» de le raenchon? »[1]. Et Salehadins respondi que li
nombres et li raençons seroit tele et as povres et as
rices, que li hons donroit .xx. besans et li feme .x. et
li enfes .v. Et qui celle raençon ne poroit paiier, il demourroit esclave. Dont respondi Balyans : « Sire, dist
» il, en celle cité laiens n'a que un poi de gent qui
» aidier se puissent, fors seulement les bourgois de le
» cité. Et à[2] cascun home qu'il a dedens le cité qui
» celle raençon puissent paiier, en i a il .c. qui n'en
» aroient mie .II. besans; car li cités est toute plaine
» de menu pule de gens de le tiere, de femes[3] et
» d'enfans, dont vous avés les peres des enfans et les
» barons des femes ocis en bataille ou pris[4]. Et puis
» que Diex vous a mis en cuer et en talent que vous
» arés merci del pueple qui laiens est, si metés tel
» raençon et tel mesure c'on les puist racater. » Et
Salehadins respondi qu'il se pourpenseroit, et que volentiers i metroit raison et mesure; et qu'il s'en alast
en le cité ariere, et l'endemain revenist parler à lui.

Lors prist Balyans congiet à Salehadin et s'en rala
ariere en le cité et vint al patriarce, si manda tous les
bourgois por dire çou qu'il avoit trové à Salehadin.
Quant il oïrent ce, si furent mout esmari[5] pour le
menu peuple de le cité. Si prisent consel ensanle, et

---

1. M : « Redemptionis texatio. » — 2. H : *et por.* — 3. C :
feme. — 4. H. — A. B. C : *et pris.* — 5. G. H : *corociés.* —
M : « tristes. »

disent qu'il avoit grant avoir del roi d'Engletiere[1] en le maison de l'Ospital, et s'il pooient tant faire vers les Hospitaliers qu'il eussent cel avoir à racater .i. nombre del menu peuple de le cité, ce seroit boin à faire. Aussi comme li rois [Guis[2]] fist tant vers le maistre del Temple qu'il li bailla le tresor le roi d'Engletiere[3], qui estoit à le maison del Temple; dont il luia les chevaliers et sergans qu'il mena en le bataille là où il fu pris et là où li vraie Crois fu perdue aveuc.

Lors vint li patriarces et Balyans et li bourgois, si manderent le commandeur de l'Ospital, et se li disent qu'ensi faitement avoient parlé ensanle, et qu'il voloient avoir le tresor al roi d'Engletiere, que il avoient en garde pour racater le menu pueple qui en le cité estoit, s'il pooient tant faire vers Salehadin. Et li commanderes dist qu'il en prenderoit consel as freres de l'Hospital. Et chil de le cité disent qu'il gardaissent bien quel consel il prenderoient; et seussent il bien pour voir que s'il ne lor livroient l'avoir le roi d'Engletiere pour racater les povres de le cité, que il le feroient prendre à force[4] à Salehadin; et si ne lor en saroit gret Diex ne Crestiientés.

Atant s'en ala li commanderes[5] de l'Ospital et prist consel à ses freres. Li frere li conseillerent que biens estoit à faire, et que bien s'i acordoient; et que se li tresors estoit de le maison, si se[6] acordoient il bien

---

1. D : *del roi Hienri d'Engleterre*. — 2. A. B. D. — 3. Voy. ci-dessus, chap. XIII. pag. 156-157.

4. C. D. G. H. J. O. — M : « comminantes nisi traderetur, » sese inducturos Saladinum urbe potitum ut caperet eum. » Mal dans A. et B : *les feroient pendre as forches*.

5. M : « Præceptor. » — 6. A. B. D. — C : *se si*.

c'on en racatast les povres gens. Atant s'en revint li commanderes de l'Ospital al patriarce et à Balyan de Belin et as bourgois, si lor nonça ce qu'il avoient trové, et si lor dist qu'il voloient bien que le tresor le roy d'Engletiere, et quanques il poroient faire, fust abandonné à racater les povres gens de le cité [1].

1. H : *que il voloient bien que li avoirs dou roi d'Engleterre fust à rachater les povres gens.*

CHAPITRE XIX.[1]

Coment Saladin prist Jherusalem et mist ces de dens à reançon.

SOMMAIRE.

1187. Nouveaux pourparlers de Balian d'Ibelin avec Saladin au sujet du chiffre de la rançon des hommes, des femmes et des enfants de ceux qui pouvaient payer. Rachat du menu peuple. Délai fixé pour l'évacuation de la ville. Il est permis aux Chrétiens de sortir avec leurs armes et leurs bagages. On remet les clefs de la ville à Saladin (2 octobre).— Toutes les portes de la cité sont fermées, sauf la porte de la tour David. Mesures prises par Saladin pour la protection des Chrétiens, à leur sortie de Jérusalem. Délivrance successive et sans rançon du reste de la population pauvre par la générosité de Saphadin, du patriarche, de Balian d'Ibelin et de Saladin lui-même. Ordre de retenir et d'emprisonner tout individu racheté gratuitement qui emporterait clandestinement quelque chose dont il put payer sa rançon. Générosité de Saladin à l'égard des dames chrétiennes dont les parents étaient morts ou prisonniers. Les Chrétiens, divisés en trois corps, et protégés par les Sarrasins, quittent Jérusalem pour se rendre dans la seigneurie du comte de Tripoli. Mauvais accueil qui leur est fait par le comte de Tripoli. — 1187-1188. Les Chrétiens expulsés d'Ascalon sont au contraire reçus généreusement en Egypte. — Mars 1188. Les émigrants traitent à Alexandrie avec des patrons Pisans, Génois et Vénitiens pour être transportés en pays chrétien. L'émir d'Alexandrie obligé de prendre leur défense vis-à-vis des patrons chrétiens. — 1187. Saladin fait laver le Temple de Jérusalem à l'eau de rose. Il fait abattre la croix d'or qui surmontait la coupole. Il envoie son armée devant Tyr, et la rejoint peu après.

1. Cf. G. pag. 118-138. — H. chap. 59 du XXIIIe livre au chap. 2 du XXIVe. Pag. 90-104. — M. fin du chap. 163 au chap. 166. col. 798-801.

Adont proiierent tout communement à Balyan qu'il alast à Salehadin, et qu'il fesist le mellour pais qu'il poroit. Lors s'en ala Balyans à Salehadin en l'ost, si le salua; et Salehadins le bienvigna [1]; et si le fist seoir dalés lui; et se li demanda qu'il estoit venus querre, ne qu'il voloit. Et Balyans respondi : « Sire, je sui
» venus devant vous pour che dont je vous avoie
» proié. » Et Salehadins respondi que chou qu'il li avoit en convent, il li tenroit, et s'il ne li eust en convent, il ne li fesist jamais; que li cités et tout çou qu'il i avoit estoit tout sien. Dont li dist Balyans :
« Sire, pour Dieu merchi, metés resnable raençon[2] as
» bonnes gens de le cité; et je ferai, se je puis, c'on
» le vous rendera; car de .c. n'en i aroit il mie .ii.
» qui celle raençon peussent paiier. » Lors s'amolia Salehadins, et dist que, pour Diu, avant, et pour l'amor de lui qui l'em prioit, metroit le raençon à raison, si qu'il i poroient avenir. Dont atirerent illeuques que li hom donroit .x. besans[3]; et li feme .v., et li enfes .i. Ensi atirerent le raençon à çaus qui racater se poroient. Et de quanques il averoient de meuble, et de che que il poroient [ne[4]] vendre, ne aloer[5], si l'emportaissent salvement; qu'il ne trouveroient qui tort lor fesist.

Quant ensi orent atiré le raençon, si dist Balyans à Salehadin : « Sire, or avons nous atiré le raençon as
» rices gens. Or nous esteut atirer le raençon as
» povres gens; qu'encore en a plus de .xx. mil de-
» dens le cité qui ne poroient mie paiier le raençon

---

1. C : *bienigna*. — A. B : *li rendi son salu*. — 2. H : *fuer resnable*. — 3. M : « qui annum decimum excesserat aureos decem. » — 4. A. B. D. J. O. — 5. D. J : *alegier*. — O : *alouer*.

» d'un seul home. » Pour Dieu, s'i metés raison et consel, et je pourçaçerai al patriarce et à ceus del Temple et de l'Ospital, que, se vous i volés metre raison, qu'il seront delivré.

Lors dist Salehadins que volentiers i metroit raison, et que pour .c. mil besans lairoit tous les povres aler. Dont respondi Balyans : « Sire, quant tout cil qui ra-
» cater se poront, seront racaté, ne lor demorroit il
» mie la moitié [1] de çou que vous demandés as po-
» vres; mais, pour Dieu, metés i raison. » Dont respondi Salehadins qu'il autrement ne le feroit. Lors se pourpensa Balyans qu'il ne feroit mie marchié de tout racater ensanle, mais d'une partie racater; [et s'il en avoit une partie racheté [2],] il auroit espoir raison de l'autre partie, à l'aiue de Diu. Dont demanda à Salehadin pour combien il li donroit .VII. mil hommes; et Salehadins respondi pour .L. mil besans. Et Balyans respondi : « A! Sire, pour Dieu, ce ne poroit estre!
» Mais, pour Dieu, metés i mesure. » Lors parlerent tant ensanle Salehadins et Balyans qu'il finerent lor marchié à .XXX. mil besans, del nombre de .VII. mil hommes. Ensi atirerent [3] pour le nombre de .VII. mil homes, c'on conteroit .II. femes pour .I. homme, et .X. enfans pour .I. homme, qui de age ne seroit.

Quant ensi orent atiré, Salehadins mist jour [4] de lor coses vendre et alouer, et de lor raençon avoir paié, et de le cité vuidier. Et si commanda que dedens .XL. jours eussent vuidie le cité, et lor raençon païe; et qui puis .XL. jors i seroit trovés, cors et avoirs demorroit

---

1. A. B. D. O. — C : *le monte.* — 2. A. B. D. — 3. D : *alornierent.* — 4. A. B : *mist terme.*

en le main Salehadin. Et quant il seroient hors de le cité, il les feroit conduire sauvement à Crestiienté, [et garder¹]. Et si dist à Balyan qu'il commandast à tous chiaus de le cité que tout chil qui armes aroient et porter les poroient, qu'il les portaissent. [Por ce dist Saladins que li Crestien portassent lor armes²], que s'il avenoit cose que larron ne robeour se mesissent entre eaus, ne qu'il les assalissent ne par jour ne par nuit, qu'il se deffendissent et aidaissent ceaus qu'il lor liverroit³ pour aus conduire. Et quant ce venroit as destrois, que les gens armés gardaissent les destrois, tant que li desarmé seroient passé.

Quant ensi orent le pais atornée, si prist Balians congié à Salehadin, et se li dist : « Sire, jou irai en le
» cité, et si noncerai ceste pais à ceus de le cité; et se
» ceste pais lor grée, on vous aportera les clés de le
» cité. »

Dont⁴ s'en torna Balyans de Salehadin, et entra en Jherusalem, et vint al patriarce. Et manderent les Templiers et les Hospitaliers et les borgois de le cité, pour dire le pais qu'il avoit faite se il le looient. Quant tout furent assanlé, si lor dist Balyans ensi comme il avoit fait et atiré le pais envers Salehadin, s'il lor greoit. Et il li respondirent que bien le greoient, quant miex ne pooient faire. Lors prisent les clés des portes, si les envoia on à Salehadin. Quant Salehadins ot les clés, si en fu mout liés, et en rendi grasses à Dame Diu. Si envoia chevaliers et sergans pour garder le tour Davi, et fist metre ses banieres sus. Et fist toutes les

---

1. A. B. — 2. A. B.— 3. A. B : *livreroit.*— 4. M. chap. 164. col. 798.

portes de le vile fremer[1] fors une, celle fu li porte Davi. Là mist il chevaliers et sergans, que Crestiien n'en ississent. Par là entroient et issoient li Sarrasin pour acater chou que li Crestiien avoient à vendre.

Le jour que Jherusalem fu prise[2] fu venredis, et fu feste saint Legier[3], le secont jour d'octobre.[4] Quant Salehadins ot fait garnir le tour Davi et les portes de le cité, si fist crier par le cité qu'il portaissent lor raençon à le tour Davi, à ses baillius et à ses escrivens, que il i avoit mis pour le raençon requellir; et qu'il n'atendissent mie tant que li .XL.[5] jour fuissent passé, et bien se gardaissent; [que[6]] qui, puis les .XL. jours, i seroit trouvés, cors et avoirs demourroit par devers lui.[7]

Apriès alerent li patriarces et Balyans à l'Ospital, et fisent prendre .XXX. mil besans et porter à le tour Davi, pour le raençon de .VII. mil homes povres paier. Quant li .XXX. mil besant furent paiié, si manderent les bourgoys de le cité. Quant il furent venu, si prisent de cascune rue .II. des plus preudomes qu'il i savoient, et si lor commanderent et fisent tant jurer

---

1. Pipino traduit et développe même la leçon *fremer*, qui est celle de C. et de H: « Portas omnes, excepta porta David, firmari » jussit novis repagulis, et signa sua erigi. » — Mais *fermer* de A. B. D. G. O. est préférable.

2. A. B. D : *rendue.* — 3. G. O : *Saint Ligier.* — H : *Saint Jorge.*

4. A. B : *octovre.* — D : *setembre.* — G. ajoute : *en l'an de l'Incarnation Nostre Seigneur mil cent et quatre vingt et huit.* C'est 1187. — Pipino développe les éléments et les concordances de cette date. Il donne quelques notions historiques sur S. Léger et sur Urbain III, pape régnant. M. col. 799.

5. H : *L. jors.* — 6. A. B. — 7. M : « cum omni suppelectile » sua servituti manciparentur. »

sour sains qu'il n'espargneroient ne home ne feme qu'il seuscent, ne pour parenté ne pour amour, qu'il ne lor fesissent jurer sor sains et nomer çou qu'il avoient [sor lor sairement qu'il avoit fait[1]], et qu'il ne lairoient à nului qu'il presissent se tant non qu'il aroient assés pour aler à Crestiienté[2]. Pour ce le faisoient ensi, que s'il avoient plus que pour aler à Crestiienté, que on en racatast les autres povres gens. Et fist on metre en escript le nombre des povres gens qu'il avoit en cascune rue; et que on i[3] prenderoit selonc ce qu'il estoient preudome, l'un plus, l'autre mains; tant qu'il atirerent illuec le nombre des .VII. mil homes. Et si mist on hors les .VII. M. homes de le cité.

Quant chil .VII. mil home furent hors, ne parut il gaires al remanant. Lors vint li patriarces et Balyans, si prisent consel ensanle, et manderent les Templiers et les Hospitaliers et les bourgoys; si lor proiierent, pour Dieu, qu'il mesissent conseil et aiue as povres gens qui en Jherusalem estoient demouré. Il i aidierent; et li Temples et li Hospitaus i donna; mais n'i donnerent mie tant com il deussent, ne li bourgoys ensement; car il n'avoient mie peur c'on lor tolist à force, puis que Salehadins les avoit asseurés[4]. Car, s'il quidaissent c'on lor en deust faire force, il en eussent plus donné de çou qu'il donnerent. Et de che qu'il prisent as povres gens qui s'en estoient issu, del[5]

---

1. A. B. — M : « secundum bonæ conscientiæ taxamentum. »
2. J : *et que il ne lairoient à nul de ciaus qui fust delivrés par cele raençon de XXX. M. besans fors solement tant dont il poissent aler jusqu'en la Crestienté.*
3. A. B. — C : *que on*. — 4. A. B : *les en avoit fait asseurer*. — 5. A. B. — C : *de*.

sourplus de lor despens, racaterent il des povres gens; mais ne vous en sai le nombre dire.

Or vous dirai comment Salehadins fist garder le cité de Jherusalem, pour ce que Sarrasin ne fesissent tort ne damage ne mellées as Crestiiens qui dedens estoient. Il mist en cascune porte et cascune rue[1] .x. sergans et .ii. chevaliers pour garder. Et il le garderent si bien, c'onques n'oï on parler de mesprison qu'il fesissent à Crestiien.

A le mesure que li Crestiien issoient hors de Jherusalem, si se logoient devant l'ost des Sarrasins; si qu'il n'avoit mie plus d'une traitie d'arc de l'une ost desci que à l'autre. Là s'asanlerent desci qu'il furent tuit issu. Et Salehadins faisoit l'ost des Crestiens garder et par jour et par nuit, c'on ne lor fesist damage et que laron ne s'i embatissent.

Quant[2] tout furent issu de Jherusalem cil qui racater se pooient, et li povre qui racaté estoient, si demora moult de povre gent encore. Dont vint Saphadins à sen frere Salehadin, se li dist : « Sire, je vous ai aidié
» à conquerre le tiere, à l'aiue de Diu, et ceste cité; si
» vos pri et requier que vous me donnés mil esclaves
» de ces povres gens qui en le cité sont. » Et Salehadins li demanda qu'il en feroit; et il li dist qu'il en feroit se volonté, s'il li denoit[3]. Et Salehadins li dona, et si manda à ses baillius qu'il li donnaissent mil esclaves. Et quant cil oïrent le commandement Salehadin, si fisent çou qu'il commandoit. Et quant Saphadins ot les mil esclaves povres, si les delivra, pour Dieu.

1. A. B. D. G. O : *Il mist à chascune des rues.* — 2. M. chap. 165. col. 800. — 3. A. B : *donnoit.*

Apriès vint li patriarces, se li proia, por Dieu, qu'il li donnast de ses povres, qui ne se pooient racater, qui en le cité estoient; et il l'en donna v^c, et li patriarces les delivra. Apriès vint Balyans de Belin à Salehadin, se li demanda de ses povres, et il l'en donna v^c, et Balyans les delivra. Apriès dist Salehadins à ses homes : « Mes freres a fait s'aumosne, et li pa-
» triarces et Balyans le siue ; or vaudrai je faire le
» moie. » Si commanda à ses baillius de Jherusalem qu'il fesissent ouvrir une posterne d'encoste St Ladre, et si mesissent siergans à le porte Davi, et fesist on crier parmi Jherusalem que toutes les povres gens s'en ississent de le cité. Et commanda as sergans qu'il fesissent esquerre[1] ciaus qui isteroient par le porte Davi; et s'il en i avoit nul qui eust [sor lui[2]] dont il se peust racater, c'on li tolist, et les menast on en prison[3]. Et les jouenes homes et les jouenes femes, mesist on entre deus murs; et les vielles gens mesist on hors de le cité. Celle enquestions et celle gens metre hors dura de solel levant dusque à solel couçant; et furent mis hors par le posterne Saint Ladre[4]. Ce fu l'aumosne que Salehadins fist sans nombre des povres gens.

Apriès si conta on ciaus qui demouré estoient; s'en i trouva on .xi. mile[5]. Quant li patriarces et Balyans

1. A. B : *Et commanda as baillius qu'il feissent as serjanz enquerre.* — 2. O.
3. Cf. H. (p. 97, not.) Extr. du ms. de la Bibliothèque de Lyon.— M : « Ne quid exeuntes secum deferant unde possent libertatem
» redimere, sed repertos hujusmodi spoliatos vinculis manci-
» parent. »
4. G. O : *par la posterne.*— H : *par la posterne de la Madeleine.*
— M : « per porticum Sancti Lazari ab ortu solis usque ad oc-
» casum. » — 5. D : *XX. mile.* — M : « undecim millia. »

sorent qu'encore en i avoit .xi. mil à racater, si vinrent à Salehadin, se li prierent, por Dieu, qu'il les tenist en hostages et qu'il delivrast les povres gens; et il feroient pourcacier lor raençon à Crestiienté, tant que il seroient racaté. Salehadins lor dist que che ne feroit il mie; qu'il ne tenroit[1] mie .ii. homes pour .xi. mil, ne que plus n'en parlaissent. Et il non firent[2]; [et atant si demora[3]].

Or vous dirai d'une grant courtoisie que Salehadins fist les dames et les filles as chevaliers qui estoient afuies en Jherusalem, cui lor segneur avoient esté mort et pris en le bataille. Quant les feme furent racatées et issues de Jherusalem, si s'asanlerent et alerent devant Salehadin crier merchi. Quant Salehadin les vit, si demanda qui elles estoient ne que elles queroient. Et on li dist que c'estoient [les dames et[4]] les filles as chevaliers qui avoient esté pris et mort en le bataille. Dont demanda qu'elles voloient. Et elles li respondirent que, pour Diu, eust merci d'eles; qu'il avoit les barons à tele i avoit en prison, et teles i avoit mors; et lor tieres avoient perdues; et que, pour Diu, i mesist conseil et aiue. Quant Salehadins les vit plorer, si en ot grant pitié; et il meismes en ploura de pitié. Si dist as dames cui lor baron estoient vif, qu'eles fesisent savoir s'il estoient en prison; car[5] quanques il aroit en se prison, il les feroit delivrer. Et tout furent delivré, quanques on en i trouva. Apriès si commanda c'on donnast as dames et as damoisieles cui pere et cui seignour estoient mort, durement del sien, l'une

1. A. B: *detendroit*. — 2. A. B. D. O: *Ne il ne firent*. — 3. A. B. D. O. — 4. A. B. D. — 5. D: *Si dist as dames .... qu'eles se teussent, car*.

plus et l'autre mains, selonc çou qu'elles estoient. Et on lor en dona tant qu'eles s'en loerent drument[1], à Diu et au siecle, del bien et del honnour que Salehadins lor avoit fait.

Quant tout li Crestiien furent issu de Jherusalem, cil qui issir en durent, et povre et rice, et il furent tout ensanle par d'autre part l'ost[2] des Sarrasins, si s'esmervillierent mout li Sarrasin dont si fais[3] pueles estoit issus. Et si le fisent savoir à Salehadin, et se li disent que si fais pueles ne poroit aler ensanle. Dont commanda Salehadins c'on le partist en .III. pars[4]; et que li Temples en menast une partie, et li Hospitals l'autre, et li patriarces et Balyans la tierce.

Quant il orent ensi paratourné lor muete, si bailla à cascune des parties .L. chevaliers, pour conduire salvement à Crestiienté, et pour garder [les[5]]. Et si vous dirai comment il les conduisent et garderent[6]. Li .xxv. chevalier faisoient l'avant garde, et li .xxv. l'ariere garde. Cil qui l'avant garde faisoient, quant il avoient mangié, si se couçoient dormir; et fasoient doner lor provendes à lor cevaus de jours. Quant il avoient soupé, si montoient tout armé sor lor cevaus et aloient toute nuit entour les Crestiiens, que laron ne s'i embatissent entr' aus[7]. Cil qui l'ariere garde faisoient, quant il veoient home, ne feme ne enfans qui estoient recreu ne qui ne pooient mais aler, si faisoient lor escuiers descendre et aler à pié; et faisoient porter les recreus dusques as herberges. Et il meismes portoient

---

1. A. B : durement. — 2. A. B : tot ensemble d'autre part de l'ost.— 3. A. D : dont si fet. — 4. G : en quatre parties.— 5. D.— 6. A. B : comment li chevalier Sarracin conduisoient les Crestiens. — 7. A. B : ne s'embatissent en aus.

les enfans devant aus et deriere, sour lor cevaus. Quant il venoient as herberges et il avoient soupé, si se couçoient dormir. Et cil qui le jour avoient fait l'avant garde, faisoient l'endemain l'ariere garde. Et quant che venoit as destrois [là où il se dotoient¹], si faisoient armer les Crestiiens qui armes avoient, tant que tout li autre estoient passé. Et quant on estoit herbegié, li vilain de le tiere aportoient viande à grant plenté, si que li Crestiien en avoient grant marchié.

De ces .III. routes qui ensi furent atournées, menerent li Templier l'une .xxv. jours ² devant les autres, et li Hospitalier le seconde, et li patriarces et Balyans de Belin le tierce. Pour çou demourerent ³ li patriarces [et Balyans d'Ibelin ⁴] à daeirains ⁵ qu'il quidierent toute jour vaincre Salehadin par proiiere de Crestiiens qui ariere demouroient. Ensi les fit conduire Salehadins salvement tant con se tierce dura desi qu'en le tiere de Triple ⁶. Et quant il vinrent devant Triple, li quens de Triple fist les portes fremer. Si n'en laissa nul dedens entrer; ains fist issir de ses chevaliers as chans, et fist prendre les riches borjois et tollir lor avoir, que Salehadins lor avoit laissié. Li plus des povres gens s'en alerent en le tiere d'Antioce et d'Ermenie; et l'autre partie remestrent⁷ devant⁸ Triple, qui puis y entrerent. Ensi faitement furent li Crestiien venu devant Triple, quant il escaperent des mains as Sarrasins. Ensi faitement ne furent mie

---

1. A. B. — 2. A. B. D : *XV jors*. — 3. D. — A. B. C : *demoura*. — 4. A. B. D.— 5. D : *aus darreains*. — G : *au derniere*.

6. M : « Quumque in comitatu Tripolitano venissent, Saraceni » qui conductum eis fecerant abierunt. »

7. A. B. O. — C : *et l'autre partie entra*. — 8. C : *dedens*.

recuelli cil d'Escalone ne des castiaus entour, quant il alerent en Alixandre sejourner et [yverner¹] en tiere de Sarrasins, [com cil de Jerusalem furent²].

Quant li Crestiien vinrent devant Alixandre, li baillius de le tiere les fist herbegier [devant la cité³], et faire bonnes lices entour aus. Et si les faisoit garder et par jour et par nuit, c'on ne lor fesist anui ne damage. Là demourerent⁴ mout à pais⁵ dessi qu'al march, qu'il entrerent es nés pour passer mer, por aler en tiere de Crestiiens⁶.

Or vous dirai que li Sarracin⁷ d'Alixandre faisoient cascun jour. Li preudome de le cité issoient cascun jor hors et venoient as Crestiien, et faisoient grans données as povres de pains et de deniers. Li rice Crestiien⁸ qui lor deniers avoient, acatoient le marceandise et les avoirs qu'il misent es nés, quant il passerent le mer, où il gaaingnierent grant avoir.

Or vous dirai quele aventure il lor avint. Il ariverent⁹ el port d'Alixandre .xxxvi. nés de Pissans et de Genevois¹⁰ et de Venissiiens et d'autre gent. Dont il orent al march grant marchié de passage. Quant che vint al march¹¹, il¹² furent recueli es nés li rice; et li povre demorerent. [Si en demora bien .M. Crestiens

---

1. D. — A. B : *enverner*. — C : *sejourner et furent*.
2. D.— La rédaction de J. (fol. 384 v°), celle du ms. de la ville de Lyon (dans les variantes de H. p. 101. not.) et M. disent plus clairement que les émigrés chrétiens reçurent meilleur accueil des Sarrasins d'Egypte que du comte de Tripoli.
3. D. — 4. A. B : *meinerent*. — D. G. J. O : *yvernierent*. — 5. A. B : *molt à esse*. — 6. H. Fin du chap. 64 et dernier du liv. XXIIIᵉ. — 7. A. B. D. J. O. — C : *li Crestien*. — 8. A. B : *li riche home*. — 9. A. B : *ivernerent*. — 10. A. B : *Pisains. Jenovois*. — 11. A. B. D : *marz*. — 12. C : *et il*.

povres, qui n'orent de quoi les nés loer, ne de quoi viande acheter por metre es nés¹]. Si vinrent li segneur des nés al balliu d'Alixandre, si s'aquiterent mout bien de ce qu'il devoient; puis li disent qu'il lor fesist delivrer lor trés et lor gouvrenals², que quant il auroient tans [et vens³] il s'en vaurroient aler. Dont respondi li baillius que lor trés ne lor gouvrenals ne lor renderoit il mie, jusque à cele eure que les povres gens, k'il avoient ariere laissiés, seroient es nés tout. Et il respondirent qu'es nés nes i meteroient il mie, qu'il n'avoient mie les nés loées, ne viande cargie à lor ocs. « Qu'en⁴ vaurrés vous dont faire? » dist li ballius — [Et il respondirent : « Par foi, nos les lairons ester. » Li baillius lor demanda s'il estoient Crestien. Et il distrent : « Oil. » — « Comment, dist li baillius⁵], les volés
» vous donc chi laissier pour perdre et pour estre
» esclaves, et brisier le fiance que Salehadins lor a
» donnée? Ce ne puet estre. Mener les vos estuet. Et
» si vos dirai ce que je ferai pour le fiance de Saleha-
» din garder, et pour Diu. Je lor donrai pain et eve
» assés pour le mer passer; et vos les metés es nés,
» c'autrement ne poés vous avoir vos gouvrenals ne
» vos trés. »

Quant li maronnier virent c'autrement ne pooient estre, si disent qu'il les passeroient. « Or venés avant,

---

1. A. B.
2. O : *lor biés.* — J : *lor voiles et lor timons.* — M : « Tentoria » et gubernacula navium. » — En quelques pays musulmans, mais non au Magreb, aussitôt qu'un navire chrétien jetait l'ancre dans le port, la douane enlevait ses cordages et son gouvernail. Elle ne rendait ces agrès au capitaine qu'au moment du départ, après l'acquittement des droits et redevances d'usage.
3. D. — 4. A. B. — C : *Que.* — 5. A. B.

» fait li baillius, si jurés sour sains que bien et loyau-
» ment les menrés à Crestiienté et à port de salu; ne
» pour force que je vous aie faite d'iaus mener, ne les
» meterés se là non où vous meterés les rices homes,
» ne mal ne lor ferés. Et se je puis savoir que vous
» lor aiiés fait ne mal ne vilenie, je m'en prenderay
» as marçans de vostre tiere qui venront en cest païs. »
Ensi faitement s'en alerent li Crestiien à sauveté, qui
par tierre de Crestiiens s'en alerent yvrener en
Alixandre, par tierre de Sarrasins.

Or[1] vous dirai que Salehadins fist, quant il ot pris
Jherusalem et il en ot envoié[2] le premiere route par
les Templiers. Il ne se valt partir de Jherusalem devant
ce qu'il eust esté devant le Temple et aouré le
Temple[3], et tant que li Crestiien fussent tout hors. Il ot
mandé à Damas eve rose assés pour le Temple laver,
ansçois qu'il i vausist entrer, pour çou que li Crestiien
i avoient esté; et si [qu'en dist[4]] qu'il en ot encore .IIII.
cameus[5] ou .v. tous cargiés ançois qu'il fesist le
Temple laver de[6] cele eve rose. Ne ançois qu'il i en-
trast, fist il abatre une grandisme crois dorée qui
sour le Temple estoit à tiere. Et quant elle fu à tiere,
li Sarrasin le prisent et loiierent à cordes et le traine-
rent jusques à le tour Davi. Là le depicierent; et grant
huerie i fisent li Sarrasin apriès le crois, quant il le

---

1. M. chap. 166. col. 801. — 2. A. B. D. G. — C: *pris*.

3. D: *au Temple*. — Le ms. de la ville de Lyon donne quelques détails particuliers (dans les Variantes de H. p. 103). — Pipino ajoute ici divers renseignements empruntés à Vincent de Beauvais, ce qu'il annonce lui-même : « Scribit hoc loco Vincentius » quod idem Saladinus, » etc. M. col. 801.

4. D.—A. B: *Dont il i oit, si com l'on dist*.— 5. D : *somels chamels*. — 6. C : *et de*.

trainerent. Et ne vous di pas que ce fust par le commandement Salehadin, par aventure.

Quant li crois fu jus del Temple, Salehadins fist laver le Temple, si entra ens. Et si ora à Dame Dieu et rendi grasses de ce qu'il li avoit doné signorie sour se maison. Apriès si envoia une partie de s'ost pour assegier Sur, et l'autre laissa devant Jherusalem, tant que tuit li Crestiien s'en furent issu, qui aler s'en devoient hors de Jherusalem.

CHAPITRE XX.[1]

Coment Saladin manda à Coraz de Montferarz, si li rendoit Sur, q'il li renderoit son pere.

SOMMAIRE.

1187. Novembre. Saladin, arrivé devant Tyr, propose encore à Conrad de Montferrat la liberté de son père en échange de la ville. Nouveau refus de Conrad. Saladin presse le siége par terre et par mer. Prouesses d'un chevalier espagnol, nommé le *Chevalier Vert*. Conrad se sert avantageusement de Barbottes. Il demande des secours au comte de Tripoli.

Atant s'en ala Salehadins apriès s'ost qu'il avoit envoïe pour asegier Sur.[2]

Quant il vint devant Sur, si manda à Damas c'on li amenast en s'ost le marchis de Montferras; et on li amena. Et quant li Crestien qu'il avoit laissié devant Jherusalem vinrent devant Sur, Salehadins les fist logier devant Sur, d'une part de s'ost, pour çou que

---

1. Cf. G. pag. 138-140. — H. Partie du chap. 2 du XXIVe livre. Pag. 105-106. — M. chap. 167. col. 801-802.

2. La chronique rappelle, quelques pages plus loin, que Saladin mit le siége devant Tyr à la Toussaint.

li Crestien les veissent qui dedens Sur estoient. Apriès si manda à Colras, le fil le marcis qu'il avoit en prison, qui dedens Sur estoit, qu'il avoit pris Jherusalem, et qu'il pooit bien veoir ceus de Jherusalem qu'il avoit pris, et que, s'il voloit rendre Sur, il li renderoit son pere et se li donroit grant avoir. Et li marcis li remanda ariere qu'il fesist le miex qu'il peust, que Sur ne li renderoit il ja; ains le tenroit bien, à l'aie de Diu, encontre luy et encontre tous ceus qui nuire li vaurroient.

Lors envoia Salehadins à Acre et fist armer .XIIII. galies; si les fist venir devant Sur pour garder le mer, que viande ne peust entrer dedens[1] Sur. Et si fist drecier devers tiere .XVII. que perrieres que mangonniaus qui jetoient et par jour et par nuit; mais n'i faisoient preu. Et si n'estoit nus jours que Crestiien ne fesissent saillie sor les Sarrasins, .II. fois ou .III. [Et tot ce faisaient faire[2]] par .I. chevalier d'Espaigne qui dedens Sur estoit, qui unes verdes armes portoit. Dont il avenoit que quant il estoit issus hors, que li Sarrasin s'estourmissoient[3] plus pour veoir son bel contenement[4] que pour el. Et si l'apeloient li Sarrasin[5] le *Vert Chevalier*.[6] [Car il portoit vert armes[7]]; et il portoit unes cornes de cerf[8] sour son hiaume toutes verdes. [Et seoit sor .I. grandisme cheval chouvert de vert. Cil chevalier faissoit sovent et menu les Sarracin

---

1. C : *devens.* — 2. G. — 3. A. B : *s'estormisoient.* — 4. A. B : *demenement.* — 5. G : *li Turc.* — 6. M : « Militem viridem. » — 7. A. B. D.

8. J. O : *unes cornes de Cerf.* — G : *une chaines de fer.* — H : *unes banes de Cerf.* — M : « supra galeam habens cervina cornua » pro cimerio, et quia signa sua colore viridia deferebat. »

fermoier, car il faisoit tant de proesces que Crestiens ne Sarracins ne le veoit qui ne le prisast en son cuer. Et Saladins le veoit plus volentiers que nus hom, car Saladins amoit sor tote rien bon chevalier.[1]]

Li marchis fist faire vaissiaus couviers de cuir en tel maniere c'on les menoit bien priès de tiere; et si avoit arbalestriers dedens, et si estoient les fenestres par où il traioient hors. Cil vaissiel fisent mout de mal as Sarrasins; que galyes ne autre vaissiel nes pooient aproismier.[2] Ces vaissiaux apeloit on *Barbotes*[3]. Quant li marchis vit qu'il estoit assegiés et par mer et par tiere, si fist armer .i. batiel et si le fist issir hors, par nuit, et si l'envoia à Triple al conte, por secours. Et si manda, pour Dieu, c'on le secourust et de gent et de viande; que Salehadins l'avoit assegié par mer et par tierre, et que grant mestier en avoit.

1. A. B.— 2. A. B. D : *nes osoient aprochier.*— 3. D: *Barbustes*. — M : « Hæc enim vasa *Barbotes* dicebant. »

CHAPITRE XXI.[1]

Coment li quens de Triple envoia secors au marchis de Montferaz.

SOMMAIRE.

1187. Novembre-Décembre. Les secours envoyés par le comte de Tripoli ne peuvent entrer à Tyr. Ruse de Conrad, qui amène une nouvelle attaque des Sarrasins par terre et par mer. Grand succès des Chrétiens (1er janvier 1188). — 1188. Saladin se résout à lever le siége de Tyr et se retire à Damas. L'archevêque de Tyr se rend en Europe, pour exposer le fâcheux état de la Terre Sainte. Il arrive et séjourne en Sicile. Comment le roi Guillaume de Sicile, par les préparatifs qu'il fit contre l'empire de Constantinople, nuisit à la Terre Sainte. La flotte du roi Guillaume s'empare de Durazzo et de Salonique. Les Grecs de ces contrées déterminent les chevaliers de la flotte de Sicile à débarquer, en offrant de les conduire par terre à Constantinople. Il les font massacrer par la population dans les environs de Philippopoli. Le roi Guillaume envoie des secours en Terre Sainte. Il meurt. L'archevêque de Tyr vient à Rome. Le pape fait prêcher la croisade. — 1188-1189. Frédéric Ier, empereur d'Allemagne, passe avec une armée en Orient. Il meurt en Arménie (9 juin 1190). — 1188. Saladin, apprenant les préparatifs de croisade qu'on faisait en Occident, fortifie S. Jean d'Acre, et les villes de la côte de Syrie. Il assiége Tripoli. Conrad de Montferrat, avec les renforts de Sicile qu'il reçoit à Tyr, va au secours de Tripoli. Saladin demande une entrevue au *Chevalier Vert*. Il lève le siége de Tripoli et se dirige vers Tortose. Sur la demande de la reine Sibylle, Saladin rend la liberté au roi Guy de Lusignan. Guillaume de Montferrat, père de Conrad, le Maître du Temple, le connétable, Amaury de Lusignan, Humfroy de Toron et autres prisonniers, sont également délivrés de la captivité. Saladin leur fait jurer de ne pas porter les armes contre lui.

1. Cf. G. pag. 140-160. — H. chap. 2-12, du XXIVe livre, pag. 106-122. — M. chap. 168-171. col. 802-804. — N. col. 624. *De Guilhelmo rege.*

Quant li quens [de Triple¹] sot que li marcis avoit mestier de secors, si fist armer .x.² que galyes que galions³, si fist entrer [enz⁴] chevaliers et sergans⁵ et viandes tant com il en pot avoir, et si les envoia à Sur. Mais Diex ne vaut qu'il y entraissent; car quant il vinrent à .II. liues près de Sur, si leva une tourmente qui bien depiça le moitié des vaissiaus [et rebota arriere à Triple⁶]; mais n'i ot nului peri. Quant li marcis⁷ vit qu'il n'aroit point de secours et qu'il avoit poi de viande, si proia à Dame Diu qu'il le [secorust et⁸] consillast. Et Dame Diex le consella et li aida, si com vous orés. Il avint cose qu'il avoit en l'ost .I. vallet sarrasin, fil à .I. amiral; si se courça à sen pere, et si entra dedens Sur et devint crestiiens.

Or vous dirai que li marchis fist, quant cil vallés [ot receu batesme et⁹] ot esté une piece dedens Sur. Li marchis fist faire unes lettres de par ce vallet qui crestiiens fu devenus, à Salehadin, qu'il li mandoit salus, com à son signour; et se li faisoit savoir qu'il savoit tout le couvine de Sur; et se li mandoit que li Crestiien s'en devoient le nuit fuir et entrer es vaissiaus; et que s'il nel voloit croire, fesit faire¹⁰ ascout, il orroit le noise et le marteleis¹¹ al port. Quant les lettres furent faites, si les fist li marcis liier à une saiete, et si les envoia par .I. sergant traire en l'ost des Sarrasins. Quant li Sarrasin virent les lettres, si les prisent et porterent à Salehadin. Salehadins fist lire les lettres, si sot qu'il i ot; dont le fist savoir à ses amiraus; et si fist

---

1. A. B. D. — 2. A. B. C. D. H. — O : *XL*.— G : *vingt*. — 3. D : *que vessiaus que galies jusqu'à X*. — 4. D. — 5. C : *ser*. — 6. A. B. — 7. M. chap. 168. col. 802. — 8. A. B. — 9. A. B. — 10. D : *penre*. — 11. A. B. D. O. — C : *mateleis*.

de le millour gent qu'il ot entrer es galies, pour estre à l'encontre des Crestiiens.

Dont vint li marcis, si fist garnir le tor sour le maistre porte de Sur, et si mist garnisons as maistres murs, pour ce que se li Sarrasin i vausissent entrer ne metre eskieles, qu'il se deffendisent. Et si commanda as garnisons qu'il se tenissent tout coi, c'on ne les¹ veist dessci que mestiers en seroit. Apriès che, fist fremer les portes des barbacanes, et se n'i laissa nul homme ; ains furent tout dedens le cité.

Quant li marchis ot ensi garnie se tour et les murs, si s'en ala al port, et fist .II.² galies et çou³ qu'il avoit de vaissiaus [bien armer⁴] ; et commanda que tout chil qui armes pooient porter fuissent le nuit al port ; et il s'i furent, et grant noise firent toute nuit. Dont quidierent li Sarrasin que ce qu'il avoit mandé fust voirs ; et si s'armerent [adonc⁵] tout d'autre part et entrerent es galyes, pour estre à l'encontre des Crestiiens. Et quant ce vint al point dou jour, le demain⁶, si se ferirent li Sarrasin el port. Et li caine dou port estoit avalée, pour çou qu'il voloient que li Sarrasin entrassent ens⁷. Et les .II. tours⁸ qui sont à le caine estoient mout bien garnies de gent, qui bien le fisent le jour⁹. Quant li marcis vit qu'il ot tant de galyes entrées dedens le port, si fist lever le chaine, si em prist .V., et ocist quanqu'il avoit de Sarrasins

---

1. C : *le.* — 2. D : III. — 3. A. B. D. O. — C : *de çou.* — 4. A. B. D. G. O. — 5. D. — 6. A. B : *l'endemain.* — 7. A. B : *Li marchis avoit fait avaler la cheaine del port por ce qu'il voloit que les galies entrassent enz.* — 8. G. H. J : *les trois torz.* — 9. A. B. H. J : *qui molt bien les fistrent le jor.* — G : *qui mult bien se firent le jor.*

dedens les .v. galies. Quant les .v. galyes furent prises, si les fist armer de chevaliers et de sergans, et les .ii. aveuc qu'il avoit dedens Sur. Si issirent hors pour conbatre as galyes qui demorées estoient aus[1] Sarrasins.

Quant li Sarrasin cui les galyes estoient[2] virent qu'il avoient perdues .v. galyes et qu'eles estoient armées de Crestiiens, si se traisent ariere; et virent bien qu'il ne poroient durer vers aus, et pour avoir l'aiue des Sarrasins. Là veist on grant duel que li Sarrasin faisoient, quant les galyes de Sur coururent sus les galies as Sarrasins. Li rivages estoit si covers de Sarrasins armés à cheval; et entroient en le mer quanqu'il pooient [por aidier[3]] lor galies, et faisoient noer lor cevaus en le mer, si qu'il en y ot assés de noiiés. Quant chil des galyes as Sarrasins virent qu'il ne poroient plus durer[4], si se ferirent à tiere en lor ost, les .vii.[5]; et les .ii. fuirent à Barut. Ces .ii. galies qui s'enfuirent à Barut fisent puis grant damage as Crestiiens, si con vous orés en aucun tans.

Or vous dirai des Sarrasins, c'une partie fist de ceus qui estoient en l'ost. Endementiers que li bataille estoit en le mer, il aporterent eskieles as murs des barbacanes et entrerent ens, et alerent desci c'al mur, et vaurent metre les eskieles al maistre mur. Mais il estoit trop haus, se[6] nes i pooient metre; et se lor eskieles fuissent encore assés longhes, ne peussent il entrer ens, pour les garnisons qui sour le mur estoient. Quant li Sarrasin virent qu'il ne poroient monter as

---

1. D. — A. B. C : *les.* — 2. A. B. D : *qui es galies estoient.* — 3. A. B. — 4. A. B : *endurer la bataille.* — 5. H : *les V. galées.* — 6. A. B. D : *s'i.*

murs, si manderent les mineurs, si les misent as murs, si les fisent miner. Et minerent le[1] premerain[2] parement et tout le moilon[3], si qu'il[4] n'i avoit fors à miner[5] le parement qui devers le cité estoit [et de bouter le feu[6]], quant Dame Diex les secourut.

Quant li Crestiien orent desconfis les Sarrasins de le mer, si lor fist on savoir que li Sarrasin minoient les murs de le cité, et que les barbacanes estoient plaines de Sarrasins. Quant li marcis oï ce, si vint à le porte de le cité, se le fist ouvrir; et issirent hors tout à .I. fais, sor les Sarrasins. Quant li Sarrasin virent les Crestiiens de le cité issir sour aus, si s'en fuirent; et se laissoient caoir jus des barbacanes cil qui pooient; et ceus qui ne pooient fuir, tuoit on. Et les cacierent desci en l'ost. Et prisa on bien à mil homes[7], les Sarrasins qui furent ocis es barbacanes. Ensi faitement secourut Dame Diex Sur, par son plaisir. Chele desconfiture que li Crestiien fisent sour les Sarrasins fu faite le jour de l'An renuef[8]. Et li sieges estoit venus devant Sur à le feste de Toussains[9].

Quant Salehadins vit qu'il estoit desconfis par mer et par tiere, si fu mout dolans et si deffendi c'on

---

1. C : *et le.* — 2. A. B. D : *primier.* — 3. G : *le nieam.* — J : *le mailon.* — M : « per subterraneas fossiones muros conaren- » tur demoliri. — 4. A. B. D. J. O. — C. G : *et qu'il.* — 5. J. — C : *à bouter.* — D : *à bouter outre.* — 6. J. — G : *et n'i avoit que de bouter l'atret.* — 7. M : « fere mille. » — 8. D : *l'An renoif.* — A. B : *l'Annenouf.*

9. M : « Obsidio vero die Kal. Novembris fuerat inchoata. » — Pipino traduit *l'An renuef* par *Die Circumcisionis Dominici*, ou le 1er janvier. Il ne serait pas impossible cependant que la défaite de Saladin et la délivrance de Tyr fussent du 25 décembre 1187, attendu que les Francs Orientaux commençaient l'année à la Noël.

n'asalist plus à le cité. Et quant ce vint al vespre, si fist bouter le fu en ses perieres et en ses galies et en ses mangonniaus, si fist tout ardoir. Et si se desloga le nuit, et ala herbegier bien une liue en sus de Sur. Là departi ses os l'endemain, et ala à Damas sejorner et reposer[1].

Or vous lairons [ore[2]] de Salehadin à parler, si vous dirons de l'arcevesque de Sur[3], qui vint à l'Apostole de Rome en message, et aporta noveles de le grant dolor qui estoit avenue en le tiere de Promission. Il entra en une galye dont li tré[4] estoient taint en noir. Pour çou estoient ensi taint, que quant les galyes venroient priès de tiere, que cil qui les veroient seussent qu'il aportoient mortels noveles[5]. Celle galie ariva en le tiere le roi Guillaume, qui rois estoit de Sesille et de Puille et de Calabre. Cil rois Guillaumes avoit une fille le roi d'Engleticre à feme; et avoit à non Jehenne[6]. Li rois Guillaumes estoit près de là où li arcevesques ariva. En cel point qu'il vint al port, li arcevesques vit qu'il estoit priès d'illuec, si ala à lui et se li dist et fist savoir le grant damage qui estoit avenus en le tiere de Jherusalem. Quant li rois Guillaumes l'oy, si en fu mout dolans et grant deul en demena. Et si se pensa qu'il estoit auques coupaules[7]

---

1. Le ms. de la ville de Lyon ajoute ici quelques faits particuliers. Dans les Var. de H. p. 110. — 2. A. B. — 3. M. chap. 169. col. 803. L'archevêque Josse, successeur de Guillaume de Tyr. — 4. A. B. D. O : *dont li tref.* — 5. J : *Et porce que les gens des terres par où cil arcevesques passeroit seussent qu'il portoit mortels noveles, la voile de sa galie estoit tainte en noir.* — 6. Pipino s'est servi de notre chronique, dans ce qu'il dit du roi Guillaume et de ses expéditions en Grèce. N. col. 624-625. — 7. A. B : *coupables.*

de le perdicion de le tiere ; et si vous dirai comment.

Quant il fu avenu k'Aliex[1] ot sen frere fait, qui empereres estoit, les iex crever, et estoit devenus empereres, si prist consel[2] à ses hommes ; et dist qu'il enmenroit grant gent en le tiere de Coustantinoble[3], pour le tiere conquerre à sen oes[4]. Et il li loerent bien que il [li[5]] fesist. Il fist une estoire grant[6] apparellier de nés et de galyes, et si manda en le tiere d'Oltremer et en toutes les tieres qui près de lui estoient, chevaliers et sergans ; et il lor donroit saus, selonc çou que il seroient ; et si detint[7] les pelerins qui de toutes tieres aloient par se tiere pour passer. Et tint ensi le passage .II. ans, que nus ne passa en le tiere d'Outremer, ke, del passage des pelerins [qu'il detint[8]] et de le gent qui vinrent de le tiere d'Outremer à lui en saudées, fu si li tiere afoibliie, que quant li rois [Gui[9]] fu desconfis, qu'il avoit mout poi de gent ; qu'il avoit mené [o soi[10]] en le bataille quan qu'il pot [avoir[11]]. Si que, quant Salehadins vint as cités et as castiaus, ne trouva il qui encontre lui fust ; ains li rendi l'on tout[12], fors seulement Sur. Pour ceste occoison, dist li rois Guillaumes qu'il estoit coupaules durement [de[13]] le perdicion de le tiere.

---

1. A. B : *Alis*. — D : *Alixis*. — O : *Alex*. — G : *Alexe*. — 2. H. (pag. 112) : *congé*.

3. G : *Si prist conseil à ses gens..... de Constantinople*. — Lacune dans le ms. de Noailles, à laquelle suppléait une ingénieuse conjecture de M. Guizot (Pag. 146-148. not.) devenue superflue.

4. G : *à son hues*. — H : *à son eus*. — 5. A. B. — 6. A. B : *une grant estoire*. — 7. A. B : *et firent*. — 8. A. B. D. — 9. J. — 10. J : *et si mena il o soi*. — 11. J. — 12. A. B. — G : *Ains li rendoient tout*. — 13. A. B.

Or vous dirai que celle estoire devint; apriès, si vous dirai du secours qu'il envoia en le tiere d'Outremer. Li rois Guillaumes n'ala mie en celle estoire, ains demoura pour envoiier gent et viande apriès l'estoire, se mestier en eussent. Si envoia des plus haus homes de se tiere pour estre guieur et gardes[1] de celle gent. Quant les nés et les galies furent apparellies, si murent et ariverent à Duras en Gresse. Si le prisent et garnirent. Apriès, si alerent à Salenique, tout conquerant le tiere qui est entre Duras et Salenique. Et prisent Salnique[2] et le garnirent; et passerent Salenique, vers Coustantinoble.

Quant li Grifon[3] de le tiere virent qu'il avoient tant conquis et tant conqueroient, si furent mout dolant; et vinrent as cievetaines de l'ost, et disent que bien fussent il venu, que mout estoient lié de lor venue, et mout seroient lié se il pooient vengier le prodome cui[4] on avoit les iex crevés, qui le malisse avoit vengie c'Androines avoit fait. Et puis, si lor disent qu'il avoient trop lonc tour à faire à aler par mer en Coustantinoble; mais par tiere alaissent, et il iroient aveuc, et si les conduiroient; et feroient venir viande à grant fuison de le tiere, car il haoient mout l'empereur. Tant proiierent il et losengierent li Grifon chiaus de l'estoire qu'il alerent aveuc aus, et laissierent lor estoire. Et tant les menerent, qu'il vinrent à .VI. journées de Coustantinoble, priès d'une cité qui a à non Phelippe, là se herbegierent en une valée. Quant li Grifon menoient ciaus de l'estoire par terre, si fisent

---

1. A. B : *guieres et garde*. — O : *chavetaine et garde*. — J : *por guier cele gent et governer*. — 2. C. écrit *Salnique* et *Salenique*. — 3. C : *li Frison*. — A. B : *Grison*. — 4. A. B. D. — C : *qui*.

à savoir ceus de le tiere qu'il fussent encontre eus à armes près de Phelippe; et il si furent. Quant li cris de le tiere vint là[1] et il furent tout assamblé, si s'armerent tuit l'endemain, au point dou jour, si coururent sus ciaus de l'estoire, si les ocisent et prisent, fors ciaus qui s'en escaperent et alerent à l'estoire ariere. Ensi faitement fu l'estoire perdue.

Or vous dirai del roi Guillaume, quels secours il envoia en le tiere d'Outremer. Il i envoia [au mars après, en[2]] galies[3] .IIe. chevaliers, et à l'aoust apriès .IIIe. chevaliers[4], por aidier à garder cel tant de terre qui estoit demourée en le tiere d'Outremer. Apriès si fist faire grant estoire de nés et de galyes pour envoiier apriès, ou pour aler ens, ou pour aler al roi d'Engletiere, cui fille il avoit. Je ne vous di pas qu'il fust croisiés. Ne demoura gaires apriès ce qu'il ot tele estoire commenchie, que il fu mors sans hoir, ains que li rois d'Engletiere i alast. Dont vinrent cil del païs, quant li rois fu mors; si prisent .I. sien cousin germain, qui quens estoit de Puille, si en fisent roi et avoit à non Tangrés.

Or vous lairai de Tangré à parler dessi que tans et lius en sera; si vous diray de l'arcevesque de Sur, qui arivés estoit en le tiere le roy Guillaume. Li rois Guillaumes li fist cargier cevalçeures et avoir à lui et à ses hommes pour aler jusque à Rome. Quant li arce-

---

1. C. D. H. O. — A. B : *Quant il virent là.* — G : *Quant li Grés de la terre vint là.* — 2. J. — 3. J. — C : *Il i envoia al march .IIe. galies* (ce qui est impossible) *et.* — 4. A. B : *Il envoia au marchis IIe. galies et IIe. chevaliers et en l'ost IIIe. chevaliers.* — O : *Il i envoia al març IIe. galies et IIe. chevaliers, et à l'aost IIIe.* — G : *Il i envoia cent galies.* — H : *Il envoia IIII. galies et CC. chevaliers, et à l'aost IIIe.*

vesques vint à Rome[1], si trouva l'Apostoile, et vint devant lui. Si li conta et fist savoir le grant damage qui estoit avenus en le tiere d'Outremer, et comment Sarrasin l'avoient conquise.

Quant li Apostoiles oï ces nouveles, si fu mout dolans. Si prist mesages, si les envoia par toute Crestiienté, pour faire savoir la novele c'on li avoit aportée de le tiere de Promission. Et si manda à tous les haus homes de Crestiienté, as rois, as dus, à contes et as empereours et as marchis, as chevaliers et as bourgois et sergans, que tout cil qui se croiseroient pour aler Outremer, que tous les peciés qu'il avoient fais, dont il estoient confès, il les prendoit sour luy et quite quite entr' als et Dame Diu[2]. Si manda que tout cil qui voloient prendre de lor homes dimes, qu'il le presissent, de quanques il avoient vaillant, et bien lor abandonnoit, pour le voie [d'Outremer[3]] faire. Quant li haut home de par toute Crestiienté oïrent les noveles, et roi et empereur et duc et conte, arcevesque et vesque et abé et autres gens, si se croisierent et apparellierent d'aler.

Li haus hom qui premiers y ala, ce fu li empereres d'Allemaigne[4]. Et ala par terre; et mena bien

---

1. Suite du chap. 169. col. 803. dans M. (cf. ci-dessus p. 244) Pipino ne dit rien des faits intermédiaires.— 2. H : *et les aqiuteit ci et devant Deu.* — 3. D.

4. Dans M. suite du chapitre 169. col. 804. — Pipino ajoute ici, sans en indiquer la source, un passage abrégé de Vincent de Beauvais, sur l'assemblée des barons et des prélats de France qui décrétèrent la dîme saladine : « Mense autem Januarii, etc. » Ce passage se trouve dans Vincent de Beauvais, *Specul. Hist.*, lib. XXIX. cap. 45. tom. IV. p. 1201. Muratori aurait pu faire précéder cet extrait des mots : *Additamenta fratris Pipini*, par les-

.LX. .M.¹ homes à ceval, estre ceus à pié. Et errerent tant qu'il furent en Costantinoble et qu'il passerent le brach Saint Jorge, et furent en Turkie. Li empereres de Costantinoble commanda c'on lor aportast à vendre le viande de par toute se tiere. Et si manda al soudant² del Coine, qui ses hom estoit³, qu'il lor fesist aporter le viande de par toute se tiere al cemin, et qu'il les fesist conduire salvement.

Or vous dirai que li Alemant fisent quant il furent en le tiere de Turkie et del Coine. Il commencierent le viande à tolir as païsans qui lor aportoient; et li païsant se traisent ariere, quant il virent c'on les desreuboit; si n'aporterent point de viande [au chemin à vendre⁴]. Ensi faitement errerent li Alemant .III. semaines, c'onques ne mangierent, se lor cevals ne fu. Et errerent en ceste maniere tant qu'il vinrent en Hermenie. Et bien en y ot mort le moitié ou plus, ains qu'il i venissent.

Un jour se fu li empereres hebregiés en Hermenie sour une rivierete⁵; se li prist talens de bengnier; si entra en celle riviere, si fu noiiés⁶. Quant li empereres mut d'Alemaigne, il avoit .IIII.⁷ fius; si enmena l'un aveuc luy. Celuy qu'il enmena aveuc luy, quant il fu

---

quels il signale quelquefois les additions de Pipino à la chronique d'Outremer.

1. A. B. C. J. M. O. — D : *XL₁ mil.*— G. H : *cinquante mille.* — 2. D.— A. B : *sordain.*— C : *satan.* — O : *soutan..*— 3. G : *manda à l'amiraut d'Ocoine qui son home linge estoit.* — M. est inexact dans ce qui suit. — 4. D. — 5. M. « *in ripa fluminis* » *quod Ferlyn dicitur.* » — Dans le Selef. *Chron. Claustroneob.* ap. Pertz. *Script.* t. IX. p. 633. — 6. Le 9 juin 1190. — M. « *Anno gratiæ Christi* MCXC, » etc. Fin du chap. 169. — 7. G. H : *trois.*

mors, il s'en ala en Andioche sejourner, et il et tout cil qui escapé estoient de cele famine.

Li ainsnés des .III. fiex qui demoré estoient pour garder l'empire avoit à non Henris; et si avoit feme l'antain le roi Guillaume [de Sezile¹]. Li autres freres ot à non Othes, et estoit dus de Borgoigne; et ot à feme² le fille le conte Thiebaut de Blois; et fu mors sans hoir. Li tiers ot à non Phelippes, et fu dus de Souave. Pour çou vous ai mut³ aparlé⁴ des enfans l'empereour qu'en aucun tans vous dira on qu'il fisent, ne⁵ qu'il devinrent. [Or vos dirai del roi de France⁶].

Li rois de Franche ne mut mie si tos à aler Outremer, pour çou que puis qu'il fu croisiés, et il et li rois d'Engletiere guerroiierent il ensanle. Je ne vous dirai ore plus de le guerre le roi de France ne le roi d'Engletiere, desci qu'à une autre fois; ains vous dirai de Salehadin qui en se tiere estoit et sejornoit.

Noveles vinrent à Salehadin que li empereres d'Alemaigne⁷ estoit croisiés, et li rois de France et li rois d'Engletiere et tout li haut baron de Crestiienté, et chevalier et sergant, bourgois, arcevesque, evesque et abbé pour venir sour luy. Lors ne fu mie liés, ne asséur. Il fist Acre mout bien fremer; et si le fist mout bien garnir de viande et de gent, et s'i mist des plus haus homes qu'il avoit et de chiaus où il plus se fioit, pour Acre garder. Car il savoit bien que li Crestiien ariveroient là et que si grans gens que il estoient ne pooient ariver, se là non. Et si commanda que pour poi de gent, ne pour auques de gent que il veissent, ne

---

1. D. — H : *la ante dou roi Guillaume.* — 2. A. B : *affame.*— 3. A. B: *Por ce vos ai je mout.*— 4. A. B. — C: *aparler.* — 5. A. B. — C : *ou.* — D : *et.* — 6. O. — 7. M. chap. 170. col. 804.

ississent hors, mais se tenissent coi dedens le cité. Apriès, si lor jura que s'il estoient assegié de Crestiiens, c'on li fesist savoir en quel tiere que il fust, et que tantost les secourroit; que s'il estoit assis al disner, n'atendroit il mie tant qu'il eust mengié, ains monteroit tantos et toutes ses gens, si les secourroit. Ne nulle cure ne venroit le mesage, ne par jour ne par nuit, qu'il ne montast tantost et il et toute s'os pour aus secourre; et s'il gisoit malades, se s'i feroit il porter en litiere.

Quant Salehadins ot ensi garni Acre, si fist garnir les cités et les castiaus, quanques il en avoit conquis sour le mer[1]. Apriès si fist semonre ses os, si ala assegier Triple. En cel point que Salehadins ot Triple assegie, ariverent les nés et les galies le roy Guillaume à Sur [et li .II.c. chevaliers[2].] Dont vint li marchis Conras, si fist armer de ses galyes pour aler secourre Triple, et commanda des chevaliers[3] le roy Guillaume qu'il alaissent secourre Triple et il i alerent. Aveuc les chevaliers que li marcis i envoia estoit li Vers Chevaliers. Quant li secours fu arivés à Triple et il furent un poi reposé, si fisent une assaillie en l'ost as Sarrasins, et li Vers Chevaliers fu tous devant, qui [merveilles[4]] i fist. Quant li Sarrasin virent le Vert Chevalier, si s'esmervillierent mout qu'il avoit [avé lui[5]] tel fuison [de gent[6]]; et le fisent savoir à Salehadin qu'il estoit venus al secours. Et Salehadins li manda en priant qu'il venist parler à lui, qu'il le desiroit mout à veir, sauf aler et sauf venir. Et il i ala. Et Salehadins li fist mout biel sanlant; et mout li presenta de ses cevaus et de

---

1. D : *la marine.* — 2. A. B.— 3. D : *aux chevaliers.* — 4. D. — 5. D. — 6. O.

ses joaius et de son avoir. Mais il n'en vaut onques riens prendre. Et se li dist que, s'il voloit demourer à lui, il li donroit grant tiere et grant avoir[1]. Et il li respondi qu'il n'i demorroit mie ; car il n'estoit mie venus en le tiere pour demourer as Sarrasin, mais pour eaus grever et confondre ; et il les greveroit quanqu'il poroit. Lors prist congié, si s'en rala ariere à Triple. Quant Salehadins vit qu'il avoit tant de nés arivées à Triple, et de galyes et de gent crestiiens, pour secorre Triple, et il vit qu'il n'i poroit noient faire, si se parti de Triple, et s'en ala à .XII. liues d'illeuques asseir une cité sour mer qui a à non Tortose[2].

Ançois que Salehadins partist de devant Triple[3], li roine [Sibile de Jerusalem[4]], li feme au roy Guion, qui dedens Triple estoit, li manda que les couvenences qu'il ot son signour quant il parti d'Escalone, li tenist ; et il en estoit bien tans ; et qu'il le fesist delivrer. Et Salehadins li manda que volentiers le feroit. Et puis si manda à Damas c'on li envoiast le roi et .x. chevaliers, teus com il coisiroit, en le prison avec lui ; et c'on li amenast devant Tourtouse. Et si manda c'on presist le marcis de Montferras, et si le menast on à Sur, et si le presentast on sen fil[5] de par lui. Tout ce fu fait tantost comme Salehadin l'ot commandé. Quant li prison

1. D : *grant guerison*.
2. Pipino ajoute ici (col. 805) une description historique de la ville et des environs de Tortose : « Fuit autem haec civitas Tortosa » olim Anteradum dicta, » etc.; et termine ainsi le chapitre 170, en mentionnant la prise de Gibel et l'arrivée de Saladin devant Antioche, événements rappelés par notre chronique au commencement du chapitre suivant.
3. Cf. M. chap. 171, col. 806. — 4. D. — 5. G. H. J : *à son fils*.

vinrent devant Salehadin à Tourtose, tel comme li rois les coisi en le prison, il lor fist jurer sour sains que jamais armes ne porteroient encontre lui. Apriès les envoia à Triple.

Li uns de çaus qui fu delivrés aveuc le roi, ce fu li maistres del Temple; li autres fu li connestables Haimeris[1], qui freres estoit le roy; et li tiers fu li mariscals. Mais les autres ne vous sai ge mie nomer. Quant li rois et si compaignon furent delivré, si envoia Salehadins à le feme le prince Renaut del Crac sen fil Hainfroi, tout delivré.

1. Amaury de Lusignan. Mal dans G (pag. 158) : *Bauneris*. — Mal dans H : *Aynars*.

CHAPITRE XXII.[1]

Coment Saladin ala asigier la Roche Guillaume.

SOMMAIRE.

1188. Saladin s'empare de Valenie, de Gibel et de Laodicée. Il va assiéger le château de la Roche-Guillaume, dans les environs d'Antioche. Motifs de la haine de Saladin contre le chevalier Jean Gale, qui défendait ce château. — 1189. La reine Sibylle et Guy de Lusignan quittent Tripoli et se présentent devant Tyr. Conrad de Montferrat leur refuse l'entrée de la ville. Guy de Lusignan se décide à former le siége de Saint-Jean d'Acre, et donne rendez-vous aux chevaliers du pays et aux croisés sous les murs de cette ville.

Quant Salehadins ot esté une piece devant Tortose, et il vit que il n'i poroit oevre faire, si s'en ala avant à une cité qui est à .VII. liues d'illeuques, qui a à non Valenie; se le prist et gasta, qu'ele n'estoit mie fors. N'il ne le vaut mie garnir, pour un castiel qui priès

---

[1]. Cf. G. pag. 160-164. — H. chap. 12-14 du XXIVe livre. pag. 122-125. — M. fin du chap. 170 et chap. 171. Col. 805-807. Pipino abrège beaucoup le texte de notre chronique et y intercale des phrases prises dans Vincent de Beauvais (*Spec. Hist.* t. IV. lib. 29. cap. 48. pag. 1202) et dans Jacques de Vitry.

d'illeuc est de l'Ospital, en le montaigne, et a à non
Mergat¹. Quant il se parti d'illeuc, si ala à une cité à
.VII. liues priès qui a à non Gibel²; si le prist et si le
garni. Apriès si ala à une cité [sor mer³] qui a à non Li
Lice⁴ priès d'Antioce⁵; si le prist⁶ et si le garni⁷.
D'illeuques s'en ala à Antioce, mais ne l'asega mie.

Illueques oï dire Salehadins que uns hom⁸, cui il
haoit à mort, estoit dedens .I. castiel en le tiere d'Antioce. Cil castiaus avoit à non li Roçe Guillaumes⁹. Et
pour le haine de cel chevalier ala il assegier le castiel,
nient pour autre cose; que s'il le peust tenir, il n'en
euist nient plus de pitié comme il eut del prince Renaut,
cui il copa la tieste. Et si eust droit¹⁰, car cil chevaliers
li fist mal encontre bien qu'il li avoit fait. Et si vous
dirai comment.

Cil chevaliers ocist sen signeur lige en son pais¹¹,
pour chou qu'il le trova aveuc se feme. Si l'en convint
fuir. Si s'en ala à Salehadin, lui cuinquismes¹² de freres,
et Salehadins le retint¹³ mout belement, et si lor dona
grans tresors et grans tieres et grans garisons. Quant
il ot une piece esté aveuc les Sarrasins, si fu mout bien

---

1. O : *Margat*. — M : « Mergad. » — 2. M : « Gibel, scilicet a
» civitate Valania leucis septem. » col. 805. — Gibel, aujourd'hui
Djebali, dans l'ancienne principauté d'Antioche. Gibelet ou Djebaïl était du comté de Tripoli. — 3. A. B. — 4. D : *La
Liche*. Laodicée. — 5. H. pag. 122 : *près d'Antioche à XX. liues.*
— 6. Ces mots sont répétés dans C. — 7. La phrase entière où il
est question de Laodicée manque dans A. B. G. Et il faut remarquer que M. ne mentionne pas le fait. — 8. M : « proditor qui-
» dam. » col. 807. — 9. A. B : *la Roche Guillaume*. — M :
« Rocha Willelmi. » — 10. J : *Et eust raison*. — 11. D : *en son
palès*. — 12. A. B : *quizieme*. — D : *cinqierme*. — J. O : *cinquieme*. — G : *cuiqu'une*. — 13. A. B : *le recueilli*.

d'un neveu Salehadin ; si vint à lui une vesprée, se li pria que il alast aveuc luy hors de le cité, et il i ala, si l'enmena en le tiere de Crestiiens par nuit, et le mist en .I. castiel du Temple qui a à non Saffet, [en prison[1]]. Il lor donna le moitié de le raençou cel vallet, pour lui garentir envers les parens son signour qu'il avoit ocis. Cil chevaliers avoit à non Jehans Gale[2]. Li rois Phelippe de France oï parler de cel chevalier quant il fu croisiés. Si le manda qu'il venist parler à lui pour demander et enquerre l'affaire de le tiere d'Outremer[3], et il i vint.

Or vous lairons de Salehadin devant le Roce Guillaume, [au siege[4]], si vous dirons del roi Gui, qui à Triple[5] estoit delivrés[6]. On li conssella qu'il alast à Sur sejourner, et il et li roine, tant qu'il eust force et aiue qu'il alast Acre assegier. Il mut de Triple et quanqu'il pot avoir de gent ; si vint à Sur par tiere.

Quant li marcis Colras oï dire que li rois venoit et li roine à Sur, si fist armer ses gens et fremer les portes ; et fu tous armés sour le porte et il et si home. Quant li rois Guis fu près de Sur, se li fist on asavoir que li marcis avoit fremée le porte encontre lui. Il ala avant jusques à le porte, et commença à crier c'on li ouvrist les portes. Li marcis vint avant à .I. des crestiaus[7] de le tour qui sour le porte estoit, et demanda qui c'estoit qui si hautement rouvoit ouvrir[8] le porte ; et il dist qu'il estoit li rois Gui et li roine se feme, qui

1. D. — 2. G : *Johan Gale*. — 3. A. B : *l'afaire des Saracins*. — 4. A. B. — 5. A. B : *qui au Temple*. — 6. M. chap. 171. col. 806. Ici commence le XXIV⁰ livre dans Dom Martène. — 7. A. B : *crestiens*. — D : *creniax*. — O : *crenaus*. — 8. A. B : *qui si baudement rovoit ovrir*. — J : *qui si hautement comandoit à ovrir*. — G : *qui si abandonnement voloit ouvrir*. — H : *rovoit qu'en li ovrist*.

voloit entrer en se cité. Li marcis respondi que ce n'estoit mie lor, ains estoit siue ; que Diex li avoit donée et bien le garderoit et que jamais dedens ne meteroit le pié ; mais alaissent avant herbegier, que là ne herbegeroient il mie. Quant li roi Gui vit che, si fu mout dolans, et li roine se feme, quant en se cité [meismes¹] ne le laissoit on mie herbegier. Il prist un mesage, si l'envoia ariere à Triple, as chevaliers le roi Guillaume, et as² ses homes, qu'il amenassent le navie devant Acre, qu'il aloit Acre assegier. Li rois Gui se parti de Sur tous dervés³ [et toz forsenez⁴]. Et si fu grans mervelle qu'il fist, qu'il ala assegier Acre à si poi de gent que il avoit ; car à cascun home qu'il avoit, quant il ala assegier Acre, estoient il bien .IIII. Sarrasin dedens.

1. D. — 2. A. B : à. — 3. A. B : *tot devez*. — D. J : *moult courouciez*. — G : *tout de sues* (pour *desvés*). — 4. A. B.

CHAPITRE XXIII.[1]

Coment li roys de France et li roys d'Engletere paserent Outremer.

SOMMAIRE.

1190. Guy de Lusignan établit son camp devant Acre. Saladin se porte au secours de la ville. Le fils de l'empereur Frédéric et les Allemands se réunissent à l'armée du roi Guy. Les rois de France et d'Angleterre arrivent à Saint-Jean d'Acre. De la guerre qui avait longtemps divisé ces princes et retardé leur départ pour la Terre Sainte. Nombreux seigneurs qui se croisent en même temps que les rois de France et d'Angleterre. Philippe Auguste arrive le premier en Sicile et hiverne à Messine.

Quant li rois Guis vint devant Acre, si se herbega sour .I. toron qui devant Acre est, sor le tiere[2] S. Nicolay. Là se licierent et fisent bones lices. Et si avoient l'eve del flun, dont il bevoient et abevroient lor cevaus, et faisoient çou que il en avoient à faire. A le mesure qu'il veoient les nés et les galyes et les gens

---

1. Cf. G. pag. 164-168. — H. chap. 5-9, du XXVe livre. Pag. 143-148. — M. chap. 171-173. col. 806-808.
2. A. B : *le tertre.* — D. O : *la terre.* — J : *le cimetiere.* — G : *en la terre.* — M : « supra collem sancti Nicolai. » col. 806.

venir [de totes terres¹], si s'armoit une partie de cels de l'ost et aloit encontre eaus ; si depeçoient les vaissiaus et aportoient en l'ost, pour aus licier², et prenoient terre tousjours avant. Quant li Sarrasin d'Acre virent que li os croissoit, si prisent .I. mesage, si l'envoiierent à Salehadin qui avoit asegie le Roce Guillaume, se li fisent savoir que li rois Gui les avoit assegiés à Acre³.

Quant Salehadins oï le mesage, si se leva dou siege et se mist à le voie ; et s'en ala à Acre, et assega les Crestiiens devant Acre. Et si vous di bien pour voir que s'il fussent corut sus les Crestiiens, bien les peussent avoir adamagiés, que à cascun Crestiien qu'il estoient, estoit il bien .x. Sarrasin. Or fu bien li sieges .I. an devant Acre, c'onques cil dedens Acre n'en laissierent à aler en l'ost as Sarrasins, ne cil de l'ost à aler à Acre pour porter viande.

Quant li fiex l'emperéour et li Alemant virent, qui aveuc lui estoient, que li Crestiien avoient Acre assegie, si alerent al siege tant com il purent par tiere. Et quant tiere lor failli, si alerent par eve. A le mesure c'on avoit apparellie l'oire, si aloient à Acre qui estoit assegie. Li rois de France et li rois d'Engletiere⁴, ce

1. D. — 2. A. B : *logier*.

3. A partir de ces mots, qui répondent à la première phrase du 15ᵉ chapitre du XXIVᵉ livre de l'édition de l'Académie (p. 126), H. donne jusqu'au 5ᵉ chapitre du XXVᵉ livre (p. 143) une rédaction particulière. — D. G. J. et M. continuent à correspondre inégalement aux rédactions de A. B. C. — Pipino ajoute à notre texte des détails en grande partie empruntés à Vincent de Beauvais (*Spec. Hist.* l. 29. cap. 48. t. IV. p. 1202) sur les diverses nations chrétiennes qui vinrent alors au secours de la Terre Sainte. M. col. 806.

4. En abrégeant toujours le récit de notre chronique, Pipino y

furent cil qui daerain i alerent, pour une guerre qui entr'eus .II. estoit. Et si vous dirai comment li guerre mut.

Il avint cose que li rois d'Engletiere[1] avoit .II. fiex[2] ; li ainsnés avoit à non Ricars et estoit quens de Poitiers, et li maisnés avoit à non Jehan sans Tiere. Li rois d'Engletiere, ains qu'il alast Outremer, vaut faire coroner Jehan sans Tiere, sen fil, à estre roi d'Engletiere, et Ricart donner toute le tiere de ça, qui quens estoit de Poitiers. Quant Ricars le sot, si ne fu mie liés, ains fu mout dolans et vint al roi de France, se li pria merchi et se li dist : « Sire, pour Diu, ne souffrés » que je soie desiretés, qu'ensi veut mes peres faire; » et j'ai vo seur plevie, se le doi avoir à feme; mais, » pour Diu, aidiés me mon droit à detenir et le vo » sereur. » Li rois semont ses os et ala sor le roi d'Engletiere al Mans, là où il sot qu'il estoit. Là prist li roi de France le Mans. Et li rois d'Engletiere s'en ala à Saint Martin ; li rois de France ala apriés et passa Loirre à gués, et prist Tours; et li rois d'Engletiere s'enfui à Chinon[3]. Quant li rois de France ot pris Tours, si fisent pais, en tel maniere que li rois d'Engletiere rendi Auvergne al roi de Franche ; ensi fu li pais faite. Apriés chou que li pais fu faite, li rois d'Engletiere en fu mors de duel pour le païs dont il estoit desiretés[4].

Quant li rois [Henris[5]] d'Engletiere [fu morz[6]], si vint

intercale encore ici, sans l'annoncer, un passage de Vincent de Beauvais (*Spec. Hist.* l. XXIX. cap. 50. t. IV. p. 1202). M. chap. 173. col. 808.

1. Henri II. Cf. H. (pag. 143) plus complet et plus exact. — H : *IIII. fiz.* — O : *III. fix.* — 2. O : *porce que dolenz estoit qu'il avoit fianciée la suer lo roi Phelipe.* — 3. C : *Chion.* — D : *Cinon.* — 4. Henri II mourut le 6 juillet 1189. — 5. D. — 6. A. B. D.

Richars, qui ses ainés fiex estoit, al roi de France ; se li fist homage de le tiere deça le mer[1], et li rois li rendi quanqu'il avoit conquis sour sen pere, Tours et le Mans. Et si prist Ricars congié d'aler en Engletiere et de porter corone, et quant il aroit porté corone et se tiere afinée[2], il revenroit arriere et atourneroit lor voie à aler Outremer entr'iaus deus. Ensi demoura li rois en France, et Ricars s'en ala en Engletiere et porta courone à Londres en Engletiere, et reçut ses homages de ciaus de le tiere. Apriès, si laissa baillius et gardes en Engletiere des plus preudomes u il plus se fioit. Quant ensi ot fait asigner se tiere, il passa mer et vint en Normendie et tinrent parlement[3] entre lui et le roi de France de lor mute atourner, et le jour del movoir.

Quant li doi roi furent ensanle, se dist li rois Ricars al roi de France : « Sire, je sui .I. jouenes hom, et tel
» voie ai entreprise com vous savés d'aler Outremer.
» Si n'averoie ore mie mestier de feme esposer. J'ai
» vostre sereur plevie, si me donés respit [de l'es-
» pouser[4]] tant que nos soions revenu, et je vous
» creant que dedens les .XL. jours que Diex me
» ramenra, que j'espouserai[5] vo sereur. » Li rois de Franche le soffri ensi ; et si atirerent le jour de lor mouvoir à le Feste Saint Jehan, le premiere qu'il atendoient. En tel maniere [fu atiré[6]] que li rois de France prenderoit [à cel jor[7]] s'escerpe[8] et sen bourdon à Saint Denise, et s'en iroit al plus droit qu'il poroit à

---

1. G : *de la terre de Calame.* Rectifié par M. Guizot. Pag. 166. — 2. A. B. D : *assigniée.* — J. O : *asenée.* — G : *asurée.* — 3. G : *et quidrent pleinement.* — 4. D. — 5. G : *j'espousera.* — 6. A. B. — 7. A. B. — C : *prenderoit le jour de.* — 8. A. B : *s'escherpe.* — D : *s'eschierpe.*

Jenueves[1] sour le mer, et là passeroit à l'aiue de Diu. Li rois d'Angletiere creanta que cel jour meisme prenderoit il s'escerpe et sen bourdon à Saint Martin, à Tours, et s'en iroit al plus droit qu'il poroit à Marselle, et passeroit à l'aiue de Diu. Et il si fist.

Adont mut[2] li dus de Borgoigne et li quens Henris de Campaigne et li quens Tiebaus de Blois et li quens Estievenes de Sanseure, li quens de Clermont, li quens de Pontiu[3], li quens de Flandres, li quens de Saint Pol et autres contes assés que je ne sai mie nomer et toute li chevalerie de France qui croisié estoient; fors seulement li quens Renaus[4] de Dantemartin, que li rois laissa aveuc l'arcevesque de Rains, son oncle, pour garder le tiere et pour estre regart de France[5]. Je ne vous di pas que tout cil chevalier passassent al port où li rois passa et li rois d'Engletiere, ains alerent à pluiseurs pors passer.

Quant li rois de France, qui à Geneves[6] estoit, ot fait ses viandes et ses engiens carjier, quant Diex lor donna tans, si murent. [Et li rois d'Engleterre et li autre baron, quant il orent atiré, et il orent vent, si murent[7]]. Teus i ot qui passerent droit à Acre, et teus i ot qui ne porent passer; ains alerent en l'ille de Sesille. Li navie le roi de France n'ot gaires alé par mer, quant tormente les prist. Dont li rois à

---

1. A. B : *Genes.* — D : *Gennes.* — 2. A. B : *En cel point que li rois de France et li rois d'Engelterre murent, mut.* — 3. A. B : *Poitou.* — Mauvaise leçon, suivie par Pipino : « Picta- » viensis comes. » M. col. 808. — G. J : *Ponti.* Cf. H. p. 146. — 4. O. — C : *R.* — lacune dans A. B. — 5. A : *reggart.* — G : *garde de France.* — H : *por garder son roiaume.* — M : « ad cus- » todiam regni. » — 6. A. B. D : *Genes.* — 7. A. B. D. O. — G : *Le roi Richart et ses barons murent ausi à Marseille.*

celle tourmente ot grant damage de se viande et de ses engiens qui furent geté en mer ; et cil qui en escapa ala droit à Acre. Li quens Henris de Campaigne qui estoit arivés à Acre[1], quant les nés le roi de France furent arivées, il prist le viande et les engiens. Le viande il le fist aluier[2], et les engiens fist drecier as murs pour lancier. Si que, quant li rois de France fu arivés à Acre, ne fust li viande qu'il avoit cargie[3] à Mescine, il eust eut toute disete[4] de celi qu'il avoit envoie devant.

Li rois de France ne passa mie en cel yver[5]; mais apriès le tourmente qu'il ot eue ariva à Mescines. Quant li rois Tangré, qui rois estoit de le tiere, oï dire que li rois de France estoit arivés, si ala encontre lui, et si le reçut mout hautement. Et se li proia, pour Dieu, qu'il n'entrast plus en le mer, ains sejornast en le cité dusques al març; et qu'il ne se grevast point[6], et il li abandonnoit toute se tiere à faire se volenté. Li rois li otria qu'il i demorroit [volentiers[7]]; et li rois Tangrés li delivra son manoir qu'il avoit mout rice[8] à Mescines. Se s'i herbega li rois de France, et illueques yvrena l'yver dusque al march[9].

1. G : ançois arrivé à Acre que nul des autres. — 2. A. B. D : La viande, il la fist aloer. — O : aliuer. — J : garder. — G : Le cuens ... prist les viandes. — 3. A. B : fait chargier. — 4. A. B : il eust tote disgeste. — D : il eust eu disete. — G : il eust en (eu) soffrance. — 5. G : ne passa mie jusqu'à Acre l'iver. — 6. J : ne se traveillast or plus. — 7. D. — 8. D : mout bel.

9. G : Jusques au mars. Pipino termine ici son chapitre 173 (M. col. 808) en reproduisant presque littéralement un nouveau passage du *Speculum historiale*, sans en nommer l'auteur : « A qua prius discedens rex Francorum in vigilia Paschæ, etc., quod ad eam capiendam non nisi assaltus deesset. » Vincent de Beauvais, l. XXIX. cap. 50. pag. 1203.

CHAPITRE XXIV.[1]

Coment Cristien conquistrent Acre sor Sarracin.

SOMMAIRE.

1190. Les Chrétiens resserrent le siège autour de Saint-Jean d'Acre. Détresse des assiégés. Disette dans l'armée des croisés, entourée par Saladin. Tentative malheureuse des sergents de l'armée. Mort de la reine Sibylle. Conrad de Montferrat parvient à faire rompre le mariage d'Homfroy de Toron et d'Isabelle, sœur de Sibylle, héritière de la couronne de Jérusalem, et à épouser la princesse. — 1190-1191. Richard, roi d'Angleterre, hiverne en Sicile avec le roi de France. Il fortifie le château de Mategrifon. Éléonore de Guyenne, sa mère, vient en Sicile pour lui faire épouser la sœur du roi de Navarre. — 1191. Incidents qui amènent le roi d'Angleterre à débarquer en Chypre et à s'emparer de Limassol. — Mai. Le roi Guy de Lusignan vient rejoindre le roi d'Angleterre en Chypre. Richard fait la conquête de l'île et l'engage temporairement aux chevaliers du Temple.—Juin. Le roi Richard rejoint le roi de France devant Saint-Jean d'Acre. Le siège de la place est repris avec plus de vigueur. — 13 juillet. Capitulation de St-Jean d'Acre.

1. Cf. G. pag. 168-194. — H. chap. 10 du XXVe livre au chap. 10. du XXVIe livre. pag. 149-189. Récit différent et beaucoup plus développé.— Pipino a utilisé deux fois ce fragment. Il a donné d'abord ce qui concerne le roi Richard dans la partie générale de sa chronique (N. 607-609. *De Ricardo rege Anglorum et gestis ejus*). Il a composé ensuite avec le reste du chapitre qu'il entremêle de passages littéralement transcrits de Vincent de Beauvais, sans en indiquer la source, les chapitres 172 et 174-177 de son XXVe livre, plus spécialement réservé à l'Histoire des Croisades. M. col. 807 et 808-812.

[1190]

Partage de la ville entre les princes croisés. — Arrangement intervenu entre les anciens propriétaires de maisons et d'hôtels à Saint-Jean d'Acre et les chevaliers qui s'y étaient établis depuis la prise de la ville. L'accord relatif à la restitution de la Vraie Croix et à l'échange des prisonniers n'est pas fidèlement observé par les Sarrasins. Saladin fait démanteler Ascalon. Philippe Auguste revient en France, et laisse le duc de Bourgogne comme son lieutenant en Syrie (3 août). — 1192. Le roi d'Angleterre et le duc de Bourgogne entreprennent de concert une expédition sur Jérusalem. Le duc de Bourgogne et les Français abandonnent l'entreprise et se retirent vers Saint-Jean d'Acre. Le roi d'Angleterre revient après eux à Saint-Jean d'Acre. Le duc de Bourgogne meurt. Saladin assiège Jaffa. Le roi Richard se rend par mer au secours de la ville et contribue, en combattant personnellement, à repousser les Sarrasins, maîtres déjà du château. Désir manifesté par Saladin de voir le roi d'Angleterre. Gracieuseté qu'il lui fait un jour. La renommée de la bravoure et des prouesses du roi Richard se répand parmi les Sarrasins. Saladin se porte au devant du corps chrétien qui se rendait par terre au secours de Jaffa. Il le rencontre et le bat à Arsur. Mort de Jacques d'Avesnes. Richard s'empare d'une riche caravane. Il relève les fortifications d'Ascalon, occupe Gaza et le Daron, et séjourne dans les environs.

A cel passage de cel aoust que li rois entra en mer pour passer outre, ariva tant de gent devant Acre qu'il assegierent Acre de l'une mer à l'autre, tout[1] entour, à la[2] reonde. Et fisent une fosse[3] en sus d'Acre, en le sablonniere, par où il fisent aler le flun qui couroit à meisme d'Acre, pour tolir le douce eve as Sarrasins; car[4] dedens Acre n'avoit s'eve non de puch salée, fors aucune cisterne d'eve de pluie; mais poi en y avoit; et niens estoit à tant de gent con dedens avoit en le cité. A grant mescief furent li Sarrasin dedens Acre, quant il orent perdue l'iaue douce et le voie de le viande qui lor venoit de l'ost; fors tant que il avoient secour aucune fie d'une ville qui est à l'endroiture d'Acre qui

1. C : *tour*. — 2. A. B. — C : *à reonde*. — 3. A. B : *Et s'i firent .I. fossé*. — 4. D. — A. B. C : *Par*.

a à non Cayphas. Salehadins avoit fait garnir celle ville, et faisoit garnir les vaissiaus de viande. Quant il avoient bon tans, se les metoient en aventure, et trescopoient le mer et se traioient à Acre, quant il pooient, s'entroient en le ville d'Acre.

Or vous di jou qu'il ot si grant cierté en l'ost des Crestiiens[1] qu'il fu tele eure c'on vendi le mui de forment .LX. besans et le mui de ferine .LXX. Or vous dirai conbien li muys est : çou c'uns porteres[2] porte à son col est li muis de le tiere. Et .I. oef vendoit on .XII. deniers ; et une geline .XX. sols ; et une pume .VI. deniers. Vins et cars parestoit si ciers c'on n'en pooit avoir, se de ceval non, quant il moroit. En celle ost, morut mout de gent de fain et de mesaise.

Il avint .I. jour que il s'esmurent[3] bien dusque à .X. M.[4] sergans, et vinrent as barons de l'ost ; et disent que, pour Diu, lor donnassent à mangier, ou se çou non il iroient conquerre sour Sarrasins. Il ne porent avoir consel ne aïue de haut home de l'ost d'avoir viande ne [congié[5]] d'aler sour Sarrasins ; il ne porent plus endurer [la famine[6]], ains issirent de l'ost une matinée et se ferirent en l'ost des Sarrasins. Quant li Sarrasin les virent venir, si vuidierent lor loges et les lessierent venir. Et li Crestiien entrerent es loges, si se cargierent de viande ; et quant cargié furent, si se misent al retour. Quant li Sarrasin virent que li sergant estoient cargié et qu'il s'en retornoient ariere, si poinsent à aus[7], si les ocisent tous. Apriès si les amasserent,

---

1. Cf. M. chap. 172. col. 807. — 2. A. B : *uns portiers.* — O : *uns home.* — J : *ce que un home puet porter à son col.* — 3. G. J.— A. B. C. D. O : *s'eslurent.*— 4. D : *VII*e.— 5. A. B.— 6. D. — A. B: *il ne pooient plus atendre.*— 7. A. B: *si se poinstrent sor aus.*

et les geterent el flun et les envoiierent en l'ost as
Crestiiens. Ensi faitement fu perdue cest compaigne[1]
de ces sergans, c'onques secors n'orent de l'ost.

Or vous di ge que tout ausi comme li Crestiien
avoient assegié Acre, de l'une mer à l'autre, assisent li
Sarrasin par deriere les Crestiiens de l'une mer à
l'autre. Et toutes les eures que li Crestiien assaloient
as murs d'Acre, assaloient li Sarrasin les Crestiiens par
deriere.

Or vous dirai qu'il avint en l'ost d'Acre. Il avint que
li roine [Sibile[2]], li feme le roi Gui, fu morte et .IIII.
enfant[3] que elle avoit et que li tiere eskei à Ysabiel,
[sa sereur[4]], qui feme estoit Hainfroi, qui s'en fui quant
li baron de le tiere le vaurrent coroner. Quant li
marchis Colras sot que li tiere et li royaumes estoit
esceue à Ysabiel et à Hainfroi, si ala à l'evesque de
Biauvais, qui en l'ost estoit, se li pria qu'il li aidast et
mesist consail que Hainfrois fust departis de se feme
et qu'il l'eust à feme; que[5] Hainfrois estoit si mauvais[6]
qu'il ne poroit le tiere tenir. Lors dist li vesques de
Biavais qu'il s'en conselleroit. Il em parla as arce-
vesques et as evesques et as barons de l'ost, et si lor
moustra le malvaisté de Hainfroi. Teus i ot qui s'acor-
derent al departir, et tels i ot qui dist qu'il[7] ne pooit
estre. Dont dist li vesques de Belvais qu'il parleroit
à Hainfroi, et fist tant vers lui qu'il clama quite se feme

---

1. A. B *fu partie cele compaignie.* — 2. D. — Sibylle mourut le
15 juillet 1190. — M. parle de ces événements au chap. 172. col.
807. — 3. C. D. J. O. — G : *quatre.* — A. B : *I. enfant.* — H :
*En cele saison fu morte la roine Sebile et ses .II. filles Aelis et
Marie.* — 4. D. — 5. A. B : *Car.* — 6. G : *si couart.* — 7. A.
B. D : *que ce.*

al marchis, par deniers donans, et qu'il s'en departi. Quant Hainfrois fu departis de Ysabiel, li marcis l'espousa et si l'enmena à Sur.

Or vous lairons à parler del siege d'Acre[1], si vous dirons del roi d'Engletiere qui meus fu de Marselle. Quant il vint endroit l'ille de Sesille, si se pensa qu'il ariveroit là pour oïr novelles del roi de France, s'il estoit passés ou s'il estoit demorés en l'ille; et pour savoir de se sereur, qui roine avoit esté de le tiere. Il fist tourner vers terre et arriverent ses galyes à une cité qui a à non Palierne[2], al cief de Sesille, devers [la mer. Et Meschines est à l'autre chief de Sezile, par devers[3]] tiere [ferme[4]]. Et si a .VII. journées de l'un à l'autre, de Palierne dusques à Mescines.

Quant li rois d'Engletiere fu arivés, il demanda novieles del roi de France. On li dist qu'il estoit à Mescines, et qu'il yvernoit là. Quant il oï ces nouveles, si ala à Mescines apriès et ariva là, et yverna avoec le roy de France desci qu'al march, qu'il passerent.

Quant li rois sot que li rois d'Engletiere venoit, si fu mout liés et ala encontre, et fisent feste de ce qu'il se trouverent sain et hetié. Li rois de France estoit herbegiés al cief de le cité, el palais le roi Tangré, qui sires estoit de le tiere; et li rois d'Engletiere herbega à l'autre cief de le cité, hors de le ville. Il ne volt mie herbegier priès del roy, pour çou qu'il ne voloit mie que si home fesissent mellée as homes le roi de France. Là frema li rois [d'Engelterre[5]] .I. castiel près de Mescines, sor .I. torun, si le[6] mist à non Mate

---

1. M. chap. 174. col. 808. — 2. A. B : *Palerne*. — 3. A. B. D. G. — 4. A. B. — 5. A. B. — 6. A. B : *li*.

Griffom[1]. Pour ce fist li rois d'Engletiere cel castiel, qu'il ot mellée entre ses homes et les homes le roi Tangré, si ot mout oci des homes le roi Tangré. Et pour ce fist cel castiel, que se mestiers fust à ses homes, qu'il les requellist dedens cel castiel pour l'esfors[2] de le terre qui estoit le roi Tangré[3]. Mais li rois de France en fist pais.

Apriès vint li rois d'Engletiere, si proia se sereur qu'ele vendist sen douaire, se li[4] prestast l'avoir, et qu'elle alast aveuc luy Outremer; et quant Diex le ramenroit, il li renderoit son avoir, et si le marieroit hautement. Et elle respondi qu'ele feroit volentiers son plaisir. Quant li rois d'Engletiere fu venus d'Oultremer et il et li roine [Johane[5]] se suer, il le maria al conte de Saint Gille. Ele en ot .i. fil, qui quens estoit[6] de S. Gille, quant on fist pais de le tiere d'Aubyjois[7]. Quant li rois d'Engletiere ot l'otroi de se sereur de sen douaire vendre, il parla al roi Tangré del vendre, et il l'acata moult volentiers, et li paia l'avoir.

Quant il fu tans de cargier lor nés, li rois de France et li rois d'Engletiere fisent cargier viande, tant com il lor vint en cuer et en volenté. Et quant il orent apparelliet et il fu tans, si murent. Li rois de Franche ala

---

1. Pipino qui, même dans les premiers livres de sa chronique, traduit souvent notre texte sans le citer, ne rend pas toujours exactement le sens des mots français : « *Macte grifon*, quod » sonat in latinum *Græcorum occisorum*. » N. col. 607. chap. *De Ricardo rege Anglorum et gestis ejus.*

2. O : *l'effors.* — D : *l'esforcement.* — 3. N : « Hoc autem ideo » fecit ut suos tueretur, qui cum Tancredo Siciliæ rege litem habue- » rant. » col. 608. — 4. A. B : *et qu'elle li.* — 5. D. — 6. D : *qui fu cuens.* — 7. A. B : *d'Aubijois.* — D : *des Aubijois.* — G : *d'Aubujois.* — O : *d'Aubelois.*

par nef et si ariva à Acre, ançois que li rois d'Engletiere ne fist, car li rois d'Engletiere ala à galyes. Et se li avint une aventure que vous orés, pour coy il ne pot mie si tost venir à Acre.

Il avint cose que se mere, li vielle roine, estoit en Poitau, s'oï dire que li rois ses fiex ivrenoit à Mesines[1]. Pour çou qu'ele ne voloit mie que li rois ses fiex espousast le sereur le roi de France Phelippe, elle manda al roy de Navarre qu'il li envoiast une sereur qu'il avoit, aveuc le roi sen fil, et elle le menroit à Messines, là où il estoit, et se li feroit espouser. Li rois de Navare fu mout liés quant il vit[2] le message, se li envoia. Quant li roine d'Engletiere ot la damoisiele, elle fist apparellier sen oirre, si s'en alerent à Messines. [Quant ele vint à Meschines[3]] si s'en estoit ja ses fiex [meuz et[4]] alés, mais que tant estoit avenu que se fille, li roine Jehane, n'estoit mie encore mute, ains mut l'endemain. Li roine d'Engletiere li dist : « Biele fille, menés ceste » damoisiele aveuques vous al roi vo frere. Se li poés » dire que je li mant qu'il l'espeusece[5]. » Elle le fist volentiers, si le fist entrer en se nef, si s'en alerent. Et li roine d'Engletiere s'en retourna en Poitau.

Or vous dirai qu'il avint à le roine Jehane, quant elle vint priès de l'ille de Cypre. Li roine dist as maronniers de le nef qu'il presissent tiere, pour savoir s'il oroient nulle nouviele del roi d'Engletiere, sen frere. Li maronnier fisent le commandement le roine, et tournerent viers une cité qui a à non Limeçon. En cel point estoit li empereres de Cypre logiés devant Lime-

---

1. M. chap. 174. col. 808-809. G. p. 176. — 2. A. B : oï. — 3. D. G. J. O. — 4. A. B. — 5. A. B : *que il l'espoust.* — O : *qu'il l'espeut.*

çon¹, et il et toute s'os, pour çou que cil qui aloient en le tiere d'Outremer vausissent faire force en l'ille de Cypre, qu'il fust apparelliés pour defendre.

Quant li empereres vit le nef arivée, si envoia là un batiel pour savoir quels gens c'estoient. Et cil de le nef ne se celerent mie, ains disent que c'estoit li roine de Sesille et li feme le roi d'Engletiere. Li batiaus torna ariere, et si conta² à l'empereur quels gens c'estoient. Lors prist li empereres .II. chevaliers, si les envoia à le roine Jehane ; se li manda qu'ele descendist à tiere, pour li sejorner et rafrescir, et il li feroit d'onor³ ce qu'il poroit. Li roine li manda qu'elle ne descenderoit mie; puis lor demanda s'il savoient se li rois estoit passés. Et il disent qu'il n'en savoient nient. Li message retournerent ariere droit à l'empereour, se li disent qu'ele ne descenderoit mie.

Quant li empereres vit qu'elle ne descenderoit mie, si fist armer vaissiaus qu'il avoit al port de Limechon pour aler prendre le nef, s'il peussent. Quant cil de le nef virent les galyes ariver, si se penserent que ce n'estoit mie por bien ; si leverent lor ancre et se traisent en haute mer. N'orent gaires esté en haute mer, quant li rois d'Engletiere vint à toutes ses galyes et tourna vers le mer, pour savoir quels gens c'estoient en le nef. Quant⁴ li rois d'Engletiere sot que c'estoit li nés se sereur, si entra ens pour aler à li et pour bienvegnier. [En ce qu'il⁵] parloit à se sereur, si vit la damoisiele, si demanda qui elle estoit, et ele li respondi

1. A. B : *Limeczon.* — M : « Limecon. » Col. 809. — N : « Li-
» mezon. » col. 608. — 2. A. B : *contierent.* — 3. A. B. — D : *d'ennor.* — C : *feroit doner.* — 4. C : *Quan.* — 5. J. — A. B : *Que qu'il.* — C : *Quoi qu'il.* — D : *Quan qu'il.* — G : *Or ce qu'il.*

que c'estoit li suer le roi de Navarre, que se mere li envoioit; et se li mandoit qu'il ne laissast pour rien qu'il ne l'espousast. Apriès, li dist comment li empereres de Cypre l'avoit faite desaancrer.

Quant li rois d'Engletiere oï l'afaire de l'empereour de Cypre, il entra en une galye, et s'en ala prendre tiere à Limeçon, et il et toutes ses galyes. Quant li empereres vit les galyes, et il sot que li rois d'Engletiere y estoit, si saut sour .I. ceval tous à as[1], si s'enfui[2]. Quant cil de l'ost virent qu'il s'en fuioit, si s'enfui cascuns al miex qu'il pot. Li rois descendi à tiere et prist le cité et quanque il estoit demoré en l'ost. Là guaingna il cevaus et bestes et grant avoir, et toutes ses gens. Quant li rois d'Engletiere ot pris tiere et le cité, il descendi à tiere et se suer li fist mener la damoisiele à .I. moustier dehors le cité; là l'espousa. Quant li rois ot pris le cité et espousée sa feme, si sejourna une piece là.

Li rois Guis qui à Acre estoit, quant il oï dire que li rois d'Engletiere venoit, si entra en une galye, si ala encontre à Limechon, si le trouva. Quant li rois Guis ot trové le roi d'Engletiere, si fist mout grant joie li uns de l'autre.

Apriès si atournerent que li rois Guis menroit le navie le roy d'Engletiere à .I. port[3] qui a à non Lesquit[4], qui priés est d'une cité qui a à non Licoissie[5], et est en miliu de l'ille de Cipre; pour ce

---

1. A. B. G : *toz des chaus*. — D : *tot à hast*. — 2. Tout ce récit, semblable d'ailleurs dans A. B. C. D. G. J. O., est fort sommaire et peu exact, relativement à H. Voy. notre *Hist. de Chypre*, t. I. — 3. D. — A. B : *au port*. — C : *à port*. — 4. A. B : *Le Kit*. — J : *Le Quit*. Larnaca, le vieux *Citium*. — 5. B : *Lecoisie*. — O : *Licossie*. — J : *Nicossie*. — G : *Nicocie*.

que, se li rois eust mestier de se navie, qu'ele li fust preste[1], car il iroit apriès l'empereur par tiere. Ensi s'en ala li rois Gui par mer et li rois d'Engletiere par tiere. Et cacha tant l'emperéour qu'il l'assega en .I. castiel[2], et si le prist et se feme et une fille qu'il avoit, et grant avoir qui estoit où castel; car tous li tresors de l'ille de Cipre estoit là trais, pour çou que li castiaus estoit bons et fors.

Quant li rois ot pris l'ille de Cypre et l'emperéour, il commanda l'ille as Templiers, et qu'il le gardaissent, et si lor vot donner. Et il disent qu'il neu[3] prenderoient mie, ains le garderoient une piece, tant com il poroient. Ensi laissa li rois Cipre à garder as Templiers, et s'en ala Outremer; et mena l'empereur et se feme et se fille et ses prisons, et ariva à Acre[4].

Quant li rois de Franche sot que li rois d'Engletiere venoit, et qu'il avoit feme espousée, si en fu mout dolans; et ne laissa mie pour chou qu'il n'alast encontre. Là fu li rois de France de si grant douceur et de si grant humelité[5], qu'il descendi de son ceval à tiere et prist le feme le roy Ricart entre ses bras et mist à tiere hors del batiel, si com on dist. Quant li rois d'Engletiere fu arivés, et il ot .I. poi sejourné, si fist assalir Acre. Et li rois de France faisoit assalir cascun jour. Il avint .I. jour qu'il faisoit les François assalir as murs, et qu'il entrerent entre .II. murs; là fu li marissaus de France ocis, qui ot non Auberis Clymens[6].

1. A. B : *qu'il li fust près.* — 2. Voy. notre *Hist. de Chypre*, t. I, p. 12. — 3. A. B: *ne la.* — 4. Cf. M. chap. 174 et 178. col. 809, 812. — 5. G : *fu de si grant cortoisie.* — J : *fu si cortois et si humiles.* — 6. Nom omis, ou défiguré dans A. B. D. G. J. O. — D : *Aubris Climent.* D. Bouquet, t. XVII, p. 426, 430.

Or ot ja li sieges duré .ii. ans[1] devant Acre; si furent li Sarrasin dedens mout grevé et mout afebloiié de gent et de viande. Il fisent savoir à Salehadin qu'il mesist consel comment il peussent issir hors, qu'il ne se pooient mais tenir. Quant Salehadins le sot, si fu moult dolans; et bien savoit qu'il estoient à grant mescief. Il manda al roi de France et al roi d'Engletiere qu'il donnaissent trives tant qu'il eust parlé à ceus de le cité, et jours de pais. Li rois lor donna trives, et prist jours de pais. Dedens ces trives, fist on pais ensi com je vous dirai : c'on rendi Acre al roi de France, et se li dut on rendre le Sainte Crois [2]; et pour cascun Sarrasin qui dedens estoit .i. Crestiien; et pour les haus homes qui dedens estoient, raencon devisée. Et de le Crois raporter, et de l'avoir[3] faire venir, prist on jour.

Quant il orent celle pais atirée, si entrerent li Crestiien dedens Acre et misent tous les Sarrasins en prison; et se herbegierent, teus i ot, dedens Acre; car tout li Crestiien n'i peussent mie estre. Li rois de France ot le castel d'Acre, et le fist garnir et herbega dedens. Et li rois d'Engletiere se herbega dedens le vile, en le maison del Temple[4]. Li bourgois d'Acre et les gens ki yretaige i avoient devant che que li Sarrasin le presis-

---

1. G : *plus d'un an*.

2. Cf. M. chap. 175. col. 810. Pipino a composé en grande partie la fin de ce chapitre 175 d'extraits textuels de Vincent de Beauvais (*Spec. Hist.* pag. 1203). Le commencement du chapitre, où Pipino insiste sur le fâcheux effet de la rivalité des deux rois en Terre Sainte, pourrait être de sa propre rédaction.

3. A. B : *et de la raanzon*.— D : *et de la rendre*.— 4. G. ajoute ici : *Ainsi fu Acre prise et rendue l'an de l'Incarnation Nostre Seignor mil et cent et quatre vingt onze*.

sent, [se¹] traisent à lor yretaige, et le vaurrent avoir.
Li chevalier qui pris les avoient ², disent qu'il
n'en averoient nul, qu'il ne lor counissoient nient³, et
qu'il les avoient conquis sor Sarrasins. Li bourgois
d'Acre se traisent au roi de France, se li criierent
merchi, et qu'il ne souffrist mie que il fuissent deshi-
reté, car il n'avoient lor yretage n'engagié ne vendu ;
mais li Sarrasin lor avoient tolus ; et puis que Dame Diex
l'avoit rendu à Crestiienté, il lor estoit avis qu'il n'estoit
mie raisons qu'il le deussent perdre ; mais pour Dieu
il i mesist consel.

Li rois lor dist que volentiers i metroit consel. Il
manda le roi d'Engletiere et les barons de l'ost, qu'il
venissent à lui pour consel metre en cel afaire, dont on
li avoit proiié. Quant li rois d'Engletiere et li baron
furent venu, si lor dist li rois de France qu'ensi faite-
ment li avoient li bourgois d'Acre requis et qu'il y
mesissent consel. Apriès, si lor dist qu'il n'estoient mie
alé en le tiere pour maisons ne pour yretaiges con-
querre, mais pour le tiere secourre et remetre ens es
mains de Crestiiens ; et que bien li estoit avis, puis
qu'il avoient le cité conquise, que cil qui iretaiges i
avoient n'i avoient droit à perdre ; et que teus estoit
ses consaus, s'il s'i acordoient. Il s'i acorderent tout,
et disent que ses consaus estoit bons et biaus⁴.

Là, otria⁵ li rois de France et li rois d'Engletiere et
li baron de l'ost que quiconques poroit moustrer par
bon tesmongnage que li hiretages eust esté siens, ne

1. G. — A. B. D : *traistrent*.— 2. A. B. D. G.— C : *Li cheva-
lier qui priès estoient*.— 3. A. B : *qu'il ne les connoissoient noient*.
— 4. A. B : *et que bien estoit à faire*. — 5. A. B. D : *atira*.

de parent¹ qu'il eust, c'on li deliverroit. Apriès, si atirerent que li chevalier qui les maisons y avoient prises et dedens Acre estoient, que cil cui li hyretages estoit, manroit² aveuc lui en le maison d'une part³, tant com li chevaliers vaurroit estre en le tiere; et se li liverroit son vivre.

Quant li jours fu venus que Salehadins devoit delivrer le Sainte Crois et les Crestiiens, pour les Sarrasins qui dedens Acre estoient, il manda al roi de Franche qu'il li donnast .I. autre jour; que il n'avoit mie apparellié çou que il li devoit livrer. Li rois li donna. Et quant ce vint au jour, il ne li delivra mie; ains li manda que il li donnast .I. autre jour. Li rois de France se courouça de ce que Salehadins le gilloit⁴ ensi. Se li manda c'un jour averoit il par ensi que⁵, s'il ne li delivroit çou qu'il devoit delivrer, il feroit tous les Sarrasins qui dedens Acre estoient les tiestes cauper.

Quant ce vint al jour, il ne li delivra mie; et li rois fist prendre tous les Sarrasins d'Acre fors les amiraus, si les fist mener en sus d'Acre, et si lor fist tous les tiestes coper⁶. Les amiraus detint il, pour ce ke li guerre n'estoit mie finée, et pour ce que, s'on presist

---

1. A. B : *de parant.* — C : *ne parent.*
2. A. B : *nauroit.* — G : *manidroient (maindroient).* — 3. J : *Après deviserent que li chevalier qui les maisons avoient prises et dedens estoient lairoient celui de cui l'eritage estoit herbergier o eaus d'une part en la maison.* — Cf. H. pag. 176. liv. XXVI. chap. 1.
4. A. B. D. O : *guilloit.* — G : *trichoit.* — 5. A. B : *c'un jor auroit il par .I. covent que.*— G : *Si li dona jor par covenant que.*
6. Exagération évidente, démontrée par la suite du récit. Pipino rapporte d'autre part que le roi Richard, indigné de se voir refuser la vraie croix, malgré les conventions, fit mettre à mort 5,000 Sarrasins (ci-après p. 277. note 4.); et ce fait même n'est pas certain.

.I.¹ haut home crestiien, c'on rendist l'un pour l'autre. Des Sarrasins² d'Acre c'on detint³ et c'on ne tua mie, ot li rois de France le moitié et li rois d'Engleterre l'autre.

Quant Salehadins ot rendue Acre as Crestiiens, il se traist ariere en se tiere, et si envoia à Escalonne qu'il avoit conquise sour Crestiiens, et si le fist abatre, pour çou qu'il ot peur que Crestiien ne le fesissent assegier.⁴

Apriès çou qu'Acre fu prise, ne demoura gaires que li quens Phelippes de Flandres fu mors et grans maladie prist al roi de France. [Li rois de France⁵] quant il commença à garir, il fist apparellier une galye et prist congié as barons de l'ost et entra en le galye, si s'en vint en France⁶. Et laissa le duc de Bourgoigne en sen liu; et se li laissa son avoir et ses homes. Dont aucunes gens disent, quant⁷ li quens de Flandres dut morir, qu'il manda le roi et se li dist qu'il s'en venist [en France⁸], c'on avoit se mort jurée. Et aucunes gens disent, quant il fu malades, c'on l'avoit empuisonné⁹.

1. A. B : *nul.* — 2. A. B : *Des haus homes sarracins.* — 3. A. B. D. G. — C : *c'on tient.*

4. Pipino répète ce fait d'après notre chronique et ajoute: « Alibi (Vincent de Beauvais; *Spec. Hist.* lib. XXIX. cap. 52. pag. 1203), » legitur quod rex Angliæ, paganis petentibus, multo auri pretio » funditus eam diruit. Qui etiam quinque millia captivorum de- » collari mandavit. » M. chap. 176. col. 811. — Pipino avait déjà rappelé cette circonstance dans les livres antérieurs de sa chronique. N. col. 609.

5. A. B. — 6. Il partit le 3 août 1191. Pipino reproduit à cette occasion textuellement un fragment de Vincent de Beauvais, qu'il ne nomme pas : « Timens itaque Philippus, etc. » M. chap. 176. col. 811. *Spec. Hist.* pag. 1203. — 7. D : *que quant.* — 8. D. — 9. Cf. H. pag. 179-180, très-hostile au roi d'Angleterre.

Et aucunes gens disent qu'il estoit venus pour le tiere le conte de Flandres qui li estoit eskeue, qu'il avoit donné à se niece[1] en mariage, pour çou qu'il avoit peur que li quens de Hainau, à cui li contées estoit eskeue, ne le saisesist.

Or vous lairons del roi de France à parler, ki sauvement s'en va, et ariva et vint en France par Rome et parla à l'Apostole. Si dirons del roi d'Engletiere et des barons qui là demourerent[2].

On fist asavoir al roi d'Engletiere que li Sarrasin avoient vuidie Jherusalem, et bien le poroient avoir, s'il i aloient, sans traire et sans lanchier. Li rois d'Engletiere le fist savoir al duc de Borgoigne et as barons de l'ost. Là prisent consel qu'il iroient et garniroient bien Acre. Et cargierent lor nés de viandes, si les envoierent à .I. castiel qui a à non Jaffe, à .x. liues de Jherusalem; et il alerent par tiere jusque al castiel. D'illeuques murent; si alerent [herbergier[3]] à .v. liues de Jherusalem, à une vile qui a à non Betunuble[4]. Là atirerent lor batailles et ordenerent lors qui feroit l'avant garde [et l'arriere garde[5]]. Li rois d'Engletiere dut faire l'avant garde et li dus de Bourgoigne l'ariere garde.

Quant ensi orent atiré lor batailles, si ala cascuns à se herbege. Lors pensa [mult[6]] li dus de Borgoigne. Quant il ot pensé, si manda des haus homes de France[7] k'il savoit qui plus amoient le corone de France, et lor dist qu'il avoit pensé : « Segnour, vous savés bien

---

1. A. B. J : *à sa mere.* — 2. Pour la suite, cf. M. chap. 177. col. 811. — 3. A. B. — 4. D. O. — A. B : *Bethunuble.* — G : *Batenuble.* — C : *Betunule.* — 5. A. B. — 6. G. — 7. G. O : *les barons de France.*

» que nos sires li rois de France s'en est alés, cui Diex
» conduie ! et que toute li cevalerie et li flors[1] de sen
» regne est chi demorée, et que li rois d'Engletiere
» n'a c'un poi de gent avers[2] çou que li rois de France
» a. Se nous alons en Jherusalem et nous le prenons,
» on ne dira pas que nous l'aions prise, ains dira on
» que li rois d'Engletiere l'a prise. Si ert grans hontes
» à[3] France [et grant reproviers[4]] ; se dira on que li
» rois de France s'en sera fuis, et li rois d'Engletiere
» aura pris Jherusalem. Ne jamais ne sera jours, tant
» que li siecles durece[5], que France n'en ait reproce[6].
» Quel consel, dist li dus de Borgoigne as François,
» me donrés vous ? » Teuls i ot qui disent que bien
disoit et que bien s'acordoient à se volenté faire ; et
tels i ot qui ne s'i acordoient mie.

Lors dist li dus de Borgoigne qu'il n'iroit [plus[7]] en
avant, ains retourneroit arierre ; si le sivist qui sivir
le vauroit[8]. Quant ce vint l'endemain par matin, li rois
d'Engletiere s'arma et il et si home, si s'en ala vers
Jherusalem. Et vint à .I. castiel qui estoit priès de
Jherusalem à .v. liues ; et [era tant qu'il vint à .II. liues
près de Jerusalem et[9]] qu'il vit le cité, si quem on
dist[10].

Li dus de Borgoigne fist armer les François et se
mist al retour vers Acre. Aucun i ot des barons qui

---

1. A. B. O : *que tote la flors de la chevalerie.* — 2. O : *envers.*
— 3. G. J. — A. B. C : *en.* — 4. A. B. — 5. A. B. D : *durt.*
— 6. J : *à tozjors mes durera cist reproches à France.* — G : *Ne jamès ne sera que France n'en ait reproche.* — 7. A. B. —
8. Cf. H. pag. 186, toujours plus développé. — 9. A. B. J. O. — H. ne dit rien de semblable. — 10. A. B : *si com hom dist.*

amoit¹ le roi d'Engletiere et envoia apriès lui; et li fist savoir qu'il retornast, que li François retornoient. Quant li rois d'Engletiere oï le novele, si s'en retorna et vint à Jaffe; et si le garni mout bien de gent et de viande, et si s'en vint à Acre apriès le duc de Bourgoigne.

Ne demora gaires apriès ce que li dus de Borgoigne fu venus à Acre, qu'il fu mors et que Salehadins asanla ses os et ala assegier Jaffe². Quant cil de Jaffe furent assegié, il envoiierent .I. message al roi d'Engletiere batant, qu'il les secourust; car li castiaus n'estoit mie [si³] fors à tenir encontre si grant gent, comme Salehadins avoit amenée. Quant li rois d'Engletiere oï les noveles que cil de Jaffe li avoient mandé, si le fist savoir as haus hommes qui à Acre estoient. Et si lor dist qu'il iroit secorre Jaffe; et si lor demanda s'il iroient aveuc lui. Et il respondirent qu'en tous les lius où Crestiientés aroit mestier de lor aiue, tant com il seroient en le tiere, il iroient.

Adont ordenerent lor eschieles et lor batailles, et si murent pour aler secourre Jaffe; et si laissierent Acre garnie. Lors dist li rois d'Engletiere as barons qu'il errassent seurement⁴ par tiere, et qu'il iroit par mer, pour plus tos venir al castiel, et pour le castiel tenir⁵ tant qu'il venroient là; car il savoit bien que li castiaus ne se tenroit mie tant qu'il i peussent venir par tiere⁶. Lors fist armer li rois d'Engletiere galyes si [entra⁷] ens,

---

1. A. B. G : *amoient .... envoierent ...fistrent savoir.* — 2. M : « Jaffet. » — 3. A. B. — 4. O : *serreement.* — J : *hastivement.* — G . *seulement.* — 5. J : *por aidier à tenir le.* — 6. J : *car il dotoit que li chastiaus ne se peust tenir tant qu'il venissent là par terre.* — 7. A. B. D.

et si mist de ses hommes tant com il vaut; et erra tant et par jour et par nuit qu'il vint à Jaffe.

Quant il ariva devant Jaffe, si estoit li castiaus pris, et li Sarrasin dedens entré, où il lioient les Crestiiens pour mener en l'ost. Si sailli li rois à tiere et mist l'escu al col et le hace danoise[1] en le main; si entra el castiel et si home apriès lui. Là rescoust le castiel et ocist les Sarrasins qui dedens estoient, et si cacha ceuls qui dehors les murs estoient desi c'à l'ost; et arresta sour .I. toron, qui devant l'ost estoit, il et si home. Lors demanda Salehadins à ses hommes que c'estoit et de quoi il avoient eu paour, qui [si[2]] fuioient. Et on li dist que li rois d'Engletiere estoit arivés dedens le castiel et avoit ses homes ocis et pris et cachiés, et rescous le castiel.

Lors demanda Salehadins où il estoit. Et on li dist : « Sire, vés le là, sor cel toron, à pié, aveuc ses homes. » — « Comment [est-ce?[3]], fait[4] Salehadins, que rois est » à piet aveuc ses homes! N'affiert point! » « Va, » dist il à .I. de ses sergans, ensiele .I. ceval et se li » maine. Se li di que jou li envoie; k'il n'affiert pas à » si haut home comme il est qu'il soit à pié, en tel liu, » aveuc ses homes. » Li serjans[5] fist le commandement Salehadin, et si mena le ceval al roi d'Engletiere et si fist sen message. Et li rois d'Engletiere l'en mercia, mais ne monta pas sus; ains fist monter .I.

---

1. Pipino traduit textuellement ces mots de notre chronique : « Quo viso, statim rex navem egressus ad terram prosiliit, et » clypœo protectus, manuque gladio deferens, quem *la ache danoise* vulgo nominant. » M. chap. 177. col. 811.

2. D. — A. B : *que si*. — 3. D. — 4. A. B : *dist*. — 5. D. — A. B. C : *Li Sarrasins*.

sien sergant, et fist poindre devant lui. Quant li sergans ot point le ceval, et il cuida retorner, ce ne fust jamais; ains l'emporta li cevaus, quel gret[1] qu'il en eust, en l'ost as Sarrasins. Et Salehadins en fu mout honteus de ce que li cevaus estoit retornés. Si en fist .I. autre apparellier, et se li renvoia[2]. Et li rois d'Engletiere retorna arriere al castiel. Mais[3] Salehadins ne se desloga pas cel jour desci qu'à l'endemain.

Pour celle proece que li rois Ricars fist illuec et aillours, à .I. autre castiel, qui a à non li Daron, qu'il prist sour Sarrasin, fu il mout doutés par toute Paienime. Et si c'on dist qu'il avenoit aucune fois que quant li petit enfant ploroient, que les Sarrasines lor meres disoient : « Taist toi, pour le roi d'Engletiere! » Et quant aucuns Sarrasins cevaloit ceval umbrage[4], et il veoit ou buisson ou ombre, et il reculoit ariere, que li Sarrasin hurtoit des esporons et dissoit à son ceval : « Cuides tu que li rois d'Engleterre soit mucziez en » ces buisson?[5] » ou en cel ombre, ou en ce dont li cheval avoit paor.

Quant Salehadins sot que li [autre[6]] Crestiien [venoient par terre[7]] à Jaffe où il estoit al siege, il se leva del siege, si ala encontre et si les encontra devant .I. castiel

---

1. A. B : *gré*.
2. Suivant le rédacteur du texte de la ville de Lyon, ce fut là une trahison préméditée, non de Saladin, mais de son frère. Voy. H. pag. 195, dans les var. — Pipino suit le récit de A. B. C.
3. C : *Mas*. — 4. G : *retif*. — 5. A. B. D. G. — La phrase est tronquée dans C. — M : « Putasne regem Anglicum in hoc cespite » evasisse? » Pipino l'avait déjà rappelé : « Cogitas-ne in hunc ru- » bum, sive cespitem, Ricardum Angliæ regem confugisse? » N. col. 609. Cf. H. p. 189. — 6. A. B. G. — 7. J. — A. B. C. D. G. O. donnent la mauvaise leçon : *sot que li Crestiien estoient*.

qui a à non Asur[1]. Là assanlerent li Crestiien as Sarrasins. Si se conbatirent, et grant damage i reçurent li Crestiien plus que li Sarrasin ne fisent. Mais toutes eures s'en partirent Crestiien sans desconfiture et alerent à Jaffe où li rois estoit. A l'assanlée que Crestiien et Sarrasin fisent devant Assur, fu Jakemes d'Avesnes[2], li bons chevaliers, ocis. Li Crestiien furent à Jaffe, et Salehadins se traist ariere en se tiere.

Or vous dirai qu'il avint [devant Jaffe[3]]. Une carvane de Sarrasins venoit de le tiere d'Égypte et aloit à Damas. Et avoient oï dire que Salehadins estoit devant Jaffe, pour çou aloient plus seurement. Et se furent herbegié .v. liues priès de Jaffe. On fist asavoir al roi d'Engletiere que là avoit une mout rice carvane, et que grant avoir i poroit gagnier, s'il le prenoit. Li rois d'Engletiere fist armer ses homes et ses chevaliers, si i ala et si le prist; et quant prise l'ot si le mena à Jaffe.

Apriès, si assanla les barons de l'ost et les chevaliers et dist qu'il voloit aler fremer Escalone, et que s'elle estoit fremée, il seroient mout enforchié en le tiere. Il disent qu'il iroient volentiers; il i alerent, et si fremerent Escalone mout bien et garnirent. Et si prisent .II. castiaus qui priès d'illeuc estoient, dont li uns avoit à non Gasdres[4] et li autres li Daron[5]. Là sejourna li rois d'Engletiere et li baron de l'ost, pour ce que li tiere estoit plus saine qu'ele n'estoit à Acre[6].

---

1. A. B : *Assur.* — D. G. J. O : *Arsur.* — 2. A. B : *Jaques d'Esvenes.* — 3. D. — 4. A. B. G : *Gadres.* — D : *Jadres.* — Cf. H. pag. 198. var. *Gazere.* — 5. Cf. H. pag. 189. — 6. G : *plus saine que aillors.* — F. et O. (fol. 93 v°-95) insèrent ici une énumération imaginaire des seigneurs présents alors en Terre Sainte et le récit non moins fabuleux de quelques aventures.

CHAPITRE XXV.[1]

De l'isle de Cypre et des Grifons.

SOMMAIRE.

1192. Les Templiers, maîtres de l'île de Chypre, répriment une révolte des Grecs. Ils rendent l'île au roi d'Angleterre qui la vend au roi Guy de Lusignan. Guy de Lusignan appelle en Chypre les chrétiens d'Arménie et de Syrie. Il dote un grand nombre de chevaliers, de sergents et de bourgeois. — 1194. Il meurt. Amaury, son successeur, est obligé de reprendre une partie des biens que Guy avait donnés. — 1192. Conrad de Montferrat enlève de force les marchandises d'un navire du pays du Vieux de la Montagne, venu à Tyr. Le Vieux de la Montagne, n'ayant pu obtenir satisfaction, charge deux de ses fidèles d'aller poignarder le marquis.— 27 avril. Circonstances de l'assassinat du marquis Conrad. Le roi d'Angleterre détermine Henri de Champagne à épouser la reine Isabelle, veuve de Conrad de Monferrat, trois jours après le meurtre du marquis. — 10 août. Trèves conclues entre Saladin et Henri de Champagne. Saladin rend une partie de ses conquêtes aux Chrétiens. — 1192-1194. Mariages projetés entre les enfants du comte Henri et ceux d'Amaury de Lusignan, seigneur de Chypre.

Or vous lairai[2] à parler de le tiere d'Outremer, si vous dirai .1. poi de le tiere[3] de Cypre.

---

1. Cf. G. pag. 194-208. — H. chap. 11-17 du livre XXVIᵉ. pag. 189-199. — M. chap. 178-180. col. 812-814.
2. A. B : *Or vos lairai un poi.* — 3. A. B : *si vos dirai de l'isle.*

Il avint cose que li Grifon[1] s'asanlerent et parlerent ensanle, et prisent consel d'ocire les Latins, qui estoient aveuc les Templiers, à cui li rois d'Engletiere avoit le tiere laissie et commandée. On fist asavoir as Templiers et as Latins que li Grifon s'asanloient pour eaus ocirre. Se lor consella on que il mandassent secors, et que il se mesissent en une forterece, tant qu'il eussent secors. Dont vinrent, si s'asanlerent de partout et vinrent à Lecoisie[2]. Si entrerent ens el castiel, et ne furent pas plus de cent Latin ens el castiel; et tant y ot assanlé de gent [griffonne[3]] entour le cité, que on n'i véoit se gens non tout entour.

Quant li Latin furent dedens le castiel, une nuit, le semmedi devant le grant Paske[4], si virent bien qu'il n'avoient mie viande pour le castiel tenir, ne que li castiaus n'estoit mie fors pour tenir encontre tant de gent. Si disent entr'aus que mieus lor venoit [il[5]] morir à armes que morir dedens le castiel de fain. Là prisent conseil qu'il s'en istroient et se metroient en aventure[6]. Quant ce vint l'endemain, le jour de Paske Florie[7], il se confesserent et s'armerent et acumeniierent, et issirent hors tout, fors seulement .x. des plus feules,

---

1. A. B. D. F. G. J. O. — C : *li Frison.* — M : « Grifones sive
» Græcos. » — 2. A. B : *Licossie.* — J : *Nicossie.* — G : *Nicosie.*
— 3. D.

4. A. B : *le samedi de la grant Pasque.* — D : *de Pasque Florie.*
G : *une veille de Pasques.* Le samedi 28 mars, veille du dimanche des Rameaux, suivant quelques mss., ou le samedi 4 avril, veille de Paques. suivant d'autres récits. Voy. notre *Hist. de Chypre*, t. I, p. 33; t. II. p. 7. n.

5. A. B. — 6. J. ajoute ce fait bien précis : *Et ce conseil fu pris un samedi à soir la nuit de Pasque.* Fol. 395. — 7. C. D. — A. B.
J : *le jor de Pasques.* Le 5 avril. — G. et M. ne précisent pas.

qui demorerent à le porte del castiel, que se mestiers lor fust¹, qu'i recouvraissent el castiel. Et lors issirent li Latin hors del castiel et se ferirent entre les Griffons aussi comme entre brebis ; et nient plus ne se desfendirent il comme brebis fesissent. Et li Latin en tuerent tant que ce fu une mervelle, c'onques toute jour ne finerent de tuer et de cacier; tant qu'il vuidierent toute la cité qu'il n'i demoura ne home ne feme.

L'endemain forerent il toute le viande de le cité² et [le³] menerent el castiel. Apriès ce fisent savoir al maistre del Temple et al roi d'Engletiere, comment il avoient fait. Dont vinrent li Templier al roi d'Engletiere et se li disent qu'il fesist de l'ille à se volenté, qu'il ne le pooient plus garder. Quant li rois Guis, qui n'avoit point de tiere, oï dire que li Templier avoient rendue l'ille de Cipre al roi d'Engletiere, par le consel le maistre del Temple⁴, si l'acata et il li vendi.

Or vous dirai que li rois Guis fist, quant il ot celle tiere acatée. Il envoia en le tiere d'Ermenie et en Antioce et à Acre ses mesages et par toute le tiere delà le mer qu'il venissent en l'ille de Cypre à luy, et il lor donroit terres et garisons⁵, tant com il en oseroient demander⁶. Li chevalier qui desireté estoient, cui li Sarrasin avoient lors terres tolues, et les dames cui lor mari estoient ocis, et les pucieles orfenines alerent là. Et li rois Guis lor donna terre à grant plentés, ne nus

---

1. G : *Dix des plus faibles demorerent laiens por ouvrir la porte se mestier fust.* — 2. A. B : *L'endemain forrerent li Latin tote la cité de viande et d'avoir.* — G : *troverent tote la cité plaine de viandes et d'avoir.* — D : *L'endemain forrierent.* — 3. O. — 4. A. B : *si vint à parler al maistre del Temple.* — 5. G : *garnisons.* — 6. J : *selonc ce que chascuns seroit.*

n'i aloit cui il ne donnast à grant plenté[1]. Il maria les veves et les orfenines, et lor donna avoir à grant plenté. Et tant donna qu'il fieva .IIIe. chevaliers en le tiere, et .IIe. sergans à ceval, aveuc[2] les bourgois qui[3] il donna grans tieres et grans garisons. Quant il ot tant doné, il ne li demoura mie tant de tiere qu'il peust tenir lui .xx.[me][4] de chevaliers [de mesnie[5]]. Ensi faitement peupla li rois Gui l'ille de Cypre. Et si vous di bien pour voir que se li quens Bauduins eust aussi bien peuplée le tiere de Costantinoble, quant il fu empereres, il ne l'eust mie perdue ; mais il couvoita tout par mauvais consel, si perdi tout, et son cors et se tiere.

Apriès ce que li rois Gui ot si peuplée se tiere de l'ille de Cypre, ne demora puis gaires qu'il fu mors[6] ; et li tiere eskéi al connestable Haimeri sen frere. Si vous dirai qu'il fist.

Il vit qu'il avoit poi de tiere et que [les terres que[7]] ses freres avoit doné pour mil besans valoient au double. Il manda tous les chevaliers de le tiere ; si lor dist [quant il furent venu[8]] que li rois Guis ses freres avoit abandoné se tiere à cascun, et cascuns en avoit pris tant com il voloit. « Il vous dona tant que riens ne li » demora. Li tiere m'est eskeue tant que Diu plaira » [à tenir, et sires en suis, et vos estes mi home[9]].

---

1. A. B : *Ne nus n'i aloit qui n'en eust assez, ne ni falloit se par defaut non de cuer qu'il n'osoient demander.* — J : *Li rois Guis lor dona à toz quanqu'il osoient demander.* — 2. A. B. D : *estre.* — 3. A. B : *à cui.* — 4. D : *huitierme.* — G : *dont il peust tenir vingt chevaliers de maisnie.* — M : « ut fere xx. collateralibus militibus » in necessariis provideret. » — Ces faits manquent dans H. Voy. *Hist de Chypre*, t. II. — 5. A. B. G. — 6. Avril 1194. — 7. A. B. D. G. J. — 8. A. B. — 9. A. B. D.

» Et je n'ai point de tiere; et il i a aucun de vous qui
» en a plus que je n'aie. Comment sera çou que je serai
» povres et vous serés tout rice, et n'arai que
» despendre? Il n'affiert point. Or prendés conseil
» entre vous; si me relaist[1] cascuns tant de se tiere
» que je puisse estre entre vous comme sires, et que
» je vous puisse aidier comme mes homes. » Il
prisent consel; et se li dona cascuns de se tiere tant
com lui plot[2]. Apriès fist tant li connestables Haimeris,
par force u par amistié, ou par son sens, c'al jour qu'il
fu mors, li valoient ses rentes de l'ille de Cypre .IIIe.
mil besans[3]. Li connestables Haimeris, lues[4] que l'ille
de Cypre li fu eskeue, ne porta mie lues corone; car il
ne le vaut mie porter desci que il [la[5]] presist [de[6]]
haut home de cui il tenist l'ille de Cypre.

Or[7] vous lairons de l'ille de Cypre [à parler[8]] dessi
que lius en sera, et si vous dirons de le tiere d'Outre-
mer. Il avint cose .I. jour c'une nés [de marcheans[9]] de
le tiere [le seignor[10]] des Hassasis ariva à Sur. Li marcis
[Corras[11]] ot mestier d'avoir; si envoia de ses homes en
le nef et fist prendre de l'avoir tant com il vault. Li
marceant descendirent à tiere, et si se plainsent al
marchis c'on les avoit desrobés en le mer; et que pour

---

1. D : *lest.* — G : *rendés.* — 2. A. B : *tant com de suen cuers li vint.* — O : *li cuers li vint.* — 3. A. B. C. D. J. O.— G: *deux cens mille besans.* — Le ms. de Pipino portait vraisemblablement *XXX mil besans* : « Sua sic industria reditus fisci regii ad summam tri-
» ginta millium byzantiorum adduxit. » M. col. 812. — 4. A. B :
quant. — D : *lors.* — 5. A. B. D. — 6. A. B. — D : *d'aucun.*

7. Pipino résume les faits suivants et rappelle les divers motifs attribués au meurtre de Conrad sans suivre rigoureusement le texte de la chronique. M. chap. 179. col. 813.

8. A. B. — 9. A. B. — 10. A. B. — 11. D.

Diu lor fesist rendre lor avoir. Li marcis respondi que l'avoir ne raveroient il jamais; mais gardaissent bien le remanant. Et il disent [que¹], puis qu'il ne lor voloit [faire²] rendre, il s'en iroient à lor signour et s'en plainderoient. Et li marcis [lor respondi³] alaissent où il vausissent.

Lors se partirent d'iluec et alerent en lor tiere et se plainsent à lor segnour. Quant li sires des Hassasis sot que li marcis avoit desrobés ses homes, se li manda que l'avoir rendist à ses homes. Li marcis li remanda qu'il ne li renderoit mie. Encore li remanda li sires des Hassasis qu'il li rendist l'avoir à ses hommes; et seust il bien de voir, s'il ne li rendoit, qu'il⁴ en morroit. Li marcis li manda qu'il ne li renderoit mie. Lors commanda li sires des Hassasis .II. de ses homes qu'il alaissent à Sur⁵ et si tuaissent le marcis. Et il i alerent. Et quant il vinrent à Sur, si se fisent crestiiener; dont li uns mest entor le marcis, et li autres entor Balyan⁶, qui le roine Marie⁷ avoit à feme et qui à Sur manoit.

Or avint cose .I. jour que li marcise Ysabiaus estoit as bains, qui feme estoit le marcis Colras, et que li marcis ne vaut mangier [dusqu'à tant qu'ele⁸], se fust baignie. Elle demora trop, ce fu avis al marcis, si ot talent de mangier; si monta à ceval entre lui et .II. chevaliers, et ala à le maison l'evesque de Belvais⁹ pour mangier aveuc luy, s'il n'eust mangié. Quant [il vint¹⁰] là,

---

1. D. — 2. A. B. D. — 3. A. B. D. — 4. A. — C.: *il*. — J: *seust il qu'il le feroit ocirre.* — 5. A. B: *à-s Sur.* — 6. Balian II d'Ibelin, père de Jean d'Ibelin, le vieux sire de Beyrouth. Cf. H. p. 193. — 7. Marie Comnène, veuve d'Amaury Ier. — 8. A. B. J. — G : *jusques qu'ele fu venue.* — 9. A. B : *Biauvais.* — 10. A. B. D. J.

si avoit li vesques mangié. Si dist à l'evesque. « Sire
» vesques, j'estoie chi venus pour mangier aveuc vous;
» mais puis que vous avés mangié je m'en retornerai. »
Li vesques le bievegna et se li pria mout qu'il demou-
rast, qu'il li feroit assés donner à mangier. Li marcis
dist qu'il ne demorroit mie, ains s'en retorna.

Tout si que li marcis fu entrés en une estroite rue
de Sur qui est priès del Cange, si seoit uns hom d'une
part de le rue et .I. autre d'autre part. Tout si com il
vint endroit ces .II. homes, si se leverent encontre lui.
Se vint li uns, se li mostra[1] unes lettres, et li marcis
tendi sa main pour prendre; et cil trait .I. coutiel, si
l'en feri parmi le cors. Et li autres, qui d'autre part
estoit, retraist .I. autre cotiel, si l'en refiert parmi le
cors. Si l'abatirent mors. [Cil furent tantost pris et
essillié.[2]]

Ensi tesmoignent cil de le tiere que li marcis fu mors.
Aucunes gens disent que c'avoit fait li rois d'Engletiere
faire, et qu'il avoit tant fait vers le seigneur des Has-
sasis qu'il avoit envoiiet en France pour faire tuer le
roi Phelippon de France. Dont, encore ne fu çou mie
voirs, fist on savoir le roi de France qu'ensi avoit fait
li rois d'Engletiere. Quant li rois de France ot oï les
noveles, si en ot grant paour et bien se fist garder, et
si fu lonc tans que il ne laissa nului venir devant lui
c'on ne conneust mout bien.

En cel point que li marcis fu ocis, estoit li rois d'En-
gletiere à Acre. Quant li novele vint à Acre que li
marcis estoit mors, li rois d'Engletiere monta tantost[3],

---

1. J. — A. B : *rendi.* — D. G : *tendi.* — C : (illisible) *presenta?*
— 2. D. — 3. *monta tantost,* dans A. B. C. D. G. O.— H : *monta
tantost à cheval.*

si com on dist, et s'en ala à Sur¹. Et mena aveuc lui le conte Henri de Campaigne, qui ses niés estoit. Et se li fist espouser Ysabiel, le feme al marcis qui mors estoit. Pour ce mescreirent, maintes gens i ot, qu'il ot coupés² en le mort le marcis; car il fu mort le mardi, et il fist sen neveu espouser le jeudi.³

Quant li quens Henris de Campaigne mut pour aler en le tierc d'Outremer, il estoit tenans et prendans⁴ de le conté de Campaigne. Il le bailla et laissa à se mere en baillie et en garde; et elle li envoia tant com il vesqui les rentes de le tierc. Et si [en⁵] paioit les dettes qu'il faisoit à Acre, qu'ele li envoioit pour paiier [chascun an⁶]. Ensi faitement tint li quens Henris se tiere, tant com il vesqui. Dont maintes gens s'esmervilierent puissedi⁷ que si hoir furent desireté de le conté. Il demoura aveuc le contesse de Campaigne .i. fil et une fille qui frere estoient et seur le conte Henri. Dont li fille fu mariée al conte⁸ Bauduin de Flandres, qui puis fu empereres de Constantinoble; et li vallés, après le mort le conte Henri et après [la⁹] se mere le contesse, li rois Phelippes le fist chevalier et se li dona le conté. Il ot à non Tiebaus; et si ot à feme une sereur le roi de Navarre et suer le roine d'Engletiere, le feme al roi Richart.

Quant li rois d'Engletiere ot donné feme à son neveu

---

1. A. B : *à Acre.* — 2. J : *coulpés.* — D : *corpés.* — 3. M : » In quo de ipsa nece idem rex habitus est suspectus.»— 4. A. B. G : *et prenans.* — 5. A. B. — 6. D. — G : *et paioit les dettes de là qu'il acreoit en Acre as marchans qui venoient de là en Champaigne.* — J : *et paioit les detes qu'il acreoit en Surie à ciaus qu'il envoioit à li pour estre paiez.* — 7. A. B : *puis cel di.* — 8. A. B: *au roi.* — Marie de Champagne, fille de Henri Iᵉʳ, sœur de Henri II, morte en 1204. — 9. A. B.

le conte Henri de Campaigne, et il vit que li chevalier et li pelerin s'en revenoient ariere en lor tierres, et que poi de gent demoroit en le tiere, il dist al conte Henri qu'il feroit trives as Sarrasins, et si s'en riroit en son païs, et qu'il amasseroit grant gent et grant avoir pour lui aidier et secorre el point que les trives deveroient faillir. Et li quens li dist que puis qu'il le voloit faire, bien li plaisoit[1]; mais, pour Dieu, ne l'obliast mie, car il savoit bien comment il le laissoit el païs.

Li quens Henris, pour çou que cil estoit sires del païs, afferoient[2] les trives à lui à requerre; si les requist[3] à Salehadin. Salehadins sot bien que li rois d'Engletiere et li pelerin s'en venoient[4] en lor païs et voloient venir, et pour ce requeroit li quens les trives. Salehadins li manda que nulle trive ne li donroit, se li rois d'Engletiere ne faisoit abatre Escalone, qu'il avoit fait fremer, et Gadres et le Daron.

Quant li rois d'Engletiere oï qu'il li estevroit[5] abatre les castiaus qu'il avoit fremés [s'il voloit trives avoir[6]], si en fu mout dolans, et de chou que [de[7]] tant descroisteroit le tiere le conte Henri, de si[8] bonne tiere que le tiere d'Escalone. Puis dist al conte Henri : « Biaus
» niés, je ne puis plus demorer en cest païs, ains m'en
» convint aler. Ne pour Escalone faire abatre, ne lai-
» re ge mie que je ne m'en voise; ains le ferai abatre,
» et prendons trives. Et je, à l'aiue de Dieu, se j'ai vie
» et santé, vos amenrai tant de gent que nous rarons
» Escalone et toute le tiere, et porterés courone en

1. A. B : *bel li estoit.* — 2. C : *affroient.* — 3. A. B. D. G. — C : *reprist.* — 4. A. B : *et li pelerin qui là estoient s'en iroient.* — 5. A. B : *convenoit.* — D : *estaroit.* — 6. A. B. — 7. A. B. — 8. A. B. — C : *et si.*

» Jherusalem. » Ensi faitement furent les trives faites, c'on abati Escalone, et Gadres et le Daron[1].

Apriès[2], quant li trive fu faite, si ot pité[3] Salehadins des haus homes de le tierc qu'il avoit desiretés qui encore vivoient. Si dona al signeur de Saiete [la moitié[4]] des rentes de Saiete et .I. bone ville a .IIII. liues de Sur-qui a à non Sarfent[5]. Et dona à Balyan de Belin, qui barons estoit le roine Marie, .I. castiel à .V. lius d'Acre et le tierc qui i apartenoit ; li castiaus a à non Chaïmon[6]. Au segnor de Chayphas rendi Cayphas. Al segnor de Cesaire rendi Cesaire. Al segnor d'Arsur[7] rendi Arsur et l'apartenance. Et al conte Henri dona Jaffe[8].

Puis ot li quens Henris .III. filles entre lui et se feme. Dont il fist mariage de toutes .III. as .III. fieus que li connestables[9] avoit, qui sires estoit de l'ille de Cypre, de l'ainnet à l'aisnée quant il seroient d'aage. Pour che di ge de l'ainsné à l'ainsnée, que s'aucuns en morust, qu'il ne perdist mie que li ainsnés n'eust l'ainsnée. Et donna Jaffe al roi de Cypre, aveuc ses filles[10]. Il ne lor

---

1. M : « Treugas quinquennales composuit cum Saladino, con-
» cessitque ipsi Saladino quod posset diruere Ascalonam, quam
» rex ipse reædificaverat. » chap. 179. col. 814.

2. M. chap. 180. col. 814. — 3. A. B. — D. G : *pitié*. — C : *priere*. — 4. A. B. et M : « reditus .... pro dimidia. » — 5. A. B : *Sarffent*. — D : *Saffet*. — G. O : *Serfent*. — H. J. M : *Sarfent*.

6. A. B : *Chaymon*. — D : *Cannon*. — O : *Chaïmon*. — J : *un chastel à V. liues d'Acre qui a nom Caymon*. — G : *le chastel a nom Laqueimont*; pour *Le Queimont* ou *Le Quaïmont*, bonne leçon de K. — M : « Chaymon. »

7. A. B. M : *Asur*. — 8. M : « Japhet. » — Sur tous les faits qui précèdent, cf. H. p. 198-199. — 9. A. B : *li comtes Haimeris*. — 10. A. B : *por ses filles*. — M : « Quam (civitatem Japhet)

pot plus doner de le tiere, que¹ se feme avoit une fille del marcis, qui puis fu roine, si com vous orés dire, et qui elle ot à segnor, et qui en fu rois. Li sires de Cypre ot Jaffe. Si le fist garnir de chevaliers et de sergans et de viande, et si le tint. [Et la terre fu une piece en bone pes et en bone trive²].

» idem comes in dotem filiæ dedit quam regis Cypri Aymerici
» filius habuit in uxorem. »
1. G. O : *car.* — 2. J.

CHAPITRE XXVI.[1]

Coment le roys d'Engletere pasa mer por reparier en sa terre.

SOMMAIRE.

1192. 9 octobre. Richard d'Angleterre s'embarque à Saint-Jean d'Acre, pour revenir en Europe. Afin d'échapper à ses ennemis, il cherche à voyager sans être connu et à rentrer furtivement en Angleterre, avec le concours du grand maître du Temple. — 21 décembre. Il est arrêté près de Vienne, par ordre du duc d'Autriche.— 1193. Le roi de France s'empare de Gisors. — 1194, 4 février. Le roi Richard est racheté de prison. — 1194, avril. L'empereur Henri VI est couronné roi de Sicile à Palerme. Naissance de Frédéric II.— 1195-1196. Henri VI fait préparer une grande croisade. — 1197. Août-septembre. La croisade allemande passe en Orient sous les ordres de Conrad, évêque d'Hildesheim, chancelier de l'Empire. Marguerite de France, reine de Hongrie, meurt à Saint-Jean d'Acre. Amaury de Lusignan est couronné roi de Chypre à Nicosie, par le chancelier Conrad, au nom de l'empereur.

Or vous lairons à parler de le tiere, qu'il i a bone pais et bones trives. Si vous dirons del roi d'Engletiere, comment il s'en revint en son païs.

1. Cf. G. pag. 208-220. — H. chap. 18-24 du livre XXVIe. Pag. 200-212. — M. dit quelques mots de la croisade des Allemands dans son chap. 181. col. 815-816. Il avait raconté le départ et la captivité du roi Richard, ainsi que les événements de Sicile, dans la partie antérieure de sa chronique. N. col. 609 : *De captione ejusdem regis*, et col. 629-630 : *Qualiter imperator Apuliam*, etc.

Quant on ot fait trives as Sarrasins, il fist apparellier ses nés et ses galyes, et cargier de viande et de gent, et si fist entrer ens se feme et se sereur et le feme l'empereur de Cypre, qui mors estoit en se prison, et se fille, et ses chevaliers et ses sergans. Apriès vint al maistre du Temple[1], se li dist : « Sire[2], je sai
» bien que je ne sui mie bien amés de toutes gens[3];
» et si sai bien, se je pas le mer, c'on m'i sace[4], que
» je n'ariverai en cel liu que jou n'i soie ou mors u
» pris. Si vous pri, pour Diu, que vous me bailliés de
» vos freres chevaliers et de vos freres sergans, qui
» venront aveuc moi en une galie, et[5] quant nous
» serons arivé, qui[6] me conduiront, ausi comme je
» soie Templiers, dusques en mon païs[7]. » Li maistres dist que volentiers le feroit. Il fist apparellier chevaliers et serjans tout coiement et fist entrer en une galye. Li rois prist congié au conte Henri et as Templiers et à ceus de le tiere et entra en une nef. Et quant che vint al viespre, si entra en une galye, là où li Templier estoient. Si prist congié à se feme et à se maisnie; si ala li uns d'une part, et li autres d'autre.

Or ne seut[8] si coiement faire li rois d'Engletiere qu'il ne fust aperçeus; et [que cil ne[9]] fu apparelliés qui entra en le galye aveuc lui, pour[10] lui faire prendre[11].

1. Dans H. p. 200. Var. du ms. de la ville de Lyon : *Frere Robert de Sabloi.* — Pipino reproduit la suite en abrégé, dans N. col. 610. — 2. A. B : *Sire Maistre.* — 3. A. B. D. — 4. O : *que je soie conus.* — F : *se l'on me conoist.* — 5. A. B. D. — 6. A. B. G. J : *arivé de là, il.* — H : *si.* — 7. G. ajoute ici : « *Sans* » *faille, le roi avoit fait vilainie à aucuns Templiers devant Acre* » *quant il arriva, meismement au duc d'Osteriche, dont il ne covient* » *pas que le Livre en ait parlé.* » — 8. O : *sot.* — 9. G. — 10. C : *et pour.* — 11. J : *mais ne se sot onques li rois tant gaitier*

Et ala aveuc lui tant qu'il furent arivé, et plus encore. Il ariverent priès d'Aquillée.[1] Aquillée si est en l'entrée d'Alemaigne, par devers le mer de Gresse.

Quant li Templier et li rois d'Engletiere furent arivé, il pourquisent[2] cevauçeures assés, et monterent sus et alerent par Alemaigne. Et cil qui dedens le galie estoit entrés pour le roi faire prendre estoit aveuc aus adiés[3]. Et ala tant aveuc aus qu'il se herbegierent en .I. castiel le duc de Osterice, en Alemaigne. Et tant avint que li dus d'Osterice estoit adont el castel. Quant cil ki cachoit[4] le roi, pour lui prendre, sot que li dus estoit el castiel, si vint à lui, se li dist : « Sire, or del bien faire! Li rois d'Engletiere est en » ceste ville herbegiés, gardés qu'il ne vous escapt » mie. » Li dus fu mout liés quant cil li aporta les nouveles, pour çou c'aucunes gens disent qu'il li avoit fait laidure devant Acre en l'ost. Lors commanda li dus d'Osterice c'on alast les portes fermer del castiel. Et il s'arma, et fist ses gens armer, et ala à l'ostel là où il estoit herbegiés, et mena celui aveuc, qui ches noveles li avoit aportées, pour lui faire connoistre.

On fist asavoir al roi d'Engletiere c'on venoit en le maison pour lui prendre. Li rois fu souspris, si ne sot que faire. Il prist une malvaise cote, si le jeta en son dos pour lui desconnoistre, si entra en le quisine, et si s'asist pour tourner les capons au fu. Mais je ne le di mie pour voir, mais ensi le disent aucunes gens.

Les gens le duc d'Osterice entrerent en le maison;

---

que il n'entrast avec lui en sa galée tel (cel) qui le voloit faire prendre.

1. C : *Aquiloe.* — 2. A. B : *porquistrent.* — 3. A. B. D : *adès.* — 4. A. B : *qi chaczoit.* — J : *qui voloit le roi fere prendre.*

si quisent de çà et de là; mais ne trouverent se gens del Temple non, et ceuls qui atiroient le viande en le quisine. Cil qui le roi d'Engletiere ot encusé entra en le quisine et vit le roi d'Engletiere où il tournoit les capons, si comme on dist. Si vint à lui, se li dist : « Maistres, levés sus, trop i avés esté. » Puis dist as chevaliers le duc : « Seigneur, veés le ci, prené le. » Et il i gieterent les mains; si le prisent et le misent en prison. [Et là fu en prison[1]] grant piece, desci adont que il vint à raenchon.

Or vous dirai del roi de France, qu'il fist. Quant[2] il oï dire que li rois d'Engletiere avoit passée le mer, et qu'il estoit arrestés en Alemaigne, [il en fu moult liés[3]] pour le honte de se sereur qu'il li ot faite, que il li avoit creanté qu'il l'espouseroit, quant il revenroit, et il avoit autre [fame[4]] prise. Si semonst ses os, et entra en se tiere. Et prist Gissors et autres castiaus; et arst de se tiere une partie; et prist le conte de Lyecestre[5], qui regars[6] estoit de se tiere de Normendie et gardoit le tiere.

A cel point que li rois d'Engletiere fu pris en Alemaigne, estoit Henris, li fiex l'empereour Fedric, empereres, que Fedric avoit laissié en Alemaigne pour estre garde de le tiere. Quant li rois d'Engletiere ot esté grant pièce em prison, si pria à l'empereur que, pour Dieu, le fesist metre à raençon; et il li donroit quanques il oseroit demander; et que plus estoit dolans de çou que li rois de France li argoit[7] se tiere et

---

1. A. B. — 2. A. B. D. H. — C : *Avant*. — 3. H. pag. 203.— J : *si ne l'en pesa gaires*. — 4. D. — 5. D : *Guincestre*. — J : *Leicestre*. — G : *Cestre*.— H : *Huincestre*. — 6. G : *garde*. — 7. A. B. D. G : *li ardoit*.

escilloit que de çou qu'il estoit em prison. Li empereres manda le duc d'Osterice pour metre le roi à raençon. Adont le misent à raençon par le consel le roi de France, si comme on dist. Et fu raiens[1] grant avoir, si comme aucunes gens disent : .c. mil mars et .xl. .m. mars[2]. De celle raençon ot li empereres le grignour [partie[3]] et li dus d'Osterice l'autre. Et li rois de France en ot se part pour le raençon laissier passer parmi se tiere. Apriès jura li rois d'Engletiere sour sains le raençon à rendre; et si li livra bons pleges[4]. Quant li rois d'Angletiere fu hors de prison, li empereres le fist conduire parmi se tiere et entra en mer et s'en ala en Engletiere.

[Quant il fu en sa terre, si porquist vivement[5] sa reanczon, et envoia l'empereor, et aquita son sairement, et delivra ses plaiges. Quant li rois d'Engleterre ot paié sa raanczon, si passa mer et ala en Normendie. Si semonst ses ols, por aler sor le roi de France, por rescorre[6] son domaige[7], s'il peust. Lors commencza la guerre le roi d'Engleterre et del roi de France. Mais je ne vos en dirai[8] ore plus, dusque une autre foiz ; ainz vos dirai de l'empereor Henri, qui en Alemaigne estoit. Li roiaumes de Cezille et de

---

1. A. B : *raainz.* — D : *reains.*
2. A. B. G. J : *cent soixante mil mars.* — D : *C. M. mars et XL. M. mars d'or.* — H : *C. LX. mile mars d'argent.* — H. var. du ms. de la ville de Lyon : *deus cent mil mars d'argent.* — N : « ducentarum millium marcharum argenti, vel ut alii dicunt, cen- » tum sexaginta millium. » col. 610-611.
3. A. B. — 4. G : *ostage.* Sa délivrance eut lieu le 4 février 1194. — 5. J : *vistement.* — 6. G. O. — A. B : *secorre.* — 7. G. H. J. O : *se perte.* — 8. A. B : *dira.* — J : *Mais je m'en tairai ores.*

Puille et de Chalabre estoit escheuz à sa feme, très ce qe ses niés, li rois Guillaume, fu mors, et que on fist roi de Tangré en la terre. Quant li roiames li fu escheuz, il n'i ot loisir d'aler là ¹, que tuit li baron de la terre estoient alé avec son pere et li plus de la chevalerie. Quant ses peres fu mors, et il fu empereres, il ot assez à fere d'aler par sa terre et à recevoir ses homages ².]

Quant li empereres d'Alemaigne Henris ot eue le raençon le roi Richart ³ d'Engletiere et il ot loisir, il ala amasser grant gent. Si s'en ala en Puille, et laissa son frere Phelippe, qui dus estoit de Souave, pour estre regars de le tiere.

Ançois que li empereres meust, fu li rois Tangrés mors, et ot on fait d'un fil qu'il avoit roi. Quant li rois de Sesille oï dire que li empereres venoit ⁴ en se tiere, il amassa ses os et ala encontre, tant qu'il s'entrecontrerent devant une cité qui a à non Naples, en tiere de Labour. Là se conbatirent, et là fu li empereres desconfis; et mout i perdi de ses homes.

Quant li empereres fu desconfis, si se traist ariere et si manda gent. Entrementiers que il amassoit gent pour entrer en Puille, fu li rois de Sesille mors. Et quant cil de le tiere n'orent point de signour, si rendirent le tiere à l'empereour, Puille et Calabre ⁵. Il ot
1. [haut⁶] home ou païs de Sesille qui vaut le tiere tenir encontre l'empereur et vaut .I. sien neveu faire roi;

---

1. G. H. — 2. A. B. G. H. J. O. — Ce passage manque dans C. D. — 3. C : *le roi R.* — 4. A. B. C : *venroit.*

5. Cf. N. col. 629 : *Qualiter imperator Apuliam,* etc., où la chronique de Bernard est citée.

6. A. B. D. — N : « vir præpotens. »

mais il n'ot mie le force en le tiere, car aucunes gens
i ot qui encontre [li ¹] furent. Quant li empereres ot
garnie Puille et Calabre et c'on li ot rendu, il passa
en l'ille de Sesille, si le prist, et si cacha tant le haut
home que il le prist et le fist morir de male mort,
por ce qu'il avoit contre lui esté; et si fist son neveu
de cui il voloit faire roi les iex crever. Apriès si porta
li empereres et se feme corone à Palierne, pour le
roine ² de Sesille.

Encore adont, quant li empereres et li emperis vin-
rent en Sesille, n'avoient il onques eu enfant. Puis
qu'il vinrent en le tiere fu li emperis grosse. Si ot .i.
fil, si comme on dist. Mais mout de gent ne porent
croire qu'elle eust eu cel fil, pour ce qu'ele estoit de
si grant eage qu'ele ne peust mie, à lor avis, avoir en-
fant. Cil enfes ot à non Fedric ³.

Or vous dirai que li empereres Henris fist, quant il
ot le tiere conquise où il estoit. Il fist atorner nés et
galyes et vaissiaus pour envoiier en le tiere d'Outre-
mer grant gent. Il envoia par toute Alemaigne, et fist
crier que tout cil qui vaurroient aler Outremer et haut
et bas, et povre et rice, il lor liverroit ⁴ viande et
passage qui prendre le vaurroient. Adont se croisa
mout de gent en Alemaigne, et alerent où li empe-
reres estoit pour passer.

Quant cil d'Alemaigne furent là assanlé et les gens
que li empereres i envoia à sen coust, si prisa on qu'il
i ot bien .IIII. mil chevaliers; et si i ot mout grant gent
à pié [d'autre part⁵].

1. D. — 2. A. B : *le roiaume*. — D : *le realme*. — 3 D. ajoute
ici ces mots : *et fu apelez en maint leu Emfes de Puille*, qui sont
plus loin dans A. B. C. — 4. A. B : *livreroit*. — 5. A. B.

Là envoia li empereres le cancelier d'Alemaigne pour estre cievetaine de l'ost, et fist creanter à tous ceus de l'ost qui i aloient que il feroient son commandement. Et li empereres lor creanta qu'il ne se moveroit de le tiere où il estoit tant comme il seroit en le tiere d'Outremer; et qu'il lor envoieroit viande et gent à grant fuison. Quant il orent apparellies les nés et atourné le passage, si murent.

En cel tans, avoit une roine en Hongerie; s'estoit ses sires mors[1] et elle demora veve sans hoir. Et se tiere eskéi à .I. frere son signor. Et elle li vendi son doaire grant avoir; si s'en ala Outremer à tout l'avoir qu'ele avoit eu de son doaire, et mena chevaliers et sergans aveuc li. Et passa al passage où li Alemant passerent, et ariva à Sur[2]. Et li quens Henris le reçut à grant honour, et si le fist volentiers, car il le dut bien faire, car elle estoit s'ante, suer se mere, et feme avoit esté le jouene roi[3] d'Engletiere, sen oncle; et suer estoit le roi Phelippe de France. Celle dame ne vesqui mie plus de vuit jours, puis qu'ele fu arivée. Quant elle fu morte, si demora cils avoirs al conte Henri; mais mout poi en goy.

Or vous dirai des Alemans qui passerent. Il en ariva une partie à Acre, et une partie en l'ille de Cypre. Aveuc ceus qui ariverent en l'ille de Cypre, estoit li canceliers d'Alemaigne.

Quant li sires de Cypre oï dire que li canceliers d'Alemaigne estoit arivés en se tiere, si en fu mout liés; et ala encontre [lui[4]] et li fist grant honneur. Se li dist que

---

1. A. B : *qui ses sires estoit mors.* — O : *à cui.* — H : *à qui.* — 2. A. B : *à-s Sur.* — 3. A. B : *le joene Henri.* — 4. D.

mout avoit desiré se venue, car puis qu'il estoit el liu l'empereour, il voloit qu'il le coronast ; car il voloit se tiere tenir de l'empereur. Li canceliers [li[1]] dist que volentiers le feroit, puis qu'il le requeroit ; et mout en fu liés. Et prist de ses chevaliers aveuc lui, et ala à Licoissie[2] aveuc le signor de Cipre ; et si le corona. Quant il l'ot coroné, si s'en rala à ses nés ; et entrerent ens, et s'en alerent apriès les autres devers à Acre.

1. A. B. — 2. A. B : *Nicocie*.

CHAPITRE XXVII.[1]

Coment Saladins fu mors.

SOMMAIRE.

1197. Mort de Saladin. La dame de Gibelet, réfugiée dans la ville de Tripoli, parvient à rentrer en possession de Gibelet, de connivence avec les Sarrasins. La mort de Saladin amène la rupture des trèves en Syrie. Malec Adel, sultan de Damas, assiége Jaffa. Henri de Champagne envoie l'armée et les chevaliers allemands, débarqués à Acre, au secours de la ville. Le comte Henri tombe du haut d'une fenêtre du palais de Saint-Jean d'Acre et meurt. L'armée est rappelée. Jaffa est enlevée par les Sarrasins.

Ançois que li Alemant fuissent arivé à Acre, fu Salehadins mors. Et avoit asigné çou qu'il avoit conquis à ses fiex et donné à cascun çou qu'il vaut[2]. Mais [à Saphadin[3]] son frere, qui li avoit aidié à conquerre, n'en dona point; ains s'en[4] ala aveuc son neveu en Egypte, à cui ses pere Salehadins l'avoit donée. Et

---

1. Cf. G. pag. 220-222. — H. chap. 1 à 4, du livre XXVIIe. Pag. 217-221. — M. chap. 180-181. col. 814-816, suit très-irrégulièrement notre chronique et y insère des passages de Vincent de Beauvais.
2. J : *si com il li plot.* — 3. D.— Malec-Adel ~~Afdal~~ Seif-Eddin, que les Francs appelaient *Saphadin.* — 4. A. B. — C : *en.*

l'aisné de ses fiex[1], donna le roiaume de Damas et de Jherusalem; et à l'autre donna le royaume de Halaphe; et à l'autre dona tant qu'il assena toute se tierce à .XXII[2]. fiex qu'il avoit.

En cel point que Salehadins fu mors[3], avoit une haute dame à Triple qui dame avoit esté de Gibelet. Si porcaça tant [et fist] as[4] Sarrasins à qui Salehadins l'avoit commandé à garder[5], quant il ot pris le cité de Gibelet sour Crestiiens, k'il s'en issirent à une ajornée[6], et li dame i entra et si[7] chevalier et si home, et si garni le castiel et le cité. Ensi faitement rendi Damediex le cité [de Gibelet[8]] as Crestiiens.

En cel point que li Alemant ariverent à Acre, estoient les trives routes, pour le mort Salehadin, qui avoient esté prises au tans le roi d'Engletiere. Li fiex Salehadin, qui sires estoit de Damas et de Jherusalem, amassa ses os pour venir sour Crestiiens; et quant il les ot amassées, si ala assegier Jaffe. Ce fu li fiex Salehadin à cui li quens de Triple donna congié d'entrer

1. Malec-Afdhal, et non Saphadin, comme le dit par erreur Pipino : « Saphadino suo primogenito. » M. col. 814.

2. M : « decem octo. » Pipino ajoute diverses circonstances qu'il emprunte à Vincent de Beauvais, sans le nommer : « signife- » rum suum vocavit, etc. » Col. 815. Cf. *Spec. Hist.* l. XXIX. chap. 54. pag. 1204.

3. J : *morut*. — 4. A. B. J : *tant et fist envers les*. — 5. G : *à cui Salahadin avoit Gibelet baillée à garder*.— 6. J.— C : *k'il s'en issi à une ajornée et li Sarrasin qui aveuc lui estoient*. — 7. J : *o ses*.

8. J. — La haute dame dont il s'agit ici est Stéphanie, fille de Henri de Milly, dit Le Buffle, et d'Agnès, fils d'Eustache Garnier, premier seigneur de Sidon. Stéphanie était alors veuve de Hugues de Giblet, son second mari, fils de Hugues Embriac, de Gênes, qui avait été le premier seigneur latin de Giblet. Voy. *Hist. occ. des Crois.* t. II. p. 51. *Assises*, t. II, p. 462, 465, 468.

parmi se tiere en le tiere as Crestiiens, quant li Templier furent desconfit, là où li maistres de l'Hospital fu ocis, devant ce que li vraie crois fust perdue[1].

Quant cil de Jaffe furent assegié, si manderent secours al conte Henri, car il savoient bien que li castiaus n'estoit mie fors; et que pour Dieu les secourust al plus tost qu'il poroit. Quant li quens oï celle novele, si semont ses os et les Alemans; si les fist movoir et aler logier à Cayfas, à .IIII. liues d'Acre. Et il lor dist qu'il moveroit l'endemain, car il avoit à conter à ses homes et à atirer son afaire. Li os mut, et li quens demora; et conta à ses homes, et fu vespres quant il ot conté. Dont fist metre les tables pour souper, et demanda de l'eve à laver, et on li aporta. Et il vint en droit une grant fenestre qui estoit en le tour haut où il manoit; si commença à laver ses mains. Si com il lavoit, si se lança [par mescheance[2]] avant, et caï de le fenestre de le tour aval, si fu mors. Li vallés, qui li tenoit le touelle, se laissa caïr[3] apriès, pour çou qu'il ne vaut mie c'on desist qu'il l'eust bouté. Il ne fu mie mors, mais il ot le quisse brisie. Aucunes gens disent que se cil ne se fust laissiés caïr apriès le conte[4], il ne fust mie mors[5].

Quant li quens fu ensi céus, on ne sot que che fu. Si cria on : *as armes!* qu'il quidoient que Sarrasin

---

1. Voyez ci-dessus, pag. 170. — 2. A. B. — 3. G : *chair*. — 4. Ms. Ville de Lyon : *Dont l'on dit que se le chaüre dou nain ne fust.* H. p. 220. Var.— 5. Vers la fin de 1197. Les circonstances de l'événement sont autrement rapportées dans H. p. 220. — Pipino, après avoir dit comme Vincent de Beauvais (*Spec. Hist.* pag. 1206) que le comte Henri se laissa choir d'une fenêtre de son palais, en s'appuyant sur la balustrade, donne ensuite la version de notre chronique, en l'annonçant ainsi : « Alibi legitur. » etc. M. col. 816.

fuissent entré dedens le ville, pour çou que l'os s'en estoit partie. Et fu li cris aval le ville[1]; et couroit li uns encontre l'autre [dusques à mie nuit[2]] ainçois c'on seust que ce fust. Li valés qui estoit céus aveuc[3] le conte entre .II. murs, se traina tant qu'il vint à une posterne, si oy gens [passer[4]] par defors, si commença à crier. Quant cil oïrent crier, si alerent celle part, et demanderent que c'estoit qui là crioit, et qu'il avoit. Et il lor dist que, pour Dieu, fesissent alumer, et fesissent venir chevaliers pour emporter le conte qui là gisoit mors. Il alerent pour les chevaliers le conte; si trouverent le conte mort, et il le prisent et le porterent au moustier[5] et l'ensevelirent[6].

Or esgardés que li cuers li disoit de cele fenestre, par où il caï, qu'ele feroit aucun anui. Il avoit commandé par pluiseurs fois c'on le fesist treillier [de fer[7]], pour les enfans; que li cuers li disoit bien qu'ele feroit à cui que soit damage. On ne le fist mie trellier devant ce que li cuens i fust céus, mais après. Quant li quens fu mors et ensevelis, si fist on mout grant duel; et si envoia on batant après l'ost qu'il s'en retournassent, que li cuens estoit mors. Li os s'en retourna. Si enfoïrent le cors el moustier Sainte Crois[8]. Et li Sarrasin qui devant Jaffe estoient le prisent à force, et si abatirent le castiel, et enmenerent les Crestiiens qui dedens estoient.

1. J : *Cel effroi dura par la ville.* — 2. A. B. — 3. A. B: *après*. — 4. A. B. — 5. D : *el palès*. — 6. J : *si l'ensevelirent en' l'yglise de Sainte Croiz à Acre.* — M: « Apud monasterium Sanctæ Cru- » cis. » Cela est dit quelques lignes plus loin par notre chroniqueur. — 7. A. B. — 8. H : *Et fu mis li nains à ses piez. Sa sepulture est en une des eles de l'yglise, prez de la porte qui est devers le Change.* Pag. 221.

CHAPITRE XXVIII.[1]

Coment Safadins deserita les filz Saladin de lor terres après sa mort.

SOMMAIRE.

1197-1198. Mort de Malec Aziz, sultan d'Egypte. Débats parmi les barons de Syrie au sujet du mariage de la reine Isabelle, veuve de Henri de Champagne. Prétentions des seigneurs de Tibériade. — 1198. Janvier. Amaury de Lusignan, roi de Chypre, épouse la reine Isabelle, et devient roi de Jérusalem. Attentat contre la vie d'Amaury. Le roi Amaury fait gérer séparément les revenus de la couronne de Jérusalem et les revenus de la couronne de Chypre. Délibérations des barons sur la direction des opérations militaires. Les Chrétiens se décident à assiéger la ville de Beyrouth. Dévouement et aventures d'un charpentier chrétien. Beyrouth est occupé par les Francs. Des dommages occasionnés aux Chrétiens par deux galères sarrasinoises qui s'abritaient derrière le cap de Beyrouth. L'armée chrétienne se porte sur le château de Toron. — Février. A la nouvelle de la mort de l'empereur Henri, les Allemands quittent le siége de Toron, pour revenir en Europe. Amaury renouvelle les trèves avec les Sarrasins.

Or vous dirai que il avint en cel point en tiere de Sarrasins. Li soudans d'Egypte[2] qui fix avoit esté

---

1. Cf. G. pag. 224-234. — H. chap. 5-11ᵉ du livre XXVIIᵉ. Pag. 222-230. — M. fin du chap. 180. col. 815, et chap. 182. — col. 816-818.

2. Malec-Aziz, mort le 27 novembre 1198. Pipino l'appelle « Meralucius ». M. chap. 180.

Salehadin aloit .1. jour cacier[1]. Si caï de son ceval, si fu mors. Quant [Salphadins[2]] ses oncles, qui point de tiere n'avoit, vit que ses niés estoit mors, si saisi le tiere et garni. Et manda par toute Paienie chevaliers et sergans, qu'il venissent à lui ; il les retenroit, et donroit bones saudées. Quant li soudans de Damas[3], qui Jaffe avoit prise, oï dire que ses freres estoit mors, et que ses oncles avoit le tiere saisie et garnie, si ot grant paour ; et se traist arriere vers Damas et amassa gent. Car il savoit que ses oncles le desireteroit, s'il pooit ; et il si fist.

Quant li quens Henris de Campaigne[4] fu enfoïs, si prist on conseil de faire segnour en le tiere, et de le dame se feme marier.

Il ot un haut home en le tiere, qui avoit non Hues de Tabarie ; et fillastres avoit esté le conte de Triple, et avoit le sereur[5] celle dame à feme. Cil avoit .1. sien frere, qui avoit à non Raous, à cui il consella[6] c'on le mariast ; et que elle i seroit bien emploïe. Aucunes gens de le tiere s'en tenoient à lui, mais ce n'estoient mie tout. Li Temples et li Hospitaus en furent encontre ; et disent que, par lor consel, ne le donroient il mie à home qui le tiere ne peust gouvrener et aidier de tiére[7] qui de par lui venist ; car de toute l'aïue qui venoit le conte de se tiere de Campaigne, ne pooit il mie le tiere

---

1. A. B : *chacier.* — 2. D. — 3. Noureddin Ali, fils de Saladin. — 4. M. chap. 182.

5. Hugues de Tibériade avait épousé Marguerite d'Ibelin, fille de Balian II d'Ibelin, et de la reine Marie Comnène. Il était donc frère utérin de la reine Isabelle, veuve d'Henri de Champagne, qu'il voulait remarier à son frère, le célèbre Raoul de Tibériade.

6. C : *se consella.* — 7. A. B : *à home qi de la terre fust, ne d'autre terre ensement, s'il ne pooit aidier la terre de terre.*

furnir. Ains i fu[1] maint jour à grant povreté; que il fu maint jour que quant il se levoit, qu'il ne savoit qu'il devoit mangier[2], et qu'il demandoit à son senescal qu'il et se maisnie mangeroient; et il respondoient que il ne savoient coi, car il ne trouvoient qui riens lor volsist croire[3]. Lors faisoient prendre gages, et envoiier à le viande. Ensi com vous avés oï[4] avint maint jor al conte Henri. Et comment, [distrent li baron[5]], donrons nous le tiere[6] à home « qui nient n'a, quant cius, à
» toute le tiere et l'aïue que il avoit de Campaigne,
» ne pooit mie le tiere gouvrener. Ains prenderons
» consel; si le donrons à tel home, se Diu plaist, qui
» bien gouvrenera le tiere. » Il prisent consel ensanle, et s'acorderent à chou que, se li rois de Cypre le voloit prendre, il ne savoient nul liu où ele fust miex emploïe, ne dont li tiere fust plus tost conseillie et aidie qu'ele seroit de lui. Il s'acorderent [à ce[7]] ensanle, et par le consel le cancelier d'Alemaigne, et manderent [querre[8]] le roi de Cypre, Haymeri, se li donerent le dame. Si l'espousa, et elle porta courone. Dont[9] primes fu elle roine[10].

Or avint, puiscedi[11] que li rois Haymeris ot espousée la dame, qu'il cevalçoit .i. jour dehors Sur, entre lui et

1. A. B : *i-f fu*.— 2. A. B : *devoit disner.* — 3. J : *aprester ne croire sans bons gages.*— 4. A. B: *com je vos ai dit.*— 5. A. B.— 6. A. B : *la dame.* — 7. A. B. — 8. G. J. — 9. J : *Et adonc.* — G. H : *Lors à.*

10. Cf. H. p. 223. note *a*. — Jacques de Vitry confirme le témoignage de notre chronique et celui des Continuations de Guillaume de Tyr. Cet accord établit que le mariage d'Amaury de Lusignan avec la reine Isabelle de Jérusalem, précéda le siège de Beyrouth. *Hist. de Chypre*, t. I. pag. 146-150.

11. A. B : *puis cel di.* — D : *puis grant piece.* — O : *puissedi*.

ses chevaliers; et que doi home¹ vinrent à ceval; se li coururent sus pour lui ocirre. Il ne l'ocisent mie, mais le navrerent [durement²]. Il furent pris et essilić. N'onques ne vaurent dire³ qui ce lor avoit fait faire. Dont on mescréi ciaus de Tabarie, pour çou qu'il n'orent le roine à feme. On nes en vaut mie aprover⁴, n'entrer en paine de l'aprover⁵; ains les bani on hors de le tiere à tous jours.

Quant li rois Haymeris de l'ille de Cypre ot espousée le roine Ysabiel, il manda tous ses chevaliers qui rentes avoient dedens Acre, et si lor dist qu'il esleuissent .II. chevaliers qui fuissent avoeque ses baillius as rentes d'Acre garder, et pour departir entr'aus, quant il les aroient requellies, et à cascun doner çou qu'il i deveroit avoir, s'il pooit estre; car il ne voloit rien metre⁶ en lor rentes paiier, se il i faloit. Il n'i voloit riens metre, ains vivreoit, il et si chevalier, des rentes de se tiere; et il vesquissent des rentes où il estoient asséné⁷.

Apriès ce que li rois Haimmeris ot espousée le roine Ysabiel, il prist consel al Temple et à l'Ospital et al cancelier d'Alemaigne et as Alemans et as barons de le tiere de aler sour Sarrasins. Il li donnerent conseil qu'il alaissent Barut assegier. Quant on ot conseil d'aler Barut assegier, il fisent cargier les nés et les galyes de viandes, armer et aler [par mer⁸]; et l'os s'en ala par tiere. Quant li Sarrasin, qui à Barut estoient, oïrent

---

1. H : *que IIII. chevalier aleman.* H. p. 228, toujours plus détaillé et plus précis. — 2. A. B. — 3. A. B. G. J : *ne voudrent gehir.* — 4. D : *esprouver.* — 5. A. B : *de l'esprover.* — D : *de ce prouver.* — 6. A. B : *rien prendre ne rien metre.* — G : *rien perdre ne rien metre.* — 7. A. B : *asigné.* — Rien de ce qui précède dans M. chap. 182. col. 817. — 8. A. B.

dire que li Crestien venoient Barut assegier, il vuidierent tout le castiel de femes et d'enfans et des fevles gens et de tous les esclaves qui dedens le castiel estoient, fors deus seulement, et .I. carpentiers [crestien[1]] qui dedens estoit manans; mais se feme et si enfant estoient[2] en Paienie en ostages, pour çou qu'il ne fesist aucune traïson dedens le castiel.

Quant li Sarrasin sorent que li Crestiien venoient et aproçoient le castiel, il s'armerent et se issirent hors et alerent encontre. Quant li carpentiers vit que li Sarrasin estoient tout hors, il vint as .II. esclaves crestiiens qui estoient en le ville; si[3] lor dist: « Or del bien faire ![4] » Se vous me volés aidier, nous avons le castiel pris. » Il disent qu'il li aideroient; desist, il feroient[5]. Dont alerent, si fremerent le porte del castiel. Si dist à l'un des esclaves qu'il fust sour le tour de le porte, et se li Sarrasin venisent qu'il jetast pieres et se deffendist drument[6]; et il monteroit sour le maistre tour haute qui priès estoit de le porte, si li aideroit [la porte desfendre[7]]. A l'autre dist qu'il alast à l'autre tour, qui estoit sour le mer, et montast sus et fesist une crois, et quant il verroit les nés priès, si criast: *Diex aïue! Sains Sepulcres*[8]*!* apriès si descendist, et si lor ouvrist le porte[9] de sour le mer pour entrer ens. Quant il orent ensi devisé, si ala cascuns en se garnison.

1. A. B. — M : « Tribus servis solum exceptis quorum unus » christianus erat arte fabrili lignarius. » Col. 827. Cf. H. p. 225. — 2. A. B. J : *envoierent à I. chastel.* — D : *avoient li Sarrasin envoié.* — 3. A. B. D. — C : *cil.* — 4. M : « Agite, precor, me-» cum, o socii, et macte virtutis estote. » col. 817. — J : *Seignor, or del bien faire!* — 5. J: *devisast et il feroient.* — 6. A. B: *durement.* — 7. A. B. G. J. O. — C: *si lor aideroit.* — A. B: *aidierent.* — 8. M: « Ad-» juva nos Sancte Sepulcre! » — 9. A. B: *posterne.* — M: « posticum. »

Quant li Sarrasin qui estoient issu hors virent les Crestiiens qui aproçoient par mer et par tiere, si retournerent ariere et quidierent entrer el castiel; et quant il cuidierent ens entrer, si le trouverent fermé. Et cil qui sour le porte et sour le maistre tour estoient commencierent pieres à ruer et à crier : *Diex aïue! Sains Sepulchres!* Lors virent bien li Sarrasin qu'il avoient tout perdu; et se il demouroient illuec, il seroient pris et ocis, et li secours des Crestiiens estoit mout priès; si s'enfuirent de le tiere. Et li castiaus demoura as Crestiiens. Ensi faitement fu pris Barut, [com je vos di[1]]. Quant li vaissiel qui par mer venoient furent priès de Barut, et il oïrent crier celui qui sour le porte estoit : *Diex aïue! Sains Sepucres!* si s'esmervillierent mout que ce pooit iestre, et quidierent c'on le fesist par traïson. Cil qui sour le porte estoit descendi et ovri[2] le posterne; et cil qui sour le maistre tour estoit, lor cria que il venissent seurement, qu'il n'avoit nullui ou castiel, et que li Sarrasin s'en estoient tout fui. Dont s'armerent dusque à .x. serjans et vinrent là et entrerent el castiel à grant doutance. Et quant il virent qu'il n'avoit nului el castiel, si coururent à le porte; si l'ouvrirent, et crierent qu'il n'avoit nului el castiel. Et il aproçierent le tiere et jeterent ancres et issirent à tiere et entrerent tout el castiel. Apriès si envoierent encontre le roi [batant[3]] qui par tiere venoit; si manderent qu'il venist seurement, et que il avoient pris le castiel.

Or vous dirai que cil qui par mer furent venu fisent.

---

1. A. B. — 2. A. B. D. G. O. — C : *estoient, descendirent, ovrirent.* — 3. A. B.

Il entrerent el castiel et prisent les .II. esclaves et les misent à destreche[1] pour çou qu'il lor ensegnassent l'avoir [et le tresor qu'il disoient qu'il avoit[2]] repu[3] el castiel. Cil disent que il n'en savoient nient; et que il faisoient mal et pecié, quant il les en destraignoient. Toutes eures les destrainsent tant que il en furent mort.

Apriès vinrent as portes de le maistre [tor[4]], si les cuidierent depecier; mais elles estoient de fier, et si estoient bien barées par dedens. Et cius qui dessus estoit lor dist qu'il se traisissent ensus et que il ne ferissent plus à le porte, et s'il ne se traioient ariere, il ne en i venroit ja tant com il en ociroit[5], ne que jamais n'enterroit en le porte desi adont qu'il verroit le roi Haimmeri ou[6] son message.

Apriès çou que les nés furent arivées, vint li rois devant Barut [et tote l'ost[7]]. Et grant joie fisent; et grasses et mercis rendirent à Jhesu Cris de çou qu'il avoit lors le cité rendue. Quant li rois fu logiés devant Barut, et il sot que li carpentiers estoit dedens le maistre tour et qu'il ne voloit descendre devant ce qu'il l'eust veu, u lui u son message, il i envoia .I. chevalier et se li manda qu'il venist à lui parler seurement; et si envoia chevaliers et serjans pour le porte garder. Quant li carpentiers vit le mesage, si descendi et vint

---

1. A. B : *à destrece*. — M : « Interim qui jam intraverant » sclavos subdiderunt, proh nefas! quæstionibus et tormentis. »— 2. A. B.— C : *l'avoir qu'il avoient*.— 3. A. B : *mucié*.— 4. A. B. — M : « Ad municipium civitatis. » — 5. A. B : *il n'i vendroit jà tant come il en ociroit*. — J : *et ne hurtassent plus à la porte, ou se non ja tant n'en i vendroit com il en ocirroit*.— 6. A. B. D. — C : *et*. — 7. A. B.

al roi[1] et li rois fist grant fieste de lui. Puis li demanda comment li Sarrasin avoient vuidié le castiel, et il li conte tout, si com il avoit esté. Lors vint li rois, pour ce que par lui avoit esté li castiaus pris, se li dona [belle[2]] rente dedens le castiel à lui et à ses hoirs ; et se li pourcacha tant qu'il ot se feme et ses enfans tous delivrés ensi faitement, que paiien avoient par devers aus[3].

Ensi faitement rendi Damediex ces .II. castiaus, com vous avés oï, Ghibelet et Barut, dont il n'a que .II.[4] liues de l'un à l'autre. Li rois garni Barut de chevaliers et de sergans, quant Diex lor ot rendu ; car autre garnison n'i convenoit il metre, car il trouva le castiel bien garni d'armes et de viandes à .VII. ans, fors seulement de vin. Et si trouva on escript el castiel que les .II. galies qui escaperent de Sur et vinrent à Barut, avoient fait damage de plus de .XIII.[5] mil homes, qu'il avoient pris en le mer et envoiiés en Espaigne et en Paienie, estre mis hors ceus qu'il avoient ocis. Et si vous dirai comment.

Il a une pointe[6] de une montaigne devant Barut, qui lance en le mer. Au pié de celle montaigne[7], en le mer, estoient les galies tous jours armées. Et dessus en le

---

1. Pipino, en abrégeant toujours notre chronique, manque quelquefois d'exactitude. Col. 818.
2. A. B.
3. Dans le récit des faits précédents H. (pag. 225) est exceptionnellement moins développé que notre chronique.
4. A. B. J : *VII.* — D : *II.* — G : *cinq milles.* Aucune de ces indications n'est exacte. Il y a environ 10 lieues communes de Beyrouth à Giblet.
5. A. B : *III.* — D : *XX.* — G. H : *quatorze.* — M : « tre-» centa millia. » — 6. M : « angulus. » — 7. A. B : *de cele pointe.*

montaigne, avoit gaites qui gaitoient tous jours en le mer pour les vaissiaus gaitier qui venoient de le tiere d'Ermenie et d'Antioce et de Triple, et aloient à Sur et à Acre; car on ne pooit aler de ces .II. tieres à Sur ne à Acre, ne de Sur ne de Acre raler à ces tieres, que il n'esteut passer par devant Barut. Et quant les gaites les veoient, si le faisoient savoir as galyes; et elles mouvoient, si les prendoient et ocioient, s'il pooient. Ensi faitement faisoient damage ches .II. galyes as Crestiiens, [tant comme Barut fu as Sarracins[1]].

Quant li rois Haimmeris ot garni le castiel, si s'en tourna et ala ariere à .I. castiel ki a à non le Toron, à .V. liues priès de Sur. Si l'assega, et fu tant devant le castiel que cil dedens se vaurrent rendre salves lor vies. Et il ne les vout[2] mie prendre [par tel covenant[3]].

N'ot gaires esté illeuc puis c'on li vaut le castiel rendre, c'uns messages vint batant, une vesprée[4], qui dist que li empereres d'Alemaigne estoit mors[5]. Quant li canceliers d'Alemaigne et li Alemant oïrent che, si se leverent del siege; si s'en alerent tout aussi com il fuissent desconfit[6]. Et alerent à Sur, c'onques n'i atendi li uns l'autre, et fisent atirer lor navie pour passer le mer ariere et cargier lor viande. Et entrerent es nés, si s'en alerent en lor tiere.

Quant li rois Haimmeris vit que li Alemant s'en aloient, si fist trives al soudan qui freres avoit esté Salehadin et ses neveus avoit desiretés. En tel point fist les trives comme Salehadins les avoit faites al

---

1. A. B. G. — 2. A. B. G. — C : *volrent*. — 3. H. — 4. A. B : *une avespre*. — 5. Henri VI était mort à Messine le 28 septembre 1197. — 6. M : « tanquam in fugam positi. »

conte Henri, de le tiere qu'il li avoit rendue, [estre[1] la terre que Dex li avoit rendue[2]], si comme Barut[3] et Gibelet.

1. J : *Les trives furent teles com Saladins les avoit faites au conte Henri, estre.* — Mal dans H : *estoit.*
2. A. B. D. J. O. — H : *que Dex li avoit consentue à avoir.* —
3. D. H. J. O. — A. B : *si combatirent.* — G : *de la terre qu'il li avoit rendue entre Baruth.*

CHAPITRE XXIX.[1]

Coment il ot roy premierement en Hermenie.

SOMMAIRE.

1194-1195. Boémond III, prince d'Antioche, convie Léon II, seigneur d'Arménie, son vassal, à une entrevue. Hésitations de Léon. L'entrevue a lieu. Boémond veut s'emparer de la personne de Léon. Le seigneur d'Arménie le prévient et retient Boémond prisonnier. Il ravage la principauté d'Antioche. — 1194-1196. Le comte Henri de Champagne se rend en Arménie et ménage la paix entre Léon et Boémond, qui renonce à l'hommage du seigneur d'Arménie. — 1201-1208. Troubles et guerres dans la principauté d'Antioche après la mort de Boémond III.— 1198, 6 janvier. Léon est couronné roi d'Arménie. — 1195-1198. Le comte Henri de Champagne rend visite au Vieux de la Montagne.

Je vous avoie dit par deça[2] que je vous diroie voir en auchun tans comment il ot roi en Ermenie premie-

---

1. Cf. G. pag. 234-242. — H. chap. 25-28 et dernier du livre XXVIe. Pag. 213-216. — M. résume, en deux phrases, tout ce chapitre dont il reproduit l'erreur capitale au sujet du prétendu couronnement de Léon comme roi d'Arménie par Henri de Champagne : « Hic etiam Henricus dominum Armeniæ, qui » ligius homo erat principis Antiochiæ,... coronavit in regem Ar- » meniæ. Divertens quoque per terram Vetuli de Montana, » magno ab eo honore receptus est. » Chap. 181. Col. 816. A la suite, une lacune. La concordance reprend plus loin.

2. A. B : *Par devant.*

rement, [qui onques n'avoit esté²]. Jou l'avoie oublié, mais or m'en est souvenu; si le vous dirai.

Il avint cose, au tans que li quens Henris de Campaigne estoit sires de le tiere d'Outremer que li Crestiien tenoient, que li princes d'Antioce manda al seignour d'Ermenie³, qui ses hom liges estoit, qu'il venist parler à lui, en .I. liu qu'il li noma. Li sire d'Ermenie li manda qu'il n'iroit pas; qu'il n'i osoit aler, pour ce que, à .I. jour qui passés estoit, avoit mandé son frere Rupin, qui sires estoit de le tiere; et il i ala et il le fist metre en prison; puis entra en se tiere, si prist de ses castiaus çou qu'il pot. Apriès si le raembra⁴, mais puis le⁵ recovra il; et prist et castiaus et cités sor le prince. Et pour ce qu'il avoit [ce⁶] fait [à⁷] son frere, n'i osoit⁸ il aler. Li princes li manda ariere qu'il venist à fiance; et qu'il n'iroit que lui disime. Et li sire d'Ermenie li manda qu'il iroit. [Si pristrent jor, et il ala au jor. Je vos dirai que li sires d'Ermenie fist⁹.] Il fist bien armer .II. cens chevaliers que serjans, et si les fist enbuissier priès de là où li parlemens devoit estre; et si lor commanda que tantost qu'il l'oroient corner, qu'il¹⁰ le secourussent; car il se doutoit mout que li princes ne le fesist prendre.

Li sire d'Ermenie ala¹¹, lui tierç, au prince; et si

---

1. Nous donnons la date approximative des événements d'Arménie d'après les chroniques d'Héthoum de Gorhigos et de Sempad, dont les récits sont d'ailleurs bien sommaires. *Rec. des Hist. des Croisades.* M. Dulaurier, *Chron. armén.* t. I, p. 479, 632.
2. A. B. — 3. Léon II, frère de Roupen III, *seigneur* et non encore *roi* d'Arménie, titre que lui donnent à tort A. et B. — 4. A. B : *raent*. — D : *reaint*. — 5. D : *se*. — 6. A. B. — 7. A. B. — 8. A. B.—C: *osa*. — 9. A. B.—G : *il pristrent jor et i ala, et vous dirai comment*. — 10. A. B.—C: *qui*. — 11. C: *ala à lui*.

mena aveuc lui .I. vallet à tout .I. cor. Et le¹ fist estre en sus de lui, et se li dist que s'il veoit que li princes le vausist prendre, que tantost sonast son cor.

Quant li sires d'Ermenie et li sires d'Antioce furent asanlé, si parlerent une piece. Quant il orent parlé une piece ensanle, et li princes vit que li sires d'Ermenie n'estoit que lui tierç, si le commanda à prendre ; et si chevalier jetent les mains, si le prendent. Quant li vallés qui le cor tenoit vit c'on prendoit son signour, si corna ; et cil qui embuissiet estoient saillirent tantost, si rescousent lor signor, et si prisent le prince et ses .X. chevaliers ; si les menerent en prison. Et li sires d'Ermenie semonst ses os pour aler en le tiere d'Antioce, et entra et gasta, et prist de ses castiaus et de ses cités.

Quant li princes vit que li sires d'Ermenie prendoit ses castiaus et ses cités, et qu'il n'avoit nule merchi de lui, il prist .I. message, si l'envoia al conte Henri à Acre, et se li manda priant pour Diu qu'il venist en le tiere ; et se li aidast qu'il fust hors de prison, car s'il ne li aidoit, il n'en isteroit jamais. Li quens Henris atorna son oirre², et s'en ala en Ermenie. Quant li sires d'Ermenie oï dire que li quens venoit en le tiere, si [en fu moult liés et³] ala encontre lui, et si le recuelli à grant honor. Si fu mout liés de se venue, et se li dist que bien fust il venus ; et se li abandona se tiere à faire son commandement, fors seulement dou prince d'Antioce, qu'il tenoit en prison. Quant li quens ot une piece sejorné en le tiere d'Ermenie, il prist congié al segnor d'Ermenie de parler al prince d'Antioche, et pour

1. A. B. D. — C : *et*. — 2. G : *erre*. — 3. O.

metre pais entre cus .ii., se il peust. Il l'en dona congié, et il ala al prince, et parla à lui, et fist pais entr' aus .ii., tele con vous orés, et le fist metre hors de prison¹.

Li pais fu tele que li princes quita l'omage al segnor d'Ermenie² et devint ses hom³, et que li tiere qu'il avoit conquise sor le prince li demora. Et si ot mariage fait d'une niece le segnor d'Ermenie, fille son frere Rupin, et de l'ainsné fil le prince⁴ d'autre part, par tel convenens que li princes devoit metre son fil en vesteure de le tiere. Mais ne li mist mie; ains avint que li vallés qui le demisicle avoit espousée morut devant son pere, et s'en demora .i. fiex⁵; et li princes renvoia et le mere et le fil ariere en Hermenie. Et li sires d'Ermenie les garda tant que li princes fu mors; car il les vaut bien garder pour ce qu'il cuidoit avoir Antioce et le tiere [à delivre⁶], tout cuitement; car li princes avoit fait jurer à tous ceus de le tiere que le tiere et Antioce renderoient à sen fil tout quitement après se mort. Mais autrement ne l'avoit il mis en vesteure⁷.

Quant li princes⁸ fu mors, si envoierent cil d'Antioce batant al conte de Triple⁹, qui fiex estoit le prince, qu'il venist là, et il li renderoient Antioce. Quant li quens oï le novele, si ala à Antioce, et on li rendi. Quant li sire d'Ermenie oï dire que li princes estoit

---

1. A. B : *en prison.* — 2. J : *quita au seignor d'Ermenie son homage.* — 3. Rien de semblable dans les chroniques d'Arménie.

4. Alix, fille de Roupen III, épousa en effet Raymond III, comte de Tripoli, fils ainé de Boémond III, qui mourut peu de temps avant son père.

5. Raymond-Rupin, ou Roupen, prince d'Antioche. — 6. J. O. — 7. J : *Mes autrement ne l'en avoit saisi.*— 8. Boémond III mourut en 1201. — 9. Boémond IV, fils cadet de Boémond III.

mors, si prist se niece et l'enfant[1], si vint devant Antioce et cuida entrer ens. Mais li quens de Triple fu ens, qui bien le contretint[2]; et li sires d'Ermenie semonst ses os pour venir devant Antioce. Li quens qui dedens estoit envoia en Halape al soudan, se li cria merchi, et se li pria pour Dieu qu'il li aidast, qu'ensi faitement le voloit li sires d'Ermenie desireter. Li soudans li manda ariere que toutes les eures qu'il aroit mestier d'aïue, qu'il le secourroit de gent et de viande, et de ce que mestiers li seroit, car il n'amoit point le seignor d'Ermenie. Et li soudans li tint bien ses couvenens, que li quens de Triple ne peust mie avoir tenue Antioce, se li soudans ne fust [en s'aide[3]]. Car li sires d'Ermenie avoit grant pooir en le tiere. Et si dura bien li guerre .VII. ans. Puis rendi on Antioce au segnour d'Ermenie par traïson. [Et quant il l'ot garnie, si la rendi on puis au conte de Triple par trayson[4]]. Et moult dura li guerre entr'als[5].

Quant li quens Henris ot fait le pais dou seigneur d'Ermenie et du prince d'Antioce, si prist congié al segnor d'Ermenie d'aler en se tiere. Dont dist li sire d'Ermenie al conte Henri : « Sire, j'ai assés grant tiere
» et cités et castiaus; et grans rentes ai, pour estre
» rois; et s'est li princes d'Antioce mes hom. Je vous
» pri et requier que vous me coronés, car plus
» haut hom ne plus gentiex ne me poroit coro-
» ner. » Li quens Henris le fist volentiers, si le corona maintenant[6]. Ensi ot roi en Hermenie. Quant li sires

---

1. Raymond-Rupin. — 2. G : *contredist*. — 3. A. B. — O : *en s'aïue*. — 4. A. B. O. — 5. J. ne donne ni cette phrase ni la précédente.

6. Contrairement à cette assertion, qui se trouve non-seulement

d'Ermenie fu rois, si s'en ala li quens Henris en se tiere. Et li rois d'Ermenie li dona grant avoir, et si le convoia tant qu'il fu hors de se tiere.

[Quant[1]] li sires de Hassasis oï dire que li quens Henris estoit en Hermenie, se li manda, pour Diu, qu'al revenir qu'il feroit qu'il venist par lui; et que se il voloit tant faire qu'il venist, il l'en saroit mout bon gré, car il le desiroit mout à veoir[2], et se n'i perderoit noient. Li quens li manda qu'il iroit volentiers, et il si fist al repairier d'Ermenie.

Quant li sires des Hassasis sot que li quens venoit, si ala encontre, et grant honor li fist et hautement[3] le reçut. Si le mena par se tiere et par ses castiaus; tant que il avint .I. jour qu'il cevauçoient devant .I. sien castiel. En chel castiel avoit une mout bele tour et haute, et sour cascun crestel[4] de cele tour avoit .II. homes tos blans vestus. Lors dist li sires des Hassasis: « Sire, vostre home ne feroient mie çou pour vous » que li mien font pour moi. » Et li quens respondi :

---

dans A.B.C.D. mais dans G.J.K.M. (col. 816) et O., et dans la plupart des Continuateurs, il est établi, par la coïncidence des témoignages de plusieurs écrivains latins et des chroniqueurs arméniens eux-mêmes, que le premier roi de la Petite-Arménie reçut la couronne, non point du comte Henri de Champagne, seigneur du royaume de Jérusalem, mais de l'un des représentants de l'empereur d'Allemagne, alors en Orient, et au nom de l'empereur. Les indications varient sur la personne même qui remplaça l'empereur. Ce fut le chancelier de l'empire, suivant les uns (*Hist. occid. des Crois*. t. II, p. 215); l'archevêque de Mayence, Conrad de Wittelspach, suivant d'autres. (*Ibid*. p. 220. Var. du ms. D. de Lyon. Dulaurier, *Chron. armén*. in-fol. p. 633. Voy. notre *Hist. de Chypre*, t. I. p. 141).

1. A. B. — 2. A. B. — C : *à vir*. — 3. A. B : *haitiement*.— G : *liement*. — 4. A. B : *crenel*. — D : *quernel*.

« Sire, bien puet iestre. » Lors s'escria li sires des Hassasis, et doi des homes qui estoient as crestiaus se lancierent¹ aval et [se²] brisierent les cols. Lors s'esmervilla li quens, et dist que voirement n'avoit il home qui ce fesist por lui. Et il dist al conte : « Sire, se vous » volés, je ferai ja tous les autres de lassus saillir » aval. » Et li quens li respondi qu'il ne voloit qu'il en fesist plus saillir³.

Quant li quens ot esté tant comme il vaut en le tiere le seignour des Hassasis, si prist congié. Et li sires de le tiere li fist doner grant avoir et grant partie de ses joiaus [et le convoia hors de sa terre]⁴. Al departir li dist que por l'onor qu'il li avoit faite, de ce que il estoit venus en se tiere, il l'aseuroit à tous jours mais; et s'il estoit nus hom qui li fesist cose dont il li anuiast⁵, [feist lui à savoir et⁶] il le feroit tantost ocire. [Atant se departirent⁷].

1. C : *lanciere*. — 2. A. B. — 3. A. B : *li respondi nenil.* — J : *que non.* — G : *ne nul.* — 4. A. B. — 5. A. B : *li peisast.* — 6. A. B. — 7. A. B.

CHAPITRE XXX.[1]

Coment li haut home de Crestienté se croisierent por passer mer.

SOMMAIRE.

ÉVÉNEMENTS D'ALLEMAGNE ET DE POUILLE.

1194-1197. Dispositions de l'empereur Henri VI avant sa fin. — 1197. Il meurt. — 1198. L'impératrice Constance de Sicile fait reconnaître et couronner son fils Frédéric II. — Elle place son fils sous la protection du Saint-Siège. — 1198-1207. Le pape fait élever Frédéric à Palerme. Révoltes en Sicile contre les Allemands.
1198-1204. Une fille de Tancrède de Sicile épouse Gautier III de Brienne. Gautier fait la conquête de la Pouille. Il est attaqué et mis à mort par le comte Diepold.

Or vous lairons à parler de le tiere d'Outremer et del roi Haymmeri, qui trives a as Sarrasins et en pais tient

---

1. Cf. G. pag. 244-248. — H. chap. 12-26 du livre XXVIIe, Pag. 231-238. — Pipino ne dit rien de ces événements dans son XXVe livre (cf. M. col. 818). Il en avait parlé précédemment, en citant formellement Bernard le Trésorier, qu'il abrège toujours : « Hæc quæ dicta sunt de morte Henrici imperatoris, et imperii ac » regni dispositione, necnon et promotione Friderici pueri filii » ejus ad imperium et seditione orta in regno Siciliæ, scribit Ber- » nardus Thesaurarius in *Libro Acquisitionis et Perditionis Terræ* » *Sanctæ.* » De morte Henrici imperatoris. De seditione Siciliæ. N. col. 630-632.

se tiere, desci que tans et eure en sera. Et si vous dirons d'aucunes gens qui se croisierent deça le mer, qui puis alerent en le tiere d'Outremer ; si vos dirai en quel maniere il i alerent et en quel tans.

Il avint cose devant ce que li empereres Henris d'Alemaigne, qui en Sesille estoit et avoit envoié les Alemans en le tiere d'Outremer, fust mors, que se feme l'emperéis ot .I. fil, .I. an[1] devant de che que li empereres fust mors. Il li mist à non Fedric, le non de son pere[2]. Apriès si manda .II. haus homes d'Alemaigne, si les fist venir devant lui ; et si commanda [à l'un[3]] Puille et Calabre à garder aveuc son fil tant qu'il fust de age ; cil ot à non Tiebaus[4]. L'autre commanda l'ille de Sesille et se feme et son fil à garder. [Et cil ot à non Marcomax[5]]. Et sen frere Felipe, qui dus estoit de Souave, manda qu'il gardast bien l'empire d'Alemaigne aveuc son fil, tant que li enfes aroit eage. Et il si fist tant come il vesqui ; mais puis en fu il ocis, si com vous orés dire, par aventure, en aucun tans[6]. Quant li empereres ot ensi atiré[7] se tiere, si fu mors.

Ne demoura mie .I. an apriès ce que li empereres fu mors, que li emperéis morut[8]. Mais devant ce qu'ele morust manda elle tous les arcevesques et tous les evesques et tous les barons de se tiere qu'il venissent à li, à Messines ; et il i alerent. Quant il furent tout assanlé, si lor dist qu'ele voloit son fil couroner ; et

---

1. Frédéric II naquit le 26 décembre 1194 ; Henri VI, son père, mourut trois ans après, le 28 septembre 1197. — 2. G : *le nom de son aiel.* — J : *de son perere.* — 3. A. B. D. J. — 4. N : « Theobaldo. » Le comte Dieppold. — 5. D. — Le comte Markwald. — 6. J : *en avant.* — 7. A. B : *asennée.* — H. O : *asenée.* — 8. Constance mourut le 27 novembre 1198.

voloit c'on asseurast son fil de se tiere comme drois hoirs qu'il estoit ; et ne voloit mie tant atendre qu'ele fust morte, ains voloit c'on l'asseurast et requellist à signour à son vivant ; car elle doutoit, s'on ne le recuelloit à son vivant, c'apriès li ne le recuellissent mie. Li haut home disent qu'il em parleroient, si en alerent à conseil.

Quant il revinrent de consel, si disent à le dame : « Dame, nous ne volons mie qu'il soit coronés ; ne » homage ne li ferons, ne pour seignour ne le tenrons ; » car vous estes de si grant eage, que nous ne creons » mie que vous l'aiés porté en vostre ventre. » Lors lor dist la dame : « Pour coi cargeroie je m'ame, et » desireteroie autrui pour faire cest enfant coroner, » [s'il n'estoit mes fiz[1]]? Je ne le feroie mie. Mais par » mi tot ce, vous estes mi home ; or esgardés entre » vous que j'en doie faire ; que je l'enfant portai dedens » mon ventre[2], et fiex est l'empereour Henri qui mors » est ; je le ferai volentiers [et améement[3]]. » Il esgarderent entr'aus qu'ele jureroit[4] sour sains que li enfes estoit siens, et qu'ele l'avoit porté en sen ventre. Elle en fist quanques il esgarderent que faire en deust. Apriès, si le reçurent à segnor et coronerent[5].

Quant la dame ot [einsi[6]] fait l'enfant asseurer de le tiere, elle envoia unes lettres à l'apostoile et se li manda qu'ele laissoit son fil et sa tiere à garder à lui. Quant la dame ot ensi atourné son affaire si fu morte.

Quant li dame fu morte, li apostoiles envoia .I. car-

1. J. — 2. O : *en mes flans*. — 3. O. — 4. A. B. J. — C : *jueroit*. — D : *jurroit*. — 5. Le couronnement eut lieu à Palerme le 17 mai 1198. — 6. A. B. J.

donnal en Sesille pour l'enfant garder, et manda à .iii. evesques de le tiere qu'il fuissent aveuc le cardonal pour l'enfant garder, et il si furent[1]. Si l'enmenerent à Palierne; illuec le garderent bien, et longement.

Apriès ce que li emperéis fust morte, li haut home de le tiere ne porent souffrir les Alemans, que li empereres avoit laissiés pour garder le tiere. Ains lor coururent sus, pour euls [ocirre et por ax[2]] cacier hors de le tiere; mais il se tinrent bien encontre eaus tant com Maconsals[3] lor sire vesqui; et quant il fu mors[4], si vuidierent li Alemant le tiere.

Apriès ce que li Alemant en furent alé, commença li guerre entre les haus homes de Sesille; et vaut cascuns estre sires. Et guerroiierent moult longement, si qu'il i ot si grant cierté en le tiere que ce fu une mervelle, et c'on ne pooit gagnier[5] les tieres; et cascuns disoit qu'il voloit avoir le tiere aveuc le roi. Et tant toli li uns l'autre aveuc le roi, que[6] li rois n'i ot riens, ne ne li demora que .ii. cités en Sesile, Messines et Palerne. Et le castiel de Palerne prisent Pisan[7] et le tolirent le roi. Et si conqulsent en Sesile une cité sour le roi qui a à non Saragouce. Puis que li Pisan[8] orent pris Saragouce, l'asissent Jenevois et le prisent à force, et puis le tinrent longement. Li Sarrasin de Sesile, quant il virent le guerre entre les Crestiiens, si s'asanlerent

---

1. A. B : *firent.* — 2. D. — 3. A. B : *Marczoneaus.* — D : *Marconyax.* — G : *Marcodes.* — F : *Marcoeux.*— O : *Marconaus.* — 4. C : *mor.* — 5. A. B : *gaagnier.*— G. J : *gaaignier.*— 6. A : *Et tant touli li uns l'autre avec le roi, qe.* — B : *Et tant touli li uns l'autre qe.* — D : *en deveu deu roi que.* — J : *Tant pristrent chascuns de la terre que.* — 7. A. B. G. J. — C. D : *Persant.* — N : « *Pisani.* » — 8. C : *Persant.*

tout [ensemble¹] et alerent en unes montaignes. Si se fremerent si fort², que li Crestiien ne pooient venir à aus; et couroient sovent en le tiere as Crestiiens et gaagnoient sor aus et assés en ochioient.

Or vous lairons à parler³ de Sesile, et del roi Fedric qui enfes estoit, et puis fu apelés en mains lius li *Enfes de Puille*⁴. Si vous dirons d'une damoisiele qui en Puille estoit, qui fille avoit esté le roi Tangré. Elle⁵, par le consel l'apostoile et le consel d'aucun preudome, ala en Campaigne, al conte Gautier de Braine et fist tant qu'il l'espousa⁶. Et quant il l'ot espousée, elle l'enmena en Puille, et alerent par Rome. Et li apostoles, pour çou que par sen consel [et par son los⁷], avoit le damoisiele espousée, li dona du sien, et li carga gent et li commanda qu'il entrast en Puille et qu'il le conquesist; et il li aideroit quanques il poroit. Li quens Gautiers entra en Puille et cil dou païs en furent mout lié, et grant partie li rendirent de le tiere. Et toute li eussent rendue, ne fust Tiebaus, à cui li empereres Henris l'avoit commandé à garder, et qui encontre fu, et grans gens avoit. Tant poursivi Thiebaus le conte Gautier, que li quens se fu logiés devant une cité, et il et s'os. Quant ce vint par nuit que li quens fu couciés, et il fu endormis, Tiebaus entra en l'ost à laron, et il

---

1. A. B. — 2. A. B : *durement.* — 3. A. B : *Je ne vos dirai ore plus.* — 4. N : « Apuliæ puer. » col. 631. Cf. H. p. 234-238. — 5. A. B. J. — C : *Et.*

6. Ce serait dès l'année 1191, suivant l'*Art de vérifier les dates,* mais les *Gesta Innocentii* III, prouvent que le mariage de la fille de Tancrède avec Gautier de Brienne eut lieu seulement sous le pontificat du pape Innocent III, élu en 1198. (Edit. La Porte Du Theil, pag. 17).

7. A. B. J.

et de ses chevaliers ; et vinrent à l'entrée de le tente le conte et coperent les cordes et abatirent le tente sour lui, si l'ocisent[1].

Quant li quens fu mors, si fu toute se gent desconfite, et Tiebaus reconquist toute le tiere ariere. A le feme le conte Gautier demora .I. fil del conte Gautier[2], et ot à non Gautiers, [ausi come ses peres[3]]. Si fu puis quens de Braine. Aucune fois vous en dira on chi apriès, par aventure[4], [qu'il devint[5]].

1. Cf. Huillard-Bréholles, *Hist. diplom. Frider.* Introd. p. cccxc. — 2. J : *un fil qu'ele ot de lui.* — 3. A. B. Gautier IV. — 4. A. B : *Aucune fois vos dirai je, par aventure, qu'il devint.*— J : *Aucune foiz, par aventure, vos dira l'en qu'il devint.* — 5. A. B. J.

CHAPITRE XXXI.[1]

Coment li roys de France gueroia le roy d'Engletere et cil lui.

SOMMAIRE.

Événements de France.

1197-1198. Le roi Richard d'Angleterre, délivré de prison, et ligué avec le comte de Flandre, fait la guerre au roi de France. L'évêque de Beauvais enlevé par les routiers. Echec des Français à Gisors. Siége d'Arras. Mort de Jean de Hangest. — 1198. Trèves entre le roi de France et le roi d'Angleterre. — 1198-1199. Le roi Richard réclame la moitié d'un trésor trouvé en Limousin. — 26 mars. 1199. Il est tué devant le château de Chalus qu'il assiégeait.

Événements d'Allemagne et de France.

1199. Othon de Saxe, proclamé empereur au détriment de Frédéric II. Préoccupation des barons qui s'étaient ligués contre le roi de France. Ils convoquent un tournoi à Ecry-sur-Aisne. La croisade y est décidée. — 1200. Seigneurs qui prennent la croix à Ecry. Mort de Foulques de Neuilly. Le trésor destiné à la Terre Sainte, que Foulques avait confié pour la plus grande partie à l'ordre de Citeaux, est envoyé en deux fois Outremer. Affirmations à ce sujet. Projets attribués au roi Richard d'Angleterre. — 1201. Les barons de France se mettent en rapport avec les Vénitiens pour effectuer la Croisade. Conférences de Corbie entre les barons et les envoyés vénitiens. Thibaud de Champagne étant mort, Boniface de Montferrat est reconnu chef de la croisade.

1. G. pag. 250-268.— H. chap. 17 du livre XXVIIe, au chap. 2 du livre XXVIIIe. Pag. 238-252. — M. chap. 183-184. col. 818-820. Ci-après, pag. 336. not. 7. — N. col. 610-612.

ÉVÉNEMENTS DE TERRE SAINTE.

1202. Une partie des seigneurs croisés va s'embarquer à Marseille et à Gènes pour la Syrie. Amaury de Lusignan résiste aux croisés arrivés en Terre Sainte qui voulaient commencer les hostilités, sans respecter la trève. — 1203. Plusieurs des chevaliers croisés quittent Saint-Jean d'Acre avec Renaud de Dampierre, pour se rendre auprès du prince d'Antioche et l'aider contre le roi d'Arménie. Ils arrivent à Gibel. L'émir de Gibel cherche à les dissuader de continuer leur marche sans être munis d'un sauf-conduit du sultan d'Alep. Ils négligent les conseils de l'émir et sont massacrés par les Sarrasins près de Laodicée. — 1198-1199. Saphadin (Malec-Adel), sultan d'Egypte, lève des troupes et renforce les garnisons des places de Syrie et d'Egypte. Négociations secrètes entre le sultan d'Egypte et les Vénitiens pour empêcher la croisade d'arriver en Terre Sainte ou en Egypte.

Or vous lairons de le tiere de Calabre et de Puille et de Sesille, desci qu'à une autre fois, que poins et eure en sera, si vous dirons del roi de France et del roy d'Engletiere, qui guere avoient [ensemble[1]], li uns à l'autre.

Quant li rois d'Engletiere fu hors de prison, si fu mout dolans de se tiere qu'il avoit perdue. Si manda gens et semonst ses os, de par toute se tiere ; et manda route[2] en le tiere[3] de Provence. Et si s'acorderent entre lui et le conte Bauduin de Flandres en tel maniere, [qu'il ne lairoient la guerre, ne[4]] que li uns ne faurroit[5] l'autre, dessi qu'il raroient lor tieres ariere ; et que li quens Bauduins raveroit le tiere que li rois tenoit et qu'il avoit pris en mariage à se sereur[6], et li rois d'Engletiere le tiere que li rois Phelippes avoit conquise sor lui. Et li rois d'Engletiere avoit [ja[7]] tant fait as

---

1. A. B. — 2. D : routés. — O : routiers. — F : et manda por routiers.— G: et manda coreors.— 3. G: par la terre.— H: si entra en la terre. — 4. A. B. — 5. A. B. D : faudroit à. — 6. F. G. H : o se seur. — 7. D.

barons de France qu'il avoit lor cuers, encore fuissent li cors el service le roi[1].

Quant li rois d'Engletiere et li quens Bauduins se furent atiré ensanle, si semonst li quens Bauduins ses os. Si commença à guerroiier devers Flandres, et li rois d'Engletiere devers Normendie. Il avint cose .I. jour que li fourrier[2] le roi d'Engletiere coururent devant Belvais[3]; et li vesques[4] issi hors et si chevalier [et ses gens[5]], et cacierent tant que li routier tournerent sour aus, si les prisent tous[6]. A .I. autre jour, avint que li rois de France estoit priès de Gissors; et n'avoit mie aveuc lui plus de .IIII. vins chevaliers, et cevaucoient par le tiere, tant qu'il s'enbati sor .I. enbuissement que li rois d'Engletiere avoit fait de grant gent et estoit aveuc. Quant li François virent qu'il s'estoient embatu folement sour l'embuissement le roi d'Engletiere, et il virent que il ne poroient mie tourner sans grant honte et sans grant damage, si priierent le roi qu'il s'en tournast grant aleure devers Gissors, car s'il demouroit, il seroit pris; et il demorroient et [les[7]] contretenroient çou qu'il[8] poroient.

Ensi faitement s'en parti li rois de ses chevaliers par lor consel, et s'en vint à Gissors[9]. Quant li rois d'Engletiere vit les Franchois, si les courut sus, et les en-

---

1. N : « ita quod licet cordialiter essent in regis Francorum ob-
» sequio, eorum tamen affectus rex Angliæ possidebat. » Col. 611.
2. A. B : *li routier.*— G : *courier.* — N : « prœdones. » Col. 611.
— 3. A. B : *Biauvais.* — 4. Thomas. Au mois de juin 1197. H. pag. 239, n. *b.* — 5. A. B. G. — H : *et sergens.* — 6. G : *et les chacierent; une partie des autres qui en agait estoient lors saillirent et les pristrent.* — J : *et chacierent tant qu'il atainsirent les routiers si les pristrent tous.* — 7. D. — C : *et contre.* — 8. A. B. D : *tant come il.* — 9. Septembre 1198. H. p. 240 n.

clost, si les prist tous. Et bien cuida avoir pris le roi de France por çou qu'il i ot .i. chevalier pris, si comme on dist, qui estoit armés des armes le roi de France.

Li rois de France fu à Gissors mout dolans et mout coureciés de ses chevaliers qu'il avoit perdus et del honte qu'il li estoit avenue. Il manda par toute se tiere, et semonst ses os, et assanla grant gent. Li quens Bauduins entra en le tiere le roi par devers Flandres; et on li rendi Aire et Saint Omer. Puis ala assegier Arras, mais il n'i fist riens, qu'il avoit grant cevalerie dedens Arras que li rois i avoit envoiie, fors tant c'à .i. jour, à .i. assaut, i tua on .i. des millours chevaliers de France, qui avoit à non Jehans [de Hangest[1]]. Li quens Bauduins vit qu'il ne feroit riens à Arras[2], si se leva del siege, si courut en le tiere le roi de France, s'i fist grant damage. Apriès, avint [.i. jor[3]] que li quens de Namur, li freres le conte Bauduin, courut devant à Arras. Cil d'Arras issirent hors, si le prisent et si l'envoiierent en France. Quant li rois de France ot ses os assanlées, si ala encontre le roi d'Engletiere, et li rois d'Engletiere encontre lui. Quant il durent assanler ensanle, si alerent li baron entre deus, si prisent trives.

Je vous avoie oublié à dire que, puis que li rois d'Engletiere fu hors de prison et il fu en Normendie, asseia li rois de France Aubemarle[4] et si le prist. Là fu l'acorde faite dou roi d'Engletiere et dou conte de Flandres de guerroiier le roi de France, si com vous avés oï.

Quant li rois d'Engletiere ot trives al roi de France,

---

1. G. J. O.— A. B : *Hancest.*— D : *Engest.*— H : *Haut Gué.*—
2. A. B : *Erras.* — 3. A. B.— 4. A. B : *Aubemalle.* En 1196.

on li fist asavoir c'uns siens hom, sires d'un[1] castiel, avoit trouvé en tiere grant avoir. Li rois d'Engletiere li manda qu'il li envoiast l'avoir qu'il avoit trové en se tiere ; et s'il nel faisoit, il l'iroit assegier en son castiel et prendre. Li chevaliers li manda qu'il fesist le miex qu'il peuist, car il n'avoit riens dou sien, ne riens ne li envoieroit. Et li rois d'Engletiere i ala et assega le castiel. Cil castiaus est en le tiere de Limoges[2]. Quant li rois fu devant le castiel, si lor dist qu'il lor rendissent le castiel, et s'il ne li rendoient, seussent il bien qu'il les penderoit tous par les geules. Endementiers que li rois d'Engletiere maneçoit[3] ceuls dou castel, vint uns arbalestriers[4], si fiert le roi parmi le cors ; et li rois jeta le main al quariel, si le jeta hors. Ne vesqui puis gaires, ains fu mors. Ensi fu mors li rois Ricars d'Angletiere, si quem on dist[5].

Il avint cose devant chou qu'il fust [mors[6]], qu'il avoit aveuc lui .I. sien neveu, fil de se sereur et fil au duc de Saissoine[7], qu'il avoit amené aveuc lui d'Alemaigne, quant il issi de prison, et l'avoit fait conte de Poitiers. Il oï dire à son vivant que li empereres Henris qui l'avoit eu en se prison estoit mors, dont dist il à Othon, sen neveu, qu'il s'atirast et s'en alast en Alemaigne ; et qu'il feroit tant viers l'apostoile et viers les barons d'Alemaigne qu'il seroit empereres.

Othes s'en ala en Alemaigne, et li rois Ricars manda [à[8]] l'apostole et as barons d'Alemaigne. Si lor promist

1. G.O.—A. B: *de.*—C: *del.*— 2. Le château de Chalus.—3. A.B: *menaczoit.*— 4. A. B. O: *vint uns arbalestiers del chastel, si tent une arbaleste et laisse corre.*— G.J : *uns arbalestriers dou chastel prist une arbalestre et traist à lui.* — 5. 26 mars 1199. — 6. A. B. — 7. G : *Soissons.* — O : *Sassogne.* Othon de Saxe. — 8. A. B.

tant et dona qu'il ot l'otroi de tous d'Othon sen neveu faire empereur, fors seulement del duc de Souave¹ qui encontre fu ; et freres avoit esté l'emperéour Henri qui mors estoit. Et disoit bien k'emperéour n'i aroit il ja fors Fedric, sen neveu, qui hoirs estoit de le tiere², [et à cui il gardoit la terre³]. Grant piece tint on ensi⁴ l'empire contre l'apostoile et encontre les haus homes d'Alemaigne ; tant qu'il avint .I. jour c'uns chevaliers li copa le teste en sa cambre meisme⁵. Quant li dus de Souave fu mors, si fist on Oton emperéour⁶.

Mais ançois que je vous die plus d'Othon comment il fu empereres et comment il fina, vous dirai du conte Bauduin de Flandres et des barons de France qui encontre le roi de France avoient esté, qu'il fisent, qui al roi d'Engletiere estoient alé, ançois qu'il fust mors⁷.

1. C : *Souane*. — 2. A. B : *fors son neveu Federik, qui en Sezile estoit, qui estre le devoit*. — 3. A. B. D. — 4. A. B : *tint einsi*. — 5. En 1208. — 6. Dans M., toujours très sommaire, la concordance reprend ici. Chap. 183-184. col. 818-820.

7. O. ajoute ce long passage, que nous ne trouvons ni dans les autres mss., ni dans les Continuations imprimées : [*Puis que li sieges d'Aubemarle fu departis, si se douterent moult li baron por le bon roi Richart d'Engleterre, dont il avoient perdu l'aïue et le confort de lui, puis que mors estoit. Li quens Baudouins de Flandres s'en doutoit plus que tot li autre. Et s'estoit : la reine Isabiaus, se suer, et li contesse Yolens, qui le conte Perron d'Auçuerre avoit à baron, qui oncles estoit le roi Felipe, et li contesse Sebile, se suer, qui le segnor de Biaju avoit à baron ; et s'avoit en aïue le conte Renaut de Boulogne et le conte Simon de Pontiu, sen frere. Maintes fois prisent consel li baron qu'il porroient faire. Consaus lor aporta qu'il iroient par tot as armes, et sivroient les tornois ; et qu'il ne lairoient mie les tornois por le roi de France. Il alerent par tout et cerkierent les tornois et fisent asés d'armes. Adont avoit la contesse Marie, la feme le comte Bauduin, une fille qui ot à non Jehanne ; et se le laissa eçainte de Margarite. Li baron s'asamblerent.*]

Il fisent .i. tournoy crier entre Brai[1] et Encre[2], et s'i alerent tuit. Quant il furent armé d'une part et d'autre pour tournoiier et il durent assambler, si osterent lor armes[3], et corurent as crois et se croisierent pour aler Outremer. Dont aucunes gens disent qu'il se croisierent pour le [doute dou[4]] roi de France, qu'il ne les grevast por çou que contre lui avoient esté.

Or vous nomerai les contes qui se croisierent. Li quens Bauduins de Flandres se croisa premerains et Henris del Mans[5], ses freres, li quens Tiebaus de Campaigne, li quens Loeys de Blois, li quens[6] de Perce, et li quens[7] de Saint Pol, li quens Simons de Monfort et Guis ses freres, et Jehans de Neele[8], Engerrans de Bove[9] et si .iii. frere, li quens Renaus de Dampiere et haus homes assés, dont je ne vos nomerai ore plus. Et bien prisoit on à mil chevaliers ceuls qui se croisierent de là[10] les mons.

Dont il avint, devant che que li baron se croisierent, qu'il ot .i. priestre en France qui ot à non Foukes[11], qui devant et apriès, ançois que li baron se croisassent, preecha des crois. Et mout se croisa de chevaliers et d'autre gent; et mout grant avoir [li[12]] donna on[13] por despendre en le tiere d'Outremer. Mais il ne li porta mie, ains fu mors [anczois que la muete fust[14]]. Dont

1. Bray sur Somme, en Picardie. — Mal dans H : *Bar sur Aube*. — 2. Encre, auj. Albert, sur la riv. d'Encre, au N. O. de Bray. — J : *entre Brai et Provins*. — G : *un tornoiement sur Somme et entre*. — 3. A. B : *lor hiaumes*. — 4. A. B : *la doute*. — 5. A. B. D. I : *d'Anjou*. — 6. D : *Estienes*.— 7. D : *Hues*. — 8. D : *chastelains de Bruges*.— A. B: *Jehans d'Ucelle*.— 9. I: *de Quoci*.— 10. A. B: *decza*.—I: *deça*.— J: *en celes partie*.—11.O: *maistre Fouques*. — F : *Fouque de Nulli*. — 12. D. — 13. A. B : *et mult grant avoir amassa, qe l'en li dona*. — 14. A. B. —

aucunes gens disent qu'il fu mors de deul, pour son avoir qu'il avoit commandé, c'on li cela[1]. Mais il ne fu mie ensi, par aventure, que je vous di bien por voir que la graindre[2] pars de son avoir fu commandée à Cystiaus. Et bien peut estre, par aventure, qu'il en commanda aucune cose en aucun lieu qui celée li fu[3]. Li avoirs qui fu commandés à Cystiaus[4] fu portés Outremer par .II. foys, et par les freres de le maison. Et si vous di bien c'onques avoirs qui alast en le tiere d'Outremer ne vint si bien à point, [ne si grant bien ne fist[5]], comme cil fist que maistre Fouques avoit à Cystiaus; car li craulles[6] avoit esté en le tiere, si estoient fondu li mur de Sur et de Barut et d'Acre, c'on refist tous de grant partie de cel avoir.

Or vous dirai une parole que je vous avoie oblié à dire del roi d'Engletiere Ricars, qu'il avoit proposée[7] devant chou qu'il fust mors; que s'il pooit tant faire en sen vivant qu'il peust ravoir le tiere que li rois de France li avoit tolue, qu'il feroit une grant estoire, et qu'il iroit conquerre le tiere d'Egypte; aprièc s'iroit conquerre le tiere de Jherusalem, et de illeuc iroit en Constantinoble, et si le conquerroist et si seroit[8] emperères.

Or vous dirai des barons de France qui croisié estoient. Il prisent consel ensanle pour faire estoire à aus mener. Consaus lor porta qu'il envoiassent en Venisse, et fesissent venir des Venissiens [en France[9]],

---

G. et H. (p. 244) sont inexacts. — 1. A. B. D. G. — C: *celast.* — 2. A. B: *grandre.*— O: *la plus grande.*— G. J: *la greignor.*— 3. A. B: *c'om li cela.*— 4. A. B: *que maistres Fouques commanda.*— 5. A. B.— 6. A. B: *croilles.*— G.I.J.O: *crolles.* Rien de ces faits dans M.— 7. A. B: *porpensé.* — 8. A. B.— C: *et seroit.*— 9. A. B.

pour faire marciet à aus d'estoire¹ faire. Quant li Ve-
nissien l'oïrent, si furent mout lié. Si s'asanlerent et
envoierent de lor plus sages homes en France, pour
faire marchié as barons.

Quant li Venesiien furent venu en France, si s'asan-
lerent li baron et li Venissien tout à Corbie² ensanle.
Et là fu li marchiés³ fais des nés et des galyes et des
uissieres as cevaus mener, et à estre el service des
croisiés .II. ans, là u [il⁴] les voldroient mener par mer.
Grant nombre i ot d'avoir [mis⁵], mais ne vous sai dire
combien; et le moitié des conquestes⁶ qu'il feroient⁷,
fors seulement en le tiere de Promission. Là jurerent⁸
li conte et li home qui estoient à Corbie, à cel parle-
ment, sour sains des couvenences faire tenir⁹ ens, et
l'avoir à rendre. Et li Venissien jurerent sor sains des
nés et des galies avoir apparelliés au terme qui mis i
fu.

Quant li haut home orent luié¹⁰ l'estoire, si parlerent
entr' auls et disent qu'il feroient d'un d'eaus signor, à

---

1. E : *de faire une estoire à aus mener outremer*. — J : *navie*.
2. A. B. D. E. G. I. J. K. O. Tous ces textes sont ici conformes à C. et donnent la leçon *Corbie*, répétée plus loin. Le ms. de la Ville de Lyon (D. dans l'édition de l'Académie), ainsi que le ms. 104 Suppl. fr. (G. de l'Académie) portent également *Corbie*. Robert de Clary dit en effet d'une façon positive que les pourparlers des barons français avec les commissaires vénitiens eurent lieu à Corbie (édit P. Riant, p. 9), bien que les seigneurs s'assemblas-sent souvent à Soissons pour s'occuper de la croisade. — *Corbueil* de H. (pag. 245) est donc une erreur. Ni Villehardouin, ni Canale (pag. 318) n'indiquent au reste le lieu des conférences que l'on eut avec les envoyés de Venise.

3. J : *li fuers*. — 4. D. O. — 5. A. B. — 6. A. B : *aquestes*. — 7. D : *en la terre d'Outremer*. — 8. Mal dans A. B : *ivernerent*. — 9. D. G. J. O. — A. B. C : *venir*. — 10. A. B : *loié*. — D. E : *les nés lieuées*. — G : *louée*. — H : *loée*. — J : *orent affiné de la navie*.

cui il seroient obéissant del tout. Là esgarderent li conte et li baron le conte Tiebaut de Campaigne, si en fisent seignour. Atant se departirent. Ne demora gaires apriès que li quens Tiebaus fu mors[1]; si se rassamblerent[2] li baron pour faire signor. Consaus lor porta qu'il feroient del marchis de Monferras seignour, qui croisiés estoit, et preudom estoit. Atant manderent li baron le marcis de Montferras, si en fisent segnor; et atournerent lor mute de mouvoir à un jour qu'il i[3] misent.

Assés ot de barons en France qui ne furent pas à l'acort de ceste mute ne n'i alerent pas. Ains alerent passer à Marselle, teuls i ot, et de tels i ot à Genueves[4]. Et Jehans de Niiele[5] si entra au deraen[6] en mer, et grant partie de Flamens; et si s'en alerent par les destrois de Marroht[7]. Tout li croisié deça les mons murent à .i. point de lor osteus[8] et alerent à Acre, fors cils qui alerent en Venisse. Et bien furent .iii. cent chevalier et plus de toutes tieres; et mout i passa de toutes, de menue gent[9], à chel passage. A cel passage, passa li quens de Forois[10]; mais ne vesqui mie grantmént, ains fu lues mors qu'il ariva à Acre.

Uns chevalier i ot arivé de France qui se faisoit

1. En 1201. — 2. A. B : ralierent. — 3. A. B. — 4. D. O : à Gennes. — G : à Marseille, et tex i ot par autre lieu. — 5. A. B. G. H : Neelle. — 6. A. B. — C : entra el dan. — D : entra dāi. — O : au dan. — F : entra au derrain. — G : entra adonc. — H : entra en mer derreeins. — M : « Johannes comes de Nigella » qui ultimus ex baronibus mare intraverat. » Col. 819. — Voy. ci-après p. 352. not. 2. — 7. A. B : Marroc. — D : Marroch. — 8. A. B : hosteus. — J : ostels. — H : ostes. — 9. A. B : et moult i passa de menues gens. — J : Bien CCC. chevaliers et moult de menue gent n'alerent mie en Venise, mais entrerent autre part en mer et arriverent à Acre. — 10. A. B : Forez.

apeler li quens Regnars de Danpiere[1]. Cil quens vint al roi Haimeri, et se li dist qu'il voloit les trives brisier, et tant estoient de gent que bien poroient guerroiier les Sarrasins. Li rois li respondi que il n'estoit mie hons qui deust les trives brisier; ains atendroient les haus homes qui en Venisse estoient alé. Cil quens fu mout dolans de ce que li rois ot si faitement parlé à lui, et qu'il ne li laissoit les trives brisier. Si parla mout laidement al roy, en tel maniere c'on ne deust mie parler à roi. Li rois fu sages, si escouta et li laissa dire ce qu'il vaut, qu'il ne voloit mie as pelerins faire noisse[2] ne meslée.

Quant cil quens Regnars vit qu'il ne poroit riens faire en le tiere, si parla as chevaliers qui estoient passé à cel passage, et prisent consel entr'iaus, et disent[3] qu'il ne demorroient mie en le tiere, ains en iroient en Andioce, al prince, pour lui aidier à guerroiier le roi d'Ermenie [à cui il avoit guerre, por ce que li rois Haimeris estoit vers[4] le roi d'Ermenie[5]]. Il s'asamblerent tant que il furent bien .IIII[xx].[6] chevalier ou plus; et si ot mout de menue gent à pié et à ceval; et murent d'Acre pour aler en Andioce. Et errerent tant qu'il furent hors[7] de le tiere as Crestiiens, et vinrent en une cité de Sarrasins qui ot à non Gibel[8]. Cele cités siest entre Mergat et le Lice[9].

1. A. B : *Reynard de Danpierre.* — G : *Renaut de Dampierre.* — M : « comes Reginaldus de Domno Petro. » Col. 819. — Sanudo : « Stephanus Domini Petri comes. » pag. 203. ap. Bongars. — 2. G : *tençon.* — J : *car il ne voloit mie estre mal des pelerins.* — 3. H : *de tex i ot qui distrent.* — 4. J. O : *estoit devers.* — 5. A. B. D. J. O. — 6. C. D. G. H. J. O. — A. B: *IIII*[c]. — 7. A. B. G : *vindrent hors.* — 8. A. B. D. — C: *Gribel.* — 9. G. J : *la Liche.* — M : « inter Margad et Laodiciam. »

Quant li sires de le cité oï dire que si grans gens venoit là, si ala encontre pour çou qu'il avoit trives as Crestiiens, et si les bienvegna[1], et lor fist grant honor, et les fist logier dehors le castiel[2]. Apriès si lor fist venir viande à grant plenté, en l'ost, de se tiere, à vendre ; et si lor demanda où il voloient aler. Et il disent qu'il iroient en Antioce. Et li sires lor dist qu'en Antioce ne pooient il mie aler, s'il n'avoient l'aseurement le soudan de Halape, parmi quel tiere il lor convenoit passer ; et s'il voloient, il envoieroit al prince, et feroit savoir qu'il a illuec grant cevalerie et grant gent, et vont à lui por lui aidier, et qu'il lor prenge asseurement al soudan de passer parmi se tiere. Il disent qu'il ne sejourneroient mie tant que li mesages fust revenus, et qu'il passeroient bien ; qu'il estoient grans gens. Li Sarrasin disent qu'il ne feroient mie savoir[3], s'il s'en aloient devant çou qu'il eussent asseurement al soudan ; [que s'il s'en aloient[4]], il n'en escaperoit ja piés. Et il disent toutes voies qu'il iroient. Et li Sarrasin dist : « Pour coi ne me creés vous ? Vous ne » faites mie bien. En avés vous grant marcié de » viande ? En nul liu n'en averés vous tel marcié ? » Toutes cures s'aparellierent li Crestiien, et disent qu'il s'en iroient, et qu'il ne demorroient plus. Quant li Sarrasin vit qu'il nes pooit detenir, ne pour proiiere ne pour manace, si dist : « Signour, j'ai trives as » Crestiiens, ne je ne vaurroie mie avoir blasme en » cose que je fesisse ne qui vous avenist[5]. Parmi me » tiere, vous conduirai jou sauvement ; mais tant vous

---

1. H. G. O : *les salua.* — 2. A. B : *la cité.* — 3. G : *qu'il ne feroit mie sens.* — H : *sen.* — F : *qu'il ne feroient pas que sage.* — 4. A. B. — 5. A. B : *de chose que vos avenist.*

» di je bien pour voir, que tantost que vous isterés de
» me tiere, que vous serés pris, car on vous gaite. »

Il ne le vaurrent mie croire, ains s'en alerent. Et il les conduist tant que se tiere dura. Quant il furent hors de se tiere, et il vinrent priès de le Lice, une cité de Sarrasins, [li Sarrasins¹] qui les atendoient et embuissié estoient, saillirent et les prisent tous. Et n'en escapa nes un², n'a pié ne à ceval, fors seulement .I. chevaliers, qui puis qu'il fu pris escapa il le nuit. Cil ot non Sohiers de Trasegnies³. Et là fu pris Bernars de Moruel⁴. Ensi faitement, [com vos avez oï⁵], furent il pris par lor soties⁶, pour çou qu'il ne vaurrent croire conseil⁷.

Or⁸ vous dirai dou soudan de Babilone⁹, qui freres fu Salehadin, qui la tiere d'Egypte avoit saisie, apriès le mort sen neveu, et qui sen autre neveu avoit desireté de le tiere de Damas et de Jherusalem. Je vous dirai qu'il fist. Quant il oï dire que li Crestiien avoient leué estoire pour venir en le tierc d'Egypte, il fist metre bonnes gardes¹⁰ à Damas et en le tiere, pour sen neveu,

---

1. D. J. O. — 2. A. B : *n'en eschapa chevalier ne hom*,— 3. A. B : *Sehiers de Treseignies*. — D : *Sohiers de Trasegnies*. — J : *Soihiers de Tresignies*. — G : *Sohiers d'Entreseignes*. — H : *Siers de Tressaignes*. — 4. J : *de Marueil*. — D : *de Moroil*. — 5. A. B. — 6. G. H. J : *lor folie*. — 7. M. donne ici (col. 819, fin du chap. 183) un précis des événements racontés dans le chapitre 32 de notre chronique.

8. Cette fin de chapitre manque dans D. — Le ms. de Florence (Bibl. S. Laur. *Plut*. LXI. n° X.) indique ici (fol. 407) un chapitre particulier sous ce titre : *Que le soudan d'Egypte manda en Venise destourber le passage*. — H. commence le XXVIII° livre. Pag. 250. — M. chap. 184. col. 819-820.

9. Saphadin, ou Malec-Adel, ci-dessus, p. 309. — 10. A. B : *garnisons*.

que il avoit desireté. Adont s'en ala li soudans de Babilone en Egypte pour prendre conseil comment il poroit le tiere garnir encontre les Crestiiens qui en le tiere devoient venir.

Quant il fu en le tiere, si manda les arcevesques et les evesques et les priestres de se loy[1], si lor dist : « Signor, li Crestiien ont fait grant estoire pour venir » en ceste tiere et pour le tiere prendre, s'il pevent. » Il estuet que vous aiiés cevaus et armes, et que vous » soiiés bien garni por le tiere garnir et aidier à def- » fendre, car j'ai guerre al soudan de Halape et à mes » neveus, si ne porai mie avoir chi toutes mes gens, » ains me convenra os[2] tenir et ci et là ; si vous con- » verra que vous m'aidiés. » Il disent que armes ne porteroient il ja, ne point ne se conbateroient ; car lor lois lor deffendoit à conbatre, ne contre lor loy ne conbatroient il mie ; ains iroient as mahomeries et prieroient Dame Diu, et il deffendist bien le tiere ; car autre cose ne devoient il faire, ne ne pooient.

Lors lor dist li soudans : « Se li Crestiien vienent ci, » et il vous tolent le tiere, où irés vous? et que ferés » vous? » — Il disent : « Ce que Dieu plaira ferons. » — Lors lor dist, li soudans : « Puis que vous ne volés, » ne poés conbatre, je querrai qui conbatra pour » vous. » — Lors fist venir .I. escrivent devant lui. Apriès, si fist apeler tous les plus haus arcevesques[3] qu'il avoit et les plus rices, et se lor demanda combien il avoit de rente, ne combien le arceveskié valoit et seoit ; et qu'il ne li mentist mie. Cil li dist verité, et

---

1. J : *il manda por les caadis et por les prestres de la terre.* — 2. A. B : *ost.* — 3. J : *de ses caadis.* — M : « *prælatos.* »

il le fist metre en escript ensement. [Après, les autres apela .i. et .i. et fist metre en escrit ensement. Quant il ot tout escript[1]], si fist sommer[2] combien lor tieres valoient, et vit que .ii. tans de tiere avoient[3] qu'il n'avoit[4]. Si lor dist : « Segnor, vous avés assés plus
» de tiere que je n'aie, si arés mout grant damage se
» vous le perdés ; jou saisirai le tiere[5] et si vous en
» donrai vos vivres, et del remanant luierrai serjans
» et chevaliers et deffendrai le tiere. » — Il lor disent :
« Sire, çou ne ferés vous ja, se Dieu plaist, que vous
» toilliés les aumosnes que li ancisseur ont données. »
Il lor dist qu'il ne lor voloit mie tolir, ains le voloit garandir et garandiroit[6].

Il saisi toutes lor tieres, et lor assena à le siue rente, selonc çou que cascuns estoit, d'avoir son vivre[7]. Puis si fist apparellier messages, si lor carja grant avoir, puis les envoia en Venisse ; et si envoia au duc de Venisse et as Venissiiens grans presens, et si lor manda salus et amistés. Et si lor manda que se il pooient tant faire qu'il destournaissent les Crestiiens[8], qu'il n'alaissent en le tiere d'Egypte, il lor donroit grant frankise el port d'Alixandre et grant avoir[9]. Li message alerent

---

1. A. B. D. — O : *apela un à un.* — 2. A. B : *asommer.* — 3. G. H. J. O : *avoient il de rentes en le terre.* — 4. A. B : *et vit que II. tanz valoient lor rentes en la terre que la soe.* — 5. A. B : *vos terres.* — 6. H : *Il dist que il ne les voloit mie tolir ; que ce seroit contre droit se il ce faisoit, ne se il les rentes apetiseit, ains les voloit garder et garentir à son poeir.* — 7. A. B : *selonc ce que chascuns estoit, donoit son vivre.* — J : *et dona à chascun, selonc ce qu'il estoit, sa vie.* — 8. A. B : *les croiciez.* — E : *les Franchois.*

9. E : *que il lor donroit grant avoir, et si lor donroit grant franquise el port d'Alixandre.* — H. I : *granz tresors et grans franchises ou port d'Alissandre.* — M : « Promittens se duci et Venetis in

en Venisse et fisent bien ce [qu'il durent et ce¹] qu'il quisent², et puis si s'en retournerent.

Endementiers que li soudans de Babilone estoit en Egypte, li soudans de Halape et li fil Salehadin qui desireté estoient assegierent Damas, à moult grant gent. Quant cil de Damas furent assegié, il manderent le soudan qu'il les secourust, qu'il estoient assegié. Quant li soudans oï dire qu'il estoient assegié, si s'en ala secourre Damas, à tant de gent com il avoit. Et vint en le tiere de Jherusalem, et assanla ses os à une vile qui a à non Naples, qui est à une jornée d'Acre, et à .v. journées de Damas. Là fist il tant par son sens, qu'il leva le siege de Damas, n'onques de plus priès ne le secorut³.

» portu Alexandriæ magnas concessurum libertates. » Col. 820.— Voy. sur les Négociations de Saphadin avec la république de Venise, notre *Hist. de Chypre*, t. I. p. 161-163.

1. A. B. — 2. A. B. G : *quistrent.* — E : *et si fisent moult bien che qu'il quisent as Venissiens.*— I : *et firent bien ce qu'il devoient fere.* — 3. J : *qu'il leva le siege de Damas, sans aler plus avant.* — M : « ab obsidione secesserunt. » Col. 820.

CHAPITRE XXXII.[1]

Coment li croisié ariverent en Venise.

SOMMAIRE.

1202. Les croisés arrivent à Venise. Les Vénitiens refusent de les embarquer avant d'avoir reçu d'eux le paiement intégral des prix de nolis convenus. — Octobre-novembre. Les Vénitiens proposent aux croisés d'assiéger pour le compte de la république la ville de Zara, appartenant au roi de Hongrie. Après quelques hésitations, les croisés adhèrent à la proposition du doge, et prennent Zara. Ils sont excommuniés par un légat du pape. Plusieurs barons et prélats se séparent de l'armée et se rendent en Syrie, pour rester fidèles au but de la croisade. — 1202-1203. Jean de Nesle et les Flamands hivernent à Marseille. Aven-

---

1. Cf. G. pag. 268-296. — H. chap. 3-16 du livre XXVIIIe, pag. 252-270. — M. chap. 183-184. col. 818-820. Pipino mentionne seulement, dans le XXVe livre, la croisade de Constantinople et renvoie à ce qu'il en a dit précédemment d'après Bernard le Trésorier et Vincent de Beauvais : « Quum non sint de
» præsenti materia, hoc omittuntur loco. Habentur tamen *supra*
» ubi agitur de Constantinopolitanis imperatoribus sub temporibus
» Frederici I. » (M. 819) : « Qualiter autem hujus rei effectus
» fuerit in opinione patenti multorum est, si legantur quæ Veneti
» cum baronibus peregerunt, .. ut jam perfunctorie dictum est
» *supra.* » M. col. 320. C'est Pipino et non Bernard le Trésorier qui parle ainsi dans Muratori, en renvoyant aux livres précédents de sa chronique. N. col. 613-617.

Le ms. de Florence déjà cité commence ici un chapitre intitulé: *Coment les Venicien par malice destourberent le passage.*

tures de la fille d'Isaac Comnène, emmenée de Chypre, par le roi Richard. Un chevalier flamand, parent de Baudouin, l'épouse à Marseille, et réclame le royaume de Chypre à Amaury de Lusignan. — 1203. Les Flamands ne pouvant faire la guerre aux Sarrasins dans le royaume de Jérusalem, avant la fin des trèves, passent à Antioche et en Arménie. — 1203. Un émir voisin de Sidon, ne respectant pas les trèves, fait courir des galères dans les eaux de Chypre. Amaury se plaint vainement au sultan. Les gens d'Acre attaquent des vaisseaux chargés de blé appartenant à l'émir arabe du pays de Sidon. Le roi Amaury fait des courses dans le pays sarrasin. — 1203-1204. Les croisés venus de Flandre et d'autres pays, apprenant la rupture des trèves, se rendent à Saint-Jean d'Acre pour prendre part à la guerre. Expédition au-delà du Jourdain. — 1204. Coradin (Malec-Moadam), fils de Saphadin, s'avance vers Saint-Jean d'Acre, puis se retire. Amaury ordonne des courses contre les Sarrasins sur terre et sur mer. — Septembre. Plusieurs chevaliers croisés retournent en Occident. Guy de Montfort épouse la dame de Sidon. Trèves avec le sultan.

ÉVÉNEMENTS DE CONSTANTINOPLE.

1203. Alexis l'Ange, réfugié en Hongrie, vient trouver les croisés à Zara et sollicite leur aide contre son oncle l'empereur Alexis III. Convention conclue à cet effet entre Alexis, les Vénitiens et les chevaliers croisés. Le jeune Alexis se rend sur la flotte vénitienne qui fait voile vers Constantinople. Comme quoi les Vénitiens tinrent la promesse qu'ils avaient faite au sultan d'Egypte. Préparatifs de défense de l'empereur Alexis III à Constantinople. Les Latins s'emparent de la tour de Galata. — 18 juillet. Prise de Constantinople.—1203-1204. Mort d'Isaac l'Ange. Son fils Alexis le Jeune proclamé empereur. Murtzuphle (Alexis Ducas) régent de l'empire. Il engage les croisés à s'établir hors de Constantinople. Sédition du peuple contre les Francs.

Or vous lairons à parler de le tierc d'Outremer, si vous dirons des croisiés qui alerent en Venisse.

Il a une ille priès de Venisse c'on apiele l'ille Saint Nicolai[1]. A le mesure que li Crestiien venoient en Venisse, si les passoit on [en[2]] celle ille.[3] Là establi on et assena cascun à se nef, des haus homes[4], et com-

1. A. B : *S. Nicolas.* — Sanudo : « Insula Sancti Nicolai de « littore. » Pag. 203. S. Nicolas du Lido. — 2. A. B. D. — 3. A. B : *si les faisoit on passer en cele isle et herbergier.* — 4. A. B : *chascun haut home.*

bien cascuns paieroit, et prist on le paiement çou que cascuns en devoit païer. Et quant il orent tout paié ce c'on ot à cascun assené, ne fu mie l'estoire le moitié paie de çou c'on lor ot en couvent. Et mout en retourna ariere en lor païs, de le menue gent, et mout en espandi[1] par le tiere [por querre lor vivre [2]].

Quant li pelerin orent[3] paiié çou qu'il avoient[4], si disent as Venissiiens qu'il les passent [5]. Li Venissiien respondirent qu'il n'enterroient en mer desci qu'il aroient toute lor couvenence, car il avoient bien faites les leur. Li haut home lor volrent livrer pleges de l'avoir et creanter à rendre; et il respondirent qu'il n'en feroient noient, ne n'enterroient en mer dessi que il seroient paié. Là les tinrent tant, en celle ille, qu'il furent sour l'iver, et qu'il ne pooient[6] passer[7]. Lors furent li haut home mout dolant et mout courchié de lor avoir qu'il avoient despendu, et de ce qu'il ne pooient esploitier çou qu'il voloient faire et devoient.

Quant li Venissiien virent qu'il estoient à si grant malaise, si furent mout lié. Dont vint li dus as haus barons de l'ost et si lor dist qu'il avoit illuec priès une cité qui mout lor avoit de mal fait et moult grevé, et que s'il se voloient acorder ensanle, et consaus lor portoit qu'il[8] alaissent aveuc aus et aidaissent celle cité à prendre, il lor en quiteroient l'avoir qu'il devoient avoir de l'estoire, et si les menroient là où il les devoient mener. Li haut home disent qu'il en prende-

---

1. A. B : *en spandi*. — 2. G. H : *lor viande*. — 3. A. B. C : *avoient* — 4. D : *ce qu'il devoient*. — 5. A. B. D. G : *passassent*. — 6. G. H. O : *ne porent*. — 7. C. H : *por le froit*. — 8. A. B : *lor aportoit qu'il alassent*. — C : *portoit il alaissent*.

roient volentiers consel et en parleroient as pelerins
de l'ost. Il en parlerent, et prisent consel entr'aus; et
disent qu'il lor esteveroit tel cose faire qu'il ne deve-
roient pas faire[1], ou il s'en retourneroient honteuse-
ment ariere. Là s'acorderent li pelerin, et disent qu'il
feroient le volenté as Venissiiens, et iroient là où il
vaurroient. Quant li Venissiien oïrent ce, si furent
mout lié; et fisent cargier viande, et si les fisent re-
quellir es nés et es vaissiaus. Si alerent à celle cité, si
prisent tiere et l'assegierent. Celle cités a à non
Jasdres[2], en Esclavonie, et si estoit le roi de
Hungherie.

Quant li rois de Hongherie oï dire que li pelerin,
qui Outremer aloient, avoient se cité assegie, et gas-
toient se tiere, si fu mout dolans. Si manda as barons
de l'ost et as pelerins qu'il ne faisoient mie bien, qui
gastoient se tiere; car aussi bien estoit il croisiés com
il estoient, et pour aler en le tiere d'Outremer; et ne
faisoient mie çou que freres[3] devoient faire[4] à autre; et
que, pour Dieu, se levaissent del siege; et s'il voloient
del sien, il lor en donroit à grant plenté; et si iroit
aveuc aus en le tiere d'Outremer. Il li manderent
ariere qu'il ne s'en pooient partir, car il avoient juré
l'aïue[5] des Venessiiens, si lor aideroient. Lors manda
li rois de Hongerie à l'apostole que, pour Dieu, eust
merci de lui, car li pelerin qui Outremer aloient es-
toient en se tiere si le gastoient et essilloient; et si ne
lor avoit riens meffait, il l'amenderoit à lor volenté.

1. J : *et virent bien qu'il lor convendroit tel chose faire qu'il ne deussent pas faire.* — O : *qu'il lor estavoit tel chose à faire qu'il ne devoient pas faire.* — 2. A. B : *Jadres.* — G : *Gadres.* — 3. A. B.— C : *faire.*— 4. A. B.— C : *frere.*— 5. A. B : *avoient l'aide.*

Quant li apostoles oï ces noveles, si ne fu mie liés. Si envoia .I. cardonal pour eaus amonester qu'il ississent hors de le tiere le roi, et s'il n'en issoient, qu'il les escumeniast. Li cardonaus i ala, et lor[1] amonesta; mais il ne valrent riens faire, ains prisent le cité. Lors les escumenia li cardonnaus de par l'apostole. Quant escumeniié furent, si s'asanlerent et parlerent ensanle et envoierent à l'apostole et crierent merci. Et se li fisent asavoir l'occoison pour coi il estoient alé, et que, pour Diu, eust merchi d'eaus. Cest mesage fist Robiers de Bove[2]. Et li cardonals s'en retourna ariere, quant il les ot escumeniiés.

Quant Robiers de Bove ot fait son mesage à l'apostoile, de par les pelerins, il ne retourna mie à aus pour renonchier le message; ains s'en ala en Puille, pour passer en le tiere de Jherusalem. Et passa et arriva à Acre. Engerrans[3] de Bove, ses freres, ne vaut mie demorer en l'escumeniement; ains s'en ala al roi de Hongerie, et fu entour lui grant piece. Li quens Simons de Monfort et Guis, ses freres, ne vaurrent mie demourer en l'escumeniement de Jasdres; ains s'en alerent al port[4] et passerent quant tans fu. Si passerent aveuc [els[5]] .II. abés de l'ordene de Cystiaus : li abés de Vaus[6] et li abés de Cierkenciel[7], et Estievene dou Perce, et Renaus[8] de Montmiral, et autre chevalier assés, que je ne sai mie nomer. Et

---

1. A. B : *les*. — 2. D : *Robert de Boves*. — 3. A. B. H : *Et Morans*. — J : *Enjorans*. — G : *Enguerran*. — 4. A. B : *à .I. port*. — 5. D. — 6. A. B : *des Vaus*. — H : *de Vals*. L'abbé des Vaux de Cernay, près Paris. — 7. O : *Cherkencel*. — G : *Sarquanciau*. — H : *Serquancel*. Cercanceau, au diocèse de Sens. — 8. A. B : *Renars*. — G. H : *Renaut*.

passerent en le tiere d'Outremer. Li conte et li autre remessent à Jasdres, quant il l'orent prise. [Et furent là tot iver[1]]

Or vous lairons à parler des pelerins qui vinrent à Jasdres; si vous dirons de Jehan de Niele et des Flamens qui entrerent en mer au derrain[2]. Il s'en alerent par les destrois de Marroht, et prisent cité sour Sarrasins et fisent grant gaaing. Quant il orent celle cité prise, il ne vaurent mie là demourer; ains le [donerent as freres de l'Espée, qui la] garnirent [et la tindrent[4]]; et s'en alerent[5] yverner à Marseille.

Il avoit aveuc ces Flamens[6] .I. chevalier qui parens estoit l'empereur Bauduin. Cil s'acointa d'une dame qui à Marselle estoit, qui fille estoit l'empereur de Cypre[7], que li rois d'Engletiere avoit prise, quant il ot pris l'ille de Cypre; et le manda[8] en son païs. Et quant il fu mors, si le delivra; et [ele[9]] s'en raloit en son païs ariere. En ce que elle s'en raloit et elle fu à Marseille, li quens de Saint Gille le prist et espousa. Et quant il l'ot tenue tant com il vaut, il le mist hors de se tiere; et il esposa le sereur le roi d'Arragone. Et là le trova cil chevaliers que je vous di, et fist tant qu'il l'esposa. Et cuida bien, à l'aïue le conte de Flandres, qui ses parens estoit, et des Flamens, qu'il reust l'ille de Cypre qui fu sen pere[10].

1. A. B.— 2. F.— A. B: *au demain.*— C. E. J. O: *en mer au dan.*— D : *au dam en mer.*— G : *adonc en mer.*— H. I: *en mer l'endemain que li autre murent.* — M : « ultimus ex baronibus. » Col. 819. Voy. ci-dessus, pag. 340. not. 6. — 3. A. B. — 4. A. B. — G. J : *et la tiennent encore.* — 5. D : *quant il l'orent garnie.* — 6. Mal dans H : *avec ces d'Amiens.* Pag. 256. — 7. Voy. notre *Hist. de Chypre,* t. I, p. 156-159.— 8. A. B : *et l'enmena.*— 9. D. — 10. O : *qui fu le pere le dame.*

Quant ce vint qu'il fu tans de passer, Jehans de Niele et li autre pelerin qui yverné avoient à Marseille et à autres pors passerent, quant il porent, et ariverent en le tiere d'Oltremer. Quant arivé furent delà, li chevaliers qui le fille l'empereur de Cypre avoit à feme prist de ses amis et des Flamens, quant il furent arivé, et alerent devant le roi Haymeri, se li requist qu'il li rendist l'ille de Cypre; qu'il avoit le fille l'empereur [à fame¹] cui elle fu et cui elle devoit iestre.

Quant li rois Haymeris oï ceste requeste, si le tint pour musart; et se li commanda qu'il vuidast se tiere, sor cors² à escillier, et s'il ne le faisoit, il l'escilleroit. Li chevaliers n'ot mie consel qu'il demorast, ains vuida le tiere et s'en ala en le tiere le roi d'Ermenie.

A cel passage que li Flament passerent, passa grant gent et ariverent en le tiere d'Outremer. Mais il n'i fisent oevre, car il i avoit³ trives en le tiere. Ains s'en ala une partie à Triple⁴ et une partie en Antioce, au prince, qui guerre avoit au roi d'Ermenie. Jehans de Niele ala au signeur d'Ermenie⁵, à .I. siege qui fu devant Antioce; et furent veus ses⁶ banieres sour les murs d'Antioce, si comme aucunes gens disent. Dont il en ot grant blasme en le tiere d'Outremer; car si preudom⁷ com il est ne deust mie estre en l'aïue le roi d'Ermenie encontre le prince d'Antioce. Et si vous di bien por voir que cil qui alerent en Ermenie et en

---

1. D. — 2. G. H : *sor le cors.* — J : *si chier com il avoit son cors.* — O : *sor son cors.* — 3. A. B. — C : *il avoient.* — 4. D : *en Hermenie.* — 5. A. B : *ala sejorner an Hermenie et fu avec le roi d'Ermenie.* — 6. A. B. D. G. — C : *les.* — 7. A. B : *grant home.*

Andioce n'alerent mie si folement com li autre fisent[1], qui furent pris[2] ; ains orent sauf conduit à l'aler.

Or vous lairons à[3] parler des Crestiiens qui en le tiere d'Outremer estoient, tant que tans et eure en sera. Si vous dirons d'un amiral qui en le tiere d'Egypte estoit, et avoit castiaus en le tiere de Saiete. Il fist armer galyes, et si les mist en mer, et les envoia gaaingnier, et si estoient trives[4]. Les galyes furent devant l'ille de Cypre et prisent .II. batiaus, et ne prisent mie ens plus de .V. homes ; et plus ne fisent de damage as Crestiiens.

On fist asavoir al roi Haymeri que les galyes les Sarrasins avoient pris des Crestiiens devant Cypre. Quant li rois l'oy, si manda al soudan qu'il li fesist rendre ses homes, c'on li avoit pris en trives devant Cypre. Li soudans manda à l'amiraut qu'il les rendist. Et li amiraus dist qu'il n'en renderoit nul. Toutes voies[5], requist encore li rois ses homes al soutan[6]. Li soudans respondi qu'il ne li pooit faire rendre, que li amiraus n'en voloit riens faire pour luy; et li rois li manda qu'il soufferroit[7] et l'amenderoit, quant il poroit[8].

Or vous dirai que li amirauls fist, qui les homes le roi avoit en prison. Il fist cargier .xx. vaissiaus d'orge et de forment pour garnir ses castiaus qui estoient en le tiere de Saiete, pour paiier les garnisons ; car il se doutoit que li pelerin ki yvernoient à Jasdres, quant il

---

1. A. B : *com cil devant alerent.* — 2. Cf. ci-dessus, pag. 342. — 3. A. B. — 4. A. B : *si les envoia por gaaigner dedenz trives.* — 5. H. J. O : *toutes eures.* — 6. *Devant Cypre. Li soudans*, etc. Le passage manque dans A. B. — 7. A. B : *qu'il s'en souffroit.* — H : *que il forfereit.* — J : *qu'il souffreroit.* — O : *qu'il s'offeroit.* — 8. G : *li rois dist qu'il l'amenderoit quant il porroit.*

seroient arivé à Acre¹, n'assegassent ses castiaus. Pour çou les voloit il garnir. Quant li vaissiel furent cargié et il orent tans, si murent tout ensanle.

Quant il vinrent priès d'Acre, et les gens d'Acre virent qu'il passeroient² outre et qu'il ne tourneroient mie al port, si sorent bien que c'estoient nés à Sarrasins; si coururent as vaissiaus et as nés et as galyes, et entrerent ens; si s'armerent et alerent encontre, si les prisent et amenerent à Acre. Et bien ot dedens ces vaissiaus .II^c. Sarrasins ou plus. Tous chis gaains fu le roi Haimeri, del blé et des vaissiaus. Si prisa on qu'il y ot, que forment que orge, au muy de le tiere³, .xx^m.⁴ muis. Et bien prisa on le gaaing qui à celle voie⁵ fu fais à .LX. mil⁶ besans.

Or vous dirai que li rois fist, quant il ot l'avoir fait descargier et mener à sauveté, et mis les Sarrasins en prison. Par le consel del Temple et de l'Hospital, .I. jour apriès çou et apriès midi⁷, fist les portes d'Acre bien fremer et bien garder, que nus hom n'en peust⁸ issir, ne entrer. Et pour çou le fist qu'il ne voloit mie c'on fesist⁹ savoir as Sarrasins, pour aus garnir, çou qu'il voloit faire. Dont manda as Crestiiens¹⁰ qui à Acre estoient et à ceuls qui cevaus avoient, qu'il lor donassent provendes, et que tantos qu'il oroient les araines¹¹ soner, qu'il s'armassent et montaissent et alaissent apriès lui. Quant cil d'Acre oïrent ceste novele, si

---

1. A. B. D. G. — C : *arivé et ancré.* — 2. A. B : *passoient.... tourneroient.* — 3. J : *au muis d'Acre.* — 4. G : *quinze mil.* — H. J : *vint mile.* — 5. G : *à cele emprainte.* — J : *adonc.* — 6. H : *cinquante mile.* — 7. H : *puis midi.* — 8. G. H. — C : *pooit.* — 9. C : *le fesist.* — 10. A. B : *Donc commanda as chevaliers.* — 11. G : *les nacaires.* — H : *les areignes.*

furent mout lié, car il desiroient mout à aler sor Sarrasins et mout lor targoit[1]. Quant ce vint al vespre, que li ceval orent mengié lor provendes, li rois fist sonner les araines et s'arma et fist armer ses chevaliers. Et murent à l'avesprée[2] et errerent toute nuit; et mout issi de gent à pié aveuc. Li Temples et li Hospitaus i fu; si fist li uns l'avant garde et li autres l'arierre garde, à l'aler et al venir.

Quant ce vint al point du jour et il furent en tiere de Sarrasins, il s'espandirent aval le païs; si aquellirent[3] grans proies et mout i prisent de homes et de femes et d'enfans, et grant gaaing i fisent[4], et amenerent sauvement à Acre, fors tant que li cris leva en le tiere, et que Sarrasin s'asanlerent et alerent apriès et qu'il virent[5] .I. poi l'ariere garde, mais n'i fisent mie damage. On fist asavoir al soudan, qui à Damas estoit, que li rois Haymeris estoit entrés en se tiere, et qu'il avoit pris de ses homes et menée le proie et gastée le tiere. Quant li soudans l'oy, s'en fu mout liés; et dist que biel li estoit et assés y poroit entrer et gaster, quant[6] par lui ne par son consel en seroit destornés. Mais bien gardast cascuns çou qu'il avoit à garder, car ore avoit bien li rois Haimmeris recouvré sa perte, que li amiraus li avoit tolu[7] [de[8]] .v. homes [qu'il avoit perduz[9]].

Quant Jehans de Niele, qui en le tiere d'Ermenie et li chevalier qui aveuc lui estoient[10], oïrent dire que li

---

1. A. B : *tardoit*. — 2. A. B : *à la vesprer*. — 3. A. B : *acuillierent*. — 4. A. B : *i-ffirent*. — 5. C. D. — A. B : *et quirerent*. — O : *et cuiverent*. En marge, d'une main moderne : *consuierent*. — J : *et costoierent*. — H : *et se hurterent*. — 6. A. B : *car*. — 7. A. B : *faite*. — 8. O. — 9. A. B. — 10. J : *et li chevalier qui en Antioche estoient*.

trive estoit route, si s'en partirent et alerent à Acre, où li guerre estoit sor Sarrasins. Et li rois, par pluiseurs fois, entroit en le tiere as Sarrasin, et amenoit proies, et grant gaaing faisoient souvent sor Sarrasins. Une fois ala il en le tiere par deça le flun, et ne trouva riens; et passa outre le flun bien parfont, et aquellirent grans proies, et grans gaains fisent; et revinrent par deça ariere, et passerent le flun et se hierbegierent illuec. Dont on ot en cel jour à Acre mout grant paour d'iaus, et si vous dirai pour coi.

Quant il orent toute le proie aquellie [et il s'en retornoient[1]], il prisent .I. coulon, ains qu'il eussent le flun passé, se li loiierent .I. fil rouge entor le col et se l'envoiierent à Acre. Quant li coulons vint à Acre, si fu pris; si ne trova on nule lettre, fors le fil rouge; dont orent grant paour, et furent mout dolant, car il esperoient que ce fust senefiance de bataille et de sanc espandre. Quant li rois ot passé le flun par deça, il fist escrire unes lettres et loiier à .I. autre coulon; si les envoia à Acre, et si lor fist asavoir qu'il estoient tout sain et tout sauf et qu'il estoient illuec herbegié. Et si lor fist asavoir comment il avoient le flun passé et comment il l'avoient fait, et qu'il ne fuissent point à malaise d'eaus. L'endemain s'en retourna li rois sauvement, à tout sen gaaing.

Or vous dirai que li fieus le soudan fist, qui avoit à non ly Coredix. Fel estoit et de put' aire et mout haoit Crestiens. Quant il vit que li rois Haimmeris gastoit le tiere, et que ses peres n'en prendoit nul conseil, si fu mout dolans. Si amassa grant gent, et ala herbegier à

1. A. B.

.v. liues d'Acre, à unes fontaines c'on apele les Fontaines de Saforie¹; et faisoit courre un u .ii. de ses sergans le jour devant Acre. Quant li rois sot que li Sarrasin estoient si priès herbegié d'Acre, si fist ses tentes tendre dehors Acre; si y ala mangier² et boire et dormir et gesir; et fist tous les chevaliers d'Acre logier dehors Acre, aveuc lui. Et bien avenoit souvent que quant on mengoit en l'ost qui dehors Acre estoit, que li coureur Sarrasin venoient si priès des herberges que bien i pooient traire.

Or avint .i. jour que li Cordeis mut et toutes ses gens, et vint à une liue près d'Acre, à .i. castiel c'on apiele Doc³. Quant li rois sot que li Coredix estoit venus si près de lui, il s'arma et fist armer tous ses chevaliers et ses serjans, qui armes pooient porter, à pié et à ceval; et alerent encontre les Sarrasins, et fissent ordener lor batailles. Et furent si près des Sarrasins que li un traioient as autres. Là ot li rois mout de requestes de poindre, des batailles qui estoient aveuc lui, et mout l'en proiierent durement, qu'il les laissast poindre. Et li rois lor proia qu'il souffrissent⁴ tant que li lius en seroit⁵, car il avoit envoiiés ses descouvreurs pour descouvrir le païs; qu'il se dotoit que Sarrasin n'eussent fait enbuissement, et que s'il se combatoient, que Sarrasin ne se mesissent entr' als et le cité. Et griés cose fust, s'il i eust enbussement, de repaiirier⁶ ariere à le cité.

Là furent dès none desci al⁷ vespre, que li nuis les

1. A. B : *Safroie.*— J : *Saphorie.*— 2. A. B : *manoir.*— 3. A. B : *Dolz.* — C. G. H. J. O : *Doc.* — D : *Dot.* — 4. H : *que il se soffrissent.*— 5. A. B : *que leus en seroit.*— 6. A. B : *de recovrer.* — 7. A. B : *très nonne jusqu'au.*

departi, c'onques ne fourfist[1] li uns sour l'autre, fors seulement .II. chevaliers qui issirent hors de lor batailles et coururent sour .II. Sarrasins si les abatirent, et les gens les ocisent. Li uns des chevaliers qui poinst sour les Sarrasins fu d'Orlenois[2], et avoit à non Guillaumes Pruneles[3]. Et li autres estoit de Calabre[4], et avoit à non Guillaume de l'Amandelier[5].

Quant li descouvreur[6] le roi furent venu, et il fisent asavoir qu'il n'avoient nului veu, ne qu'il n'i avoit point d'enbuissement, il[7] manda as chevaliers qui li avoient prié de poindre qu'il poinsissent, et qu'il lor donoit congié de poindre. Je vous di bien pour voir qu'il n'i ot si hardie bataille qui poinsist, ne qui poindre vausist, tant lor seust li rois proiier ne mander[8]; ains furent tout coi dessi qu'à la nuit, que li Sarrasin s'en retournerent. Quant li Crestiien virent que li Sarrasin s'en tornoient, si s'en revinrent ariere à Acre sans plus faire. Bien prisa on à mil chevaliers crestiiens ciaus qui là furent. Il s'en retornerent ariere à Acre, et se aisierent al miex qu'il porent. Et quant se vint l'endemain, si en acouça[9] mout de malades, et l'autre demain [encore[10]] plus. Tant en i ot de malades et de mors c'onques puis li rois por besoigne qu'il eust ne pot amasser[11] .V.ᶜ chevaliers.

Li rois fist armer galies et vaissiaus, et les envoia en

1. O : *c'onques ne poinst.* — D : *ne forfirent.* — 2. D : *de Loonois.* — G. O : *d'Orliens.* — J : *d'Orlenois.* — H : *d'Olenois.* — 3. D : *Guillaume Prunelles.* — G : *Guillaume Prunel.* — 4. A. B : *Chalabre.* — 5. J : *de l'Amandelée.* Famille fixée en Orient. — 6. A. B : *discorreor.* — J : *descoureor.* — G : *descouvreor.* — H : *li coreor.* — 7. A. B : *li rois.* — 8. G : *tant les ens eust (en seust) le roi prier.* — 9. G. H. J. O : *acoucha.* — 10. D. — 11. J : *assembler.* — H : *ajoster.*

le tiere de Damiete, à grant gent. Et entrerent en le tiere de Damiete et si i fisent grant gaaing, et s'en repairierent[1] ariere sauvement. Grant gaaing fist li rois Haimmeris, par mer et par tiere, sor Sarrasins, pour l'oquison de ses .v. homes, que Sarrasin avoient pris en trives.

Quant ce vint al passage de septembre, li plus des chevaliers loerent lors nés et repasserent[2] ariere. Et Jehans de Niele, et Robiers de Bove, et li quens Simons de Montfort, et Guis ses freres demorerent en le tiere. Cil Guis prist à feme le dame de Saiete[3]. Quant li rois Haimmeris vit que li chevalier s'en venoient et que li tiere demoroit vuide, si fist trives as Sarrasins.

Or vous lairons à parler de le tiere d'Outremer dessi que poins et eure en sera. Si vous dirons des[4] conte et des pelerins qui yvernoient à Jasdres, et del fil l'empereur Krysac, qui les iex ot crevés, que l'emperéis ot envoié en Hongerie, à garendise, à sen[5] frere le roy, que cil qui les iex ot fait crever à sen pere[6] ne le tuast. Li enfes fu grans vallés; se li consella on qu'il alast à Jasdres, et que il fesist tant vers les pelerins et les Venissiiens qui là estoient, et par prometre et par doner, qu'il alaissent aveuc luy en Coustantinoble ; et qu'il li aidaissent à ravoir se tiere dont il estoit desiretés. Et il i ala, si lor pria mout, pour Dieu, qu'il li aidaissent à ravoir [se terre[7]], et il lor donroit quanques

---

1. A. B : *repartierent*. — 2. A. B. — C : *passerent*.

3. Cette dame de Sidon est Héloïse d'Ibelin, fille de Jean Ier d'Ibelin, le vieux sire de Beyrouth, veuve alors de Renaud de Sidon. Pipino, très-sommaire ici, n'a rien reproduit de ces faits, ni dans M. ni dans N.

4. A. B. — C : *del*. — 5. A. B : *à garantisse de son*. — 6. D. G. H. — A. B. C : *frere*. — 7. O.

onques il deviscroient. Li Venissiien disent qu'il s'en conselleroient. Il parlerent ensanle, et consaus lor porta qu'il i alaissent, s'il faisoit lor gré. Dont vinrent à lui et[1] se li disent qu'il estoient consellié, et s'il voloit faire lor gré, il iroient. Et il lor dist qu'il desissent, il feroit[2].

Là atirerent[3] que li quens de Flandres aroit .c. .m. mars[4]; li dus de Venisse .c. m. mars; li marcis .c. .m. mars; et li quens de S. Pol .l. mil mars. Cil avoirs lor fu creantés à doner pour eaus et pour les chevaliers de lor tieres. Et si creanta qu'il renderoit à cascun pelerin povre et rice tout çou qu'il avoit[5] paié à l'estoire; et si luierroit[6] l'estoire .ii. ans avant[7] çou qu'il l'avoient à tenir[8]; et si luierroit[9] .v^c. chevaliers .ii. ans, et viande à toute l'estoire .ii. ans.

Ensi le jura li enfes à tenir, s'il pooient tant faire qu'il fust en Coustantinoble et qu'il reust le tiere. Et il li creanterent qu'il ne li faurroient, ains li aideroient, à l'aïue de Diu, tant qu'il seroit empereres et qu'il raveroit le tiere de Coustantinoble.

Quant ensi fu creanté d'une part et d'autre, li vallés s'en ala en Hongerie prendre congié à son oncle, et pour lui atirer pour aler aveuc les pelerins. Li Venissiien fisent les nés atirer et les galyes, et fisent cargier les viandes et recuellirent les pelerins. Et quant tans fu, si murent de Jasdres, et si s'en alerent en l'ille c'on

---

1. A. B. — 2. A. B : *il lor feroit*. — 3. A. B.— O : *atirent.*— 4. A. B : *por lui et pour les chevaliers de sa terre.* — N. col. 616. — 5. H : *auroit*. — 6. H J : *loeroit*.— 7. A. B. — C : *avoec.* — H : *avec.* — D : *devant*. — 8. H : *avec ce qui il avoient à tenir, se il poeent tant faire que il reust sa terre.*— 9. G. J : *querroit*. Cette phrase manque dans H.

apiele l'ille de Corfot¹. Celle ille si est entre Duras et Puille; là atendirent le vallet tant qu'il vint à aus. Et quant il fu venus, si murent d'illuec et alerent en Coustantinoble. Or orent bien oï² le proiere et le requeste que li soudans d'Egypte lor fist, qu'il destournassent les pelerins à mener en Alixandre³, dont je vous parlai chi devant.

Quant li empereres Alix de Coustantinoble oï dire que ses niés amenoit si grant estoire sour lui, si ne fu mie liés. Ains manda tous les haus barons de le tiere et fist asavoir qu'ensi faitement amenoit ses niés grant gent sour lui, et qu'il fuissent apparellié de lor armes pour aus deffendre. Et il li creanterent qu'il li aideroient, comme lor droit seignour. Quant il sorent que li Crestiien⁴ approçoient de Coustantinoble, si fisent une caine lever qui estoit à l'entrée del port pour çou que les nés n'entraissent dedens le port.

Or vous dirai combien celle kaine estoit longe. Elle avoit bien plus de .III. traities de lonc d'arc⁵, et si estoit bien aussi grosse comme li bras d'un home. Li uns des ciés⁶ estoit à une des tours de Coustantinoble, li autres si estoit à une ville d'autre part c'on apiele Peire⁷. Là manoient li Juis de Coustantinoble. Au cief de celle rue⁸ avoit une tour, là où li ciés de le caine estoit qui de Coustantinoble venoit; celle tours estoit

---

1. A. B : *Corfort*. — D : *Comfort*. — 2. A. B. D. G. — H : *fait*. — 3. G : *qu'il destournassent les pelerins qu'il n'alassent en Alixandre*. — H : *que il destornassent les pelerins d'aler en la terre de Surie.*— J : *qu'il destorbassent les pelerins de passer en Egypte*. Voy. ci-dessus, pag. 345. — 4. A. B. D : *li pelerin*. — G : *li Venitiens*. — 5. J : *trois archies*. — 6. A. B : *cex*. — J : *chiés*. — G : *chevaliers*. — H : *chés*.— 7. A. B. D : *Perre*.— G : *Parte*. — H : *Pere*. — 8. A. B. G : *ville*.

mout bien garnie, pour çou qu'il savoit bien que li Crestiien[1] prenderoient tiere celle part. Et en tel maniere l'avoient garnie pour le caine garder. Or vous dirai comment celle tours avoit non. [Ele avoit à non[2]] li Tors de Galatas. Là fist Sains Pos une partie des epystles[3]. Ore errerent tant li pelerin françois qu'il vinrent, [un joesdi[4]], devant Costantinoble. Mais ne porent entrer dedens le port; ains ariverent d'autre part desus le Juerie[5], près d'un liu c'on apele le Rouge Abbéie. Là ariverent li François et prisent tiere[6], mais n'i ot mie grant contredit de ceuls de Coustantinoble. Dont il avint que cil de le ville, quant il virent les François, vinrent à l'empereur, se li disent : « Sire, c'or[7] » issons hors! Si lor deffendons tiere à prendre. » Li empereres dist que non feroit, ains les lairoit on ariver; et quant il seroient herbegié, il feroit issir toutes les putains de Costantinoble, si les feroit monter dessus une montaigne qui estoit celle part où il estoient herbegié, et si les feroit tant pissier qu'il seroient tou noié en lor escloi[8]; car de si vil mort les feroit il morir[9]. Je nel vous di mie pour voir, mais ensi le disent aucunes gens, qu'ensi l'avoit dit li empereres par orguel.

---

1. D : *li pelerin*. — 2. D. O. — 3. Les Continuateurs répètent presque tous cette erreur. Elle n'est pas dans Pipino. Cf. M. col. 820; N. col. 615. — 4. A. B. — G. J. O : *un samedi*. — H : *un samedi, à XV. jorz de mars*. — Cf. Villehardouin, éd. P. Paris, pag. 39; Robert de Clary, pag. 34. — 5. A. B : *desus la marine*. — D : *deseur la rive*. — H. O : *la Juerie*. — J : *la Juderie*. — G : *desus la guirice*.— 6. Le débarquement de l'armée eut lieu, suivant Villehardouin (p. 39), la veille de la saint Jean, au mois de juin, c'est-à-dire le *lundi* 23 juin. — 7. A. B : *car*. — G : *ores*. — 8. A. B : *escler*. — O : *escloi*. — J : *pissace*. — H : *esclat*. — 9. A. B : *les devoit on faire morir*.

Quant ce vint l'endemain, que nos gens vinrent à rive d'autre part[1] Costantinoble, si alerent assaillir à le tour de Galatas. Et se n'i ot mie trop grant assaut, si le prisent et bouterent le fu en le ville as Juis[2]; et si desconfirent les Griffons, qui estoient venu de Coustantinoble pour le tour rescourre. Et mout en i ot de noiés, quant on depeça le caine, qui sus estoient monté, pour fuir en Coustantinoble à garison, car tantost com li Crestien orent prise le tour depecierent il le chaine.

Quant li pelerin orent le port delivre[3] pour entrer ens, si fisent les nés entrer el port et aler tot outre dusque au cief, devant .i. castiel qui est al cief de Coustantinoble, par devers le tiere, qui a à non Blakerne[4]. Là estoit li .i. des manoirs l'empereur, et là estoit il le plus [souvent[5]]. Là ancrerent les nés, priès del castel. Et li chevalier et li pelerin se logierent, et assegierent de cele part Costantinoble, et fisent lices devant aus pour çou que cil de le ville n'ississent hors pour aus grever[6]. Il furent herbegié en une valée priès de lor nés, et il avoit dericre aus, en le montaigne, une abbéie qui avoit à non Buiemons[7], qu'il avoient garnie. Quant il orent illuec esté une piece, si atirerent lor batailles, que s'il avenoit cose que cil dedens ississent hors pour conbatre à aus, que cascuns alast à se bataille.

Ne demora gaires apriès ce que cil de Costantinoble vinrent à l'empereur, si li disent : « Sire, se vous ne

1. A. B. D : *furent arivé d'autre part de*. — 2. A. B : *en celle ville as Juis*.— J : *en la ville des Juis*. — N : « ubi dicitur Turris » Galathas Judæorum mansio. » Col. 617. — 3. A. B. H. J. O: *à delivre*. — 4. A. B : *Blasquerne*. — G : *Blaquerre*. — 5. J. O. — 6. J: *por ce que cil de la vile, c'il eississent hors, ne lor peussent grever*. — 7. A. B : *Huiemons*. — G : *Biaumont*. — I : *Buiamonz*. — J : *Buimont*. — H : *Brilamon*. Pag. 267.

» nos delivrés de ces ciens qui nos ont assegiés[1], nous
» lor renderons le cité. » — Et il dist qu'il les [en[2]]
deliverroit bien. Si manda ses chevaliers, si lor dist
qu'il s'armaissent et s'iroient conbatre as Latins.
Quant il furent armé, si issirent hors de Costantinoble
par une porte c'on apiele Porte Romaine, à une liue
priès de là où li Latin estoient herbegié. Quant li em-
pereres fu hors de Costantinoble et il et ses gens tot
armé, si envoia jusque à .v. batailles vers les harbeges
des Franchois[3].

Quant li François[4] oïrent dire que cil de le cité
issoient hors por venir sor aus, si s'armerent et
issirent hors des lices, et se tinrent tout coi. Et li
Griffon refurent coi, d'autre part. Li Venissiien qui
estoient as nés, sans ce qu'il [le[5]] fesissent savoir as
François, quant il sorent que li empereres et ses gens
estoient hors de Costantinoble, et li François estoient
hors des lices tout armé et atendoient le bataille, il ne
s'obliierent mie. Ains s'armerent et entrerent es
batiaus, et porterent eskieles aveuc aus et vinrent as
murs de le cité par dessus Blakerne, et drecierent
eskieles et entrerent en le cité, et ouvrirent les portes
de le cité par devers le mer, et bouterent le fu en le
cité. Apriès si manderent as François, se il avoient

1. A. B : *se tu ne nos... qui nos ont avironés.* — 2. D.
3. Dans A. B. I. O., le paragraphe se termine autrement que
dans C., et il est suivi d'une phrase qui manque dans ce dernier
ms. : *Si envoia desi à .V. batailles vers les herberges des Latins.
Por ce les nomme je Latins, qu'en la terre apele on les Franczois
Latins.* Cette légère modification de Bernard le Trésorier à la ré-
daction d'Ernoul est passée dans plusieurs Continuateurs. H. pag.
268.
4. A. B. G. H. I. O : *li Latin.* — 5. E. G. H. J.

mestier [de sergans, ne¹] de chevaliers, qu'il lor [en²] envoieroient, que il estoient dedens le cité et l'avoient prise. Quant li empereres vit que li cités ardoit et que li Venissiien l'avoient prise, si se mist à le voie et s'enfui,³ et li chevalier qui là estoient aveuc lui⁴. Et li François se herbegierent dedens le cité, et si misent celui en possession qui les iex avoit crevés.

Mais ne vesqui gaires apriès, ains fu mors⁵, et li François coronerent le varlet qui ses fieus avoit esté⁶, et qui menés les avoit en Costantinoble. Apriès si esgarderent .i. haut home de le tiere qui preudom lor sanloit⁷, si le fisent bailliu de le tiere et de l'enfant, pour çou qu'il estoit jouenes, et pour çou qu'il [lor⁸] pourcaçast [et feist paier⁹] les couvenences teles que li enfes les avoit promises.

Quant ensi l'orent atiré, si vint cil, si lor dist : « Segnour, vous estes céens¹⁰ aveuc nous; si m'avés
» esgardé à estre regars de l'empire et de l'empereour.
» Il m'est avis, se vous le loés entre vous [et vécz que
» bien fust¹¹] à faire, pour ce que mellée ne levast
» entre nous et vous, que vous [isessiez de la cité et¹²]
» alissiés herbegier de là en Peire, à le tour de Galatas¹³, où li Juis manoient devant qu'il fussent ars. Et
» je vous envoierai de le viande assés, et querroie et
» pourcaceroie que vous ariés les couvenances teles
» c'on les vous doit. »

1. O. — 2. O. — 3. D. — C : *enfui*. — A. B : *s'en ala*. — 4. O : *en le terre as Sarrasins*. — 5. Isaac l'Ange mourut en janvier 1204. — 6. Alexis IV, ou Alexis le Jeune. — 7. Alexis Ducas, surnommé Murzuphle, le *Morcoffles* des Français. — N : « Morculphus. » Col. 617. — 8. D. O. — C : *qu'il*. — 9. J. — 10. A. B : *zaiens*. — O : *caiens*. — H : *çà enz*. — 11. A. B. — 12. A. B. — 13. J : *en Parte, par devers la tor*.

Lors parlerent li François ensanle as Venissiiens et bien s'i acorderent, et s'alerent logier à le tor[1] de Galatas. Cil baillius que je vos di avoit non Morcoffles[2]. Quant li François furent logié, et lor navie fu priès d'aus, si manda Morcoffles as Venissiiens qu'il seussent es escris combien li pelerin avoient doné as nés, et li fesist on savoir.[3]

Li Venissiien i prisent garde et li fisent savoir. Et Morcoffles, quant il sot le nombre, il fist prendre l'avoir, et lor fist envoiier l'avoir en l'ost, et rendre cascun çou ç'on avoit trouvé en escript. Apriès si lor envoia fourment et vin et car salée, à cascun selonc çou qu'il estoit. Ne demora gaires apriès ce qu'il ot ensi fait, qu'il leva grant mellée en Costantinoble des Griffons et des François[4] qui i manoient[5] devant ce que li estoire i alast. Dont li Griffon orent grant paour que cil [de[6]] dehors ne s'en mellassent. Si bouterent le fu es maisons as François. Par tés couvens[7] i fu boutés[8] c'onques ne fina d'ardoir .ix. jors et .ix. nuis, au travers de le cité, de l'une mer à l'autre.

1. A. B : *après la tor.* — H. O : *en la tor.*— J : *delez.* — 2. A. B. D. H. J. O : *Morcoufles, Morchofles, Marcofles.* — 3. G : *savoir combien estoit li nombre de l'avoir.*— 4. A. B. G : *des Latins,* ici et plus bas. — 5. A. B. G. — C : *qui manoient.* — 6. O. — H : *cil de l'ost.* — C : *cil dehors.* — 7. A. B : *convent.* — O : *covent.* — H : *par tel hore.* — 8. J : *Li feus se prist si fort.*

CHAPITRE XXXIII.[1]

Coment l'emperere de Costantinople fu mordriz en sa chambre.

SOMMAIRE.

ÉVÉNEMENTS DE CONSTANTINOPLE.
1204. L'empereur Alexis le Jeune est étranglé par un émissaire de Murtzuphle. Murtzuphle se fait couronner à Sainte-Sophie. Il fait emprisonner et mettre à mort Nicolas Canabe. Son mauvais vouloir à l'égard des Francs, campés hors de la ville. — 12 Avril. Nouvel assaut livré à Constantinople par les Français et les Vénitiens. Prise de la ville. Mort de Murtzuphle. De la Tour dite le *Saut de Murtzuphle*. Du traité et des conventions qui avaient été arrêtés entre les Français et les Vénitiens, avant l'assaut, pour le partage de la ville et de l'Empire. Plaintes contre les Vénitiens. — 16 mai. Baudouin de Flandre est couronné empereur de Constantinople. Partage des terres de l'Empire. L'empereur investit Boniface de Montferrat du royaume de Thessalonique. Expéditions d'Henri d'Anjou et des Francs en Asie-Mineure. — 1204-1205. L'empereur engage les chevaliers et les bourgeois de Terre-Sainte à venir s'établir dans le royaume de Constantinople. Sa parcimonie à leur égard. — 1205. Les habitants d'Andrinople, tyrannisés par les Vénitiens, se soulèvent. Ils appellent à leur aide Joannice, roi de Valachie. — Février. Les Vénitiens abandonnent la ville. — Mars. L'empereur Baudouin part pour assiéger Andrinople. Il rappelle Henri d'Anjou d'Asie-Mineure. Les habitants d'Andrinople offrent de le

---

1. Cf. G. pag. 298-334. — H. chap. 17 du livre XXVIIIe, chap. 19 et dernier du livre XXIX, pag. 270-295. — M. néant. — N. col. 617-623.

reconnaître pour seigneur, mais refusent de lui ouvrir la ville, dans la crainte qu'il ne la rende aux Vénitiens. — Avril. Siége d'Andrinople. Les Valaques et les Comans attaquent les retranchements des Francs. Le comte Louis de Blois s'avance à leur poursuite et périt dans une embuscade. L'empereur allant au secours du comte de Blois, tombe dans l'embuscade et est fait prisonnier. Dandolo et Villehardouin lèvent le siége d'Andrinople et se replient sur Rodosto. Arrivée de Baudouin de Beauvoir et de ses compagnons. — 1205. Les Valaques se portent au-devant d'Henri d'Anjou qui avait passé le Bosphore avec 30,000 familles arméniennes. Henri est obligé d'abandonner les Arméniens. Il arrive à Rodosto. Les Arméniens sont massacrés par les Valaques. Conon de Béthune et le cardinal légat se mettent en rapport avec l'armée de Rodosto, qui parvient à rentrer à Constantinople. — 1205-1206. Henri d'Anjou est nommé régent de l'Empire. Il fait rechercher son frère. — 1206, 20 août. Henri est couronné empereur. — La ville d'Andrinople fait sa soumission à la condition de n'appartenir ni aux Vénitiens ni aux Français. L'empereur la donne à Livernas (Théodore Branas), qui avait épousé l'impératrice Agnès de France. — 1210-1216. Circonstances diverses. Paix avec les Valaques. Henri épouse la fille de Joannice. Il meurt. — 1217-1218. Pierre de Courtenai, élu empereur, est couronné à Rome avec sa femme, Yolande de Flandre, sœur des empereurs Henri et Baudouin. Ils arrivent à Durazzo en se rendant à Constantinople. Yolande continue son voyage par mer et arrive à Constantinople. Pierre voyage par terre. Trahison du seigneur de Durazzo, Théodore Comnène, prince d'Epire. Il retient l'empereur, qui meurt dans la prison. — 1219. Mort de l'impératrice Yolande. Philippe, comte de Namur, refuse la couronne de Constantinople. — 1221. Son frère cadet Robert est couronné à Sainte-Sophie. — 1227-1228. L'empereur Robert épouse clandestinement la fille d'un chevalier d'Artois nommé Baudouin de Neuville. Mécontentement des chevaliers. Ils font défigurer l'impératrice et font noyer sa mère. L'empereur indigné se retire à Rome. Il meurt en Morée.

Or vous dirai [d'une grant felenie[1]] que Morcoffles fist après çou, [et[2]] de quoi il se pourpensa. Il fist entrer à Blakerne en le cambre où li empereres se dormoit une nuit [un sergent[3]], si le fist estranler[4]. Or fu bien averés[5] li songes que cil empereres songa une nuit. Il avoit .I. porc sauvage de coivre

1. H. — 2. A. B. — 3. H. — 4. Alexis le Jeune périt le 8 février 1204. — 5. A. B : *averis*. — N : « adimpletum somnium », col. 617.

contrefait¹, à Bouke de Lion, le manoir l'empereur qui estoit sour le mer. Si sonja une nuit que cis pors l'estranloit. Et quant ce vint l'endemain, pour le paour qu'il avoit le nuit eue, si le fist depechier piece à piece, mais ne li valut riens, car toutes voies fu il estranlés. Quant li empereres fu mors, si le fist on savoir Marcoffle, ja fuisse qu'il le seust bien. Et Marcoffles ala à Blakerne, si le fist enfouir, [et faire si haut servise com il aferoit à empereor²].

Quant li empereres fu enfoïs, il manda les chevaliers de le cité, et ala à Sainte Soufie et porta corone et fu empereres³. Mais devant çou qu'il fust coronés, fist bien garder les portes, que nus hom n'en peust issir ne entrer, et c'on ne seust le mort de l'empereur en l'ost [aus François⁴], ne le couvine de le cité. Il ot .I. haut home en le cité⁵ qui parens avoit esté⁶ à l'empereur, se li fu avis qu'il deust miex estre empereres que Morcofles. Si espia .I. jour que Morcofles estoit à Blakerne, si prit çou qu'il pot avoir de gent, si ala à Sainte Sofie, si s'asist en le caiiere⁷, si porta corone. Quant Morcofles l'oï dire, si ala là et il⁸ et si home, si l'ocist.

Quant li François et li Venissiiens virent c'on avoit les portes fermées, que nus hom n'i pooit entrer ne issir, et que viande ne lor peut venir, si s'esmervellierent mout, et envoierent pour savoir à l'empereur que c'estoit⁹. Mais on ne les laissa mie¹⁰ entrer ens, ains dist on que li empereres estoit malades. [Cele chose¹¹] ne

1. N : « ex materia cuprea. » — 2. H. — 3. Cf. H. pag. 271. not. 6. — 4. D. — 5. Nicolas Canabe. Cf. H. pag. 271. not. — 6. C : *avoi sté.* — 7. A. B : *chaiere.* — G : *chaere.* — 8. A. B. — 9. G : *s'esmerveillerent mult où l'empereor estoit alé.* — 10. J : *l'en ne laissa lor message.* — 11. D.

pot mie estre longement celé, ains sorent comment li enfes avoit esté mors, et que Morcoffles estoit empereres. Ne demora gaires apriès ce que Morcofles commença les François à gerroiier et le viande à destraindre¹. Et si vous dirai qu'il fist .I. jour. Il fist desci à .XIIII. nés emplir d'espines²; et quant il orent vent qui venoit deriere aus et aloit sour l'ost des François, il fisent le fu bouter ens, et li vens les mena viers le navie des François. Mais li Venissiien furent³ si bien garni et si bien se deffendirent de cel fu, c'onques damage n'i orent.

Illueques yvrenerent li François à grant mescief desci que ce vint al Quaresme, que li Venissiien fisent pons des mas de lor nés, et les atirerent par tel engien qu'il montoient sus tout armé; et quant il avaloient, si estoient sor les plus hautes tours de le ville par deviers le mer où il devoient assallir.

Ensi orent tout establi lor afaire à le Paske Florie. Quant ce vint l'endemain [de la Pasque Florie⁴], par

---

1. H : *restreindre*. — 2. G. H. — A. B. C. D. I: *d'esprises*. — O : *de bacons* (batons?) *et de legnes*. — J : *de pois et de busche*. — Sur cet incident (qui n'est pas exactement rappelé dans N. col. 618), voyez H. p. 272. not. — 3. O : *estoient*.

4. O. — D'après notre chronique, conforme sur ce point à Villehardouin, Constantinople aurait donc été reconquise le lendemain du dimanche des Rameaux, c'est-à-dire le lundi 19 avril 1204. Il est certain néanmoins que l'événement avait eu lieu sept jours auparavant, *le lundi de la Passion*, 12 *avril*. Cela résulte de la lettre de l'empereur Baudouin lui-même, écrite après son couronnement à Ste-Sophie, du récit de Nicétas Choniate (Rainaldi, *Annal eccl.* 1204. ℣. 15. not. Mansi, t. XX. p. 178), et de la relation de Robert de Clary, témoin oculaire comme Villehardouin (édit. de M. le Cte Riant, pag. 57-58). Suivant l'auteur de la grande Continuation, la prise de Constantinople serait du mardi 8

matin, si s'armerent et entrerent es nés, et Dame Dex lor dona .I. poi de bon vent qui les mena desci as murs de Costantinoble. Li premiere nés qui vint as murs, ce fu li nés l'evesque de Soissons. Celle si avala tantost sen pont sour une tour; et François et Venissiien en monterent sour le pont, si prisent celle tour. Cil qui premiers y entra fu Venissiiens[1] et fu ocis. Et li autres apriès fu un chevaliers françois, et ot à non Andriu Dureboise[2]. Cil gaaigna .C. mars et li autres apriès .L. mars[3]; qu'ensi[4] fu establi et creanté que cil qui premiers enterroit en le cité aroit cent mars et li autres apriès .L. Tantost que celle tours fu prise, si avalerent et ouvrirent les portes, si entrerent ens que miex miex. Quant li emperere vit que François estoient en le cité, si s'enfui[5]; si fu Costantinoble prise[6].

avril. Voy. II. pag. 273. — Les choses n'allèrent pas du reste aussi vite qu'Ernoul et Bernard le laissent entendre, et l'on peut se rendre compte dans les autres chroniqueurs de l'énergique résistance déployée par Alexis Ducas.

1. Canale ne le nomme pas, et il appelle cette tour : la *Tour du Virgiot*, en raison peut-être de son voisinage du monastère de S. Evergète, comme le conjecture M. Cicogna (édit. Vieusseux, p. 336).

2. E : *Andrix Dureboise.* — J : *Andrés Dure-Bouche.* — G : *Audins Durebouche.* — H : *André Dure Boche.* — O : *Andrius Dureboise.* — Robert de Clary : *Andriex de Dureboise.* — Villehardouin : *Andris d'Urbaise.* (éd. P. Paris.)

3. O ajoute ici : *Ce fu Pieres de Braiecuel*. Le fait est possible, quoiqu'il ne soit rappelé ni par Villehardouin, ni par Robert de Clary, ni par les Continuateurs de Guillaume de Tyr. Ce Pierre de Braiecuel ou Brachuel, gentilhomme picard, fort remarqué en Orient par sa bravoure, devint un des principaux barons de l'empire de Constantinople.

4. O : *Car.* — 5. O : *Si s'enfui; mais puis fu il pris et ramenés à Costentinoble.*

6. H : *Ensi fu prise la noble cité de Costantinople, à VIII. jors*

[Et¹ quant Morcoufles vit que li Latin estoient en la cité, si s'enfui en une haute tornelle an su², por lui repoindre et mucier, s'il peust. Mais .i. crestiens franczois l'en vit fuir et corut après lui, et monta en la tornelle contremont les degrés, l'espée traite, por lui ocirre. Quant Morcoufles vit celui qui venoit après lui si grant aleure, contremont la tornelle, fu³ molt effraés, car il li cria merci. « Certes, malvais traitres, de si bas » come vos estes montés en haut, de si haut vos ferai » je venir au bas. » Et quant il l'aprocha, si entensa grant cop de la spée por lui ferir. Morcoufles vit le coup venir vers lui, si n'ot où guenchir, ainz sailli parmi une fenestre de la tor à terre, qui endroit lui estoit. Si fu toz froez, car il salli de plus haut assez que l'on ne giteroit une piere petite. Icelle tornelle donc Morcoufles salli jus est encore apelée li *Sauz Morcoufles*⁴, por ce que Morcoufles en salli jus. Et quant il en fu sallis, si rua l'on tant de czavates⁵ et de pieres et de roches, q'il ot un grant mont sor lui, ne onques autrement ne fu enfoïz. Einsi fu prise la citez⁶].

d'Avril, par un Mardi, en l'an de l'Incarnation de Nostre Seignor M. CC. I. (millésime erroné). — N : « anno M. CC. IV. »

1. Ce paragraphe paraît être un récit particulier aux mss. A. fol. 100. et B. fol. 98. v°. Il manque dans C. D. E. G. H. I. J. — Le ms. suivi par Pipino le contenait : « Dum Morculphus ipse » fugiens. » N. col. 618.

2. A. et B : *aiuis*, sans doute pour *an su, an son, en som*, au sommet. — H. a un récit tout différent. Pag. 240. — 3. A. B : *si*. — 4. « *Saltus Morculphi*, usque in hodiernum dicitur », répète Pipino au XIVᵉ siècle. N. col. 618. —. 5. N : « Cadaver illius » lapidibus et ruderibus obrutum. »

6. F. et O. donnent la rédaction suivante quelques folios plus loin : *Or vos (di)rai de Morcoufle qui repris fu et ramenés en Costantinoble; et que l'empereres Bauduin fist asambler tos les haus home*

Or vous dirai que li François et li Venissiien atirerent[1] ançois c'on assalist le cité. Il establirent et atirerent que dedens moustier ne prenderoit on riens, et que les avoirs c'on prenderoit en le cité, on les meteroit tous ensanle et partiroit on à droit; car li Venissiien devoient avoir moitiet partout. Car ensi fu il mis en couvent, quant il luierent l'estoire à Corbie[2], que de toute le conqueste[3], fors de le tiere de Jherusalem, en quel tiere que ce fust, devoient il avoir le moitié. Après, quant il orent ce establi, si fist on escumeniier à .III. eveskes qui i estoient, li veskes de Soissons et li vesques de Troies et .I. vesques d'Alemaigne, tous ceuls qui nulle cose destorneroient et qu'il ne porteroient tout çou qu'il troveroient là où on l'establieroit pour partir[4]. Apriès escumenia on tous ceus qui dedens moustier prenderoient nule cose, ne prestre ne moine desreuberoient, de cose qu'il eussent sour aus, ne sor feme meteroient main.

Ensi fu establi et commandé, et li escumeniemens

en Bouke de Lyon : le conte Henri d'Ango, sen frere, et le conte Loys de Blois, et le marquis de Montferras, et le duc de Venisse, et Renaut de Montmirail, et Oedon de Caulistre, et Adan de Walaincort, et Bauduin de Biavoir, et Ghet de Tret (Renier de Trit?), et Will. de Gomigies, et Goifroi tue l'Astie, et Gobert et Jerart, les III. freres d'Estruem et Aloul de Werecin, et Pieron de Braiecuer (Pierre de Braiecuel) et Andriu Dureboise. A tous se consella li empereres de quel mort on feroit Morcoufle morir. Consaus li aporta c'on le feroit monter sor le Piler des Profesies. On l'i mena, et fist on mener tot en son; et de si haut com li pilers estoit, se fist on salir à val. Ensi fina Morcoufle. Et mil an devant çou qu'il salist, fu il prophetisiet et apelé : Saut Marcoufle.

1. A. B : firent. — E : fisent et atirerent. — 2. A. B. C. D. J. O.— G : quant il orent l'estoire accueillie. Voy. ci-dessus, p. 339. — H : rien. — 3. O : aquestes. — 4. A. B : departir.

fais. Devant ce que li François¹ entrassent en Costantinoble ne presissent, estoient il plain de le grasse del Saint Espir, et avoient grant carité en aus; et se .C. Griffon veissent .X. François, si s'enfuissent il. Quant li François orent prise Costantinoble, il avoient l'escu Dame Diu embracié devant aus, et tantos com il furent ens, il le jeterent jus et embracierent l'escu al dyable². Il coururent à Sainte Eglyse et brisierent premierement les abbéies et reuberent. Là fu li couvoitise si grans entr' aus que quanques il devoient porter amont, il portoient aval. Là fu si grans li haine [et la rancune³] entr' als que li chevalier disoient que les povres gens avoient tout, et les povres gens disoient que li chevalier et li prestre avoient tout ravi⁴; dont il fu bien semblans⁵ à le departie. Et cil qui plus emblerent, ce furent li Venissiien, qui le portoient par nuit à lor nés. Dont il avint, quant il orent pris Costantinoble, que li dus de Venisse vaut faire marchié de l'avoir qui estoit en le cité as François : qu'il feroit l'avoir amasser à ses hommes et metre d'une part et les meubles, et si donroit à cascun chevalier .IIII^c. mars et à cascun prestre et à cascun sergant à ceval .II^c. mars, et à cascun home à pié .C. mars. Ensi l'euist il fait et creanté, mais li François ne le vaurrent mie otrier. Dont si avint que l'en embla on tant⁶ devant ce que on partist as Venissiiens et destourna, que de le partie as François n'ot

1. A. B. H: *li Latin.* — 2. N. «scuto humani hostis apprehenso.» Col. 618. — 3. A. B. — 4. A. B : *et li clerc et li prestre ensement tot pris et tot mucié.* — 5. A. B : *aparent.* — O : *si com il parut bien.* — 6. O. — A. B. C : *Ains en embla on tant.* — Cf. N. col. 619.

li chevaliers que .xx. mars, et li prestres et li serjans à cheval .x. mars, et li hom à pié .v. mars. Quant il orent parti l'avoir, si partirent le cité par mi, si que li Venessien en orent le moitié et li François l'autre. Et si escaï li partie as François par devers le mer, et li partie as Venissiiens par devers tiere.

Quant il orent parti l'avoir et le cité, si prisent consel entr' aus de cui il feroient empereur et patriarce. Et atira on que se on faisoit empereur de deçà les mons, cil de delà les mons feroient patriarce; et se cil [de[1]] delà les mons faisoient empereur, cil de dechà les mons feroient patriarce. Et que li Venissiien donroient le quarte part de lor [partie de la[2]] cité par devers le tiere à l'empereur; et li François le quarte part de lor partie par devers Bouke de Lion[3]. Quant ensi orent atourné, si eslut on le conte Bauduin de Flandres à empereur, et porta corone[4].

Quant li empereres Bauduins fu coronés, il departi les tieres et les illes de le tierc qui rendue lor fu[5] d'entour Costantinoble, et as Venissiiens dona tel partie qu'avoir devoient[6]. Apriès, si laissa ses baillius

---

1. D. — 2. B. J. — 3. D : *par devers mer.* — 4. A. B : *si eslut on le comte Baldoin à emperéor, qui de Flandres estoit quens. Si porta corone et fu empereres.* — 5. O : *li furent.*

6. O. ajoute ici: *Après, prist li empereres ses homages et departi ses terres. Le marchis dona Salenike; et le Champenois le Morée; et Jerars d'Estruem le ducée de Sinepople, par çou que Jerars l'avoit prise et conquise, et il et si frere. Et li Champenois servi l'empereur et commanda se terre à Joifroi de Vile Harduin, qui le retint à sen ues, et à moult de prodomes ne dona rien. Meismes à sen frere, Henri d'Anjo, ne dona il riens, ne roiame, ne ducé, ne conté. Et qui les siens faut, li sien li doivent bien falir. Dont ses freres l'avoit si bien servi, à sen pooir, que nus miex de lui. Ainscois que l'emperere se remeust de Costantinoble, li vinrent noveles que sa feme*

et les Venissiens en Costantinoble et ala à Salenike, pour prendre, et pour delivrer aveuckes le marchis de Monferras[1], cui il avoit donée Salenique et le royaume. Li marcis ala aveuc, et mena l'emperis se feme qu'il avoit espousée, qui feme avoit esté l'emperéour Kyrsac, et mere l'empereur cui Morchofles avoit fait estranler, et suer le roi de Hungherie[2]. Cele dame ot .I. fil del marcis qui puis fu rois de Salenique[3]. Il a bien .xv.[4] journées de Costantinoble dusques à Salenique.

Li empereres ala de Costantinoble en Salenique ; et en tous les lius là où il aloit, estoit reçus à segnour par toute le tiere. Et quant il vint à Salenique[5], se li rendi on, et il le dona le marcis. Apriès li rendi on grant tiere sour le marine[6], par deviers Puille, qu'il dona les Campegnois[7], que puis tint Joffrois de Ville Harduin. Quant celle tiere fu delivrée, et il l'ot donée à ceus que je vous di, si retourna ariere en Costantinoble. Là vint Henris d'Angou, ses freres, si prist gent et passa le braç Saint Jorge, et ala en Turkie et conquist grant tiere. Paiens d'Orliens, Bauduins de Belevoir[8] et Pieres de Braiencel[9] prisent gent aveuc aus et passerent le braç et alerent en Turkie, d'autre part, et

---

estoit agute d'une fille qui avoit à non Margarite, et Jehanne avoit III. ans. Dont I. sages hom vint à l'empereur, et li dist que de ces II. filles venroit grans maus à lui et à sen peuple. Dont fist bien garnir le cité de Costantinoble.

1. Boniface. — 2. Marguerite de Hongrie. — 3. Démétrius. — 4. G : vingt cinq. — 5. Lacune dans H., que suppléent A. B. C. G. J. — 6. A. B : *sor la riviere*. — 7. J : *as Champenois*. — G : *au chaps Peneis*. — 8. A. B : *Baldoins de Biauveoir*. — 9. A. B : *Braiencuel*. — O : *Braicuel*. — G. H. J : *Brachuel*.

conquisent grant tiere. Li empereres Bauduins et li quens Loeys sejornerent en Costantinoble.

Devant ce que li quens Bauduins fust empereres et qu'il eust pris Costantinoble, pour çou qu'il avoient l'estoire aslongie plus qu'il n'avoient en couvent, manda ariere se feme[1] qu'ele venist à lui en quel tiere qu'il fust. Quant la dame oï les noveles que se sires le mandoit, si s'aparella et ala en le tiere d'Outremer et ariva à Acre. En cel point ariva que ses sires estoit empereres. Noviele vint à l'empereur que se feme estoit à Acre. Il envoia chevaliers pour li faire venir en Costantinoble. Et si manda en le tiere d'Outremer et fist crier par toute le tiere que qui vauroit avoir tiere, ne garison, qu'il venist à lui. Il i ala bien à cele voie dusques à .c. chevaliers de le tiere, et bien d'autres dusques à .x.[2] mil. Et quant il vinrent là, si ne lor valt[3] riens doner; ains se departirent par le tiere et alerent ensanle là où il porent miex faire, par le païs. Li contesse de Flandres, [qui à Acre estoit[4]], ne vesqui mie .xv. jours puis qu'ele fu mandée pour aler[5] en Costantinoble.

Or vous dirai des Griffons d'Andrenople qu'il fisent. La cités d'Andrenoples estoit des Venissiiens, qu'ele estoit eskeue à lor partie. Il mesmenoient mout cels de le cité, et mout lor faisoient de honte. Il manderent as castiaus et as cités qui près d'aus estoient que, pour Diu, s'acordaissent ensanle et qu'il mandaissent le segnor de Blakie que, pour Diu, qu'il les secourust et aidast; et il li renderoient le tiere, car li Latin les mesmenoient mout[6]. Là s'acorderent les cités et li castiel

---

1. A. B : à sa feme. — 2. D : XX. — 3. A. B : vout. — D : volt. — 4. A. B. G. — 5. G : puis qu'ele fu venue. — 6. A. B : les menoient molt mal.

d'ileuc entour, et furent à l'acort¹ d'Andrenople ; et si manderent au seigneur de Blakie² qu'il les secourust³. Il lor manda ariere que volentiers les secourroit dedens le Pasque, à tout grant gent. Et ce fu .xv. jours devant quaresme prenant que li mesages i ala. Il a⁴ .IIII.⁵ jornées de Costantinoble à Andrenople.

Or vous dirai que cil des castiaus et des cités [d'entor Andrenople⁶] et [cil de la citez⁷] d'Andrenople fisent, quant il oïrent⁸ l'asseurement des Blas⁹, qu'il¹⁰ les secorroient. Il vinrent as garnisons¹¹ des Venissiiens qui là estoient, et si lor disent qu'il vuidassent le cité, et s'il ne les vuidoient il les ociroient ; mais en pais s'en alaissentançois c'on les tuast. Les garnisons vuidierent, si s'en alerent, qui n'avoient mie le force¹², et alerent en Costantinoble. Et ausi fist on faire à toutes les garnisons qui estoient as autres castiaus qui priès d'iluec estoient. Les garnisons envoierent .I. mesage batant¹³ à l'empereur, et li manderent qu'ensi faitement s'en venoient et con faitement li Griffon les avoient¹⁴ mis hors de le tiere.

Li messages vint en Costantinoble le jour des

---

1. A. B. J. O : *à la cor.* — G : *à la tor.* — 2. J : *Blaquie.* — G : *Blaquerre.* — N : « regem Blancorum. » Col. 619. Joannice, roi de Bulgarie et de Valachie. — 3. D : *quant mestier en seroit.* — 4. C : *Il ala.* — 5. H : *XIIII.* — 6. D. — 7. A. B. G. — 8. A. B. D. G : *orent.* — 9. G : *Blaquerre.* — 10. A. B. D. F. O. — C : *et qu'il.* — 11. A. B. D. J. G. O. — C : *ils vinrent as Griffons et alerent as.*

12. A. B. D : *Les garnisons virent qu'il n'avoient mie la force en la cité; si s'en issirent.* — G : *qu'il ne se porroient tenir, si s'en issirent fors.* — 13. A. B.

14. C : *et li manderent qu'ensi faitement et con faitement s'en venoient li Griffon les avoient.*— A. B. D. G. O : *et li firent savoir qu'ensi faitement s'en venoient et comment les Grifons les avoient.*

Cendres¹, ensi com li empereres issoit de se capiele où il avoit oï le service; et se li dist li mesages qu'il aportoit.

Quant li empereres oï le mesage, si fu mout dolans; si entra en une cambre et s'i manda le duc de Venisse et le conte Loey [de Blois²] et les chevaliers qui en Costantinoble estoient. Et mout furent dolant, quant li empereres lor dist le novele qu'il avoit oïe. Là prisent consel [et s'acorderent³] d'aler à Andrenople⁴ assegier et tout metre à l'espée, car par Andrenople estoit la tiere relevée. Dont commanda li empereres que tout fuissent apparellié de movoir dedens le mi quaresme, et tout cil qui armes poroient porter, fors cil qui on esgarderoit pour le cité garder. Ensi com il le commanda, fu fait.

Quant ce vint al mi quaresme, si murent et alerent assegier Andrenople. N'orent gaires esté devant Andrenople, quant li Blac et li Comain [furent⁵] illueques priès. Et couroient cascun jour devant l'ost⁶; et gardoient⁷ si le viande, c'à grant paine en pooit on point avoir. Et si fisent [les François⁸] lices par deriere aus, que li Blac et li Comain ne se ferissent⁹ en lor ost.

Quant li empereres sot que li sires de Blakie avoit amené si grant gent sor lui, si ot grant paour. Si prist mesages, si [les¹⁰] envoia outre le brach Saint Jorge [en Turquie¹¹] pour Henri d'Ango, sen frere; et se li manda

1. 24 février 1205. — A. B : *le jor de la Cendre.* — 2. A. B.— 3. A. B. — 4. A. B : *Dandenople,* ici et plus loin.— 5. A. B. G. — D : *et li Comain et li Grifon qui illueques estoient priès.* — 6. D : *devant Endrenople et devant l'ost aus Latins.* — 7. G : *et gaitoient.*— 8. D.— 9. A. B. D. G. — C : *fresissent.*— 10. G. — 11. G.

par letre que tantost com il veroit ses lettres qu'il laissast se tiere, et qu'il s'en venist à tout quanques il avoit de gent, car li Blac et li Commain l'avoient assegié devant Andrenople. Tout ensi manda il à Paien d'Orliens et à Bauduin de Belvoir et à Pieron de Braienceul, qui une autre ost tenoit en Turkie.

Quant li empereres vint à Andrenople, cil de le cité issirent contre lui et le bienvegnierent[1], comme signour; et se li demanderent pour coi il venoit sor aus et par coi il venoit le cité assegier, car il le connissoient[2] bien à signor et le cité li renderoient, s'il les voloit tenir à droit comme ses hommes; mais le cité ne li renderoient il, ains se lairoient depecier piece à piece, pour qu'il le mesist[3] en autrui main qu'en le siue; et de che qu'il avoient mis hors les garnisons des Venissiiens qu'il i avoit[4] laissies[5], il l'avoient fait sour lor droit[6] deffendant, car il les mesmenoient si à dolour de lor femes et de lor enfans qu'il ne le pooient[7] plus souffrir; ne que jamais tant com il vesquissent, Venissien n'aroient segnorie sour aus.

Quant li empereres oï ce que cil d'Andrenople li avoient offert, si en prist consel. Et bien li aporta consaus que se li dus voloit prendre aillors tiere, qu'il li donast, par si qu'il li laissast Andrenople en pais. Li empereres le requist al duc; et li dus li respondi c'autre escange[8] n'en averoit il ja[9], ains se vengeroit

---

1. A. B : saluerent.— 2. D : tenoient.— 3. A. B. G : por qu'il les voussist metre. — J : se il les voloit metre. — 4. D. — C : qu'il l'avoit. — 5. A. B. D. G : et que ce qu'il avoient fait des garnisons qu'il avoient mis hors. — 6. G : lor corps. — 7. A. B. D. E. O. — C : porent.— 8. G. H : eschange.— 9. J : que change n'en prendroit il ja.

de le honte qu'il avoient fait à lui et à ses homes. Et se li requist qu'il li aidast le cité à assalir, si com il devoit.

Li empereres dist que ja ne li faurroit, ains li aideroit tant com il poroit. Après si fist li empereres armer ses gens et assalir le cité; et envoia une partie de ses mineurs et mina on une partie des murs et estançona, et mist on l'atrait[1], si qu'il n'i avoit fors le fu à bouter ens. Quant il fu si apparellié qu'il n'i ot fors de bouter le fu ens et d'entrer en le cité, li empereres manda les chevaliers de l'ost pour establir li quel garderoient l'entrée de le cité[2], et li quel les lices et li quel enterroient en le cité; car il ne voloient mie que les menues gens entraisent en le cité pour destourner l'avoir de le cité.

Atant fist crier li empereres par l'ost que, pour cose qu'il oïssent ne veissent, ne se meussent des lices. Il fu bien nonne[3] quant il orent cest atirement fait; si s'en departirent, et ala cascuns à se hieberge. Che fu fait le jeudi[4] après[5] Paskes[6]. Li quens Loeys fu assis al disner et mangoit. Tout si com il manjoit, vinrent li Blach et li Comain[7] desci as lices, [criant et[8]] glatissant. Quant li quens Loeis les vit, si en fu moult irés. Si dist : « Vois, pour les trumiaus Dieu[9] ! cil garcon[10] ne » nous lairont mie mangier en pais! Va, dist il à .I.

---

1. A. B : *les atrais*. — D : *l'atret*. — G : *la tret*. — N : « et » adminiculis lignorum fulciri. » Col. 620. — 2. C. répète ici : *et li quel garderoient l'entrée*. — 3. A. B : *none de jor*. — 4. A. B. C. E. G. H. J. O.— D : *le samedi*.— 5. G : *avant*.— 6. Le jeudi 14 avril. — 7. D : *et li Grifon*. — 8. A. B. G. — 9. Par la cuisse de Dieu! — A. B : *les trumeaus bien*. — D : *les trumiax Dieu*. — E : *les trumiaus Diu*. — H : *les trumeaus Beu*. — J : *por le cuer beu*. — 10. G : *Vées cil glouton*.

chevalier[1], amainc moi .I. ceval. » Et dist à un autre :
« Va, dist il, si di à Estevenon[2] del Perce et à Renalt
» de Monmiral[3] et à mes chevaliers qu'il viegnent[4]
» apriès moi. » Il demanda .I. haubregon[5], si le jeta
en son dos, et monta sour son ceval et issi hors des
lices, et si chevalier [et sa mesnie[6]] aveuc lui.

Quant li Blac et li Comain qui as lices estoient le
virent, si fuirent et il [ala chaçant[7]] apriès eaus, à
encauç. Quant cil de l'ost virent que li quens Loeys
issoit, si crierent *as armes!* et issirent apriès. Quant
li empereres oï le cri et le noise en l'ost, si demanda
que c'estoit ; et on li dist que li quens Loeys estoit issus
et aloit apriès les Comains. Li empereres commanda
c'on li amenast .I. cheval, et iroit apriès, si le feroit
retorner. Et si commanda al mariscal de Campaigne que
nus n'alast apriès lui se chevalier non, et qu'il fesist
garder les lices et les engiens, pour ceus de le cité ; et
il iroit apriès le conte Loeys, pour lui faire retourner
[s'il pooit[8].]

Li quens Loeys encauça[9] tant les Blas et les Comains
qu'il s'enbati sour [lor[10]] agait ; et bien avoit [ja[11]] encau-
cié .III. lieues[12] ou plus quant il vit l'agait, si retorna
ariere. Et une partie de l'agait, qui fres[13] estoit[14], si sailli
après, si l'abatirent et navrerent à mort, et ocisent
ceuls qui aveuc lui estoient. Il issi bien aveuc l'empe-
reur .IIe. chevaliers des mellors de l'ost por aler secorre

1. A. B : *à .I. de ses escuiers.* — 2. G. J : *Estienne.* — H : *Robert dou Perche.* — 3. H : *Robert de Monmirail.* — 4. A. B. — G : *viegne.* — 5. H : *un hauberc.* — 6. A. B. — 7. D. — 8. D. — 9. A. B : *chacza.* — G. H : *chaça.* — 10. G. H. J. — A. B : *sor .I.* — 11. A. B. — 12. A. B : *IIII. lieues.* — G : *trois mil.* — 13. D : *près.* — 14. E : *qui fres estoient salirent.*

le conte Loey, estre les Venissiens qui apriès aloient. Quant li agais qui saillis estoit, virent l'empereur venir, si se traisent ariere. Et li empereres ala avant.

Si trova le conte Loey où il se moroit, et les chevaliers qui mort estoient [avec lui¹]. Si fu mout dolans, et mout grant duel commença à faire sor le conte. Li quens Loeys li dist : « Sire, pour Dieu, ne faites duel » [pour moi²]; mais aiiés merchi de vous et de le » Crestienté, car je suis mors. Mais tenés vous tous » cois aveuc vos gens³, car il sera ja nuis⁴; si n'en » porés raler ariere as herberges, car je ai esté à » l'agait et veus les ai, et tant en y a que se vous alés » avant, [sachiez que⁵] ja piés n'en escapera. » Li empereres dist que ja Diu ne pleust qu'il euist reprovier, ne oirs qu'il eust, qu'il eust laissié le conte Loey mort el camp; ou il l'emporteroit aveuc lui, ou il i morroit.

Or cevauça li empereres et si chevalier. Et li Blac et li Comain salirent hors de l'embuissement, si les avironerent et là se conbatirent, et ocisent tous ceus de le compaignie l'empereur et lui aveuc⁶, fors ne sai quans chevaliers et serjans, qui en escaperent et tournerent vers lor herberges.

1. B. — 2. G. — 3. A. B. G : *et raliez vos gens ensemble.* — 4. A. B : *car il ert nuis partens.* — G : *qu'il iert nuit partant.* — 5. A. B.

6. Ces mots : *et lui aveuc*, qui se retrouvent dans D. G. I. J. O, mais qui ne sont ni dans E. ni dans H, induiraient en erreur. Baudouin ne périt pas à la bataille d'Andrinople. Fait prisonnier dans le combat, l'empereur fut égorgé l'année suivante, par ordre de Joannice. — A. et B, qui ne donnent pas ici la leçon : *et lui avec*, l'ont plus loin, pag. 386. — Pipino n'en a pas tenu compte, et avec raison, si son ms. la portait. Cf. N. col. 621.

Quant li Venissien et cil qui aveuc eaus estoient virent le bataille, si s'en tornerent vers lor herberges pour le grant peule¹ qu'il veoient; qu'il savoient bien s'il aloient avant, il n'i aroient durée. Il estoit ja bien prins soirs² quant il vinrent as herberges. Dont fisent savoir al duc de Venisse et al marissal de Campaigne le meskeance, comment elle estoit avenue.

Quant il oïrent çou, si se leverent dou siege coiement et si monterent [seur lor chevaus³], si s'en alerent qui miex miex, et laissierent [le siege et⁴] lor harnas. Si s'en alerent toute nuit viers une cité sour mer qui [estoit de Veniciens, et⁵] a à non Rodestohc⁶. Et vers Costantinoble en ala une partie, mais poi en y ala, car tous li plus de l'ost ala à Rodestohc. Quant il orent toute nuit erré et ce vint l'endemain, al biel jour, il garderent; si virent de lonc⁷ grans gens à ceval, si cuidierent que ce fuissent li Blac, si commencierent à fuir vers Rodestohc. Chil qu'il avoit veus, c'estoit li os Bauduins de Belvoir et Pieron de Orliens et Paien de Braienceul, qui venoient secorre l'empereur devant Andrenople.

Pieres de Braienceul les coisi⁸ premierement, et mout s'esmervilla qués gens c'estoient qui si fuioient [ne por quoi⁹]. Il esgarda vers aus, si coisi et connut une partie des banieres, et bien li fu avis que c'estoit de lor gens. Lors dist à ses compaignons qu'il li estoit bien avis que c'estoit de lor gens qui fuioient. « Venés,

---

1. A. B : *peril.* — D : *pueple.* — 2. A. B : *pris soirs.* — D : *prinsoir.* — G : *prime soir.* — H : *prime some.* — 3. D. d'une main peu ancienne. — 4. A. B. — 5. A. B. G. H. — 6. C : *Rodescohl.* — A. B : *Redestoc.* — E. G. H. J. O : *Rodestoc.* — 7. A. B. G : *de loing.* — 8. A. B : *choisi les fuians.* — 9. A. B. G.

» dist il tout belement, et g'irai à aus¹, si sarai que
» çou est. » Il poinst et si les atainst. Et quant il le
virent venir seul, si l'atendirent; et quant il vint à aus,
si les reconut et il reconurent lui. Il lor demanda des
noveles et il li disent. Quant Pieres de Braienceul oï
des novieles, si demena grant duel et manda ses
compaignons qu'il venissent avant et il i vinrent.
Quant il furent venu, si alerent à Rodestohc. Là sejor-
nerent et atendirent se Dame Diex lor envoieroit
secours d'aucune part.

Quant li Blac² orent ocis l'empereur et ses cheva-
liers³, si sorent que Henris, ses freres, avoit passé le
braç, et qu'il aloit à Andrenople. Li Blac alerent
encontre, pour lui ocirre, s'il le peussent ataindre.
Mais Dame Diex ne le vaut mie souffrir, ains li envoia
.I. païsant del païs pour dire les noveles de le mort
l'empereur, et le conte Loy et des chevaliers qui mort
estoient, et del siege qui estoit levés de Andrenople,
et alés a Rodestohc, et que li Blac venoient encontre
lui; et que s'il ne se hastoit d'aler a Rodestoc, et par
jour et par nuit, as Latins qui là estoient fui, il seroit
ocis et tout cil qui aveuc lui estoient. [Mais, par Deu,
pensast de son cors garantir et de ses compaignons⁴.]

Quant Henris d'Ango ot le novele oïe de le mort
l'empereur sen frere et de ses compaignons, si fu mout
dolans, et grant paour ot de le siue et de ceuls qui
aveuc lui estoient, si ne sot que faire ; car il avoit bien

1. A. B : *et je poindrai à aus.* — 2. A. B. G. — C : *Blanc*,
ici et dans la suite du récit. — Pipino dit également « Blanci, »
« Blanchi. » col. 620 et suiv.— 3. A. B : *ocis la mesnie l'empereor
et lui avec.* Voy. ci-dessus, pag. 384. not. 6. — 4. A. B. G. H.

amené aveuc lui de Turkie .xxx^m. maisnies d'Ermins[1], et lor femes et lor enfans et lor harnas, pour faire manoir en Costantinoble. Et si lor avoit juré que, pour riens qui avenist, ne lor faurroit dusques là qu'il les averoit mis en Costantinoble[2].

Si ne sot[3] que faire ; car s'il s'en aloit, et les laissoit ensi com li païsans li avoit dit, il i aroit grant pechié et iroit contre son sairement. Dont prist consel as chevaliers de s'ost qu'il feroient. Li chevalier li consellierent qu'il li venoit miex qu'il laissast son menu peule en aventure, et s'en alaissent à Rodestohc à lor gens et se raliassent là, qu'il demorassent pour aus ocire ; que seust il bien que, selonc ce que li païsans lor avoit fait à entendre, que ja piés n'en escaperoit. Si venoit miex que li Hermin fuissent mort, qu'il fust mort ; car seust il bien, s'il estoit mors, qu'en Costantinoble n'à Rodestoc [ne en tote la terre[4]], n'avoit pié[5] que tout ne fuissent mort et mis à l'espée[6].

Il fu bien avis à Henri que si chevalier li donoient bon consel. Lors demanda al païsant s'il le saroit mener à Rodestoc, et il dist que oïl mout bien, mais pour Diu esploitassent[7] d'aler. Henris mut et si chevalier et li païsans aveuc. Et errerent .ii. jours et .ii. nuis, que ne mangierent ne burent, et mout perdirent de lor cevaus qui recréirent[8], si que mout en couvint aler à pié desci à Rodestoc. Et troverent lor compaignons

---

1. A. B : *mesniers d'Erminois*. — G : *mesnie d'Hermins*. — H. J : *maisnées d'Ermins*. — O : *maisnies d'Ermines*. — 2. O ajoute : *Et si avoit bien avec lui V^e chevaliers*. — 3. C : *set*. — 4. A. B. — 5. A. B. D : *n'en avoit il pié*. — G : *n'en auroit pié*. — H : *ne remaindroit pié*. — 6. D : *n'en demorroit nul que tuit ne fussent mis l'espée*. — 7. A. B : *s'esploitassent*. — 8. A. B : *recurrent*. — G. J : *recrurent*. — H : *qui recrurent en la voie*.

qui escapé estoient. Quant là furent assanlé, et il se
furent entreveu, si fisent mout grant joie de çou que
Dieus les avoit là amassés, selonc le meskeance qui
avenue leur estoit, et grant duel fisent de ceus qui
mort estoient. Li Blac[1] atainsent[2] les Hermins que
Henris avoit laissiés, [si les assalirent et ocistrent[3]] et,
eus et lor mainies, fors aucuns qui en escaperent et
alerent en Costantinoble.

Quant li novele vint en Costantinoble de le mort
l'empereur et del conte Loeys et des autres chevaliers,
et qu'il ne savoient nule novele de ceuls qui estoient
levé du siege d'Andrenople, si furent mout dolant et
mout esmari. Si ne fu mie mervelle. Kesnes[4] de
Betune, qui estoit demorés en Costantinoble et .I.
cardonals aveuc, quant il oïrent le novele, si manderent
tous les Latins de Coustantinoble et les fisent asanler
pour prendre consel qu'il feroient, et por commander
que cascuns fust garnis[5] de lui deffendre, s'il veoit que
lius en fust; car, à cascun Latin qu'il avoit[6] adont en
Costantinoble, estoient il .c. Grifon, et si avoient le
cri de le tiere.

Là prisent consel qu'il armeroient .I. vaissiel[7] et
l'envoieroient à Rodestoc et feroient cerkier le marine,
savoir s'il oroient nulle novele de Henri d'Ango et de
ceus qui estoient parti d'Andrenople. Pour çou i en-
voiierent par mer qu'il n'i pooient envoiier par tiere.
Il armerent le vaissiel et se li envoiierent. Et bien

---

1. C : *Li Blanc*. — 2. A. B. D : *ateindrent*. — G : *aceinstrent*.
— H : *atendirent*. — J : *troverent*. — 3. A. B. D. — 4. A. B :
Quenes. — D : *l'avoé*. — G : *li cuens* (p. 322). — H : *que Nes
de Bethune* (p. 287). — J : *Hue*. — 5. A. B : *appareilliez*. —
6. A. B. — C : *avoient*. — 7. A. B : *un vallet*.

demora plus de .VIII. jours puis qu'il les ot trouvés à Rodestoc. N'onques cil de Rodestoc ne lor fisent savoir desci que li vaisiaus revint ariere. Bien sejournerent li Latin à Rodestoc .LXV. jours[1] puis qu'il furent ensanle asanlé, ne ne s'en osoient[2] partir [por les Blas[3]]. Et quant il sorent que li Blac s'estoient trait ariere, si s'en alerent en Costantinoble et envoiierent le vaissiel avant, qui estoit venus pour oïr noveles d'aus et fisent savoir en Costantinoble qu'il venoient.

Quant il furent en Costantinoble, si s'asanlerent tout por prendre consel de faire segnor de le tiere. Il esgarderent entr' aus qu'il feroient de Henri d'Anjo, [le frere l'emperéor[4]], ballu[5] de le tiere, desci qu'il saroient se li emperere fust mors u vis. Là li fisent homage comme à bailliu, et bien fu baillius plus d'un an. Et fist querre et cerkier et à moines et à autre gent et donna grant avoir, n'onques ne pot oïr noveles de l'empereur. Fors tant c'uns hom vint à lui, .I. jour, se li dist qu'il avoit entre lui et .II. homes l'empereur emblé et mené en une foriest, et l'avoit lassié là, et .II.[6] homes aveuc lui pour lui garder, et qu'il envoiast aveuc lui par mer chevaliers et serjans, si l'en amen- roient.

Henris d'Anjo fist armer .II.[7] galyes et si i mist[8] chevaliers et serjans et Kesnon de Biethune[9] aveuc, et si les envoia en[10] le foriest où cil les mena, qui est sor mer Major. Quant il vinrent là, si descendirent à tiere

---

1. A. B : *XV. jors.*— D : *XLV. jors.*— G : *quinze jors et plus.* — 2. A. B. — C : *oserent* — 3. C : *Blanc.* — 4. A. B. — 5. A. B : *baliu.* — D. G : *balliu.* — H. J : *bail.* — 6. C : *et les .II.* — 7. A. B. J : *trois.* — 8. A. B : *fist.* — G : *fist entrer.* — 9. N : « Cono de Bethuna. » col. 621.— 10. C : *on en.*

et alerent là desous l'arbre où cil dist qu'il l'avoit laissié. Là nel troverent mie, ains troverent relief de pain et d'oignons et de sel, mais ne sorent qui y avoit mangié. Cil lor jura que illuec avoit laissié l'empereur aveuc .II. homes. On cerka le foriest, mais on ne trova riens, si retornerent ariere en Costantinoble. Vesci toute le novele de l'empereur Bauduin c'on pot onques savoir de lui puis qu'il fu perdus.

Je vous avoie oblié à dire del conte de Saint Pol, qui en Costantinople estoit. Il fu mors de se mort bien .XV. jours devant ce que li empereres Bauduins meust pour aler en Andrenople.

Quant Henris ot esté plus[1] d'un an baillius de le tiere, et c'on ne pooit oïr noveles de l'empereur, si s'asanlerent cil del païs et en fisent empereur et le coronerent à Sainte Sofie.

Quant Henris d'Anjo ot porté coronne en Costantinoble, se li rendi on grant partie de le tiere qui avoit esté perdue priès de Costantinoble. Et se li rendi on Andrenople par tés couvens[2] qu'il aroient segnor griffon et qu'il ne seroient mie desos la segnorie[3] de Venissiien ne de Latins. Toutes eures prist[4] li empereres[5] Henris le tierc, [ce c'om li rendi[6]], et si le dona à .I. chevalier de le tiere qui avoit à non Livernas[7], qui puis le servi bien. Chis Livernas[8] avoit à feme le sereur le roi de France, cheli[9] qui ot le fil l'empereur Manuel c'Androines fist noiier.

1. H : *bien près.* Du mois d'avril 1205 au 20 août 1206. — 2. A. B: *par tel division.*—J: *devise.*—3. G.—C: *desos seignor.*—4. D: *si feitement reçut.*— 5. C : *emperes.*— 6. A. B. — 7. A. B : *Avernas.* — J : *Le Vernas.* — H : *Lavernas.* — Théodore Branas. — 8. A. B: *Cil Vernas.* — 9. Agnès de France, sœur de Philippe-Auguste, veuve déjà d'Alexis le Jeune et d'Andronic Ier.

Li empereres Henris fist pais as Blas et prist le fille l'empereur de Blakie[1], pour avoir l'aïue de lui [et de sa terre[2]], et fist tant c'on li rendi le tiere de Salenique, et il y ala. Quant il i vint, si trouva mort le marcis. Là trouva .I. sien fil, si le corona et fist roi de Salenique[3]. Ne demoura gaires apriès, quant il ot esté illuec une piece, si fu mors[4]. Si chevalier et si home qui aveuc lui estoient, retornerent ariere en Costantinoble. Lors prisent mesages, si les envoiierent en France al conte Pierron d'Auçoirre[5], qui cousins germains estoit al roi Felipe, et avoit le contesse de Namur à feme, qui suer estoit l'empereur Bauduin et l'empereur Henri. Se li manderent qu'il alast en Costantinoble et il et se feme, car li empires estoit eskeue à se feme, et il le feroient empereur et li empereis, si com drois estoit.

Quant li quens Pieres d'Auçoire oï le novele, si murent [entre lui et sa feme[6]] et s'en alerent droit à Rome. Et si mena aveuc lui le conte de Sanseure[7] et chevaliers et serjans ; et si laissa .II. fieus qu'il avoit, dont li ainsnés fu quens de Namur. Quant li quens Pieres fu à Rome, si fist tant à l'apostoile qu'il corona et lui et se feme[8]. Quant coroné furent, si s'en alerent à Brandis en Puille, por passer en Costantinoble, et li apostoles envoia aveuc lui un cardonal. Quant li empereres Pieres vint à Brandis, si fist apparellier nés et[9]

1. A. B : *Basquie*. — G : *de la Blaquerre*. — N : « regis Blan- » corum. » col. 622. En 1210. — 2. J. O. — 3. En 1209.— 4. Le 11 juin 1216.

5. J. O : *Pierre d'Auçuere*. — Mal dans G : *d'Auvergne*. — Mal dans N : « comes de Alencione. » col. 622. — Pierre de Cour- tenai, comte d'Auxerre, petit-fils de Louis-le-Gros.

6. A. B. — 7. Guillaume de Sancerre, beau-frère de Pierre de Courtenai. — 8. Le 9 avril 1217. — 9. A. B.

vaissiaus et entrerent ens et passerent à Duras. Quant il furent arivé à Duras et li sires[1] sot que c'estoit li empereres, si ala encontre et fist grant joie de lui et le reçut hautement comme segnor, et se li fist homage et li rendi se tiere.

Duras est li premiere cités de le tiere[2] de Griesse par devers Puille. Quant li empereres ot illuec une piece sejorné, se li dist li sires de Duras : « Sire, vous irés
» en Costantinoble par tiere, et g'irai aveuc vous tant
» que me tiere durra. Et puis c'on saura par Gresse
» que je vous arai me tiere rendue et que je iere aveuc
» vous, il n'en i ara nul qui contre vous soit; ains
» venront à vous à merci et vous renderont toute le
» tiere. » Li empereres le crei, si murent et alerent par tiere. Li emperis estoit grosse, si n'ala mie par tiere, ains ala par mer en Costantinoble. Ançois qu'ele venist en Costantinople, ariva elle en le tiere Jofroi de Ville Harduin qui grant honor li fist. L'emperis avoit une fille et Jofrois .I. fil qui avoit à non Jofrois. L'empereis vit que cils avoit grant tiere et que se fille i seroit bien emploie[3], si le dona sa fille[4]; il le prist à feme, si l'espousa. Apriès s'en ala l'empereis en Costantinoble; ne demora gaires apriès qu'ele [se[5]] delivra d'un fil dont elle estoit grosse[6].

Or[7] vous dirai que li sires de Duras fist qui l'empe-réour conduisoit parmi se tiere. Il n'orent pas eslongié Duras plus de .III. jornées, qu'il se herbegierent en .I. castiel mout fort. Quant il furent herbegié, et il furent

---

1. Théodore Comnène, prince d'Epire. — 2. A. B : *de l'entrée*. — 3. A. B : *bien mariée*. — 4. A. B. — C : *sen fil*. — 5. A. B.— 6. Baudouin II. — 7. H. donne un récit tout différent de ces événements. Pag. 291-293.

assis au souper le nuit, le sire de Duras fist armer ses homes et fist prendre l'empereur et ses homes ; et assés en ocist on, et se les fist on metre en prison. Et tant les tint on [en prison¹] que li empereres i fu mors, et il et li quens de Sanseure². Quant cil de Griesse oïrent dire que li empereres estoit en prison, si se revelerent et reconquisent toute le tiere que li empereres Henris avoit conquise.

Ne demora gaire apriès que li empereres fu mors, et que³ li emperis fu morte en Costantinoble⁴. Quant li emperis fu morte, li chevalier de le tiere manderent le conte de Namur qui fiex estoit l'emperis, qu'il alast en Costantinoble, que li tiere li estoit eskeue. Quant li mesages vinrent à lui et il orent conté lor message, il dist qu'il s'en conselleroit. Il s'en consella, mais [consaus⁵] ne li aporta mie qu'il i alast ; ains i envoia Robert⁶ sen frere, qui maisnés estoit de lui, et si lor manda qu'il le coronassent, qu'il n'i pooit aler et qu'il n'iroient noient. Cils Robers⁷ ses freres i ala, et ala par Hungherie, pour chou que li roine de Hongerie estoit se suer et qu'il ot le conduit et l'aïue le roi de Hongerie parmi se tiere et parmi Blakie. Et sauvement ala en Costantinoble et porta corone⁸. Et quant il ot porté corone, il ne fist gaires [d'esploit⁹] en le tiere, car il n'avoit mie mené gent dont il peust granment esploitier, et si eust perdue se tiere et Costantinoble s'il n'eust

---

1. A. B. — 2. L'empereur Pierre mourut en 1218. — 3. A. B : *apriès ce que li empereres fu morz, que.* — 4. En 1219. — 5. A. B. — 6. D. — 7. D. O.— Mal dans A. B. C. E. G. H. J : *Henris.* Pipino reproduit la mauvaise leçon : « Henricum natu minorem » direxit. » N. col. 623. — 8. L'empereur Robert fut couronné à Sainte-Sophie le 25 mars 1221. — 9. A. B. G. — D : *de proffit.*

eue l'aïue des Blas. Mais li Blac li aidierent se tiere à retenir, çou qu'il en trova.

Or vous dirai que cil empereres fist. Il avoit une dame en Costantinoble veuve[1], qui fille avoit esté .i. chevalier d'Artois, qui avoit à non Bauduins de Neuville[2]. Celle dame avoit mere. Li empereres ama tant celle qu'il ne pooit [durer[3]] sans li, et si l'espousa coiement, et le mist aveuc lui en son manoir et le mere ensement. Quant li chevalier de Costantinoble sorent que il l'avoit espousée, si en furent moult dolant de ce qu'il l'avoit espousée et de che qu'il estoit si assotés de li que pour besoingne que il euissent ne le pooient il traire de Costantinoble[4]. Il prisent consel ensanle, qu'il feroient. Il alerent en le cambre où li empereres estoit, si comme consaus lor avoit aporté, si [pristrent l'empereor et[5]] le tinrent; et prisent le mere se feme, si le misent en .i. batiel, si l'envoierent noier en le mer. Après si vinrent à se feme, se le coperent le nés et le baulevre[6]. Atant si laissierent l'empereour em pais.

Quant li empereres vit le honte c'on li ot fait de se feme, que on ot le nés copé, et de se mere que on ot noié en le mer, si fu moult dolans. Si fist armer galies et entra ens, si lassa Constantinoble et s'en ala à Rome. Quant il vint à Rome, si se plainst à l'apostole de le honte que si homme li avoient faite. Et li apostoles

---

1. Mal dans G : *vaine dame.* — 2. D : *Nueveville.* — G : *de Noveville.* — Pipino traduit mal : « de Villa-Nuda. » N. col. 623. — 3. H. — J : *estre.* — 4. A. B. G : *molt dolent car il estoit si entrez en li, que, por besoigne qu'il eussent, ne le pooient traire de la cambre.* — 5. A. B. — 6. G : *les baulevres.* — H : *le baulievre.* — J : *le bas levre.* — N : « nasum mutilantes. » col. 623.

le conforta drument[1], et se li dona del sien et fist tant vers lui qu'il s'en retorna arriere en Constantinoble. En ce qu'il s'en retorna arriere en Constantinoble[2], si arriva en le tiere Joffroi de Vile Harduin. Là li prist maladie, si fu mors[3].

1. A. B. E: *durement.*— J : *bonement.*— 2. C. répète ces mots : *en ce qu'il,* etc.
3. En 1228.— N : « Eo autem redeunte Constantinopolim, dum » per terram Gaufridi de Villa Hardoin, cujus filius uxorem ha- » bebat quondam Henrici imperatoris fratris Balduini filiam, diver- » teret, languens in domo ipsius, debitum ibi naturæ persolvit. » col. 623.

CHAPITRE XXXIV.[1]

Coment Othes fu coronez à emperéor.

SOMMAIRE.

Événements d'Allemagne et d'Italie.

1208-1209. Mort du duc de Souabe. Othon de Saxe proclamé empereur est couronné à Rome. Il est excommunié. — 1210-1211. Diépold, duc de Pouille, trahit la cause de Frédéric de Sicile. Othon vient en Pouille et se retire en Allemagne sans obtenir de résultats. — 1209. Frédéric de Sicile protégé par le clergé. Il épouse, d'après ses conseils, Constance, fille du roi d'Aragon. — 1209-1215. Innocent III promet la couronne impériale à Frédéric de Sicile. Frédéric passe à Gaëte. Il demande le secours des Génois contre les Pisans. Il est couronné empereur en Allemagne. Il s'engage à prendre la croix et à passer Outremer.—1215. Comment Frédéric échappe à un complot formé contre sa vie. — 1211-1214. Entrevue de Frédéric et du fils du roi de France à Vaucouleurs. Union de l'empereur Othon avec le roi d'Angleterre et le comte de Flandre contre le roi de France. — 27 juillet 1214. Le roi de France bat les coalisés à Bouvines.—1215-1218. Guerre de Frédéric et d'Othon. Mort d'Othon.

Or vous lairons de Constantinoble à parler desci à une autre fois, c'on en parlera par aventure, et si vous dirons de Fedricle, roi de Sesile, qui estoit à Palerne,

---

1. Cf. G. pag. 334-350. — H. p. 296-304; livre XXX. chap. 1 à 10. — Rien dans M. — N. col. 636-638. *De initio imperii Ottonis IV. De pugna inter Ottonem et Francos.* Chap. où sont cités Martin le Polonais, Vincent de Beauvais et Bernard le Trésorier.

et que si home avoient desireté, et del duc de Souave, son oncle, qui l'empire d'Alemagne li gardoit dont il devoit estre empereres.

Il avint cose .I. jour que uns chevaliers entra en se cambre¹, si l'ocist. Quant li haut home d'Alemagne sorent que li dus de Souave estoit mors, qui contre aus estoit d'Oton coroner², [il furent moult liés³]; et par les pramesses et par les dons qu'il avoient eut del roi d'Engletiere, il manderent Oton et si le coronerent à Ais le Capiele⁴.

Quant Otes ot porté corone, si fist querre le chevalier qui le duc de Souave avoit ochis et le fist tant chercier qu'il fu pris. Por lui jeter de blasme, por çou c'on li metoit sus le mort le duc, il fist le chevalier trainer et pendre. Après si s'en ala à Rome por coroner. Li apostoles le corona volentiers⁵, por çou que li rois d'Engletiere l'en avoit fais grant presens.

L'endemain que Othes fu coronés à Rome à empereur et il fu departis de Rome, si entra en le tiere l'apostole et commença à guerroier, et prist ses castiaus et garni encontre l'apostole. Quant li apostoles sot que cil avoit pris ses castiaus et guerroioit encontre lui cui il avoit fait empereur, et faire nel devoit, et avoit aidié à desireter par covoitise celui qui devoit estre emperere, si fu moult dolans⁶. Si n'en pot autre cose faire ne autre venjance [prendre⁷] fors Othon es-

1. B : *en la canbre del duc de Soave.* Philippe de Souabe périt au mois de juin 1208.— 2. H : *qui encontre aus estoit, si parlerent d'Othon coroner.* — 3. D. — 4. A. B : *à Aes à la Chapelle.* En 1208. — 5. En 1209. — 6. A. B. D. — C. est très-confus : *Quant li apostoles sot .... cui il avoit fait empereur, si ne pot autre cose faire; si fu moult dolans et par çou que par convoitise avoit aidiet à desireter celui qui devoit estre emperere.* — 7. D.

cumenier. [Si l'escumenia et fist escumenier¹] par toutes les tieres de Crestienté.

Quant Thiebaus, qui baillius estoit de Puille, à cui li empereres Henris avoit laissié le tiere de Puille et de Calabre à garder avoec son fil Federic, quant il sot que Othes ot porté corone, si ala à lui. Si li dist qu'il alast en Puille, et qu'il li rendroit toute le tiere, et après iroit en Sesile et prendroient² Fedric, si l'ocirroient. Et s'il ne le faisoit, seust il bien que se li enfes venoit à aige, qu'il li tolroit se tiere. Li emperere garni bien ses castiaus qu'il avoit pris sor l'apostole, et puis si s'en ala en Puille avoec Thiebaut. Mais il n'i esploita gaires, car cil de le tiere furent encontre lui³, n'onques ne li volrent rendre. Quant li empereres Othes vit qu'il ne feroit riens illeuc⁴, si laissa Tiebaut en sen liu, si s'en ala en Lombardie [et⁵] si s'en ala en Toscane por prendre les surtés⁶. Et⁷ en Alemagne demora teus⁸ escumeniiés. Li apostoles atendi plus d'un an, por çou qu'il cuidoit qu'il venist à merci⁹ de ce qu'il avoit mespris sor lui, mais il n'en ot talent; et li apostoles en prist conseil tel com vos orés. Mais ansçois vos dirai de Fedric, qui à Palerne estoit.

Fedric ot conseil des evesques et des arcevesques qui le gardoient qu'il se mariast, et en tel liu qu'il eust secors de se tiere ravoir que si home li avoient tolue. Il dist qu'il feroit volentiers, par lor conseil, ce qu'il voldroient. Lors li disent que li rois d'Arragonne, qui marcissoit à lui par deviers le mer, avoit une sereur

1. O. En 1210. — 2. A. B. — C : *prendroit.* — 3. A. B. D. — 4. D : *si s'en parti.* — 5. A. B. D. E. — 6. A. B : *ses seurtés.* — J : *ses feautez.* — 7. D. O. — 8. A. B. D. O : *toz.* — 9. A. B. H : *à amendement.*

qui roine avoit esté de Hongeries; et que s'il pooit tant faire qu'il l'eust à feme, il ne savoient liu dont il eust si tost secors, ne par mer ne par tiere. Lors lor dit Fedric qu'il i envoiassent s'il voloient, que s'on li voloit envoier, il l'espouseroit volentiers. Li arcevesque fisent armer galies et envoierent al roi d'Arragone, por[1] se sereur avoec le roi de Sesile.

Quant li messaige vinrent al roi d'Arragone et il orent dit lor message, li rois fu moult liés. Si fist armer galies et si les fist cargier d'armes et de viande, et fist se sereur entrer ens, si l'envoia en Sesile au roi, et si envoia aveuc son frere, qui cuens estoit de Provence[2], et .v^c. chevaliers, por lui aidier le tiere à rescorre, que si homme tenoient contre lui. Apriès chou que li suer le roi d'Arragone fu mute et se compaignie, ariverent à une cité qui a à non Palerne, là [où[3]] estoit li rois de Sesile. Quant il furent arivé, si descendirent à tiere, et li rois ala encontre si espousa la dame. Quant il ot le dame espousée, si se partirent de Palerne et alerent par Sesile. Mais poi conquisent de le tiere, mais tant fisent qu'il alerent de Palerne à Messines [tot conquerrant. Il a de Palerme dusqu'à Meschines .v. jornées[4]]. Après çou que li rois de Sesile et li cuens de Provenche furent à Messines, ne demoura gaires si fu li cuens mors, et grans partie de ses chevaliers. Et li autre partie retourna arriere en son païs, et li rois demoura à Messines avoec ses bourgois, que de chevaliers n'avoit il gaires avoec lui.

Or oiés le conseil que li apostoles ot encontre Othon.

1. A. B : *por demander.* — H : *por demander se il envoieroit sa seror au roi de Cesile.* — 2. Alfonse II, mort à Palerme en 1209. — 3. A. B. — 4. A. B. G. O.

Il oï dire que li rois de Sesile estoit mariés à Messines [1]. Il li manda que s'il pooit tant faire qu'il fust en Alemagne, il manderoit ses arcevesques qu'il le coronaissent à Ais, [et après [2]], quant il aroit porté corone à Ais, il le coroneroit à Rome. Quant li rois de Sesile oï ches novieles, si fu moult liés. Si fist apparellier une [3] galie, si entra ens et ala à une siue cité qui est al cief de se tiere, à trois journées de Rome, qui a à non Gaiete [4]. Mais ançois qu'il i alast, por çou qu'il ne savoit qui li estoit à avenir, corona il .I. sien fil qu'il avoit de se feme. Et sejourna grant piece à Gaiete [5] por çou qu'il n'osoit aler avant, por les Pisans de Pise [6] qui le gaitoient por lui ocirre.

Quant il ot là grant pieche sejorné, si manda les Genevois, pour Diu, qu'il le secourussent, et qu'il venissent por lui, qu'il ne se pooit removoir de Jaiete. Chil de Genueves [7] armerent galies, et si envoierent pour lui et si l'enmenerent à Genueves. [Et bien sejorna .VII. [8] mois à Genes [9]], c'onques n'issi de le cité ; car quant Othes oï dire que li apostoles l'avoit mandé por faire coroner encontre lui et por envoiier en Alemagne, il envoia ses messages en Lombardie et en Toscane et en Alemagne, as cités et as destrois et as castiaus, et promist grans dons à ciaus qui prendre le poroient [10].

Quant li rois Phelippes de Franche oï dire que li rois de Sesile estoit à Genueves, et que li apostoles l'envoioit

---

1. A. B. D. G : *estoit à Meschines et q'il avoit sa fame esposée.* — 2. G. O. — 3. A. B. D. G. J. O.— H : *IIII. galies.* — 4. A. B. D. G : *Jaiete.* — C : *Riete.* — 5. C : *Raiete.* — 6. A. B. H. J : *por les Paissans.* — 7. A. B : *Genes.* — 8. G : *huit.* — H : *V.* — 9. A. B. D. G. H. — 10. A. B. G. H. ajoutent : *qu'il le preissent et reteinsent, et lor mandoit il molt proiant.*

en Alemagne por coroner, si fu moult liés. Et il sot que Othes faisoit gaitier les destrois et les cemins por lui prendre; si manda as Genevois qu'il mesissent coust et paine que li rois fust en Alemagne, et il lor guerredoneroit bien. Li Genevois firent tant et porcacierent vers ceus de Lombardie, que li rois fu en Alemagne, et qu'il porta corone à Ais[1]. Tantost que li rois fu coronés, si se croisa[2] et voa à Dame Diu qu'il iroit en le tiere de Promission, et aideroit à son pooir à delivrer le tiere de le main as Sarrasins. Quant li rois de Sesile ot porté corone à Ais, li arcevesque et li evesque se tinrent à lui par le commandement l'apostole, et une partie des chevaliers et Loheraine toute[3].

Il avint cose .I. jor qu'il estoit en Loheraine, à .I. castel où on[4] avoit porparlée se mort, et c'on le devoit le nuit ocirre, par promesse que Othes ot faite à .I. chevalier. Uns chevaliers qui sot cele traïson, vint à lui, si li dist c'on avoit se mort porparlée, et c'on le devoit le nuit ocirre; et s'il voloit faire par son conseil, il le conselleroit et aideroit, qu'il ne seroit mie mors. Li rois dist que volentiers feroit par son conseil. « Sire, dist il, se vous movés ore, vos estes gaités de » toutes pars, ne vous ne poés de cele part aler, que » vous ne soiés ocis. Je vous dirai que vous ferés. » Quant ce venra anquenuit[5], vos ferés .I. varlet cou » cier en vostre lit, si serés deriere l'uis de le cambre,

1. Frédéric fut une première fois couronné à Mayence le 6 décembre 1212; et une seconde fois à Aix-la-Chapelle le 25 juillet 1215.

2. A. B: *si prist la croix d'Outremer et se croiza*. — 3. G : *des chevaliers de Loheraine..* — H. J : *et Loheirrene tote*. — 4. A. B : *et que on*. — 5. A. B. G : *encore nuit*. — D : *en que nuit*. — E : *anquenuit*. — H : *à nuit*.

» et cil cuideront qui vous doivent ocirre, que vous
» soiés endormis ; et il verront que cil qui girra en
» vostre lit, si cuideront que ce soies vous, et passeront
» avant, et entenderont à celui ocirre ; et vous tantost
» isterés de chele cambre, et je serai apareilliés atout
» cevalceures[1], si vous enmenrai. Et li cris levera,
» quant il vous cuideront avoir ocis, et atant s'enfui-
» ront; et je, à l'aïue de Diu, je vous meterai à sauveté,
» [que ja n'i arés garde[2]]. »

L'endemain[3] que ce avint, fu li cris levés par toute le tiere que li rois de Sesile estoit ocis en sen lit. Quant li cuens de Bar le Duc le sot, qui marcissoit à Loeraine, si le fist asavoir al roi Phelipe de Franche. Quant li rois l'oï dire, si fu moult dolans, por çou qu'il se doutoit d'Othon, que s'il fust en possession [de l'empire d'Alemaigne[4]], qu'il ne li grevast. Le jour meisme que li cuens de Bar le Duc fist asavoir al roi Phelipe que li rois de Sesile estoit mordris en son lit, li fist il asavoir qu'il estoit escapés et comment, dont li rois fu moult liés.

Après ce, avint que li rois de Sesile manda au roi Phelipe que volentiers parleroit à lui à Valcolour. Li rois Phelipes n'i pot[5] aler, ains i envoia Loeys son fil, et furent là à parlement ensanle. Mais de lor consaus ne vos sai je riens dire, fors tant qu'aucunes gens disent que li rois Phelipes li[6] presta grant avoir por maintenir se tiere encontre Othon.

Or vous dirai que Othes fist. Il sot bien que li rois

---

1. A. B : *chevaliers.*— D. H. J : *chevaucheures.* — G : *chevaucheors.* — 2. A. B. — 3. A. B : *Or vos dirai qu'il avint. La nuit et l'endemain.* — 4. D. — 5. D : *vost.* — 6. A. B. D. G. — C : *lor.* L'entrevue est de 1211 ou 1212.

de France amoit le roi de Sesile, et qu'il li aideroit del sien encontre lui. Il sot que li rois d'Engletiere, ses oncles, et li cuens de Flandres, qui Ferrans avoit non, estoient concordé ensamle, et amassoient gent pour guerroier le roi de France. Il amassa grant gent et dus et contes, et s'en ala en Flandres, en l'aïue le conte, por grever le roi de France. Li rois d'Engletiere envoia grant gent al conte de Flandres, por estre contre le roi ; et si envoia .I. sien frere qui avoit à non Guillaumes Longe Espée, et le conte Renaut de Boulogne, qui avoec lui manoit en Engletiere et Huon de Bove. Après si passa li rois d'Engletiere en Poitau, atout grant gent et atout grant cevalerie.

Quant li rois de France oï dire que li rois d'Engletiere estoit arivés à Poitau et por entrer en se tiere, si envoia Loey son fil et le conte de Navers et grant cevalerie. Et tant i fisent, qu'il euissent pris le roi d'Engletiere en .I. castiel, ne fust uns cardenauls de Rome, qui englès estoit, et en le tiere estoit [venus[1]] por croisier [les gens[2]] de le crois d'Outremer. Quant il vit que li rois d'Engletiere en avoit le pieur[3], il pria tant Loeys [le fil le roi[4]] de Franche qu'il ot trives, que li rois d'Engletiere s'en ala. Ensi fist escaper li cardenaus le roi d'Engletiere, qu'il ne fu mie pris.

Quant li rois de France oï dire que li cuens de Flandres amassoit grant gent, et que Othes et li freres le roi d'Engletiere et li cuens Renaus de Boulogne estoient venu en s'aïue, il semonst ses os et s'en ala en Flandres encontre lui, et si se herbega à .IIII. liues

1. H. J. O. — 2. H. — J : *por preeschier.* — 3. A. B : *en ot le pis.* — G. J : *en avoit le pejor.* — H : *nen avoit le poeir.* — 4. A. B.

priès de lui, en une cité que on apiele Tournai. Cel jour que li rois vint à Tornai, fu semmedis. L'endemain fu dymences; si dist li rois que il ne se mouveroit[1] por le hauteche del jour[2]. Quant li Flamenc sorent que li rois estoit si près d'iaus, si s'armerent et vinrent contre le roi. Il le cuidierent[3] trouver à Tornay. On fist savoir le roi[4] que li Flamens venoient sor lui. Et li rois fist ses gens armer, et s'en ala[5] d'ileuc à une herbege dont il estoit venus le jor devant. Là[6] establi li rois s'arriere garde, et le fist faire[7] as Campegnois. Et s'arriesta à .I. pont c'on apiele le Pont de Bouvines. Là atendoit s'arriere garde qu'ele venist, et qu'il ne voloit mie aler conbatre encontre les Flamens, por çou qu'il estoit dimences.

On fist asavoir al conte de Flandres que li rois s'enfuioit et qu'il ne l'osoit atendre. Lors poinst li contes de Flandres, il et ses gens, qui mieus mius, tant qu'il se feri en l'arriere garde. L'arriere garde le recueilli [viguereusement[8]], à l'aïue de Diu et des chevaliers[9] qui prest estoient. Si prisent le conte de Flandres et Guillaume Longe Espée et le conte Pelu[10] et Renaud[11] de Boulogne, et des Flamens grant partie, et autres chevaliers assés. Othes s'enfui, et li dus de Braibant qui avoec lui estoit et Hues de Bove si escaperent. Si s'en ala Othes en Alemagne.

Quant li rois Fedric oï dire que Othes estoit ensi

---

1. H : *qu'il ne se combatroit mie.* — 2. H : *ne il ne fist.* — 3. O : *qu'il le cuidoient.* — 4. A. B : *au roy.* — 5. A. B. O : *revint.* — 6. D. O. — C : *Dont.* — 7. A. B : *et la charja.* — 8. D. — 9. A. B : *à l'aide des eschieles des chevaliers.* — 10. A. B : *et un comte d'Alemaigne qe l'on appeloit le comte Pelu.* — G : *le conte Pelvi.* Guillaume Ier, comte de Frise. H. p. 303. not. — 11. E. — C : *et R.*

desconfis en Flandres, et qu'il s'en estoit afuis, si amassa grant gent et ala sor lui. Quant Othes oï dire que li rois Fedric venoit sor lui atout grant gent, il issi d'Alemagne, si s'en ala en Sassoigne, en le tiere sen frere. Et li rois Fedric ala après, si le cacha tant qu'il l'atainst en .I. castiel, si l'asseia. Là prist maladie Othon, si fu mors[1]. Mais aussois qu'il fust mors, se demist il de l'empire et rendi le roi Fedrich le corone de Rome, et les adous[2] qu'il [avoit[3]] porté[4] quant il estoit[5] emperere. Ensi faitement com vous avés oï aida Dame Dius Fedric, de si povre comme il fu al commencement. Et Fedric manda se femme et sen fil, qu'il avoit laissié en Sesile.

1. 19 mai 1218. — 2. A. B : *adoubemens*. — H : *aornements*. — J : *les adobemenz emperiaus*. — N. « Diadema cum sceptro et reli- » quis imperialibus insignis coactus est tradere Frederico. » col. 639. — 3. E. — 4. G : *qu'il portoit*. — 5. G.— C : *est*.— E : *ert*.

CHAPITRE XXXV.[1]

Coment Jehan[2] de Brene fu rois d'Acre.

SOMMAIRE.

1205-1208. Mort d'Amaury de Lusignan. Marie de Montferrat, fille du marquis Conrad, héritière de la couronne de Jérusalem. Jean Ier d'Ibelin, seigneur de Beyrouth, régent du royaume.— 1208-1210. Les barons et les prélats du royaume de Jérusalem s'occupent du mariage de Marie de Montferrat. On pense à Jean de Brienne, à qui l'on envoie un message. Brienne, après avoir consulté le roi de France, accepte les propositions des barons d'Outre-mer. Il arrive en Terre-Sainte. Il épouse Marie et est sacré roi. Rupture des trèves avec les Sarrasins. — 1208. Mariage du roi de Chypre avec Alix de Champagne. — 1215. Erard de Brienne, cousin du roi Jean, épouse Philippine de Champagne, sœur de la reine Alix.— 1213-1214. Jean de Brienne demande des secours au Pape. Innocent III fait prêcher la croisade. Prédication de Jacques de Vitry en France. Il est élu évêque d'Acre, puis nommé cardinal. —

---

1. Cf. G. p. 350-358. — H. p. 304-325, livre XXX, chap. 11-liv. XXXI, chap. 13. Récit différent et plus développé. — M. chap. 185-188. col. 820-823. A partir de l'expédition de Damiette (col. 821), Pipino ajoute beaucoup au texte de notre chronique d'après Olivier le Scholastique, qu'il ne nomme pas. Cf. *Hist. Damiat.*, § 1-3. ap. Eccard. *Corpus Hist. med. ævi.* t. II. col. 1397-1399; *Gesta Dei per Francos*, pag. 1129, où le récit d'Olivier le Scholastique a été par erreur donné comme 3e livre de Jacques de Vitry. — Dans une autre partie de sa chronique, Pipino rappelle sommairement la croisade du roi de Hongrie et l'expédition de Damiette, et cite l'*Historia Acquisitionis Terræ Sanctæ*. N. col. 667.

2. A : *Iheche*.

1217. Croisade d'André, roi de Hongrie, et de Léopold, duc d'Autriche. — 1212. Mort de Marie, reine de Jérusalem. Jean de Brienne épouse Stéphanie, fille de Léon d'Arménie.—1217. Nov.-déc. Les rois de Hongrie, de Jérusalem, de Chypre et d'Arménie réunis à Acre. Expédition sans résultat vers le Mont Thabor. Les Sarrasins font traîner la guerre en longueur. — 1218. Les rois de Hongrie et d'Arménie quittent la Terre Sainte.

Or vous lairons à parler[1] dou roi Fedric qui en Alemagne fu, et sejorna grant piece ains qu'il alast à Rome por estre coronés, desci que tans et eurc en sera c'om en parlera, et si vous dirons de le tiere d'Outremer.

Il avint cose que li rois Haimeris[2] fu mors[3]; et que li tiere escaï à le fille le marcis Conras, que li Hassasiç tuerent. Elle n'ot[4] point de seignor; ains fist on d'un sien oncle bail de le tiere [desi qu'il aroient trové à cui il la donroient, et dont on feroit segnor de le terre[5]]. Cil chevaliers de cui on fist bail estoit ses oncles et avoit à non Jehan d'Ybelin[6], et fu fius Balian et le roine Marie[7], qui feme fu le roi Amalri[8]. Cil fu bien .IIII. ans baus de le tiere,ançois que on trouvast à cui on donnast le demoisiele, et tint bien le tiere en pais envers les Sarrasins.

Il avint cose que li patriarche, li archevesque et li evesque et li baron de le tiere s'asamlerent, et li Temples et li Hospitaus; si parlerent ensamle, et prisent

1. A. B : *A tant vos lairons à parler.* — H : *Ci endreit dist li contes que il vos laira à parler.* — 2. Mal dans A. B. et M : *li rois Henris*; « post mortem regis Henrici. » Col. 820. — Mal dans G : *le cuens Henris.* Le roi Amaury II mourut le 1er avril 1205. — 3. J : *et la royne Ysabel sa feme estoit morte.* — 4. A. B : *n'avoit.* — 5. G. O. — 6. Jean Ier d'Ibelin, connu en Orient sous le nom du Vieux sire de Beyrouth, fils de Balian II et de la reine veuve Marie Comnène. — 7. D : *Mariam.* — 8. A. B : *Esmauri.* Amaury Ier.

conseil à cui il poroient doner la[1] demoisiele, et faire roi de le tiere. Dont se leva uns chevaliers de le tiere[2] en piés, si lor dist qu'il savoit .I. chevalier en France qui n'avoit point de femme, et estoit haus hom et proedom ; et s'il voloient[3], il li estoit bien avis que li roialmes i seroit bien assenés[4], et que elle i seroit bien emploie[5]. Il demanderent que il estoit et comment il avoit à non. Il lor dist qu'il avoit à non li cuens Jehans de Braigne[6]. Il en parlerent ensamle, et s'en conseïllierent ; et si ot assés de ceus ki bien le connissoient et de ceus qui bien avoient oï parler de lui.

Là s'acorderent tout del mander et de lui donner le demoisiele, et de lui faire roi. Il appareillierent messages, si l'envoierent querre. Li message vinrent à lui en France, là où il estoit, et se li disent que cil de le tiere d'Outremer le mandoient por faire roi. Quant il oï ce, se dist qu'il en prenderoit conseil. Atant s'en ala li cuens Jehans de Braine al roi[7], et li dist qu'ensi faitement l'avoit on mandé por estre roi en le tiere d'Outremer. Et li rois li loa bien qu'il i alast[8]. Et i ala, et arriva à Acre[9], et on le rechut à grant honor et à

1. A. B. — C : *lor.* — 2. D : *de la terre lo roi de France.* — 3. A. B. D : *et s'il s'i voloient acorder.* — 4. D. G. J : *que li roiaumes li aferoit bien.* — 5. J : *bien mariée.* — 6. A. B. D : *Briene.* — G. J : *Brene.* — O : *Braine.* — 7. D. G. J : *al roi de France.*

8. Le récit de H. (pag. 307), peu bienveillant pour Jean de Brienne, diffère beaucoup de A. B. C. G. J. O. — M. toujours très-sommaire (col. 820), n'a pas connu les mss. de H.

9. Après avoir débarqué à Cayphas. H. p. 310. — Jean de Brienne, parti de France, postérieurement à la St Jean de l'an 1210, entra à St Jean d'Acre le 13 septembre. Il épousa Marie de Montferrat le lendemain 14, et fut couronné à Tyr le 1er octobre. H. p. 311. 312. Sanudo, *Secret. fidel.* p. 206. Pipino rapporte ces

grant signourie. Puis ala à Sur, et espousa le dame, et porta corone[1]. Quant li Sarrasin sorent qu'il avoit roi à Acre, si brisierent les trives qu'il avoient faites al bail[2]; et commenca li guerre entr' aus et les Crestiens.

Quant li rois Jehans ot porté corone, il manda le roi de Cypre qu'il presist se feme, le fille le conte Henri de Campagne, qui jurée li estoit, et que ses peres Haimeris et li cuens Henris, li peres le demoisiele, avoient fait le mariage avant qu'il morussent. Li rois de Cypre le manda et espousa et fist royne[3].

Li rois Jehans avoit .I. sien cousin germain qui avoit à non Erars de Braine[4]. Il sot .I. jor que li rois estoit alés à Sur. Il fist tant vers le roine, qu'ele li donna l'autre fille al conte Henri, qui se seur estoit. Et il l'espousa coiement[5], tantost qu'ele li ot donnée, por ce qu'il ne voloit mie que li rois en eust blasme, ne c'on desist que li rois li eust donée. Quant Erars ot espousée le fille le conte Henri, il passa mer, si s'en vint en France. Je ne vos parlerai ore plus de Erart, ne de se feme; mais encore par aventure en orés [aucune fois[6]] parler.

Li rois Jehans, qui à Acre estoit, manda à l'apostole, por Diu, qu'il le secourust, et qu'il avoit grant mestier de gent. Quant li apostoles oï le nouviele de le tiere d'Outremer, qu'il avoient mestier d'aïue et de secours,

événements à l'année 1209 (M. col. 820); et le P. Mansi incline vers cette date (*Annal. eccles.* de Rainaldi, t. XX. p. 293).

1. J : *il et sa feme.* Cf. H. p. 308. — G. J. O : *et porterent corone.* — 2. H. en dit les motifs. Pag. 309. — 3. Les seigneurs d'Ibelin avaient fait célébrer le mariage dès 1208. Notre *Hist. de Chypre.* t. I. p. 177. — 4. D : *Erras de Briene.* Cf. H. p. 319. — 5. J : *privéement.* En 1215. *Hist. de Chypre*, t. I. p. 177, 221. — 6. D.

si manda par toute Crestienté as meillors clers¹ que il savoit qu'il preeçassent le crois d'Outremer. Apriès si envoia cardenals, por aus conforter et por confermer ce qu'il faisoient ²; et moult en croisierent par toutes tieres.

Il ot en France .1. bon clerc, qui preeça de le crois, qui ot à non maistres Jakes de Viteri³. Cil en croisa moult, là où il estoit en predication. L'eslirent li canonne d'Acre et manderent à l'apostole qu'il lor envoiast por lui faire evesque. Et saciés vous bien de voir, s'il n'en eust le commandement l'apostole, il ne l'eust mie recueillie⁴; mais toutes eures passa il outre mer et fu vesques, grant piece. Et si fist moult de bien en le tiere ; mais puis le resigna il⁵, et revint arriere en France, et puis le fist li apostoles cardenal de Rome.

Li premiers haus hom qui passa de cele croiserie, ce fu li rois de Hongerie⁶ qui grant gent mena. Et grans gens passerent de toutes tieres, à cel passage où li rois passa, et ariverent à Acre.

En cel point que li rois de Hongerie passa, fu li roine

---

1. A. B. — C : *chevaliers.* — O : *mieudres cleres.* — 2. O : *diroient.* — J : *feroient.*

3. O : *Jakes de Vitri.* Cf. H. p. 319. — M : « Quam in Fran-
» ciam tunc magister Jacobus de Vitry, vir in sacris litteris eru-
» ditus prædicavit; quem postmodum canonici Acon in episco-
» pum elegerunt..... qui postea factus est cardinalis. » Col. 821.
Fin du chap. 185.

4. G. J: *reçu.* — O : *recoillie.* — 5. O : *mais puis s'en retorna il, et.*

6. M. ajoute ici (chap. 186-187. col. 821) des passages textuels d'Olivier le Scholastique. Cf. Eccard, *Corpus hist. med. œvi.* t. II. col. 1397.

li femme le roi Jehan morte¹, et si l'en demoura une fille. Li rois ne vaut mie estre sans femme, ains manda al roi d'Ermenie qu'il li envoiast une de ses filles, et il le prenderoit à feme². Li rois li envoia et li rois Jehans l'espousa³. Après vint li rois d'Ermenie à Acre, quant li rois Jehan ot se fille espousée. Après si ala le rois de Cypre à tout grant gent.

Or furent à Acre .IIII. roi⁴, et si ot moult grant peule [de toutes terres⁵], qui arivés i estoit. Là prisent conseil qu'il iroient asegier .I. castel à .VIII. liues d'Acre, qui a à non Mont de Tabor⁶. Il i alerent, et si l'asegierent, mais il ne le prisent pas, car li soudans avoit amasset grant gent, et vint son castel secorre.

Quant li Crestien sorent que li soudans estoit près d'aus et qu'il venoit sour aus, il se leverent del siege, et si alerent encontre lui, por⁷ conbatre. Li Sarrasin furent es montagnes [en⁸] haut, et li Crestien furent el plain. Li Coredix⁹, li fius le soudan, vint à son pere, et si li dist¹⁰ : « Sire, c'or¹¹ descendons aval! et si nous » conbatons as Crestiens! » Li soudans li dist que non feroit. « Vois, dist il, biaus fius, com il vienent espris

---

1. Marie de Montferrat mourut en 1212, et Jean de Brienne épousa la fille du roi d'Arménie l'année suivante.
2. A. et B. ont ici plusieurs lacunes. — 3. Cf. H. p. 320. chap. IX.— 4. A. B. C. G. J. O.— M. col. 821 et N. col. 667 : « exer- » citus cum tribus regibus. » — 5. D. — 6. M. chap. 187. col. 822. — 7. C : *et por*.
8. G. — Les montagnes au-dessus de Naïm. — Cf., sur cette expédition des mois de novembre et décembre 1217, H. p. 323; M. chap. 187. col. 822 : « In secundo equitatu, » etc.; et Olivier le Scholastique : « In secundo equitatu, » etc. ap. Eccard, t. II. col. 1398.
9. G : *Coredain*. — J : *Coradins*. — 10. Cf. H. p. 323-324. — 11. A. B. O : *Car*. — G : *Ores*.

» et ardant de conbatre. Se nous descendons aval,
» espoir nous n'en arons mie le millor, car aussi cier
» sont il mort comme vif[1]. Et ce m'est avis qu'il sont
» tout abandonnet à le mort, et je ne veull mie mes
» homes faire ocire. Vois, dist il, com il sont grant
» gent, et si n'ont point de segnor qui les gouverne,
» et si vit chascuns del sien. Quant il aront despendu
» çou qu'il ont, si s'en iront. » Li soudans se tint tous
cois es[2] montagnes; et si n'ala mie[3] aval pour conbatre
as Crestiens. Et quant li Crestien virent qu'il n'avaleroit
mie, si n'oserent demorer al siege, por çou qu'il ne se
mesissent entr' aus et Acre, et qu'il ne lor tolissent le
viande.

Il n'orent esté gaires à Acre, puis qu'il furent revenu,
que li rois de Hongerie [entra en mer et[4]] s'en ala en
son païs; et li rois d'Ermenie s'en ala ou sien; et li rois
de Cypre s'en retornoit arriere. Si ariva à Triple, là li
prist maladie, si fu mors[5].

1. G : *car ausi chier ont il à estre mort com vif.*— J : *et autant lor est de la mort com de la vie.* — 2. C : *et es.* — 3. O : *n'avala.*
— 4. A. B. — Février 1218.
5. M : « Ubi rex Cypri adolescentulus diem clausit extremum.»
Chap. 188. col. 823, et Olivier le Scholastique, ap. Eccard. *Corp.*
t. II. col. 1399. § 3.

CHAPITRE XXXVI.[1]

Coment Demiete fu conquise de Crestiens sor Saracins.

SOMMAIRE.

1218. Avril. Jean de Brienne et les barons d'Outre-mer délibèrent sur la continuation de la guerre. 29 mai. Ils s'embarquent pour Damiette. — 1218-1219. Lenteurs du siége. Prise de la tour de Damiette. Mesures du pape au sujet des croisés incapables de passer Outre-mer. Deux cardinaux se rendent à Damiette. Le sultan Malec-Adel fait demanteler Jérusalem et les châteaux de Syrie. Il vient au secours de Damiette avec son fils Malec-Kamel. Mort du sultan. Malec-Kamel lui succède. Il fait intercepter le Nil par une estacade. — 1219. Février. Les Chrétiens forcent le barrage et s'établissent, malgré les Sarrasins, sur la rive droite du fleuve, où ils recommencent les travaux de siége. Malec-Kamel demande des secours à Coradin (Malec-Moaddam) son frère, et au calife de Bagdad. — 1218. Du Château-Pélerin, ou château du Détroit, près S. Jean d'Acre, fortifié par l'armée avant son départ pour l'Egypte. Coradin dirige des courses sur S. Jean d'Acre, Château-Péle-

---

1. Cf. G. p. 358-384. — H. pag. 326-349. liv. XXXI. chap. 14 à liv. XXXII. chap. 16. Récit différent et plus développé. — Pipino abandonne ici complètement notre chronique et raconte l'expédition de Damiette d'après l'*Historia Damiatina* d'Olivier le Scholastique, dont il reproduit textuellement de longs extraits. M. col. 825 à 842: *Anno itaque gratiæ*, 1218, etc.; Oliv. le Scholast. *Hist. Damiat,* ½ 7-27. ap. Eccard, *Corp. hist. med. œvi,* t. II. col. 1401-1423: *Anno gratiæ,* 1218. — Pipino reprend le récit d'Ernoul ou de Bernard, qu'il abrége et modifie toujours, après la conquête de Damiette. Voy. ci-après, p. 426.

rin et Césarée. 29 août. Echec des Chrétiens sous les murs d'Acre. La garnison du château de Césarée se réfugie à S. Jean d'Acre. Coradin abandonne le siége de Château-Pélerin pour se rendre en Egypte. — 1219. Août. Jean de Brienne et les croisés se décident à attaquer l'armée sarrasine devant Damiette.—29 août. Ils sont battus. Détresse de la garnison de Damiette. Le sultan parvient à faire entrer des renforts dans la ville. — 4-5 novembre. Damiette est prise à l'improviste par les gens du cardinal Pélage. — 1220. Mésintelligence entre le cardinal Pélage et Jean de Brienne. Le roi Jean quitte l'armée. Mort de la reine Marie. Mesures rigoureuses du cardinal Pélage pour retenir les croisés en Egypte. Courses et captures des galères sarrasines sur les côtes de Syrie et de Chypre. Le cardinal croit trop tard aux rapports de ses espions.

Li rois Jehans fu[1] à Acre. S'i ot moult grans gens et moult en venoit chascun jor [de totes terres[2]]. Si se porpensa qu'il ne poroit riens esploitier en cele tiere, et que s'il avoit conseil del Temple et de l'Hospital, qu'il iroit moult volentiers à Alixandre ou Damiete assegier. Et se li estoit bien avis que, s'il pooit avoir une de ces .II. cités, il en poroit bien avoir le roialme de Jherusalem. Quant ensi ot pensé, si manda les Templiers et les Hospitaliers et les barons de le tiere, por prendre conseil de ce qu'il avoit porpensé.

Quant il furent tout asanlé, si lor dist li rois : « Seignor, por Diu, or me conseilliés de ce que je vous
» dirai. Nous avons ci moult grans gens, et moult en
» i a de croisiés par Crestienté qui venront avant et
» moult en croisera encore. Il m'est avis que nous ne
» porons mie grantment esploitier en ceste tiere sor
» Sarrasins. Et se vous veés qu'il fust boin à faire,
» jou iroie volentiers en le tiere d'Egipte, assegier
» Alixandre ou Damiete, car se nous poons avoir une
» de ces cités, bien m'est avis que nous en poriemes

1. J : *demora*. — 2. D.

» bien avoir le roialme de Jherusalem[1]. » Atant en parlerent ensanle li Templier et li Hospitalier et li chevalier, et prisent conseil ensanle. Et bien lor fu avis que li rois avoit fait bon porpens, et disent[2] que bon seroit à faire, se s'i acorderent et creanterent qu'il iroient.

Quant li rois vit qu'il se furent acordé à son porpens, et qu'il ot le creantement de l'aler, si commanda à chascun qu'il atirassent[3] nés [et galies[4]] et cargaissent armes et viandes, chascuns selonc çou qu'il estoit, et prisent jour del mouvoir. Quant ensi fu atorné li mute, li rois garni moult bien Sur et Acre de chevaliers et de serjans et de viandes. Et laissa bien dedens Acre .v^c. chevaliers, que pelerins que ceus de le tiere[5]. Quant li rois ot bien garni Sur et Acre, si fist crier parmi Acre que tol cil qui atiré[6] estoient, fors cil qui demouroient es garnisons, entraissent es nés et alaissent apriès lui sor escumeniement.

Quant les nés et les galies furent apareillies, si entrerent ens, et quant Dame Dius lor donna bon tans, si murent[7]. Quant il furent mut, Dius lor donna si bon vent qu'en poi de tans furent devant Damiete, et prisent tiere; et descendirent en une ille qui est devant Damiete, et se logierent illeuc sor le flun. Là furent

---

1. A. B. G. O : *il m'est avis que nos porrions avoir tote ceste terre por l'une des deux, se Dex la nos donnoit prendre.* — F : *se nos la volions rendre.* — 2. A. B : *et distrent.* — 3. A. B : *atornassent.* — 4. A. B. — 5. D. O : *chevaliers et serjanz mil.* — 6. A. B : *haitié.*

7. Olivier le Scholastique dit que la flotte mit à la voile après l'Ascension, c'est-à-dire après le 24 mai (Voy. notre *Hist. de Chypre*, t. I. p. 199); ce qui peut s'accorder avec le récit de H. suivant lequel le départ eut lieu à l'octave de la Pentecôte, date répondant au 29 mai, et non au 9 mai. Voy. H. Pag. 326. 704.

bien .i. an, c'onques riens ne porent faire à Damiete, fors tant qu'il prisent une tour près [de la rive [1]] del flun où il estoient logié. En cele tour estoit li uns des ciés [2] de le chaine, et à Damiete li autres, qu'il levoient quant il voloient que vaissiaus ne montast ne avalast [3] le flun. Quant li Crestien orent prise le tor, si brisierent le chaine et le garnirent [4]; si que lor vaissiel, quant il estoient arivé, venoient en lor ost tout contremont le flun en le rive, par deviers aus.

Quant li apostoles sot que li Crestien avoient asegié Damiete, si manda par toute Crestienté as croisiés qu'il meussent.[5] Et après, si manda as pors as Crestiens [6], as archevesques et as evesques [7], qu'il fussent legat de descroisier les menues gens, et qu'il les descroisassent et renvoiassent arriere ceuls qui n'estoient mie aidaule [8], et presist on lor deniers, si les envoiast on en le tiere. Ceuls que on descroisoit à Rome, ne laissoit on se tant d'argent non qu'il se peussent reconduire en lor païs à revenir arriere, si comme aucunes gens disent. Après ce, envoia li apostoles legas par toutes les tieres por descroisier et por faire movoir ceuls qui ne se descroisoient. Et si manda par tout qu'on ne fesist crestienté [9] à croisié qui ne mouveroit, ou donroit del sien, tant que [10] raison porteroit, à porter en le tiere d'Outremer [11], et se descroiseroient. Après si

1. A. B. — 2. A. B : *chieus.* — G : *un chief.* — J. O : *chiés.* — 3. Mal dans A. B : *ne aliast.* — 4. G. J : *il la garnirent et brisierent la chaeine.* — 5. E. G. J. — A. B. C : *venissent.* — 6. C'est-à-dire : *manda aux ports de mer des Chrétiens.* — 7. A. B. G. J : *manda as arcevesques et as esvesques des pors.* — 8. A. B. D : *aidable.* — 9. A. B : *c'om ne feist crestienté.* — C : *c'on ne feist nule droiture.* — 10. D. O : *com.* — G : *tant comme raison seroit.* — 11. J : *ou qui ne donroit rainablement de son avoir à l'aide d'Outremer.*

envoia .II. cardenaus en l'ost à Damiete, le cardenal Robert[1], qui englès estoit et le cardenal Pelage, qui estoit de Portingal. Le cardenal Robiers i fu mors. Et li cardenals Pelages vescui; dont ce fu grans damages, et moult i fist de mal, si comme vous orés dire en aucun tans, si apriès, en cest conte.

Quant li soudans sot que li Crestien estoient mut por aler en le tiere de Egypte, si ne fu mie liés. Si fist abatre les murs de Jherusalem et les castiaus qui en le tiere estoient, fors seulement le Crac, car il cuidoit bien, quant li Crestien oroient dire que li mur de Jherusalem esteroient abatu et li castiel de le tiere, qu'il retorneroient arriere, et alaissent en Jherusalem faire lor pelerinage et retornaissent arriere en lor païs. [Mes non firent[2]], ains prisent tiere et se logierent devant Damiete, si com vous avés oï.

Quant li soudans vit qu'il ne retorneroient, et c'on li fist asavoir qu'il avoient pris tiere et assegie Damiete, si en fu moult dolans. Si amassa grant gent et ala là et mena aveuc lui .I. sien fil qui a à non le Quemer[3], à cui il donna le tiere d'Egypte, quant il dut morir. Son autre fil, qui avoit à non li Coredix, donna le tiere por garder; et à celui laissa il le tiere de Damas et de Jherusalem, quant il dut morir.

Li soudans s'en ala en le tiere d'Egypte. Et quant il vint là, et il vit que li Crestien estoient priès de Damiete, par devers le flun, si fu moult dolans, et s'ala herbegier devant Damiete. Ne vesqui gaires apriès; ains fu

---

1. Robert de Courson. — 2. A. B. — D : *Mais nen firent.* — G : *Mais ce ne firent il pas.* — 3. A. B : *Le Kemer.* — G : *Loquemel.* — J : *Le Guemer.* Malec El-Kamel.

mors, et ses fius fu sires de le tiere et maintint l'ost. Il fist paler le flun de l'une rive dusqu'à l'autre, de grans mairiens[1], por çou que li Crestien ne montassent le flun et presissent le tiere por venir sor eaus. Après, si fist moult bien garnir le rive del flun desci à Damiete des paléis[2], de cele part où il estoient, que li Crestien n'i arrivaissent[3].

Quant li Crestien orent bien .i. an esté en l'ille, si comme vous oïstes qu'il ariverent, si prisent conseil qu'il feroient ; que là ne faisoient il mie esploit, et qu'il lor estevoit[4] passer par devers Damiete. Il disent qu'en nulle fin del monde ne pooient il prendre terre entre Damiete et le paléis, mais s'il pooient tant faire qu'il peuissent brisier le paléis, à l'aïue de Diu, il prenderoient tiere. Là prisent conseil et s'acorderent qu'il iroient. Quant il furent acordé, si garnirent moult bien lor ost et lor lices.

Après si s'armerent, et entrerent es nés et es galies. Quant il se furent recueilli, Dame Dieus donna bon vent, si murent. En le nef qui devant fu estoit Gautiers le camberlens le roi de France, par cui li rois avoit envoiet grant avoir en le besogne de le tiere. Cele nés fu fors et si oit bon vent[5] ; si se fiert el paléis [à plaines voiles[6]], si le froisse et passe outre et fait voie, et les autres nés après, et toutes passerent oltre sauvement ; fors une du Temple qui traversa, que li Sarrasin arsent[7], mais les gens escaperent. Quant li Sarrasin

---

1. A. B : *de granz pauz.* — G : *de grant pieus.* — 2. G: *des les palis.* — J : *des le paleis.* — 3. A. B : *n'i entrassent.* — 4. A. B: *estovenoit.* — G. J : *covenoit.* — 5. A. B : *si ot fort vent.* — 6. J. — 7. A. B. D : *artrent.* — O : *arsent.* — J : *arstrent.* — G : *ardirent.*

virent que li Crestien s'apareilloient por passer oltre[1] le flun, si s'armerent et alerent tout sor le rive por contretenir qu'il n'arivaissent. Et lançoient à eauls et traioient fu grigois. Quant li Crestien orent eslongie Damiete, si trouverent une rive là où il lor fu avis qu'il pooient bien ariver. Il virent que toute li tiere fu couverte de Sarrasins et tous li rivages. Si disent qu'il ne poroient mie ariver en cel point, car trop estoit li tiere couverte de Sarrasins. Il orent conseil qu'il ariveroient en l'ille par où il montoient, et que l'endemain, à l'ajornée, prenderoient tiere d'autre part. Il ariverent et jeterent ancres selonc le rive del flun; et li Sarrasin d'autre part garnirent moult bien le rive, et alerent à lor herberges.

Or vous dirai que[2] il avint le nuit, et comment Dius aida les Crestiens. Il ot discorde d'un haut home de l'ost as Sarrasins et le soudan, que li soudans le voloit mettre en garnisons dedens Damiete. Mais cil dist qu'il n'i enterroit ja, car Salehadins, ses oncles, avoit mis sen pere dedens Acre en garnisons; si le laissa prendre as Crestiens, quant il prisent Acre. Cil haus hom s'en parti[3] le nuit de l'ost et grans gens aveuc lui; mais il laissa ses harnas et ses tentes, por ce qu'il ne voloit mie c'on l'aperçeust ne qu'il fust pris. Quant cil qui en garnisons estoient sor le rive [por garder les Crestiens[4]], oïrent le friente[5] et le noise de cels qui s'en[6] aloient, si cuidierent estre traï et guerpirent la rive, si s'en alerent. Quant il commença à esclairier del jor,

---

1. A. B : *por monter.* — 2. A. B. — C : *comment.* — 3. A. B. — D : *se parti.* — C : *departi.* — 4. A. B. — 5. A. B : *la frainte.* — 6. A. B. — C : *en.*

li Crestien, qui lor nés escargaitoient[1] et gaitoient l'ost, esgarderent par devers l'autre rive, si ne virent nullui, et virent le rivage tout vuit. Il [le[2]] fisent savoir as Crestiens. Si s'armerent, et leverent [vistement[3]] lor ancres et passerent le flun, et prisent tiere par d'autre part, et descendirent, et li chevalier et tout li autre, fors li maronnier qui remenerent aval le navie[4] contreval le flun; si se misent en conroi, et esrerent vers Damiete[5].

Quant li Sarrasin sorent que li Crestien avoient passé le flun, si s'armerent et issirent hors des herberges por venir encontre aus. Quant on fist savoir au soudan que li haus hom qu'il avoit prié d'entrer dedens Damiete, s'en estoit alés, et toutes ses gens et grant partie de l'ost avoec lui, quant li soudans oï ce, si ne vaut mie aler encontre les Crestiens, ains guerpi ses herberges si s'en ala. Li Crestien les en virent [bien aler[6]], mais il ne vaulrent mie aler apriès ; ains alerent as herberges que li Sarrasin avoient lassies, se s'i herbegierent et assegierent Damiete. Il trouverent les herberges des Sarrasins moult bien garnies de viandes, qui mestier lor orent, et grant avoir i gaagnierent. Apriès si departirent les viandes et le gaaing, si en donnerent à chascun selonc çou qu'il estoit. Apriès si fisent .II. pons par desus le flun de l'une ost à l'autre ; si que li un aloient as autres par desus les pons, quant il voloient. Apriès si fisent derriere aus bons fossés et bonnes lices, por ce que li Sarrasin ne lor courussent

1. A. B : *eschargaitoient*. — D : *eschauguetoient*. — 2. A. B. — 3. J. — 4. A. B : *qui remanerent les nés*. — 5. J : *fors les mariniers qui ramenerent la navie contreval le flum vers Damiete tote en conroi jusques il revindrent en l'ost*. — 6. A. B. D.

sus¹. Puis si drecierent perrieres et mangoniaus et trebucés, por jeter as murs de Damiete. Mais n'i pooient riens faire, et faisoient asalir chascun jor; et bien i furent .i. an, c'onques riens n'i fisent².

Quant li Sarrasin orent guerpies lor herberges et il se furent trait arriere, et il sorent que li Crestien i estoient herbegié et qu'il orent engiens dreciés devant le vile et faisoient asalir, il se herbegierent à .ii. liues d'iaus, et envoierent chascun [jor³] de lor gent, par establies, et faisoient asaillir⁴ as lices. Apriès, si manda li soudans à son frere le Coredix, qui estoit en le tiere de Jherusalem, qu'il le secourust atout tant qu'il poroit avoir de gent, car li Crestien avoient passé le flun et avoient Damiete assise, tout entour al reonde⁵. Apriès si manda à⁶ califfe de Baudas [qui apostoiles est des Sarraçins⁷] qu'il le secourust; et s'il ne le secouroit, il perderoit le tiere, car li apostole des Crestiens i envoioit tant de gent, que ce n'estoit rois ne mesure⁸; et qu'il fesist aussi preecier parmi Paienie [ansi⁹] que cil faisoit parmi Crestienté, et si le secourust. Quant li califfes¹⁰ oï que li Crestien entroient en le tiere d'Egypte à si grant fuison, si fist preecier par Paienie, et envoia au soudan grant secors de gent par sen preeçement.

Ansçois que li Crestien meuscent d'Acre por aler en le tiere d'Egypte, fremerent il .i. castel, au cief d'une cité sur le mer, qui a à non Cesare¹¹. Un autre en com-

1. J : *ne s'enbatissent sor eaus*. — 2. A. B : *un an, sanz rien faire*. — 3. A. B. G. — 4. A. B. G. J : *por assallir*. — 5. A. B. D : *à la reonde*. — 6. A. B : *al*. — G : *au*. Le ⸗ manque dans D. — 7. A. B. G. J. O. — 8. A. B. G. O : *ne comte ne mesure*. — J : *que c'estoit sanz nombre*. — 9. A. B : *ansi com*. — G : *ausi com*. — 10. J. O. — A. B. C : *Quant califfes*. — Lacune dans G. — 11. A. B : *Cessaire*. — G. J. O : *Cesaire*.

mencierent à fremer, à .vii. liues d'Acre et .v. liues de Cesare, en .i. liu c'on apele Le Destroit[1]. Cis castiaus qu'il laissierent fremant quant il murent, est en le mer. Il li misent à non *Castel Pelerin*, por ce que li pelerin le commencierent à fremer. Et assés en i demoura puis que li rois en ala à Damiete, por le castel aidier à fremer. Cel castel tienent Templier, por çou qu'en lor tiere fu fermés.

Or vous dirai que li Coredix fist[2], qui fu fius le soudan de Damas. Il ot moult grant gent amassée .i. jour de feste Saint Jehan Decolasse, qui est le daerrain jor d'aoust[3], et si fist .i. enbuissement priès d'Acre, puis fist corre par devant[4].

Quant les garnisons d'Acre virent les courcours venir, si issirent après aus et cachierent tant qu'il vinrent sor l'enbuiscement. Quant li Crestien virent l'enbuissement, si arresterent et ne vaurent aler avant, et si se tinrent por fol de ce qu'il avoient tant cachié. Quant li Sarrasin virent les Crestiens, si saillirent et asanlerent à eauls; là se conbatirent. Assés en i ot de mors d'une part et d'autre, tant que li Crestien ne porent plus endurer, ains tornerent en fuies vers Acre, qui escaper en pot. Et li Sarrasin [les[5]] encaucierent, et prisent assés, et occisent et cachierent dessi as portes d'Acre. Quant li Crestien qui à Acre estoient virent que lor gent s'en venoient tot desconfit, si coururent as armes, et fermerent les portes et garnirent, que li Sarrasin n'entraissent dedens.

Quant li Coredix ot desconfit les garnisons d'Acre,

---

1. A. B. D. G. — C : *c'on apele Destroit*. — 2. A. B. D. — 3. G : *à l'issue d'Aoust*. 29 août. — 4. J : *puis manda ses correors devant Acre*. — 5. G. J : *les suirent*.

si ala à Cesaire, si aseja le castel. Quant cil del castiel furent assegié, si envoierent à Acre por secors. Cil d'Acre lor envoierent galies et lor manderent qu'il venissent à Acre, et laissaissent le castel, car il ne les pooient secorre. Quant cil del castel oïrent[1] les novieles, si entrerent par nuit es galies et alerent à Acre, si laissierent le castiel. Et quant ce vint l'endemain, si s'armerent li Sarrasin por aler assallir al castel, et quant il vinrent près des murs et il vaurent aler assaillir, si ne trouverent qui contre aus fust. Il firent aporter escieles et monterent sour les murs, et entrerent el castel. Quant il orent le castel pris, il ne le vaurent mie garnir, ains l'abatirent. Quant il orent le castel abatu, si se partirent d'ileuc, et alerent asegier Castel Pelerin. Il n'i orent[2] gaires sis, quant li message li vint qui li aportoit les nouveles que ses freres le mandoit, qu'il l'alast secorre atout quanqu'il poroit avoir de gent. Et li Coredix se leva del siege de Castiel Pelerin, si garni le tiere, si s'en ala en Egypte, à son frere, le soudan.

Quant li pelerin orent esté une piece devant Damiete, et que li Sarrasin lor venoient cascun jour desci as lices, il prirent conseil, et[3] s'acorderent qu'il iroient requerre les Sarrasins dusques es lices, et les leveroient de là où il estoient logiet, et se conbateroient à aus. Quant il orent pris conseil d'aler sor les Sarrasins, il atirerent ceus qui demoureroient por garder les lices et ceus qui iroient conbatre as Sarrasins.

Li rois Jehans issi avant de l'ost et li eslis de Biauvais, qui puis fu vesques, et Gautiers li cambrelens, et

1. C : *l'oïrent.* — 2. A. B. — C : *ot.* — 3. A. B. — C : *qui.*

François assés, et grans chevalerie de toutes tieres, et merveilles en issirent de gent à pié. Et errerent tant qu'il vinrent près de l'ost as Sarrasins. Quant li Sarrasin les virent venir, si se traisent arriere [de lor herberges[1]] et s'armerent et monterent sor lor cevaus. Et les gens à pié se ferirent es herberges, et se cargierent de viandes et de ce qu'il trouverent, puis vaurent aler ariere. Quant li Sarrasin virent que li Crestien avoient tant cargié[2], si lor coururent sus. Li rois et li cevalerie qui les gardoient lor alerent encontre, si s'asanlerent et se conbatirent, si que li Crestien en orent le pior et furent desconfit. Si fu pris li eslius de Biauvais et Gautiers li cambrelens, et grans cevalerie de France et d'aillors. Et des gens à pié n'escapa nus; ains furent tout [ocis, ou[3]] mort de soif, car il fist moult caut cel jour; si n'orent point d'iaue là où il aloient, si cachierent desci as lices. Si eust esté li rois detenus, se n'eust esté li secors de ciaus qui as lices estoient. Ce jor fu feste Saint Jehan, à l'issue d'aoust. Chel jor ot .I. an que li Crestien furent desconfit devant Acre.

Grant joie fisent li Sarrasin des haus homes qu'il avoient pris, et de çou qu'il avoient desconfit le roi. Et li Crestien fisent grant deul en l'ost. Si vous di c'onques puis que li Crestien furent ariere devant Damiete et orent pris tiere, ne fu jors que li Sarrasin ne tuassent ou preissent Crestiens.

Or vous dirai des Sarrasins qui dedens Damiete estoient. Grans maladie lor prist, si qu'il en i[4] ot moult de mors et moult en i moroit chascun jour. Il

---

1. J. — 2. A. B : *qu'il avoient lor charge.* — 3. J. — A. B : *ocis et mort.* — C : *furent tout mort de soif et ocis.* — 4. A. B.— C : *en ot.*

le¹ fisent savoir al soudan' et disent qu'il renderoient le cité, u il lor envoiast gent qui deffendre se peussent, car il ne se pooient mais deffendre. Li soudans fist apareillier .v^c. chevaliers bien montés, et si lor donna tant et promist, et si lor dist, s'il pooient tant faire qu'il fussent dedens² Damiete, il lor donroit tant que il deviseroient, et chil disent qu'il iroient et entreroient ens. Si s'apareillierent por entrer ens le nuit.

Quant ensi furent atorné, si fisent savoir à ceus de Damiete que quant il orroient le nuit le noise et le friente³ en l'ost as Crestiens, qu'il ouvrissent une porte par où il enterroient⁴. Quant che vint le nuit de prin soir⁵, que l'os des Crestiens fu endormie, li Sarrasin qui furent armé et bien monté se firent en l'ost parmi les gaites qui gaitoient les lices ; et li Sarrasin qui dedens Damiete estoient ouvrirent les portes, et cil entrerent ens. De cele part où il entrerent en Damete, estoit li cuens de Navers⁶ herbegiés. Dont il ot grant blasme, et li mist on sus qu'il en avoit eu grant avoir del soudan pour entrer les Sarrasins en Damete, parmi ses herberges. Dont il avint c'on le bani de l'ost.

Ne demora gaires apriès che que li Sarrasin furent entré en Damiete, que li mainnie⁷ le cardenal fisent l'escargaite⁸ une nuit par devers le cité. Dont il

1. A. B. — C : *il fisent*. — 2. A. B. D. G. — C : *devent*. — 3. A. B. D. G : *freinte, frainte*. — 4. A. B : *entreroient*. — 5. A. B : *Quant ce vint la nuit de souper et de prinsoir.* — G : *la nuit de prim somme*. — 6. A. B : *Nevers.* — D : *Nuevers.* — 7. A. B : *la masnie*. — 8. A. B. D. G. O : *l'eschargaite*. — Lacune à la suite, dans A. et B. — J : *la chargaite.* — M : « excubiæ. » Cf. *Hist. de Chypre*, t. I, p. 203. — Pipino, qui abandonne notre chronique pour Olivier le Scholastique dans ce qu'il dit de l'expédition de Damiette (Voy. ci-dessus pag. 413. n.), la cite cependant à

avenoit que chascuns haus hom faisoit l'escargaite à sen tour; et cele nuit escaï al cardenal. Il donerent escout cele nuit, si n'oïrent nullui as murs, si comme il soloient faire; si s'esmervellierent que ce pooit estre. Il parlerent ensanle, et apparellierent escielles et misent as murs. Quant il fu jours, si monterent amont, mais n'i trouverent nullui. Il le fisent savoir en l'ost et si avalerent as portes, si les ouvrirent et on entra ens sans contredit. On trouva les mors parmi les rues et les malades, si que toute le vile en puoit. Cel tant[1] de Sarrasins qu'il i avoit qui aidier se pooient, reculerent en une tor, et là furent pris. On jeta tos les mors qui i estoient el flun, si avalerent en le mer. Quant li Crestien orent pris Damiete, si donnerent à chascun se part de le cité et des avoirs selonc ce qu'il estoit.

Ne demora[2] gaires apriès ce, qu'il ot grant maltalent entre le roi Jehan et le cardenal. Dont il avint que li cardenals escommenioit chascun jor tos ceus et toutes celes qui en le partie de Damiete que li rois Jehans avoit manroient ne liueroient maison[3]. Li rois

propos de cet incident : « scribit Bernardus Thesaurarius de modo
» intrandi ; quod quum excubiæ Christianorum solito more tumul-
» tuantes, in nocte in urbe viros audirent, etc. » M. chap.
200. col. 837.

1. J. O : *Un poi*. — 2. Pipino, en suivant toujours comme son guide principal l'*Historia Damiatina* d'Olivier le Scholastique, revient cependant pour la seconde fois et en ces termes à Bernard le Trésorier au sujet de la reddition de Damiette : « Hæc » ex *Historia Damiatæ* sumta sunt. Sed de discessu regis » Johannis et qualiter Christiani Damiatam soldano reddiderunt, » et nonnulla quæ sequuta sunt postmodum, sic scribit Bernardus » Thesaurarius. » M. Fin du chap. 204. col. 842. — 3. A. B : *maindroient, ne loeroient maison*.—D: *manoient, ne looient meson*.—

estoit moult dolans de ce que li cardenaus faisoit, car grant coust et grant painne avoit mis à Damiete prendre.

On aporta novieles al roi Jehan que li rois d'Ermenie, cui fille il avoit, estoit mors. Dont il fu moult liés de çou qu'il ot honerable ocoison de l'ost laissier; car il estoit moult anuiés et moult dolans de ce que li cardenals avoit signourie sor lui, et avoit deffendu c'on ne fesist riens por lui en l'ost. Il manda des chevaliers de l'ost, si prist congié; et si dist qu'il l'en estevoit[1] aler en Hermenie, et que li tiere li estoit eskeue de par se femme. Cil de l'ost furent moult dolant, quant il sorent que li rois Jehans s'en aloit.

Li rois Jehans s'en ala en Hermenie, et quant il vint là si requist le tiere. Cil d'Ermenie disent qu'il ne le connissoient mie à signor, mais s'il veoient lor dame le fille le roi, qui lor dame devoit estre, il le recueilleroient comme dame et li renderoient le tiere. Li rois Jehans s'en ala à Acre, por se feme mener en Hermenie. Quant il vint à Acre, se li fisent aucunes gens à entendre que se feme voloit empuisonner[2] se fille dont il tenoit le roialme. Li rois en fu moult dolans, si l'en bati à esperons[3]. Dont aucunes gens disent qu'ele fu morte de le bature[4]. Li rois ne retorna mie à Damiete, ains sejorna à Acre, et i fu bien un an puis qu'il s'en torna[5] de Damiete, anscois qu'il i alast[6]. Dont il fu moult dolans

G : *maindroit ne loueroit maison.* — 1. A. B : *qu'il li estovoit.* — J : *convenoit.* — 2. A. B : *empoisonner.* — D : *emprisonner.* — 3. D : *l'en laidanja molt.* — 4. M : « Tantis eam affecit verberibus, ut exhalaverit misere spiritum. » Col. 843. chap. 205. — — 5. A. B.—C: *puis que se torna.*— 6. A. B. I: *qu'il i ralast.*— M: « per annum moratus Accon. » Fin du chap. 205. Pipino ne dit rien de ce qui termine le présent chapitre de notre chronique.

quant il i rala sitost, en grant aventure i fu de le vie[1] perdre.

Quant li rois se parti de Damiete, li cardenals demora sires de l'ost. Or vous dirai que li cardenals avoit establi devant ce qu'il eust Damiete, et faisoit encore : que nus hom, tant eust laissie se feme ne ses enfans povres ne endetés, nulle cose ne li pooit renvoier arriere, ains li convenoit tout laissier en l'ost. Ains faisoit chascun jor escumenier tos cels qui riens en reportoient[2] d'omme qui mors fust en l'ost. Apriès si faisoit jurer les signors[3] des nés, qui les nés looient as pelerins por revenir arriere, que nul n'en lairoient entrer dedens les nés ne nul n'en passeroient, s'il ne veoient sen seel. Et encore avoec tout ce le faisoit escumenier ; mais bien lor laissoit lor nés [loer et[4]] cargier de viande, mais nul n'en laissoient entrer ens, s'il ne veissent sen seel. Autretel commandement fist faire[5] à Acre et en le tiere. Quant li pelerin qui lor nés avoient loées et cargies lor viandes cuidoient[6] entrer ens, li maronnier lor disoient bien qu'il n'i enterroient s'il n'avoient le seel dou cardenal. Li pelerin aloient al cardenal et demandoient por coi il avoit deffendu as maroniers qu'il ne les passassent ; et il lor dist qu'il l'avoit deffendu por çou qu'il ne voloit mie qu'il s'en alaissent, qu'il ne laissaissent[7] del lor en l'ost.

Or vos dirai que tels i avoit [qui[8]] disoient au cardenal : « Sire, j'ai ci demoré .I. an ou .II. ; n'ai je mie

---

1. A. B. D. J. O. (Et non *la ville*. G. pag. 380). — E : *Dont il fu moult dolans et moult courrouchiés quant il rala si tost en grant aventure de perdre le vie*. — 2. A. B : *riens enporteroient*. — 3. D : *les mestres*. — 4. A. B. — 5. A. B : *Tot ausi fist il faire*. — 6. C : *et cuidoient*. — 7. O : *s'il ne laissoient*. — 8. A. B. D.

» assés despendu? » — « Toutes eures, faisoit il, laissiés,
» por Diu, del vostre; » à cels qui avoient esté .I. an.
Et qui mains i avoit esté, raimboit il[1], selonc ce que
chascuns estoit[2]; car on lor faisoit dire, sor escumenie-
ment, combien il i avoient[3]; et il en prendoit çou qu'il
voloit, quant il s'en voloient venir, [car autrement ne
pooient il venir[4]] ne avoir son seel, s'il ne faisoient
son gré. Tot ensement faisoit il à Acre.

Or vous dirai qu'il avint. Li Sarrasin sorent que li
Crestien n'avoient nulle galie sor mer, ne que li mers
n'estoit mie gardée. Il fisent apareiller .X. galies et
metre en mer por destorber[5], et por prendre les
Crestiens qui venoient [à Acre et[6]] à Damiete. Et espies
vinrent al cardenal, se li disent : « Sire, li Sarrasin
» arment galies por metre en mer. Appareilliés vous
» encontre, et se vous ne le faites, vous aurés damage
» et li Crestien. » Li cardenals ne le vaut croire. Ains
lors fist donner à mangier [et à boivre[7]]. Si s'en alerent.
Quant les galies furent armées, et elles furent en mer,
les espies revinrent al cardenal, et se li disent : « Sire,
» or vous gardés! Les galies sont en mer. » Li carde-
nals dist : « Quant cil vilain voelent mangier, si
» vienent dire aucune novele. Va, dist il à .I. serjant,
» si lor done del vin et à mangier. » Les galies qui
estoient en mer ne s'oublierent pas; ains alerent en
l'ile de Cypre, et trouverent nés gargés[8] de pelerins

---

1. A. B : *raemboit il.* — D : *reemboit il.* — E : *Et s'il y avoient esté mains d'un an, il le raemboit.* — 2. I. J : *Toutes heures prenoit il de chascun selonc ce qu'il estoit.* — 3. A. B : *quanqu'il avoient.* — 4. A. B. D. E. — 5. A. B : *desrober.* — 6. A. B. — 7. A. B. — 8. C : *nes et garges.* — A. B : *assez nés de pelerins chargiés.* — D : *les nés chargiées.* — G : *nés assés chargiés.*

au port de Cypre[1]; [qui aloient à Damyete[2]]. Il alerent avant, si bouterent le fu ens, si les arsent, et les pelerins, et furent grant piece illeuc; et ardoient et prendoient toutes les nés qui venoient d'Acre à[3] Damiete. Li novele en ala al cardenal, que les galyes as Sarrasins avoient fait grant damage as Crestiens et estoient en l'ile de Cypre; et bien avoient ja[4], que pris, que ocis, que ars, plus de .XIII. mile Crestiens, estre l'autre gaagn[5] qu'il avoient fait es nés.

Quant li cardenals oï le novele, si fu moult dolans; et si ot droit, que cis damages estoit avenus par lui, car il ne volt croire ceuls qui l'en avoient garni. Il fist armer galies, si les envoia en l'ile de Cypre, mais ce fu à tart. Quant eles i vinrent, si ne trouverent mie les galyes des Sarrasins, car eles s'en estoient retornées en lor tieres, bien cargies de gens et d'avoir, qu'il avoient gaagnié[6].

1. A. B. I : *à un port devant l'isle*. — G : *à un port devant Limeçon*. — 2. D. — 3. A. B : *à Acre et à*. — 4. A. B. — 5. A. B. E : *gaaing*. — 6. A. B : *s'en estoient retornées en lor contrées à tot lor gaaing*. Comme nous l'avons remarqué déjà, Pipino ne dit rien de ces faits. — M. col. 843.

CHAPITRE XXXVII.[1]

De .II. clers qui alerent preeschier au Soudain.

SOMMAIRE.

1219. Deux clercs de l'armée chrétienne se rendent, avec la permission du légat, auprès de Coradin, sultan de Damas. Ils lui démontrent la fausseté de la loi de Mahomet. Les Imans demandent au sultan de leur faire trancher la tête, au lieu de discourir avec eux. Le sultan les traite avec égards et les fait reconduire chez les Chrétiens. — 1220. Les Sarrasins offrent aux croisés de rendre Jérusalem s'ils consentent à évacuer Damiette. Les Chrétiens refusent l'échange dans l'espérance de voir arriver l'empereur Frédéric et de conquérir avec son aide l'Egypte entière et Jérusalem. Honorius III fait hâter la croisade en Occident et engage Frédéric à passer Outre-mer. 22 novembre. Le pape couronne Frédéric à Rome et le presse de se mettre en route. Frédéric ajourne son départ. Motifs de ce retard. La Pouille et la Calabre font leur soumission à l'empereur.

Or vous dirai de .II. clers[2] qui estoient en l'ost à Damiete. Il vinrent au cardenal, si disent qu'il voloient

---

1. Cf. G. p. 384-392. M. Pipino ne prend rien de ce chapitre, si ce n'est la mention de l'entrevue des deux clercs avec le sultan de Damas qu'il rappelle accidentellement dans un chapitre subséquent de sa chronique à l'occasion de la mort du sultan Coradin, dont il fait l'éloge en citant Bernard le Trésorier : « De » humanitate autem et clementia ejusdem Conradini soldani, idem » Bernardus tale refert exemplum. » Col. 846. chap. 208.

2. Il s'agit de la démarche de saint François d'Assise auprès de

aler al soudan preçier, et qu'il n'i voloient mie aler sans [son¹] congié. Et li cardenals lor dist que par son congié ne par son commandement n'iroient il pas, car il ne lor voloit mie donner congiet à essient d'aler en tel liu où il fuissent ocis; car il savoit² bien s'il i aloient, il n'en revenroient ja. Il disent, s'il i aloient, qu'il n'i aroit point de pecié, car il nes i envoioit pas, mais soufrist tant qu'il i alaissent. Moult l'en proierent. Quant li cardenal vit qu'il estoient en si grant [volenté d'aler³], si lor dist : « Signor, je ne sai quel vo cuer ne » vos pensées sont, ne s'eles sont bonnes ou mal- » vaises, et se vous i alés, gardés que vo cuer et vos » pensées soient tousjours à Dame Diu. » Il disent qu'il n'i voloient aler se por grant bien non, se i pooient esploitier. Dont dist li cardenals que bien i pooient⁴ aler s'il voloient, mais ce n'estoit mie par son congiet.

Atant se partirent⁵ li clerc de l'ost as Crestiens, si s'en alerent vers l'ost as Sarrasins. Quant li Sarrasins qui escargaitoient lor ost les virent venir, si cuidierent qu'il venissent en message ou por renoier. Il alerent encontre, si les prisent, si les enmenerent devant le soudant. Quant il vinrent devant le soudant, si le saluerent; li soudans les salua aussi, puis lor demanda s'il voloient estre sarrasin, ou il estoient venu en message. Et il respondirent que sarrasin ne seroient il ja ; mais il estoient venu à lui en message, de par Dame

---

Coradin, que la grande Continuation mentionne en quelques mots. H. pag. 348. Sanudo, *Secret. fidel.* Pag. 209. Rainaldi, *Annal. eccles.* not. de Mansi. t. XX. pag. 455. 1219. § 15. not. 2.

1. A. B. — 2. A. B. — C : *savoient*. — 3. J. — A. B. E : *qu'il estoient si en grant.* — I. O : *si en grant d'aler.* — 4. A. B. — C : *poroient.* — 5. A. B. — C : *partent.*

Diu, et por s'ame rendre à Diu[1]. « Se vous ne volés
» croire, [disent il[2]], nous renderons vostre ame à Diu,
» car nous vous disons por voir que se vous morés en
» ceste loi où vous estes, vos estes perdus, ne Dius
» n'ara mie vostre ame. Et por çou somes nous venu
» à vous. Se vous nous volés oïr et entendre, nous vos
» mosterrons par droite raison, voiant les plus preu-
» dommes de vostre tiere, se vous les mandés, que
» vostre lois est noiens. »

Li soudans lor respondi qu'il avoit de sa loi[3] arche-
vesques et vesques et bons clers, et sans aus ne pooit
il mie oïr[4] [ce[5]] qu'il disoient. Li clerc li respondirent[6]:
« De ce sommes nous moult liet; mandés les, et se
» nous ne les poons mostrer par droites raisons que
» c'est voirs que nous vos disons, que vostre lois est
» niens, s'il nous veulent oïr et entendre, faites nos
» les testes coper. » Li soudans les manda [querre[7]] et
il vinrent à lui en se tente. Et si ot des plus haus homes
et des plus saiges de se tiere, et li doi clerc i furent
ensement.

Quant il furent tot asamblé, si lor dist li soudans
por coi il les avoit mandés, et si lor conta çou por coi
il estoient asanlé, et çou que li clerc li avoient dit, et
por coi il estoient venu. Et il li respondirent : « Sire,
» tu es espée de le loi, et si dois le loi maintenir et
» garder. Nous te commandons, de par Diu, et de par
» Mahon, qui le loi nos donna, que tu lor faices les
» tiestes colper, car nous n'orrions[8] cose qu'il dient;

1. G : pour sa vie sauver. — 2. F. O. — 3. G. — A. B.
C : de lor loi. — 4. A. B. G. — C : ne pooit on muele oïr.
— 5. A. B. — 6. A. B. — C : respondoient. — 7. G. — 8. A.
B. G. J. — C : n'otrions.

» et si vous deffendons que vous n'oés cose qu'il
» dient, car li lois deffent que on n'en n'oie¹ nul pree-
» chement. Et s'il est nus qui veuille preecer ne parler
» contre le loi, li lois commande c'on li colpe le teste.
» Et por çou te commandommes, de par Diu et de
» par le loi, que tu lor faices les testes colper, car ensi
» le commande li lois. »

Atant prisent congiet, si s'en alerent, ne n'en volrent plus oïr. Et li soudans demora, et li doi clerc. Lors lor dist li soudans : « Signor, il m'ont dit, de par Diu
» et de par le loi, que je vos face les testes colper, car
» ensi le commande li lois; mais je irai .I. poi contre
» le commandement, ne je ne vous ferai mie les testes
» colper, car malvais guerredon vous renderoie de
» çou que vous vos estes mis en aventure de morir
» pour m'ame, à vos esciens, rendre à Dame Diu². »
Apriès si lor dist li soudans que s'il voloient demorer³ avoec lui, qu'il lor donroit grans tiere et grans possessions; et il li disent qu'i n'i demorroient mie, puis que on ne les voloit entendre, ne escouter; il s'en riroient arriere, en l'ost as Crestiens, se ses commandemens i estoit.

Atant lor dist li soudans que volentiers les feroit conduire en l'ost sauvement. Après si lor fist aporter et or et argent et dras de soie à grant plenté, et commanda qu'il presissent çou qu'il volroient. Il disent qu'il ne prenderoient noient, puis qu'il ne pooient avoir l'ame de lui avoec Dame Diu; que plus cier [aroient l'ame de lui avec Dame Diu⁴] qu'il n'aroient quanques

---

1. A. B. O. — C. G. J : *que l'en ne croie.* — 2. J : *por m'ame sauver.* — 3. C : *demore.* — 4. F. O.

il avoit[1] valissant[2] à lor eus[3]; mais fesist lor doner à mangier, puis si s'en iroient[4], puis c'autre cose nen pooient faire. Li soudans lor[5] fist donner à mangier assés et à boire; et quant il orent mangié assés, si prisent congié au soudan, et il les fist conduire salvement dusqu'à l'ost des Crestiens.

Quant li Sarrasin orent perdue Damiete, et li Crestien l'orent conquise, si furent moult dolant. Si lor manderent [que[6]] s'il voloient rendre Damiete, il lor renderoit toute le tiere de Jherusalem, si comme li Crestien le tinrent[7], fors seulement le Crac, et tous les Crestiens qui en prison estoient en paiennie[8]. Li Crestien en parlerent et prisent conseil[9]. Et consaus lor porta qu'il ne [la[10]] renderoient mie, et que par Damiete poroient il conquerre toute le tiere d'Egipte et de Jherusalem; car cil qui emperere de Rome[11] devoit estre estoit croisiés et grant gent amenroit en le tiere, et moult avoit de croisiés par toutes tieres, et assés en croisteroit[12] encore par le monde. Et [que[13]] se l'empereres estoit là, atout sen pooir, et li croisiet qui estoient encore à venir à l'aïue et al commencement[14] qu'il avoient de Damiete, bien poroient, à l'aïue de Diu, ravoir toute le tiere d'Egypte et le tiere de Jherusalem, et qu'il le feroient savoir à l'apostole.

1. J. — C : *il a*. — 2. A. B : *quanques il avoient vaillant*. — J : *il avoit vaillant*. — 3. A. B. J. O : *à lor oes*. — 4. A. B. C : *s'en iroit*. — 5. A. B. — C : *li*. — 6. A. B. — D : *manderent au cardenal*. — 7. A. B. G : *la tindrent*. — 8. A. B : *ou en painieme*. — G : *paienisme*. — 9. D : *Li cardonals s'en consela*. — 10. A. B. G. — 11. A. B : *d'Alemaigne*. — G : *d'Allemaigne estoit*. — 12. A. B. D. G. — C : *croisoit*. — 13. D. — 14. A. B : *commandement*. — G. J. O : *al commencement de Damiete qu'il avoient*. — E : *à l'aïeue et au commenchement qu'il avoient de Damiete*.

Il avint, quant¹ li rois Phelippes de France oï dire qu'il pooient avoir .I. roialme por une cité, qu'il les en tint à fols et à musars, quant il ne le rendirent. Et li cardenals manda à l'apostole que Dius lor avoit donné prendre Damiete, et que c'estoit li clés de le tiere d'Egypte, et que Sarrasin lor voloient rendre le tiere de Jherusalem por Damiete, fors le Crac; mais cil de le tiere ne s'i acordoient pas, por le grant secors qu'il atendoient de l'empereur, qui croisiés estoit, et des autres croisiés qui croisié estoient par Crestienté. Et bien li faisoit savoir que s'il estoient passé² à l'aïue de Diu, qu'il aroient toute le tiere de Jherusalem.

Moult fu liés li apostoles quant il oï ceste noviele, et le fist savoir par toute Crestienté, et manda c'on fesist mouvoir tous les pelerins qui croisié estoient et aler. Et après, si manda Fedric, qui en Alemagne estoit, qu'il venist à Rome et portast corone, puis alast en le tiere d'Outremer. Li empereres envoia tantost à Messines, et lor manda qu'il fesissent nés et galies à grant plenté et huisieres³ à chevaus mener; et c'on fesist en toutes les cités et tous les castiaus qui en se tiere estoient sor mer nés et galies à grant plenté por lui passer.

Quant Fedric ot oï le message que li apostoles li mandoit, qu'il alast à Rome por lui coroner, il prist congié en Alemagne, et laissa son fil et s'en ala à Rome, entre lui et se feme, et porterent corones. Mais ansçois qu'il portast corone, rendi il l'apostole⁴ les cités et les castiaus qu'Othes li avoit tolus. Quant Fedric ot

1. A. B. D. G. — C : que. — 2. A. B : se li empereres estoit passéz. — 3. A. B. D. G : huissiers. — 4. A. B. G : à l'apostole.

porté corone, se li commanda li apostoles qu'il alast en le tiere d'Outremer et fesist de bien quanques il poroit, car grant mestier i avoit on de lui[1] et de s'aïue. Et li empereres li dist qu'il n'i poroit mie si tost aler, qu'il avoit moult de Sarrasins en Sesile, al coron[2] de se tiere, qu'il volroit ansçois oster; car s'il s'en aloit avant qu'il fussent osté hors, il poroient bien prendre l'ille de Sesile, à l'aïue qu'il aroient del roi d'Aufrike[3]. Et d'autre part, il n'avoit[4] mie Puille ne Calabre ne Sesile à se volenté, que si home avoient tenut contre lui; ne qu'il ne s'en pooit aler desci qu'il eust se tiere mise à point. [Mes s'il avoit sa terre mise à point, il passeroit[5] à trop grant gent[6],] et moult feroit de bien, à l'aïue de Diu. Apriès si ala li empereres en Puille, à une siue cité qui a non Capes.

Quant li chevalier et li haut home [de Puille[7]] oïrent que Fedric avoit porté corone, et qu'il estoit à Capes, assés en i ot qui vinrent à lui à merci, et li rendirent lor tieres. [Et tex i ot qui ne l'oserent atendre, ne venir à merci, ainz s'enfuirent en la terre d'Outremer[8].] Et tels i ot qui[9] se rendirent au Temple, et tels i ot dont il ne vaut avoir merci, et les fist prendre et pendre. Ensi li rendi on toute le tiere de Puille et de Calabre, là où il estoit à Capes, et de Sesile[10], fors seulement li Sarrasin qui en Sesile estoient[11]. Mais puis les prist il,

1. O : *de Deu.* — 2. A. B. O. — C : *al toren.* — D : *au chief.* — G : *mult de Sarrasins en sa terre et en Cesile.* — J : *el coron.* — 3. Le roi de Tunis. — 4. A. B. D. G. — C : *avoient.* — 5. A. B. G. J. O. — 6. A. B. — 7. D. — 8. A. B. D. G. J. — 9. O : *Asés i ot qui.* — 10. A. B. D. G. O : *le tiere de Puille et de Calabre et de Sesile, là où il estoit à Capes.* — 11. J : *fors ce que li Sarrasin tenoient.*

si les envoia en Puille. Là en fist on une grant cité ensus de le mer[1]. Et encore i sont, mais n'i sont mie tout, ains en a assés es bonnes viles[2] de Puille manans.[3]

1. Lucera. — 2. A. B : *par totes les villes.* — G : *ains en ala par les villes.* — F. O : *ains en a par toutes les bones viles.* — 3. I : *mais n'i sont mie tuit, ainz en a par le païs d'entor menans adès.* — J : *ainz en a de manans par les viles de Puille.*

CHAPITRE XXXVIII.[1]

Coment li roys Jehans de Brene[2] *et li Crestien*[3] *furent desconfit par Saracins.*

SOMMAIRE.

1221. juin-juillet. Les Croisés espérant que l'empereur Frédéric ne tarderait pas à passer Outre-mer, marchent sur le Caire. Des crues annuelles du Nil. Les Sarrasins construisent le Pont de fer. Jean de Brienne arrive à l'armée. Le cardinal Pélage précipite le mouvement en avant. Les Sarrasins enveloppent l'armée chrétienne. Le sultan fait rompre les écluses. Le camp des Chrétiens est inondé. Pourparlers de Jean de Brienne et de Jacques de Vitry avec le sultan pour la capitulation. 28 août. Traité avec les Sarrasins. Trève pour huit ans. Le sultan envoie des vivres aux Croisés. Les Croisés évacuent Damiette et rentrent en Syrie.

Or vous[4] lairons de l'empereur d'Alemagne à parler, desi que tans et eure en sera. Si vous dirons des Crestiens qui sont à Damiete.

Il oïrent dire que li emperere avoit porté corone, et qu'il fasoit grant aparcillement de passer et d'als secorre. Il parlerent ensanle et prisent conseil, et

---

1. Cf. G. p. 394-404. H. pag. 350-352. liv. XXXII. chap. 16 et 17. — M. chap. 206. col. 843-844.
2. A : *li roys Jeke*. — 3. A : *et Cristien*. — 4. A. B : *Atant*.

disent qu'il pooient bien aler assegier le Cahaire[1]. Cil qui ce conseil lor donnerent en cel point, lor donnerent conseil d'auls noier, car je vous dirai qu'il avint[2] en le tiere. Il i a escluses[3] sor le flun par toute le tiere d'Egipte, por l'eve tenir[4]. Cil fluns a .VII. brances. Quant li fluns vient à l'entrée d'Egipte, si se part en .VI.[5] et tous chiet en le mer de Griesse. Li graindres bras des .VI. si vient en Babilone et al Chalhaire. Babilone est li cités, et li Chalhaire est li castiaus. Desous Babilone force[6] cis bras [et se part en .II.[7]]. Li une de ces parties si court à Damiete et ciet en le mer, et l'autres si court à une cité qui a à non Fouée[8], et ciet ensi[9] en le mer[10]. Et cascuns de ces bras[11] si porte navie. Entre ces .II. eves, prisent li Crestien tiere, quant il vinrent devant Damiete; et c'est l'ille dont vous oïstes parler, où il se herbegierent. Or vous dirai des escluses de ces .II. fluns. Il avient cose chascun an que, le jour de le mi aoust, ront on ces escluses, si que l'eve s'espant par toute le tiere d'Egypte, si aboivre le tiere. Quant l'eve est retraite, si semme on

---

1. M : « *Carras.* » — A. B. G : *Caire.* — 2. A. B : *avenoit.* — D. O : *avient.* — 3. M : « *restæ sive clusæ.* » — 4. G : *detenir.* — 5. G. J. M : *en VII.* — 6. A. B. D. G. J : *forche.* — 7. A. B. G. — 8. O : *Foee.* — G : *Fae.* Foua, en amont et sur la branche de Rosette. — 9. A. B : *ausi.*

10. J. ajoute: *qui tuit chient en la mer de Grece. Li fluns est en Babiloine et au Caire touz enterins. Babiloine et le Caire sont deus citéz l'une près de l'autre, a un mille; et si sont toles deus acintes d'un mur par devers la montaigne. Et de l'autre part dou flun au Caire a un chastel qui siet en la pointe d'une montaigne auques en haut. Desouz Babilone, entor une jornée, forche le flum. L'une des parties cort vers Resith, et l'autre vers Damiete et chiet en mer.*

11. A. B : *de ces fluns.*

les blés. Autrement, se cele eve ne s'espandoit [einsi¹], par pluie qu'il face, blés ne venroit en le tiere. Aucune fois avint il, à no tans², que li fluns ne s'espandit³ mie, ne qu'il n'i avoit mie tant d'eve qu'il se peust espandre, dont il avint que cil de le tiere furent tot mort de fain.

En cel point que li fluns se devoit espandre⁴, alerent il vers le Chaaire⁵. Dont je vous di que cil lor donna malvais conseil, qu'il lor conseilla en cel point aler au Caire⁶ que li fluns se devoit espandre. Li Sarrasin qui avoient perdue Damiete sorent bien que li Crestien ne [le⁷] lairoient mie atant, ains iroient après en Babilone et al Chahaire. Il fisent sor le flun, là où li eve esforche⁸, .I. pont; si le covrirent tout de fier. Et por ce, l'apeloit on le Pont de fer. Et si fisent bones desfenses et si le garnirent bien. Et por ce le firent el fort⁹ de ces eves, pour çou qu'il ne voloient mie que li Crestien peussent aler en l'autre braç del flun, ne monter le flun, ne aler vers Babilone.

Quant li Crestien orent pris conseil d'aler al Chahaire, il garnirent bien Damiete et s'atirerent por aler. Ançois qu'il meussent, manda li cardenals le roi Jehan, qui à Acre estoit, qu'il venist à Damiete, et qu'il estoient atorné¹⁰ por aler assegier le Chahaire. Li rois li manda qu'il n'iroit pas, ains garderoit se tiere ; et bien li convenist de le tiere dont il estoit sire, qui

---

1. A. B. — 2. A. B. D : *à nos tens*. — G. O : *en nos tans*. — J : *aucune foiz est il avenu*. — 3. O. — A. B. D. E. G : *espandoit*. — C : *espant*. — 4. M : « Mense Augusti. » — 5. C : *Chaaine*. — 6. A. B. — C : *à la Chaaine*. — 7. A. B. — 8. A. B : *forche*. — E : *fourche*. — G : *enforce*. — 9. D : *el forcement*. — E : *el fourch*. — G : *u fort*. — 10. J : *atirié*.

demorée li estoit [et ¹] qu'il avoit aidiet à conquerre².

Quant li Sarrasin oïrent dire que li Crestien s'apareilloient por aler en Babilone et al Chahaire, il alerent logier al Pont de fier, por garder le passage. Apriès, si manda li soudans al cardinal et as Crestiens que s'il li voloit rendre Damiete, il li renderoit toute le tiere de Jherusalem, si comme il l'avoient tenue, fors le Crac : et si refremeroit Jherusalem à son coust et tous les castiaus qui estoient abatu, puis qu'il murent à aler à Damiete; et si donroit³ trives [à⁴] .xxx. ans, tant qu'il poroient bien avoir garnie⁵ le tiere des Crestiens. A cele pais s'acorda li Temples et li Ospitaus, et li baron de le tiere. Mais li cardenals ne s'i acorda pas, ains mut, et fist movoir tous les barons de l'ost, fors les garisons, por aler al Chahaire, tout contremont le flun. Et lor navie ala par eve, et il alerent par tiere ; si qu'il herbegoient tous jors ansanle l'uns d'encoste l'autre.

Quant li cardenals fu mus, si manda le roi Jehan que, por Diu, eust merci de le Crestienté, et qu'il estoit mus por aler al Chahaire et que, por Diu, venist apriès aus et qu'il paieroit bien çou dont il estoit endetés, .c. mile besans, qu'il devoit por l'ost de Damiete. Quant

1. A. B.

2. Il s'y rendit néanmoins peu après, comme le disent et notre chronique elle-même, à la page suivante, et Pipino, dans son abrégé : « Tandem rex Joannes ... cum omnibus copiis ad obsi- » dionem ipsam pervenit. » Chap. 206. col. 844. Suivant Olivier le Scholastique, Jean de Brienne arriva en Egypte avec la chevalerie de Chypre et de Syrie, dès la fin de juin, et avant la marche de l'armée sur le Caire, qu'il ne put empêcher. Notre *Hist. de Chypre*, t. I. p. 208.

3. A. B. — C : *donroient*. — 4. A. B. G. — 5. J : *pueplées et garnie*.

li messages dist le roi que l'os estoit mute por aler al
Chahaire, si fu moult dolans li rois de ce qu'en tel point
estoit mus, qu'en grant aventure aloit de tout perdre,
si comme il firent [1]. Li rois vit bien qu'il li estevoit [2]
aler apriès, car [3] s'il n'i aloit, il lor mescheroit, et il i
aroit grant blasme. Il se parti d'Acre et ala apriès aus,
et erra tant qu'il vint [4] là où il estoient logiet, au Pont
de fer, près de l'ost as Sarrasins. Li vassiel de l'ost
aloient chascun jor à Damiete à le viande, et venoient
en l'ost, si que l'ost estoit bien plentive.

Or vous dirai que li Sarrasin fisent. Il fisent lor galies
armer, qui estoient el flun de Fouée [5], si les fisent
monter desi al pont et avaler coiement el flun de
Damiete. Et si avalerent si coiement c'onques li navies
as Crestiens qui à l'autre lés estoient ne s'en perçurent [6]. Les galies as Sarrasins se misent entre l'ost et
Damiete. Illeuc s'aresterent, et si prenoient les vaissiaus qui aloient de l'ost à Damiete, et ceus qui
venoient de Damiete à l'ost, à toute le viande. Ensi
closent le cemin de l'eve, et que viande ne pooit venir
en l'ost. Et bien fu .VIII. jors et plus, c'onques viande
n'ala en l'ost. Dont cil de l'ost s'esmerveilloient moult
que ce pooit estre, que il ne pooient oïr noviele de
Damiete ne ni viande avoir, ne cil de Damiete ne
pooient savoir nule noviele de l'ost.

Dont il avint qu'en cel point que les galies des Sarrasins avalerent del flun de Fouée el flun de Damiete,
estoient .C. galies arivées à Damiete, que li emperere

1. D. J. — A. B. C : *furent*. — G : *finrent*. — 2. A. B : *estovoit*. — G. J : *convenoit*. — 3. A. B. — C : *et*. — 4. A. B. —
G : *vinrent*. — 5. J : *el flum à la Foue*. — 6. J : *ne s'en aparçurent
onques*.

Fedric[1] i avoit envoïes. Et là sejornerent, que s'il seussent qu'il eust galyes de Sarrasins entr'als et l'ost, il les eussent pris et secourue l'ost, et si n'eust mie esté Damiete perdue. Quant li soudans sot qu'il avoit galies de Crestiens arivées al port de Damiete, si dist qu'il se poroit bien trop cargier[2] des Crestiens à damagier. Il fist coper les escluses, et l'eve s'esparst. Si s'en ala à l'ost as Crestiens, si qu'il furent tout en l'eve, teuls i ot jusques à le geule, et moult en i ot de noiés, et lor viande fu toute perdue ; n'il ne pooient n'avant n'arriere n'aler à lor vaissiaus ne venir à tiere. Et si furent si atorné de l'eve, que se li soudans lor donast congié d'aler [arriere[3]] salvement à Damiete, n'en peust piés escaper, que tout ne fussent noiet.

Quant li rois Jehan vit le meskeance de l'ost, si manda al soudan qu'il se conbateroit s'il voloit. Et li soudans li manda qu'il ne se conbateroit mie, qu'il estoient tot mort ; s'il voloit, il n'en escaperoit ja piés, que tout ne fussent noié. Et si manda al roi, se ses plaisirs estoit, qu'il venissent parler à lui. Li rois i ala, par le congié le cardenal. Si mena maistre Jake[4] avoec lui, qui vesques estoit d'Acre. Quant li rois vint devant le soudant, si fist li sodans grant fieste de lui, et le fist seir d'encoste lui. Aprièss li dist : « Sire rois, j'ai grant » pité de vous et de vos gens qui là morront[5] à si » grant dolour, car il morront de fain ou il[6] seront

---

1. A. B : *li empererer d'Alemaigne.*—M : « centum galeæ im-
» peratoris Friderici. » — 2. D : *à targier.* — J : *tarsier.* —
3. A. B.

4. D. J : *maistre Jaque de Vitry.*— E : *maistre Jaquemon*— M :
« De assensu legati, ad soldanum magistrum Jacobum de Vitrico,
» episcopum Anconitanum, virum eruditissimum. » — 5. A. B.
D. E. J. — C : *qui là meutent.* — 6. D. J. — A B. C : *et si.*

» noié. Et se vous en voliés avoir pitié, vous les
» garandiriés bien de le mort. » — Li rois dist :
« Sire, comment? » — « Jel vous dirai, » dist li soudans. « Se vous voliés rendre Damiete, je vous[1] feroie
» tous metre à sauveté, et oster de cel peril. » Li rois
dist que Damiete n'estoit mie toute siue, ains i avoit
parçonniers assés, et[2] sans ceus qui parçonnier i
estoient[3] ne pooit il riens faire. Et s'il voloit, il le
feroit savoir à auls; çou qu'il en feroient, il l'otrieroit
volentiers; se ses plaisirs i estoit, il i envoieroit. Li
soudans dist que biel li estoit, [envoiast il[4].] Li rois
Jehans i envoia le vesque d'Acre, al cardenal et à cels
qui en l'eve estoient, et il lor fist à savoir le requeste
que li soudans lor[5] avoit faite.

Li cardenals et cil de l'ost s'acorderent ensanle, et
moult furent lié de le requeste, et moult lor tardoit
qu'il fuissent hors de l'eve. Li cardenals et cil de l'ost
manderent al roi qu'il fesissent le millor pais[6] qu'il
poroient, mais qu'il peuissent escaper de là où il
estoient; quanques il en feroit, il le tenroient. Li
vesques s'en torna arriere au roi, se li fist asavoir çou
qu'il avoit trouvet al cardenal et à cels de l'ost. Là
atirerent entre le roi et le soudan le pais tele que je
vous dirai[7]. Il rendirent Damiete au soudan, et si
rendirent quanques il avoient en prison de Sarrasins
en Crestienté de là le mer[8]. Et li soudans rendi tous
les Crestiens qui[9] estoient en le tierc en prison, et en

---

1. A. B : *je les.* — 2. A. B. D. — 3. A. B. D : *qui part i avoient.*
— 4. A. B. D. O. — G : *si enveoit.* — 5. D. O : *li.* — 6. A.
B : *plait.* — G : *plet.* — D : *pes.* — 7. Le 28 août 1221. H. p.
351. note c. — 8. J : *de Sarrazins en prison en lor pooir.* — G :
en prison deça mer. — 9. A. B. D. — C : *qu'il.*

le tiere le Coredex, sen frere. Et dist qu'il rendroit avoec le Sainte Crois. Il rendi une crois, més ce ne fu mie li crois qui fu perdue en le bataille[1]. Et si fisent trives .VI. ans[2] en le tiere de Jherusalem, en tel point qu'eles estoient[3] quant li rois Jehan porta corone.

Quant li païs fu ensi creantée d'une part et d'autre, li soudans envoia des vilains de le tiere por faire pons et escluses, par où li Crestien peuissent issir de l'eve [et aler à seche terre[4]]. Apriès si dist li soudans al roi qu'il voloit avoir ostage del cardenal, de le païs à tenir, tant qu'il et ses gens seroient entré en Damiete et que li Crestien en seroient hors. Li rois Jehans demora en ostage et li vesques d'Acre. Apriès si envoia en Damiete, et fist on issir hors les Crestiens; si le delivra on au soudan et tous les prisons qui ens estoient. Quant ensi orent fait, li rois se seoit devant [le soudan[5]], si commencha à plorer. Encore adont estoient li Crestien en l'eve, où il moroient de faim. Li soudans regarda le roi et le vit plorer, se li demanda[6] : « Sire, porcoi » plorés vous? Il n'afiert pas à roi qu'il doie plorer. » — Li rois li respondi : « Sire, j'ai droit se je pleure, » car je voi le peule[7] que Dius m'a cargié morir de » faim à si grant glave[8], et si sont là en cele eve. » Li tente le soudan estoit en .I. tertre, si qu'il veoit bien l'ost de Crestiens qui estoit el plain par desous. Si ot li soudans pitié de çou qu'il vit le roi plourer et de ce

---

1. J : où li rois Gui fu pris. — G : en la bataille devant Acre. — 2. C. D. O. — A. B. G. H (pag. 351) : à huit ans. — 3. D : teles com eles estoient. — 4. A. B. G. J. — 5. A. B. — 6. A. B. — C : demande. — 7. A. B : pueple. — O : pule. — 8. A. B. O : glaive. — D : glaive come de faim. — G : à si grant mesaige (mesaise?) come de faim.

qu'il li dist, si plora aussi. Apriès, si li dist qu'il ne plorast plus, qu'il aroient à mangier. Il lor envoia .xxx. mil pains por departir entre als as povres et as rices. Et ensi lor envoia il .IIII. jors, tant qu'il furent hors de l'eve. Si lor envoia il le marceandise del pain et de le viande à cels qui acater le poroient, qu'il l'acataissent ; et as povres envoia chascun jor del pain tant qu'il furent illeuc, bien .xv. jors[1]. Là furent dessi adont que li messages revint arriere al soudan [et li dist[2]] qu'il ravoit Damiete[3].

Quant li messages fu venus, li soudans lor donna congié qu'il s'en alaissent. Il s'en alerent à Damiete, si entrerent es nés et s'en alerent chascuns en son païs[4]. Et li rois s'en ala à Acre, et si laissa chevalier[5] en le tiere por chercier les cités et les castiaus et les viles, por delivrer[6] les Crestiens qui estoient en prison. Quant il vint à Acre, si envoïa ensement les chevaliers à Damas et en Jherusalem et en le tiere le Coredix, por delivrer les Crestiens qui en prison estoient.

1. J : *et as povres gens envoia chascun jor dou pain bien par XV. jors.* — 2. D. — 3. A. B : *au soudan qu'il avoit envoié à Damiete.* — G : *au soudan qui avoit esté à Damiete.* — O : *qu'il avoit Damiete.* — 4. A. B : *en son esduit.* — D : *en sa terre.* — G. J : *en son endroit.* — M : « Quibus reversis, ... discessit exercitus. » Captivi quoque Christianorum ubilibet relaxati sunt. » Fin du chap. 206. — 5. A. B. G. — C. D : *laissa Crestiens.* — 6. J : *por rendre les esclas (et) por delivrer.* — G : *et delivrerent.*

CHAPITRE XXXIX.[1]

La clamor del roy Jehan à l'apostoille del cardinal.

SOMMAIRE.

1222-1223. Jean de Brienne se rend en Europe, pour s'occuper du mariage de sa fille Isabelle, héritière du royaume de Jérusalem, et se plaindre au pape du légat Pélage. Ses Voyages. Il épouse Bérengère de Castille. — 1224. Il rejoint l'empereur Frédéric en Pouille. — 9 novembre. 1225. Frédéric II épouse Isabelle de Brienne. Il la néglige bientôt et préfère une de ses cousines. Rupture de Jean de Brienne et de Frédéric. Jean de Brienne se retire à Rome. Bon accueil qu'on lui fait à Bologne. Mauvais traitements qu'endure l'impératrice. — 1226. Réconciliation momentanée de Frédéric et de Jean de Brienne. Honorius III remet à Jean de Brienne le commandement des terres du S. Siège. — 1228. Naissance de Conrad. Mort de l'impératrice Isabelle de Brienne.

Quant li rois ot partout[2] les Crestiens fait delivrer, ce c'on en pot trouver, il fist un sien parent bailliu[3] de le tiere qui avoit à non Oedes de Montbeliart[4]. Et

---

1. Cf. G. p. 406-412. — H. pag. 353-360. liv. XXXII. chap. 18 à 20. — M. chap. 207. col. 844 et 845. — N. col. 647-648. *Qualiter imperator regis Hierusalem filiam duxit uxorem. Qualiter imperator cum rege reconciliatus est.*
2. A. B. E. O: *par tote Paienime.* — 3. G: *Quant le roi ot ainsi fait, si fist un sien parent baillif.* — 4. M : « His peractis, rex » Johannes quum venisset Acon, relicto inibi Oddone de Monte- » Baliardo. » Col. 844. Commencement du chap. 207.

puis passa le mer por venir à Rome à l'apostole, et en France au roi, et à l'empereur d'Alemagne, et al roi d'Engletiere, por avoir secors de le tiere d'Outremer; et por plaindre à l'apostole de le honte que li cardenals li avoit faite devant Damiete; et por querre baron avoec se fille[1], qui le tiere peust gouverner et maintenir. Li rois ariva en Puille. Quant li emperere sot qu'il estoit arivés, si ala encontre lui, si le recuelli à grant honor, et grant joie fist de se venue. Puis li fist doner cevals et sommiers, à lui et à toute se mainsnie, et si ala avoec lui tant qu'il vint à l'apostole.

Quant li apostoles sot que li rois Jehans d'Acre venoit, si ala encontre lui, et [le[2]] recuelli à grant honour. Apriès, se plainst li rois à l'apostole et à l'empereur de le honte et de le perdission[3] de Damiete, que li cardenals li avoit fait faire de le cité[4]. Là atirerent li apostoles et li empereres que jamais parçon[5] ne feroit on de tiere ne de cose c'on fesist ne conquesist, puis c'on seroit mut à aler Outremer, ains seroit tout al roi de Jherusalem[6].

En cel point que li rois Jehans fu arivés en Puille, fu li femme l'empereur morte[7]. Et quant il orent fait cel atirement, dont je vous di, de conquestes demorer al roi, li apostoles parla à l'empereur de le fille le roi Jehan prendre à feme. Li emperere respondi à l'apostole qu'il le prenderoit volentiers par le grant amor

1. G. J : *à sa fille.* — 2. A. B. J.— 3. A. B : *et des partisions.* — D : *perdicion.* — E : *perte.*— 4. G. J : *se plaint de la honte que li chardonax li avoit faite.*— 5. A. B. G. J : *partisions.*— E : *parchon.* — 6. M : « libere et absolute spectarent ad regem. » — J : *de chose que l'en conquist puisque l'en seroit meuz à aler en la terre de Jerusalem.* — 7. Constance d'Aragon mourut le 23 juin 1222.

qu'il avoit al pere. Là le plevi[1] en le main l'apostole, et li rois le plevi aussi. Et moult en fu liés et joians, et grasces rendi à Dame Diu de ce que se fille seroit si hautement mariée. Quant ensi orent fait, si se departirent, et li empercre s'en ala en Puille et li rois Jehans s'en ala avoec l'apostole à Rome, là où on le recueilli à procession. Et d'illeuc s'en ala en France, au roi Phelipe, qui adont vivoit et grant honor li fist. Apriès, en ala en Angletiere au roi, et si retorna arriere en France. Et si vous di bien por voir qu'en toutes les tieres, et es cités et es castiaus et es bours où il venoit et aloit, on venoit contre lui à porcession et grant feste li fasoit on.

Ne demoura gaires, puis que li rois Jehans fu en France, que li rois Phelipes morut. Si laissa grant avoir al roi Jehan, et grant avoir à envoier[2] en le tiere d'Outremer. Li rois Jehans fu à Saint Denise à l'enfouir le roi Phelipe. Apriès si fu au coroner le roi Loey, sen fil, à Rains[3]. Puis prist congié en France, si s'en ala à Saint Jakme. Al revenir k'il faisoit de S. Jakme, fu li rois d'Espagne à l'encontre à Burs[4], qui grant honor li avoit faite en se tiere et fist encore. Là li dona li rois à feme une sereur qu'il avoit[5]. Si l'espousa et grant avoir li donna.

Quant li rois Jehans ot espousée se feme, si prist

---

1. A. B : *la plevi*. — G : *la plein*. — J : *l'afia*. — N : « spo- » pondit. » — 2. A. B. D : *et grant thresor por porter*. — 3. Juillet-août 1223.— 4. M : « apud Burs. » Burgos.

5. Bérengère de Castille, fille d'Alfonse IX, sœur de Ferdinand III. — Mal dans G : *à feme une sereur à se femme*. — A. B. D : *une seror qu'il avoit à feme*. — G : *une soue seror à fame qu'il avoit*. — J : *li dona à feme une suer qu'il avoit*.

congié, si s'en ala en France. Quant il ot esté une piece en France, si prist congié al roi Loey et as barons. Si dist qu'il l'en estevoit raler, que li emperere l'atendoit en Puille por passer mer et por se fille espouser. Il s'en ala, et erra tant qu'il vint en Puille à l'empereur. Quant il fut là, li emperere li dist qu'il mandast se fille et le fesist venir par deça, si l'espouseroit; qu'il ne voloit mie ore passer, por le trive qui estoit en le tiere d'Outremer. Li rois le manda, on li amena en Puille. Quant ele fu venue, li emperere l'espousa[1] et li fist porter corone. Et moult ama le roi Jehan, et le fist segnor de se tiere.

Li dyables d'infier, qui vit le grant amor entre l'empereur et le roi, fu moult dolans. Si entra el cor[2] l'empereur et li fist aamer une niece le roi Jehan, qui estoit venue d'Outremer avoec se fille. Si le despucela, s'i mist s'amor et se femme en haï. Il avint .I. jour que li rois Jehan ala veoir l'emperéis se fille, si le trouva en se cambre moult corecie, se li demanda que ele avoit. Ele li conta qu'ensi faitement erroit[3] li emperere de se nieche, et qu'il l'avoit despucelée et le tenoit, et li en haoit. Quant il l'oï, s'en fu moult dolans, et si conforta se fille au plus qu'il pot, et prist congié, et s'en ala à l'empereur là où il estoit. Quant il vint à l'empereur, li emperere se leva encontre lui et le bienvegna. Et li rois dist qu'il ne le saluoit pas, que si desloial home [ne si mescreant[4]] comme il estoit ne devoit on pas saluer; et que honni fuissent tout cil par cui il estoit

---

1. Frédéric II épousa Isabelle de Brienne à Brindes, le 9 novembre 1225. *Hist. de Chypre*, t. II. p. 226. — 2. J : *el cuer.* — 3. A. B : *estoit.* — G. J : *et ele li dist que tout ainsi avoit fait.* — 4. A. B. E.

emperere, fors seulement le roi de France; et, se por peciè ne li fust et por reproce qu'il en aroit, il ne mangast jamais[1], ains l'ociroit [tout maintenant[2]], en le piece de terre[3]. Quant li emperere oï ces paroles, si ot grant paour; se li commanda qu'il vuidast se tiere, et qu'il li rendist l'avoir que li rois de France li avoit laissié avoec le tiere d'Outremer[4]. Li rois dist que l'avoir ne li renderoit il mie, mais se tiere vuideroit il, qu'en le tiere à si desloial home ne demoreroit il mie. Et assés plus le laidenga que je ne vous die ore.

Li rois Jehan ala hors de le tiere et ala à Rome. Cil de Rome oïrent dire que li rois venoit, et partis estoit de l'empereur par maltalent. Si alerent encontre et le recuellirent à grant honor, et li pormisent[5] qu'il li aideroient de .XL. mil[6] escus, se mestier en avoit. Et il les en mercia moult. Si parti de Rome et ala en Lombardie, à Bologne le Crasse[7], et sejourna là, il et se feme. Quant cil de Lombardie oïrent dire que li rois Jehans estoit venus à Bologne le Crasse, si s'asanlerent li consaus des cités[8], et par le commun [conseil[9]] de le tiere[10], et alerent al roi à Bologne, et le bienvegnierent. Et li disent que tous li communs de Lombardie et des cités et des castiaus li mandoient salus, et que bien fust il venus; et que s'il voloit, il li renderoient toute

1. A. B : *il ne mangeroit jamais.* — O : *ja.* — 2. D. E. — 3. E : *et pour reproche, il l'ochirroit en le pieche de terre tout maintenant.* — G. J : *fors le roi de France* (I : *et sauz l'apostoile de Rome*); *et que se por pechié ne fust, il l'ocirroit.* — 4. D : *li avoit lessié à porter à la terre d'Outremer.* — E : *laissié pour le tere d'Outremer.* — 5. A. B. D. J : *promistrent.* — 6. A. B. G. J : *LX. mil.* — 7. M : « in Pingui Bononia. » Col. 845. — 8. A. B. O: *les poestéz des cités.* — G : *li postat des cités.* — J : *les poestas.* — 9. A. B. — 10. D : *au consoil de tote la terre.*

le tiere, et [le¹] coroneroient et feroient roi de le tiere. Li rois les en mercia, et si lor dist qu'il ne le refusoit pas², mais li tiere estoit se fille qui dame en estoit et empereris; ne [en³] se tiere ne feroit il mie force ne cose que faire ne deust, ains soufferroit et sejorneroit⁴ en le tiere tant com il volroient.

Quant li emperere ot bani le roi Jehan de se tiere, si fu moult dolans de le honte que li rois li avoit dite. Si ala là où se feme estoit, si le bati tant durement qu'à poi qu'ele⁵ n'en perdi l'enfant [dont ele estoit grosse⁶]. Apriès le fist enfremer en .i. castiel. Là fu grant pieche, desci à cele eure qu'il oï dire que li rois estoit en Lombardie. Adont le fist mettre hors de prison, et si le tint à amor si comme faire dut⁷.

Li emperere ot grant paour que li rois ne li tolist se tiere par l'aïue qu'il avoit de le tiere de Rome et de Lombardie⁸; et manda le roi⁹ qu'il iroit à lui à merchi, et qu'il [li¹⁰] amenderoit le honte et le vilenie qu'il li avoit faite [et dite¹¹]. Li rois ne volt mie guerroier encontre se fille n'encontre l'empereur, ains li manda arriere qu'il li pardonroit moult volentiers, par si qu'il li amendast le honte qu'il li avoit faite. Li emperere amassa grant gent por aler guerroier les Lombars qui contre lui avoient tousjours esté. Et quant il vint en

1. A. B. — 2. J : *ne refusoit lor offre*. — 3. A. B. D. — 4. G : *mes soffrissent il il demorroit*. — J : *mes souffrissent se et il sejorneroit*. — 5. D : *tant que par un pou qu'el ne fu morte et qu'el.* — 6. D. — J : *ençeinte*. — G : *si la bati durement, qu'à poi que l'enfant que ele avoit en son ventre ne perdi.* — 7. D : *si la tint à honor comme sa fame.* — 8. N : « timens ne rex ipse Johannes terram » ejus invaderet, sciens cum Romanos et Langobardos favorabiles » habere. » Col. 648. — 9. A. B : *si li manda.* — G : *por ce li manda.* — 10. A. B. — 11. A. B. J.

Lombardie, où li rois estoit, se li cria merchi, et li rois li pardonna sen maltalent. Puis mist li rois pais entre les Lombars et l'empereur, por l'onor que li Lombart li avoit faite. En tel maniere, com je vous dirai, fu li pais faite : que toutes les cités communes de Lombardie amenderoient[1] à l'empereur çou qu'il li avoient meffait par .v^c. chevaliers à mener[2] .II. ans à lor coust en le tiere d'Outremer. Quant li empereres ot fait pais à ches de Lombardie, si s'en ala en Puille; et li rois demora en Boulogne[3], por çou qu'il ne voloit aler avoec l'empereur.

Quant li apostoles oï dire qu'il avoit pais[4] entre le roi et l'empereur, si manda le roi Jehan qu'il alast à lui, et il i ala. Et tantost com il vint devant lui, li apostoles[5] li commanda se tiere à garder, et qu'il reçeust tot et vesquist de ses rentes[6].

Il avint que li feme l'empereur se delivra d'un fil, et ne demora gaires après qu'ele fu morte[7]. Quant li rois Jehan oï dire que se fille estoit morte, si fu moult

---

1. A. B : *amenderent.* — 2. J : *à envoier et à tenir.*— 3. A. B. G : *à Boloigne.*— 4. A. B. D. E. I. J. O, comme C.— M : « cum » eo pacem composuit. — G : *Quant li apostole oï dire qu'il avoit mautalent.* — 5. D. mal : *li emperieres.*

6. A. B. J : *et vesquit des rentes.* — G : *sa terre à garder et vivre des rentes.*— M : « His compositis, rex in Apuliam reversus » est; cui papa patrimonii Beati Petri curam commisit, et pro ip- » sius sumtibus singulos ejusdem patrimonii reditus assignavit. » Chap. 207. col. 845.— N: « His compositis, imperator in Apuliam » remeavit, rex vero in Bononia pingui remansit; quem non » multo post Innocentius IV ad se vocavit et universum patrimo- » nium Beati Petri ei tradidit, concedens ei ut universos reditus » ejusdem patrimonii ad proprios sumtus haberet. » Col. 648.

7. Conrad naquit à Andria le 25 avril 1228. Isabelle de Brienne mourut quelques jours après sa délivrance.

dolans, et toutes voies, fu il liés que oir i avoit demoré[1]. Li apostoles commanda à l'empereur qu'il passast en le tiere d'Outremer et fesist son pelerinage, et s'il ne le faisoit[2], il en tenroit[3] justice.[4] Et li empereres li manda que volentiers passeroit, et jour prist d'entrer en mer.[5]

1. M : « In hoc tamen consolationem resumens, quod hœredem » reliquerat. » Chap. 207. col. 845. — N : « In hoc tamen conso- » lationem aliquam resumens, quod superstitem reliquerat sobo- » lem. » Col. 648. — J : *de ce que hoir estoit de lui remés.* — D. ajoute : *cil avoit à nom Corraz.*

2. A. B : *s'il n'i aloit.* — 3. A. B. D : *il en feroit.* — 4. I : *que s'il ne passoit, il en feroit jotise.* — 5. E : *et prisent jour d'entrer en mer.*

CHAPITRE XL.[1]

Coment Federich l'emperercs pasa mer.

SOMMAIRE.

1227. Armements et préparatifs ordonnés à Brindes par l'empereur Frédéric, en vue de la Croisade. — 8 septembre 1227. L'empereur met à la voile. Il débarque dans la nuit pour rentrer à Brindes, en laissant la flotte continuer sa route vers la Syrie. Il est excommunié. (*Fin possible de la Chronique d'Ernoul.*) Coradin, sultan de Damas, confie en mourant la garde de son fils à un templier espagnol, transfuge et non renégat. Les Croisés et les barons de Syrie réparent ou construisent les châteaux de Sidon, de Château-Franc et de Césarée. — 1228. 28 juin-21 juillet. L'empereur part définitivement pour la Terre Sainte sans avoir été relevé de l'excommunication. Il arrive en Chypre. Il envoie son maréchal à Acre pour suivre des négociations secrètes avec les Sarrasins. Le maréchal maltraite les Croisés qui voulaient ouvrir les hostilités. Ses fréquents pourparlers avec les messagers du sultan. Les gens du pays dénoncent sa conduite au pape.—7 septembre. L'empereur arrive à Saint-Jean d'Acre. Ses démarches pour obtenir l'absolution du Saint-Siége. Résistance du pape. Violents démêlés de l'empereur et des Templiers. Novembre. Frédéric se rapproche de Jérusalem. Le sultan, connaissant les difficultés de la situation de l'empereur, se montre moins disposé à tenir les premières conventions faites avec lui. — 1228-1229.

1. Cf. G. p. 412-426. — H. pag. 363 à 379. liv. XXXII. chap. 23, au liv. XXXIII. chap. 12. Autre Continuation. Pag. 563. 566-579. Toutes deux différentes de notre chronique.

Pipino a deux fois utilisé ce chapitre, en l'attribuant chaque fois à Bernard le Trésorier. — N. liv. II. de la fin du chap. 29 au chap. 31. col. 648-650. — M. de la fin du chap. 207 au chap. 208[r] et dernier, col. 845-846.

Nouvelles négociations du sultan et de l'empereur. Traité secret qui se discutait entre eux. — 1229. 18 février. Le traité est enfin conclu. 18 mars. L'empereur est couronné à Jérusalem. Que le traité de l'empereur était mauvais et dérisoire. Frédéric notifie son couronnement aux princes de la chrétienté. Le pape défend les réjouissances publiques et maintient l'excommunication. Il charge Jean de Brienne d'envahir les domaines de l'empire. — 1er mai. L'empereur s'embarque à S. Jean d'Acre pour revenir en Pouille. (*Fin plus probable de la Chronique d'Ernoul*). — 1229-1230. Il reconquiert les terres occupées par Jean de Brienne. — 1230. Le duc d'Autriche s'entremet de la paix entre le S. Siège et l'empereur. — 28 août. L'empereur est absous. — 1229-1230. Les Sarrasins attaquent Jérusalem.

Quant li apostoles sot le jour que li emperere dut mouvoir, si manda que tout li croisié qui estoient en Crestienté meussent et alaissent[1] à Brandis, que li emperere passeroit. Li emperere fu en Puille, et moult fist grant apareil faire de nés [et de galies[2]] à Brandis, et fist cargier de viande et de gent, quant li pelerin furent là venu. Quant les nés furent cargies, et il[3] furent recuelli [enz[4]], et il orent tans, si murent. Li emperere entra en une galie et mut tout avant, et tot li autre vaissiel après. Quant ce vint le viesprée[5] et il fu anuitié, li emperere fist retorner se galye tot coiement, c'onques nus ne le sot fors cil de le galye. Si s'en retorna arriere à Brandis, et cil qui es nés estoient passerent oultre et ariverent à Acre.

Quant li apostoles oï dire que li empereres[6] estoit ensi retornés, si fu moult dolans, et moult coureciés de çou qu'il avoit ensi traïs les pelerins. Il l'escommenia et fist escumeniier, comme laron et traïtor et deloial

---

1. A. B : *si manda par tote Crestienté à tot ciaus qui croicié estoient qu'il alassent*. — 2. A. B. — C : *et moult fist grant aparellement faire*. — 3. D : *li pelerin*. — 4. D. — 5. A. B : *au vespre*. — 6. A. B. G. J. — C : *li rois*.

qu'il estoit, et manda par tout qu'ensi faitement avoit traï les pelerins[1].

Li empereres envoia messages al soudan por faire pais forrée[2], si com vous orrés que pais i fu, aucune fois.

En cel point[3] que li pelerin arriverent [à Acre[4]] qui adont murent, fu li Coradix mors[5]. Si demora se tiere à ses enfans qui petit estoient. Li Coradix, devant ce qu'il morust, laissa se tiere et ses enfans en baillie à .I. chevalier [qui estoit nez d'Espaigne[6]], qui frere avoit esté del Temple. Por çou li laissa en baillie que, puis qu'il avoit laissié les Crestiens et estoit venus à lui, l'avoit loialment servi; et por ce qu'il ne vaut onques devenir Sarrasin, ains tenoit se loi[7], fors tant qu'il aloit contre les Crestiens. Et por le loialté qu'il vit en lui, de se loi tenir et garder, sot il bien qu'il li garderoit loialment se tiere avoec ses enfans. Por ce li laissa en baillie, et nel vot mie as Sarrasins laissier; qu'il savoit bien qu'il[8] le renderoient à son frere le soudan de Babilone.

Quant li Coredix fu mors, et li trive fu route[9] en le tiere d'Outremer, se li pelerin qui à Acre estoient et cil de le tiere euissent cief de signor[10] qui les conduisist, il fuissent entré en le tiere de Sarrasins. Et por ce qu'il n'avoient point de signor, prisent il conseil qu'il

---

1. D. se termine ici et à ces mots: *avoit traïz les pelerins, et qu'en l'escommenyast par totes les terres où l'en creust Dieu.* Voy. la Descript. des mss. — 2. E : *pais fourée*. — G : *pes forcé*. — I. J : *pes forrée*.— O : *pais forée*.— 3. Cf. M. chap. 208 et dernier de Muratori. Col. 846 : *De obitu Conradini soldani Damasci*.— 4. G. J. O. — 5. Malec Moadam mourut au mois de novembre 1227.— 6. I. J. — 7. M : « non tamen Christianæ fidei apostatam. » — 8. J : *qu'il dotoit qu'il*. — 9. G : *mortes*. — 10. A. B : *chief de lor signor*.

iroient fremer [un chastel à¹] une cité qui est à .XII.² liues de Sur, [qui a à non Saiete³], et il i alerent. Et quant il vinrent là, consaus lor aporta qu'il ne le fremaissent mie [là où il avoit esté⁴], car trop i aroit à faire⁵ et si ne seroit mie⁶ moult deffensable encontre Sarrasins; ains feroient .I. castel en une illete qui est devant le cité, et feroint caucie de le tiere desci là. Et que se li castials i estoit fais, il ne douteroient nul assaut c'on lor peuist faire, ne par mer ne par tiere. Tot cil de l'ost s'i acorderent et sejornerent illeuc et fremerent le castel tout l'ivier, et fisent le caucie; et al cief⁷ de le cauchie, fisent [une porte et⁸] une tour moult deffensable⁹.

En cel ost ot moult d'Englès. Et s'i ot .II. evesques d'Engletiere qui moult fisent de bien en l'ost et aillors encore, si com vous orés. Li Alemant ne furent mie à cel castel fremer, ains estoient à l'Hospital des Alemans, qui estoit à .III. liues d'Acre, où il fremoient .I. castiel qui avoit à non le Frans Castiaus¹⁰. Quant li pelerin orent l'ivier fremé ces .II. castials, il alerent en l'esté¹¹ apriès à Cesaire, s'en fremerent .I. [autre¹²]. S'il eust soudan à Damas, il n'eussent mie fremet ches castiaus; ne li Espaignas¹³ qui le tiere [dou Coradin et ses enfans¹⁴] avoit en baillie n'osoit laissier le tiere ne desgarnir que li soudans de Babilone n'i entrast, qui autre cose ne

1. J. — 2. A. B. J : à *VII*. — 3. A. B. G. — J : *qu'il iroient fermer un chastel à Saiete*. — 4. J. — 5. M : « nimis » sumtuosum erat. » Col. 846. — 6. A. B: *ja*. — 7. J. O: *et au pié*. — 8. A.B. — 9. G: *une porte* (O: *une tor et une porte*) *bien deffensable*. — 10. M : « Castellum Francum. » — 11. G. I. J. O. — A. B. C. E: *en l'iver*. — 12. G. — J: *à Cesaire, où il refermerent le chastel*. — 13. A. B : *ne li Espaignois*. — J : *li Espagnols*. — 14. J.

gaitoit mais qu'il peust desireter ses nevos. Por ce fremerent li Crestien ces castiaus en pais[1].

Quant li message que li emperere avoit envoié al soudan furent revenu à lui arriere, il entra tantost en mer, et s'en ala en le tiere d'Outremer, sans ce qu'il le fesist savoir à l'apostole, et qu'il se fesist asolre; ains s'en ala [toz[2]] escumeniés. Quant il vint droit en l'ille[3] de Cypre, si torna là et descendi à tiere[4] et sejorna illeuc. Il envoia sen mariscal à Acre et grans gens avoec por parler al soudan, et por savoir le fin de le pais qu'il li avoit mandée[5]. En cel point que li mariscaus arriva à Acre, estoient encore li pelerin à Saiete[6].

Il orent envoiés .I. jor lor fouriers en Paienisme por de le viande[7]. Li fourier i alerent et grant bestaille en amenerent, et grant gaaign, comme de pain et de blé et de car, et d'ommes et de femes et d'enfans. Li mariscaus l'empereur, qui à Acre estoit, oï dire que li

---

1. Pipino résume ainsi ces derniers faits : « Et quia etiam His-
» panus, regni ejus balivus, soldani Babyloniæ timens insidias, se
» a Christianorum offensionibus abstinebat. » Il raconte ensuite
comme témoignage des sentiments généreux de Coradin, l'entre-
vue des deux religieux latins avec le sultan, que notre chronique
a rapportée précédemment (pag. 431), en l'annonçant par ces
mots : « De humanitate autem et clementia ejusdem Conradini
» soldani, idem Bernardus tale refert exemplum. » M. col.
846. Après ce récit, se termine le XXVe livre de la chronique
générale de Pipino inséré dans la collection de Muratori sous le
nom de Bernard le Trésorier.
2. A. B. J. — 3. A. B. J. — C : *endroit en l'ille.* — 4. Parti
de Brindes le 28 juin, Frédéric arriva en Chypre le 21 juillet.
5. N : « misitque ad soldanum Ægypti marescallum suum cum
» gente non pauca ut percussæ pacis tractatum compleret. » Col.
649. — 6. A. B. C. J. O. — G : *à Cesaire.* — 7. G : *por querre viandes.* — J : *querre viande.*

Crestien estoient entré en Paienie et grant gaagn en amenoient, il monta et fist monter ses chevaliers et ses gens, et ala encontre. Quant li fourier virent le mariscal et il connurent les ensegnes[1], il furent moult lié, car il cuidoient qu'il venist por eus aidier, s'il en avoient mestier. Mais cil n'en avoient talent, ains lor coururent sus, et tuerent et navrerent et batirent, et tolirent çou qu'il avoient gaagnié, et le renvoierent arriere en Paienie.

Quant li mariscaus ot ensi fait, [s'en retorna arriere à Acre[2]]. Si s'en aloit bien [sovent[3]] d'illuec en .I. lieu de le tiere as messages le soudan, qu'il ne voloit[4] mie qu'il venisse[n]t à Acre por parler de le pais, ne que cil de le tiere seüssent lor conseil. Cil de le tiere envoierent .I. message à l'apostole, et si li fisent savoir comment li gent l'empereur les avoient [mal[5]] baillis; et comment il aloient souvent parler as Sarrasins, mais il ne savoient porcoi estoit.

Quant li emperere ot une piece sejorné en l'ile de Cypre, se li fist ses mariscaus savoir[6] ce qu'il avoit trouvé el soudan. Et il, tantost com il sot ce que ses mariscaus avoit fait al soudan, si entra en mer et ariva à Acre[7]. En cel point qu'il ariva à Acre, estoient li Crestien devant Cesaire, où il avoient fremé .I. castiel. Et d'illeuc s'en alerent à Jaffe[8], où il en fremerent .I.

1. J : *banieres.* — 2. A. B. G. J. O.
3. A. B : *D'illuec s'en aloit bien sovent.* — J : *D'illuec aloit souvent.* — 4. A. B. J. — C : *voloient.* — J : *car il ne voloit.* — N : « multa cum nuntiis soldani habuit clandestina colloquia. » Col. 649. — 5. A. B. G : — J : *coment les gens de l'empereor les menoient.* — 6. J : *ses mareschaus li fist asavoir.* — 8. Le 7 septembre 1228. — 7. A. B. G : *à Jaffe.* — 8. A. B. G. J. O. — C : *Scaife,* et plus bas : *à Jaffe.*

autre moult fort. Quant li empereres fu à Acre, si fist tantost armer une galye et mist ses messages ens et les envoia à l'apostole. Et li fist asavoir qu'il estoit en le tiere d'Outremer, et qu'il l'assausist[1]; et il li creantoit que jamais ne repasseroit[2] le mer arriere devant ce qu'il aroit delivré le tiere de Jherusalem de Sarrasins et conquise et mise en le main de Crestiens. Li apostoles li manda qu'il ne l'asolroit mie, qu'il ne le tenoit mie por Crestien; ains estoit passés comme faus et comme traistres. Apriès si manda al patriarche, à l'Hospital et al Temple qu'il ne fussent n'à sen conseil, n'à sen acort, car il estoit traitres et mescreans; ne à cose qu'il fesist ne se tenissent[3]; et que bien gardaissent le tiere por lui[4], car il n'i feroit ja bien, si cum il cuidoit.

Un jor se porpensa li empere de grant traïson[5]. Il i a .I. castiel del Temple qui a à non Castiaus Pelerins[6]; si entra ens. Quant il fu dedens, si trouva le castel bien garni et moult fort. Il dist qu'il voloit avoir le castel, et qu'il le[7] vuidaissent, et manda ses homes por garnir[8]. Li Templier coururent as portes[9] et les fermerent, et disent que s'il ne s'en aloit, il le meteroient en tel liu dont il n'isteroit jamais. Li empere vit qu'il n'avoit mie le force là dedens et qu'il n'estoit mie bien amés ou païs[10], si vuida le castel et ala à Acre, et fist

---

1. J. O : *l'assousist*. — 2. A. B. — C : *passeroit*. — G : *jamès ne torneroit ariere*. — 3. N : « Mandavit papa prælatis trans-» marinis ne ejus consiliis interessent nec se illius actibus im-» miscerent. » — 4. J : *et bien se gardassent de lui*. — G : *se prissent garde de lui*. — 5. J : *malice*. — 6. A. B. J : *Chastel Pellerin*. — G : *Chastiau Pelerin*. — 7. A. B. J : *li*. — 8. A. B : *et manda ses genz por la garnir*. — 9. A. B : *del chastel*. — 10. A. B : *de cex del païs*.

armer¹ ses gens, et ala à le maison del Temple. Si le vaut prendre et abatre, et li Templier le² desfendirent bien, [que la maison estoit fors³]; tant comme consaus aporta l'empereur qu'il ne faisoit mie bien, si se traist ariere. Si se parti d'Acre, et ala à Jaffe, là où on fremoit le castiel, et manda al soudan qu'il li fesist les convenences⁴ por coi il avoit le mer passé.

Li soudans sot le discorde⁵ qui estoit entre lui et l'apostole et les Templiers et cels de le tiere. Se li manda qu'il ne li⁶ pooit mie bien tenir les convenances de le tiere, car li Caredix, ses frere, estoit mors; il ne pooit mie faire de se tiere à son talent, que elle estoit demoré en baillie; ne si home ne li voloient mie otrier ce que ses freres li avoit en convent. Li empereres fist sen sirement, et se li manda que s'il le faussoit de ses⁷ convenences, seust il bien que jamais n'aroit repos si l'aroit⁸ desireté de toute se tiere; car il, à l'aïue de Diu et al grant avoir qu'il avoit, le pooit il bien faire, et de le gent qu'il averoit de se tiere.

Quant li soldans oï ce, si manda ses neveus et cels qui le tiere avoient en baillie que il ne pooit mie faire pais à l'empereur sans auls, tele com il avoit en convent. Li bailliu⁹ vinrent¹⁰ al soudan. Quant il furent venu, li soudans lor dist : « Signor, veés ci l'empereur » d'Alemagne, qui ci est venus por une pais que nous » aviemes porparlée entre moi et mon frere, et

1. A. B : *amasser*. — 2. A. B. J : *se*. — 3. A. B. — 4. J : *que il li feist ce qu'il li avoit en covenant*. — 5. N : « Soldanus » autem agnita discordia, »etc. Col. 649. — 6. A. B. G. J. — C : *le*. — 7. G. J : *s'il ne li tenoit ses*. — 8. G : *jusques qu'il l'auroit*. — J : *tant qu'il l'eust*. — 9. A. B : *li baillif*. — F. O : *li bailliz*. — 10. J : *vint*.

» creantée li aviemes par nos messaiges. Il esteut que
» vos li creantés ensement. Et se vous ne le creantés,
» saciés [por voir¹] il ira sur vous, ne nul confort ne
» nule aïue n'arés de moi, ne de mes gens. » Quant
cil oïrent ce, si dirent qu'il otrieroient quanques il
feroit, car il lor estoit avis² que plus pooient perdre à
le guerre qu'à le pais.

Or vous dirai de le pais qui porparlée estoit entre
l'empereur et le soudan quels elle fu. Li soudans rendi
toute le tiere de Jherusalem, si comme Crestien
l'avoient tenue al jor que Sarrasin le conquisent sor
Crestiens, à l'empereur faire se volenté, fors seulement
le Crac de Mont Roial et .III. castiaus, en le tiere de
Sur et de Saiete, que [li³] haut home avoient garni, et ne
les volrent⁴ rendre. Mais de ces .III. castials ne pot
mie grantment caloir⁵, qu'il ne sont mie si fort c'on se
sist mie longement devant à siege⁶. Mais del Crac fu ce⁷
damages qu'il ne fu rendus, que toutes Crestientés⁸
poroit seir devant, quant il seroit pris, por tant qu'il⁹
eussent à mangier dedens¹⁰. Le cité de Jherusalem ren-
dirent ensement par tel division, qu'il i aroit .M. Sar-
rasins¹¹ por garder le Temple où Dius fu offers¹², et que
Crestien n'i aroient nule seignorie; et que sauvement,
sans treuage [doner¹³], venroient li pelerin [Sarracin¹⁴] al

---

1. A. B.—2. O: *Quant il oï ce*, etc.—3. E.—4. E: *vaurrent*.—G.
J: *voloient*. — 5. A. B: *ne pot gaires caloir*. — G. I. J. O:
chaloir. — 6. A. B: *c'om seist longement*. — O: *qu'il convenist
estre devant longement à siege*. — 7. C: *face*.— 8. A. B: *que
toz le mons*.— 9. O: *tant com*. — 10. E: *s'il avoient dedens à
mengier*.— 11. A. B.— C: *.II. (mil?) Sarrasins*.— E. G. I. J. O:
trois Sarrasins. — Dans N: « mille Saraceni. » Col. 649. —
12. J: *por garder le Temple Domini*.— 13. E. I. J. O.— 14. A.
B. E. I. G. J. O. — Mal dans N: « Christiani peregrini. »

Temple. Et el manoir Salemon, où li Templier manoient au jor que li tiere fu perdue, mist li emperere Sarrasin[1], en le viutance[2] des Templiers, por ço qu'il ne voloit mie qu'il se herbegassent dedens le cité. Et si que li empereres pooit fremer[3] cités et castiaus [qui onques avoient esté fermés[4]], mais nule fremeté noviele ne pooit faire[5]. Et ne se pooient faire li Sarrasin fremer[6]. Ceste pais fu ensi creantée [d'une part et d'autre[7]], et trives prises à .x. ans[8].

Quant ensi fu faite li pais et creantée et les trives prises, li sodans fist vuider le cité des Sarrasins, fors seulement del Temple. Li emperere i entra et si home, et porta corone, .I. jour de mi quaresme[9]. Quant il ot porté corone, si dona le manoir le roi qui devant le tour David est à l'Hospital des Alemans. A cele pais ne à ces trives ne fu li Temples, ne li Hospitaus, ne li patriarches, por çou que li apostoles lor avoit mandé qu'il ne fuissent à son conseil ne à s'aïue. Ne, d'autre part, se li apostoles ne l'eust mandé, n'eussent il mie greé[10] tele pais à faire, car cele pais tint on à fausse et à malvaise.

1. J : *Le manoir Salemon ..... mist l'empereres en main de Sarrazins.* (Cf. II. pag. 375. Var. ital.) — Mal dans G. — 2. l. J : *en viltance.* — E : *villanche.* — 3. A. B. J : *fermer.* — 4. A. B. J. — G : *et ce qui avoit esté fermé.* — 5. A. ,B. J. O. — N : « nulla » tamen de novo fundare. » — Mal dans C : *faire li Sarrasin.* — 6. A. B : *Et li Sarrasin ne se pooient noient fermer.* — G : *ne li Sarrasins ne se pooient mie fermer.* — J : *et li Sarrasin ne pooient rien fermer.* — 7. A. B. — 8. Le 18 février 1229. Ce traité fut rédigé en français, et on a conservé quelques fragments de sa rédaction. *Hist. de Chypre*, t. I. p. 249; t. III. pag. 626. — 9. A. B : *moi quaresme.* — J : *de mi caresme.* — G : *ou demi-quaresme.* — H : *le Dimenche de mi careme.* (p. 374). — N : « Dominica de *Lætare.* » Le 18 mars 1229. — 10. A. B : *souffert.* —

Quant li emperere ot porté corone en Jherusalem, se fist faire lettres et les carja .I. sien clerc et les envoia à l'apostole, et à son fil en Alemagne, et al roi de Franche; et si lor manda comment on li avoit le tiere rendue, si comme vous avés oï. Quant li apostoles oï ces noveles, si ne fu mie liés, por ce qu'il estoit escumeniés, et por çou qu'il li estoit avis qu'il avoit malvaise pais faite, por ce que li Sarrasin avoient[1] le Temple. Et por ce ne pot il souffrir[2] c'on le seust par lui, ne que sainte eglise en fesist fieste. Et manda par toute Crestienté c'on escumeniast l'empereur com desloiaus[3] qu'il estoit et mescreans. Apriès, si amassa grant gent, et les carga le roi Jehan et fist entrer en le tiere l'empereur, por prendre et por gaster en le tiere de sen demaine, ne mie[4] en le tiere de l'empire. Li rois Jehan i entra, et prist castiaus et viles, et grant conquest fist sur l'empereur. On le fist savoir à l'empereur, que li apostoles avoit carcié[5] grant gent al roi Jehan, et qu'il prendoit ses castiaus et ses viles, et ocioit ses homes, et qu'il estoit entrés en se tiere[6].

Quant li empereres oï çou, si fist atirer ses galyes et entra ens. Si laissa ses baillius en le tiere de Jherusalem, et passa mer[7], et arriva en Puille; et commanda ses baillius qu'il fremassent Jherusalem. Quant li empereres fu arivés, si envoia par toute se tiere por saisir les maisons del Temple et quanques il avoient d'avoir, et

---

G : *ne eussent il mie cele pes aidié à faire.* — J : *n'eussent il mie cele pes faite.* — 1. A. B. J : *tenoient.* — 2. G : *souffir.* — J : *ne vost il onques souffrir.* — 3. A. B : *escumeniés.* — G. O : *renoié.* — J : *desloial renoié.* — 4. A. B. G : *non mie.* — J : *non pas.* — 5. I : *chargié.* — J : *baillié.* — 6. La phrase manque dans A. B. — 7. Il s'embarqua à S. Jean d'Acre le 1er mai 1229.

fist cacier tous les freres hors de le tiere. Apriès, si amassa grant ost et ala contre le roi Jehan, et manda son fil en Alemagne[1] [qu'il le secorust à tot grant gent[2]].

Quant[3] li rois vit[4] que li empereres venoit sor lui, à tot grant gent, et qu'il avoit mandé son fil en Alemaigne, et il vit qu'il n'avoit mie la force contre lui, si se traist arriere et le manda à l'apostoile. Li apostoiles manda en France, [preant[5]] por Deu, c'om le secorust; et li evesques de Biauvais i ala, et grant chevalerie avec lui[6].

Li empereres d'Alemaigne reconquist tote sa terre, que li rois Jehans avoit prise. Li dus d'Osteriche, qui estoit alé en l'aide l'empereór avec son fill, vint à l'apostoile, si li dist que la guere n'aferoit[7] pas de lui ne de l'empereór, mais feist peis. Et li apostoiles dist : « *[Sires[8]] quel pais ferois je? Il m'a tant menti, qu'à* » *poines porroie je croire chose qu'il me deist, ne seire-* » *ment q'il me feist.* » — « *Sire, dist li dus, vos ferez* » *pais, et de la pais qu'il vos fera l'en vos en fera bien* » *fin[9].* » *Là porparlerent une pais entre l'apostoile et les chardonaus et le duc. Donc li apostoiles envoia .II. chardonaus et le duc à l'empereór, por la forme de la pais. Quant li empereres sot la forme de la pais, si li*

1. Ici se termine la chronique d'Ernoul dans C. et E. — E : *Et après, si amassa grant ost et ala encontre le roy Jehan et manda sen fil en Alemaigne.* — 2. A. B. — I. J : *qu'il le secorust o tout son pooir.*— G : *secorust à son pooir.*— N : « misitque filio suo ut de » Alemannia omnibus eductis copiis properaret ad eum. » Col. 650. — 3. Cette fin est prise dans A. B.— 4. I : *Quant li rois Jehans vit.*— J : *Quant li rois Johans sot.* — N : « Rex vero Johannes, » his cognitis, se non posse Imperatoris potentiæ reluctari, » etc. Col. 650. — 5. J. — 6. M : « cum magna militia. » Col. 846. — N : « cum non parva comitiva. » Col. 650.— 7. J. O.— A. B : *ne feroit.* — G : *n'avenoit.* — 8. J.— 9. J : *l'en vos fera bien segur de la pes tenir.* — G : *l'en vos sera seur de la pes.*

dist qu'il n'en feroit mie, ainz lor mut une autre pais qu'il feroit son voloir¹. Li chardonal distrent qu'il n'en feroient noient². Ainz estriverent ensemble des .II. pais³, tant que li dus proia tant l'empereor qu'il se mist en lui et es .II. chardoneaus, et jura sor sains que ce qu'il atireroient, qu'il tendroit. Et en fist bien fin⁴, et li chardonal le creanterent de par l'apostoile. La pais fu creantée d'une part et d'autre, si assot on⁵ l'empereor⁶.

Un poi après ce que l'emperers fust partis de la terre d'Outremer, s'asemblerent Sarracins villain de la terre, et alerent en Jerusalem por ocirre les Crestiens qui estoient dedenz. Li Crestien furent bien garni, et se deffendirent bien, et ocistrent bien plus de .V^c. Sarracins. Et n'i ot que .I. crestiens mort, et cil fu englois.

1. O : *ains lor mut (J. moti) une autre pais qu'il dist qu'il feroit*. — G : *ains lor mut une autre pes qu'il feroit*. — 2. J. O : *Li chardonaus disent que cele pais ne feroient il mie*. — 3. O : *Ains estriverent asés de II. pars*. — J : *Assés estriverent sor ces deus pes*. — G : *Ains estriverent ensemble de deus pars*. — 4. G : *et en fist bien le creant*. — O : *en fist bien fi*. — 5. O : *et on asoust*.

6. Grégoire IX prononça l'absolution de Frédéric le 28 août 1230. Pipino a rappelé deux fois dans sa chronique la réconciliation de l'empereur avec le pape ainsi que l'absolution de Frédéric, et il nomme, dans les deux circonstances, Bernard le Trésorier comme son auteur. Au livre XXIII, en ces termes : « Hæc ex *Historia de Passagio ultramarino* traducta sunt, quam composuit » Bernardus Thesaurarius. » (N. col. 650). Au livre XXV, dans cette phrase souvent citée : « Hæc de gestis regis Johannis sumta » sunt ex *Historia Bernardi Thesaurarii*. Qualis autem fuerit exi- » tus non inveni, vel quod historiam non compleverit, vel quod » codex unde sumsi fuit imperfectus. » (M. col. 846). C'est la fin, dans l'ordre chronologique des événements, du faux Bernard le Trésorier et du chap. 207ᵉ publié par Muratori au tome VII des *Scriptores*. Le chapitre 208ᵉ et dernier, intitulé : *de obitu Conradini*, est un emprunt de Pipino au 37ᵉ chapitre de Bernard le Trésorier. Voy. ci-dessus, pag. 431.

CHAPITRE XLI.[1]

Coment li roys Jehan conquist Constantinople.

SOMMAIRE.

1229-1230. Détresse des Latins de Constantinople. Ils envoient des messages à Jean de Brienne et au pape pour déterminer l'ancien roi de Jérusalem à accepter la régence de l'empire. Hésitations et refus de Jean de Brienne. A quelles conditions il accepte. — 1231. Août-septembre. Jean de Brienne arrive à Constantinople. Mariage de sa fille Marie avec l'empereur Baudouin II. L'empereur et les barons confirment les engagements pris par leurs messages à l'égard du roi Jean.

Atant vos lairons à parler de la terre d'Outremer, si vos dirons de Constentinoble.

Li Crestien[2] qui dedenz estoient avoient tote perdue la terre, fors soulement la cité et .I. [poi[3]] de terre dehors. Il pristrent consel ensemble, et distrent li plusor qu'il lairoient la cité, et s'en iroient. Li autre distrent que ce ne feroient il ja; que grant honte et grant reprovier en aroient en toz les leus où il iroient, si

---

1. Cf. G. p. 428-430, ou finit le XXIVe livre de Martène. Le XXVe livre, à partir duquel la similitude de texte se rétablit entre Martène, G. et H. revient sur ces mêmes événements de Constantinople dont parle Bernard le Trésorier à la fin de sa chronique. (G. p. 433. H. p. 381.)

2. J : *Li Crestien Latin.* — 3. F. I. O. — J : *un petit.*

laissoient si riche cité por noiant. Ainz manderoient secors à l'apostoile, et li feroient savoir l'estat de la terre, et li manderoient priant que, por Deu, lor aidast, qu'il peussent avoir le roi Jehan à segnor; et que s'il le pooient avoir, il tendroient bien la terre à l'aide de Deu. Et manderoient le roi Jehan, qu'il venist en la terre [et tant tost com il venroit en la terre¹], il li rendroient² et feroient [de lui³] segnor. A cel conseil s'acorderent tuit. [Il aparellierent mesages et envoierent⁴] à l'apostoile et au roi Jehan.

Quant li messaige vinrent à l'apostoile, si firent lor message, et li apostoiles manda le roi Jehan qu'il venist lui parler. Et il vint, et li apostoilles li dist ce c'om li avoit mandé de Constentinoble, et molt li proia qu'il le feist, et qu'il s'en conseillast. Li rois dist qu'il en estoit toz conseillez, car il n'iroit mie⁵; que il avoit [oir⁶] en la terre⁷, ne il ne le voloit deseriter mie; ne ne se voloit mie metre en [si grant⁸] aventure por autrui terre garantir. Molt l'en proia li apostoiles q'il i alast, et grant secors li promist d'avoir et de gent. Li rois dist qe por tele promesse n'iroit il mie, ne la promesse ne refussoit il mie, s'il i aloit, por aucune aventure⁹; [ains l'en mercioit¹⁰].

Li rois Jehans, por ce qu'il vit le besoing de la terre, et por ce que li apostoiles l'en prioit, dist qu'il iroit par tel devision, qe, se li chevalier de la terre l'otrioient et li apostoiles le looit, que li oirs qui devoit estre em-

---

1. G. J. — 2. G. J. O. — A. B : *tendroient.* — 3. G. J. — 4. F. O.— 5. J : *que il n'en feroit riens.*— 6. O.— 7. G. J : *car un enfant* (l. *c'uns enfes*) *estoit remés de l'emperéor Pierre, qui estoit hoirs de la terre.*—8. F. O.— 9. J : *ne la promesse s'il i aloit en aucune maniere ne refuseroit il mie.* -- 10. J.

pereres¹ espouseroit une fille qu'il avoit [de sa feme l'Espaignole²] et porteroit corone³. [Après⁴], quant il auroit espousée [se fille⁵], il jureroit sor sains que tant comme il vivroit⁶ seroit en ballie, ne segnorie n'auroit sor lui. Puis, li feroit tuit li chevalier de sa terre homage [à se vie⁷], et que tote la terre qu'il conqueroit, qe ses ancestres avoit tenue, tot seroit avec l'emperéor⁸; [et s'il conquerroit terre que ses ancestres n'eust tenue⁹], elle seroit à ses oirs, et de l'emperéor la tendroient¹⁰. « Se einsi le voloient faire, dist li rois
» Jehan à l'apostoile, par le proiere et par l'aide que
» vos m'avez promis, je irai, [autrement non¹¹]. » Li apostoiles le loa bien. Li messaige retornerent arriere en Constentinoble; si distrent ce qu'il avoient trové à l'apostoile et au roi Jehan. [Li chevalier parlerent ensanble¹²] et il s'acorderent bien à ce que li apostoiles lor avoit mandé.

Cil de Constentinoble renvoierent au roi Jehan, et li manderent qu'il ala[st] en Constentinoble, et il feroient quanqu'il avoit devisé¹³. Et li rois, [quant il ot oï les mesages¹⁴], ala à l'apostoille, si prist congié à lui. Et li apostoiles li dona de son avoir, et li creanta qu'il le secorreroit et d'avoir et de gent, s'il en avoit mestier. Après s'atira li rois et ala en Venise, si entra en mer et ala en Constentinoble.

1. F. O. — A. B : *qui devoit estre oirs.*— 2. J.— A : *une fille qu'il avoit.* — B : *qui avoit.* — 3. I : *que li oirs de la terre espouseroit une fille qu'il avoit et porteroit corone.* Fin du ms. dont la dernière feuille manque.— 4. F.O. — 5. F.O.— 6. J : *tant com le roi vivroit.* — 7. J. O. — 8. J : *seroit de l'empereor.* — 9. J. O. — 10. J. — A.B : *le tendroit.*— 11. J. — 12. J. O. — 13. Traité de Rieti, confirmé par Grégoire IX à Pérouse le 19 avril 1229. H. p. 381. n. — 14. F. O.

Quant li rois Jehan fu arrivez en Constentinoble, li chevalier de la terre alerent encontre [lui¹] et le reczurent à grant joie. Quant il ot .I. pou sejorné en Constentinoble, si manda toz les chevaliers de la terre, [et²] fist espouser sa fille au valet qui empereres devoit estre, et [si³] le fist porter corone. Quant li valez ot porté corone et il fu empereres, li rois li requist qu'il le⁴ feist ses covenances, et il et li chevaliers de la terre. Li empereres et li chevaliers de la terre firent volentiers quanque li rois Jehan lor devisa, si com il avoient en convent, et li rois à tant s'en tint⁵.

Explicit liber.⁶

Ceste conte de la terre d'Outremer fist faire li tresoriers Bernars de Saint Pierre de Corbie, en l'Incarnation⁷ mille⁸ CC. XXX. II⁹.

1. J. — 2. F. O. — 3. J. — 4. J. O : *li.* — 5. J : *et li rois s'en tint atant apaié.* Fin du ms. — G : *et le roi atant s'en tint.*

6. F : On lit à la fin de ce ms. la note suivante écrite d'une main moderne : *Le livre de M. Fauchet ajoute* : Ceste route (conte) de la Terre d'Outremer fist faire le Tresoriers Bernars de St Pierre de Corbie, en l'Incarnation mille CC. XXX. III. La note est reproduite dans O. fol. 141. v°.

7. F. O. — A. B : *la carnation.* — 8. F. O. — A. B : *mill'o (millesimo).* — 9. F. O : *CC. XXX. III.*

ESSAI DE CLASSIFICATION

DES CONTINUATEURS

DE

L'HISTOIRE DES CROISADES

DE GUILLAUME DE TYR[1].

OBSERVATIONS PRÉLIMINAIRES.

CLASSES DIVERSES DE MANUSCRITS.

L'examen des nombreux écrits que l'on est convenu de désigner sous le titre de *Continuations de Guillaume de Tyr*, bien que plusieurs de ces écrits aient formé d'abord des œuvres entièrement distinctes de la chronique de l'archevêque de Tyr, est un des points curieux de l'histoire littéraire du moyen âge et en même temps de l'histoire des États possédés en Orient par les croisés. La célébrité de l'historien dont le nom est inséparablement uni à cette étude, l'importance des additions faites successivement à la traduction française de son œuvre comme sources origi-

---

1. Extrait de la *Bibliothèque de l'École des Chartes*, 5e série, t. l. pag. 38 et 140. 1860.

nales et souvent uniques des événements de l'Orient latin pendant plus d'un siècle, enfin l'autorité des écrivains qui à différentes époques ont publié, employé ou examiné ces fragments historiques [1], tout appelle l'attention sur ce sujet et justifie l'intérêt qu'on peut y attacher.

Bien qu'agitée depuis longtemps, la question n'a pourtant été jamais traitée d'une manière générale. Les difficultés et les obscurités que l'on rencontre dès qu'on l'aborde dans ses détails semblent en avoir fait ajourner toujours l'étude ; et peut-être encore aujourd'hui, avant d'y pénétrer, serait-il préférable d'attendre le résultat des recherches et des comparaisons que la nouvelle publication des suites de Guillaume de Tyr pourra provoquer dans les bibliothèques publiques d'Europe.

1. Voy. Muratori : *Scriptores rerum italicarum*, t. VII. *In Bernardi Thesaurarii historiam : de Acquisitione Terræ sanctæ, præfatio*, col. 659.

Mansi : Notes à Rinaldi, *Annales ecclesiast.*, t. XX, édit. de Lucques, Préface et p. 567, ann. 1226, § n. Not. Voy. aussi son édit. de Fabricius. *Biblioth. mediæ latinitatis*, t. I, p. 234. Padoue, in-4°, 1754, § *Bernardus Thesaurarius*.

Rodolphe Sinner: *Catalogus codicum Mss. bibliothecæ Bernensis*, Berne, 1770, t. II, p. 343 et suiv., p. 367 et suiv., p. 389 et suiv.

M. Guizot: *Continuation de l'Histoire des Croisades par Bernard le Trésorier*, formant le t. XIX de la *Collection des Mémoires relatifs à l'histoire de France*, Paris, 1824. Préface.

M. Michaud : *Continuation de Guillaume de Tyr*, dans la *Bibliothèque des Croisades*, t. I, p. 366, *Notice du manuscrit de Rothelin*, dans la *Bibliothèque des Croisades*, t. I, p. 377. *Histoire des Croisades, écrite en français par Bernard le Trésorier*, dans la *Bibl. des Crois.*, t. II, p. 555, Paris, 1829.

M. Petit-Radel : *Bernard, dit le Trésorier, traducteur et continuateur de Guillaume de Tyr*, dans l'*Histoire littéraire de France*, t. XVIII, p. 414.

M. V. Leclerc : *Relation anonyme de la prise d'Acre en 1291*, dans l'*Histoire littéraire de France*, t. XX. p. 79.

M. Paulin Paris : *Chronique française d'outre-mer* (1100-1227) *et*

Toutefois, ayant eu l'occasion de consulter à la bibliothèque de Berne les manuscrits des traductions de la chronique de Guillaume de Tyr et des suites de cette chronique, réunis anciennement par Bongars; ayant depuis lors étendu nos observations sur les manuscrits analogues qu'il nous a été possible de retrouver à Florence, à Rome et à Paris, nous avons cru pouvoir tenter dès maintenant un premier aperçu sur l'ensemble du sujet et essayer une classification des continuations qui ont été annexées, en des temps et des pays très-éloignés, à la traduction de l'*Historia rerum in partibus transmarinis gestarum*.

Notre intention n'est point de nous occuper de l'œuvre même de Guillaume de Tyr, ni de la traduction française de cette œuvre, qui paraît avoir été effectuée vers le milieu du xiii° siècle; nous voulons seulement rechercher l'origine et la formation des annexes qui, soit dans les leçons déjà imprimées, soit dans les copies manuscrites, ont, à diverses reprises, prolongé le texte français de l'histoire de l'archevêque de Tyr depuis l'année 1183 jusqu'à la fin du xiii° siècle. Nous essaierons de reconnaître les sources premières d'où ces additions sont provenues, quelle a pu être leur première forme et vers quel temps elles ont dû être successivement rattachées à la rédaction vulgaire de la grande histoire des croisades.

S'il ne nous est pas possible de répondre à toutes ces questions, peut-être parviendrons-nous à en éclaircir quelques-unes; nous espérons au moins satisfaire aux dernières, les plus immédiatement utiles pour la connaissance et l'emploi du monument auquel elles se rapportent, en marquant les points où il nous semble qu'ont été annexées successivement les principales continuations de l'œuvre de l'arche-

---

autres Histoires des Croisades, dans l'*Histoire littéraire*, t. XXI, p. 679. *Les Manuscrits français de la Bibliothèque royale*, t. I, p. 81; t. VI, p. 132, 159.

vêque. Il faut disjoindre et examiner séparément ces matériaux disparates, pour en mieux apprécier le caractère et le mérite historique.

Quelques remarques préalables, en résumant par avance les principales notions que nous a fournies l'étude des manuscrits, nous serviront à suivre plus facilement dans ses détails une discussion que retarderont quelquefois des incidents nécessaires.

Un premier fait qui nous a paru résulter surtout des indications conservées dans les manuscrits de Berne, c'est que plusieurs chroniqueurs, dont les œuvres ont été postérieurement utilisées par les continuateurs de Guillaume de Tyr, avaient déjà écrit séparément en Orient et en Europe avant la formation et la propagation des recueils généraux de l'histoire des croisades. Nous avons été amené ainsi à distinguer dès le principe une première série de chroniques vulgairement dites d'outremer antérieures à ces compilations. Plus tard, vers le milieu du xiii° siècle, quand déjà la version française de l'œuvre de l'archevêque de Tyr commençait à se répandre, d'autres écrivains, peut-être de simples copistes, joignirent, comme une suite naturelle à la grande histoire de l'archevêque, tout ou partie des chroniques françaises déjà écrites sur les événements des croisades. C'est alors seulement que nous avons vu se former et se poursuivre une véritable série de continuations de Guillaume de Tyr, qui ont été prolongées par des annexions diverses à peu près jusqu'à la fin des croisades.

Les plus anciens recueils de ce genre, dans lesquels la traduction française de Guillaume de Tyr est toujours le corps principal, nous semblent avoir été d'abord composés en Orient, et probablement dans la ville de Saint-Jean d'Acre ou dans le royaume de Chypre, comme divers livres des assises de Jérusalem. Transportées ensuite en Europe, ces premières et véritables histoires des croisades mises en français y reçurent des continuations particulières sensiblement différentes de celles qui se continuèrent en Orient, et qui perpétuèrent en quelque sorte les annales particulières du royaume de Jérusalem.

Les sources de l'histoire de l'Europe au moyen-âge offrent plus d'un exemple semblable de chroniques originales continuées simultanément, après la mort de leur auteur, en divers pays et d'une manière toute différente. On connaît les nombreuses suites qu'ont eues les Vies des Papes d'Anastase le Bibliothécaire et du cardinal d'Aragon, les suites des Chroniques de Sigebert de Gembloux, d'Helmold historien des Slaves, de Henri de Stéron, qui lui-même avait compilé et continué les anciennes chroniques du couvent d'Altach en Bavière. On peut remarquer que c'est principalement dans les chroniques anonymes ou dans les continuations anonymes de chroniques, telles que les suites de Guillaume de Tyr, que l'on voit surtout les traces de plusieurs rédactions. On a reconnu ainsi des additions et des retouches de différentes époques dans les continuations sans nom d'auteur de Frédégaire, dans les Chroniques royales de Saint-Ulric de Vienne, dans celles des abbayes de Mailros en Écosse, et de Wawerley en Angleterre, dans les suites de l'histoire de Padoue des Cortusii, de l'histoire de Barthélemy della Pugliola, de la Chronique de Nardo, des Chroniques de Pise et de Milan; on a récemment constaté les remaniements successifs de nos grandes chroniques de Saint-Denis [1]; on a démêlé aussi ceux des continuations de Guillaume de Nangis. Il est peu de monuments du moyen-âge, examinés de près, où l'on ne reconnût des reprises et des mélanges semblables, qui, sans amoindrir leur utilité historique, brisent cependant l'unité de leur rédaction et peuvent expliquer des contradictions dans les appréciations

---

1. M. de Wailly : *Examen de quelques questions relatives à l'origine des Chroniques de Saint-Denys.* Mémoires de l'Acad. des inscript., t. XVII, p. 379.

ou dans l'exposé des faits. On doit par conséquent les rechercher et les signaler avec soin.

C'est par des accessions analogues, appartenant à des temps et à des auteurs très-différents, presque tous malheureusement inconnus, que se sont formées de part et d'autre, en Orient et en Europe, les chroniques vulgaires des guerres saintes dont les manuscrits ont été ensuite recopiés, multipliés et répandus à l'infini. Ils étaient désignés ordinairement sous les noms de *Livres de la Terre Sainte* [1], *Chroniques d'outremer*, *Contes de la terre d'outremer*, *Romans de l'histoire d'outremer*, *Livres de voyages de Terre Sainte*, *Histoires du passage de Godefroy de Bouillon* [2], et plus souvent sous les noms de *Livres d'Eracles* et *Livres du Conquet* [3]. Nous conserverons

---

1. Joinville, ap. Bouquet, t. XX, 202.

2. Haïton renvoie aux *Historiæ passagii Godofridi de Bolione*, à propos d'événements du xiii° siècle. *Hist. Orient. sive de Tartaris*, p. 25, in-4°, Brandebourg, 1671.

3. La traduction de Guillaume de Tyr commence par cette phrase, exactement reproduite du premier chapitre du texte latin, où il est question des conquêtes et de la reprise de la vraie croix sur les Perses par l'empereur Héraclius : *Les anciennes estoires dient que Eracles, qui mout fu bons crestiens, governa l'empire de Rome, etc.* Ces mots ont suffi aux copistes et aux rédacteurs d'anciens catalogues pour intituler, sans plus ample examen, les manuscrits du Guillaume de Tyr français : *Le livre d'Eracles, ou l'histoire d'Eracles empereur de Rome*. Gautier d'Arras, avec beaucoup plus de raison, a donné le titre d'*Éracles* à son roman d'aventures, parce qu'Héraclius est véritablement le personnage principal auquel se rattache l'action du poëme, qui n'a, du reste, qu'un rapport très-éloigné avec les croisades. L'*Éraclius* a été publié par M. Massman, à Quedlinburg et Leipsick, 1842, in-8°. Voy. l'*Histoire littéraire de France*, t. XXII, p. 791. — D'autre part, M. le comte Beugnot a démontré que l'ouvrage cité par divers auteurs au moyen-âge, sous les titres de *Livre du Conquet* ou de *Liber acquisitionis Terræ sanctæ*, était la réunion de la traduction française et des continuations de Guillaume de

ces dernières expressions, employées déjà par les savants, pour désigner d'un seul mot les anciennes compilations de l'histoire des croisades formées de la traduction française de Guillaume de Tyr et de ses continuations.

Un titre analogue fut donné au xiv° siècle à l'histoire de l'établissement des Français en Grèce, l'une des plus précieuses découvertes de Buchon. Mais le *Livre de la conqueste de la princée de Morée* ne s'éloigne pas moins de l'objet de nos recherches que les compilations de Baudouin d'Avesnes, où ont été utilisées les chroniques de l'Eracles et de Villehardouin. L'empire gallo-grec a eu des intérêts, des traditions et des historiens tout différents de ceux des royaumes de Terre-Sainte. Nous ne devons point nous y arrêter. Nous écarterons encore de notre examen et les chansons ou légendes poétiques inspirées par les événements des croisades, et les relations des guerres d'outre mer, exécutées tardivement, au xv° et au xvi° siècles, pour appuyer les projets de croisades nouvelles devenus si fréquents depuis que les croisades étaient si difficiles. Nous limiterons nos observations aux œuvres historiques composées pendant l'époque où les croisés possédaient encore quelque partie de la Terre Sainte, et qui seules peuvent être comprises au nombre des continuations originales de Guillaume de Tyr.

En comparant les manuscrits qui appartiennent par leur composition historique à cette période, sans tenir compte du temps auquel ils ont été transcrits, nous avons cru reconnaître que les compilations générales de l'histoire des guerres d'outre-mer avaient été opérées à quatre époques principales qu'indiquent les divisions suivantes :

Première époque. Après la croisade de l'empereur Frédéric II (1228-1229) et l'arrivée de Jean de Brienne à Constantinople, qui est de l'année 1231.

Tyr. *Assises de Jérusalem*, t. II, p. 195. Cf. *Historiens latins des Croisades*, t. I, p. xxv.

Deuxième époque. Après la croisade de saint Louis en Egypte et le retour de ce prince en Europe.

Troisième époque. Entre la seconde croisade de saint Louis et la perte de Saint-Jean d'Acre.

Quatrième époque. Après la prise de cette ville, dernier siège du royaume de Jérusalem, enlevée aux chrétiens par Malec al Aschraf, en 1291.

Les manuscrits des continuations de Guillaume de Tyr dont nous avons jusqu'ici connaissance, se rangent tous, sans exception, dans l'une de ces divisions, et nous croyons qu'il sera possible d'y reporter aussi, sans modifier sensiblement ce cadre, les manuscrits nouveaux à mesure qu'ils seront signalés.[1]

Ceux que nous avons examinés sont au nombre de quarante-cinq environ, en comprenant dans ce chiffre les manuscrits de la version seule de Guillaume de Tyr et les manuscrits des chroniques séparées, qui ont été utilisées postérieurement pour les additions à l'histoire de l'archevêque. Ces deux dernières divisions deviennent naturellement les premières dans la classification chronologique des manuscrits, dont l'ensemble se répartit de la sorte en six catégories :

PREMIÈRE CLASSE.

Manuscrits renfermant seulement la traduction française de Guillaume de Tyr.[2]

N. 8315-2-2. Fonds français. (Colbert, 1828). Aujourd'hui, 2634. Bibliothèque nationale de Paris. Première moitié du

---

1. Nous avons pu en effet, sans rien changer à notre première classification, y introduire l'indication de quelques nouveaux mss. (Note, 1871.)

2. Nous ajoutons aux anciennes indications des mss. de la Bibliothèque nationale les numéros qu'ils ont reçus dans le nouveau classement dont le Catalogue est imprimé. (1871).

XIIIe siècle. Ce manuscrit, d'une écriture arrondie, semblable à celle des manuscrits d'Italie et du midi de la France, paraît provenir d'Orient. Les six derniers folios ont été écrits dans la seconde moitié du XIIIe siècle, et probablement en France, pour remplacer les anciens feuillets détruits.

N. 8404-5-5. Fonds français. (Colbert, 1121). Aujourd'hui, 2826. Bibliothèque nationale. Première moitié du XIIIe siècle. Ce manuscrit, tronqué au commencement et à la fin, semble encore avoir été exécuté dans les pays d'outremer.

N. 2970. Supplément français. Bibliothèque nationale. XIIIe siècle.

N. 8314. Ancien fonds français. Aujourd'hui, 2627. Bibliothèque nationale. XVe siècle.

DEUXIÈME CLASSE.

Manuscrits renfermant le texte ou l'abrégé des chroniques françaises d'outre-mer, qui nous paraissent avoir été composées avant la traduction de Guillaume de Tyr.

N. 677. In-4°. Bibliothèque de l'Arsenal, à Paris. XIIIe siècle. Chronique de Bernard, trésorier de Saint-Pierre de Corbie. Texte semblable à celui du manuscrit 340 de Berne. — C'est notre ms. A.

N. 340. H. In-4°. Bibliothèque de Berne. XIIIe siècle. Chronique de Bernard, trésorier de Saint-Pierre de Corbie. Ce manuscrit a appartenu à Bongars.[1] — Notre ms. B.

N. 11142. Petit in-folio parchemin. Bibliothèque royale de Bruxelles. XIIIe siècle. Armes des Croy. Chronique d'Ernoul, écuyer de Balian d'Ibelin. — Notre ms. C. suivi pour la présente édition.

N. 41. H. in-fol. Bibliothèque publique de la ville de Berne. Ms. de Mélanges historiques et géographiques concernant l'Orient. XIIIe siècle. Du fol. 56 au folio 106 se trouve la chronique d'Ernoul. Ce manuscrit, d'abord propriété de Fauchet, puis de Bongars, renferme le texte qui ne nous semble être (comme A. B. C. E.) que l'abrégé d'Ernoul, dont l'original serait peut-être conservé dans les manuscrits 8314-3 de Colbert, et 8316 de l'ancien fonds de

---

1. Voy. ci-après, page 507.

Fontainebleau, à la Bibliothèque nationale de Paris[1] — Notre ms. D.

N. 7188-5. Fonds français. (Cangé, numéroté une première fois 9, une seconde fois 20.) Aujourd'hui 781. Bibliothèque nationale, à Paris. xiiie siècle. Renferme (fol. 63 à 147) la Chronique d'Ernoul, qui est nommé. — Notre ms. E.

N. 113. H. In-fol. Bibliothèque de Berne. Mélanges de prose et de vers français, renfermant du folio 116 au fol. 166 la chronique (ici sans nom d'auteur) de Bernard le Trésorier. xiiie siècle. — Notre ms. F.

N. 1565 du fonds Moreau à la Bibliothèque nationale à Paris. Extraits du Ms. précédent (Berne H. 113) copiés au xviiie siècle. La chronique d'Ernoul occupe les folios 5-141. — Notre ms. O.

TROISIÈME CLASSE.

Première époque des continuateurs. Manuscrits renfermant la traduction de Guillaume de Tyr et les continuations jusqu'en 1231.

N. 8314-6. Fonds français. (Colbert, 2688). Aujourd'hui, 2630. Bibliothèque nationale de Paris. xiiie siècle. Ce manuscrit a servi de texte pour la publication de la traduction de Guillaume de Tyr dans le recueil des historiens occidentaux des croisades, tome I. Il nous paraît être de la première moitié du xiiie siècle, et appartenir, en raison de son écriture peu anguleuse, à la famille des manuscrits venus d'outremer.

N. 8409-5-5, A. Fonds français (Colbert, 1105). Aujourd'hui, 2827. Bibliothèque nationale. xiiie siècle. Ce manuscrit, très-correct, semble provenir aussi d'Orient. Il a été consulté par les éditeurs de Guillaume de Tyr pour la publication du texte français.

N. 385. Fonds de Sorbonne (Richelieu, 451). Aujourd'hui, 24208. Bibliothèque nationale. Bon manuscrit. Milieu du xiiie siècle. Les derniers folios manquent. — Notre ms. I.

N. 8403. Ancien fonds français. Aujourd'hui, 2824. Bibliothèque nationale. Milieu du xiiie siècle.

N. 677. A. Bibliothèque de l'Arsenal, à Paris. Milieu du xiiie siècle. Bon texte.

---

1. Voy. sur ce ms. ci-après, pag. 491 et suiv.

N. 112. H. Bibliothèque de Berne. xiiie siècle. Ce manuscrit, mutilé à la fin, a appartenu à Bongars.

N. 163. H. Bibliothèque de Berne, autrefois à Fauchet. xiiie siècle. Les derniers feuillets manquent. Le récit s'arrête à l'an 1224.

N. 7188-2. Ancien fonds français. Aujourd'hui, 779. Bibliothèque nationale de Paris. xiiie siècle. Ce manuscrit est mutilé à la fin, au milieu du récit des événements de 1227-1228.

N. 1872. Supplément français. Bibliothèque nationale. xiiie siècle. Incomplet.

N. 450. Ancien supplément français. Aujourd'hui, 9086. Bibliothèque nationale. xiiie-xive siècle. Très-bon texte. Ms, C. de l'édition de l'Académie. — Notre ms. J.

N. 574. des mss. de la Bibl. de la ville, à Arras. Provenant de Saint-Vaast. Manuscrit à vignettes. Cité par Hænel sous le titre d'*Histoire de Rome depuis Héraclius*. xive siècle. Les derniers feuillets manquent.

N. 6743. Ancien fonds français. Aujourd'hui, 67. Bibliothèque nationale. xive siècle. Ce ms., qui paraît avoir été écrit en Italie, contient : 1º l'Histoire universelle de Guillaume de Nangis, et 2º (fol. 81.) le Guillaume de Tyr français avec la continuation jusqu'en 1231.

N. 6744. Ancien fonds français. Aujourd'hui, 68. Bibliothèque nationale. xve siècle.— M. Michaud avait pensé que ce ms. renfermait l'œuvre complète et originale de Bernard le Trésorier. *Bibl. des Crois.*, t. II, p. 555.

N. 8314-5. Fonds français. (Colbert, 136.) Aujourd'hui, 2629. Bibliothèque nationale. Magnifique exemplaire à vignettes, aux armes de la ville de Rouen. xve siècle.

APPENDICE A LA TROISIÈME CLASSE.

Nous rangeons dans les dépendances de cette classe le ms. Cangé, numéroté 6 et 14; ms. français de la Bibliothèque royale nº 7185-3-3; aujourd'hui, 770.

Ce manuscrit renferme une histoire d'outremer, très-altérée par l'insertion de fables et de traditions populaires; mais il est manifeste que la majeure partie du récit a été puisée à de bonnes sources. L'auteur a connu une chronique originale antérieure aux Continuations, vraisemblablement Ernoul. Le Ms. de Cangé, 9 ou

20, ancien 7188-5, aujourd'hui 781, renferme la chronique d'Ernoul et a dû prendre rang dans notre deuxième classe. Nous le citons sous la lettre E.[1]

Le manuscrit 44, *Pluteus* LXI, de la bibliothèque Saint-Laurent, à Florence, se rattache encore à la première époque des compilations de l'Eracles. C'est une traduction italienne de Guillaume de Tyr, datée de 1347, continuée jusqu'en 1231, lors de l'arrivée de Jean de Brienne à Constantinople. Bandini a décrit ce volume, *Catalogus manuscript. S. Laurent.*, tome V, col. 268.

QUATRIÈME CLASSE.

Deuxième époque des continuateurs. Manuscrits renfermant la traduction de Guillaume de Tyr et les continuations jusqu'à l'année 1261.

N. 8316. Ancien fonds français venant du château de Fontainebleau. Aujourd'hui, 2634. Bibliothèque nationale. xiiie siècle. Ce manuscrit, que nous désignerons plus souvent sous le nom de *Manuscrit de Fontainebleau*, renferme la belle continuation du 8314-3, de Colbert (voy. les manuscrits de la cinquième classe), depuis la perte de Jérusalem jusqu'à la croisade de Frédéric II, et à la suite la continuation écrite en France et arrivant à 1261[2]. C'est le ms. A. de l'édition de l'Académie.

N. 383. Fonds de Sorbonne (Richelieu, 450.) Aujourd'hui, 22495. Bibliothèque nationale. xive siècle; daté de 1337. Grand in-fol. à trois colonnes. Miniatures. Ms. I. de l'édition de l'Académie.

N. 387. Fonds de Sorbonne. (Richelieu, 452.) Bibliothèque nationale. xive siècle. — Ms. K. de l'édition de l'Académie. Nous le désignons sous la même lettre.

N. 10. Fonds La Vallière. Bibliothèque nationale. xive siècle. Le manuscrit se termine ainsi : « Adonc estoient li an de l'incar-

---

1. Ces mss. ont été décrits par M. P. Paris, t. VI, p. 130 et 157, des *Manuscrits français*.

2. Et non 1266, comme on lit à la fin du ms. et sur quelques-uns des mss. de la quatrième époque des continuateurs, n° 8404 Bibl. nationale et n° 737 de la bibl. de la reine de Suède, au Vatican.

nation de N. S. mcc. et l[x]i. » Les derniers événements du récit sont bien de 1261.

N. 2311. Ancien Supplément français. Bibliothèque nationale. Aujourd'hui, 9083. Grand in-folio. xiv⁰ siècle. Ce beau volume nous parait être le *Manuscrit de Rothelin*, dont le P. Berthereau a fait copier les extraits conservés à la Bibliothèque nationale, n⁰ 2503-9-a-b. Supplément français. Fonds Berthereau, n⁰ 9. 2 vol. in-4⁰. Ms. H de l'édition de l'Académie[1]. — Notre ms. R.

N. 9492 et 9493. Bibliothèque royale de Bruxelles. Parchemin. In-folio. xiii⁰ siècle. Deux mss. autrefois séparés, reliés aujourd'hui en un seul. Le premier ms. dont les premiers feuillets manquent, renferme la Continuation de Guillaume de Tyr avec la Continuation de la première époque, s'arrêtant en 1231, à ces mots : « Et li rois Johans à tant s'en tint. » La seconde partie renferme la Continuation qui arrive à 1261. Elle commence ainsi, au folio 177 moderne : « En grand peril laissa Federic les » Crestiens en la cité de Jherusalem. » Elle finit à ces mots : « Et en mercierent et loerent mout durement Nostre Seigneur. » Adonc estoient li an de l'Incarnacion Nostre Seignor m. cc. et » lxi. » Fol. 231, v⁰.

CINQUIÈME CLASSE.

Troisième époque des continuateurs. Manuscrits renfermant la traduction de Guillaume de Tyr et les continuations jusqu'à 1275.

N. 104. Ancien Supplément français. Aujourd'hui, 9082. Bibliothèque nationale. xiii⁰ siècle. Daté de Rome au mois de mai 1295. C'est le *Manuscrit de Noailles*, sur lequel ont été faites les publications de dom Martène et de M. Guizot. Il est désigné dans l'édition de l'Académie par la lettre G.

N. 8315. Ancien fonds français. Aujourd'hui, 2631. Bibliothèque

---

1. On pourrait citer encore, comme appendice de cette classe, un abrégé de l'*Hist. des Croisades* depuis la conquête de Jérusalem jusqu'au retour de saint Louis en France, en 1254, que composa, au xiv⁰ siècle, un prisonnier du Châtelet, pendant une détention de sept années. Bibl. nation., ms. n. 6972.

nationale. xiv⁰ siècle. Écrit probablement en Italie, et mutilé à la fin. Il peut appartenir à la quatrième ou à la cinquième classe, plus vraisemblablement à cette dernière.

N. 8314-3. Fonds français. (Colbert, 272.) Aujourd'hui, 2628. Bibliothèque nationale. xiii⁰ siècle. La partie de ce manuscrit qui renferme la traduction de Guillaume de Tyr et ses continuations jusqu'à la première croisade de saint Louis en 1249, a été écrite au xiii⁰ siècle; la suite, qui paraissait arriver à l'année 1275, est une addition du xiv⁰ siècle. Les derniers feuillets de parchemin ayant été détruits, le récit des événements s'arrête à l'an 1264. Ce précieux volume, que nous appellerons *Manuscrit de Colbert*, renferme seul avec le manuscrit de Fontainebleau, n° 8316 de la quatrième classe, la grande continuation de Guillaume de Tyr, plus développée, jusqu'à l'année 1231, que le texte du manuscrit de Noailles ou de Martène et que nous supposons être la première rédaction d'Ernoul. Le manuscrit de Colbert, plus ancien et plus correct encore que le manuscrit de Fontainebleau, nous semble avoir été écrit en Orient même. C'est le ms. B. de l'édition de l'Académie.

N. 732 et 815 de la Bibliothèque de la ville de Lyon. Parchemin. In-4°. xiv⁰ siècle. Ms. D. de l'édition de l'Académie.

N. 42 et 733. de la Bibliothèque de l'Académie de Lyon. Parchemin. In-4°. 2 colonnes. xv⁰ siècle. Se rattacherait à la Continuation dite de Rothelin, d'après les savants éditeurs des Historiens des Croisades, qui le citent et l'emploient sous la lettre E. (*Hist. Occid.* t. II. p. xxiv).

N. 483. des Mss. de la Bibliothèque publique d'Amiens. Un vol. in-folio, en parchemin. Magnifique exemplaire à vignette, aux armes de la famille de Créquy. Quinzième siècle. Provenance inconnue. Le texte est semblable à celui de Martène. Les derniers folios manquent.

N. 25. H. des manuscrits de la Bibliothèque de Berne. xv⁰ siècle.

APPENDICE A LA CINQUIÈME CLASSE.

On comprend ordinairement parmi les continuations de Guillaume de Tyr le ms. 8315-7 du fonds de Colbert à la Bibliothèque nationale. Bien que cette attribution du ms. soit fondée, puisque la plus grande partie de la compilation est puisée dans les événements des croisades, et que le récit s'arrête précisément à l'année

1275-1276, avec la cinquième série de nos textes, il faut remarquer toutefois que l'ensemble de l'ouvrage diffère beaucoup des véritables manuscrits de l'Éracles. Ce n'est pas accidentellement et par exception, comme les vrais continuateurs de Guillaume de Tyr, que l'auteur quitte l'Orient; son intention positive a été au contraire de donner une chronique universelle de la chrétienté; et s'il s'arrête davantage aux événements des guerres saintes, c'est qu'il y trouve plus d'intérêt. Le ms. 8315-7 est une nouvelle leçon des compilations d'histoire générale attribuées à Baudouin d'Avesnes, mort en 1289, que M. V. Leclerc a récemment fait connaître[1]. Ces compilations, renfermant de nombreux extraits des histoires de l'Eracles, peuvent être utilement conférées aux autres manuscrits plus complets des continuations. Les exemplaires que nous en connaissons à la Bibliothèque nationale sont au nombre de cinq :

N. 8315-7. Colbert, xiiie siècle.
N. 139. Saint-Germain, xiiie siècle.
N. 939. Saint-Germain, xiiie siècle.
N. 2228. Saint-Germain, xve siècle.
N. 242. Fonds de Baluze, ou 10197-2 2-A. xve siècle[2].

SIXIÈME CLASSE.

Quatrième et dernière époque des continuateurs. Manuscrits renfermant la traduction de Guillaume de Tyr, et les continuations qui dépassent l'année 1275.

N. X. Pluteus LXI. Manuscrit de la bibliothèque Saint-Lau-

1. *Histoire littéraire de France*, t. XXI, p. 651 et suiv. — Les fragments principaux de la chronique de Baudouin d'Avesnes concernant l'histoire de France ont paru en 1855 dans le t. XXI du *Recueil des Historiens de France*.
2. Ces deux derniers manuscrits ne renferment que l'abrégé de la Chronique générale transcrite dans les numéros précédents; ce sont les seuls pourtant où se trouve le nom de Baudouin d'Avesnes, auteur ou promoteur de la grande compilation. Les sources de l'histoire d'outremer nous semblent présenter une circonstance semblable au sujet d'Ernoul, écuyer de Balian d'Ibelin.

rent, à Florence, xiii⁰ siècle. Ecrit probablement en Italie. Arrivant à 1277. — Nous avons signalé ce manuscrit aux savants éditeurs des continuations de Guillaume de Tyr, et leur en avons adressé de Florence la partie inédite qui prolonge le texte de Martène de l'an 1275 à l'an 1277[1]. (Édit. de l'Acad., p. 473 à 481). Quelques autres fragments concernant des faits antérieurs ont été imprimés par nous dans les preuves de l'*Histoire de Chypre*, t. III, p. 591.

N. 8404. Ancien fonds français. Aujourd'hui, 2825, de la Bibliothèque nationale de Paris. xiv⁰ siècle. Lacune de 1261 à 1288. Atteignant l'année 1291 par l'insertion du texte français de l'*Excidium Acconis*. C'est le ms. F de l'édition de l'Académie.

N. 737 des manuscrits de la reine de Suède, à la bibliothèque du Vatican. In-folio à 2 colonnes, avec miniatures et rubriques. xiv⁰ siècle. Ce manuscrit, apporté à Paris sous le Directoire, rendu à la bibliothèque pontificale en 1815, est encore marqué du timbre de la *Bibliothèque nationale*. Il appartiendrait en réalité à la quatrième classe de notre classification, car il s'arrête aux événements de 1261 (et non 1266 comme l'a écrit par erreur le copiste), si la même main qui a transcrit le texte précédent n'eût ajouté immédiatement, comme complément de l'histoire des croisades, la *Destruction d'Acre* en 1291.

Maintenant une double série de questions se présentent à nous. Nous devrions d'abord rechercher les noms des chroniqueurs originaux qui ont écrit dans les deux premières périodes avant et après la formation des recueils de l'Eracles, en essayant de reconnaître l'étendue de leurs œuvres respectives. Nous aurions à retrouver ensuite le nom et le travail particulier des principaux compilateurs ou abréviateurs qui se sont suivis, en profitant du travail de leurs prédécesseurs; mais nous sommes bien loin de pouvoir éclairer tous ces points.

Nous croyons reconnaître trois rédacteurs différents et

---

[1]. Voy. sur ce ms. une lettre insérée dans les *Archives des missions scientifiques*, t. II, p. 257.

originaux dans la première époque, et nous pensons pouvoir déterminer cinq changements de rédaction dans la série des continuateurs. Il ne nous est guère possible d'aller au-delà. Nous ne trouvons point d'indices suffisants pour nous autoriser à mettre à chacun de ces fragments historiques le nom de son auteur; nous le supposons pour quelques-uns, nous l'ignorons absolument pour les autres; et quelquefois, tout en signalant les preuves qui nous semblent manifester un changement de rédaction, il nous est impossible de préciser le point même où commence l'œuvre nouvelle, tant les remaniements continus des compilateurs et des copistes, par lesquels ont passé les premières chroniques, les ont modifiées, en les abrégeant, les étendant et les interpolant tour à tour.

Les écrivains du moyen-âge, chez qui la modestie excuse le plagiat, supprimaient souvent le nom des écrivains dont ils reproduisaient le travail; eux-mêmes négligent fréquemment de se nommer, de sorte que leurs rédactions diverses rattachées à celles qui les précèdent et qui les suivent par quelques phrases du dernier continuateur ou des compilateurs, paraissent former au premier abord une œuvre unique et homogène. L'appropriation des chroniques antérieures va quelquefois plus loin. Divers écrivains, Jean d'Ypres, par exemple, auteur de la Chronique de Saint-Bertin, et comme lui Conrad de Lichtenau, compilateur des Annales d'Ursperg, en laissant parler à la première personne les auteurs originaux dont ils ont réuni les fragments, semblent raconter comme témoins oculaires des événements dont ils sont éloignés de plusieurs siècles.

Des difficultés semblables provenant d'emprunts et d'additions analogues se retrouvent dans les chroniques des croisades. L'incertitude et les obscurités qui se succèdent ainsi, en s'accumulant d'une compilation à l'autre, obligent à n'avancer qu'avec beaucoup de réserve dans l'étude où nous allons entrer. Nous nous laisserons guider autant que possible par les textes mêmes des continuateurs. Nous nous attacherons à constater les faits résultant de ces monuments mêmes, afin que le résumé donné par nous au commencement de cette dissertation en soit de nouveau la conclusion.

PREMIÈRE PARTIE.

ÉCRIVAINS ANTÉRIEURS A LA FORMATION DES COMPILATIONS GÉNÉRALES
DE L'HISTOIRE DES CROISADES.

—

1.

ERNOUL[1], VALET DE BALIAN D'IBELIN.

Il y a heureusement au début de ces recherches une première indication fournie par l'un des manuscrits de Berne[2], que l'on peut prendre pour point de départ. Afin de n'avoir pas à revenir sur la chronique où elle se trouve, nous examinerons l'ensemble de sa rédaction, en la comparant à certaines continuations de Guillaume de Tyr où paraît s'être conservé un texte plus développé et plus ancien que la rédaction de Berne.

De la seule mention renfermée dans ce manuscrit nous retirons d'abord une notion importante. Nous pouvons considérer comme premier continuateur de Guillaume de Tyr, bien qu'il n'ait pas eu sans doute la pensée de rédiger précisément une suite à l'histoire de l'archevêque, un seigneur d'Orient nommé *Hernoul*, ou *Ernoul*, qui composa sa chronique avant d'avoir reçu le baudrier de chevalier, et pendant qu'il était encore *valet* ou écuyer, attaché, à la

---

1. Nous adoptons aujourd'hui l'orthographe du ms. C. (1871.)
2. H. 41. — Indication corroborée aujourd'hui par deux autres manuscrits : C. et E. (1871.)

personne de Balian d'Ibelin, l'un des premiers barons de Syrie, reconnu comme lieutenant du royaume lors de la prise du roi Guy de Lusignan à Hittin, et chargé de la défense de Jérusalem.

Ernoul avait assisté, auprès de son maître, à la défaite de Tibériade, à la prise du roi, à la reddition de la capitale, désastres dont Balian d'Ibelin put adoucir les conséquences, grâce à l'estime que son caractère inspirait à Saladin. Ernoul écrivit l'histoire de ces douloureux évènements. Nous ignorerions cependant le nom de ce premier chroniqueur, si, à propos d'un voyage de Naplouse à Nazareth, ne se trouvait dans le manuscrit de Berne cette phrase imprévue qu'intercala peut-être postérieurement le copiste ou l'abréviateur de la chronique : « Dont Balian d'Ibelin fist
« descendre un suen vallet [qui avoit à nom Hernoul, se fu
« cil qui ceste conte fist mettre en escrit,] et l'envoia dedens
« le chastel [1]. »

Le manuscrit de Berne, qui nous donne l'addition précieuse renfermée ici entre parenthèses, est un volume de mélanges, formé, au XIIIe siècle, d'extraits traduits de la description de la terre sainte de Jacques de Vitry et d'autres compositions relatives la plupart à l'Orient. L'histoire ou la chronique d'Ernoul commence ainsi au folio 56 :
« Oez et entendez coumant la terre de Jerusalem et la sainte
« croiz fu conquise de Sarrazins sor Crestiens. Mais ain-
« çois que jeu vos die, vous nomerai les rois et les sei-
« gneurs qui furent puis le tens Godefroi de Buillon, qui le
« conquist seur Sarrazins, il et li Crestian qui aveuc lui
« estoient [2]. »

---

1. Ms. H. 41 de Berne, fol. 73. La partie séparée par les crochets [ ] manque aux autres manuscrits et aux éditions de don Martène, *Amplissima collectio*, t. V, col. 599, et de M. Guizot, *Collection des Mémoires*, t. XIX, p. 58. Cf. l'édit. de l'Académie, p. 42. Voy. ci-dessus notre texte, p. 149.

2. Ms. 41 H. de Berne, fol. 56.

Le dessein de l'auteur est bien indiqué dans ce prologue. D'autres avaient raconté la conquête de Jérusalem par les chrétiens; lui veut écrire l'histoire de la perte de la ville sainte, reprise par Saladin. Aussi, après un rapide aperçu du règne des premiers rois latins de terre sainte, se hâte-t-il d'arriver aux événements de son temps [1]. Il développe sa narration à partir de l'année 1183, où finit l'histoire de Guillaume de Tyr, lors des démêlés du roi Baudouin le Lépreux avec son beau-frère Guy de Lusignan, alors comte de Jaffa, et la reconnaissance du comte de Tripoli pour régent du royaume.

La continuation imprimée et la plupart des manuscrits consacrent à ces événements un long passage commençant par ces mots : « Si grans haine estoit entre le rois et le « cuens de Jaffe [2], » traduction littérale du fragment unique que Guillaume de Tyr ait laissé de son XXIIe et dernier livre. Ernoul, sans rien emprunter à son devancier, parle aussi des dissensions domestiques de la famille de Baudouin IV et de la proposition faite au comte de Tripoli d'accepter d'avance la tutelle de Baudouin V. Son récit diffère en quelques points de la relation de l'archevêque de Tyr, et par conséquent du manuscrit de Noailles, publié par dom Martène, comme du manuscrit de Rothelin, analysé par le savant historien des croisades, et généralement de toutes les autres continuations, qui ne sont encore ici que des traductions. Mais à partir de l'acceptation de la régence par le comte de Tripoli, première notion ajoutée à l'ancienne histoire, et longtemps avant qu'il soit question de la prise de Jérusalem, le texte du manuscrit de Berne ne nous offre

---

1. La Chronique d'Ernoul occupe les folios 56 à 106 v° du ms. H. 41. Dès le folio 69 l'auteur a atteint la fin du règne de Baudouin le Lépreux.

2. Edition de Martène, col. 583. Edition de M. Guizot, p. ?. Edition de l'Académie, p. 1.

rien de plus que les continuations imprimées par dom Martène et par M. Guizot, sauf d'utiles variantes. La similitude des rédactions commence à ces mots : « Li « quens de Triple respondi que volentiers recevrait la « baillie [1]. »

Dès ces premiers événements, au contraire, nous trouvons dans les manuscrits 8314-3 de Colbert et 8316 de Fontainebleau des additions considérables aux éditions et aux manuscrits de Berne. Après avoir inséré la traduction textuelle du fragment du XXIIIe livre de Guillaume de Tyr, qu'il complète seulement par une indication chronologique fixant les faits rapportés à l'an 1185[2], le compilateur du manuscrit de Colbert, dans une division nouvelle, revient sur les mêmes faits et raconte de nouveau les circonstances au milieu desquelles le malheureux roi, dévoré de la lèpre, se détermine, par une inutile prévoyance, à appeler comme régent auprès de son successeur le comte Raymond de Tripoli, que les barons préféraient à Guy de Lusignan. Cette rédaction, plus développée que celle du manuscrit de Berne, avec laquelle elle ne s'accorde même pas exactement sur les détails, annonce déjà une main et une œuvre différentes. Bien que les deux récits semblent devenir concordants à partir de l'acceptation conditionnelle du comte de Tripoli : « Li quens de Tripoli respondi, » etc., passage reproduit dans tous les manuscrits de l'Eracles, les différences se représentent et se multiplient dès les événements suivants. De la conférence des deux textes il résulte évidemment que la rédaction de Berne comme la rédaction de Noailles publiée par dom Martène et par M. Guizot n'est qu'un précis, quelquefois très-raccourci, de la partie

---

[1]. Ms. 41 de Berne, fol. 69 v°. Martène, col. 585. M. Guizot, p. 8. Edition de l'Académie, p. 6. Ci-dessus, notre texte p. 116.

[2]. Ms. 8314-3. — Ms. 8316, fol. 309 v°, 1re col. : « Ce fu en l'an » de l'Incarnation de Nostre-Seigner mil et cent et quatre vinz et » cinc anz. » Edition de l'Académie, p. 3.

correspondante des manuscrits de Colbert et de Fontainebleau [1].

Contrairement aux termes de son début, qui semblent annoncer uniquement un récit de la prise de Jérusalem, l'auteur de la chronique de Berne s'arrête à tous les événements marquants de l'histoire de Syrie et de l'histoire de Chypre, pays qu'un incident de la croisade du roi Richard avait rattaché au sort de la terre sainte. On doit même remarquer qu'Ernoul n'offre pas autant de renseignements sur les circonstances du siége et de la capitulation de la ville sainte qu'on aurait pu l'attendre d'un écuyer placé comme lui auprès du lieutenant du royaume; et cependant l'abrégé de Berne, semblable, comme nous l'avons dit, au texte de dom Martène, reproduit à peu près tout ce que renferme la grande rédaction de Colbert sur cette première époque.

La chronique de Berne termine son récit après avoir parlé de la mésintelligence survenue entre le roi de Jérusalem Jean de Brienne et l'empereur Frédéric II, son gendre (1225-1226), et après avoir mentionné pour dernier fait historique l'excommunication de l'empereur, décrétée le 29 septembre 1227. Voici les derniers mots de la chronique de Berne : « Quant li apostoles oï dire que li empereur
« estoit einsi retornez, si fu moult dolenz de ce qu'il avoit
« einsi traïz les pelerins. Il l'escommenia et fist escomme-
« nyer comme larron et traïtor qu'il estoit. Et manda par-
« tot qu'einsi treitement avoit traïz les pelerins, et qu'en
« l'escommenyast par totes les terres où l'on creust
« Dieu [2]. » Ce passage se retrouve, mais encore plus concis, dans le texte de l'*Amplissima Collectio*, avant la fin du

1. Ce que nous disons ici de la rédaction du ms. D, s'applique également aux mss. C. et E. (1871.)

2. Ms. 41 de Berne, fol. 106. Cf. édit. de dom Martène, col. 697. Édit. de M. Guizot, p. 414.

XXIV⁰ livre, tandis que dans les mss. de Colbert et de Fontainebleau les événements auxquels il se réfère sont racontés avec des développements très-circonstanciés et sensiblement différents.

Le manuscrit de Berne, comme on l'a vu, nous apporte une indication précieuse; il nous donne un nom certain et jusqu'ici inconnu à inscrire en tête des chroniqueurs, dont les œuvres sont devenues les continuations de l'histoire de l'archevêque de Tyr. Mais maintenant nous pouvons nous demander si le texte, souvent très-sommaire, que renferme ce manuscrit, est bien exactement, dans toute son étendue, le texte même d'Ernoul, l'auteur nommé incidemment, peu avant la bataille de Tibériade, en 1187. Ce manuscrit reproduit-il, en totalité ou en partie, la rédaction originale du valet de Balian d'Ibelin? L'écuyer a-t-il écrit l'histoire des guerres saintes depuis le temps de Godefroy du Bouillon jusqu'à la croisade de Frédéric II, de 1096 à 1227, ou au moins de 1183 à 1227?

Nous ne le pensons pas. Nous croyons qu'Ernoul n'a pas prolongé aussi loin son histoire. Il semble qu'une main étrangère ait déjà repris la suite du récit avant l'année 1227, et que, par une circonstance analogue à celle qu'on a reconnue dans les compilations attribuées à Baudouin d'Avesnes[1], le seul manuscrit[2] où soit conservé le nom du premier auteur n'est peut-être qu'un abrégé de sa propre chronique, déjà continuée quand le manuscrit fut écrit. Ici, à défaut d'informations positives, nous devons rechercher les inductions et les faits historiques qui nous paraissent donner quelque vraisemblance à cette opinion.

A l'époque où Ernoul était encore auprès de Balian d'Ibelin, il y avait en Palestine un religieux anglais nommé Raoul, qui, revenu plus tard en Angleterre, où il fut abbé

---

1. M. V. Leclerc, *Histoire littéraire de France*, t. XXI, p. 763.
2. Nous devons dire aujourd'hui : les trois manuscrits (1871).

du monastère de Coggeshale, dans le comté d'Essex, composa deux chroniques, l'une sur l'histoire de la terre sainte, *Chronicon Terræ Sanctæ,* l'autre sur l'histoire d'Angleterre, *Chronicon Anglicanum*[1]. Nous possédons ces deux chroniques. La première, destinée surtout à raconter le siége de Jérusalem, où Raoul avait été blessé d'une flèche à la figure, s'arrête en 1191, lors de la croisade des rois de France et d'Angleterre, très-succinctement indiquée. La seconde ne dépasse pas l'année 1216, dans laquelle mourut le roi Jean sans Terre. Il paraît d'autre part que l'abbé de Coggeshale cessa de vivre en 1218; l'on connaît du moins les noms de ses successeurs d'une manière certaine dès l'année 1223[2].

Or Raoul de Coggeshale, pour justifier la brièveté des détails de son histoire d'outremer, sur le voyage des deux rois à Saint-Jean d'Acre dans l'année 1191, brièveté à laquelle ne pouvait suppléer complètement sa chronique anglaise, renvoie à une histoire française traitant plus particulièrement de ces faits, et déjà, dit-il, traduite en latin à Londres par les soins du prieur de la Trinité : « Si quis « plenius scire desiderat, legat librum quem dominus prior « Sanctæ Trinitatis de Londoniis ex gallica lingua in lati- « num tam eleganti quam veraci stilo transferri fecit[3]. » Voilà donc en 1218, en 1223 au plus tard, une histoire des

---

1. Ces deux chroniques ont été publiées dans le volume même de l'*Amplissima Collectio*, où Martène a donné la continuation de Guillaume de Tyr, t. V. Le *Chronicon Anglicanum* a été réimprimé en extraits dans dom Bouquet, *Recueil des Historiens de France*, t. XIII, p. 247; t. XVIII, p. 59.

2. *Monasticon Anglicanum*. Nouvelle édition, t. V, p. 451. Martène (*Amplissima Collectio*, t. V, col. 545), par une erreur d'impression, dit que la chronique anglaise de Raoul de Coggeshale arrive jusqu'en 1228; c'est 1218 qu'il faut lire.

3. *Chronicon Terræ Sanctæ*, ap. Martène, *Amplissima Collectio*, t. V, col. 577.

événements de Syrie écrite en français, arrivant au moins en 1191, et qui ne peut être évidemment la traduction de Guillaume de Tyr, laquelle s'arrête comme le texte latin, en 1183.

Il est bien difficile de croire que ce livre, recommandé par Raoul de Coggeshale comme le récit le plus complet des derniers événements de terre sainte, et si promptement accueilli en Angleterre, se renfermât exclusivement dans la relation de la prise de Saint-Jean d'Acre par les croisés. Il est bien probable, il est certain, peut-on dire, qu'il remontait au moins à la perte de Jérusalem, désastre qui, en affligeant l'Occident, avait déterminé la nouvelle croisade; et dès lors il se pourrait que cette chronique, sur laquelle nous manquons au reste de tous autres renseignements, fût la chronique même d'Ernoul.

Si des observations ultérieures venaient à justifier cette supposition, nous aurions une preuve indubitable qu'Ernoul n'a point écrit la continuation de Guillaume de Tyr, jusqu'en 1227, pas même celle du manuscrit de Berne, où se trouve, à propos de circonstances de 1187, la mention fortuite de son nom. Si l'abbé de Coggeshale citait le *Livre* d'Ernoul, Ernoul avait arrêté sa chronique avant 1218, ou tout au moins avant 1223. Sans doute, rien absolument dans les indications de l'abbé Raoul ne désigne l'écuyer de Balian d'Ibelin; mais la composition même des chroniques d'outremer, où a dû passer postérieurement la rédaction d'Ernoul, permet de supposer que l'écuyer n'a pas poursuivi son récit jusqu'en 1218, et qu'il a dû le terminer avant cette époque.

En conférant les mss. de Berne et de Colbert au texte de Martène, on ne peut méconnaître qu'un même auteur a écrit, indépendamment de la prise de Jérusalem, le récit de la croisade de 1191, la conquête de l'île de Chypre par Richard Ier, et la prise de possession du pays par Guy de Lusignan. Le règne d'Amaury, comme roi de Jérusalem, après le comte Henri de Champagne, dépend encore de la même rédaction ; mais une main nouvelle se manifeste clairement dès la mort de Henri de Champagne (1197), racontée dans les mss. de Colbert et de Fontainebleau avec des circonstances toutes différentes de celles que donne la rédaction de Berne, toujours semblable à l'ancienne continuation imprimée [1]. Il y a vers cette époque, dans tout le récit, soit sur cet événement, soit sur l'accord relatif au mariage des enfants d'Amaury avec ceux du comte Henri, et sur les circonstances où Léon d'Arménie se dégage de l'hommage du prince d'Antioche, avant de recevoir la couronne royale, des changements si considérables dans l'ordre de la narration et l'historique des mêmes évènements, qu'ils semblent ne pouvoir provenir que du mélange de deux rédactions antérieures et différentes, et dont l'une aurait commencé vers la mort d'Henri de Champagne. Peut-être faudrait-il alors réduire aux années antérieures à 1197, si ce n'est la chronique primitive d'Ernoul, du moins une chronique antérieure employée par Ernoul. La suite serait d'un autre ou de plusieurs autres écrivains, dont le dernier aurait donné l'abrégé général de toutes ces rédactions, tel que l'a conservé, avec l'heureuse mention du nom d'Ernoul, premier rédacteur ou compilateur, le copiste du manuscrit de Berne.

Le texte inséré dans ce ms.[2] ne paraît être en effet, quelle que soit l'époque où parvienne la chronique de l'écuyer, qu'un abrégé d'une œuvre antérieure et plus complète connue par les compilateurs des mss. de Colbert et de Fontainebleau. La comparaison suivie par nous avec soin du texte de Berne avec la leçon de ces deux manuscrits nous semble démon-

1. Ms. 8314-3 — 8316, fol. 357. Ms. de Berne H. 41, fol. 96 et suiv. Martène, col. 644 et suiv. M. Guizot, p. 222 et suiv. Académie, p. 219, 220 et suiv.

2. De même que le texte des mss. C. et E. (1871.)

trer ce fait. Si on en excepte en effet les préambules, supprimés ou refaits arbitrairement par les copistes; si on en excepte encore les descriptions géographiques de la terre sainte et de la ville de Jérusalem, dont on regrette surtout l'absence dans les deux mss. français, la chronique de Berne[1] est, à tout prendre, dans sa partie historique, presque identique aux éditions de dom Martène et de M. Guizot, entre les années 1183 et 1227. Or la continuation publiée d'abord par le savant bénédictin n'est formée que d'extraits et de résumés quelquefois modifiés, mais infiniment plus concis dans leur ensemble que les continuations de Colbert et de Fontainebleau. Les allocutions directes qui animent fréquemment le récit dans ces deux manuscrits, sont abrégées dans Martène ou émises sous forme narrative; les mots qui ne sont pas absolument nécessaires à l'intelligence de la phrase sont passés; on sent partout dans l'édition de l'*Amplissima Collectio*, comme dans la rédaction de Berne, le travail d'un second écrivain qui cherche à abréger et à condenser une composition antérieure.

Tout ce qu'il y a d'historique dans le ms. de Berne se retrouve dans les deux manuscrits de France sous une forme plus développée; et dès lors on est amené à considérer la riche narration des mss. de Colbert et de Fontainebleau comme une première rédaction de la chronique d'Ernoul. Il est en effet peu vraisemblable que l'écuyer de Balian d'Ibelin, témoin de la bataille de Tibériade, témoin de la capitulation de Jérusalem, et aussi apte, comme la plupart des chevaliers des Assises, à dicter un livre qu'à soutenir une discussion féodale, se fût borné au modeste rôle d'abréviateur du travail d'autrui sur les événements auxquels il avait lui-même directement participé.

D'autres observations pourraient confirmer encore cette conjecture. Les faits relatifs à l'histoire de Chypre

---

1. Comme la chronique des mss. C. et E. (1871.)

sont de ceux que l'auteur de l'abrégé de Martène et de Berne a le plus volontiers sacrifiés comme offrant sans doute moins d'intérêt pour la généralité des lecteurs que ceux de la Palestine. On comprend très-bien, au contraire, comment Ernoul, attaché à la grande famille des Ibelins, aussi influente dans le royaume des Lusignans que dans le royaume de terre ferme, aurait suivi avec la même sollicitude et les mêmes détails l'histoire des deux pays. Enfin, si l'on n'admet pas que la chronique, conservée dans les deux grands mss., bien qu'anonyme, est l'original de toute la partie historique de la chronique de Berne, attribué nominativement à Ernoul, quel que soit d'ailleurs le terme chronologique où l'on arrête celle-ci, il faudra supposer qu'il y a eu, indépendamment de la rédaction dite de Colbert ou de Fontainebleau, une autre relation également développée sur les mêmes événements, et antérieure comme elle à l'abrégé de Berne, supposition assez difficile à admettre. Ces raisons nous portent à croire que la première rédaction d'Ernoul existe en grande partie dans les textes des mss. 8314-3 de Colbert et 8316 de Fontainebleau, soit de 1183 à 1227, soit de 1183 à 1197. Nous ne désespérons pas qu'on retrouve un jour de nouveaux mss. où les caractères de son originalité seront plus nettement établis.

Maintenant qu'on nous permette d'ajouter une dernière conjecture à celles que le défaut de témoignages formels nous contraint de faire souvent pour avancer quelque peu dans ce sujet si confus et si obscur. Nous avons recherché parmi les chevaliers d'outremer de cette époque, portant le nom d'Ernoul ou d'Hernoul, celui qui pouvait le plus vraisemblablement être désigné comme l'auteur de la chronique conservée en abrégé ou en totalité dans le ms. de Berne. De grandes probabilités nous semblent désigner *Ernoul de Giblet* [1], que Jean d'Ibelin, sire de Beyrouth, laissa comme

---

1. Giblet est l'anc. *Biblos*, sur la côte de Syrie, au nord de Beyrouth.

capitaine de l'île de Chypre au mois de mai 1232 [1], lorsqu'il se détermina à passer en Palestine pour attaquer les Impériaux, et que l'on retrouve en 1233 sous le nom de *Arnaix de Gibellet* parmi les chevaliers fidèles aux Ibelins, arrêtant à Nicosie un traité d'alliance avec les Génois[2]; puis sous le nom de *messire Hernois de Giblet*, ou seulement de *messire Harneis*[3], *messire Hernoul*, au nombre des « grands plaideors » de la haute cour, dont Philippe de Navarre recommande la mémoire,

Les familles de Giblet et d'Ibelin, presque égales en noblesse et en richesse, s'étaient liées par de nombreux mariages. Il eût été très-naturel que Balian d'Ibelin, père du sire de Beyrouth, eût pris auprès de lui, en 1187, un des jeunes gens de la maison de Giblet pour le former au métier des armes. On expliquerait aussi très-bien comment Ernoul, qui fit probablement ses premières campagnes avec Jean d'Ibelin, en qualité de page ou d'écuyer de son père, devenu chevalier à son tour, fût nommé par le fils, alors régent de Chypre, capitaine du royaume, charge qui le plaçait momentanément comme son lieutenant pour la défense du pays. Ernoul de Giblet manqua, dit-on, de prévoyance dans ces fonctions : la chronique d'outremer lui reproche du moins d'avoir négligé l'approvisionnement de quelques châteaux que les Impériaux trouvèrent dégarnis en revenant dans l'île au mois de juin 1232 [4]. Cette circonstance s'accorde-

---

1. Edition de dom Martène, col. 713. Edition de M. Guizot, p. 472. Les mss. 8314-3 et 8316, semblables ici au texte de l'*Amplissima Collectio*, nomment l'écuyer « Arneis de Gibelto. » Edit. de l'Académie, p. 399.

2. *Histoire de l'île de Chypre sous le règne des princes de la maison de Lusignan*, t. II, p. 56, n. 7.

3. Philippe de Navarre, *Assises de Jérusalem*, t. I, p. 515, 527, 545, 570.— Cf. Jean d'Ibelin, comte de Jaffa. *Assises de Jérusalem*, t. I, p. 384.

4. Edit. de dom Martène, col. 713. Edit. de M. Guizot, p. 472.

rait avec la certitude, constatée d'ailleurs par le ms. de Berne, que la partie des chroniques postérieures à 1227, devenue, comme nous le verrons plus tard, des continuations de Guillaume de Tyr, ne peut pas être attribuée à l'ancien varlet de Balian d'Ibelin.

II.

CONTINUATEUR INCONNU.

Quoi qu'il en soit de la supposition concernant Ernoul de Giblet, deux faits certains nous paraissent résulter des observations précédentes : premièrement, un personnage nommé Ernoul, et attaché en qualité d'écuyer à Balian d'Ibelin, lieutenant du royaume de Palestine, a écrit ou fait écrire une chronique sur la perte de Jérusalem en 1187 et sur les événements postérieurs; secondement cette chronique, dont on ne connaît pas exactement le terme, et que l'auteur arrêta probablement avant 1227, ne se prolongeait pas, dans tous les cas, au-delà de cette dernière année.[1]

Nous allons dès lors trouver un nouveau continuateur différent d'Ernoul, dont nous avons parlé, différent de Bernard le Trésorier, dont nous aurons à nous occuper bientôt, et intermédiaire entre ces deux auteurs.

Le continuateur publié par dom Martène et par M. Guizot, qui ne peut plus être ici l'écuyer d'Ibelin puisque nous arrivons à l'année 1228, en rappelant les événements de la croisade entreprise enfin après tant de délais, cette même année 1228, par l'empereur Frédéric II, déjà excommunié, et la guerre dite des Lombards, qui troubla l'Orient latin à

---

1. On verra dans mon avertissement que les mss. ne nous autorisent pas à être aujourd'hui si formels à cet égard (1871).

la suite de la croisade [1], semble avoir consulté des relations écrites dans un esprit tout opposé. Tantôt il insiste complaisamment sur les événements défavorables à la politique et à la moralité de Frédéric II, tantôt il explique ou atténue les circonstances contraires à la cause impériale, comme aurait pu faire Richard de Saint-Germain, ou tout autre Gibelin dévoué. Ces ménagements, ces contradictions se retrouvent aussi, après l'année 1227, dans la compilation des mss. de Colbert et de Fontainebleau, qui conservent néanmoins sur l'édition de dom Martène, pendant les années 1227 à 1230, toute leur supériorité.

Les conventions des Ibelins avec la reine-mère Alix de Champagne au sujet de la régence du royaume, sous la minorité d'Henri Ier, les discussions qui ne tardèrent pas à s'envenimer entre une famille toute-puissante dans les deux royaumes et une princesse dont les droits étaient contestés; la formation d'un parti opposé aux Ibelins; l'alliance de ce parti avec Frédéric; le séjour de l'empereur en Chypre; ses démêlés avec le vieux sire de Beyrouth qui, en résistant aux desseins du prince, sut respecter toujours en lui la dignité souveraine et suspendre jusqu'à son départ des hostilités imminentes; tous ces événements, si longuement exposés par le digne continuateur de la grande rédaction que nous appelons de Colbert et de Fontainebleau [2], sont totalement passés sous silence ou à peine indiqués à la fin du vingt-quatrième livre de l'ancienne continuation de Martène; et toutefois cette continuation, bien que sommaire, donne quelquefois des détails et des faits saillants, négligés par l'auteur de la grande rédaction [3].

---

1. Martène, col. 697-700. M. Guizot, p. 412-426. Cf. l'édit. de l'Acad. p. 366 et suiv.

2. Cette riche Continuation est la base de l'édition de l'Académie, p. 360 et suiv.; p. 366 et suiv.

3. Tel est le passage où l'auteur de l'abrégé parle des circonstances qui forcèrent Amaury de Lusignan à reprendre une partie

Il est donc possible qu'il y ait eu, indépendamment de la chronique métrique que l'on sait avoir été écrite par Philippe de Navarre sur les événements d'outremer à cette époque [1], une relation particulière de la croisade de Frédéric II et de la guerre civile dont elle porta le germe dans les colonies d'Orient, à laquelle divers continuateurs de Guillaume de Tyr ont postérieurement recouru.

Un chroniqueur florentin de la fin du XIIIe siècle, Ricordano Malispini, semble désigner cette histoire en renvoyant ses lecteurs, pour éviter les détails du voyage de l'empereur en Orient, au *Livre du Conquet de Frédéric*. Ce titre ne peut désigner qu'une relation de croisade. Mais probablement, au lieu d'indiquer une histoire spéciale et séparée du passage outremer de Frédéric, Malispini n'a-t-il en vue que les compilations générales de l'histoire des guerres saintes, où il est assez longuement question de la croisade de 1228, et qui existaient déjà depuis plus d'un quart de siècle à l'époque où il écrivait.

Nous rapporterons en entier le passage de la *Storia fiorentina*, l'un des plus anciens monuments de la littérature italienne; car, sans connaître autrement le *Livre du conquet de Frédéric*, nous pouvons retirer quelques conséquences nouvelles de l'indication qu'elle renferme : « In continente
» che Federigo, dit Malispini, ebbe la novella oltramare [2],
» lasciò un suo maliscalco, il quale non contese ad altro
» che a guerregiare... collo re Arrigo di Cipri e co' baróni

---

des fiefs donnés par son frère Guy (Martène, col. 638. Guizot, p. 198). Telles sont encore les circonstances de la donation d'un château que fit Saladin à Balian d'Ibelin (Martène, col. 640. Guizot, p. 207), et celles du mariage des enfants d'Amaury avec les enfants d'Henri de Champagne (Martène, col. 641. Guizot, p. 208). Voy. notre *Hist. de Chypre*, t. II, p. 8.

1. Voy. le *Mémoire sur Philippe de Navarre*, par M. Beugnot, *Bibliothèque de l'École des chartes*, 1re série, t. II, p. 17.

2. De l'invasion de Jean de Brienne en Pouille.

» di Soria. E sconfissegli a Saette; ma poi fu egli scon-
» fitto in Cipri, e perde quivi tutto suo reame di Geru-
» salem in poco tempo, che la ripreseno i Saracini per
» la discordia ch' era tra 'l detto maliscalco e gli altri si-
» gnori de' cristiani. E chi queste storie vuole sapere
» legga il Libro del conquisto di Federigo [1]. »

La défaite des Chypriotes sur la côte de Syrie, rappelée par le chroniqueur toscan, est du 3 mai 1232; la déroute des Impériaux près du village d'Agridi, en Chypre, est du 15 juin de la même année; leur expulsion de l'île, après la reddition du château de Cérines, n'ayant eu lieu que l'année suivante, 1233, nous voyons d'abord que le *Livre du conquet de Frédéric*, distinct ou non distinct des suites de Guillaume de Tyr, mais dans tous les cas postérieur à la chroque d'Ernoul, arrivait au moins jusqu'à l'époque où les partisans de l'empereur furent définitivement chassés de l'île de Chypre, c'est-à-dire jusqu'à l'année 1233. Nous allons reconnaître maintenant que ce *Livre* ne peut être la chronique de Bernard le Trésorier, terminée en 1232. La source que citait Ricordano Malispini, vers la fin du xiiie siècle, peut être la chronique de Bernard, déjà continuée; mais, plus vraisemblablement, la citation de Malispini se réfère, comme nous l'avons déjà dit, à la rédaction générale du Conquet ou de l'Éracles renfermant le texte français de Guillaume de Tyr, avec l'une des continuations ajoutées à cette traduction au moyen des chroniques d'Ernoul, de Bernard le Trésorier et d'autres écrivains postérieurs. C'est ce que nous essaierons de prouver quand nous arriverons à parler de ces compilations. Nous devons nous occuper d'abord de Bernard le Trésorier et de son œuvre.

1. *Storia fiorentina di Ricordano Malispini col seguito di Giacomo Malispini sino all' anno 1286, ridotta a miglior lezione*, da V. Follini, p. 98. Florence, 1816, in-4°.

III.

BERNARD LE TRÉSORIER.

Le témoignage de deux monuments originaux ne permet pas de douter, quoi qu'on en ait dit, que le religieux nommé Bernard le Trésorier soit l'auteur de l'un des précis de l'histoire des croisades répandus au moyen-âge et conservés aujourd'hui, soit séparément, soit dans les manuscrits généraux des guerres d'outremer que nous nommons l'histoire d'Éracles ou du Conquet. Ces monuments sont d'abord la chronique du XIIIe siècle, existant en double copie contemporaine, l'une à la bibliothèque de l'Arsenal, à Paris[1], l'autre à la bibliothèque de Berne[2], et secondement la relation des guerres d'outremer, composée en latin, vers 1320, par un dominicain du couvent de Bologne nommé François Pipino ou Pépin, dont nous parlerons bientôt.

La chronique de Bernard le Trésorier, confondue presque toujours dans les manuscrits avec les divers matériaux historiques employés dans les compilations de l'Éracles, se retrouve quelquefois isolément, mais sans nom d'auteur et comme une composition anonyme[3]. Les manuscrits de Paris et de Berne seuls, parmi ceux que nous avons consultés, nous rendent, avec l'ensemble bien arrêté de son ouvrage, le nom même de l'auteur. Nous devons donc les prendre pour guide et pour terme de comparaison de toutes nos observations.

L'auteur est ainsi nommé à la fin des deux textes, non pas dans une indication inopinée, comme Ernoul sur le ms.

---

1. Ms. n. 677, in-4º, XIIIe s. — Aujourd'hui notre ms. A.
2. Ms. H. n. 340, in-4º, XIIIe s. — Notre ms. B.
3. Par exemple dans le ms. de la bibliothèque de Berne, côté H. 113.

41 de Berne, mais dans une note formelle, écrite de la main même qui, au xiiie siècle, a transcrit la chronique entière : « Explicit liber. Ceste conte de la terre d'Outremer fist » faire li tresoriers Bernars de Saint Pierre de Corbie en la » carnation mill'o CC. XXX. II [1]. » Cette note n'a pas paru suffisante à l'un des savants continuateurs de l'*Histoire littéraire de France* pour voir dans Bernard le Trésorier l'auteur véritable de l'œuvre qu'elle termine. « Bernard » serait, dit-on, le protecteur du scribe ou de l'auteur du » volume, et non pas le scribe ou l'auteur lui-même. Il n'a » pas fait, il a fait faire [2]. » Mais nous ne craignons pas d'en appeler sur ce point à un nouvel examen du savant critique, et nous croyons devoir maintenir l'attribution déjà indiquée par nous et par les derniers éditeurs de Guillaume de Tyr [3].

Il faut reconnaître sans doute que l'expression *j'ai fait écrire,* quand elle émane d'un personnage considérable dans l'Église ou dans l'État, comme pouvait être le seigneur Baudouin d'Avesnes, chez qui on la retrouve [4], peut désigner quelquefois le patron éclairé chargeant un secrétaire ou un protégé de rédiger des mémoires, plutôt que l'auteur réel de la composition. Mais en général il est plus juste de considérer ces mots comme indiquant celui-là même qui a positivement rédigé ou dicté l'œuvre en question. Le moine de Corbie pas plus que l'écuyer de Balian d'Ibelin n'ont occupé une situation tellement élevée qu'ils ne pussent donner leurs soins à la composition des chroniques qu'ils disent avoir *fait faire.* On peut hésiter d'autant moins à les regarder comme les vrais rédacteurs de ces chroniques que nous voyons la locution *j'ai fait faire,* ou *j'ai fait écrire,* seul motif du

---

1. Ms. de l'Arsenal, fol. 128. Ms. de Berne, fol. 127.
2. M. P. Paris, *Histoire littéraire de France,* t. XXI, p. 683.
3. *Historiens occidentaux des croisades,* t. I, préf., p. xxiii.
4. Voy. *Histoire littéraire de France,* t. XXI, p. 651.

doute émis sur l'œuvre de Bernard le Trésorier, employée par le modeste écrivain de la cour des bourgeois de Nicosie, comme par le sénéchal de Champagne: « Ce livre, dit l'auteur
» de l'abrégé des Assises bourgeoises, peut estre appelés le
» livre contrefais au livre des assises; et pour ce que celui
» qui l'a fait et *dité*, l'a fait escrire par grant dezir, et non
» pas par seurté de son sens, mais, etc., non osant noumer
» le Livre des Assises selon la petitesse de lui [1]. » —
« Chier sire, disait d'autre part Joinville à Louis X, dans
» la dédicace de ses Mémoires, ma dame la royne vostre
» mere qui moult m'amoit, me pria que je li *feisse faire*
» un livre des saintes paroles et des bons faiz nostre roy
» saint Looys, et je les y oi en convenant. Et à l'aide de
» Dieu le livre est assouvi... Et ces choses *ai-je fait escrire*
» aussi à l'honneur du vrai cors saint, etc. [2] » L'expression *j'ai fait faire*, ou *j'ai fait écrire* provenait sans doute de l'usage de faire transcrire au net par des copistes de profession une première rédaction, ou de l'habitude fréquente au moyen-âge de dicter à haute voix. Villehardouin se nomme ainsi comme le rédacteur de la *Conquête de Constantinople* : « Joffrois li mareschaus qui ceste œuvre
» *dicta;* » et ailleurs : « Joffrois li mareschaus de Cham-
» paigne qui ceste oevre *traita* [3]. »

Bernard le Trésorier reste donc pour nous l'auteur personnel et certain des chroniques renfermées sous son nom dans les deux manuscrits de Berne et de l'Arsenal. Et puisque, dès l'an 1232, Bernard a fait mettre par écrit son histoire, dont les derniers événements sont de l'année 1230-1231, il ne peut avoir composé ce livre du Conquet de Frédéric cité par Ricordano Malispini et qui arrivait au moins à l'année 1233.

1. *Assises de Jérusalem*, t. II, p. 235.
2. *Recueil des historiens de France*, t. XX, p. 191.
3. Edit. P. Paris, p. 37, 54, 70, 152.

On pourrait croire toutefois que Bernard a connu l'Orient et l'a même peut-être habité ou visité vers ce temps. L'histoire de l'abbaye de Corbie, sur laquelle un bénédictin, originaire de Picardie, a recueilli de volumineux matériaux[1], ne nous apprend malheureusement rien de ce qui peut concerner l'ancien trésorier, si ce n'est que l'office dont il a retenu la qualification existait en effet depuis le XIIIᵉ siècle à Corbie. Nous n'avons trouvé d'ailleurs nulle mention de son nom ni de son œuvre dans les chroniques, les chartes, les anciens catalogues, les nécrologes même de l'abbaye, à moins qu'il n'ait été obscurément inscrit sous le nom de moine Bernard, *Bernardus monachus noster*, qu'on retrouve sur quelques obits. La maison semble avoir perdu tout-à-fait le souvenir d'un des religieux qui put contribuer beaucoup à sa renommée; et d'autre part, en présence du témoignage formel attestant que Bernard a été trésorier de l'abbaye de Saint-Pierre de Corbie, on est amené à croire que le religieux, bien qu'ayant reçu le titre et sans doute exercé quelque temps les fonctions de trésorier du monastère, vécut ensuite hors de sa première communauté, où il fut bientôt oublié, et peut-être en terre sainte, où tant de pèlerins, de religieux et de fidèles venaient encore au XIIIᵉ siècle terminer leurs jours. L'archidiacre de Liége, ancien chanoine de Lyon, vivait ainsi dans la retraite à Saint-Jean d'Acre, quand une détermination inattendue des cardinaux l'appela au saint-Siége, où il prit le nom de Grégoire X.

Mais examinons de plus près quelle est l'œuvre du religieux de Corbie, sans quitter les manuscrits originaux, car la compilation de Pipino de Bologne, utile pour constater surabondamment les titres de Bernard à prendre rang parmi

---

1. Dom Grenier. Les manuscrits réunis par ce savant religieux pour composer une histoire de la Picardie sont conservés à la Bibliothèque nationale à Paris.

les historiens d'outremer, ne renferme cependant, comme nous le verrons plus tard, que des extraits fort abrégés de son histoire.

La chronique commence par ces mots, au premier folio des manuscrits de Paris et de Berne : « En l'an de l'incar-
» nacion nostre seignor Jhesu Crist M. C. I.[1], morut Go-
» defrois, li dux de Boillon et rois de Jherusalem. Après
» luy fu rois Baldoins ses freres qui fu quens de Edesse
» c'um apele Roais, et en leu de celui Baldoins fu quens de
» Roais Baldoins de Bourre[2]. » Elle continue ainsi, avec une brièveté quelquefois peu exacte, un aperçu rapide de l'histoire du royaume de Jérusalem, où l'auteur, originaire peut-être de cette partie de la Picardie que possédèrent les comtes de Flandres, ne néglige pas les occasions de rappeler la coopération des Flamands aux premières croisades, et arrive cependant en quelques phrases aux temps de Baudouin III et d'Amaury Ier. Il se borne à mentionner ensuite d'un mot les règnes des deux successeurs de Foulques : « Après cestui fu roys Baldoins ses filz. Et qant il fu morz,
» si fu roys Amaulris ses freres, quens de Jaffe.[3] »

Du reste, si, dans cette entrée en matière, qui n'est qu'une sorte de prologue récapitulatif comme les chroniqueurs du temps en mettaient souvent en tête de leurs livres, le trésorier de Corbie est d'une telle concision, c'est qu'il va revenir sur les mêmes événements. Après la dernière phrase que nous venons de citer, Bernard reprend en effet de la sorte : « Oez et entendez comment la terre de Jhe-
» rusalem fu prise et la sainte croiz fu conquise de Saracins
» sor Cristiens. Mais ainçois ke je vos die, vos nomerai les
» roys et les seignors qui i furent puis le tens le duc Gode-

---

1. *Sic*, dans les deux manuscrits de Berne et de Paris. La vraie date de la mort de Godefroy est cependant 1100.
2. Ms. de l'Arsenal, fol. 1 v°. Ms. de Berne, 340, fol. 1.
3. Ms. de l'Arsenal, fol. 2 v°. Ms. de Berne, fol. 1 v°.

» froi de Buillon [1]. » Ces mots sont le début même de la chronique du manuscrit de Berne n⁰ 41, que l'on doit appeler la chronique d'Ernoul, mais que nous avons considérée seulement comme l'abrégé de l'œuvre de l'écuyer.

Le religieux de Corbie, comme Ernoul ou l'abréviateur d'Ernoul, emprunte au récit des guerres saintes composé avant lui ce qui répond à son dessein ; il y ajoute bien, surtout dans le commencement, quelques faits nouveaux qu'il a pu recevoir lui-même de la tradition, et dont l'exactitude d'ailleurs n'est pas toujours certaine; mais il suit généralement pour la narration des faits historiques l'ancien abrégé, connu par la publication de Martène, qui forme la base même de sa chronique jusqu'à l'année 1227. L'histoire de Godefroy de Bouillon et de ses successeurs est aussi brièvement indiquée dans les manuscrits de Bernard que dans l'abrégé d'Ernoul; les démêlés de Beaudouin IV et de Guy de Lusignan, la bataille de Tibériade, la prise de Jérusalem y sont racontés dans le même ordre, avec les mêmes expressions. Arrivé au siége d'Ascalon par Saladin, et avant la prise de Jérusalem, Bernard le Trésorier comme Ernoul rattache très à propos à son récit l'ancienne description de la ville sainte, qui est un morceau de grand intérêt. Divers compilateurs de l'Éracles ont connu cette topographie de la Jérusalem des croisés; et ils l'ont différemment utilisée en la déplaçant. Au lieu de la donner comme Ernoul et Bernard lors de la reddition de la ville à Saladin, les uns l'ont insérée à l'époque de la cession de Jérusalem à l'empereur Frédéric II par le sultan d'Égypte en 1229[2]; les autres

---

1. Ms. de l'Arsenal, fol. 2 v⁰. Ms. de Berne, fol. 1 v⁰.
2. Ms. 8404, Bibl. nat., fol. 310. Ms. 387. Fonds de Sorbonne. Bibl. nat., fol. 304. La plus grande partie de la description a été publiée d'après ce manuscrit par M. le comte Beugnot, à la suite des extraits historiques du cartulaire du Saint-Sépulcre. *Assises de Jérusalem*, t. II, p. 531.

l'ont rejetée à la fin, comme l'Éracles de Noailles [1], où dom Martène l'a trouvée sans la reproduire.

Après cette description, qui annonce chez l'auteur une connaissance toute locale des rues de Jérusalem, Bernard le Trésorier suit toujours le texte de Berne, n° 41, absolument semblable au vingt-quatrième livre de dom Martène [2]. Le récit ne nous offre rien à remarquer, si ce n'est de nouvelles preuves de l'antériorité probable de la leçon de Bernard ou d'Ernoul dans les manuscrits de Berne et de l'Arsenal sur la compilation publiée par dom Martène, et de la priorité de la rédaction des manuscrits de Colbert et de Fontainebleau sur toutes les autres.

Parvenu ainsi à l'année 1227, où se termine le premier abrégé, Bernard continue sa narration dans les mêmes proportions que précédemment; et tout ce qui suit jusqu'à la fin de la chronique, à partir de ces mots : « Li empereres » envoia messages al soutan por faire pais forée [3], » nous semble être sa rédaction et son œuvre propre. L'ancien religieux de Corbie s'occupe surtout dans ces dernières pages de la croisade entreprise par Frédéric II, sous le coup de l'anathème de Grégoire IX. Il signale à plusieurs reprises [4] les relations secrètes du prince avec le sultan d'Égypte, relations niées par les historiens gibelins, presque inaperçues même dans la rédaction des manuscrits de Colbert et de Fontainebleau, mais rappelées, avec les plus piquantes particularités, par les écrivains arabes [5]. Au prix de tous

---

1. Aujourd'hui ms. de la Bibl. nat., n° 104 du Suppl. français.

2. Ce livre répond aux pages 123-379 de l'édition de l'Académie, du chapitre XIII, XXIV° livre, au chapitre XII, XXXIII° livre, inclusivement.

3. Ms. de l'Arsenal, fol. 123 v°. Ms. de Berne, fol. 122. Martène col. 697. M. Guizot, p. 414.

4. Martène, col. 697 et suiv.

5. M. Reinaud, *Extraits des chroniqueurs arabes* t. IV de la *Bibliothèque des Croisades*, p. 426 et suiv.

les sacrifices, Frédéric pressait la conclusion d'un traité en apparence au moins satisfaisant pour son honneur, ou, comme dit Bernard, d'une *paix fourrée*. Il demandait surtout que le sultan lui remît, ne fût-ce que pour quelques temps, la possession de Jérusalem, afin de laisser attachée au souvenir de sa croisade, comme un défi adressé au pape qui l'avait excommunié, la gloire d'être rentré le premier dans la ville sainte, d'où les chrétiens étaient sortis depuis un demi-siècle. Tout le reste était chez l'empereur *faux et mauvais*. En lisant ce récit accusateur, on a peine à comprendre comment l'opinion de quelques écrivains d'Italie [1], qui ont fait de Bernard un trésorier de l'empereur Frédéric, a pu être sérieusement acceptée [2].

Le chroniqueur se hâte de conduire l'empereur dans la ville de Jérusalem, ouverte enfin à son impatience par la paix du 18 février 1229. Il raconte son retour précipité en Italie à la nouvelle de l'agression de Jean de Brienne sur les terres de son domaine; et, sans dire un mot des inimitiés des Ibelins avec les Impériaux, manifestées cependant avant le départ de Frédéric pour l'Occident, il mentionne la réconciliation du pape avec l'empereur, revenu en Italie, que constata une bulle d'absolution du 28 août 1230; puis la reconnaissance de Jean de Brienne comme régent de l'empire de Constantinople, fait qui ne peut être antérieur, suivant Richard de Saint-Germain [3], au milieu de l'année 1231, et termine ainsi sa chronique : « Li empereres (Bau-
» douin II de Courtenai) et li chevaliers de la terre firent
» volentiers quanque li rois Jehan lor devisa, si com il
» avoient en convent, et li rois à tant s'en tint [4]. »

1. Boiardo, entre autres, dont il sera parlé plus loin.
2. Voy. la *Bibliothèque des croisades*, t. II, p. 555, 582. M. Petit-Radel avait remarqué déjà l'invraisemblance de cette tradition. *Histoire littéraire de France*, t. XVIII, p. 414-415.
3. *Chronic.* ap. Muratori, *Script. Rer. Italic.*, t. VII, col. 1027.
4. M. de l'Arsenal, fol. 128. Ms. de Berne, fol. 127. Cf. Mar-

Nous connaissons maintenant l'œuvre de Bernard le trésorier, et nous pouvons, en réduisant infiniment ses titres littéraires, constater son droit à figurer, pour une part bien faible, mais certaine, parmi les écrivains originaux de l'Éracles ou du Conquet. A son prologue historique, Bernard fait succéder l'abrégé de l'histoire d'outremer jusqu'en 1227, et le continue lui-même jusqu'en 1230-1231. Nous pouvons considérer comme son titre principal, et tout au plus comme son unique labeur historique, la courte continuation de 1227 à 1231, qui est restée annexée à l'abrégé dans la plupart des manuscrits. Nous ne pouvons plus revendiquer pour lui le mérite d'avoir traduit et continué l'œuvre même de Guillaume de Tyr. Cette ancienne opinion, accréditée par Muratori [1], admise par dom Carpentier [2], par Mansi [3], par M. Raynouard [4] et par de savants modernes [5], doit nécessairement être abandonnée en présence des manuscrits originaux de Berne et de l'Arsenal. Toutefois il nous semble difficile de croire, avec un érudit dont l'assentiment confirme d'ailleurs les observations précédentes [6], que Bernard le trésorier, n'eût-il jamais quitté la Picardie, n'a pu connaître le grand ouvrage de Guillaume de Tyr. Dès l'année 1218, en effet, et peut-être au-

---

tène, col. 702. M. Guizot, p. 430. A la suite de la Chronique se trouve, dans les deux manuscrits de Berne et de Paris, une description des pélerinages de terre sainte.

1. *Scriptores Rerum Italicarum*, t. VII. Præf., p. 659 et suiv.

2. *Glossar.* édition des Bénédictins. Suppl. 1766. t. IV, p. xj.

3. Notes à Rinaldi, *Annales ecclesiastici*, 1747, t. XX. Præfat. et p. 567, not., et son édition de Fabricius, *Biblioth. mediæ latinitatis*, t. I, p. 234, § *Bernardus Thesaurarius*.

4. *Journal des savants*, 1836, p. 606.

5. M. Michaud, *Bibliothèque des croisades*, t. II, p. 555, 581 bis. M. Petit-Radel, *Histoire littéraire de France*, t. XVIII, p. 414. M. Guizot, *Collection de Mémoires*, t. XVI. Préf. p. iv. Traduction de Guillaume de Tyr.

6. *Histoire littéraire de France*, t. XXI, p. 684.

paravant, l'Angleterre possédait des relations françaises de la croisade de Saint-Jean d'Acre ; et nous avons encore des manuscrits de la version de l'histoire de l'archevêque, qui touchent par leur ancienneté au temps même où vivait le religieux de Corbie.

Comme Ernoul, comme l'auteur inconnu qui avait continué et abrégé peut-être déjà la chronique de l'écuyer de Balian, Bernard le trésorier composa un ouvrage complet en lui-même et qui ne devait faire suite à aucun autre. Ce n'est qu'ultérieurement et indépendamment de l'intention de l'auteur, intention attestée par des manuscrits irrécusables, que son œuvre, réunie à celle des auteurs précédents, fut rattachée à la version française de Guillaume de Tyr, et utilisée en même temps que modifiée dans les compilations générales de l'histoire des croisades.

L'abrégé de Bernard le Trésorier s'étant rapidement répandu, remplaça l'ancien précis, qu'il dépassait, et fit négliger même l'ample chronique de Colbert que nous supposons être l'original d'Ernoul, circonstance étrange, mais qu'il est impossible de méconnaître, car sur les compilations des guerres d'outremer, au nombre de près de quarante signalées au commencement de ce mémoire, deux seulement ont conservé la grande rédaction, quand toutes les autres renferment à sa place l'abrégé qui en avait été fait.

Bernard le Trésorier ayant poursuivi sa continuation jusqu'à la croisade de Frédéric II, dont le récit plus développé que la compilation à laquelle elle était réunie lui appartenait en propre, il se pourrait qu'on eût quelquefois désigné sa chronique sous le titre d'*Histoire de la croisade de Frédéric II*, événement récent sur lequel elle pouvait faire autorité. Bernard le Trésorier est dans tous les cas, et sans aucun doute, le guide qu'a suivi François Pipino dans sa chronique générale [1] en parlant de la croisade de l'empereur

---

1. *Chronicon fratris Francisci Pipini Bononiensis ordinis Præ-*

Frédéric. Après avoir sommairement rappelé les faits jusqu'à la réconciliation du pape et de l'empereur en 1230, tels qu'ils sont racontés dans les manuscrits de Bernard le Trésorier et dans l'ancienne continuation imprimée, Pipino ajoute en effet : « Hæc ex historia de passagio ultramarino » traducta sunt quam composuit Bernardus thesaurarius[1]. » Il semblerait encore que le *Livre du Conquet de Frédéric*, cité dans l'histoire de Ricordano Malispini, pût être aussi la chronique de Bernard le Trésorier, mais nous avons reconnu que la source consultée par le chroniqueur toscan, se prolongeant au moins jusqu'en 1233, ne pouvait être l'œuvre de Bernard le Trésorier, arrêtée aux événements de 1230-1231 et dont les manuscrits sont datés formellement de 1232.

Nous croyons que ce *Livre du Conquet de Frédéric* n'était déjà plus une des compositions originales comme celles d'Ernoul et de Bernard le Trésorier, mais bien une compilation générale de l'histoire des croisades, formée des chroniques antérieures et dès lors continuées. Pipino lui-même, dans la suite de sa chronique d'Italie, en revenant encore sur les événements de la croisade de l'empereur, semble abandonner l'histoire de Bernard le Trésorier, pour suivre le recueil du Conquet qu'il désigne suffisamment sous le titre de *Historia de Acquisitione Terræ Sanctæ*[2]. A l'époque où écrivaient le religieux de Bologne et l'ancien historien de Florence, la chronique de Bernard le Trésorier était depuis longtemps en effet comprise dans les continua-

---

dicatorum, ab anno 1176 *usque ad annum circiter* 1314, ap. Muratori, *Script. Rerum Italic.*, t. IX, col. 581; différente de son histoire des croisades, intitulée (inexactement) *Bernardi Thesaurarii Historia de Acquisitione Terræ sanctæ*, et imprimée dans le t. VII de la collection.

1. Muratori, *Scriptor. Rerum Italicarum.*, t. IX, col. 650.
2. *Chronicon fr. Francisci Pipini*, ap. Murat., t. IX, col. 667.

tions de Guillaume de Tyr, que nous allons voir dans la seconde partie de notre mémoire se former, s'étendre progressivement et arriver jusqu'à la prise de Saint-Jean d'Acre.

DEUXIÈME PARTIE.

COMPILATIONS GÉNÉRALES DE L'ÉRACLES ET LEURS CONTINUATIONS.

PREMIÈRE ÉPOQUE.

Réunion des chroniques précédentes à la traduction de Guillaume de Tyr. Traduction abrégée d'une compilation de cette époque, par François Pipino, de Bologne. Autres observations concernant l'œuvre de Bernard le Trésorier.

Nous sommes parvenus à l'année 1230-1231 de l'histoire des croisades et de l'histoire des royaumes latins d'outremer, sans qu'aucun des monuments successivement examinés nous autorise à croire qu'il existât encore à cette époque des compilations renfermant la chronique de Guillaume de Tyr avec ses premières suites.

Avant d'entrer dans la période où vont paraître et se succéder les vraies continuations de l'œuvre de l'archevêque, rappelons les faits principaux qui ont été exposés dans la première partie de notre mémoire, et précisons le point où ils nous ont amenés.

Nous avons vu qu'un écuyer de Balian d'Ibelin, peut-être Ernoul de Giblet, devenu, plus tard, l'un des seigneurs et des habiles jurisconsultes de la haute cour de Chypre, était l'auteur d'un récit des événements qui amenèrent la perte de Jérusalem, événements dont il avait été le témoin. Nous avons insisté sur les motifs qui nous font croire que cette chronique, terminée en 1218 ou 1227, ne se trouve qu'en abrégé dans le manuscrit numéro 41 de la bibliothèque de Berne, et qu'elle existe avec ses développements originaux, à l'exception de la partie géographique, dans les manuscrits de Colbert et de Fontainebleau.

De nouvelles continuations, méconnaissables aujourd'hui dans les compilations où elles ont été réunies confusément, nous ont paru commencer vers 1227, et atteindre au moins l'année 1232. Nous avons vu que, antérieurement à ces dernières rédactions, une compilation, résumé des chroniques précédentes arrivant en 1227, avait été entreprise par un écrivain ignoré. Suivant nous, c'est la chronique abrégée qui se trouve dans le manuscrit de Berne, où l'auteur, peut-être le copiste, par une addition très-heureuse, a conservé le nom d'Ernoul, l'un des premiers historiens d'outremer, par sa date, après Guillaume de Tyr. Bernard le Trésorier, qui a peut-être vécu en Orient, ne nous paraît être que le continuateur de cet abrégé depuis l'année 1227 jusqu'à l'année 1231 seulement.

Ces faits seraient-ils, dans leurs rapports et leur enchaînement, moins probables que nous le supposons, il paraît au moins établi que, dès le premier tiers du XIIIe siècle, il existait en Orient et en Europe plusieurs chroniques françaises relatives aux événements survenus outremer depuis la prise de Jérusalem par Saladin, en 1187, jusqu'à la croisade de l'empereur Frédéric II et à son retour en Italie, de 1228 à 1231. Or rien ne prouve que la grande histoire latine de Guillaume de Tyr eût été encore à cette époque mise en français. Les manuscrits de Berne, comme celui de l'Arsenal, les plus importants monuments qu'on puisse ici consulter, tendent à établir au contraire qu'Ernoul et Bernard le Trésorier, comme nous le pensons avec les savants éditeurs du texte de Guillaume de Tyr [1], écrivirent avant la traduction de l'œuvre de l'archevêque.

C'est là la notion principale que nous tenons surtout à conserver comme résultat de notre premier exposé. Si ce fait est bien établi, il justifie la division que nous avons faite des chroniqueurs dont les écrits ont été employés dans les continuations de Guillaume de Tyr en deux classes bien distinctes : premièrement celle des auteurs qui ont composé des chroniques séparées et antérieures à la version de la grande histoire des croisades, comme Ernoul et Bernard le Trésorier; secondement celle des auteurs qui ont écrit ou compilé postérieurement à la traduction de l'*Historia transmarina* et qui se sont proposé expressément de la continuer, soit en Orient, soit en France.

Parvenus ainsi au milieu du xiiie siècle, nous reconnaissons, par de nombreux manuscrits[2], que l'histoire de Guillaume de Tyr était dès lors traduite en français, et nous voyons cette traduction multipliée par les copistes de préférence à l'original latin. Nul monument du reste ne nous donne la date même à laquelle cette traduction fut exécutée; nulle indication ne nous fait connaître le nom de son auteur. Il est possible qu'un certain Hugues Plagon, dont nous aurons à parler plus tard, soit le traducteur, et l'on peut désigner le temps de la croisade de l'empereur Frédéric II comme l'époque la plus probable où l'œuvre fut entreprise, en considérant l'âge des plus anciens manuscrits, la multiplicité des écrits français et l'extension qu'avait acquise la langue française au commencement du xiiie siècle. C'est

---

1. *Historiens occidentaux des croisades*, t. I, préface, p. xxv.
2. Les mss. des traductions françaises de Guillaume de Tyr, n°s 8315-2-2, 8404-5-5. 2970, suppl. français, et le n° 8314-6, portent les caractères de la première moitié du xiiie siècle. Les manuscrits 8409-5-5 A, 585, Sorbonne, 8403, 677 A, de l'Arsenal, sont du milieu de ce siècle, et quelques-uns même, le dernier notamment, pourraient être classés dans notre première époque.

donc environ aux années 1225-1228 que nous rapporterions l'époque de la traduction de Guillaume de Tyr, ou au moins au second quart du xiiie siècle, de l'an 1225 à l'an 1250.

Dès que cette traduction se propagea, on dut avoir l'idée de réunir au nouveau texte les chroniques françaises des croisades déjà existantes. On complétait ainsi en la prolongeant l'histoire des guerres d'outremer qu'avait écrite l'archevêque de Tyr. Cette pensée put être réalisée par les soins mêmes du premier traducteur; plus probablement elle ne reçut son exécution que dans un second travail de reproduction opéré par les compilateurs et les copistes. En effectuant le dépouillement des anciennes chroniques pour y rechercher ce qui pouvait servir à prolonger la narration, les écrivains, suivant leur habitude, et d'après les exigences de leur travail, retranchèrent ou modifièrent les préambules, interpolèrent ou réduisirent les textes, les divisèrent arbitrairement en livres et en chapitres, ou supprimèrent leurs rubriques, ce qui explique les perpétuelles variations du même récit dans les divers manuscrits.

Des différences plus notables se retrouvent dès les premières suites à l'histoire de l'archevêque. Quelques compilateurs adoptèrent l'ample chronique que nous supposons être l'original d'Ernoul et de ses continuateurs; d'autres, tel est celui du manuscrit 450 du supplément français de la Bibliothèque nationale, sans conserver en entier cette riche rédaction, l'ont suivie assez souvent; mais la plupart se bornèrent à insérer dans leurs recueils l'abrégé dit de Bernard le Trésorier, en supprimant presque toutes ses descriptions géographiques. Nous retrouvons seulement aujourd'hui la grande continuation dans deux compilations de la deuxième et de la troisième période, celle des manuscrits de Colbert et de Fontainebleau, dont les auteurs l'ont empruntée sans doute à des manuscrits de la première époque, ou puisée directement aux originaux, aujourd'hui perdus. Les manuscrits des compilations formées avec l'abrégé sont au contraire très-nombreux [1]; et ce qui aurait lieu d'étonner, c'est qu'on ait continué jusqu'au xv⁰ siècle à copier et à traduire dans les langues vulgaires de l'Europe [2] des rédactions terminées ainsi en 1230-1231, quand, depuis deux cents ans, des continuations prolongées bien au-delà de ce terme étaient connues en Orient et en Europe.

Parmi les quatorze manuscrits que nous avons placés, en raison de leur contenu, dans la première époque des compilations [3], il en est huit qui appartiennent incontestablement à cette classe. Ce sont les sept manuscrits de la Bibliothèque nationale n° 8314, 8403, 8409-5-5 A, 450, suppl. fr. 6743, 6744, 8314-5, du xiii⁰ au xv⁰ siècle, et le manuscrit 677. A, xiii⁰ siècle, de la bibliothèque de l'Arsenal. Dans toutes ces leçons, la traduction de Guillaume de Tyr est suivie de la continuation abrégée telle que la donnent nos manuscrits de Bernard le Trésorier, de Paris et de Berne, à l'exception des préambules sur l'histoire de la terre sainte antérieurement à 1183, devenus inutiles, et des notions topographiques sur la Jérusalem des croisés que les nouveaux compilateurs ont fort mal à propos retranchées. Les manuscrits des continuations de la première classe se terminent tous uniformément, comme le livre du religieux de Corbie, à l'arrivée de Jean de Brienne à Constantinople, et par ces mots relatifs aux conventions du roi Jean avec les chevaliers du pays : « l'Em- » peréor et li chevaliers li firent ce qu'il devisa, si com il » avoient en convent, et li rois à tant s'en tint. » L'on

---

1. Ce sont tous les manuscrits des troisième, quatrième, cinquième et sixième classes indiqués ci-dessus, à l'exception des n°ˢ 8314-3 Colbert, et 8316 Fontainebleau.

2. La bibliothèque Saint-Laurent à Florence possède une traduction italienne du xiv⁰ siècle d'un Guillaume de Tyr continué seulement jusqu'en 1231.

3. Troisième division de la classification générale des mss.

retrouve précisément ces mots à la fin du XXIV° livre du manuscrit de Noailles ou de Martène, compilation de la troisième époque [1].

Le manuscrit 385 de l'ancien fonds de Sorbonne, écrit vers le milieu du XIII° siècle, nous semble appartenir aussi à la première époque des compilations, bien qu'il soit mutilé vers la fin. Il renferme une variété de continuations des plus dignes d'attention. Le fonds principal de ce texte est la chronique d'Ernoul, abrégée comme dans le manuscrit de Berne; mais le compilateur, initié évidemment à la vie et aux évènements de l'Orient latin, ajoute souvent des faits ou des observations qui lui sont propres. Nous rangeons encore dans la même catégorie les manuscrits de Berne 112, 163 et ceux de Paris 450 suppl. franç. 1872 et 7188-2, altérés ou incomplets vers la fin. Le dernier ne paraît même avoir jamais atteint la limite de la première période, que nous voyons fixée invariablement, dans tous les manuscrits complets, à l'année 1230-1231. Il s'arrête vers l'an 1227, comme le manuscrit 41 de Berne.

On pourrait induire de ces différences que l'œuvre de Bernard le Trésorier n'a pas été dans le principe composée telle qu'elle est restée dans la plupart des manuscrits. Il n'est pas rare en effet de voir ainsi deux éditions, quelquefois très-différentes, d'une ancienne chronique, données l'une et l'autre par le même auteur. Parmi les faits de ce genre que l'histoire littéraire a recueillis dans divers pays, et sans descendre à l'exemple plus récent de Froissart, on pourrait citer ceux de Guillaume de Tripoli [2], de Mathieu Paris, auteur d'une grande et d'une petite chronique d'Angleterre, d'André Dandolo de Venise [3], d'Herman Corner de Lubeck [4],

---

1. *Ampliss. Collectio*, t. V. col. 702. Ed. de M. Guizot, p. 430.
2. Voy. Echard, *Scriptores ordinis Prædicatorum*, t. 1. col. 265.
3. Muratori, *Scriptores rerum Ital.*, t. XII, p. 1.
4. Eccard, *Corpus histor. medii ævi*, préf. du t. II, § 3.

de Thierry d'Engelhusen [1], de Bernard Guidonis et de Ptolémée de Lucques. Bernard Guidonis, après avoir composé une *Chronique des pontifes romains, des empereurs et des rois de France*, jusques en 1313, chronique dont il rédigea lui-même un abrégé, fit ensuite une continuation de sa première rédaction, que l'on trouve seulement dans quelques manuscrits [2]. Ptolémée de Lucques, auteur d'une *Histoire ecclésiastique*, avait d'abord arrêté son récit à l'avénement de Boniface VIII, élu pour succéder à Célestin V, en 1293. On a des manuscrits de cette première édition. Après un certain laps de temps, Ptolémée reprit son travail et y ajouta l'histoire de trois pontifes qui s'étaient succédé sur le saint-siége depuis l'achèvement de sa chronique, savoir: Boniface VIII, Benoit XI et Clément V, mort en 1314. Pendant ce temps un autre écrivain, un anonyme, avait composé aussi une suite aux premières vies des papes de Ptolémée, et l'on a des manuscrits de ces deux différentes continuations, existants l'un à Milan, l'autre à Padoue, et toutes deux publiées par Muratori [3].

Bernard le Trésorier a pu se borner d'abord à donner une nouvelle rédaction de l'abrégé de l'histoire des croisades s'arrêtant à l'année 1227 ou peu après; et plus tard, en ajoutant à sa première chronique la continuation des évènements jusqu'en 1231, il a pu composer l'histoire définitive que nous retrouvons dans les manuscrits 677 de l'Arsenal et 340 de Berne. Mais déjà des copies de la première leçon avaient dû se répandre et les compilateurs des chroniques d'Orient, qui ne connurent pas la dernière rédaction du religieux de Corbie, utilisèrent son ancien livre.

1. Leibnitz, *Scriptores Brunsvicenses*, préf. du t. III, p. 54.
2. *Scriptores rer. Ital.*, t. III, part. I, p. 275.
3. La continuation anonyme d'après le ms. de Milan, *Script.*, t. XI, col. 1203; la continuation de Ptolémée lui-même, bien supérieure à la précédente, d'après le manuscrit de Padoue, col. 1217.

C'est, dans tous les cas, en se servant d'un manuscrit ainsi incomplet que le moine dominicain François Pipino inséra en 1320 dans sa chronique générale une histoire abrégée des guerres d'outremer. Il se peut que le religieux bolonais ait eu séparément à sa disposition la version française de Guillaume de Tyr et la première forme de la chronique de Bernard le Trésorier ; peut-être, au contraire, Pipino a-t-il effectué sa traduction sur un manuscrit de l'Éracles continué jusqu'en 1227. Mais dans les deux cas son texte, quoique imparfait comme beaucoup d'autres manuscrits [1], attribuait expressément la continuation à Bernard le Trésorier. Le chroniqueur consigne en effet cette note à la fin de sa version après avoir parlé d'événements de l'an 1229 : « Hæc de gestis regis Johannis (Jean de Brienne) » sumta sunt ex historia Bernardi Thesaurarii. Qualis » autem fuerit exitus non inveni : vel quod historiam » non compleverit, vel quod codex unde sumsi fuit im- » perfectus [2]. »

La mention de Pipino ramène ici de nouveau le nom de Bernard le Trésorier dans notre discussion. Nous avons vu déjà comment les manuscrits de Berne et de l'Arsenal confirmaient les principales observations de M. P. Paris relativement à l'ancien religieux de Corbie. Nous avons constaté comme lui que Bernard le Trésorier n'avait point traduit Guillaume de Tyr ; il se peut encore rigoureusement que le chroniqueur picard ait ignoré l'existence de la grande his-

1. Notamment les mss. 163 de Berne, 7188-2 de Paris, etc. Voy. ci-dessus, p. 482-483.

2. Muratori, *Script. rerum Ital.*, t. VII, col. 846. Ces mots terminent le 207e chapitre de Pipino, et sont véritablement la fin de sa Chronique. L'addition qui forme le 208e chapitre, suivant le manuscrit de Muratori, appartient aux années antérieures, et se retrouve, en effet, précédemment dans les manuscrits de Bernard le Trésorier, comme dans l'édition de dom Martène, *Amplissima Collectio*, t. V, col. 689, 690. M. Guizot, p. 384-388.

toire des croisades ou de la traduction française; mais nous cessons de partager le sentiment de M. Paris quand le savant écrivain pense que le nom de Bernard le Trésorier doit être écarté absolument et de la chronique publiée par dom Martène et de la traduction de Pipino [1].

Déjà, en ce qui concerne plus particulièrement les emprunts de Pipino à l'œuvre de Bernard le Trésorier, les paroles du chroniqueur bolonais que nous venons de citer les attestent de la façon la plus formelle; la comparaison suivie de son histoire des croisades avec la chronique de Bernard le Trésorier les mettrait seule hors de doute; elle établit en même temps les rapports intimes des deux œuvres avec la continuation donnée dans l'*Amplissima Collectio*. Les deux premières parties de cette continuation, c'est-à-dire près des trois quarts de l'ensemble, formant les XXIIIe et XXIVe livres de l'édition de dom Martène [2], comprenant la succession des événements d'Orient de l'an 1183 à l'année 1231, sont identiques (sauf les suppressions géographiques que nous avons signalées précédemment) aux manuscrits authentiques de Bernard le Trésorier; d'autre part, les soixante-trois derniers chapitres (sur 208) de l'histoire de François Pipino, renfermant à peu près la même période de 1183 à 1229, sont incontestablement traduits, généralement en abrégé, mais toujours de manière à conserver l'empreinte irrécusable de l'original français, sur la chronique de Bernard le Trésorier.

Muratori [3], avant la publication de l'*Amplissima Collectio*, avait soupçonné déjà que l'œuvre de Pipino, livrée par ses soins à l'impression, était la reproduction en latin

---

1. *Les manusc. de la Bibl. royale*, par M. P. Paris, t. I, p. 81, 82.
2. Ces deux livres s'étendent, dans l'édition de l'Académie, jusqu'au XIIe chapitre du XXXIIIe livre, inclusivement.
3. *In Bernardi Thesaurarii Historiam præfatio*. Script. ital., t. VII, col. 661.

d'une histoire française des guerres saintes, citée par Du Cange dans ses annotations sur Joinville. Dom Martène, en publiant plus tard le texte même de cette histoire française d'outremer, ne remarqua pas l'analogie devinée par Muratori, confirmée depuis par Mansi[1] et par M. Guizot[2], et aujourd'hui mise hors de doute par la comparaison facile de tous ces textes. Mais Muratori, ou le copiste du manuscrit de Pipino que Muratori a suivi, n'était pas autorisé, il faut le dire, à donner à l'ensemble de l'histoire du dominicain bolonais le titre de traduction de Bernard le Trésorier : *Bernardi Thesaurarii liber gallice scriptus tum in latinam linguam conversus a fratre Francisco Pipino*[3]. Ce titre erroné a fait croire que l'ouvrage de Pipino n'était qu'une simple version latine du français de Bernard, tandis que l'œuvre du religieux italien est une compilation générale de l'histoire des croisades, dans laquelle entre bien pour un des éléments principaux l'œuvre de Bernard le Trésorier, mais uniquement dans la dernière moitié de l'histoire des croisades et guère avant l'année 1183.

Que François Pipino ait eu à sa disposition un manuscrit général de l'Éracles ou séparément la version de Guillaume de Tyr et la chronique de Bernard le Trésorier pouvant former sa continuation, il est certain en effet que le chroniqueur de Bologne, pour les temps antérieurs à l'année 1183, où les préliminaires de Bernard le Trésorier ne lui offraient qu'un sommaire insuffisant, a suivi, en l'abrégeant d'après la version française, la grande histoire de Guillaume de Tyr; et l'erreur du ms. de Muratori, ou de Muratori luimême, a été de donner à l'ensemble de l'œuvre traduite par le religieux bolonais le nom de Bernard le Trésorier,

---

1. Notes à Rinaldi, *Annales eccles.*, t. XX, préf. et page 567.
2. *Coll. de Mémoires concernant l'hist. de France*, t. XIX, préf., p. vij.
3. Muratori, *Script. rer. Ital.*, t. VII, col. 657.

auteur que Pipino nomme seulement dans les derniers temps de son histoire [1].

Ainsi des nouvelles sources que nous venons de consulter revient le même résultat. Les emprunts de François Pipino confirment la mention des manuscrits de Berne et de l'Arsenal, et nous trouvons de nouveau la preuve que Bernard, religieux de l'abbaye de Corbie, tout en s'appropriant des chroniques antérieures, a néanmoins composé vers l'an 1232 une histoire des croisades jusqu'au passage de Frédéric II inclusivement, histoire que les copistes, les compilateurs et les traducteurs ont diversement utilisée et dénaturée dans les chroniques générales d'outremer.

L'emploi qu'on a fait de l'œuvre de Bernard le Trésorier pour composer ces grands recueils serait encore attesté par l'*Histoire impériale*, qu'un chanoine de Ravenne écrivit vers la fin du xiiie siècle. A défaut de cet ouvrage, dont l'original n'existe plus, on peut invoquer au moins la traduction très-libre qu'en a donnée, au xve siècle, le comte Mathieu Boiardo, mort gouverneur de Reggio, près de Modène, en 1494 [2]. Boiardo, d'une plume aussi dégagée en traduisant l'œuvre du chanoine Ricobaldo de Ferrare qu'en écrivant les scènes extravagantes de l'*Orlando innamorato*, a défiguré les Annales impériales par des fables indignes de l'histoire; mais il est difficile de croire que le nouvelliste du xve siècle eût retiré de l'oubli le nom de Bernard le Trésorier, qu'il cite souvent, tantôt sous son véritable nom de *Bernard*, tantôt sous celui de *Vincent* [3], si l'auteur dont il avait entrepris une traduction pour l'agrément de la cour de Ferrare ne l'eût mentionné lui-même en quelques circonstances. C'est dans Boiardo que

---

1. Édition de Muratori, *Script. rer. Ital.*, t. VII, col. 837-846.
2. *Istoria imperiale*, ap. Muratori. *Scriptor. Ital.*, t. IX, col. 291. Cet ouvrage ne donne la traduction de Ricobaldo, chanoine de Ravenne, que jusqu'à l'année 1205.
3. *Scriptores rer. Ital.*, t. IX, col. 407-413, etc.

l'on voit pour la première fois le moine Bernard devenir un trésorier de Frédéric II[1], assertion aventurée avec tant d'autres et peu surprenante chez l'écrivain romanesque qui appelle l'archevêque de Tyr *Renaud*, qui donne l'île de Rhodes aux Templiers, qui fait périr le roi Guy de Lusignan assassiné, qui conduit le roi Richard d'Angleterre en Égypte, après avoir institué l'ordre de la Jarretière à Saint-Jean d'Acre.

Les manuscrits de Berne et de l'Arsenal sont superflus pour nous prémunir contre de semblables erreurs; mais leurs indications nous apportent des secours décisifs et nous font faire de nouveau quelques pas au milieu des obscurités qui cachent encore tant d'autres points de ce sujet.

Si nous ne pouvons plus dire avec Muratori et avec le savant traducteur des *Mémoires relatifs à l'Histoire de France*[2], que Bernard le Trésorier est l'auteur de la traduction et de la continuation de Guillaume de Tyr, nous devons constater positivement, ainsi que l'a vu M. Guizot[3], qu'après les faits relatifs à la croisade de Frédéric II commencent des continuations toutes nouvelles, non-seulement dans les textes que nous appelons de la deuxième période, mais encore dans ceux qui, plus conformes au ms. de Noailles, suivi par dom Martène, donnent comme une dépendance du précédent un vingt-cinquième livre s'ouvrant à ces mots : *En cel point que l'empereor se parti de la terre de Surie et de Chipre, Aelis, la roine de Chipre*[4]. Nous allons retrouver ces diverses chroniques employées par des auteurs inconnus dans les compilations des époques ultérieures.

1. *Scriptores rer. Ital.*, t. IX, col. 283, etc.
2. Voy. ci-dessus, p. 515.
3. *Collect. de Mém. relat. à l'hist. de France*, t. XIX, p. 433, not.
4. Martène, t. V, col. 702. M. Guizot, p. 432.

DEUXIÈME ET TROISIÈME ÉPOQUE.

§ I.

Nouvelles continuations composées en Orient et en France. — De Hugues Plagon et de l'auteur du vingt-cinquième livre de l'édition de dom Martène, renfermant la suite de la chronique d'outremer rédigée en Palestine. Rédaction correspondante dans les continuations rédigées en France.

Dès maintenant nous sommes assurés par de nombreux manuscrits que les premières compilations du Conquet ou de l'Éracles, formées, suivant nous, des chroniques écrites avant la traduction de Guillaume de Tyr, déjà diversement modifiées, et du texte français de l'archevêque, s'arrêtaient, dans leur plus grande extension, à l'année 1231, à la fin du vingt-quatrième livre de l'édition de dom Martène[1].

Pendant longtemps on ne dut avoir en Orient et en Europe que des histoires d'outremer ainsi limitées, et

---

1. Le XXV⁰ livre de Martène, dont nous nous occupons particulièrement dans ce paragraphe, répond à la fin du XXXIII⁰ livre de l'édition de l'Académie, à partir du chapitre XIII et de ce passage même que nous citions précédemment : *En ce point que li empereresse fu partis de la terre de Surie et de Chypre.* Voy. p. 380-436. — Montrer, comme nous cherchons à le faire ici, l'unité de rédaction du XXV⁰ livre de dom Martène, et en même temps ses différences avec les livres qui le précèdent et qui le suivent, c'est dire combien il nous eût semblé utile de le conserver séparément dans son ancienne forme.

nous avons vu, d'après les textes encore existants, qu'il y eut au quatorzième et au quinzième siècle une série de copies et de traductions en langues étrangères, se succédant sur ce premier modèle, bien que le terme chronologique auquel il s'arrêtait fût depuis longtemps dépassé par d'autres continuations. De nouveaux événements s'étaient en effet accomplis dans la chrétienté d'Orient; de nouvelles croisades avaient eu lieu et de nouveaux auteurs avaient ajouté l'histoire de ces derniers faits aux anciens livres des guerres saintes.

Deux continuations très distinctes commencent parallèlement dans les mss. de l'Éracles après la croisade de Frédéric II, l'une, celle de notre deuxième époque, exécutée en Occident, en France même, avec des matériaux rédigés par des Français; l'autre, formant notre troisième époque ou notre troisième catégorie, composée en Orient et en Palestine. La première, publiée d'abord partiellement par M. Michaud [1] (et en entier aujourd'hui dans la nouvelle édition des continuations de Guillaume de Tyr) [2], arrive à l'année 1261; elle forme à elle seule une chronique particulière, différente de la chronique d'outremer, et en quelque sorte parallèle à cette chronique. La seconde, qui se prolonge jusqu'en 1275, procède directement des premières suites de Guillaume de Tyr arrêtées en 1231, qu'elle continue, en conservant la véritable tradition historique des royaumes d'outremer. Cette dernière termine (sous les divisions de vingt-cinquième et vingt-sixième livres, où nous reconnaîtrons deux rédactions différentes), le manuscrit de Gaston de Noailles et l'édition de dom Martène.

La continuation formée d'additions françaises atteignant

---

[1]. Sous le titre de *Lettre de Jean-Pierre Sarrasin*, dans la collection de *Mémoires relatifs à l'Hist. de France*, t. I, pag. 359. Nous nous en occupons plus loin.

[2]. Edit. de l'Académie. **Contin.** *d'après le ms. de Rothelin*, p. 485.

l'année 1261 se trouve dans quatre anciens manuscrits de notre deuxième époque des continuations, aujourd'hui à la Bibliothèque nationale, n⁰ˢ 383 et 387 de la Sorbonne, n° 10 de la Vallière et n° 2311 du supplément français.[1] Ces mss. ajoutent[2] comme préambule à l'ancienne rédaction une histoire de la passion de J.-C. et de la perte de la vraie croix, récit qui se rattache facilement, après quelques pages, au premier chapitre de Guillaume de Tyr. Ils font suivre ce récit de la description de la ville de Jérusalem, dont nous avons précédemment parlé[3], et de la continuation qui arrive à l'an 1261. Le ms. 2311 du supplément français, à la Bibliothèque nationale, est formé sur le même modèle et renferme les mêmes matériaux avec une disposition à peu près semblable. Ce beau volume nous paraît être le ms. original de l'abbé de Rothelin, dont on retrouve une copie dans les transcriptions préparées par dom Berthereau pour la collection des historiens des croisades que projetait le savant religieux, et conservées aujourd'hui à la Bibliothèque nationale[4]. C'est d'après ce manuscrit que la continuation française de 1261, est donnée dans l'édition de l'Académie.

Le manuscrit 8316 de Fontainebleau est une compilation mixte. Il participe des manuscrits de la première époque, dans la partie correspondante au vingt-quatrième livre de Martène, dont il renferme une plus ample rédaction. Il donne en commun, avec les manuscrits de la troisième époque, le vingt-cinquième livre de dom Martène; et enfin il ressemble, dans sa dernière partie, aux compilations françaises de la deuxième époque, dans lesquelles il doit être classé; car il se termine, comme tous ces recueils,

---

1. Elle se trouve en outre dans le ms. 9242-3 de la bibliothèque roy. de Bruxelles. (1871).
2. Ms. 383 de Sorbonne dès le fol. 9.
3. Voy. ci-dessus, p. 512.
4. Supplém. français. N. 2503-9. a-b. Voy. ci-dessus, p. 485.

avec la continuation arrivant à l'an 1261, et non, comme le copiste a écrit, en 1266[1].

Les continuations orientales sont nos compilations de la troisième époque; elles dépassent l'année 1261, sans atteindre l'année 1290. Elles ne renferment aucun des fragments propres à la deuxième époque, et continuent séparément la rédaction originale d'outremer. Tel est le ms. 8314-3, n° 272 de Colbert, qui, après la grande rédaction du vingt-quatrième livre, pareille à celle de Fontainebleau, se confond avec l'édition de dom Martène jusqu'en 1264, où le copiste s'est arrêté[2]. Tels sont encore le ms. H. 25 de Berne[3], un ms. de Florence déjà signalé par nous[4] et le ms. de Noailles, publié dans la partie postérieure à Guillaume de Tyr, par dom Martène et par M. Guizot jusqu'en 1275, où il se termine. Les manuscrits de cette période, d'ailleurs assez rares, méritent d'être recherchés avec soin; c'est surtout dans leurs textes que l'on pourra retrouver des fragments de chroniques locales qui paraissent avoir existé à Saint-Jean d'Acre, et au moyen desquelles l'histoire d'outremer serait continuée presque sans interruption jusqu'à la perte de la Palestine.

1. La même erreur se trouve, nous en avons déjà fait la remarque, dans les mss. de la quatrième époque des continuations. n. 8404 de la Bibl. nat. à Paris, et n. 737 de la Reine de Suède au Vatican. Les mss. 383 et 387 du fonds de Sorbonne et 2311 suppl. français donnent au contraire, comme la copie de dom Berthereau et l'édition de M. Michaud (*Coll. de Mém.*, t. I), la date de mcclxi, qui seule est exacte; les derniers événements de la Chronique se rapportent en effet à l'avénement de Bibars Bondocdar, sultan d'Égypte, meurtrier de Koutouz, vers la fin de l'année 1260. Voy. Makrizi, *Hist. des sultans mameloucs*, trad. de M. Quatremère, t. I, p. 113-116.

2. La dernière phrase du manuscrit est même inachevée : *En celui tans, poi après, Corradin.* Martène, col. 739. M. Guizot, p. 564. Édit. de l'Académie, p. 449.

3. Sinner, *Catalogus manuscriptorum bibl. Bernensis*, t. II, p. 377.

4. Voy. la première partie, p. 487-488.

Chacune de ces continuations peut se diviser en deux corps de narration répondant aux deux derniers livres de dom Martène, et il est probable qu'il existe des mss. où les premières parties des rédactions se retrouvent isolées de celles qui les suivent aujourd'hui [1]. Mais la composition des mss. de ces deux époques et la rareté de ceux de la troisième nous portent à croire que les deux derniers livres de dom Martène, bien que séparés, suivant toute apparence, dans l'origine en Orient, ont dû être connus simultanément et assez tard en Europe. Il est permis de penser, en effet, que si les continuateurs français de la deuxième époque avaient connu la chronique substantielle et précise qui est devenue le vingt-cinquième livre de dom Martène, d'après le manuscrit de Noailles, ils l'auraient insérée en entier dans leurs recueils, ou utilisée du moins en partie, de préférence aux renseignements vagues et presque sans intérêt, à l'exception de deux riches fragments, dont ils se sont contentés [2]. Cette supposition acquiert quelque vraisemblance en voyant précisément un des compilateurs de la deuxième époque employer la rédaction du vingt-cinquième livre et négliger celle du vingt-sixième, qu'il a connue probablement.

Les détails dans lesquels nous sommes engagés depuis quelque temps sont un peu minutieux, mais ils sont indispensables, et nous devons les poursuivre encore avant d'arriver à l'examen séparé des rédactions diverses que

---

[1]. Peut-être le ms. 8315 de l'ancien fonds français à la Bibliothèque nationale, aujourd'hui mutilé à la fin, était-il de ce nombre.

[2]. L'un des compilateurs déclare en effet avoir voulu mettre dans son livre tout ce que l'on savait de l'histoire d'outremer jusqu'alors : *Ci commence li romans de Godefroy de Buillon et de tous les autres roys qui ont esté outremer jusques à saint Loys qui darrenierement y fu. Et ce sont les Croniques ordenées sur tous les faits d'outremer.* Ms. de Sorbonne 383 daté de 1331, fol. 1; Ms. 387 du même fonds, fol. 1.

nous essayons en ce moment de reconnaître et de classer.

Nous pouvons déjà conjecturer, avec quelque confiance, d'après les dernières observations fournies par les manuscrits, que les parties de l'Éracles formant dans le ms. de dom Martène, écrit à Rome en 1295, les livres vingt-quatrième, vingt-cinquième et vingt-sixième, ont été composées par intervalles et annexées à diverses époques aux rédactions et aux continuations antérieures. Nous dirons tout à l'heure les raisons qui nous semblent établir d'une manière positive que ces livres sont des écrits émanés de mains bien différentes, et non l'œuvre continue du même écrivain.

En marquant un changement de rédaction entre le vingt-quatrième et le vingt-cinquième livre de dom Martène, nous ne contredisons pas le passage de Ricordano Malispini, d'où il résulte qu'une seule et même chronique d'outremer, connue de notre chroniqueur vers l'an 1278, renfermait l'histoire de la croisade de Frédéric II et l'histoire des guerres des Impériaux en Orient, poursuivie au moins jusqu'à l'année 1233. Dès le temps de Malispini, ainsi que les mss. de la fin du XIIIe siècle en font foi, il y avait déjà un nombre considérable de recueils généraux des guerres saintes, où se trouvaient réunis dans un seul corps d'histoire le voyage de Frédéric et la guerre des Lombards en Orient. Mais originairement ces relations avaient pu être indépendantes l'une de l'autre dans les mss., et nous essayerons de démontrer que, dans tous les cas, elles sont dues à plusieurs auteurs. Leurs rapports historiques avec les continuations exécutées en France nous engagent à examiner simultanément les deux récits contemporains, afin de signaler plus facilement leurs différences.

Avant d'entreprendre cet examen comparatif, nous devons aborder une question relative à un nom souvent cité dans la bibliographie des croisades, celui de Hugues Plagon, qui ne peut rester en dehors de nos recherches, bien que nous n'ayons pas de motifs suffisants pour l'inscrire sur aucune partie des chroniques d'outremer.

Indépendamment des inductions qu'autorise l'absence du vingt-cinquième livre de Martène dans plusieurs continuations manuscrites, ce livre porte encore en lui-même, après les modifications qu'il a dû subir dans son commencement pour être rattaché aux rédactions précédentes [1] des traces sensibles d'un travail nouveau. On a signalé déjà quelques contradictions entre ses premiers paragraphes et les derniers passages du vingt-quatrième livre [2]; on peut remarquer aussi comme une particularité fréquente chez les continuateurs le retour que fait la narration sur les événements antérieurs pour reprendre l'histoire des royaumes de terre sainte au départ de l'empereur Frédéric, en 1229, bien que déjà le récit eût de beaucoup dépassé ce terme à la fin du livre précédent. Ces faits constatés, nous ne trouvons plus le moindre indice qui nous permette d'aller jusqu'à attribuer nominativement cette continuation à un écrivain nommé Hugues Plagon, ainsi qu'on la pensé.

Un titre plus sérieux de Plagon, personnage absolument

---

1. Rien n'est plus fréquent que les interpolations apportées ainsi par les auteurs du moyen-âge au commencement ou à la fin des écrits qu'ils se proposaient de continuer. Les copistes et les compilateurs conservaient souvent les transitions des premiers continuateurs, lors même qu'ils modifiaient la suite de leur travail. On lit à la fin du XXV⁰ livre de Martène : *Nous lairons ore à parler du fait d'Antioche et des Turquemans, parce qu'il convient poursuivre la matière de cest livre et mener en ordre ains comme les choses sont avenues u roiaume de Jerusalem et en la terre de Surie.* (Dom Martène, col. 733. M. Guizot, p. 544. Édition de l'Académie, p. 435.) Ces mots ont dû être insérés dans l'Éracles de Noailles par les compilateurs de la fin du treizième siècle; on les retrouve cependant dans le ms. 8316, bien que la suite des compilations dans ce manuscrit soit totalement différente de l'autre.

2. M. Guizot, *Collection de Mémoires*, t. XIX, p. 433, not. *Continuation de Guillaume de Tyr.*

inconnu d'ailleurs, ce serait, d'avoir le premier mis en français l'histoire de Guillaume de Tyr. Du Cange nomme du moins Hugues Plagon comme traducteur de l'histoire de l'archevêque de Tyr dans la nomenclature des auteurs français consultés par lui pour la rédaction de son glossaire, en 1678. Après avoir, sous la rubrique : *Scriptores gallici vernaculi*, inscrit une *Histoire des guerres d'outremer*, qui devait être un manuscrit de l'Éracles avec ou sans les continuations, il mentionne, quelques lignes plus bas, dans la même catégorie des écrivains français : *Hugues Plagon, en la version de Guillaume de Tyr*[1], ce qui désigne positivement une traduction et non une continuation de l'histoire d'outremer. Du Cange cite encore Hugues Plagon comme traducteur de Guillaume de Tyr, dans ses observations sur l'histoire de saint Louis[2], et quelquefois dans le texte de son glossaire[3]. Carpentier a été plus loin que Du Cange, et, le premier à notre connaissance, il a attribué à Hugues Plagon non-seulement la traduction, mais la continuation de Guillaume de Tyr, publiée par dom Martène[4]. Malheureusement ni Du Cange ni dom Carpentier, contrairement à leurs habitudes, n'ont donné ici les preuves sur lesquelles ils fondent leurs assertions. Fontette[5] et Meusel[6]

---

1. *Glossarium mediæ latinitatis*. Paris, 1678. Édition donnée par Du Cange, t. I, p. cxcj.

2. Édition Didot, à la suite du Glossaire latin, t. VII, p. 352.

3. Au mot *Paletare*. Voy. la Continuation de G. de Tyr, édit. de l'Académie, préf., p. ii.

4. Dans le texte du Glossaire, au mot *Empoysonare*, et dans la liste des sources, classe des écrivains français, en ajoutant, après la mention : *Hugues Plagon, en la version de Guillaume de Tyr*, les indications suivantes qui ne sont pas de Du Cange et qui renvoient à la *Continuation* de Guillaume de Tyr : *Edit. t. V. Ampl. Collect. Marten.*

5. *Bibliothèque historique de la France*, t. II, p. 140.

6. *Bibliotheca histor.*, t. II; part. 2, p. 294. Cf. M. Guizot, contin. de Guillaume de Tyr. Collection, t. XIX, préf. p. vj. Si

tiennent également Hugues Plagon pour le continuateur de Guillaume de Tyr; mais ils ont accepté, sans en vérifier l'origine, l'attribution gratuite de l'auteur du supplément au glossaire. Remarquons en passant que c'est par suite d'une confusion évidente faite entre les diverses éditions du glossaire de la basse latinité qu'un savant moderne [1] en rejetant cette opinion, la fait remonter comme une erreur à Du Cange lui-même. L'auteur du glossaire n'aurait pas à se reprocher davantage la contradiction qu'on signale à tort chez lui [2] en disant qu'il cite à la fois Hugues Plagon et Bernard le Trésorier, comme auteurs de la continuation de Guillaume de Tyr, attendu que l'insertion du nom de Bernard le Trésorier parmi les sources du glossaire : *Bernardus thesaurarius de Acquisitione terræ sanctæ ab anno* 1095 *ad annum* 1230, est une inscription postérieure à Du Cange et une addition de dom Carpentier [3] très-opportune, en 1766 (quoique entachée d'une erreur primitive [4]), après l'édition de Bernard le Trésorier donnée pour la première fois par Muratori en 1725.

On ignore entièrement d'ailleurs le pays, la condition et l'époque même où a vécu Plagon. En nous bornant au rappel de Du Cange, Plagon n'est que le traducteur de Guil-

---

nos recherches sont exactes, Montfaucon n'a pas nommé une seule fois Hugues Plagon dans sa *Bibliotheca Bibliothecarum*. Au t. I, p. 27, il cite bien un ms. des continuations de Guillaume de Tyr sur lequel se trouve le nom d'un lettré du quatorzième siècle, *Nicolas Falcon*, dont nous aurons à nous occuper plus loin, mais nullement le nom de Hugues Plagon.

1. M. Petit-Radel, *Histoire littéraire de France*, t. XVIII, p. 417. Article de Bernard le Trésorier.

2. *Histoire littéraire de France*, t. XVIII, p. 417.

3. *Supplementum Glossarii latini*. Paris, 1766, t. IV, p. xj et p. lxxxxvij.

4. Elle attribue, en effet, à Bernard le Trésorier la traduction ou la rédaction même de l'*Histoire des croisades* antérieure aux continuations; erreur accréditée par la publication de Muratori.

laume de Tyr, et dans ce cas il peut appartenir au commencement du xiiie siècle. Si Hugues Plagon doit prendre rang parmi les continuateurs de la chronique d'outremer, il ne peut ajouter à ce mérite que celui d'avoir fait précéder ses additions d'une traduction de l'Histoire générale des croisades de Guillaume de Tyr, exécutée avant lui.

Au reste, nous ne devons pas hésiter à le reconnaître, tout ce qu'ont dit Du Cange et Carpentier de la traduction de Guillaume de Tyr, par Hugues Plagon, est entièrement conjectural et vraisemblablement erroné. Il faut en dire autant de la mention insérée par suite d'une confusion évidente dans le ms. 450 supplément français, si recommandable que soit d'ailleurs le texte de ce ms., mention d'après laquelle la traduction de Guillaume de Tyr serait l'œuvre d'un Guillaume nommé archidiacre de Tyr lors de la promotion de l'évêque Frédéric du siège d'Acre à l'archevêché de Tyr, attendu que cet archidiacre Guillaume est notre historien lui-même : *archidiaconatus ejusdem ecclesiæ Tyrensis nobis liberaliter contulit* [1].

D'autre part, en acceptant comme prouvée l'opinion de Carpentier, de Fontette et de Meusel, si l'on voulait considérer Plagon comme un des auteurs des chroniques d'Orient faisant suite à l'Histoire de Guillaume de Tyr, il serait tout à fait impossible de revendiquer pour lui l'ensemble de la continuation imprimée de 1229 à 1275, qui forme les vingt-cinquième et vingt-sixième livres de dom Martène. Ces deux livres, comprenant l'histoire de quarante-six années, diffèrent trop dans le fond et par la forme pour appartenir au même auteur. Il est bien peu vraisemblable que l'auteur de l'intéressante et riche narration du premier

1. *Hist. occid. des crois.*, t. I, p. 343. Voici le passage du ms. 450 : « Guillaumes, uns arcediacres de Sur, fu esleuz à evesque
» d'Acre. Li rois pria l'arcevesque Ferri qu'il donast l'arcediacré
» de s'iglise à un autre Guillaume, qui mist puis ceste estoire de
» latin en romanz. » Fol. 300 v°.

livre soit le même écrivain qui n'a pas su lier en un corps de récit les arides notions du second. Voyons cette question de plus près.

L'auteur du vingt-cinquième livre de dom Martène[1] est le véritable historien de la guerre des Impériaux qui troubla les royaumes d'outremer, de l'an 1229 à l'an 1240. Il remonte à l'origine de cette guerre, il en fait connaître tous les incidents remarquables, soit dans l'île de Chypre, soit en Syrie, et la suit jusqu'à la reddition du château de Tyr, dernière place forte occupée au nom de l'empereur en Orient. Il reste presque entièrement étranger aux évènements de l'empire latin de Constantinople, et s'occupe surtout du royaume de Jérusalem : il raconte la reprise définitive de la ville sainte par les Arabes, peu après le départ de Frédéric II, l'expédition de Thibaut de Champagne, l'arrivée du comte de Cornouailles, les trèves avec le sultan de Damas; l'alliance momentanée des Chrétiens avec les Arabes de Syrie pour repousser les Kharizmiens, alliés du sultan d'Egypte, et divers autres événements de terre sainte. Son hostilité contre l'empereur Frédéric, réelle, bien qu'elle ne l'entraîne jamais jusqu'à l'injustice ou à l'injure, le retient volontiers sur la guerre des Génois contre les Gibelins de Pise, circonstances où on le trouvera beaucoup moins inexact qu'on ne l'a dit[2], si l'on recourt aux leçons correctes de sa chronique. Il ne néglige pas les divers conciles où Innocent IV porta contre Frédéric les doubles griefs de la maison de Fieschi et de la cour de Rome; mais ce qu'il suit avec le plus d'intérêt, ce sont les évènements de la guerre des seigneurs d'Orient contre le maréchal de l'empereur Richard Filangier.

1. Martène, col. 702-733. M. Guizot. p. 432-544. Académie, p. 380-436.
2. M. Guizot, p. 497. not.

La chronique métrique de Philippe de Navarre, connue seulement par les emprunts des histoires chypriotes d'Amadi et de Florio Bustron, nous manquant en original, cette partie des continuations de l'Éracles est la source la plus ancienne et la plus sûre que nous ayons, non-seulement pour la guerre des impériaux, mais pour l'histoire générale des deux royaumes unis de Jérusalem et de Chypre, depuis l'an 1230 jusques à l'année 1249. Postérieure aux écrits de Jacques de Vitry et d'Olivier le Scolastique, elle précède Joinville et Sarrazin, qui sont originaux, Jordan et Sanudo le Vieux, qui, venus postérieurement, l'ont souvent traduite; elle ne pourrait être remplacée par la réunion de Mathieu Paris et de Richard de Saint-Germain, à Philippe Mouskes, à Vincent de Beauvais et aux autres contemporains. C'est, à notre avis, le fragment le plus digne d'attention de l'édition entière de dom Martène. Jusque-là, le texte imprimé est bien inférieur à la rédaction des manuscrits de Colbert et de Fontainebleau. Après ce fragment, l'édition de dom Martène et de M. Guizot ne présente plus qu'une sèche énumération de faits et de dates, recommandable sans doute par son extrême utilité, mais sans intérêt et sans liaison. Le vingt-cinquième livre, au contraire, est à lui seul, pour les vingt années qu'il embrasse, une histoire suivie et complète des royaumes latins d'outremer.

Tout dans sa rédaction annonce un auteur écrivant en Orient même. Il vit au milieu de la population chrétienne dont il raconte l'histoire; il connaît exactement toute la Palestine, l'île de Chypre, et probablement l'Arménie. S'agit-il de décrire une bataille, celle de Casal-Imbert ou d'Agridi, une marche militaire, la navigation de quelques galères, il nomme les montagnes, les rivières, les caps remarquables près desquels on a dû passer. Le cap de Gavata, au sud de Limassol, lui est familier comme le Pui du Connétable près d'El Batroun en Syrie; comme l'îlot qui ferme à l'est le port de Famagouste, la fontaine qui se trouve au-dessous du village de Saphorie en allant à Nazareth, l'écueil ignoré qui gît à quelques milles au sud de Beyrouth. Il a vu toutes ces localités. Il n'ignore ni les difficiles chemins qu'il faut franchir pour gagner la plage de Saint-Jean-d'Acre en partant de Tyr, route sur laquelle le maréchal Filangier surprit et battit les gens d'outremer, ni les gorges de la vallée de Cérines à Nicosie, où les Ibelins prirent leur revanche des Impériaux.

Les seigneurs qui se sont fait remarquer dans la guerre des Lombards ou dans les expéditions de Syrie contre le sultan de Damas, il les désigne, il connaît leur parenté et leurs domaines. Il sait que les sires de Césarée et d'Ibelin vendirent quelques villages, dont il indique les noms et les prix, pour indemniser les chevaliers de terre sainte de la défaite de Casal-Imbert et les décider à poursuivre les Lombards dans l'île de Chypre. Il fait parler et agir avec une vérité qu'un étranger n'aurait pu saisir tous ces chevaliers si unis en ce moment, si résolus devant l'ennemi, et qu'on est étonné cependant de voir, dans les conjonctures les plus critiques, marchander tout à coup leur dévouement et délibérer en vrais légistes si le nouveau service demandé par le suzerain était bien conforme à cette loi traditionnelle, fondée sur un texte perdu, qu'on appelait toujours les assises de Jérusalem.

L'auteur n'appartenait point à l'Église. Nous le chercherions volontiers parmi les barons de Palestine ou de Chypre. S'il n'était pas chevalier, ce devait être un de ces notables bourgeois que les rois, par une sage politique, appelaient de temps à autre dans les rangs de la noblesse du pays[1], et qui, en attendant, comme Raymond de Conches, fréquentaient les hommes-liges et étaient admis à plaider avec eux devant la haute-cour. C'était peut-être l'un des bourgeois de Saint-Jean-d'Acre qui vinrent jurer sur

---

1. *Assises de Jérusalem*, t. I, p. 502.

le lutrin de l'église de Saint-André leur alliance avec les chevaliers des deux royaumes pour chasser les Lombards d'Orient [1]. Son style n'est point inférieur à celui des continuateurs précédents et des auteurs de son temps. Il n'a pas la concision et le mouvement de Philippe de Navarre ; il est bien loin de l'aimable aisance de Joinville; son allure est souvent monotone; mais on ne lui contestera ni la clarté ni un certain talent de raconter qui le fait lire avec un véritable intérêt.

Au lieu de cette chronique, nourrie de faits et de particularités indiquant une connaissance habituelle de l'Orient, les continuateurs de la seconde époque [2] remplissent le long intervalle qui s'écoule entre le voyage de Frédéric II et la croisade de St Louis (1228-1248) par la description connue de Jérusalem et un récit de la croisade du roi de Navarre (1239-1240), passages dignes d'attention et bien supérieurs aux notions banales sur les prophéties arabes et sur les divers peuples d'Orient au milieu desquels ils se trouvent [3]. L'auteur de cette compilation incohérente écrit, comme il le dit lui-même souvent, *par deçà*, c'est-à-dire en Occident et en France. La Palestine, l'Orient entier, est pour lui le pays d'outremer, tandis que dans la continuation contemporaine formant le vingt-cinquième livre de Martène, trente-troisième de la nouvelle édition, l'Europe est toujours le pays de *delà*.

De ce qu'il raconte des populations et des évènements d'outremer, il n'a rien vu par lui-même ; il ne sait proba-

1. Martène, col. 709, 710. M. Guizot, p. 456-462. Académie, p. 392, ch. xxvi; p. 395, ch. xxix.

2. Quatrième classe des manuscrits du Guillaume de Tyr français continué. Le manuscrit de Fontainebleau, n. 8316, seul de cette classe, donne le XXVe livre de la rédaction orientale du Conquet, comme nous l'avons déjà remarqué.

3. Cette rédaction forme les quarante et un premiers chapitres de la *Continuation* dite *de Rothelin*. Académie, p. 489.

blement rien de la situation particulière des États d'Orient ; les circonstances les plus considérables de leur histoire lui sont inconnues, l'invasion des Impériaux, par exemple, qui bouleversa les deux royaumes de Jérusalem et de Chypre, passe inaperçue dans son livre, et il atteint la croisade de saint Louis où nous le retrouverons n'avançant encore qu'au moyen d'emprunts nouveaux, sans avoir mentionné une seule fois cette guerre de cinq années qui renversa de fait la royauté de l'empereur Frédéric en Terre sainte.

Deux morceaux donnent cependant, comme nous l'avons dit, un grand prix à cette partie des continuations françaises : le premier est la description de la ville de Jérusalem, que nous avons reconnue dans les anciens manuscrits d'Ernoul et de Bernard le Trésorier. Le compilateur de la seconde époque reprend ce fragment, négligé par ceux de la première, et l'amène assez heureusement, en parlant de la croisade de Frédéric II, à propos des églises que l'empereur aurait pu relever à Jérusalem, s'il ne fût « cheu en la mecreandise. » Le second fragment, entièrement propre aux compilations de la deuxième époque, a plus d'importance encore que le premier : c'est la relation complète de la croisade de Thibaut de Champagne avec les autres barons français, si bravement entreprise en 1239, si fatalement terminée en 1240 sous les oliviers de Gaza, où un corps entier de chevalerie tomba au pouvoir des Arabes [1]. Ici la continuation devient tout à fait historique; elle sort du vague et des généralités, et l'on voit tout ce que la connaissance directe des faits et du pays donne de fermeté, d'abondance et d'attrait à la relation de l'auteur inconnu que le compilateur reproduit.

Philippe de Nanteuil, conduit au Caire avec les autres

---

1. M. Michaud a donné quelques extraits de cette relation d'après les copies de dom Berthereau, faites sur le manuscrit de Rothelin. *Hist. des croisades*, t. IV, p. 78, 84, 567; *Biblioth.* t. I. p. 377.

prisonniers de Gaza, composa, pour óccuper les ennuis de
sa captivité, plusieurs romances qu'il envoya au camp des
Chrétiens. La chronique donne une de ces complaintes, où le
chevalier exprime assez heureusement son désir de revoir
la « douce contrée de France[1]. » L'à-propos de cette cita-
tion semble signaler la main même du poète, flatté de rap-
peler ainsi son œuvre en la sauvant de l'oubli. Peut-être
Philippe de Nanteuil est-il le rédacteur primitif de ce
fragment de l'Eracles, qui se détache très-avantageusement,
par ses proportions et son caractère narratif, de l'ensemble
des digressions vagues et confuses au milieu desquelles il a
été noyé par les compilateurs. Ce fragment, dans tous les
cas, a été composé en France, non en Palestine, à une
époque voisine du retour des croisés, et évidemment d'après
leurs propres récits.

DEUXIÈME ET TROISIÈME ÉPOQUE.

§ 2.

*De la lettre de Jean Sarrasin et du vingt-sixième
livre de la continuation dans l'édition de dom
Martène*[2].

Nous avons eu l'occasion de remarquer déjà que le com-
pilateur du manuscrit de Fontainebleau semblait avoir
recherché les meilleures sources de l'histoire des croisades
pour en former son recueil. Il donne, comme l'auteur du
ms. de Colbert, les parties les plus complètes que l'on con-
naisse des chroniques correspondant au vingt-quatrième

---

1. Académie, p. 548, et M. Michaud. *Hist. des crois.* t. IV. p. 86.
2. xxxiv⁰ livre de l'édition de l'Académie, p. 436-481.

livre de dom Martène, de l'an 1183 à 1229, depuis les événements qui précédèrent la prise de Jérusalem jusqu'à la croisade de Frédéric II[1]; seul, parmi les compilateurs de la deuxième période, il insère le vingt-cinquième livre de préférence aux mélanges géographiques des autres mss. que la description de Jérusalem et le fragment relatif à Thibaut de Champagne ne l'empêchent pas de sacrifier. Arrivé ainsi à la croisade de saint Louis, notre auteur prend dans les recueils de la deuxième classe, parmi lesquels il doit être compris, la belle continuation qui les termine tous[2], et à laquelle il rattache, assez mal à propos d'ailleurs, une dissertation sur les phénomènes naturels et imaginaires de la mer, du Nil et de l'Egypte.

La nouvelle continuation, dégagée de ce hors-d'œuvre qui la dépare et des détails antérieurs au voyage de saint Louis qu'ont ajoutés les compilateurs, a été publiée par MM. Michaud et Poujoulat sous le titre de : *Lettre de Jean Pierre Sarrasin, chambellan du roi de France, à Nicolas Arrode, sur la première croisade de saint Louis*[3]. Ce titre ne répond qu'à une partie du long et curieux fragment donné par les éditeurs de la nouvelle collection des Mémoires relatifs à l'histoire de France. Les

---

1. De la p. 123 à la p. 380, dans l'édition de l'Académie.
2. Ms. de Fontainebleau, 8316, fol. 411 v°. Ms. de dom Berthereau et ms. 2311, suppl. français, fol. 321. Ms. fonds de Sorbonne, 383, fol. 287. Ms. du même fonds, 387, fol. 325. Le copiste du ms. 8316 a interverti beaucoup de paragraphes, qui sont mieux coordonnés dans la copie de dom Berthereau et dans l'édition de M. Michaud. La même relation, interpolée de nombreuses additions, se trouve dans les continuations de la quatrième époque, n. 8404, Bibl. nation., et n. 737 de la Reine de Suède au Vatican, sous ce titre : *Comment li rois Looys, li quars de la lingnée Huon Chapet, ala outremer.*
3. *Collection de Mémoires relatifs à l'histoire de France*, t. I, p. 359. Dans l'édition de l'Académie, du chap. XLII au chap. LXI, p. 568-593, de la continuation dite du ms. de Rothelin.

premiers paragraphes de la continuation sont bien en effet la lettre du chambellan de saint Louis, Jean Sarrasin, qu'il faut distinguer de Pierre Sarrasin [1]. Cette lettre fut écrite à Damiette, le 23 juin 1249, au moment où l'armée chrétienne campait encore au milieu de la ville conquise, ignorant si elle pénétrerait plus avant dans l'intérieur du pays. Mais toute la suite du récit, que les mss. comme l'édition confondent avec la lettre même, et qu'il fallait isoler, est une véritable chronique des événements survenus outremer durant les quatre dernières années du séjour de saint Louis en Palestine, et pendant les huit années qui suivirent immédiatement le départ du roi. L'Orient chrétien retrouve ici de précieuses pages de son histoire originale, pendant une période de quatorze années, de 1248 à 1261. Cette relation, bien supérieure pour le mérite de la composition et le récit des faits au vingt-sixième livre de dom Martène, n'est pas inférieure au vingt-cinquième et l'eût dignement continué, jusqu'à l'année 1261, où elle s'arrête.

Comme les textes qui forment les derniers livres de Martène dans l'*Amplissima collectio*, ce fragment a été certainement rédigé à Saint-Jean d'Acre. Ptolémaïs est le centre auquel l'écrivain rapporte toujours l'action et la pensée de son récit. Quelquefois il adopte pour transition ce mode de narration qui donne à sa chronique l'apparence d'un journal des événements survenus pendant son séjour en Orient : « Après ces choses, viendrent nouveles en la cité d'Acre. » Il y a quelques raisons de croire que l'auteur était français et originaire de la province de Champagne. En racontant, comme pouvait seul le faire un témoin oculaire, la guerre acharnée qui, pendant les années 1257 à

---

1. Cf. Olim, t. I, p. 111, xxiii; p. 767, xxxiv. Joinville, *Recueil des Historiens de France*, t. XX, p. 200. Pierre Sarrasin et Nicolas Arrode ont laissé leur nom à deux anciennes rues de Paris.

1259, divisa la ville de Saint-Jean d'Acre en deux camps ennemis, le chroniqueur dit qu'on vit les partis chrétiens lancer dans leurs combats, d'un quartier de la ville à l'autre, des blocs de pierre pesant *au moins quinze cents livres au poids de Champaigne* [1]. C'est là peut-être un souvenir du pays natal, et peut-être l'indice que ce journal historique est dû à l'un des Français laissés par saint Louis en Orient sous les ordres de Geoffroy de Sergines, chevalier champenois, mort en Syrie le 11 avril 1269 [2]. Quant à Jean Sarrasin, il accompagna sans doute saint Louis, parti de Terre sainte au mois d'avril 1254, et continua son service auprès de lui. On possède les comptes de sa gestion comme chambellan chargé de la caisse de l'épargne royale pendant les années 1256-1257 [3]; on le retrouve à Paris comme chambellan du roi en 1269 [4].

Avec la relation annexée à la lettre de Jean Sarrasin se terminent les continuations de l'Eracles de la seconde classe, dont nous n'avons plus qu'à dire un mot. Les compilations de cette époque offrent, comme on l'a vu, plus de ressources historiques pour leurs dernières années de 1248 à 1261 que les continuations orientales dites de la troisième époque; mais celles-ci ont l'avantage de se poursuivre encore pendant quatorze années au-delà des premières. Le terme auquel s'arrêtent les recueils de la troisième période varie, du reste, dans tous les mss. que nous avons examinés. Le n° 8315 de l'ancien fonds français de la Bibliothèque nationale, dégradé à la fin, ne paraît pas avoir été continué bien au-delà de l'année 1248, et finissait pro-

---

1. Académie. *Continuation dite du manuscrit de Rothelin*, p. 635. Michaud et Poujoulat. *Collection de Mémoires*, t. I, p. 398.

2. Académie, p. 457. Martène, col. 743. M. Guizot, p. 580.

3. Ces comptes viennent d'être publiés dans le tome XXI du *Recueil des Historiens de France*, p. 286.

4. Olim, t. I, p. 767, xxxiv. Cf. *Recueil des Historiens de France*, p. 135 et p. 200.

bablement vers cette époque même avec le vingt-cinquième livre de l'édition de dom Martène [1]. Le n° 8314-3 de Colbert est brusquement suspendu au milieu des événements de l'année 1264. Le ms. de Noailles, suivi par dom Martène, le plus complet de ceux que l'on connaisse, dépasse de dix années le dernier texte; le ms. de Florence, auquel nous reviendrons plus loin, se prolonge davantage encore.

Le déplacement de cette limite, l'imperfection de quelques uns des mss. de cette classe, manuscrits peu nombreux d'ailleurs, s'explique pour nous, en voyant dans ces variations mêmes un nouvel indice qui prouve que la rédaction de l'Éracles ou du Conquet, surtout dans ses dernières parties, appartient à plusieurs auteurs, et que les compilateurs l'ont utilisé et probablement connu par fragments successifs. La différence originaire entre le vingt-cinquième et le vingt-sixième livre de dom Martène (trente-troisième [2] et trente-quatrième de la nouvelle édition) est d'ailleurs bien réelle, quoique aujourd'hui ces deux livres semblent faire partie d'une seule rédaction continue.

De tous les caractères que nous avons reconnus dans le premier de ces livres, nous ne retrouvons plus dans le suivant que ceux d'où nous pouvons induire encore qu'il a été, comme toutes les continuations de la troisième classe, rédigé en Orient, au centre même du royaume de Palestine. Mais c'est le seul rapport à signaler entre ces deux parties de la Chronique d'outremer.

Bien que l'auteur du vingt-sixième livre ait toujours quelque éloge ou quelque parole de sympathie pour les hommes d'armes d'Orient qu'il appelle *les nôtres* [3], rien ne

1. Son dernier paragraphe : *Or retornons à parler de la terre de Surie,* répond dans l'édition de l'Acad. au chap. LV, p. 426. Martène, col. 728. M. Guizot, p. 524.

2. A partir seulement du chap. XIII, p. 380.

3. Académie; p. 455, p. 458. Martène, col. 742, 744. M. Guizot, p. 576, 582.

fait soupçonner qu'il ait jamais pris part à leurs expéditions. Il n'était point chevalier; son état n'était point de faire la guerre. Les actions militaires, les détails féodaux et nobiliaires, qui tiennent une si grande place dans les continuations antérieures et particulièrement dans le vingt-cinquième livre, le cèdent ici aux faits ecclésiastiques. L'écrivain ne paraît pas davantage appartenir à la bourgeoisie, il n'était pas assurément au nombre des hommes de loi, contre lesquels il lance un trait violent à propos de l'élection de Clément IV, « bon advocat, dit-il, et loiaus hons, ce que n'avient pas « souvent de gens de son mestier [1]. » Ces sentiments, qu'expliquaient les attaques continuelles des légistes contre tout ce qui leur était étranger; les expressions amères dont l'écrivain se sert en parlant de l'empereur Frédéric II et de son fils, tous les deux « félon, ivroigne, ravisseor, et parsecutor de l'yglise [2]; » le soin avec lequel il consigne l'élection et les principaux actes des souverains pontifes; son attention à enregistrer les nominations de prélats aux différents siéges de la Palestine : toutes ces raisons nous portent à croire que notre auteur était clerc, et qu'il a écrit dans une église ou dans un monastère de Saint-Jean d'Acre.

Sa chronique, œuvre probablement collective, ressemble beaucoup aux éphémérides que l'on conservait dans les abbayes; et où chaque année le religieux désigné d'office ou disposé par son zèle et son talent à accepter cette tâche, mettait en écrit un sommaire des faits les plus importants dont il avait eu connaissance, en revenant parfois sur les événements déjà passés. Quelque superficielle qu'elle soit, quelques lacunes qui s'y trouvent, cette aride chronique a cependant un grand prix historique en raison de l'extrême rareté des monuments originaux concernant l'histoire

1. Académie, p. 448. Martène, col. 738. M. Guizot, p. 564.
2. Académie, p. 439. Martène, col. 734. M. Guizot, p. 548.

d'outremer dans le laps de temps qui s'écoule entre le départ de saint Louis et la prise de Saint-Jean d'Acre, surtout entre l'année 1261, où se terminent les compilations de la deuxième époque, et l'année 1288, où commencent celles de la quatrième. Le dernier livre de l'Eracles, ou plutôt du Conquet, a le mérite, dans sa sèche concision, d'être pour cette période la source où Marin Sanudo, le frère Jordan, Guillaume de Nangis, Jean d'Ypres et beaucoup d'autres écrivains anciens, ont puisé les renseignements qu'ils donnent sur l'histoire des deux royaumes de Chypre et de Jérusalem.

Cette continuation se recommandait d'autant mieux à l'attention des chroniqueurs et des compilateurs d'Europe, elle doit aujourd'hui nous inspirer d'autant plus de confiance, qu'elle a été composée au milieu même des temps qu'elle concerne, ou peu après, car il n'est pas possible d'en reculer la rédaction au-delà de l'année 1295. Le manuscrit original de Noailles, sur lequel dom Martène a publié son édition, se termine en effet par la note suivante, datée de 1295 : « Cest livre fu escrit et acompli à Rome l'an de « l'incarnation Nostre Seignor Jhesu Crist M. CC. IIII^{xx} XV, « u mois de may, u tans de pape Boniface l'uitisme, nés « d'une cité qui est en Campaigne qui a non Anaigne, qui « fu eslut apres pape Celestin le quint, qui ot nom frere « Pierre de Mouron, qui renunça en la cité de Naples [1]. »

L'indication des circonstances historiques les plus récentes mentionnées dans ce livre est même manifestement antérieure à la prise de Saint-Jean d'Acre de 1291, à laquelle il n'est fait nulle allusion. L'auteur nous semble avoir accompli sa tâche à peu de distance de l'année 1275, où il s'arrête après avoir donné de nouveaux détails sur les décisions prises en faveur de la chrétienté d'Orient au cou-

---

1. Ms. 104. Suppl. français, Bibl. nation., aujourd'hui 9082, fol. 325. Cf. Martène, *Amplissima Collectio*, t. V, col. 583.

cile général de Lyon[1], dont il avait été trop sommairement parlé en 1274[2].

Ainsi se termine la continuation la plus étendue de la troisième époque qu'aient connue dom Martène, M. Michaud et le savant éditeur des Mémoires concernant l'histoire de France. Les manuscrits de cette période sont très rares. Après celui de dom Martène, dont le texte est terminé en 1275, nous ne connaissons que le manuscrit de la bibliothèque Saint-Laurent de Florence, *Pluteus LXI, n° X*, poursuivi jusqu'en 1277. Comme ceux de la première époque qu'ils continuent, ces recueils renferment ce que nous avons jusqu'ici de plus original sur l'histoire intérieure du royaume de Jérusalem au XIIIe siècle; leur récit est formé par la succession d'écrits contemporains appartenant tous à l'Orient et rattachés immédiatement à la traduction de Guillaume de Tyr. Ce sont des manuscrits de ces deux catégories que Joinville nommait le *Livre de la Terre sainte*[3], Sanudo *Liber conquisitionis*[4], Pipino *Liber acquisitionis terræ sanctæ*[5], et Jean d'Ibelin, comte de Jaffa, *le Livre du Conquet*[6]. Si l'on voulait adopter des dénominations qui aidassent à distinguer plus facilement les deux branches des continuations de Guillaume de Tyr, on pourrait conserver ce dernier titre aux compilations des textes français de l'archevêque avec leurs suites exécutées dans les États chrétiens du Levant, et réserver le nom de *Livre d'Eracles,* inusité en Orient, aux recueils semblables composés en France ou en Europe.

1. Martène, col. 752.
2. Martène, col. 747.
3. Voy. ci-dessus, pag. 478-479. n.
4. *Secreta fidelium crucis*, p. 44.
5. Muratori, *Script. Rer. Ital.*, t. VII, col. 655 et t. IX, col. 650.
6. *Assises de Jérusalem*, t. II, p. 196, not.

QUATRIÈME ÉPOQUE.

Derniers continuateurs. De la relation de la prise de Saint-Jean d'Acre et de Nicolas Falcon.

Les continuations réunies dans le manuscrit de Noailles, publiées par dom Martène, conduisent, on l'a vu, l'histoire d'outremer jusqu'à l'année 1275. De cette époque aux événements qui amènent la chute du royaume de Jérusalem (1288-1291), il y a un intervalle de treize années, réduit à onze années par l'addition du manuscrit de Florence, dont les sources historiques ne se trouvent point dans les textes de l'Éracles ou du Conquet connus jusqu'ici. Il se pourrait toutefois qu'on eût composé également à cette époque, soit à Saint-Jean d'Acre, soit à Nicosie, si troublée qu'ait pu être alors la Palestine, quelque chronique locale, analogue à celle des années précédentes, et propre, si on la retrouve un jour, à former un vingt-septième (ou trente-cinquième) livre du texte français de Guillaume de Tyr. L'absence de cette continuation dans la série si nombreuse d'ailleurs des manuscrits de la Bibliothèque nationale et dans les autres manuscrits, bien qu'elle soit une circonstance négative, ne suffit point pour établir que ces continuations n'ont pu exister, car déjà l'addition inattendue fournie par le manuscrit de Florence[1] remplit deux années de la période qui manque aux textes les plus complets de Paris et de Berne, et qui semblait former définitivement un vide total de quinze années.

Prenant les faits à l'époque où s'arrête le texte de Martène, l'auteur du nouveau fragment poursuit l'histoire d'outremer jusqu'à l'année 1277[2]. A l'exemple des conti-

1. Voy. la VIe classe des mss. Ci-dessus, p. 487-488.
2. Edit. de l'Académie, p. 473-481.

nuateurs précédents, il insère dans son récit quelques détails sur les différents papes élus et morts durant le court intervalle qu'il remplit ; mais son attention se fixe principalement sur les événements d'Orient, pays qui ne lui est pas étranger et où tout semble indiquer qu'il habitait. Il raconte les démêlés du roi Hugues III de Lusignan, roi de Chypre et de Jérusalem, avec les Templiers de Syrie, toujours impatients de l'autorité royale, les instances des chevaliers du royaume de Jérusalem pour engager le roi de Chypre à revenir en Syrie, lui promettant de mieux respecter à l'avenir ses prérogatives, puis les réclamations élevées devant les hautes cours d'Orient, par la princesse Marie d'Antioche, cousine du roi Hugues, comme prétendante à la couronne de Palestine, du chef de Melissende de Lusignan, fille du roi Amaury II de Lusignan ; il rappelle la prise de Saint-Jean d'Acre par l'armée du roi Charles d'Anjou, à qui la princesse, en désespoir de cause, avait fait abandon de ses droits ; enfin, avant le récit de la mort du pape Jean XXI qui termine sa chronique, il mentionne parmi les événements marquants des États d'Orient, dans l'année 1277, la mort de Balian d'Ibelin, sire d'Arsur, et la mort du sultan Bibars Bondocdar [1], rectifiant ainsi sur ce dernier fait le continuateur précédent qui l'avait par erreur placé en 1275 [2]. Ces deux circonstances sont exactement rappelées par Sanudo l'ancien [3], et en général il est manifeste que le *Liber secretorum fidelium crucis*, dans sa partie historique postérieure à la prise de Jérusalem, n'est qu'un abrégé des continuations de Guillaume de Tyr, comme dans la partie qui de cet événement remonte à l'origine des croisades le récit de Sanudo n'est qu'un précis plus concis encore du texte de l'archevêque.

---

1. Édition de l'Académie, p. 478 et 479.
2. Académie, p. 467.
3. *Liber secr. crucis.* III, part. 12, ch. 16. Bongars, t. II, p. 227.

Sanudo l'ancien, notre guide le plus sûr dans l'époque intermédiaire qui va suivre, où manquent les contemporains, a connu en effet un livre du Conquet ainsi continué, peut-être même plus complet encore que le manuscrit de Florence, et comblant en entier la lacune qui reste toujours pour nous de l'année 1277 à l'année 1288 dans les meilleurs manuscrits de l'Éracles ou du Conquet. La partie historique du *Secreta fidelium crucis* ne s'arrête en effet, ni en 1275, quand finit le texte de Martène, sa principale source pour le treizième siècle, ni en 1277, quand finit le manuscrit de Florence. Son récit ne perd aucune de ses qualités : les faits sont aussi nombreux et aussi précis que dans les années antérieures. Non-seulement la marche générale de l'histoire du royaume chrétien de Syrie, dont on pressent la chute inévitable, mais les incidents secondaires des passages de certains chevaliers, la mort d'autres personnages, telle que celle de Balian d'Ibelin, les changements dans les offices ou les dignités du royaume et d'autres particularités de l'histoire d'outremer y sont consignées comme précédemment ; et il est impossible que la tradition orale eût seule fourni à Sanudo, à la distance de quarante années, de semblables détails, s'il n'avait eu à sa disposition pour former et guider son récit historique des écrits remontant au temps même des événements qu'il rapporte. Privés aujourd'hui de ces informations originales, nous ne pouvons y suppléer qu'au moyen des écrits qui s'en rapprochent le plus. Il faut joindre ainsi à Sanudo quelques passages historiques des Assises de Jérusalem[2], puis les notions éparses dans les œuvres de Guillaume de Nangis, du frère Jordan[3], de Jean d'Ypres, d'Henri Knighton, de

---

1. Chap. 14-20 du livre III, part. 12. Ap. Bongars, p. 226-230.
2. Appendices au t. II, p. 401, chap. 3 et suiv.
3. Chronique manuscrite du Vatican, n° 1960, dont Muratori a publié des fragments dans les *Antiquitates Italiæ medii ævi*, t. IV, col. 949, et Rinaldi de nombreux extraits dans les suites à Baro-

Rishanger, continuateur de Mathieu Paris, d'André Dandolo, de Jacques Doria, de Jean Villani, d'Aboulpharadge et des auteurs musulmans, pour atteindre, sans trop de désavantage, l'époque de la perte de Saint-Jean d'Acre, qui anéantit définitivement le royaume fondé deux siècles auparavant par Godefroy de Bouillon.

Il n'est pas de pays chrétien où ne parvinrent les nouvelles du siége et de la prise de cette ville. Aussi est-ce un des événements du moyen-âge sur lequel on possède le plus de notions contemporaines. Ces renseignements, quelquefois opposés et contradictoires, s'éclairent et se complètent cependant par leur diversité.

Un Français dont le nom est encore inconnu, ayant recueilli les rapports de plusieurs témoins de la prise de Saint-Jean d'Acre, en forma un récit qui nous est parvenu sous une double forme, en latin et en langue vulgaire. Il s'étend à peu près également dans les deux rédactions, depuis le sac de Tripoli, en 1288, et la rupture de la paix avec le sultan d'Égypte, en 1289, jusqu'à la retraite des derniers défenseurs de Saint-Jean d'Acre, en 1291, au moment où une poignée de chevaliers, plutôt que de capituler, se jette dans la maison du Temple et prolonge quelque temps une résistance digne d'un meilleur sort. Le texte latin a été publié par dom Martène à la suite de la continuation française de Guillaume de Tyr, sous le titre de : *Excidium Acconis,* ou *Gestorum Collectio* « Relation d'événements [1] ». La rédaction française, signalée par M. V. Le Clerc dans un volume de Mélanges, du treizième siècle, de l'ancienne Sorbonne [2], retrouvée depuis dans un

---

nius, *Annales ecclesiastici*, t. XX à XXIV, passim. Voy. *Hist. de Chypre*. t. II, p. 130.

1. *Amplissima Collectio*, t. V, col. 757. *Excidii Acconis in anno MCCXCI, Gestorum collectio.*

2. N. 454, aujourd'hui à la Bibl. nation. M. Le Clerc, *Histoire littéraire de France*. t. XX, p. 85, 787.

manuscrit de l'Éracles au Vatican, collection de la reine de Suède[1], existe aussi dans un manuscrit de la Bibliothèque Nationale[2]. Le savant académicien qui, le premier, a reconnu le texte français, en a donné une analyse[3] où se trouve complété et souvent rectifié ce qu'avait dit M. Michaud du texte latin[4].

M. Le Clerc a constaté qu'il n'existe aucune communauté d'origine entre cette relation et la lettre de Jean de Villers, grand-maître de l'Hôpital, sur la prise de St-Jean d'Acre. Rien ne peut autoriser à penser aujourd'hui, avec notre historien des croisades, que la lettre du grand-maître ait été la première forme et la première rédaction du *Gestorum Collectio*. M. Le Clerc a prouvé en outre que la leçon française du récit, telle que la donne le manuscrit de Sorbonne, n'est qu'une traduction du texte latin publié par dom Martène[5]. Ces points sont évidemment établis et acquis à la discussion, mais il ne paraît pas aussi certain que la rédaction du manuscrit 8404 de la Bibliothèque Nationale soit également une version de la rédaction latine. Les erreurs et les lacunes de la version de Sorbonne ne se retrouvent pas dans le français du précédent manuscrit. La clarté correcte de ce texte semblerait, au contraire, indiquer une composition originale; et l'on pourrait croire, en le comparant au latin, dont il diffère parfois assez sensiblement, que le texte français est ici une première rédac-

---

1. N. 737. Voy. M. Paul Lacroix, *Dissertation sur les manuscrits relatifs à l'histoire de France conservés dans les bibliothèques d'Italie*, in-8°, 1839, p. 22-28. M. V. Le Clerc, *Histoire littéraire de France*, t. XX, p. 787.

2. Ancien fonds français, n. 8404. Bibl. nation. XIVe s.

3. M. V. Le Clerc, *Histoire littéraire*, t. XX, p. 79 et suiv. : *Relation anonyme de la prise d'Acre en* 1291.

4. Michaud, *Histoire des croisades*, 4e édition, t, V, p. 562. Cf. p. 167 et *Bibliothèque des Croisades*, t. III, p. 384.

5. *Histoire littéraire de France*, t. XX, p. 85-89.

tion, et que peut-être il a existé deux relations contemporaines de la prise d'Acre, l'une en français, l'autre en latin, toutes deux émanant peut-être du même auteur.

Quelques indications de Montfaucon et de Fontette nous avaient fait considérer d'abord cette coexistence des deux textes originaux comme certaine ; mais, après avoir vérifié à Rome, sur les manuscrits auxquels elles se rapportent, les citations de la *Bibliotheca bibliothecarum* et de la *Bibliothèque historique de la France*, nous devons reconnaître qu'elles n'ont point justifié notre prévision, et que la conjecture vers laquelle nous inclinions aurait besoin d'une base plus sûre.

Pour ne négliger aucun détail essentiel, nous reproduirons ici les mentions qui nous avaient paru autoriser cette opinion. Montfaucon inscrit, sous le n° 691 des manuscrits de la reine de Suède, un article ainsi conçu : *Chronicon seu Historia de gestis Godefridi Bullionis gallice, cujus auctor censetur Nicolaus Falcon*[1]; et plus loin, dans le nombre des volumes autrefois possédés par Petau, Montfaucon cite l'*Histoire des Guerres d'Orient*, de *Nicolas Falcon*, 205. 1000[2]. D'autre part, Fontette[3], après le P. Lelong, mentionne, sous le titre de : *Chronique ou Histoire de Godefroi de Bouillon, qu'on croit être de Nicolas Falcon*, et sous le n° 691, un manuscrit qui paraissait être le même que le n° 737 décrit dans une dissertation moderne, et sur lequel se trouve cette note de la main de Paul Petau : *Inter manuscriptos bibliothecæ collegii Mertonensis Oxoniæ habet. 58 lib.*[4] *historiarum partium Orientis, quem Nic. Falcon scripsit primo gallico idiomate et de gallico transtulit anno 1300*[5].

1. *Bibliotheca Bibliothecarum manuscriptorum*, t. I, p. 28.
2. *Bibl. Biblioth. manuscriptorum*, t. I, p. 74.
3. *Bibliothèque historique de la France*, t. II, p. 132. Art. 16589.
4. *Sic.* Sans doute, *habetur liber*.
5. M. Paul Lacroix, *Dissertation* citée, p. 22.

On pouvait croire, d'après ces différentes citations, qu'il existait tant dans la bibliothèque de la reine de Suède, au Vatican, que dans le fonds Merton, à la bibliothèque d'Oxford, plusieurs manuscrits attribuant à Nicolas Falcon une histoire générale des croisades depuis Godefroy de Bouillon jusqu'à la fin du XIIIe siècle. Toutefois, en examinant ceux de ces manuscrits que nous avons pu retrouver à la bibliothèque du Vatican, nous n'avons rien reconnu qui justifiât l'induction qu'on en a tirée. Il ne nous a pas été possible de constater ce qu'étaient devenus les manuscrits 205 et 1000 d'Alexandre Petau, contenant, d'après le Catalogue de Montfaucon, l'*Histoire des Guerres d'Orient de Nicolas Falcon*. Le ms. 691 de la reine de Suède, cité comme renfermant une *Histoire de Godefroy de Bouillon*, est un recueil d'écrits de Paul Orose, et de mélanges divers, totalement étrangers aux croisades et à Godefroy de Bouillon. Quant au ms. 737 de la même collection, il appartient bien aux sources historiques des guerres d'outremer, mais il ne nous donne pas les notions que nous avions espéré y trouver. Ce ms., inscrit par erreur dans le Catalogue de Montfaucon sous la rubrique de *Christine de Pisan, Des faits et bonnes mœurs du roi Charles V*[1], porte au haut de sa première page ce titre ancien et exact : *Croniques Godefroy de Buillon. E, 44*. C'est en réalité une histoire entière des croisades, où se trouve la traduction de Guillaume de Tyr, les continuations de la deuxième époque et le texte français de la *Prise d'Acre* ou *Gestorum collectio*. Nous l'avons classé parmi ceux de la quatrième époque des continuateurs[2]. Au bas de la première page de ce ms. 737, existe la note précitée de la main de Paul Petau, indiquant qu'il y a dans les manuscrits de la bibliothèque du collège de Merton, à

---

1. *Bibliotheca Bibl. manuscriptorum*, t. I, p. 29.
2. Ci-dessus, p. 488.

Oxford, un ouvrage sur l'histoire d'Orient, écrit en français et en latin, par Nicolas Falcon. Mais on peut être certain que l'ouvrage de Falcon qui se trouve dans le ms. d'Oxford n'est pas une histoire générale des croisades, comme le donneraient à penser les rubriques de Montfaucon et de Petau précédemment citées. Il est bien invraisemblable qu'un auteur du commencement du quatorzième siècle, et Falcon, si bien à même de donner à ses travaux une direction plus utile, moins que tout autre, ait pris la tâche stérile de remettre en français et en latin les anciennes histoires de l'Éracles, universellement répandues de son temps dans les deux formes. La nature du talent de Falcon, sans le porter à composer des œuvres entièrement originales, semble avoir été très-apte à s'identifier à la pensée des autres pour la reproduire et la vulgariser. Le ms. d'Oxford doit renfermer, non une histoire des Croisades, mais un autre ouvrage intéressant à la fois l'Europe et le Levant, et que nous savons avoir été rédigé par Falcon.

En 1307, quand la chrétienté poursuivait de nouveau le projet de reconquérir Jérusalem par une alliance avec les Mongols, un prince arménien, devenu religieux prémontré, après avoir longtemps combattu les Mameloucs dans les armées du khan, se rendit à Poitiers pour conférer avec Clément V des desseins de la cour apostolique. Sur la demande du pape, Haïton se disposa à faire un livre de ses observations touchant la nation tartare, et un savant clerc, notre Nicolas Falcon, s'offrit pour mettre en écrit sa dictée française qu'il traduisit ensuite en latin. C'est ainsi que s'est formé le *De Tartaris* ou *Historia orientalis* d'Haïton, plusieurs fois imprimé aux seizième, dix-septième et dix-huitième siècles[1]. Les anciens mss., où se trouve la

---

1. Helmstadt, in-4°, 1585. Berlin, in-4°, 1671. Gryneus, Ramusio et Bergeron ont inséré l'ouvrage d'Haïton dans leurs relations de voyages. Un religieux, nommé frère Jean de Longdit, en composa

rédaction française de Falcon, encore inédite, se terminent par un avertissement de Nicolas Falcon lui-même qui nous a conservé tous ces renseignements : « Cy fine le Livre des « Histoires des parties d'Orient, compilé par religieux homme « frere Hayton, frere de l'ordre de Premontré, jadis seigneur « du Corc[1], cousin germain du roy d'Armenye, sur le pas- « saige de la Terre-Sainte, par le commandement du souve- « rain pere Nostre Seigneur l'apostole, Clement Quint, en « la cité de Poytiers. Lequel livre, je, Nicole Falcon, escrips « premierement en françois, si comme le dit frere Hayton « le ditoit de sa bouche, sans note ne exemplaire ; et de « rommans le translatay en latin. Et icellui livre donnay à « Nostre Seigneur le pappe, en l'an Nostre Seigneur mil « trois cens et sept, ou mois d'aoust. *Deo gracias*[2]. » Ce livre des *Histoires des parties d'Orient* est évidemment le *Liber Historiarum partium Orientis* signalé par Paul Petau comme existant à Oxford et dont la note citée reporte la composition à l'an 1300 au lieu de 1307.

Ce que Nicolas Falcon a fait en reproduisant les détails d'Haïton sur les populations d'Orient, un autre écrivain, puisque rien ne nous autorise à attribuer cette nouvelle œuvre à Falcon, un autre écrivain, français comme lui, et comme lui vivant vers le commencement du quatorzième siècle, a pu l'effectuer aussi pour conserver la mémoire de la perte de Saint-Jean d'Acre, en écrivant

dans l'année 1351 une traduction française, qui fut imprimée à Paris, en 1529, sous le titre de : *Histoire du grand empereur de Tartarie, nommé le grand Cam, écrite en latin, par Hycone ou Hayton, seigneur de Courcy, chevalier et neveu du roi d'Arménie*, in-fol. La rédaction française de Falcon n'a point été publiée.

1. Gorhigos, aujourd'hui Korgho ou Curco, près de l'embouchure du Selef. Voy. notre *Hist. de Chypre*, t. II, p. 75. n., t. III. p. 48.

2. Ms. de l'Arsenal num. 673-674 dernier folio. Ms. de la Bibl. nat. n. 8392. Ancien fonds français. Aujourd'hui, 2810. Fol. 226. 8e partie du ms. (1871).

l'*Excidium Acconis* ou *Gestorum collectio*, d'abord en latin, tel qu'on le connaît, puis en français, tel qu'il est dans le ms. 8404 de la Bibliothèque Nationale.

Le récit de l'écrivain encore anonyme témoigne au reste du soin qu'il mit à réunir les renseignements nécessaires à sa composition. « Je n'ai point vu ce que je raconte, dit-il, « mais je m'en suis informé d'une oreille avide, dans l'amer- » tume de mon cœur, de ceux qui en furent les témoins « mêmes : *a diversis diversorum in cordis amaritudine « resolutus gestorum relatione aure avida suscepi* [1]. » Et à la fin, quand les Sarrasins sont maîtres de la ville presque entière, il termine ainsi : « De ceux qui demeurèrent « au Temple, en la garde de Dieu, on ne dit rien de certain, « si ce n'est qu'ils vendirent chèrement leur vie, comme « Dieu le sait. L'on apprit ensuite par les navigateurs que « les Sarrasins avaient détruit la cité d'Acre jusqu'en ses « fondements [2]. »

Les compilateurs de l'histoire des Croisades qui ont connu cette relation l'ont ajoutée aux recueils anciens de Guillaume de Tyr continué, soit qu'ils aient conservé l'original français que l'on peut supposer avoir existé, soit qu'ayant seulement devers eux le texte latin, ils en aient entrepris la version nouvelle. C'est ainsi que le récit de la prise de Saint-Jean d'Acre se retrouve dans les mss. 737 du Vatican et 8404 de la Bibliothèque Nationale. Il est à remarquer que ce fragment n'a été annexé qu'aux continuations de la deuxième époque [3], ce qu'explique natu-

---

1. *Amplissima Collectio*, t. V, col. 758.
2. *Amplissima Collectio*, t. V, col. 782. L'auteur de la traduction de Sorbonne a développé ce passage en ajoutant quelques particularités qui semblent lui être venues de sources certaines. Voy. M. Le Clerc, *Histoire littéraire de France*, t. XX, p. 87.
3. Nous ne connaissons pas encore un seul ms. de la troisième époque des continuations (cinquième catégorie de la classification générale des mss.), où se trouve la relation de la prise d'Acre.

rellement son origine occidentale, comme celle des continuations auxquelles il est réuni. Cette adjonction complémentaire est en effet la seule particularité qui distingue les manuscrits de la quatrième période de ceux de la seconde. Les recueils historiques de ces deux époques, qui se complètent et se succèdent chronologiquement, conservent de la sorte leur caractère proprement français. Les continuations de la première et de la troisième époque, au contraire, restent exclusivement composées de rédactions faites au sein même des États chrétiens d'Orient. Mais de part et d'autre les deux séries de chroniques d'un intérêt très-inégal ont cependant le mérite d'être toujours contemporaines ou très-rapprochées des événements qu'elles concernent. Nous connaissons ainsi, sans sortir des suites de Guillaume de Tyr et d'après les sources originales, un siècle entier de l'histoire du royaume de Jérusalem, depuis la défaite de Tibériade jusqu'à la prise de Saint-Jean d'Acre.

Cet événement ferme en réalité la période des guerres saintes. Il ouvre pour le royaume d'Outremer, réduit dès lors à l'île de Chypre, une situation nouvelle où le sentiment religieux des anciennes croisades, sans s'éteindre entièrement, fut subordonné toujours aux préoccupations d'une politique essentiellement commerciale. Nous avons dû nous arrêter au terme qui marque cette révolution. Si l'on voulait rattacher aux grands passages de Terre-Sainte les expéditions particulières du quatorzième et du quinzième siècle, il faudrait, en considérant certaines parties des écrits de Villani, de Guillaume de Machaut et de Monstrelet comme des continuations de Guillaume de Tyr, assimiler à Godefroy de Bouillon, ou à saint Louis, que la ferveur la plus désintéressée conduisait en Orient, Pierre Ier de Lusignan, qui, dans ses guerres contre les infidèles, se préoccupait surtout d'établir des comptoirs sur la route des caravanes de l'Inde; Boucicaut, qui, à la tête des forces génoises, incendiait les entrepôts vénitiens de Beyrouth, ou le roi Janus de Lusignan, qui débarquait sur les terres des infidèles pour enlever les esclaves nécessaires à la culture de la canne à sucre sur ses domaines de Kouklia et de Paphos.

En circonscrivant notre étude au temps même des anciennes croisades, il a fallu borner encore nos observations aux œuvres qui offrent toutes les garanties de la réalité historique. Nous avons dû par conséquent éloigner toutes les compositions, quelles que soient leurs formes, reposant principalement sur les récits populaires. Telle est, parmi les plus remarquables, et pour ne point nous arrêter à l'Éracles de Gautier d'Arras, dont le sujet est antérieur aux croisades, telle est l'histoire d'Outremer renfermée dans le manuscrit de Cangé, n° 6 ou 14, sorte de chanson de geste, affranchie de la versification, dont Saladin est le héros[1]. L'auteur choisit quelques traits saillants de l'histoire des croisades et ajoute à ce fonds véritable toute une création romanesque d'incidents merveilleux et de pures fictions, comme les aventures des trois frères de Lusignan à Jérusalem et les voyages de la comtesse de Pontieu, aïeule de Saladin.

L'examen d'œuvres semblables appartient à un ordre d'idées tout à fait différent de celui dans lequel nous nous sommes renfermé, en cherchant à démêler et à classer les éléments rigoureusement historiques qui ont concouru à former les continuations de la grande chronique de Guillaume de Tyr.

1. Voy. ci-dessus, p. 483. *Manuscrits français de la Bibliothèque royale*, t. VI, p. 132. Cf. p. 159.

TABLE DES CHAPITRES

DE LA CHRONIQUE

	Pages
CHAPITRE I. — *Premierement, come Baldoin fu rois, après la mort Godefri, son frere*	1
Commencement de la Chronique de Bernard le Trésorier.	1
Commencement de la Chronique d'Ernoul.	4
CHAPITRE II. — *Coment Templier vindrent en avant.*	7
CHAPITRE III. — *Coment Esmauris fu roys.*	10
CHAPITRE IV. — *Les Cités et les Chastiaus qi apendent au roiaume de Jherusalem*	26
CHAPITRE V. — *Coment Saladins fu rechatez de prison.*	35
CHAPITRE VI. — *Coment ocist la Mulainne.*	39
CHAPITRE VII. — *Coment Saladins ala conquerre le Roiame de Perse. De la mer del Diable*	51
CHAPITRE VIII. — *De II. Serpens ki sunt en Arabe.*	76
CHAPITRE IX. — *Coment Quirsac conquist l'empire de Constantinople encontre Endroine.*	89
CHAPITRE X. — *Coment la cités de Naples siet*	107
CHAPITRE XI. — *Coment Germains trova le Puis Jacob.*	120
CHAPITRE XII. — *Coment li roys Gui ala assigier Tabarie.*	140
CHAPITRE XIII. — *Coment la Sainte Croiz fu aportée en l'ost.*	155
CHAPITRE XIV. — *Coment li rois Guiz fu pris et desconfiz par Saladin.*	167
CHAPITRE XV. — *Coment Saladin coupa au conte Raynaut la tete.*	172

TABLE DES CHAPITRES. 567

Pages

CHAPITRE XVI. — *Coment Saladin alla asaiger Saiete.* . . 177

CHAPITRE XVII. — *Coment Jherusalem siet et l'estat de li* 189

CHAPITRE XVIII. — *Coment Saladin vint assegier Jherusalem* 211

CHAPITRE XIX. — *Coment Saladin prist Jherusalem et mist ces de dens à reançon* 221

CHAPITRE XX. — *Coment Saladin manda à Coraz de Montferaz, si li rendoit Sur, q'il li renderoit son pere* . . . 236

CHAPITRE XXI. — *Coment li quens de Triple envoia secors au marchis de Montferaz.* 239

CHAPITRE XXII. — *Coment Saladin ala asigier la Roche Guillaume.* 254

CHAPITRE XXIII. — *Coment li roys de France et li roys d'Engletere paserent Outremer* 258

CHAPITRE XXIV. — *Coment Cristien conquistrent Acre sor Sarracin* 264

CHAPITRE XXV. — *De l'isle de Cypre et des Grifons.* . 284

CHAPITRE XXVI. — *Coment le roys d'Engleterre pasa mer, por reparier en sa terre* 295

CHAPITRE XXVII. — *Coment Saladins fu mors.* . . . 304

CHAPITRE XXVIII. — *Coment Safadins deserita les filz Saladin de lor terres après sa mort* 308

CHAPITRE XXIX. — *Coment il ot roy premierement en Hermenie.* 318

CHAPITRE XXX. — *Coment li haut home de Crestienté se croisierent por passer mer* 325

CHAPITRE XXXI. — *Coment li roys de France gueroia le roy d'Engleterre et cil lui* 331

CHAPITRE XXXII. — *Coment li croisié ariverent en Venise.* 347

CHAPITRE XXXIII. — *Coment l'emperere de Costantinople fu mordriz en sa chambre* 368

CHAPITRE XXXIV. — *Coment Othes fu coronez à empereor* . 396

CHAPITRE XXXV. — *Coment Jehan de Brene fu rois d'Acre.* 406

CHAPITRE XXXVI. — *Coment Demiete fu conquise de Crestiens sor Saracins* 413

TABLE DES CHAPITRES.

Pages

CHAPITRE XXXVII. — *De .ii. clers qui alerent preeschier au Soudain* 431

CHAPITRE XXXVIII. — *Coment li roys Jehans de Brene et li Crestien furent desconfit par Saracins* 439

CHAPITRE XXXIX. — *La clamor del roi Jehan à l'apostoille del cardinal* 448

CHAPITRE XL. — *Coment Federich l'empereres pasa mer.* 456

Fin possible de la Chronique d'Ernoul. 458

Fin plus probable de la Chronique d'Ernoul 467

CHAPITRE XLI. — *Coment li roys Jehan conquist Constantinople*. 469

FIN DE LA CHRONIQUE DE BERNARD LE TRÉSORIER.

TABLE ALPHABÉTIQUE

DES MATIÈRES.

A.

Abasie, ou Avegie, pays voisin de la Géorgie. 205.
Agnès de France, impératrice de C. P., 47, 390.
Aire, v. de France, 334.
Aix-la-Chapelle, v. d'Allemagne, 397, 400.
Albert-sur-Encre, v. de France, 337, n.
Albigeois, pays de France, 269.
Alep (le royaume d'), 342, 344.
Alexandre de Bernay, trouvère, 62, n.
Alexándrie, v. d'Egypte, 232.
— Franchises qui y sont données aux Vénitiens pour avoir détourné les Croisés de venir en Egypte, 345-346, 362.
Alexis l'Ange, voy. Comnène.
Alexis Branas, voy. Livernas.
Alexis Ducas, dit Murtzuphle ou Morcofles, régent de C. P., 367.
— fait étrangler Alexis IV Comnène et prend la couronne, 369-370.
— ses mauvais procédés à l'égard des Croisés campés hors de la ville, 371.
— sa mort, 373.
Alix d'Arménie, fille de Roupen III, 321.
Allemagne (le chancelier d'), voy. Conrad.
Allemands (croisés), 249, 259, 302, 305. 459.
— l'hôpital des Allemands à Jérusalem, 465.
Amandelée ou Amandelier (Guillaume de l'), 359.

Amaury Ier, comte de Jaffa, roi de Jérusalem, 14, 15.
— reçoit la couronne de Jérusalem, 16.
— épouse Marie Comnène, 18, 407.
— ses expéditions, 20, 23-24.
— sa mort, 31.
Amaury II, voy. Lusignan.
Amaury, patr. de Jérusalem, 82.
Andrinople, v. de l'empire grec, se révolte contre les Francs, 378 et suiv.
— bataille d'Andrinople où Baudouin Ier est fait prisonnier, 384.
— à quelles conditions se soumet aux Francs, 390.
Andronic, voy. Comnène.
Anglais (croisés), 269. 459, 468.
Angleterre (rois d'), leur trésor à Jérusalem, 156, 157, 219.
Anne (Ste), née à Saphorie. 97.
Antioche (v. et principauté d'), 321, 322, voy. Boémond.
Antioche (Constance d'), 23.
Arcase, château de Syrie, 3.
Arménie (royaume de la Petite), quelque temps sous la dépendance du prince d'Antioche, 30, 321.
— quand il eut un roi pour la première fois, 322-323.
— en guerre avec la principauté d'Antioche, 341. Voy. Léon Roupen.
Arménie. Jean de Brienne réclame en vain la couronne après le décès de sa femme Stéphanie, 427.
Arméniens. Trente mille familles

veulent s'établir à C. P. sous les empereurs français, 387-388.
Arras. v. de France, 334.
Arrode (Nicolas). 517, 548 n.
Arsur, v. de Syrie, 283, 293.
Ascalon, v. de Syrie, 12, 14, 42, 184, 185, 232.
— démantelée par Saladin, 278.
— et par les Francs, 292.
Asie-Mineure, voy. Turquie.
Assassins (le seigneur des), voy. Vieux de la Montagne.
Aumale, v. de France, 334.
Autriche (le duc d'), retient le roi Richard prisonnier, 297.
— négocie la paix entre le pape et Frédéric II, 467.
Auxerre (le comte d'), voy. Courtenai.
Avegie, voy. Abasie.
Avesnes (Baudouin d'), 487, 508.
Avesnes (Jacques d'), 283.

B.

Babylone d'Egypte est la ville du Caire, différente de la forteresse, 440.
Bacar (la vallée de), en Syrie, 62.
Bagdad (le calife de), 421.
Bajaam, le prophète, 162-166.
Barbotes, sorte de vaisseaux, 238.
Bar-le-Duc (Thibaut Ier, comte de), 402.
Baucéant (le), étendard du Temple, 8.
Baudouin Ier, roi de Jérusalem, 1-3.
Baudouin II, roi de Jérusalem, 2.
— ses filles, 5-6, 10.
— sa mort, 10-11.
Baudouin III, roi de Jérusalem, 4, 14, 15, n.
Baudouin IV, le Meseau, roi de Jérusalem, 32.
— fait proclamer Baudouin V, son neveu, 115.
— meurt, 118.
Baudouin V, l'Enfant, roi de Jérusalem, reconnu roi sous la régence de Guy de Lusignan, 115.
Baudouin Ier, empereur de C. P. et Baudouin IX, comte de Flandre, se liguent contre Philippe-Auguste, 332.
— se croise, 337.
— devient empereur de C. P., 291, 376.
— eut tort de ne pas distribuer assez généreusement des terres aux Latins, 287, 378.
— investit Boniface de Montferrat de Thessalonique, 377.
— mort de sa femme Marie de Champagne, à Acre, 378.
— il part pour soumettre Andrinople, révoltée contre les Vénitiens, 381.
— fait prisonnier à la bataille d'Andrinople. 384, 386.
— égorgé par ordre de Joannice, 384, n.
— on cherche inutilement son corps, 389-390.
Baudouin de Rama, voy. Ibelin.
Beaufort, chât. de Syrie, 48, 56.
Beaujeu (Sibylle de), 11, n.
Beauvais (l'évêque de), voy. Thomas.
Beauvoir (Baudouin de), 377, 381, 385.
Belbeis, v. d'Egypte. 20.
Belinas, v. de Syrie, 63.
Benibrac ou Bembrac (Raoul de), 60.
Bérengère de Castille, 450.
Bernard, trésorier de l'abbaye de Saint-Pierre de Corbie.
— Sa chronique, 472, 507 et suiv., 525, 526 et suiv, iv et suiv, xxiv, xxix.
Betel, v. de Syrie, 108.
Beteron, v. et château de Syrie, près de Naplouse, 112.
Bétanie, v. de Judée.
— son abbaye, 5, 21, 206.
Bethléem, v. de Palestine, 71.
Bethenoble ou Betunuble, v. de Palestine, 278.
Béthune (Conon de), 388, 389.
— (l'avoué de), 32.
Betphagé (abbaye de), près de Jérusalem, 209.
Beyrouth (le vieux sire de), voyez Jean Ier d'Ibelin.
Beyrouth, v. de Syrie, 178, 311-314.
— corsaires arabes qui se cachaient derrière le cap de, 315-316, 317.
Blakie, Blachie, voy. Valachie.
Blas (les), voy. Valaques.
Blaquerne, chât. impérial à C, P., 92, 364, 365, 369.
Blois (Louis, comte de), 337, 378, 380, 382-384.
Boémond Ier, prince d'Antioche, 4.
Boémond II, prince d'Antioche, 4.
Boémond III, l'Enfant, prince d'Antioche. 23.

DES MATIÈRES.   574

— ses démêlés avec Léon d'Arménie, d'abord son vassal, 319-322.
Boémond IV, prince d'Antioche, 321.
Boiardo (Mathieu), 529.
Bologne, v. d'Italie. 452, 454.
Bosphore (le), voy. le Bras-Saint-Georges.
Botron, Boutron, *Boteron* (le), v. et chât. de Syrie, près de Tripoli, 114, 178.
— (l'héritière du), épouse un marchand de Pise, 114 et n. 5.
Boulogne (Renaud comte de), 403, 404.
Bouque de Lion, Boukelion, palais de C. P. 93, 180, 370.
Bourgogne (Hugues III, duc de), remplace Philippe-Auguste en Terre Sainte, 277.
— meurt à Acre, 280.
Bouvines, v. de France, 404.
Bove (Enguerrand de), 337, 351.
— (Hugues de), 403, 404.
— (Robert de), 34, 45, 351, 360.
Brachuel, ou Braiecuel (Pierre de), 372, not., 377, 381.
— nommé par erreur Paien, 385.
Branas (Alexis), dans la chronique Livernas, ou Li Vernas.
— Sa révolte et sa mort, 128-129, 180.
Branas (Théodore), dit aussi Livernas, mari d'Agnès de France, gouverne Andrinople au nom des Français, 390.
Bras (le), voy. Saint-Georges.
Bray-sur-Somme, v. de France, 337.
Brienne (Erard de), épouse Philippine de Champagne, 409.
— revient en France, 409.
Brienne (Jean de), épouse Marie de Montferrat et devient roi de Jérusalem, 408-409.
— rupture des trèves avec les Sarrasins, 409.
— demande des secours au pape pour la Terre Sainte, 410.
— épouse Stéphanie d'Arménie, 411.
— s'embarque à la tête de l'armée pour l'Egypte, 414-415.
— assiège Damiette, 416 et suiv.
— mésintelligence qui survient entre lui et le cardinal Pélage, à la suite de la prise de Damiette, 426, 449.
— se rend en Arménie et réclame en vain la couronne du chef de sa femme, 427.

— séjourne à Acre, 427-428.
— le cardinal le prie de retourner en Egypte, 441, 442.
— s'y décide quand il apprend le danger où se trouvait l'armée en marche vers le Caire, 443.
— négocie la paix avec le sultan pour la reddition de Damiette, 445-446.
— reste comme otage en Egypte, 446.
— se rend en Europe pour s'occuper du mariage de sa fille Isabelle, héritière du royaume de Jérusalem, 449.
— Ses voyages, 449, 450-452.
— Il épouse Bérengère de Castille, 450.
— mariage de sa fille Isabelle avec l'empereur Frédéric, 451.
— se brouille avec l'empereur, 451, 452.
— le pape lui remet la défense des terres du Saint Siége, 454-466.
— les barons de Constantinople lui offrent la régence de l'empire, 470.
— conditions auxquelles il accepte, 471.
— il arrive à Constantinople, 472.
Brienne (Isabelle de), reine de Jérusalem. Voy. Isabelle.
Brienne (Gautier III de), épouse la fille de Tancrède de Sicile, 329.
— Sa mort, 330.
Brienne (Gautier IV de). Sa naissance, 330.
Brienne (Marie de), fille du roi Jean, épouse Baudouin II, empereur de C. P, 472.
Brindes, ou *Brandis* (v. d'Italie), 391, 451, 457.
Buiemons, abbaye près de Constantinople, 364.
Burgos, v. d'Espagne, 450.

C.

Caco, v. de Syrie, 146.
Caire (le), v. d'Egypte. Le Caire est le château ou la forteresse de Babylone d'Egypte, 19, 440.
— d'une prophétie qui s'y rattachait, 37-41. Voy. Babylone.
Calvaire (le), à Jérusalem, 194-195.
Capharnaum, v. de Palestine, 65.
Capoue, v. d'Italie, 437.
Caravanes arabes, 54-56, 96, 283.
Caudemar (le), à Jérusalem, 203.

Caÿphas, v. de Syrie, 293, 306.
Cène (la) de N.-S., 190.
Cercanceau (l'abbé de), au dioc. de Sens, 351.
Césarée, v. de Syrie, sur le bord de la mer. au s. du Carmel. 82, 183, 293.
— son château, 421, 4 9, 461.
Césarée de Philippe ou Panéas, auj. Banias, v. de Syrie, dans la principauté d'Antioche, 63, 82.
— dite Césarée la Grande, 15.
Chaïmon, ou Quaïmont (le), v. et chat. de Syrie, 293.
Chaine (la), droits de douane, 15.
Chalus, chat. en Limousin, 335.
Chamèle (la). voy. Emesse.
Champagne (comté de), administré par Marie de France, mère du comte Henri, 291, 309.
Champagne (Alix de), fille du comte Henri, épouse Hugues Ier de Lusignan, roi de Chypre, 109 et note.
Champagne (Marie de), sœur d'Henri II, femme de l'empereur Baudouin, 291.
Champagne (Marie de), femme de Baudouin de Flandre, meurt à Acre, 378.
Champagne (Thibaut III, comte de), 291.
— prend la croix, 387.
— nommé chef de la croisade, 340.
— meurt, 340.
Champagne (Thibaut IV de). Sa croisade, 545, xx.
Champagne (Philippine de), sœur de la reine Alix, épouse Erard de Brienne, 409.
Champagne (maréchal de), voy. Villehardouin.
Change (le) des Latins et des Syriens, à Jérusalem, 192, 201.
— le Change de Tyr. 290.
Château-Blanc, château de Syrie, 15.
Château-Franc, chât. de Syrie, 459.
Château-Pélerin, ou le Détroit, 422.
Château des Templiers, en Syrie, 423, 462.
Chatillon (Renaud de). seigneur du Crac, dit le Prince Renaud, 22-23, 104.
— épouse la dame du Crac, 31.
— viole les trèves contre des marchands, 54-55, 96-97.

— sa conduite à la mort de Baudouin V, 130-131.
— fait couronner Sibylle, 132-133.
— Saladin lui tranche la tête, 173-174.
Chaver, vizir d'Egypte, 18, 23, 37-40.
Chevalerie accordée à l'un des fils de Saladin, 144.
Chevalier Vert (le), croisé espagnol, 237, 251.
— Saladin demande à le voir, 251-252.
Chrétien, châtelain de Dixmude, 2-3.
Chypre (l'île de), 91.
— conquise par Richard d'Angleterre, 272-273.
— engagée aux Templiers, 273.
— révolte des Grecs, 285.
— vendue par Richard à Guy de Lusignan, 286.
Chypre (royaume de), constitué par Amaury de Lusignan, 303.
— réclamé par un chevalier flamand, mari de la fille d'Isaac Comnène, 351-352.
Clary (Robert de), 371. note.
Clément (Albéric), maréchal de France, 273.
Citeaux (abbaye de). Foulques de Neuilly y fait réunir les sommes reçues pour la croisade, 338.
Citerne-Rouge (la), près de Jérusalem, 79.
Coggeshale (Raoul de), 497, xviij.
Coine (le), ou *Iconium*, v. d'Asie-Mineure.
— le sultan, vassal de l'empereur de C. P., 249.
Comans ou Comains (les). peuples voisins de C. P., 380 et suiv.
Comnène (Alexis III l'Ange, dit), 92.
— fait crever les yeux à son frère Isaac l'Ange (Kirsac), et se fait proclamer à sa place. 95, 245.
— ses préparatifs de défense contre les Francs qui ramenaient son neveu Alexis, 362.
Comnène (Alexis IV l'Ange, ou Alexis le Jeune), fils d'Isaac l'Ange et de sa première femme, 95.
— Marguerite de Hongrie, sa belle-mère, l'envoie en Hongrie pour le sauver, 96.
— vient à Zara trouver les Croisés, 360.

— détermine les Croisés et les Vénitiens à le conduire à C. P., 361.
— est couronné à la mort de son père, 366.
— règne sous la tutelle d'Alexis Ducas, dit Murtzuphle, 366-367.
— est mis à mort par ordre d'Alexis Ducas, 369.
— d'un songe qu'il fit un jour, 369-370.
— avait épousé Agnès de France, 390.
Comnène (Alexis), fils de Manuel, gendre du roi de France, 90.
Comnène (Andronic Ier dit le Vieux), empereur de C. P., 16, 90.
— fait mettre à mort le jeune Alexis, 90.
— ses mœurs dissolues, 91.
— sa déposition et sa mort, 93-94.
Comnène (Isaac l'Ange), nommé *Kirsac* par les Latins, 92.
— tue Langosse, 93.
— est couronné, 93.
— déjà veuf, épouse Marguerite, fille de Béla, roi de Hongrie, 95-96.
— son frère Alexis lui fait crever les yeux, 96, 245, 360.
— retient Conrad de Montferrat à C. P. pour soumettre Livernas, 128.
— rétabli sur le trône par les Français et les Vénitiens, 366.
— meurt, 366.
Comnène (Isaac l'Ange).
— Marguerite de Hongrie, sa veuve, épouse Boniface de Montferrat, 377.
Comnène (un Isaac), se rend indépendant en Chypre, 91, 271.
— fait prisonnier par Richard d'Angleterre, 273.
— aventures de sa fille, 352.
Comnène (Manuel) empereur de C. P., 16-18, 46, 58.
Comnène (Marie), dite la reine Marie, reine de Jérusalem, épouse le roi Amaury Ier, 18.
— eut Naplouse en douaire, 31.
— mère d'Isabelle de Jérusalem, 31-32.
— épouse de Balian II d'Ibelin, 44, 186-187.
— mère du vieux sire de Beyrouth, 407 n.
Comnène (Théodore), prince d'Epire,
trahit l'empereur Pierre de Courtenai, 392-393.
Conquet (le Livre du), 478, 533, ix.
Conrad, emp. d'Allemagne, 2, 12.
Conrad, fils de Frédéric II et d'Isabelle de Brienne.
— Sa naissance, 454.
Conrad, év. d'Hildesheim, chancelier d'Allemagne, passe en Orient, 302.
— couronne Amaury de Lusignan roi de Chypre, au nom de l'empereur, 303.
— couronne peut-être Léon II roi d'Arménie, 323 n.
Conrad de Wittelspach, arch. de Mayence, 323 n.
Constance d'Aragon, femme de Frédéric II, 450.
Constance de Sicile, femme de l'emp. Henri VI, 326-327.
Constantinople mise en état de défense par Alexis IV contre les Francs, 362.
— est prise par les Francs sur Alexis III, 364-365.
— se soulève contre les Francs, 367.
— reprise sur Alexis Ducas, 371-372.
Coradin, Coredix, voy. Malec Moadam.
Corbeil, v. de France, 339 n.
Corbie, v. de France, lieu des conférences entre les Vénitiens et les barons français, 339, 374. Voy. Bernard.
Corbie (Robert de), 87.
Corfou (île de), 362.
Couronnement des rois de Jérusalem, 118.
Courson (Robert de), cardinal, 417.
Courtenai (Agnès de), 17 et n.
Courtenai (Baudouin II de), empereur de C. P., épouse la fille de Jean de Brienne, 472.
Courtenai (Philippe de), comte de Namur, refuse la couronne de C. P., 393.
Courtenai (Pierre de), comte d'Auxerre, élu empereur de C. P., 391.
— Sa mort, 393.
Courtenai (Pierre de), 53-54.
Courtenai (Robert de), fils de Pierre, empereur de C. P. sur le refus de son frère Philippe, 393.
— indispose les chevaliers de l'empire et se retire à Rome, 394.

— sa mort, 395.
Crac (le), chât. des Hospitaliers dans la Syrie du Nord, 15.
Crac de Montréal (le), v. et château de Syrie, dans la Syrie Sobal, au sud de la Mer Morte, 31, 35, 61, 68, 417.
— assiégé par Saladin, 80, 103.
— les caravanes de Damas en Egypte passent sous ses murs, 55, 96.
— pris par Saladin, 187.
— sa force, 464.
— Saint Abraham en dépendait féodalement, 71.
Crac (Renaud, seigneur du), voy. Chatillon.
Cresson (la fontaine du), près de Tibériade, en Syrie, 146, 159.
Cris de guerre des Croisés, 312, 313 et not.
Croix de N. S. (la Vraie ou la Sainte), 156, 162, 170, 276.
Crucifix sculptés en Orient (des), 204-205.
Cycem, voy. Sichem.

D.

Damas, v. de Syrie, 48 n. 346.
Damiette, v. d'Égypte, 24.
— assiégée par les Croisés sous Jean de Brienne, 415 et suiv.
— prise par les Chrétiens, 425-426.
— le sultan propose de rendre en échange le roy. de Jérusalem, 435, 442.
— branche du Nil qui y passe, 440.
— est rendue au sultan d'Egypte, 447.
Dammartin (Renaud de), 262.
Dampierre (Renaud de), 337, 341-343.
Dandolo (Henri), doge de Venise, 345, 380, 385.
Daron (le), v. et chât. de Syrie, 15, 27, 283, 293.
Détroit (le), voy. Château-Pèlerin.
Diépold, ou Thiébaut, Tiébaus (le comte), duc de Pouille, 326, 329-330, 398.
Dixmude, v. de Flandres, 2-3.
Doc. chât. près de St-Jean d'Acre, 358.
Dorel (Guillaume), seigneur du Botron, 114 n.
Dotaïn, ou Dothaïn, v. de Syrie, dans la Samarie, 98, 153. Voy. Thaym.
Durazzo, ou Duras, v. de Grèce, 246, 392.
Dureboise (André de), chev., 372.

E.

Ecry-sur-Aisne, v. de France, 331 et dans les additions et corrections, pag. 586.
Edesse, ou Roha, v. et comté de Syrie, 1-2.
— villes qui dépendaient du comté, 15.
Egypte (de la mulane ou vizir d'), 18, 23, 37-40.
— (négociations du sultan d'), avec les Vénitiens pour empêcher la croisade de se diriger sur l'Egypte ou la Syrie, 345-346, 362.
Eléonore d'Aquitaine, reine d'Angleterre, 270.
Elizabeth (sainte), 66.
Elysée, le prophète, 110.
Emaüs (fontaine d'), 205.
Embriac (Hugues), 305 n.
Emesse, ou La Chamele, v. de Syrie, 15.
Enchantements d'une sorcière sarrasine, 163-164.
Encre, auj. Albert, v. de France, 337.
Epée (chevaliers de l'), 352.
Ernoul, ou Hernoul, écuyer de Balian d'Ibelin, peut-être Ernoul de Giblet, auteur de la chronique, 149, 491 et suiv., xxv.
Espagnol croisé, nommé le chevalier Vert, 237.
Espions et éclaireurs, 429.
Eumaire, arch. de Césarée, 3.

F.

Famines, 266.
Ferlyn, riv. d'Asie-Mineure, 249 n.
Ferrare (Ricobaldo de), 529.
Feux servant de signal, 104.
Fève (la), chât. de Syrie, 98, 102, 143, 145.
Fiole (Fouques), bourg. de Jérusalem, 87.
Flamands (les), aux croisades, 2, 310, 352-353, 356.
— battus à Bouvines, 404.
Flandre (le comte de), voy. Baudouin Ier de C. P.

DES MATIÈRES. 575

Flandre (Ferrand, comte de), 403, 404.
Flandre (Philippe comte de), 32-34, 46. Voy. Baudouin.
Flandre (Philippe duc de), 277.
Forbelet, chât. de Palestine, près du Jourdain, 61, 80, 99, 106.
Forez (le comte de), 340.
Foua, v. d'Égypte, 440, 442.
Foulques de Neuilly, 337.
— des sommes qu'il avait réunies pour la croisade, 338.
Foulques d'Anjou, roi de Jérusalem, 4-11.
Franc-Château, voy. Château-Franc.
Français ou Francs, assiégent et prennent Constantinople de concert avec les Vénitiens, 363 et suiv., 369 et suiv.
— nommés *Latins* en Orient, 365, n.
— du traité conclu par eux avec les Vénitiens pour le partage de l'empire de C. P., 374.
— nomment Baudouin de Flandre empereur, 376.
François d'Assise (saint).
— sa démarche auprès de Coradin, 431-432.
Frédéric Ier, emp. d'Allemagne, 248-249.
Frédéric II, emp. d'Allemagne, roi de Sicile.
— sa naissance, 301-326.
— doutes sur sa légitimité, 327.
— élevé et protégé par le S. Siège. 328, 398.
— appelé l'Infant de Sicile, 329.
— épouse Constance d'Aragon, 399-400.
— Innocent III lui promet la couronne impériale, 400.
— est couronné et s'engage à passer Outremer, 401.
— échappe à un complot, 401-402.
— son entrevue avec le fils de Philippe Auguste, 402.
— sa guerre contre Othon, 404-405.
— Othon lui remet les ornements impériaux, 405.
— Honorius III le couronne à Rome et le presse de passer Outremer. 436-437.
— motifs du retard de son départ, 437.
— il soumet les révoltés de Pouille et de Calabre et les Arabes de Sicile, 437-438.

— mort de sa femme Constance d'Aragon, 449.
— on lui propose d'épouser Isabelle de Brienne, héritière de Jérusalem, 449-450.
— il l'épouse et l'outrage peu après, 451.
— se réconcilie avec Jean de Brienne, 454.
— promet de passer Outremer, 455.
— feint de partir pour la croisade, 457.
— est excommunié, 457-458.
— négocie secrètement avec le sultan d'Égypte, 458, 460, 461, 463.
— il part définitivement pour la Terre Sainte, 460.
— il demande vainement au pape d'être relevé de l'excommunication, 462.
— traité de paix qu'il conclut avec le sultan, 464.
— est couronné dans le Temple de Jérusalem, 465.
— revient en Italie, 466.
— se venge des Templiers, 466.
— combat les troupes du pape et de Jean de Brienne, 467.
— fait la paix avec le pape. 468.
Frise (Guillaume Ier, comte de), dit le comte Pelu, 404.

G.

Gaëte, v. d'Italie, 400.
Galata (la tour de), à C. P. 362.
Gale (Jean), chev. d'Outremer, motifs de la haine que lui portait Saladin, 255-256.
Galilée (la mer de), 64.
Gautier, chambellan de France, 418, 423-424.
Gaza, ou Gadres, v. de Syrie, 14, 283, 293.
Gênes, v. d'Italie, 340.
Génois (les), 328.
— favorables d'abord à Frédéric II, 400.
Géorgiens, habitant Jérusalem, 203. 205.
Gerin (le), chât. de Syrie, 98, 99, 106.
Germain, bourgeois de Jérusalem. Sa générosité, 121.
Gethsemani, abbaye près de Jérusalem, 208.
Gibel, v. de Syrie, au N. de Tripoli, 255, 341.

Giblet, v. et seigneurie de Syrie, au S. de Tripoli, 178, 305 et n. 315, 317, 501 n.
Giblet (Ernoul de). Conjectures sur ce chevalier, auteur peut-être de la chronique, 501-502, 519.
Giblet (Hugues de), 305.
Gien-sur-Loire, v. de France, 22.
Gisors, v. de France, 298, 333, 334.
Godefroy de Bouillon, 1-3, 5.
Golgotha (le), à Jérusalem, 194.
Gomorre, v. de Palestine, 72.
Gorhigos, v. d'Asie mineure, 562.
Grégoire IX, pape, maintient l'excommunication de Frédéric II, 466.
— fait la paix avec l'empereur, 468.
Gué de Jacob (le), v. et chât. de Syrie, 52, 53.
Guillaume, arch. de Tyr. Ses qualités, 82-83.
— se rend à Rome, 84;
— y meurt, 85.
Guillaume, roi de Sicile, 244, 247, 251.
— comment ses préparatifs contre C. P. nuisirent à la Terre Sainte, 245.
Guillaume Longue Epée, frère du roi d'Angleterre, 403, 404.

H.

Hache danoise, 281.
Haïton, seigneur de Gorhigos, religieux prémontré. Sa chronique, 562.
Hama, v. de Syrie, 15.
Hangest (Jean de), chev., 334.
Haran, v. de Mésopotamie, 52.
Hassassis (le seigneur des). Voy. le Vieux de la Montagne.
Hébron, voy. saint Abraham.
Henri VI, emp. d'Allemagne, fils de Frédéric Ier, 250, 259, 298-299.
— la Sicile échoit à sa femme, 300.
— naissance de son fils Frédéric II, 301.
— envoie une croisade en Syrie, 301-302.
— sa mort, 316, 326.
— ses dispositions dernières, 326.
Henri II, roi d'Angleterre. Du trésor qu'il avait à Jérusalem, 156, 157 n. 260.
Henri Ier d'Anjou, empereur de C. P. Ses expéditions sous le règne de son frère, 377, 380, 386, 388.
— régent de l'empire, 389.
— couronné empereur, 390.
— fait la paix avec les Valaques, 391.
— meurt, 391.
Henri II, comte de Champagne, 53, 54.
— se croise, 262, 263.
— épouse Isabelle, reine de Jérusalem, 291.
— fait des trèves avec Saladin, 292.
— reçoit Jaffa de Saladin, 293.
— mariage de ses filles et des fils d'Amaury de Lusignan, 293.
— sa mort, 306.
— gêne excessive dans laquelle il se trouva souvent pour vivre, 310.
— ne couronna pas Léon roi d'Arménie, 318. n. 323 n.
— sa visite au Vieux de la Montagne, 343.
Héraclius, emp. romain, 478.
Héraclius, arch. de Césarée, puis patriarche de Jérusalem, 82-86, 101, 166 n.
Heranc ou Haranc, v. et chât. de Syrie, 34, 42, 46.
Hernoul, voy. Ernoul.
Hongrie (Emeric, roi de), 350, 351.
Hongrie (André, roi de). Sa croisade, 410-412.
Hongrie (Marguerite de France, reine de), 302.
Honorius III, pape, couronne Frédéric II et le presse de passer Outremer, 436-437.
— négocie son mariage avec Isabelle de Brienne, héritière de Jérusalem, 449-451.
— remet à Jean de Brienne la défense des terres du Saint Siège, 454, 466.
— excommunie Frédéric II, 457, 462.
Hôpital (ordre de l'). Ses armoiries, 8.
— (maison de l'ordre de l'), à Jérusalem, 192.
Hugues Plagon, 521, 537-540.

I.

Ibelin, v. de Syrie, 43.
Ibelin (Balian d'), sire d'Arsur, pe-

tit-fils du vieux sire de Beyrouth, 555.
Ibelin (Balian II d'), mari de la reine Marie Comnène, fils de Balian Ier, et frère de Baudouin d'Ibelin de Rama, 44, 138-139, 141, 179, 289, 407.
— porte dans ses bras le jeune roi Baudouin V, le jour de son couronnement, 118.
— son voyage au château de la Fève et à Naplouse, avec son écuyer Ernoul, auteur de la chronique, 149-151.
— après la bataille de Tibériade, se rend à Jérusalem du consentement de Saladin, 174-175.
— y est retenu malgré lui et prend la défense de la ville, 176.
— obtient de Saladin la faculté de faire sortir de la ville la reine sa femme et ses enfants, 186-187.
— négocie la capitulation de Jérusalem, 215-224.
— s'occupe du rachat des captifs, 225.
— Saladin lui donne le château de Chaïmon, 293.
Ibelin (Baudouin d'), sire de Rama, dit Baudouin de Rama, fils de Balian Ier. Ses démêlés avec le comte de Flandre, 33, 44, 48, 50.
— racheté de captivité, 57-59.
— son dépit de ne pas obtenir la main de Sibylle, comtesse de Jaffa, 60.
— Il veut quitter le pays lors du couronnement de Guy de Lusignan, 134-135.
— refuse de faire hommage au roi et se retire à Antioche, 137-139-141.
Ibelin (Héloïse d'), fille de Balian II, dame de Sidon, 360.
Ibelin (Hugues d'), fils de Balian Ier, épouse Agnès de Courtenai, 17.
Ibelin (Jean Ier d'), dit le vieux sire de Beyrouth, fils de Balian II et de la reine Marie Comnène, 407 et n.
— régent de Jérusalem sous la minorité de Marie de Montferrat, 407.
Isaac l'Ange ou Kirsac, voy. Comnène.
Isabelle de Brienne, reine de Jérusalem.
— On propose à Frédéric II de l'épouser, 449.
— son mariage, 451.
— outragée par l'empereur, 451.
— sa mort, 454. Voy. Conrad.
Isabelle de Hainaut, reine de France, 11.
Isabelle de Jérusalem, fille d'Amaury Ier et de Marie Comnène, 18, 31.
— épouse Humfroy de Toron, 81-82-103.
— son mari refuse la couronne de Jérusalem, 135-136.
— hérite de la couronne de Jérusalem à la mort de Sibylle sa sœur, 267.
— se sépare de Humfroy et épouse Conrad de Montferrat, 267.
— circonstances de la mort de son mari Conrad, 289-290.
— épouse Henri de Champagne, 291.
— épouse Amaury de Lusignan, roi de Chypre, 310.
— morte avant son mari, 407, n.

J.

Jadres, voy. Gaza.
Jaffa, v. de Syrie, 184, donnée par Saladin à Henri de Champagne, 293.
— donnée par Henri à Amaury de Lusignan, 293, 294.
— prise par les Sarrasins, 306-307.
— prise par Malec Afdal Nourreddin Ali, 309.
— son château, 461.
Jaffa (le comté de), 14.
Jean Baptiste (St), 113.
Jean Sans Terre, fils d'Henri II d'Angleterre, 260.
Jeanne d'Angleterre, femme de Guillaume II de Sicile et de Raymond VI de Toulouse, 244, 269, 270.
Jeanne de Sicile, 244.
Jéricho, v. de Palestine, 75.
— serpents près de cette ville, 76.
Jérusalem, v. de Palestine.
— les bourgeois refusent de rendre la ville à Saladin, 185-186, 212.
— assiégée par Saladin, 211 et suiv.
— prise, 225.
— rendue à Frédéric II, 464.
— reprise par les Sarrasins, 468.
Jérusalem (Description topographique de la ville de) telle qu'elle était à l'époque du siège de Saladin, 188-210.

— le manoir Salomon, 465.
— Divers palais du roi, 9, 465.
Jérusalem (patriarche de) est élu par les chanoines du S. Sépulcre, 83.
Jérusalem (rois de), leur couronnement, 118.
— lieu de leur sépulture, 119.
Jérusalem (royaume de), ses limites, 26-27.
Joannice, roi de Valachie et de Bulgarie, 379.
— fait égorger Baudouin Ier, 384 et n.
Joinville, sénéchal de Champagne, 509.
Josaphat (vallée de), près Jérusalem, 62-63, 121.
Joscelin, comte d'Edesse, 15.
— chargé de la garde de Baudouin V, 117, 119.
— à la mort du roi, s'empare de Saint-Jean d'Acre pour faire couronner Sibylle, sa nièce, 129-130.
— pris à Tibériade, 173.
Josse, arch. de Tyr, 244, 247.
Jourdain, fl. de Syrie. Sa source et son cours, 62, 64, 68.
Judith, femme juive, 112.

K.

Karnehatin, lieu précis de la bataille de Tibériade, 173, n. 3.
Kirsac, ou Krysac, Voy. Isaac l'Ange Comnène.

L.

Laodicée, ou *La Liche*, *La Lice*, *Li Liche*, v. de Syrie, 255, 341, 343.
Langosse, ou Etienne Hagio-Christophorite, 90, 91, 93.
Larnaca, voy. Lesquit.
Latins, ou Francs, 365, n.
Léon II, roi d'Arménie, ne fut pas couronné par Henri de Champagne, 318 n., 323 n.
— ses démêlés avec Boémond III d'Antioche, dont il fut d'abord vassal, 318-322.
Lesquit, ou Le Quid, auj. Larnaca, v. de Chypre, 272.
Leycestre (le comte de), 298.
Liban (le), monts de Syrie, 62.
Liche (la), voy. Laodicée.

Limassol, v. de Chypre, 270.
Lisbonne, v. de Portugal, 3.
Livernas, ou Li Vernas, voyez Branas.
Lombards (les) offrent la souveraineté du pays à Jean de Brienne, 452.
— font la paix avec Frédéric, 454.
Louis VII, roi de France, 12-13.
Louis VIII, roi de France. Son entrevue avec Frédéric II sous le règne de son père, 402.
— sa campagne contre les Anglais, 403.
Loth, patriarche, 72-75.
Lucera, v. d'Italie, 438.
Lusignan (Amaury II de), connétable de Jérusalem, roi de Jérusalem et de Chypre, 59-60.
— pris à Tibériade, 173.
— délivré de captivité, 253.
— succède à son frère Guy en Chypre, 287.
— sa bonne administration, 288, 311.
— mariage de ses fils avec les filles de Henri de Champagne, 293.
— est couronné roi de Chypre par le chancelier d'Allemagne, 303.
— épouse Isabelle, reine de Jérusalem, 310.
— attentat contre sa vie, 311.
— ses dispositions pour la gestion des revenus des deux royaumes, 311.
— assiége et prend Beyrouth, 311-314.
— ses autres expéditions, 315, 316.
— fait la paix avec Saladin, 316.
— un chevalier flamand lui conteste le roy. de Chypre, 352-353.
— se plaint des corsaires au sultan, 354.
— recommence les hostilités contre les Sarrasins, 356-359.
— renouvelle les trèves, 360.
— meurt, 407.
Lusignan (Geoffroy de), 60.
Lusignan (Guy de), roi de Jérusalem, seigneur de Chypre, épouse Sibylle de Jérusalem, comtesse de Jaffa, 59-60.
— Les barons s'opposent à ce qu'il soit régent sous la minorité de Baudouin V, 115.
— couronné roi par sa femme Sibylle, 134.
— fait sa paix avec Raymond, comte de Tripoli, 153.

— avis contraires qu'il reçoit dans sa marche contre Saladin, 158-161.
— fait prisonnier à la bataille de Tibériade, 170.
— amené devant Saladin, 173.
— délivré de captivité, 185, 252.
— Conrad de Montferrat lui refuse l'entrée de Tyr, 256.
— assiége Saint-Jean d'Acre, 257, 258.
— mort de Sibylle sa femme, 267.
— vient joindre le roi d'Angleterre en Chypre, 272.
— achète l'île au roi Richard, 286.
— sa mort, 287.
Lusignan (Hugues Ier de), roi de Chypre, épouse Alix de Champagne, 409 et n.
— passe en Syrie pour prendre part à la guerre, 411.
— meurt, 412.

M.

Malec-Adel. Voy. Saphadin.
Malec-Afdal Noureddin Ali, fils de Saladin, sultan de Damas.
— armé chevalier par les Chrétiens du vivant de son père, 144-148.
— obtient le roy. de Damas de Saladin, 305, n., où il est nommé par erreur Malec Adel, 309.
Malec Aziz, sultan d'Egypte, 308.
Malec-Kamel, fils de Malec Adel, sultan d'Egypte, 417.
— demande des secours aux sultans de Jérusalem et de Bagdad, pour défendre Damiette, 421.
— propose de rendre Jérusalem en échange de Damiette, 435, 442.
— attire et submerge les Chrétiens, 442-443.
— fait la paix avec eux, 446-447.
Malec Moadam, ou Coradin, Coredix, fils de Saphadin, 357, 411, 417, 421-422.
— bon accueil qu'il fait à deux clercs chrétiens, 431-432.
— son éloge, 431 n.
— confie en mourant la tutelle de son fils à un templier transfuge mais non rénégat, 458.
Malispini (Ricordano), 505.
Mambré, vallée près de Jérusalem, 71.
Margat, v. et château des Hospitaliers en Syrie, 15, 255, 341.

Marguerite de France, reine de Hongrie, 302.
Marguerite de Hongrie, fille de Béla, roi de Hongrie, épouse l'empereur Isaac l'Ange, déjà veuf, 95-96.
— son fils nommé Manuel et non Alexis, 96 n.
— épouse en secondes noces Boniface II de Montferrat, 377.
Marie (la reine), voy. Comnène.
Markwald ou Marcomax (le comte), 326, 328.
Maroc (détroit de) ou de Gibraltar, 340, 352.
Marseille, v. de France, 268, 340, 352.
Mate-Griffon, château de Sicile, 268-269.
Mélissende, reine de Jérusalem, 6, 10.
Mer-Morte dite Mer du Diable, et Mer de Sel, 68, 71.
Messine, v. de Sicile, 263, 268, 328.
Milly (Stéphanie de), dame de Giblet, 305.
Montaigu (Isabelle de), 11, n.
Montagne des Oliviers (la), ou Mont-Olivet, près de Jérusalem, 208.
Montbéliard (Eudes de), 448.
Montferrand, v. et chat. de Syrie, 15.
Montferrat (Baudouin de), fils de Guillaume Longue-Épée, 48.
Montferrat (Boniface II, marquis de), roi de Thessalonique, fils de Guillaume III, 48-125.
— mari de l'impératrice Marguerite de Hongrie, veuve d'Isaac l'Ange, 377.
— est nommé chef de la 4e croisade à la mort du comte Thibaut de Champagne, 340.
Montferrat (Boniface II de), investi du royaume de Thessalonique, 377.
— meurt, 391.
Montferrat (Conrad de), seigneur de Tyr, fils de Guillaume III, 125.
— se croise et s'arrête à Constantinople, 126-127.
— tue Branas révolté contre l'empereur, 128.
— parvient à quitter Constantinople, 180.
— arrive à Tyr et défend la ville contre Saladin, 181-183.

— refuse de rendre Tyr en échange de son père, 183, 236-237.
— reçoit des secours du comte de Tripoli. 240.
— ruse qu'il emploie dans la défense, 240-242.
— force Saladin à lever le siège de Tyr. 244.
— va au secours de Tripoli, 251.
— refuse l'entrée de Tyr au roi Guy, 256.
— épouse Isabelle de Jérusalem, 267-268.
— enlève les marchandises d'un navire du pays du Vieux de la Montagne, 288.
— est poignardé par un envoyé de la Montagne, 289-290.
— père de Marie de Montferrat, 407.
Montferrat (Démétrius de), fils de Boniface II, roi de Thessalonique, 377, 391.
Montferrat (Guillaume III, nommé par erreur Boniface dans notre chronique, marquis de), dit le Vieux, 48 n. et 125 n.
— vient à Jérusalem, sous le règne de Baudouin V, son petit-fils, 125, 130.
— fait prisonnier à la bataille de Tibériade, 173, 183.
— délivré de captivité, 252.
Montferrat (Guillaume IV de), dit Longue-Epée, comte de Jaffa et d'Ascalon, fils de Guillaume III, 48, 123.
— mari de la reine Sibylle, 125.
— reçoit le château de Saint-Elie, 126.
Montferrat (Marie de), fille de Conrad, hérite de la couronne de Jérusalem à la mort d'Amaury de Lusignan, 407.
— les barons la marient à Jean de Brienne, 408.
— meurt, 411.
Montfort (Guy de), 337, 351.
— épouse Héloïse d'Ibelin, dame de Sidon, 360.
Montfort (Simon de), 337, 351, 360.
Montgesard, v. et château de Syrie, 43. 54.
Montmirail (Renaud de), 351, 383.
Mont Syon (le), à Jérusalem, 191, 192 et suiv.
Mont Thabor (le), 66-67.
— le château de, 411.
Moreuil (Bernard de), 343.

Mulane, note sur ce mot, 18. Voy. Chaver.
Muratori. Son édition de Pipino, 507, 526, 527, i-xiv.
Murtzuphle ou Morcoffles. Voy. Alexis Ducas.

N.

Nabuchodonosor, roi de Perse, 112.
Naïm, v. de Palestine, 65.
Nanteuil (Philippe de), 545-546, xx.
Naples, v. d'Italie, 300.
Naplouse, v. de Syrie, 346, donné en douaire à Marie Comnène, 31 et n.
— dit le *Petit Damas*, 105, 107.
— les barons opposés à Sibylle s'y retirent, 130, 131, 134, 136.
Nazareth, v. de Judée, 66.
— (l'étang de), 64.
Nesle (Jean de), châtelain de Bruges, 337, 340, 352, 356, 360.
— aide le seigneur d'Arménie contre le prince d'Antioche, 353.
Neuville (Baudouin de), 394.
Nevers (Hervé, comte de), 403.
— soupçonné de trahison et banni de l'armée croisée, 425.
Nicolas Canabe, se fait proclamer empereur à C. P. 370.
Nicolas Falcon écrit en français la chronique d'Haiton, 559-562.
Nicosie, v. de Chypre, 272, 285, 303.
Nil (du), fl. d'Egypte, 440.
Noë (arche de), 62.
Noureddin (l'émir), fils de Saladin, armé chevalier. Fait une chevauchée en pays chrétien, 144, 148.
— devient sultan de Damas, sous le nom de Malec Afdal, 305, 309. Voy. Malec Afdal.

O.

Orléans (Payen d'), 377, 381.
— nommé par erreur Pieron, 385.
Othon duc de Bourgogne, 250.
Othon de Saxe, comte de Poitiers, 335.
— empereur d'Allemagne, 336, 397.
— attaque les états du S. Siège et est excommunié, 397-398.
— cherche à faire tuer Frédéric II, 402.
— forme une ligue contre Philippe Auguste, 402-403.

— ses partisans battus à Bouvines, 404.
— sa mort, 405.

P.

Palerme, v. de Sicile, 268, 328.
Paul (saint), 363.
Pélage (le cardinal), 417.
— prise de Damiette pendant que ses gens faisaient le guet, 425.
— sa mésintelligence avec le roi Jean de Brienne, 426.
— ses mesures pour retenir les Croisés en Egypte. 428.
— manque de vigilance, 430.
— permet à deux clercs de se rendre chez les Musulmans, 432.
— refuse de rendre Damiette en échange du roy. de Jérusalem, 435, 442.
— prie Jean de Brienne de négocier la paix avec Coradin, 445.
— Brienne se plaint de lui au pape, 449.
Pelu (le comte), voy. Frise.
Péra, faub. de Constantinople, 362.
Perche (Etienne du), 337, 351, 383.
Pharamia, v. d'Egypte, 3.
Philippe Auguste, roi de France, 256.
— ses préparatifs de croisade, 250, 261.
— ses guerres contre le roi d'Angleterre, 260 298-299, 332.
— s'embarque pour la Terre Sainte, 262.
— séjourne en Sicile, 268.
— prend Saint-Jean d'Acre, 274.
— revient en France, 277-278.
— s'empare de Gisors, 298.
— favorable à Frédéric II, 400, 402.
— bat les Allemands à Bouvines, 404.
Philippes, ancienne ville de Macédoine, auj. Turquie d'Asie, entre Salonique et C. P., 95, 246.
Pierre (l'empereur), voy. Courtenai.
Pigeons messagers, 357.
Pipino (François), religieux dominicain de Bologne, s'est servi de la chronique de Bernard le Trésorier dans son abrégé de l'Hist. des Croisades, 507, 526, ij et suiv.
Pisans (les), 318.
— hostiles d'abord à Frédéric II. 400.

Plivain, ou Pievano, riche pisan, seigneur en Syrie. 114 n.
Ponthieu (la comtesse de), 565.
Portes de Jérusalem, 191 et suiv.
Protosevasto, 18.
Pruneles (Guillaume), chev. croisé, 359.

Q.

Quaïmont, voy. Chaïmon.
Quarantaine (le mont de la), en Judée, 79.

R.

Rama, v. de Syrie (Roger, év. de), 3.
Rama (Baudouin, seigneur de), voy. Ibelin.
Raymond-Rupin, ou Roupen, prince d'Antioche, 321, 322.
Raymond III, comte de Tripoli, fils de Boémond III d'Antioche, 321.
Raymond VI, comte de Saint-Gilles et de Toulouse, 269.
— épouse la fille d'Isaac Comnène. 353.
Renaud (le prince), voy. Châtillon.
Renaud du Crac, voy. Châtillon.
Richard Ier. ou Richard Cœur de Lion, roi d'Angleterre, 91.
— fait hommage à Philippe Auguste, 260-261.
— prend l'engagement de passer Outremer avec lui, 261.
— il s'embarque, 262.
— son séjour en Sicile, 268.
— conquiert l'île de Chypre, 271 et suiv.
— séjourne à Acre, 274 et suiv.
— ses expéditions en Terre Sainte après le départ du roi de France, 278 et suiv.
— sa bravoure et sa renommée parmi les Sarrasins, 281-282.
— vend Chypre à Guy de Lusignan, 286.
— soupçonné par ses ennemis d'avoir voulu faire poignarder Philippe Auguste, 290.
— Il marie Henri de Champagne son neveu à Isabelle de Jérusalem, 291.
— son retour en Europe, 296.
— sa captivité, 297.
— sa rançon, 299.
— ses guerres contre le roi de France, 332.

— sa mort, 335.
— son projet d'une nouvelle croisade, 338.
Ridefort (Gérard de), grand Maître du Temple.
— origine et fâcheux effets de sa haine contre le comte de Tripoli, 114, 131, 178.
— fait couronner Sibylle, 132-133.
— échappe au désastre de la fontaine du Cresson, 146, 151, 152.
— funeste conseil qu'il donne au roi Guy, 162.
— est fait prisonnier, 173.
— délivré de captivité, 253.
— engage le roi Guy à acheter Chypre, 286.
Riveri (Pasque ou Paske de), dite la Patriarcesse, femme de Naplouse, 86-87, 105.
Roche-Guillaume (la), chât. de Syrie, 255-256.
Rodosto, ou Rodestoc, v. sur la mer de Marmara, 385-389.
Roger, prince d'Antioche, 3, 4.
Roger, év. de Rama, 3.
Roger II, couronné roi de Sicile, 13.
Roha, Rohais, voy. Edesse.
Roland, neveu de Charlemagne, 44.
Roman du *Fuere de Gadres* (le), 62.
Roncevaux (bataille de), 44.
Rosette, v. d'Egypte, 440.
Roupen III, seigneur d'Arménie, 321.
Routiers, gens de guerre, 332.

S.

Sabat (le), v. et chât. de Syrie, entre Naplouse et Nazareth, 113, 148.
Saint-Abraham ou Hébron, v. de Judée, 68, 70-71.
— dépendait du seigneur du Crac de Montréal, 71.
Saint-Elie, château en Syrie, 126.
Saint-Georges ou Saint-Jorge (le Bras), ou le Bosphore, 377, 380.
Saint-Georges, v. de Syrie, 43.
Saint-Jean (abbaye de), près de la Montagne de la Quarantaine, 79.
Saint-Jean d'Acre, pris par Saladin, 174, 181.
— fortifié par Saladin, 250.
— assiégé par Guy de Lusignan et les Croisés, 257 et suiv.
— pris par les Chrétiens, 274.
— débat sur la réintégration des anciens propriétaires dans leurs biens, 275.
— Henri de Champagne inhumé à Sainte-Croix, 307.
Saint-Job, château de Syrie, 153.
Saint-Nicolas (Ile), au Lido de Venise, 348.
Saint-Nicolas, lieu ainsi nommé près Saint-Jean d'Acre, 258.
Saint-Omer, v. de France, 334.
Saint-Omer (Hugues de), châtelain de Saint-Omer, seigneur de Tibériade, 32, 44, 158. Voy. Tibériade.
Saint-Paul (le comte de), 390.
Saint Sépulcre (le), 7, 176, 191.
— sa description, 194.
Sépulcre (Saint), chanoines ou religieux du, 8.
— ont le droit d'élire le patriarche, 83.
Sainte-Catherine (couvent de), au mont Sinaï. 69.
Saladin, ses débuts, 35.
— soumet divers pays, 41, 49, 51-53.
— ses conquêtes sur les Chrétiens en Syrie, 42, 49, 97, 174, 178.
— envoie des secours à Raymond de Tripoli contre le roi Guy, 141-143.
— bat les Chrétiens à Tibériade, 170, 173.
— assiège Jérusalem, 211 et suiv.
— reçoit les clés de la ville, 224-225.
— sa générosité pour les vaincus, 228-229.
— il entre à Jérusalem, 234.
— assiège Tyr et ne peut s'en emparer, 179-244.
— ses préparatifs de défense en apprenant la nouvelle croisade des princes d'Europe, 250.
— il assiège Tripoli dont il ne peut s'emparer, 251.
— demande une entrevue au Chevalier Vert, 251-252.
— enlève diverses villes aux Chrétiens, 254.
— motifs de sa haine contre le chevalier Jean Gale, 255.
— secourt Saint-Jean d'Acre assiégé par les Chrétiens, 259.
— sa générosité vis-à-vis des seigneurs chrétiens après la paix, 293.
— sa mort, 304.
Salonique ou Thessalonique, v. de Grèce, 246.

— donnée en royaume à Boniface II de Montferrat, 377.
— passe à son fils, 391.
Samarie, v. de Syrie, 108, 109-110, 112.
Samaritain (le bon), 79.
Samaritaine (le puits de la), 108-109.
Sancerre (Guillaume de), 391, 393.
Saphadin ou Malec-Adel, frère de Saladin, sultan d'Egypte, 304, 309.
— ses négociations avec les Vénitiens pour que la 4e croisade ne se dirige sur l'Egypte ou la Syrie, 345-356.
— sa mort, 417-418.
Saphet (le), chât. de Syrie, appartenant aux Templiers, 63, 256.
Saphorie, ou Saforie, v. de Syrie, 97, 98, 102, 153, 358.
Sarfend, v. de Syrie, 293.
Sarrasin (Jean), chambellan de Saint-Louis. Sa lettre datée de Damiette, 546-549.
Sarrasin (Pierre), confondu avec Jean, 548 et n.
Satalie, v. d'Asie mineure, 12.
Saut (le), montagne près de Nazareth, 66. Voy. Mont Thabor.
Saut de Morcoufle (le), tour d'un palais impérial à C. P. 373.
Selef (le), riv. d'Asie mineure, 249 n.
Sergines (Geoffroy de), 549.
Sibylle d'Anjou-Jérusalem, femme de Thierry d'Alsace, 21.
— sœur du roi Beaudouin IV, comtesse de Jaffa, 48.
— recherchée par Baudouin d'Ibelin de Rama, 58-59.
— couronnée reine à la mort de Baudouin V, son fils, 132-133.
— couronne son mari Guy de Lusignan, 134.
— renfermée à Jérusalem, 175.
— Saladin lui permet de sortir de Jérusalem avant d'assiéger la ville, 185.
— réclame à Saladin la délivrance du roi, 252.
— meurt, 267.
Sachar, v. ancienne, près Naplouse, en Syrie, 108.
Sichem, ou Cycem, v. et plaine de Syrie, la même que Sichar, 108.
Sicile (île de), 13.
Sicile (royaume de), échoit à l'empereur Henri VI par sa femme Constance, 300.

— se révolte contre les Allemands, 328.
— troublé par la guerre civile, 328.
Sicile (les Arabes de), 328-329.
— soumis et transportés par Frédéric II, 437-438.
Sidon, ou *Saiete*, v. et seigneurie de Syrie, 49, 178, 293, 459.
Sidon (Héloïse d'Ibelin, dame de), 360.
Sidon (Renaud de), 143, 170, 182, 360 n.
Siloé (fontaine de), près de Jérusalem, 121, 123, 124, 208.
Sinaï (le mont), 68.
Sodome, v. de Palestine, 72.
Sorcière sarrasine (d'une), 163-164.
Souabe (Philippe, duc de), 250, 397.
Stéphanie d'Arménie, héritière de la couronne d'Arménie, épouse Jean de Brienne, 411.
— meurt, 427.
Syracuse, v. de Sicile, 328.

T.

Tancrède, roi de Sicile, 247, 263, 268, 300, 329.
Temple-Domini (le), 117-118, 197.
Temple Salomon (le), à Jérusalem, 9, 197-199, 204, 234, 464.
— le manoir Salomon, 465.
Templier, transfuge, mais non rénégat, gouverne le roy. de Damas, 458.
Templiers. Origine de leur ordre et de leur nom, 6 et n., 7-9.
— leur costume et leur croix, 8.
— leurs actions de guerre, 54.
— occupent quelque temps l'île de Chypre, 273 et suiv., 285.
— facilitent le retour du roi Richard en Europe, 296.
— en mésintelligence avec Frédéric II, 462-463, 465, 466.
Thaym (la terre de), c'est Dothaïn, 153. Voy. Dotaïn.
Théodora Comnène, reine de Jérusalem, 14, 15-16.
Thériaque (la), substance médicinale, 76.
Thessalonique, voy. Salonique.
Thiebaus (le comte), voy. Diepold.
Thierry d'Alsace, comte de Flandre, 2, 11, 21.
Thomas, év. de Beauvais, 267, 289, 333, 423-424.

Thomas de Cantorbéry (saint), 155.
Thoros II, ou Thoros de la Montagne, prince d'Arménie.
— son voyage à Jérusalem, 25-30.
Tibériade ou Tabarie, v. de Syrie appartenant au comte de Tripoli, menacée par Guy de Lusignan. 141-142.
— assiégée par Saladin, 157, 167.
— Guy de Lusignan y est battu par Saladin, 170.
— Karnehatin est le lieu précis de la bataille, 173.
Tibériade (le lac de), 64.
Tibériade (Echive de), fille de Hugues de Saint-Omer, seigneur de Tibériade, héritière de Tibériade, épouse Raymond II, comte de Tripoli, 32.
— avait déjà 4 fils, non du châtelain de Saint-Omer, mais de Guillaume de Bures, 32, 158.
Tibériade (Guillaume de), 44, 158.
Tibériade (Hugues de), époux de Marguerite d'Ibelin-Comnène, veut marier la reine Isabelle de Jérusalem à son frère Raoul, 309.
— banni, 310.
Tibériade (Othes ou Hostes de), 158.
Tibériade (Raoul de), 158.
— prétend à la main d'Isabelle de Jérusalem, veuve d'Henri de Champagne, 309.
— banni, 311.
Tiébaus (le comte), voy. Diépold.
Toron (le), chât. en Syrie, 63, 316.
Toron (Humfroi II de), 31.
Toron (Humfroy III de), fils de Humfroy II, beau-fils de Renaud de Châtillon, 31.
— épouse Isabelle de Jérusalem, 81-82, 103.
— refuse la couronne et se soumet à la reine Sibylle, 136,
— fait prisonnier à la bataille de Tibériade, 173.
— délivré de captivité, 253.
— divorce avec Isabelle de Jérusalem, 267-268.
Tortose, v. de Syrie, assiégée par Saladin, 252.
Tournai, v. de Belgique, 404.
Transfiguration (la) de J.-C., 67.
Trasegnies (Sohier de), 343.
Trésor des rois d'Angleterre à Jérusalem, 156, 157 n., 219.
Tripoli, v. de Syrie, assiégée par Saladin, 251.

Tripoli (Raymond II, comte de), épouse Echive, héritière de Tibériade, déjà mère de 4 fils, 32, 158.
— cause et fâcheux effets de sa mésintelligence avec le maître du Temple, 114.
— chargé de la régence sous Baudouin V, 116, 119, 124.
— ses démêlés avec Joscelin d'Edesse à la mort de Baudouin V, 130.
— lors du couronnement de Guy de Lusignan propose de proclamer Humfroy de Toron, 135.
— demande secours à Saladin contre le roy Gui, 141.
— fait sa paix avec le roi, 153.
— dissuade le roi de secourir sa ville de Tibériade, 159.
— parvient à s'échapper de la bataille, 168-170.
— sa mort, 178 et not.
Tripoli (Raymond III, comte de), succède à Raymond II, 178.
— mauvais accueil qu'il fait aux Chrétiens chassés de Jérusalem, 231.
— envoie des secours à Conrad de Montferrat à Tyr, 240.
Trumiaus Dieu (par les), juron au moyen âge, 382.
Tubanie, fontaine près de Nazareth, 98, 99, 106.
Turquie ou Asie-Mineure, 377, 381 et suiv.
Tyr ou Sur, v. de Syrie, 174, 178, 187, 256.
— assiégée par Saladin, 179, 236, 240.
— secourue par Conrad de Montferrat, 279 et suiv., 236-238.
— Saladin leve le siége, 244.
— Conrad de Montferrat y est poignardé, 290.
Tyr (Josse, arch. de), successeur de Guillaume, 244, 247.

V.

Vaisseaux appelés barbotes, 238.
Valachie (roi de), voy. Joannice.
Valaques ou Blas (les), viennent au secours d'Andrinople révoltée contre les Francs, 379 et suiv.
Valenie, v. de Syrie, 254.
Vaux de Cernai, près Paris (l'abbé des), 351.
Venise, v. d'Italie, 348.
Vénitiens. Leurs délégués traitent

avec les Français pour les transporter en Terre Sainte, 339.
— reçoivent des franchises du sultan d'Egypte pour empêcher la croisade de débarquer en Syrie ou en Egypte, 345-346, 362.
— leurs conventions avec les Croisés rendus à Venise, 349.
— prennent Zara, 350.
— de concert avec les Français, promettent à Alexis l'Ange de le rétablir sur le trône, 361-362.
— s'emparent de C. P., 364-365.
— s'établissent hors de la ville, 366.
— reprennent la ville, unis aux Français, sur Alexis Ducas, 371-372.
— de leur traité avec les Français pour le partage de l'empire grec, 374.
— Andrinople se révolte contre eux, 378 et suiv.
— perdent la seigneurie de la ville, 390.
Vieux de la Montagne (le), seigneur des Hassassis, ou des Assassins, 288, 323.
Ville Hardouin (Geoffroy Ier de), maréchal de Champagne, 377, 383, 385, 392, 395.

Ville Hardouin (Geoffroy II, fils de Geoffroy Ier de), épouse la fille de l'impératrice Yolande de Flandre, 392.
Villers (Jean de), Grand Maître de l'Hôpital, 558.
Vitry (Jacques de), prêche la croisade, 410.
— élu évêque d'Acre, puis cardinal, 419.
— négocie la paix avec le sultan d'Egypte, de concert avec Jean de Brienne, 444-445.
— reste comme otage en Egypte, 446.

Y.

Yémen, pays d'Arabie, 53, n., 54.
Yolande de Flandre, impérat. de C. P., 391.
— son voyage, 392.
— sa mort, 393.

Z.

Zachée, de Jéricho, 78.
Zara, ou Jadres, v. d'Esclavonie, 350, 352, 360-361.

ADDITIONS ET CORRECTIONS.

Page 1. Au sommaire, *au lieu de* : 1101-1162, *lisez* : 1100-1162. *et ajoutez en note* : Godefroy de Bouillon mourut en 1100.

Page 10. *Ajoutez au sommaire* : Croisade de Louis VII et de l'empereur Conrad III.

Page 77. ligne 21. *Au lieu de* : et escaçe le masle, *lisez* : et escate le masle.

Page 94. ligne 3. — ries, *lisez* : riés.

Page 98. ligne 17. — Dotain, *lisez* : Dotaín.

Page 128. note 5. ligne 3. *Au lieu de* : p. 72, *lisez* : p. 92.

Page 140. ligne 4 du Sommaire. *Au lieu de* : Beaudouin, *lisez* : Baudouin.

Page 173. ligne 6. Boniface de Montferrat. *Ajoutez en note* : toujours pour Guillaume de Montferrat. Cf. pp. 48 et 125. not.

Page 190 et suiv. *Au lieu de* : abeie, *lisez* : abéie.

Page 237. note 8. *Supprimez* : J. O : unes cornes de Cerf.

Page 304. Au Sommaire, *au lieu de* : Gibelet, *lisez* : Giblet.
— A la note 3, *au lieu de* : Malec-Adel Afdal Seif-Eddin, *lisez* : Malec-Adel Seif-Eddin.

Page 305. note 1. *Au lieu de* : Malec-Adel, *lisez* : Malec-Afdal-Noureddin Ali.

Page 337. note 2. *Ajoutez* : Mais suivant Villehardouin, le tournoi eut lieu au château d'Ecry- (et non Ecly) -sur-Aisne, localité nommée aujourd'hui Avaux le Château, dans le canton d'Asfeld (Ardennes), au N. de Reims.

Page 385. lignes 19-20 : Pieron de Orliens et Paien de Braiencuel, *ajoutez en note* : Ainsi au ms. pour Paien de Orliens et Pieron de Braiencuel.

Page 414. ligne 9 du Sommaire. *Au lieu de* : Mort de la reine Marie, *lisez* : Mort de la reine Stéphanie d'Arménie, *et ajoutez* : Jean de Brienne réclame en vain la couronne d'Arménie du chef de sa femme.

TABLE GÉNÉRALE

Avertissement. . . . . j

Concordance chronologique de la Chronique d'Ernoul et de Bernard le Trésorier, avec les Continuations de Guillaume de Tyr imprimées, et avec la Chronique de François Pipino xxxiv

Manuscrits et imprimés ayant servi à la présente édition. xxxvj

Chronique d'Ernoul et de Bernard le Trésorier. . . 1

Essai de classification des Continuateurs de l'Histoire des Croisades de Guillaume de Tyr 473

Table des chapitres de la Chronique de Bernard le Trésorier. 566

Table alphabétique des Matières 569

Additions et Corrections 586

FIN.

Nogent-le-Rotrou, Imprimerie de A. Gouverneur.

Ouvrages publiés par la Société de l'Histoire de France *depuis sa fondation en 1834.*

Ouvrages in-octavo à 9 francs le volume.

L'Ystoire de li Normant. 1 vol. *Épuisé.*
Grégoire de Tours. Histoire ecclésiastique des Francs. Texte et traduction. 4 vol. *Épuisés.*
— Même ouvrage. *Texte latin.* 2 v.
— Même ouvrage. *Traduction.* 2 vol. *Épuisés.*
Lettres de Mazarin a la reine, etc. 1 vol. *Épuisé.*
Mémoires de Pierre de Fénin. 1 v.
Villehardouin. 1 vol.
Orderic Vital. 5 vol.
Correspondance de l'Empereur Maximilien et de Marguerite, sa fille. 2 vol.
Histoire des Ducs de Normandie. 1 vol. *Épuisé.*
Œuvres d'Eginhard. Texte et traduction. 2 vol.
Mémoires de Philippe de Commynes. 3 vol. Tome I *épuisé.*
Lettres de Marguerite d'Angoulême, sœur de François Ier, 2 v.
Procès de Jeanne d'Arc. 5 vol.
Beaumanoir, Coutumes de Beauvoisis. 2 vol.
Mémoires et Lettres de Marguerite de Valois. 1 vol.
Chronique latine de Guillaume de Nangis. 2 vol.
Mémoires de Coligny-Saligny, 1 v.
Richer, Histoire des Francs. Texte et traduction. 2 vol.
Registres de l'Hôtel de Ville de Paris pendant la Fronde. 3 v.
Le Nain de Tillemont, Vie de saint Louis. 6 vol.
Barbier. Journal du règne de Louis XV. 4 vol. *Les tomes I et II épuisés.*
Bibliographie des Mazarinades. 3 vol.
Comptes de l'argenterie des rois de France au XIVe s. 1 v. *Épuisé.*
Mémoires de Daniel de Cosnac. 2 vol. *Épuisés.*
Choix de Mazarinades. 2 vol.
Journal d'un Bourgeois de Paris sous François Ier. 1 vol. *Épuisé.*
Mémoires de Mathieu Molé. 4 vol.
Histoire de Charles VII et de Louis XI, par Thomas Basin. 1 vol. Tome I *épuisé.*
Chroniques des comtes d'Anjou. 1 vol.
Grégoire de Tours. Œuvres diverses. Texte et traduction. 4 vol. Tome II *épuisé.*
Chroniques de Monstrelet. 6 vol. Tome I *épuisé.*
Chroniques de J. de Wavrin. 3 vol.
Miracles de S. Benoît. 1 vol.
Journal et Mémoires du marquis d'Argenson. 9 vol.?
Chronique des Valois. 1 vol.
Mémoires de Beauvais-Nangis. 1 vol.
Chronique de Mathieu d'Escouchy. 3 vol.
Choix de Pièces inédites relatives au règne de Charles VI. 2 vol.
Commentaires et Lettres de Blaise de Monluc. Tomes I-IV.
Œuvres de Brantôme. Tomes I-V.
Comptes de l'hôtel des Rois de France aux XIVe et XVe s. 1 v.
Rouleaux des morts. 1 vol.
Œuvres de Suger. 1 vol.
Mémoires et Correspondance de Mme du Plessis-Mornay. 2 vol.
Joinville, Histoire de saint Louis. 1 vol.
Chroniques des églises d'Anjou. 1 vol.
Chroniques de J. Froissart. T. I. 1e et 2e parties.
Mémoires de Bassompierre. T. I.
Annales de S. Vaast d'Arras et de S. Bertin. 1 vol.

SOUS PRESSE :

Chroniques de J. Froissart. T. II.
Mémoires de Bassompierre. T. II.
Commentaires et Lettres de Blaise de Monluc. Tome V.
Œuvres de Brantôme. Tome VI.

BULLETINS ET ANNUAIRES.

Bulletin de la société, années 1834 et 1835. 4 vol. in-8°. — 18 fr.
Bulletin de la société, années 1836-1856. *Épuisé.*
Table du Bulletin, 1834-1856. In-8°. 3 fr.
Bulletin de la société, années 1857-1862. In-8°. — Chaque année, 3 fr.
Annuaires de la société, 1837-1863. In-18. — Chaque volume, de 1837 à 1844, 2 fr.; de 1848 à 1863, 3 fr. *Les années* 1845, 1846, 1847, 1853, 1861 et 1862. *Épuisées.*
Annuaire-Bulletin, années 1863 à 1868. — Chaque année, 9 fr.
Annuaire-Bulletin de 1869, 4 fr. 50.

Nogent-le-Rotrou, Imprimerie de A. Gouverneur.

www.ingramcontent.com/pod-product-compliance
Lightning Source LLC
Chambersburg PA
CBHW071156230426
43668CB00009B/978